U0519355

南京审计大学重大课题《中国审计史料收集、整理与研究》（NSZD201730）

中国审计史料收集、整理与研究系列丛书

南京审计大学博物馆 主编

中国当代审计法规资料选编

◎ 杨凤春　编

知识产权出版社
全国百佳图书出版单位
——北京——

图书在版编目（CIP）数据

中国当代审计法规资料选编 / 杨凤春编 . — 北京 : 知识产权出版社, 2019.10

（中国审计史料收集、整理与研究系列丛书）

ISBN 978-7-5130-6465-1

Ⅰ. ①中… Ⅱ. ①杨… Ⅲ. ①审计法 – 汇编 – 中国 Ⅳ. ①D922.279

中国版本图书馆 CIP 数据核字（2019）第 206398 号

内容提要

　　本书搜集整理了当代有关财政监督、监察等活动所产生的审计资料,梳理当代的审计法律法规,从审计法制史角度选择其中重要的部分编辑成册,以供审计学人研究参考。为便于读者参考使用,本书主要分为宪法中规定及政策规定、审计基本法律法规、审计业务法规、审计常用其他法律四部分。

责任编辑：李　婧　　　　　　　　　　　　　　责任出版：孙婷婷

中国审计史料收集、整理与研究系列丛书

中国当代审计法规资料选编

ZHONGGUO DANGDAI SHENJI FAGUI ZILIAO XUANBIAN

杨凤春　编

出版发行：知识产权出版社 有限责任公司		网　　址：http://www.ipph.cn	
电　　话：010 – 82004826		http://www.laichushu.com	
社　　址：北京市海淀区气象路50号院		邮　　编：100081	
责编电话：010 – 82000860转8594		责编邮箱：laichushu@cnipr.com	
发行电话：010 – 82000860转8101		发行传真：010 – 82000893	
印　　刷：北京中献拓方科技发展有限公司		经　　销：各大网上书店、新华书店及相关专业书店	
开　　本：720mm×1000mm　1/16		印　　张：28	
版　　次：2019年10月第1版		印　　次：2019年10月第1次印刷	
字　　数：620千字		定　　价：115.00元	

ISBN 978 – 7 – 5130 – 6465 – 1

序

    "中国审计史料收集、整理与研究"是2017年11月获批的南京审计大学校内重大项目。本课题旨在加强审计文化研究，推动审计学科建设。其具体意义表现在三个层面：首先，在学科发展层面，中国审计史资料是中国审计史、审计法学研究，以及审计学科建设的基础性工作，也是南审人建设高水平特色大学义不容辞的责任。其次，在学术创新层面，中国审计史料散落在各种文献之中，迄今尚无人进行系统整理和研究，这制约了审计史研究的发展。因此，将此类资料收集、整理、汇编和研究，在此基础上重修审计史，开拓出学术研究的新天地，并由此产生较浓的学术影响，也有助于确立南京审计大学学校特色研究、高水平办学的地位，甚至打造出全省、全国性的研究基地。最后，在人才培养与馆藏提升方面，本课题的研究也具有重大意义，通过收集、整理、汇编和研究审计史资料，不仅可以整合学校现有研究力量，造就专门人才，形成特色研究队伍，而且通过这种活动可以发现有重要价值的文献，再通过仿制的方式制作展品，弥补目前审计馆馆藏的不足。

    立项之后，我们认真谋划，将所收集的资料范围锁定在中国古代、中国近代以及现当代三个大的历史时段，涉及有关财政监督、官员监察等活动所产生的审计资料。在此基础上，我们确定了具体的课题实施路径：首先，分成四个课题组，即中国古代审计课题组、民国审计课题组、红色审计课题组、现当代审计课题组。课题组通过梳理中国古代传统典籍、近代以来的档案以及现代法律、法规、文件等资料，析出与审计相关的内容，如审计体制、审计制度、审计机构、审计人物、审计案例等，然后分期、分类整理汇编，形成初步成果——资料选编。其次，鉴于本项工作的难度和工作量，本课题先从审计制度的史料收集和整理切入，再逐渐全面铺开。这样，在先期形成中国古代审计制度、民国时期审计法规及现当代中国审计法规的系列资料汇编或选编。

    本课题是南京审计大学博物馆（审计文化与教育研究院）一项极其重要的工作，也是提升和传承审计文化的重要载体和学术平台。我们期待在未来几年，通过本课题平台人员的共同努力，最终形成一支热衷审计文化研究的专、兼职研究队伍，出版一批有分量的审计文化研究成果，真正为推动审计学科建设和提升南京审计大学学术影响力做出一点贡献。

南京审计大学博物馆（审计文化与教育研究院）

2019年6月

前　言

中华人民共和国成立后，我国审计工作前后经历了两个不同的时期：一是1949—1982年，未设置独立的国家审计机构，未形成独立的审计监督制度，对财政财务收支的审计监督主要结合财政财务管理工作进行；二是以1982年《宪法》规定实行审计监督为开端，确立了审计制度，审计事业全面、快速发展。相应地，不同时期审计法律法规呈现不同特点：前一个时期没有独立的审计法律法规，有关审计的规定散见于对财政监察工作的规定中；后一个时期随着审计事业的发展，已形成了以审计法及其实施条例、审计法规、审计准则等为主的较为完善的审计法律法规体系。

在此，我们将中华人民共和国成立后的审计法律法规做一个梳理，从审计法制史角度选择其中重要的部分编辑成册，以供审计学人研究参考。

为便于读者参考使用，特做以下说明：

第一，我们将按照《宪法》中规定及政策规定、审计基本法律法规、审计业务法规等类型编排本书。其中，审计法规按照先大类再发布时间的顺序编排。

第二，考虑到文本结构和文字编排的合理性，本选编分为四编：第一编"宪法中有关审计的规定及相关政策规定"由宪法中有关审计的规定、中央政府发布的有关审计的政策与意见、审计署发布的审计工作发展规划与意见三部分构成，是从历史发展角度收集整理资料；第二编"审计基本法律法规"包括审计法、审计条例及施行细则和审计基本法规两部分，是从历史角度收集资料，选择其中重要法律法规收录，审计基本准则选取最新修订的国家审计准则、内部审计基本准则、社会审计基本准则；第三编"审计业务法律法规"包括财政审计法规、金融审计、企业审计、经济责任审计、资源环境审计、民生审计、涉外审计七部分，是从历史角度收集资料，选择其中重要法律法规收录；第四编"审计常用其他法律"选取了常用其他法律的最新修订版。

第三，本书资料主要来源于《中国审计年鉴》《现行审计法规汇编》《审计监督法规汇编》《现行审计法规与审计准则及政策解读》《财政大事记》《中国审计史》等文献，还有一些来自审计署、中央人民政府、全国人民代表大会等官方网站及法律专业网站。

第四，本资料选编在酝酿设计和编纂过程中得到了南京审计大学分管领导裴育副校长的大力支持；得到南京审计大学博物馆原馆长、现泽园书院院长肖建新教授的精心指导；得到了博物馆谢冬慧馆长、李兆东副馆长、张武宁副馆长以及现当代审计课题组成员的大力支持和帮助，在此一并致谢。

尽管我们在资料收集、整理的过程中,克服了重重困难,竭力做到精益求精,但是疏漏之处在所难免,也恳请学界朋友批评斧正。

编者:杨凤春

2019年6月

目　录

第一编　宪法中有关审计的规定及相关政策

一、宪法中的规定

1. 1949年《中国人民政治协商会议共同纲领》(1949年9月29日中国人民政治协商会议第一届全体会议通过)中的规定

《中国人民政治协商会议共同纲领》第40条规定:

"关于财政:建立国家预决算制度,划分中央和地方的财政范围,厉行精简节约,逐步平衡财政收支,积累国家生产资金。国家的税收政策,应以保障革命战争的供给,照顾生产的恢复和发展及国家建设的需要为原则,简化税制,实行合理负担。"

这为建立监督预算执行情况、审查决算的审计机关和审计制度提供了依据。

2. 1982年《中华人民共和国宪法》(1982年12月4日第五届全国人民代表大会第五次会议通过)中的规定

1982年《中华人民共和国宪法》中规定:

第六十二条　全国人民代表大会行使下列职权:

......

(五)根据中华人民共和国主席的提名,决定国务院总理的人选;根据国务院总理的提名,决定国务院副总理、国务委员、各部部长、各委员会主任、审计长、秘书长的人选;

第六十三条　全国人民代表大会有权罢免下列人员:

......

(二)国务院总理、副总理、国务委员、各部部长、各委员会主任、审计长、秘书长;

第六十七条　全国人民代表大会常务委员会行使下列职权:

......

(九)在全国人民代表大会闭会期间,根据国务院总理的提名,决定部长、委员会主任、审计长、秘书长的人选。

第八十条　中华人民共和国主席根据全国人民代表大会的决定和全国人民代表大会常务委员会的决定,公布法律,任免国务院总理、副总理、国务委员、各部部长、各委员会主任、审计长、秘书长,授予国家的勋章和荣誉称号,发布特赦令,发布戒严令,宣布战争状态,发布动员令。

第八十六条　国务院由下列人员组成:总理,副总理若干人,国务委员若干人,各部部长,各委员会主任,审计长,秘书长。

国务院实行总理负责制。各部、各委员会实行部长、主任负责制。

国务院的组织由法律规定。

第九十一条 国务院设立审计机关,对国务院各部门和地方各级政府的财政收支,对国家的财政金融机构和企业事业组织的财务收支,进行审计监督。

审计机关在国务院总理领导下,依照法律规定独立行使审计监督权,不受其他行政机关、社会团体和个人的干涉。

第一百零九条 县级以上的地方各级人民政府设立审计机关。地方各级审计机关依照法律规定独立行使审计监督权,对本级人民政府和上一级审计机关负责。

3. 1988年4月12日第七届全国人民代表大会第一次会议通过的《中华人民共和国宪法修正案》、1993年3月29日第八届全国人民代表大会第一次会议通过的《中华人民共和国宪法修正案》、1999年3月15日第九届全国人民代表大会第二次会议通过的《中华人民共和国宪法修正案》、2004年3月14日第十届全国人民代表大会第二次会议通过的《中华人民共和国宪法修正案》和2018年3月11日第十三届全国人民代表大会第一次会议通过的《中华人民共和国宪法修正案》中的规定与1982年《中华人民共和国宪法》一致。

二、中央政府发布的有关审计的政策与意见

《中央人民政府财政部设置财政检查机构办法》节选❶❷
(1950年11月25日)

经政务院批准,财政部公布《中央人民政府财政部设置财政检查机构办法》(以下简称《办法》)。

《办法》规定:中央财政部设财政检查司;各大行政区财政部设财政检查处;各省市财政厅设财政检查科或股;各县财政科设财政检查员。财政检查司受财政部领导,以下各级财政检查机构,依级次受其上级检查机关的领导,并受设在机关的领导。设在机关与上级检查机关的意见相抵触时,应执行上级检查机关的决定和指示。《办法》规定财政检查机关的职权主要是检查政府机关、公营企业、公私合营企业、国家拨助基金设立的合作组织,人民银行金库、其他国营金融机构、公私合营金融机构、国家保险公司、海关、税务总局、粮食管理总局盐务总局和专卖机关执行财政政策、法令、制度之检查事项。

各级财政监察机构执行财政监察工作实施细则❸❹
(1953年2月6日)
第一章 总则

第一条 为贯彻执行中央人民政府政务院一九五零年十月批准公布之《中央人民政府财政

---

❶陈如龙.中华人民共和国财政大事记:1949—1985[M].北京:中国财政经济出版社,1989:26.

❷原文皆为"检查机构",后改称"监察机构"。

❸此文件由中央人民政府财政部一九五三年二月六日财监范字第一三号通知颁发。

❹中央人民政府财政部.各级财政监察机构执行财政监察工作实施细则[J].山西政报,1953(5):66-68.

部设置财政监察机构办法》特订定本细则。

第二条　财政监察的职权及措施,应遵照政务院批准公布之《中央人民政府财政部设置财政监察机构办法》第四条及第五条之规定办理,主要应完成下列任务:

一、监察各级机关对于财政政策、法令、制度之彻底执行。

二、监督、检查各级机关及企业事业机构预算、决算及财务收支计划的依法编造和执行。

三、监督、检查国营企业及合作社机构对于各项税款、利润折旧及其他应缴款项的正确计算与如期缴库。

四、监督、检查中国人民银行对政府所规定的执行国家预算出纳业务办法及交通银行对政府所规定的基本建设拨款办法的正确执行。

五、监督、检查国营企业、合作社机构以及各部门内部监察组织是否坚持厉行节约,并经常和一切贪污浪费及违反财政制度财政纪律现象作斗争。

六、监督、检查国营企业及合作社机构对已于各种财务、会计工作的正确处理及计算、决算和各种会计报表的及时造送。

七、监督、检查一切财务人员和会计人员是否遵守制度,忠于职守。

八、根据检查材料,对各机关及企事业部门提出改进财务工作的建议。

九、上级财政监察机构,应定期检查下级财政监察机构工作。

第二章　财政监察工作计划的编制

第三条　中央人民政府财政部财政监察司(以下简称中央财政监察司)及大行政区以下各级财政监察机构,均应于年度开始前,拟订财政监察年度工作纲要,确定工作方向,于每一季度开始前,拟订季度工作计划表,并应按照计划有组织有步骤地进行工作。

第四条　季度工作计划主要内容应包括下列各点:

一、检查的对象(即明确规定本季度应检查的机关和企业);

二、上季度经财政监察机构检查后提出意见的执行情况;

三、本季度应进行检查的下级财政监察机构。

以上各项均应分别列明执行的步骤和方法,开始执行和完成的日期,执行检查人员姓名等项。

第五条　编造财政监察工作计划时,应依据现行各种法令及专业财政部的各种指示,并参照预算执行情况,前次检查材料,卜级财政监察机构的报告及其他有关材料。

第六条　中央财政监察司之年度工作纲要及季度工作计划表,应报中央财政部部长核准之,大行政区以下各级财政监察机构之年度工作纲要及季度工作计划表,除由本机关首长批准外,并须报上级财政机关核准,上级财政监察机构季度工作计划表内之工作项目,须由下级财政监察机构执行者,应通知下级财政监察机构。

第七条　中央财政监察司之年度工作纲要与及季度工作计划表,应于年度、季度开始十五日前送中央财政部部长,大行政区以下各级财政监察机构之年度工作纲要与及季度工作计划表,应于年度、季度开始十五日前,除报送本机关首长外,并报送上级财政监察机构。

第八条　财政监察工作必须按照既定的季度工作计划表进行,遇有临时发生重大事件,不在检查计划范围之内者,报经本机关首长核准,得临时增加检查工作。

第三章　进行检查的准备工作

第九条　检查人员于出发检查前,必须充分准备,学习有关法令及章则,调阅被检查机关之预算、决算及前次检查材料,并征询本机关各有关单位之意见,必要时可请有关单位掌握业务的熟练人员作专题报告,介绍被检查机关的业务情况。

第十条　检查人员应根据所了解的情况和问题,拟订详细检查提纲,并列明检查的对象、项目、目的、时间和步骤及检查人员分工等项。此项提纲应经财政监察机构主管人员批准。

第十一条　检查人员出发工作在二人以上者,应指定一人为组长,明确领导责任。

第十二条　检查人员出发检查时,应视工作繁简,事先由财政监察机构主管人员规定检查期限(最多不得超过一个半月),检查人员必须按期完成任务。

第十三条　检查人员执行任务时,必须携带财政监察机构及财政机关首长签发的监察证,并得另备公函。

第四章　财政监察工作的进行程序

第十四条　检查人员到达被检查机关,应先交阅监察证,申述来意,并请其负责人介绍一般情况协助进行检查,并随时提供材料及其他文件等。

第十五条　检查中如有疑问,应请经管人员详细说明,或提出一切必要的证明文件,如说明或文件仍不足以判明真相时,则须多方进行检查,必要时并得要求其他有关机关、企业、团体或个人提出对被检查机关所了解之情况及业务上的证明文件或单据副本,以期彻底证实。

第十六条　检查人员在进行检查工作时,应根据检查提纲,针对该机关存在的主要问题,并须注意下列各项:

一、下级财政机关对国家预算条例及章则是否遵守,对国家预算收入有无压低情事,对预算支出有无提高情事。

二、国家预算收入是否全部的及时的入库,及一切措施是否恰当。

三、财政机关对于预算拨款是否按照规定办理,各机关企业领到的款项是否按指定的用途开支。

四、单位预算机关是否按照规定用途使用预算资金,有无超过开支标准,及不按规定手续开支的款项,以及其他违法情事。

五、各机关及企业单位是否正确计算与及时地向国库缴款,会计处理是否正确,会计报表是否按时向财政机关报送。

第五章　检查报告的编造

第十七条　每次检查完毕,检查人员应根据检查过程中所记载事项及其他确实证据或文件等编造检查报告。

第十八条　检查报告内容,除简明叙述检查经过外,应就检查事项所发现的问题及原因,逐项列举事实,并注明应付责任人员的姓名与职务。

第十九条　检查报告不应记载未经亲自检查或证据不实的事件。报告应简明扼要真实,不要拉杂冗长,并不得任意涂改。

第二十条　检查报告由检查组组长或负责检查人员及被检查单位负责人及会计主管人员共同签名盖章。被检查单位负责人或会计主管人员如对检查报告所列事项有不同意见时,仍应签字盖章,但可以将不同意见签具书面说明,附于检查报告之后。

第六章　检查案件的处理

第二十一条　检查报告应缮写两份,一份留交被检查机关,并取得收据,一份连同附件带回本机关送首长核批。如上级财政监察机构及其他有关机关需要时,得增加印发。

第二十二条　检查人员回到本机关后,应于五日内就检查结果,拟具书面处理意见,向财政监察机构主管人员详细汇报。

第二十三条　财政监察机构主管人员除仔细审查检查报告及听取检查人员汇报外,对检查人员所提处理意见,应审慎研究并签具本人意见,报经本机关首长批准,通知被检查机关或其主管机关按照执行。

第二十四条　应受行政处分或应付赔偿责任之案件,送同级人民监察委员会处理,其情节重大,须受刑事处分者,送当地司法机关依法处理。

第二十五条　被检查机关接到处理通知,如对处理意见有异议时,得于十日内按照中央人民政府财政部设置财政监察机构办法第六条之规定,申请复核处理。

第二十六条　检查报告及处理意见,应记入检查案件处理登记簿以便随时检查被检查机关的执行情况。并应随时向该被检查机关取得其执行情况的书面报告,如发现有延压情事,应即严予追究。

第二十七条　各级财政监察机构在执行财政监察工作过程中,应及时总结和交流经验教训,并应将各种检查材料妥善保管,定期加以综合,分析研究,有计划有系统地了解各机关的财政及业务实际情况,并随时向上级报告,以期得到指示和帮助,藉以改进工作,便于更好地拟订下期工作计划。

第二十八条　本细则应由各级财政监察机构严格遵守,各级财政监察机构主管人员必须督促所属工作人员贯彻执行。如有督促或执行不力情事,应受相当处分。

第七章　附则

第二十九条　本细则自中央人民政府财政部公布之日施行。

财政部关于财政监察工作的几项规定[1][2]
(1980年7月2日)

加强财政监察工作,是维护财政纪律,推动增收节支,促进社会主义四个现代化建设的重要保证。为了同贪污盗窃、铺张浪费和一切违反财政纪律的行为作斗争,正确执行国家的财政政策、法令、制度,顺利实现国家预算,特作如下规定:

---

[1]《当代中国财政》编辑部.中国社会主义财政史参考资料(1949—1985)[M].北京:中国财政经济出版社,1990:606-607.

[2]此件于1980年7月2日由国务院批转执行。

一、财政监察机构的设置

财政部设财政监察司,省、自治区、直辖市财政厅(局)设财政监察处,行政公署、省辖市、自治州财政局设财政监察科,县(市)、自治县财政科设财政监察股或财政监察员。

国务院各部、各委员会、各直属机构和省、自治区、直辖市各厅、局的财务部门,可视工作需要,设财政监察处、科或财政监察员。

有条件的地方,财政部门可以在企业、事业单位和机关财务会计人员中,聘请财政监察通讯员。

二、财政监察机构的任务

(一)监督检查国家机关、团体、企业、事业单位贯彻执行财政政策、法令、制度的情况和存在的问题。

(二)监督检查财政、财务部门和有关人员遵守财政政策,法令,制度的情况和存在的问题。

(三)受理和检查有关破坏财政制度、违反财政纪律的案件,以及因坚持财政制度而遭受打击报复的案件。

(四)根据监督检查发现的问题,提出改进财政、财务管理工作的建议。

(五)开展遵守社会主义法制、维护财政纪律的宣传教育工作。

三、财政监察机构的领导关系

各级财政监察机构受同级财政部门的领导,业务上受上级财政监察机构的指导。下级财政监察机构应当定期向上级财政监察机构报告工作;必要时,可以越级向上反映情况。上级财政监察机构有权检查下级财政监察机构的工作。

各级财政监察机构主要负责人的任免和调动,应报上一级财政部门备案。

四、财政监察人员的职权

(一)有权要求被检查单位负责人和有关人员介绍情况,并参加有关会议。

(二)有权调阅被检查单位的预算、决算、财务收支计划、报表、账册、原始凭证和其他有关文书案卷、资料;必要时,可以对某些重要资料进行影印、复制。

(三)有权检查被检查单位的库存现金、实物和银行存款,并可到有关的工地、车间、仓库等现场进行调查。

(四)有权向案件涉及的单位进行调查和收集材料。

(五)有权向案件涉及的人员提出询问,要求其当面作出答复或写出书面材料。

财政监察人员在行使上述职权时,被检查单位和有关人员,应当主动配合工作,如实反映情况,不得以任何形式进行阻难。

五、财政监察案件的处理

财政监察机构对受理的案件,要认真查明情况,及时写出检查报告,并根据案件的不同性质和情节,实事求是地提出处理意见,送请被检查单位或其主管部门处理。需要对有关人员作出行政处分的案件,应当按干部管理权限,送有关单位负责处理。案情严重、应受法律制裁的,送司法机关依法惩处。对坚持财政制度、爱护国家资财、敢于向违反财政纪律行为作斗争的人员,应建议有关单位给予表扬或奖励。

检查报告必须同被检查单位和被检查人员见面,并征求其意见;如有不同意见,允许申诉理由,提出书面意见,附在检查报告之后。

被检查单位或主管部门,在案件处理以后,应将处理结果抄报财政监察机构;如果财政监察机构对处理有不同意见,可向处理部门提出意见,或向上级反映。

六、对财政监察人员的要求

(一)认真学习国家的财政经济政策、法令、制度,熟悉财政、会计业务,热爱本职工作。

(二)紧密依靠广大群众,加强与有关部门的协作配合,把专业监察和群众监督结合起来。

(三)要坚持原则,遵纪守法,不畏权势,不徇私情,敢于同违反财政纪律的行为作斗争。

(四)工作中要实事求是,重证据,重调查研究,认真细致,一丝不苟,注意充分听取各方面的意见,包括被检查单位和被检查人员的意见。

国务院关于建立审计机关的通知❶

(1982年8月23日)

各省、自治区、直辖市人民政府:

国务院决定在全国建立审计机关,并已列入宪法修改草案。目前各地正在研究机构改革,请将建立县以上审计机关加以安排。现有财政监察机构的专业人员,可以转入审计机关,不要拆散。中央一级的审计机关,国务院责成财政部进行筹建,关于筹建审计机关的报告和劳动人事部关于编制的意见,由财政部印发给你们,以便各地进行筹备工作参考。

国务院关于地方各级审计机关设置和人员编制问题的通知❷

(1983年3月8日)

各省、市、自治区人民政府:

目前,各地正在根据国务院关于建立审计机关的通知,抓紧进行筹建工作。现将地方各级审计机关的设置和人员编制问题,作如下通知:

一、关于机构设置问题。根据《宪法》的有关规定,国务院设立中华人民共和国审计署,省、自治区、直辖市人民政府设立审计局,自治州、市人民政府设立审计局,县(市)、市辖区人民政府设立审计局。主要任务是,对政府各部门、地方各级人民政府的财政收支,对国家财政金融机构和企事业组织的财务收支,进行审计监督。地方各级审计机关依照法律规定,独立行使审计监督权,对本级人民政府和上一级审计机关负责。

二、关于人员编制问题。审计工作政策性和业务性较强定要配备相当数量的具有专业知识的业务骨干。近年内,暂按下列编制配备:

(一)省、自治区、直辖市审计局编制五十至一百人。

(二)一百万人以上的城市审计局,可比照省级审计局的编制配备;五十至一百万人的城市审计局,配备三十至五十人;五十万人以下的城市审计局,配备二十至四十人(二十万人以下的城

---

❶《中国审计年鉴》编辑委员会.中国审计年鉴(1983—1988)[M].北京:中国审计出版社,1990:6.

❷《中国审计年鉴》编辑委员会.中国审计年鉴(1983—1988)[M].北京:中国审计出版社,1990:6.

市,应少于二十人)。

(三)自治州审计局和直辖市的区审计局,配备十至三十人。

(四)县、市辖区审计局,配备五至十人。请各地在这次机构改革定编人数内统筹安排。

三、地方各级审计机关的行政、事业经费,按现行财政体制规定,列入地方财政预算。

建立审计机关开展审计监督,是加强财经管理的一项重要措施,请各级人民政府加强领导,尽快把审计机关建立起来,以便早日开展工作。

(此件可发至县级单位)

国务院办公厅关于地方各级审计机关负责人职务名称的通知❶
(1983年5月6日)

各省、市、自治区人民政府,国务院各部委、各直属机构:

目前各地正在按照国务院〔1983〕36号文件抓紧筹建地方各级审计机关,关于地方各级审计机关负责人的职务名称问题,根据《地方各级人民代表大会和地方各级人民政府组织法》第39条规定,可以称为"局长"。特此通知。

国务院批转审计署关于开展审计工作几个问题的请示的通知❷
(1983年8月20日)

各省、市、自治区人民政府,国务院各部委、各直属机构:

国务院同意审计署《关于开展审计工作几个问题的请示》,现转发给你们,请贯彻执行。

建立审计机关,实行审计监督,是加强财经管理的一项重要措施。各级人民政府要加强领导,抓紧组建审计机关。要边组建,边工作,围绕经济工作的中心任务,有重点、有计划地开展审计监督。要注意在实践中不断总结经验,逐步建立起一套适合我国国情的社会主义审计体系与制度。

国务院各部门和地方各级政府的财政收支,国家的财政金融机构和企事业组织的财务收支,都应当接受审计监督。各级人民政府都要大力支持审计机关依照法律规定独立行使审计监督权,不受其他行政机关、社会团体和个人的干涉。各级审计机关必须严肃认真地执行国家规定的任务和职权,坚持原则,敢于斗争,忠于职守,秉公办事;要依靠广大群众,同有关部门密切配合,做好审计工作。

附:

审计署关于开展审计工作几个问题的请示
(1983年7月14日)

国务院:

去年八月,国务院发出建立审计机关的通知,并批准财政部《关于筹建审计机关的报告》,有力地推动了审计机关的筹建工作。一年来,审计署调配了一批业务骨干,现在已有干部百余人,并草拟了《审计条例》,培训了部分审计人员。各级地方政府根据国务院国发〔1983〕36号文件,

---

❶《中国审计年鉴》编辑委员会.中国审计年鉴(1983-1988)[M].北京:中国审计出版社,1990:7.

❷《中国审计年鉴》编辑委员会.中国审计年鉴(1983-1988)[M].北京:中国审计出版社,1990:7.

正在抓紧组建审计机关,已有十三个省、自治区、直辖市成立了审计局。

六届人大一次会议根据宪法的有关规定,已经决定国务院成立审计署,并任命了审计长。最近,国务院领导同志指示,审计机关要迅速组建,边组建,边工作。我们考虑,为了适应工作需要,审计署可以先搭起架子,一方面开始工作,一方面继续抓紧组建,在实践中进一步充实和完善。现将开展审计工作的几个问题,请示如下:

一、关于审计机关的任务。根据《宪法》第九十一条的规定,审计机关的主要任务是:(一)对财政预算和信贷计划的执行、财政决算和信贷计划的执行结果,进行审计监督。(二)对各级行政机关、人民团体、事业单位和中国人民解放军的财务收支,进行审计监督。(三)对国营企业、基本建设单位、金融保险机构,以及县以上人民政府管理的相当于国营的集体经济组织的财务收支,进行审计监督,并考核其经济效益。(四)维护国家财经法纪,对严重的贪污盗窃、侵占国家资财、严重损失浪费、损害国家利益等行为,进行专案审计。(五)贯彻审计法规,制订审计规章制度,参与重要的财政、财务等方面规章制度的研究制定工作。(六)向本级政府和上级审计机关作审计工作报告和重大的专案审计报告。

二、关于审计机关的职权。根据宪法第九十一条规定,审计机关是对国家的财政经济活动进行审计监督的机关。为了有效地开展审计工作,审计机关具有下列职权:(一)检查被审计部门和单位的各种账目、资财以及有关文件、资料等。被审计部门和单位必须如实提供,不得拒绝或隐匿。(二)参加被审计部门和单位的有关会议。对审计中发现的问题,进行调查并取得证明材料。被审计部门、单位和有关人员,必须积极配合,不得设置任何障碍。(三)责成被审计部门和单位纠正和制止一切不正当的收支,限期改进工作,改善经营管理,提高经济效益。(四)通知有关部门,对违反财经法纪的予以经济制裁,包括依法追缴非法所得、处以罚款和扣缴款项等。对严重违反财经纪律的,可采取停止财政拨款、停止银行贷款和冻结银行存款等紧急措施,通知有关部门执行。有权建议对有关责任人员给予行政处分,触犯刑律的,由司法机关依法惩处。(五)对阻挠、拒绝和破坏审计工作的,有权采取封存账册和冻结资财等必要的临时措施,追究直接责任人员和有关领导人的责任。(六)通报违反财经法纪的重大案件,表扬遵守和维护财经法纪成绩显著的部门、单位和个人。

三、关于审计机关的设置和领导关系。(一)审计署在国务院总理领导下,依照法律规定独立行使审计监督权,并负责领导全国的审计工作,向国务院报告工作。(二)根据宪法第一百零九条的规定,地方各级审计机关对本级人民政府和上一级审计机关负责。省、自治区、直辖市审计局,受同级人民政府和审计署双重领导,以省、自治区、直辖市人民政府的领导为主,审计业务受审计署领导。省以下各级审计局,受同级人民政府和省、自治区、直辖市审计局的双重领导,以省、自治区、直辖市审计局领导为主。地方各级审计局主要领导干部的任免、调动和奖惩,应在事前与审计署或省、自治区、直辖市审计局商定。(三)国务院国发〔1983〕36号文件《关于地方各级审计机关设置和人员编制问题的通知》中,对地区行署审计机关的设置问题,未作规定。根据中央办公厅、国务院办公厅中发〔1983〕44号文件精神,全国大部分地区的行署机构还需要保留。为了适应开展审计工作的需要,地区行署一般应设立审计机构,作为省、自治区审计局的派出机构,所需编制在核定的地区编制总数内安排。

四、关于建立部门、单位内部审计问题。我国有数十万个国营企业和大量的行政、事业单位，审计对象多，范围广，任务重。建立和健全部门、单位的内部审计，是搞好国家审计监督工作的基础。对下属单位实行集中统一领导或下属单位较多的主管部门，以及大中型企业事业组织，可根据工作需要，建立内部审计机构，或配备审计人员，实行内部审计监督。在审计业务上，要受同级审计机关的指导。

中国人民解放军内部审计机构的设置，由中央军委另行规定，审计业务受审计署的指导。

以上报告如无不当，请批转各省、自治区、直辖市人民政府和国务院各部门执行。

国务院批转审计署关于改进对地方审计工作的领导和设立派出机构问题报告的通知❶

（国发〔1985〕134号，1985年11月27日）

各省、自治区、直辖市人民政府，国务院各部委、各直属机构：

国务院同意审计署《关于改进对地方审计工作的领导和设立派出机构问题的报告》，现转发给你们，请贯彻执行。

附：

关于改进对地方审计工作的领导和设立派出机构问题的报告

国务院：

中央书记处、国务院听取审计署整党工作汇报时决定，为使审计机关在组织上具有相对的独立性，审计署对地方审计工作的领导要进一步加强，审计署对重点地区和重点企业可设立一些派出机构。现将贯彻执行这个决定的意见报告如下：

一、改进对地方审计工作的领导

为了保证各级审计机关依照法律规定独立行使审计监督权，根据两年来的实践，审计署对地方审计工作的领导需作如下规定：

（一）审计署根据国家方针、政策作出的审计工作决定和颁发的审计规章，地方审计机关要依照执行，如遇有地方政府对审计工作的指示、决定与审计署的决定、规章相违背时，应按审计署的执行。

（二）审计署制定的审计工作计划，组织的全国性行业审计、专项审计、交办、委托的审计任务，地方审计机关要认真办理。

（三）省、自治区、直辖市审计局的审计工作情况、查出的重要违纪问题以及其他有关文件资料，应及时向审计署报告和提供。

（四）对地方审计机关作出的不适当的审计结论、处理决定，审计署有权纠正。

（五）地方审计机关在审计监督中，对涉及中央财政收支的审计项目和办理审计署委托的审计项目所作出的审计结论、处理决定，须报审计署备案，重大的须报经审计署同意。

（六）省、自治区、直辖市审计局局长、副局长的任免、调动和纪律处分，应事前征得审计署

---

❶《中国审计年鉴》编辑委员会.中国审计年鉴（1983-1988）[M].北京：中国审计出版社，1990：13-14.

同意。

二、审计署在重点地区和重点企业设立派出机构

一九八六年,先在上海、沈阳、武汉、广州等城市和少数中央大型企业(单位另定)试设审计特派员,根据审计署的授权,进行审计监督,直接对审计署负责。审计特派员由审计署任命局级干部担任。在特派员领导下设立办事处,办理审计方面的具体工作。在其他地区派驻审计特派员问题,由审计署根据工作需要和条件,与有关部门研究确定。

设立审计特派员和办事处,必须坚持有合格人才再设机构的原则。所需人员应首先由当地调配;当地调配有困难,需从外地调入的,按照条件和编制,由有关地区组织、人事部门帮助解决,公安部门准予落户。

派出机构的行政费、事业费、开办费,请财政部拨给。基建投资和统配物资,请国家计委列入计划解决。后勤保证问题,请有关省、市人民政府帮助解决。

改进对地方审计工作的领导,设立派出机构,是加强审计工作的重要措施。地方各级人民政府要继续加强对审计工作的领导,大力支持审计机关的工作,帮助解决工作中的实际问题。

以上报告如无不妥,请批转各地区、各部门执行。

1985 年 10 月 24 日

中共中央关于全面推进依法治国若干重大问题的决定[1]
(2014 年 10 月 23 日中国共产党第十八届中央委员会
第四次全体会议通过)

为贯彻落实党的十八大作出的战略部署,加快建设社会主义法治国家,十八届中央委员会第四次全体会议研究了全面推进依法治国若干重大问题,作出如下决定。

一、坚持走中国特色社会主义法治道路,建设中国特色社会主义法治体系

依法治国,是坚持和发展中国特色社会主义的本质要求和重要保障,是实现国家治理体系和治理能力现代化的必然要求,事关我们党执政兴国,事关人民幸福安康,事关党和国家长治久安。

全面建成小康社会、实现中华民族伟大复兴的中国梦,全面深化改革、完善和发展中国特色社会主义制度,提高党的执政能力和执政水平,必须全面推进依法治国。

我国正处于社会主义初级阶段,全面建成小康社会进入决定性阶段,改革进入攻坚期和深水区,国际形势复杂多变,我们党面对的改革发展稳定任务之重前所未有、矛盾风险挑战之多前所未有,依法治国在党和国家工作全局中的地位更加突出、作用更加重大。面对新形势新任务,我们党要更好统筹国内国际两个大局,更好维护和运用我国发展的重要战略机遇期,更好统筹社会力量、平衡社会利益、调节社会关系、规范社为,使我国社会在深刻变革中既生机勃勃又并然有序,实现经济发展、政治清明、文化昌盛、社会公正、生态良好,实现我国和平发展的战略目标,必须更好发挥法治的引领和规范作用。

我们党高度重视法治建设。长期以来,特别是党的十一届三中全会以来,我们党深刻总结我国社会主义法治建设的成功经验和深刻教训,提出为了保障人民民主,必须加强法治,必须使民

---

[1]中华人民共和国现行审计法规与审计准则及政策解读[M].上海:立信出版社,2018:26-35.

主制度化、法律化,把依法治国确定为党领导人民治理国家的基本方略,把依法执政确定为党治国理政的基本方式,积极建设社会主义法治,取得历史性成就。目前,中国特色社会主义法律体系已经形成,法治政府建设稳步推进,司法体制不断完善,全社会法治观念明显增强。

同时,必须清醒看到,同党和国家事业发展要求相比,同人民群众期待相比,同推进国家治理体系和治理能力现代化目标相比,法治建设还存在许多不适应、不符合的问题,主要表现为:有的法律法规未能全面反映客观规律和人民意愿,针对性、可操作性不强,立法工作中部门化倾向、争权诿责现象较为突出;有法不依、执法不严、违法不究现象比较严重,执法体制权责脱节、多头执法、选择性执法现象仍然存在,执法司法不规范、不严格、不透明、不文明现象较为突出,群众对执法司法不公和腐败问题反映强烈;部分社会成员尊法信法守法用法、依法维权意识不强,一些国家工作人员特别是领导干部依法办事观念不强、能力不足,知法犯法、以言代法、以权压法、徇私枉法现象依然存在。这些问题,违背社会主义法治原则,损害人民群众利益,妨碍党和国家事业发展,必须下大气力加以解决。

全面推进依法治国,必须贯彻落实党的十八大和十八届三中全会精神,高举中国特色社会主义伟大旗帜,以马克思列宁主义、毛泽东思想、邓小平理论、"三个代表"重要思想、科学发展观为指导,深入贯彻习近平总书记系列重要讲话精神,坚持党的领导、人民当家做主、依法治国有机统一,坚定不移走中国特色社会主义法治道路,坚决维护宪法法律权威,依法维护人民权益、维护社会公平正义、维护国家安全稳定,为实现"两个一百年"奋斗目标、实现中华民族伟大复兴的中国梦提供有力法治保障。

全面推进依法治国,总目标是建设中国特色社会主义法治体系,建设社会主义法治国家。这就是,在中国共产党领导下,坚持中国特色社会主义制度,贯彻中国特色社会主义法治理论,形成完备的法律规范体系、高效的法治实施体系、严密的法治监督体系、有力的法治保障体系,形成完善的党内法规体系,坚持依法治国、依法执政、依法行政共同推进,坚持法治国家、法治政府、法治社会一体建设,实现科学立法、严格执法、公正司法、全民守法,促进国家治理体系和治理能力现代化。

实现这个总目标,必须坚持以下原则:

——坚持中国共产党的领导。党的领导是中国特色社会主义最本质的特征,是社会主义法治最根本的保证。把党的领导贯彻到依法治国全过程和各方面,是我国社会主义法治建设的一条基本经验。我国宪法确立了中国共产党的领导地位。坚持党的领导,是社会主义法治的根本要求,是党和国家的根本所在、命脉所在,是全国各族人民的利益所系、幸福所系,是全面推进依法治国的题中应有之义。党的领导和社会主义法治是一致的,社会主义法治必须坚持党的领导,党的领导必须依靠社会主义法治。只有在党的领导下依法治国、厉行法治,人民当家做主才能充分实现,国家和社会生活法治化才能有序推进。依法执政,既要求党依据宪法法律治国理政,也要求党依据党内法规管党治党。必须坚持党领导立法、保证执法、支持司法、带头守法,把依法治国基本方略同依法执政基本方式统一起来,把党总揽全局、协调各方同人大、政府、政协、审判机关、检察机关依法依章程履行职能、开展工作统一起来,把党领导人民制定和实施宪法法律同党坚持在宪法法律范围内活动统一起来,善于使党的主张通过法定程序成为国家意志,善于使党组织推荐的人选通过法定程序成为国家政权机关的领导人员,善于通过国家政权机关实施党对国家和社会的领导,善于运用民主集中制原则维护中央权威、维护全党全国团结统一。

——坚持人民主体地位。人民是依法治国的主体和力量源泉,人民代表大会制度是保证人民当家做主的根本政治制度。必须坚持法治建设为了人民、依靠人民、造福人民、保护人民,以保障人民根本权益为出发点和落脚点,保证人民依法享有广泛的权利和自由、承担应尽的义务,维护社会公平正义,促进共同富裕。必须保证人民在党的领导下,依照法律规定,通过各种途径和形式管理国家事务,管理经济文化事业,管理社会事务。必须使人民认识到法律既是保障自身权利的有力武器,也是必须遵守的行为规范,增强全社会学法遵法守法用法意识,使法律为人民所掌握、所遵守、所运用。

——坚持法律面前人人平等。平等是社会主义法律的基本属性。任何组织和个人都必须尊重宪法法律权威,都必须在宪法法律范围内活动,都必须依照宪法法律行使权力或权利、履行职责或义务,都不得有超越宪法法律的特权。必须维护国家法制统一、尊严、权威,切实保证宪法法律有效实施,绝不允许任何人以任何借口任何形式以言代法、以权压法、徇私枉法。必须以规范和约束公权力为重点,加大监督力度,做到有权必有责、用权受监督、违法必追究,坚决纠正有法不依、执法不严、违法不究行为。

——坚持依法治国和以德治国相结合。国家和社会治理需要法律和道德共同发挥作用。必须坚持一手抓法治、一手抓德治,大力弘扬社会主义核心价值观,弘扬中华传统美德,培育社会公德、职业道德、家庭美德、个人品德,既重视发挥法律的规范作用,又重视发挥道德的教化作用,以法治体现道德理念、强化法律对道德建设的促进作用,以道德滋养法治精神、强化道德对法治文化的支撑作用,实现法律和道德相辅相成、法治和德治相得益彰。

——坚持从中国实际出发。中国特色社会主义道路、理论体系、制度是全面推进依法治国的根本遵循。必须从我国基本国情出发,同改革开放不断深化相适应,总结和运用党领导人民实行法治的成功经验,围绕社会主义法治建设重大理论和实践问题,推进法治理论创新,发展符合中国实际、具有中国特色、体现社会发展规律的社会主义法治理论,为依法治国提供理论指导和学理支撑。汲取中华法律文化精华,借鉴国外法治有益经验,但决不照搬外国法治理念和模式。

全面推进依法治国是一个系统工程,是国家治理领域一场广泛而深刻的革命,需要付出长期艰苦努力。全党同志必须更加自觉地坚持依法治国、更加扎实地推进依法治国,努力实现国家各项工作法治化,向着建设法治中国不断前进。

二、完善以宪法为核心的中国特色社会主义法律体系,加强宪法实施

法律是治国之重器,良法是善治之前提。建设中国特色社会主义法治体系,必须坚持立法先行,发挥立法的引领和推动作用,抓住提高立法质量这个关键。要恪守以民为本、立法为民理念,贯彻社会主义核心价值观,使每一项立法都符合宪法精神、反映人民意志、得到人民拥护。要把公正、公平、公开原则贯穿立法全过程,完善立法体制机制,坚持立改废释并举,增强法律法规的及时性、系统性、针对性、有效性。

（一）健全宪法实施和监督制度。宪法是党和人民意志的集中体现，是通过科学民主程序形成的根本法。坚持依法治国首先要坚持依宪治国，坚持依法执政首先要坚持依宪执政。全国各族人民、一切国家机关和武装力量、各政党和各社会团体、各企业事业组织，都必须以宪法为根本的活动准则，并且负有维护宪法尊严、保证宪法实施的职责。一切违反宪法的行为都必须予以追究和纠正。

完善全国人大及其常委会宪法监督制度，健全宪法解释程序机制。加强备案审查制度和能力建设，把所有规范性文件纳入备案审查范围，依法撤销和纠正违宪违法的规范性文件，禁止地方制发带有立法性质的文件。

将每年十二月四日定为国家宪法日。在全社会普遍开展宪法教育，弘扬宪法精神。建立宪法宣誓制度，凡经人大及其常委会选举或者决定任命的国家工作人员正式就职时公开向宪法宣誓。

（二）完善立法体制。加强党对立法工作的领导，完善党对立法工作中重大问题决策的程序。凡立法涉及重大体制和重大政策调整的，必须报党中央讨论决定。党中央向全国人大提出宪法修改建议，依照宪法规定的程序进行宪法修改。法律制定和修改的重大问题由全国人大常委会党组向党中央报告。

健全有立法权的人大主导立法工作的体制机制，发挥人大及其常委会在立法工作中的主导作用。建立由全国人大相关专门委员会、全国人大常委会法制工作委员会组织有关部门参与起草综合性、全局性、基础性等重要法律草案制度。增加有法治实践经验的专职常委比例。依法建立健全专门委员会、工作委员会立法专家顾问制度。

加强和改进政府立法制度建设，完善行政法规、规章制定程序，完善公众参与政府立法机制。重要行政管理法律法规由政府法制机构组织起草。

明确立法权力边界，从体制机制和工作程序上有效防止部门利益和地方保护主义法律化。对部门间争议较大的重要立法事项，由决策机关引入第三方评估，充分听取各方意见，协调决定，不能久拖不决。加强法律解释工作，及时明确法律规定含义和适用法律依据。明确地方立法权限和范围，依法赋予设区的市地方立法权。

（三）深入推进科学立法、民主立法。加强人大对立法工作的组织协调，健全立法起草、论证、协调、审议机制，健全向下级人大征询立法意见机制，建立基层立法联系点制度，推进立法精细化。健全法律法规规章起草征求人大代表意见制度，增加人大代表列席人大常委会会议人数，更多发挥人大代表参与起草和修改法律作用。完善立法项目征集和论证制度。健全立法机关主导、社会各方有序参与立法的途径和方式。探索委托第三方起草法律法规草案。

健全立法机关和社会公众沟通机制，开展立法协商，充分发挥政协委员、民主党派、工商联、无党派人士、人民团体、社会组织在立法协商中的作用，探索建立有关国家机关、社会团体、专家学者等对立法中涉及的重大利益调整论证咨询机制。拓宽公民有序参与立法途径，健全法律法规规章草案公开征求意见和公众意见采纳情况反馈机制，广泛凝聚社会共识。

完善法律草案表决程序，对重要条款可以单独表决。

（四）加强重点领域立法。依法保障公民权利,加快完善体现权利公平、机会公平、规则公平的法律制度,保障公民人身权、财产权、基本政治权利等各项权利不受侵犯,保障公民经济、文化、社会等各方面权利得到落实,实现公民权利保障法治化。增强全社会尊重和保障人权意识,健全公民权利救济渠道和方式。

社会主义市场经济本质上是法治经济。使市场在资源配置中起决定性作用和更好发挥政府作用,必须以保护产权、维护契约、统一市场、平等交换、公平竞争、有效监管为基本导向,完善社会主义市场经济法律制度。健全以公平为核心原则的产权保护制度,加强对各种所有制经济组织和自然人财产权的保护,清理有违公平的法律法规条款。创新适应公有制多种实现形式的产权保护制度,加强对国有、集体资产所有权、经营权和各类企业法人财产权的保护。国家保护企业以法人财产权依法自主经营、自负盈亏,企业有权拒绝任何组织和个人无法律依据的要求。加强企业社会责任立法。完善激励创新的产权制度、知识产权保护制度和促进科技成果转化的体制机制。加强市场法律制度建设,编纂民法典,制定和完善发展规划、投资管理、土地管理、能源和矿产资源、农业、财政税收、金融等方面法律法规,促进商品和要素自由流动、公平交易、平等使用。依法加强和改善宏观调控、市场监管,反对垄断,促进合理竞争,维护公平竞争的市场秩序。加强军民融合深度发展法治保障。

制度化、规范化、程序化是社会主义民主政治的根本保障。以保障人民当家做主为核心,坚持和完善人民代表大会制度,坚持和完善中国共产党领导的多党合作和政治协商制度、民族区域自治制度以及基层群众自治制度,推进社会主义民主政治法治化。加强社会主义协商民主制度建设,推进协商民主广泛多层制度化发展,构建程序合理、环节完整的协商民主体系。完善和发展基层民主制度,依法推进基层民主和行业自律,实行自我管理、自我服务、自我教育、自我监督。完善国家机构组织法,完善选举制度和工作机制。加快推进反腐败国家立法,完善惩治和预防腐败体系,形成不敢腐、不能腐、不想腐的有效机制,坚决遏制和预防腐败现象。完善惩治贪污贿赂犯罪法律制度,把贿赂犯罪对象由财物扩大为财物和其他财产性利益。

建立健全坚持社会主义先进文化前进方向、遵循文化发展规律、有利于激发文化创造活力、保障人民基本文化权益的文化法律制度。制定公共文化服务保障法,促进基本公共文化服务标准化、均等化。制定文化产业促进法,把行之有效的文化经济政策法定化,健全促进社会效益和经济效益有机统一的制度规范。制定国家勋章和国家荣誉称号法,表彰有突出贡献的杰出人士。加强互联网领域立法,完善网络信息服务、网络安全保护、网络社会管理等方面的法律法规,依法规范网络行为。

加快保障和改善民生、推进社会治理体制创新法律制度建设。依法加强和规范公共服务,完善教育、就业、收入分配、社会保障、医疗卫生、食品安全、扶贫、慈善、社会救助和妇女儿童、老年人、残疾人合法权益保护等方面的法律法规。加强社会组织立法,规范和引导各类社会组织健康发展。制定社区矫正法。

贯彻落实总体国家安全观,加快国家安全法治建设,抓紧出台反恐怖等一批急需法律,推进公共安全法治化,构建国家安全法律制度体系。

用严格的法律制度保护生态环境,加快建立有效约束开发行为和促进绿色发展、循环发展、低碳发展的生态文明法律制度,强化生产者环境保护的法律责任,大幅度提高违法成本。建立健全自然资源产权法律制度,完善国土空间开发保护方面的法律制度,制定完善生态补偿和土壤、水、大气污染防治及海洋生态环境保护等法律法规,促进生态文明建设。

实现立法和改革决策相衔接,做到重大改革于法有据、立法主动适应改革和经济社会发展需要。实践证明行之有效的,要及时上升为法律。实践条件还不成熟、需要先行先试的,要按照法定程序作出授权。对不适应改革要求的法律法规,要及时修改和废止。

三、深入推进依法行政,加快建设法治政府

法律的生命力在于实施,法律的权威也在于实施。各级政府必须坚持在党的领导下、在法治轨道上开展工作,创新执法体制,完善执法程序,推进综合执法,严格执法责任,建立权责统一、权威高效的依法行政体制,加快建设职能科学、权责法定、执法严明、公开公正、廉洁高效、守法诚信的法治政府。

(一)依法全面履行政府职能。完善行政组织和行政程序法律制度,推进机构、职能、权限、程序、责任法定化。行政机关要坚持法定职责必须为、法无授权不可为,勇于负责、敢于担当,坚决纠正不作为、乱作为,坚决克服懒政、怠政,坚决惩处失职、渎职。行政机关不得法外设定权力,没有法律法规依据不得作出减损公民、法人和其他组织合法权益或者增加其义务的决定。推行政府权力清单制度,坚决消除权力设租寻租空间。

推进各级政府事权规范化、法律化,完善不同层级政府特别是中央和地方政府事权法律制度,强化中央政府宏观管理、制度设定职责和必要的执法权,强化省级政府统筹推进区域内基本公共服务均等化职责,强化市县政府执行职责。

(二)健全依法决策机制。把公众参与、专家论证、风险评估、合法性审查、集体讨论决定确定为重大行政决策法定程序,确保决策制度科学、程序正当、过程公开、责任明确。建立行政机关内部重大决策合法性审查机制,未经合法性审查或经审查不合法的,不得提交讨论。

积极推行政府法律顾问制度,建立政府法制机构人员为主体、吸收专家和律师参加的法律顾问队伍,保证法律顾问在制定重大行政决策、推进依法行政中发挥积极作用。

建立重大决策终身责任追究制度及责任倒查机制,对决策严重失误或者依法应该及时作出决策但久拖不决造成重大损失、恶劣影响的,严格追究行政首长、负有责任的其他领导人员和相关责任人员的法律责任。

(三)深化行政执法体制改革。根据不同层级政府的事权和职能,按照减少层次、整合队伍、提高效率的原则,合理配置执法力量。

推进综合执法,大幅减少市县两级政府执法队伍种类,重点在食品药品安全、工商质检、公共卫生、安全生产、文化旅游、资源环境、农林水利、交通运输、城乡建设、海洋渔业等领域内推行综合执法,有条件的领域可以推行跨部门综合执法。

完善市县两级政府行政执法管理,加强统一领导和协调。理顺行政强制执行体制。理顺城管执法体制,加强城市管理综合执法机构建设,提高执法和服务水平。

严格实行行政执法人员持证上岗和资格管理制度,未经执法资格考试合格,不得授予执法资格,不得从事执法活动。严格执行罚缴分离和收支两条线管理制度,严禁收费罚没收入同部门利益直接或者变相挂钩。

健全行政执法和刑事司法衔接机制,完善案件移送标准和程序,建立行政执法机关、公安机关、检察机关、审判机关信息共享、案情通报、案件移送制度,坚决克服有案不移、有案难移、以罚代刑现象,实现行政处罚和刑事处罚无缝对接。

(四)坚持严格规范公正文明执法。依法惩处各类违法行为,加大关系群众切身利益的重点领域执法力度。完善执法程序,建立执法全过程记录制度。明确具体操作流程,重点规范行政许可、行政处罚、行政强制、行政征收、行政收费、行政检查等执法行为。严格执行重大执法决定法制审核制度。

建立健全行政裁量权基准制度,细化、量化行政裁量标准,规范裁量范围、种类、幅度。加强行政执法信息化建设和信息共享,提高执法效率和规范化水平。

全面落实行政执法责任制,严格确定不同部门及机构、岗位执法人员执法责任和责任追究机制,加强执法监督,坚决排除对执法活动的干预,防止和克服地方和部门保护主义,惩治执法腐败现象。

(五)强化对行政权力的制约和监督。加强党内监督、人大监督、民主监督、行政监督、司法监督、审计监督、社会监督、舆论监督制度建设,努力形成科学有效的权力运行制约和监督体系,增强监督合力和实效。

加强对政府内部权力的制约,是强化对行政权力制约的重点。对财政资金分配使用、国有资产监管、政府投资、政府采购、公共资源转让、公共工程建设等权力集中的部门和岗位实行分事行权、分岗设权、分级授权,定期轮岗,强化内部流程控制,防止权力滥用。完善政府内部层级监督和专门监督,改进上级机关对下级机关的监督,建立常态化监督制度。完善纠错问责机制,健全责令公开道歉、停职检查、引咎辞职、责令辞职、罢免等问责方式和程序。

完善审计制度,保障依法独立行使审计监督权。对公共资金、国有资产、国有资源和领导干部履行经济责任情况实行审计全覆盖。强化上级审计机关对下级审计机关的领导。探索省以下地方审计机关人财物统一管理。推进审计职业化建设。

(六)全面推进政务公开。坚持以公开为常态、不公开为例外原则,推进决策公开、执行公开、管理公开、服务公开、结果公开。各级政府及其工作部门依据权力清单,向社会全面公开政府职能、法律依据、实施主体、职责权限、管理流程、监督方式等事项。重点推进财政预算、公共资源配置、重大建设项目批准和实施、社会公益事业建设等领域的政府信息公开。

涉及公民、法人或其他组织权利和义务的规范性文件,按照政府信息公开要求和程序予以公布。推行行政执法公示制度。推进政务公开信息化,加强互联网政务信息数据服务平台和便民服务平台建设。

四、保证公正司法,提高司法公信力

公正是法治的生命线。司法公正对社会公正具有重要引领作用,司法不公对社会公正具有致命破坏作用。必须完善司法管理体制和司法权力运行机制,规范司法行为,加强对司法活动的监督,努力让人民群众在每一个司法案件中感受到公平正义。

(一)完善确保依法独立公正行使审判权和检察权的制度。各级党政机关和领导干部要支持法院、检察院依法独立公正行使职权。建立领导干部干预司法活动、插手具体案件处理的记录、通报和责任追究制度。任何党政机关和领导干部都不得让司法机关做违反法定职责、有碍司法公正的事情,任何司法机关都不得执行党政机关和领导干部违法干预司法活动的要求。对干预司法机关办案的,给予党纪政纪处分;造成冤假错案或者其他严重后果的,依法追究刑事责任。

健全行政机关依法出庭应诉、支持法院受理行政案件、尊重并执行法院生效裁判的制度。完善惩戒妨碍司法机关依法行使职权、拒不执行生效裁判和决定、藐视法庭权威等违法犯罪行为的法律规定。

建立健全司法人员履行法定职责保护机制。非因法定事由,非经法定程序,不得将法官、检察官调离、辞退或者作出免职、降级等处分。

(二)优化司法职权配置。健全公安机关、检察机关、审判机关、司法行政机关各司其职,侦查权、检察权、审判权、执行权相互配合、相互制约的体制机制。

完善司法体制,推动实行审判权和执行权相分离的体制改革试点。完善刑罚执行制度,统一刑罚执行体制。改革司法机关人财物管理体制,探索实行法院、检察院司法行政事务管理权和审判权、检察权相分离。

最高人民法院设立巡回法庭,审理跨行政区域重大行政和民商事案件。探索设立跨行政区划的人民法院和人民检察院,办理跨地区案件。完善行政诉讼体制机制,合理调整行政诉讼案件管辖制度,切实解决行政诉讼立案难、审理难、执行难等突出问题。

改革法院案件受理制度,变立案审查制为立案登记制,对人民法院依法应该受理的案件,做到有案必立、有诉必理,保障当事人诉权。加大对虚假诉讼、恶意诉讼、无理缠诉行为的惩治力度。完善刑事诉讼中认罪认罚从宽制度。

完善审级制度,一审重在解决事实认定和法律适用,二审重在解决事实法律争议、实现二审终审,再审重在解决依法纠错、维护裁判权威。完善对涉及公民人身、财产权益的行政强制措施实行司法监督制度。检察机关在履行职责中发现行政机关违法行使职权或者不行使职权的行为,应该督促其纠正。探索建立检察机关提起公益诉讼制度。

明确司法机关内部各层级权限,健全内部监督制约机制。司法机关内部人员不得违反规定干预其他人员正在办理的案件,建立司法机关内部人员过问案件的记录制度和责任追究制度。完善主审法官、合议庭、主任检察官、主办侦查员办案责任制,落实谁办案谁负责。

加强职务犯罪线索管理,健全受理、分流、查办、信息反馈制度,明确纪检监察和刑事司法办案标准和程序衔接,依法严格查办职务犯罪案件。

(三)推进严格司法。坚持以事实为根据、以法律为准绳,健全事实认定符合客观真相、办案结果符合实体公正、办案过程符合程序公正的法律制度。加强和规范司法解释和案例指导,统一法律适用标准。

推进以审判为中心的诉讼制度改革,确保侦查、审查起诉的案件事实证据经得起法律的检验。全面贯彻证据裁判规则,严格依法收集、固定、保存、审查、运用证据,完善证人、鉴定人出庭制度,保证庭审在查明事实、认定证据、保护诉权、公正裁判中发挥决定性作用。

明确各类司法人员工作职责、工作流程、工作标准,实行办案质量终身负责制和错案责任倒查问责制,确保案件处理经得起法律和历史检验。

(四)保障人民群众参与司法。坚持人民司法为人民,依靠人民推进公正司法,通过公正司法维护人民权益。在司法调解、司法听证、涉诉信访等司法活动中保障人民群众参与。完善人民陪审员制度,保障公民陪审权利,扩大参审范围,完善随机抽选方式,提高人民陪审制度公信度。逐步实行人民陪审员不再审理法律适用问题,只参与审理事实认定问题。

构建开放、动态、透明、便民的阳光司法机制,推进审判公开、检务公开、警务公开、狱务公开,依法及时公开执法司法依据、程序、流程、结果和生效法律文书,杜绝暗箱操作。加强法律文书释法说理,建立生效法律文书统一上网和公开查询制度。

(五)加强人权司法保障。强化诉讼过程中当事人和其他诉讼参与人的知情权、陈述权、辩护辩论权、申请权、申诉权的制度保障。健全落实罪刑法定、疑罪从无、非法证据排除等法律原则的法律制度。完善对限制人身自由司法措施和侦查手段的司法监督,加强对刑讯逼供和非法取证的源头预防,健全冤假错案有效防范、及时纠正机制。

切实解决执行难,制定强制执行法,规范查封、扣押、冻结、处理涉案财物的司法程序。加快建立失信被执行人信用监督、威慑和惩戒法律制度。依法保障胜诉当事人及时实现权益。

落实终审和诉讼终结制度,实行诉访分离,保障当事人依法行使申诉权利。对不服司法机关生效裁判、决定的申诉,逐步实行由律师代理制度。对聘不起律师的申诉人,纳入法律援助范围。

(六)加强对司法活动的监督。完善检察机关行使监督权的法律制度,加强对刑事诉讼、民事诉讼、行政诉讼的法律监督。完善人民监督员制度,重点监督检察机关查办职务犯罪的立案、羁押、扣押冻结财物、起诉等环节的执法活动。司法机关要及时回应社会关切。规范媒体对案件的报道,防止舆论影响司法公正。

依法规范司法人员与当事人、律师、特殊关系人、中介组织的接触、交往行为。严禁司法人员私下接触当事人及律师、泄露或者为其打探案情、接受吃请或者收受其财物、为律师介绍代理和辩护业务等违法违纪行为,坚决惩治司法掮客行为,防止利益输送。

对因违法违纪被开除公职的司法人员、吊销执业证书的律师和公证员,终身禁止从事法律职业,构成犯罪的要依法追究刑事责任。

坚决破除各种潜规则,绝不允许法外开恩,绝不允许办关系案、人情案、金钱案。坚决反对和克服特权思想、衙门作风、霸道作风,坚决反对和惩治粗暴执法、野蛮执法行为。对司法领域的腐败零容忍,坚决清除害群之马。

五、增强全民法治观念,推进法治社会建设

法律的权威源自人民的内心拥护和真诚信仰。人民权益要靠法律保障,法律权威要靠人民维护。必须弘扬社会主义法治精神,建设社会主义法治文化,增强全社会厉行法治的积极性和主动性,形成守法光荣、违法可耻的社会氛围,使全体人民都成为社会主义法治的忠实崇尚者、自觉遵守者、坚定捍卫者。

(一)推动全社会树立法治意识。坚持把全民普法和守法作为依法治国的长期基础性工作,深入开展法治宣传教育,引导全民自觉守法、遇事找法、解决问题靠法。坚持把领导干部带头学法、模范守法作为树立法治意识的关键,完善国家工作人员学法用法制度,把宪法法律列入党委(党组)中心组学习内容,列为党校、行政学院、干部学院、社会主义学院必修课。把法治教育纳入国民教育体系,从青少年抓起,在中小学设立法治知识课程。

健全普法宣传教育机制,各级党委和政府要加强对普法工作的领导,宣传、文化、教育部门和人民团体要在普法教育中发挥职能作用。实行国家机关"谁执法谁普法"的普法责任制,建立法官、检察官、行政执法人员、律师等以案释法制度,加强普法讲师团、普法志愿者队伍建设。把法治教育纳入精神文明创建内容,开展群众性法治文化活动,健全媒体公益普法制度,加强新媒体新技术在普法中的运用,提高普法实效。

牢固树立有权力就有责任、有权利就有义务观念。加强社会诚信建设,健全公民和组织守法信用记录,完善守法诚信褒奖机制和违法失信行为惩戒机制,使遵法守法成为全体人民共同追求和自觉行动。

加强公民道德建设,弘扬中华优秀传统文化,增强法治的道德底蕴,强化规则意识,倡导契约精神,弘扬公序良俗。发挥法治在解决道德领域突出问题中的作用,引导人们自觉履行法定义务、社会责任、家庭责任。

(二)推进多层次多领域依法治理。坚持系统治理、依法治理、综合治理、源头治理,提高社会治理法治化水平。深入开展多层次多形式法治创建活动,深化基层组织和部门、行业依法治理,支持各类社会主体自我约束、自我管理。发挥市民公约、乡规民约、行业规章、团体章程等社会规范在社会治理中的积极作用。

发挥人民团体和社会组织在法治社会建设中的积极作用。建立健全社会组织参与社会事务、维护公共利益、救助困难群众、帮教特殊人群、预防违法犯罪的机制和制度化渠道。支持行业协会商会类社会组织发挥行业自律和专业服务功能。发挥社会组织对其成员的行为导引、规则约束、权益维护作用。加强在华境外非政府组织管理,引导和监督其依法开展活动。

高举民族大团结旗帜,依法妥善处置涉及民族、宗教等因素的社会问题,促进民族关系、宗教关系和谐。

(三)建设完备的法律服务体系。推进覆盖城乡居民的公共法律服务体系建设,加强民生领域法律服务。完善法律援助制度,扩大援助范围,健全司法救助体系,保证人民群众在遇到法律问题或者权利受到侵害时获得及时有效法律帮助。

发展律师、公证等法律服务业,统筹城乡、区域法律服务资源,发展涉外法律服务业。健全统一司法鉴定管理体制。

(四)健全依法维权和化解纠纷机制。强化法律在维护群众权益、化解社会矛盾中的权威地位,引导和支持人们理性表达诉求、依法维护权益,解决好群众最关心最直接最现实的利益问题。

构建对维护群众利益具有重大作用的制度体系,建立健全社会矛盾预警机制、利益表达机制、协商沟通机制、救济救助机制,畅通群众利益协调、权益保障法律渠道。把信访纳入法治化轨道,保障合理合法诉求依照法律规定和程序就能得到合理合法的结果。

健全社会矛盾纠纷预防化解机制,完善调解、仲裁、行政裁决、行政复议、诉讼等有机衔接、相互协调的多元化纠纷解决机制。加强行业性、专业性人民调解组织建设,完善人民调解、行政调解、司法调解联动工作体系。完善仲裁制度,提高仲裁公信力。健全行政裁决制度,强化行政机关解决同行政管理活动密切相关的民事纠纷功能。

深入推进社会治安综合治理,健全落实领导责任制。完善立体化社会治安防控体系,有效防范化解管控影响社会安定的问题,保障人民生命财产安全。依法严厉打击暴力恐怖、涉黑犯罪、邪教和黄赌毒等违法犯罪活动,绝不允许其形成气候。依法强化危害食品药品安全、影响安全生产、损害生态环境、破坏网络安全等重点问题治理。

六、加强法治工作队伍建设

全面推进依法治国,必须大力提高法治工作队伍思想政治素质、业务工作能力、职业道德水准,着力建设一支忠于党、忠于国家、忠于人民、忠于法律的社会主义法治工作队伍,为加快建设社会主义法治国家提供强有力的组织和人才保障。

(一)建设高素质法治专门队伍。把思想政治建设摆在首位,加强理想信念教育,深入开展社会主义核心价值观和社会主义法治理念教育,坚持党的事业、人民利益、宪法法律至上,加强立法队伍、行政执法队伍、司法队伍建设。抓住立法、执法、司法机关各级领导班子建设这个关键,突出政治标准,把善于运用法治思维和法治方式推动工作的人选拔到领导岗位上来。畅通立法、执法、司法部门干部和人才相互之间以及与其他部门具备条件的干部和人才交流渠道。

推进法治专门队伍正规化、专业化、职业化,提高职业素养和专业水平。完善法律职业准入制度,健全国家统一法律职业资格考试制度,建立法律职业人员统一职前培训制度。建立从符合条件的律师、法学专家中招录立法工作者、法官、检察官制度,畅通具备条件的军队转业干部进入法治专门队伍的通道,健全从政法专业毕业生中招录人才的规范便捷机制。加强边疆地区、民族地区法治专门队伍建设。加快建立符合职业特点的法治工作人员管理制度,完善职业保障体系,建立法官、检察官、人民警察专业职务序列及工资制度。

建立法官、检察官逐级遴选制度。初任法官、检察官由高级人民法院、省级人民检察院统一招录,一律在基层法院、检察院任职。上级人民法院、人民检察院的法官、检察官一般从下一级人民法院、人民检察院的优秀法官、检察官中遴选。

(二)加强法律服务队伍建设。加强律师队伍思想政治建设,把拥护中国共产党领导、拥护社会主义法治作为律师从业的基本要求,增强广大律师走中国特色社会主义法治道路的自觉性和坚定性。构建社会律师、公职律师、公司律师等优势互补、结构合理的律师队伍。提高律师队伍业务素质,完善执业保障机制。加强律师事务所管理,发挥律师协会自律作用,规范律师执业行为,监督律师严格遵守职业道德和职业操守,强化准入、退出管理,严格执行违法违规执业惩戒制度。加强律师行业党的建设,扩大党的工作覆盖面,切实发挥律师事务所党组织的政治核心作用。

各级党政机关和人民团体普遍设立公职律师,企业可设立公司律师,参与决策论证,提供法律意见,促进依法办事,防范法律风险。明确公职律师、公司律师法律地位及权利义务,理顺公职律师、公司律师管理体制机制。

发展公证员、基层法律服务工作者、人民调解员队伍。推动法律服务志愿者队伍建设。建立激励法律服务人才跨区域流动机制,逐步解决基层和欠发达地区法律服务资源不足和高端人才匮乏问题。

(三)创新法治人才培养机制。坚持用马克思主义法学思想和中国特色社会主义法治理论全方位占领高校、科研机构法学教育和法学研究阵地,加强法学基础理论研究,形成完善的中国特色社会主义法学理论体系、学科体系、课程体系,组织编写和全面采用国家统一的法律类专业核心教材,纳入司法考试必考范围。坚持立德树人、德育为先导向,推动中国特色社会主义法治理论进教材进课堂进头脑,培养造就熟悉和坚持中国特色社会主义法治体系的法治人才及后备力量。建设通晓国际法律规则、善于处理涉外法律事务的涉外法治人才队伍。

健全政法部门和法学院校、法学研究机构人员双向交流机制,实施高校和法治工作部门人员互聘计划,重点打造一支政治立场坚定、理论功底深厚、熟悉中国国情的高水平法学家和专家团队,建设高素质学术带头人、骨干教师、专兼职教师队伍。

七、加强和改进党对全面推进依法治国的领导

党的领导是全面推进依法治国、加快建设社会主义法治国家最根本的保证。必须加强和改进党对法治工作的领导,把党的领导贯彻到全面推进依法治国全过程。

(一)坚持依法执政。依法执政是依法治国的关键。各级党组织和领导干部要深刻认识到,维护宪法法律权威就是维护党和人民共同意志的权威,捍卫宪法法律尊严就是捍卫党和人民共同意志的尊严,保证宪法法律实施就是保证党和人民共同意志的实现。各级领导干部要对法律怀有敬畏之心,牢记法律红线不可逾越、法律底线不可触碰,带头遵守法律,带头依法办事,不得违法行使权力,更不能以言代法、以权压法、徇私枉法。

健全党领导依法治国的制度和工作机制,完善保证党确定依法治国方针政策和决策部署的工作机制和程序。加强对全面推进依法治国统一领导、统一部署、统筹协调。完善党委依法决策机制,发挥政策和法律的各自优势,促进党的政策和国家法律互联互动。党委要定期听取政法机关工作汇报,做促进公正司法、维护法律权威的表率。党政主要负责人要履行推进法治建设第一责任人职责。各级党委要领导和支持工会、共青团、妇联等人民团体和社会组织在依法治国中积极发挥作用。

人大、政府、政协、审判机关、检察机关的党组织和党员干部要坚决贯彻党的理论和路线方针政策,贯彻党委决策部署。各级人大、政府、政协、审判机关、检察机关的党组织要领导和监督本单位模范遵守宪法法律,坚决查处执法犯法、违法用权等行为。

政法委员会是党委领导政法工作的组织形式,必须长期坚持。各级党委政法委员会要把工作着力点放在把握政治方向、协调各方职能、统筹政法工作、建设政法队伍、督促依法履职、创造公正司法环境上,带头依法办事,保障宪法法律正确统一实施。政法机关党组织要建立健全重大事项向党委报告制度。加强政法机关党的建设,在法治建设中充分发挥党组织政治保障作用和党员先锋模范作用。

(二)加强党内法规制度建设。党内法规既是管党治党的重要依据,也是建设社会主义法治国家的有力保障。党章是最根本的党内法规,全党必须一体严格遵行。完善党内法规制定体制机制,加大党内法规备案审查和解释力度,形成配套完备的党内法规制度体系。注重党内法规同国家法律的衔接和协调,提高党内法规执行力,运用党内法规把党要管党、从严治党落到实处,促进党员、干部带头遵守国家法律法规。

党的纪律是党内规矩。党规党纪严于国家法律,党的各级组织和广大党员干部不仅要模范遵守国家法律,而且要按照党规党纪以更高标准严格要求自己,坚定理想信念,践行党的宗旨,坚决同违法乱纪行为作斗争。对违反党规党纪的行为必须严肃处理,对苗头性倾向性问题必须抓早抓小,防止小错酿成大错、违纪走向违法。

依纪依法反对和克服形式主义、官僚主义、享乐主义和奢靡之风,形成严密的长效机制。完善和严格执行领导干部政治、工作、生活待遇方面各项制度规定,着力整治各种特权行为。深入开展党风廉政建设和反腐败斗争,严格落实党风廉政建设党委主体责任和纪委监督责任,对任何腐败行为和腐败分子,必须依纪依法予以坚决惩处,决不手软。

(三)提高党员干部法治思维和依法办事能力。党员干部是全面推进依法治国的重要组织者、推动者、实践者,要自觉提高运用法治思维和法治方式深化改革、推动发展、化解矛盾、维护稳定能力,高级干部尤其要以身作则、以上率下。把法治建设成效作为衡量各级领导班子和领导干部工作实绩重要内容,纳入政绩考核指标体系。把能不能遵守法律、依法办事作为考察干部重要内容,在相同条件下,优先提拔使用法治素养好、依法办事能力强的干部。对特权思想严重、法治观念淡薄的干部要批评教育,不改正的要调离领导岗位。

(四)推进基层治理法治化。全面推进依法治国,基础在基层,工作重点在基层。发挥基层党组织在全面推进依法治国中的战斗堡垒作用,增强基层干部法治观念、法治为民的意识,提高依法办事能力。加强基层法治机构建设,强化蓝层法治队伍,建立重心下移、力量下沉的法治工作机制,改善基层基础设施和装备条件,推进法治干部下基层活动。

(五)深入推进依法治军从严治军。党对军队绝对领导是依法治军的核心和根本要求。紧紧围绕党在新形势下的强军目标,着眼全面加强军队革命化现代化正规化建设,创新发展依法治军理论和实践,构建完善的中国特色军事法治体系,提高国防和军队建设法治化水平。

坚持在法治轨道上积极稳妥推进国防和军队改革,深化军队领导指挥体制、力量结构、政策制度等方面改革,加快完善和发展中国特色社会主义军事制度。

健全适应现代军队建设和作战要求的军事法规制度体系,严格规范军事法规制度的制定权限和程序,将所有军事规范性文件纳入审查范围,完善审查制度,增强军事法规制度科学性、针对性、适用性。

坚持从严治军铁律,加大军事法规执行力度,明确执法责任,完善执法制度,健全执法监督机制,严格责任追究,推动依法治军落到实处。

健全军事法制工作体制,建立完善领导机关法制工作机构。改革军事司法体制机制,完善统一领导的军事审判、检察制度,维护国防利益,保障军人合法权益,防范打击违法犯罪。建立军事法律顾问制度,在各级领导机关设立军事法律顾问,完善重大决策和军事行动法律咨询保障制度。改革军队纪检监察体制。

强化官兵法治理念和法治素养,把法律知识学习纳入军队院校教育体系、干部理论学习和部队教育训练体系,列为军队院校学员必修课和部队官兵必学必训内容。完善军事法律人才培养机制。加强军事法治理论研究。

(六)依法保障"一国两制"实践和推进祖国统一。坚持宪法的最高法律地位和最高法律效力,全面准确贯彻"一国两制""港人治港""澳人治澳"、高度自治的方针,严格依照宪法和基本法办事,完善与基本法实施相关的制度和机制,依法行使中央权力,依法保障高度自治,支持特别行政区行政长官和政府依法施政,保障内地与香港、澳门经贸关系发展和各领域交流合作,防范和反对外部势力干预港澳事务,保持香港、澳门长期繁荣稳定。

运用法治方式巩固和深化两岸关系和平发展,完善涉台法律法规,依法规范和保障两岸人民关系、推进两岸交流合作。运用法律手段捍卫一个中国原则、反对"台独",增进维护一个中国框架的共同认知,推进祖国和平统一。

依法保护港澳同胞、台湾同胞权益。加强内地同香港和澳门、大陆同台湾的执法司法协作,共同打击跨境违法犯罪活动。

(七)加强涉外法律工作。适应对外开放不断深化,完善涉外法律法规体系,促进构建开放型经济新体制。积极参与国际规则制定,推动依法处理涉外经济、社会事务,增强我国在国际法律事务中的话语权和影响力,运用法律手段维护我国主权、安全、发展利益。强化涉外法律服务,维护我国公民、法人在海外及外国公民、法人在我国的正当权益,依法维护海外侨胞权益。深化司法领域国际合作,完善我国司法协助体制,扩大国际司法协助覆盖面。加强反腐败国际合作,加大海外追赃追逃、遣返引渡力度。积极参与执法安全国际合作,共同打击暴力恐怖势力、民族分裂势力、宗教极端势力和贩毒走私、跨国有组织犯罪。

各级党委要全面准确贯彻本决定精神,健全党委统一领导和各方分工负责、齐抓共管的责任落实机制,制定实施方案,确保各项部署落到实处。

全党同志和全国各族人民要紧密团结在以习近平同志为总书记的党中央周围,高举中国特色社会主义伟大旗帜,积极投身全面推进依法治国伟大实践,开拓进取,扎实工作,为建设法治中国而奋斗!

国务院关于加强审计工作的意见❶

(国发〔2014〕48号)

各省、自治区、直辖市人民政府,国务院各部委、各直属机构:

为切实加强审计工作,推动国家重大决策部署和有关政策措施的贯彻落实,更好地服务改革

---

❶本书编写组.中华人民共和国现行审计法规与审计准则及政策解读[M].上海:立信出版社,2018:36-38.

发展,维护经济秩序,促进经济社会持续健康发展,现提出以下意见:

一、总体要求

(一)指导思想。坚持以邓小平理论、"三个代表"重要思想、科学发展观为指导,深入贯彻落实党的十八大和十八届二中、三中全会精神,依法履行审计职责,加大审计力度,创新审计方式,提高审计效率,对稳增长、促改革、调结构、惠民生、防风险等政策措施落实情况,以及公共资金、国有资产、国有资源、领导干部经济责任履行情况进行审计,实现审计监督全覆盖,促进国家治理现代化和国民经济健康发展。

(二)基本原则。

——围绕中心,服务大局。紧紧围绕国家中心工作,服务改革发展,服务改善民生,促进社会公正,为建设廉洁政府、俭朴政府、法治政府提供有力支持。

——发现问题,完善机制。发现国家政策措施执行中存在的主要问题和重大违法违纪案件线索,维护财经法纪,促进廉政建设;发现经济社会运行中的突出矛盾和风险隐患,维护国家经济安全;发现经济运行中好的做法、经验和问题,注重从体制机制制度层面分析原因和提出建议,促进深化改革和创新体制机制。

——依法审计,秉公用权。依法履行宪法和法律赋予的职责,敢于碰硬,勇于担当,严格遵守审计工作纪律和各项廉政、保密规定,注意工作方法,切实做到依法审计、文明审计、廉洁审计。

二、发挥审计促进国家重大决策部署落实的保障作用

(三)推动政策措施贯彻落实。持续组织对国家重大政策措施和宏观调控部署落实情况的跟踪审计,着力监督检查各地区、各部门落实稳增长、促改革、调结构、惠民生、防风险等政策措施的具体部署、执行进度、实际效果等情况,特别是重大项目落地、重点资金保障,以及简政放权推进情况,及时发现和纠正有令不行、有禁不止行为,反映好的做法、经验和新情况、新问题,促进政策落地生根和不断完善。

(四)促进公共资金安全高效使用。要看好公共资金,严防贪污、浪费等违法违规行为,确保公共资金安全。把绩效理念贯穿审计工作始终,加强预算执行和其他财政收支审计,密切关注财政资金的存量和增量,促进减少财政资金沉淀,盘活存量资金,推动财政资金合理配置、高效使用,把钱用在刀刃上。围绕中央八项规定精神和国务院"约法三章"要求,加强"三公"经费、会议费使用和楼堂馆所建设等方面审计,促进厉行节约和规范管理,推动俭朴政府建设。

(五)维护国家经济安全。要加大对经济运行中风险隐患的审计力度,密切关注财政、金融、民生、国有资产、能源、资源和环境保护等方面存在的薄弱环节和风险隐患,以及可能引发的社会不稳定因素,特别是地方政府性债务、区域性金融稳定等情况,注意发现和反映苗头性、倾向性问题,积极提出解决问题和化解风险的建议。

(六)促进改善民生和生态文明建设。加强对"三农"、社会保障、教育、文化、医疗、扶贫、救灾、保障性安居工程等重点民生资金和项目的审计,加强对土地、矿产等自然资源,以及大气、水、固体废物等污染治理和环境保护情况的审计,探索实行自然资源资产离任审计,深入分析财政投入与项目进展、事业发展等情况,推动惠民和资源、环保政策落实到位。

（七）推动深化改革。密切关注各项改革措施的协调配合情况，促进增强改革的系统性、整体性和协调性。正确把握改革和发展中出现的新情况，对不合时宜、制约发展、阻碍改革的制度规定，及时予以反映，推动改进和完善。

三、强化审计的监督作用

（八）促进依法行政、依法办事。要加大对依法行政情况的审计力度，注意发现有法不依、执法不严等问题，促进法治政府建设，切实维护法律尊严。要着力反映严重损害群众利益、妨害公平竞争等问题，维护市场经济秩序和社会公平正义。

（九）推进廉政建设。对审计发现的重大违法违纪问题，要查深查透查实。重点关注财政资金分配、重大投资决策和项目审批、重大物资采购和招标投标、贷款发放和证券交易、国有资产和股权转让、土地和矿产资源交易等重点领域和关键环节，揭露以权谋私、失职渎职、贪污受贿、内幕交易等问题，促进廉洁政府建设。

（十）推动履职尽责。深化领导干部经济责任审计，着力检查领导干部守法守纪守规尽责情况，促进各级领导干部主动作为、有效作为，切实履职尽责。依法依纪反映不作为、慢作为、乱作为问题，促进健全责任追究和问责机制。

四、完善审计工作机制

（十一）依法接受审计监督。凡是涉及管理、分配、使用公共资金、国有资产、国有资源的部门、单位和个人，都要自觉接受审计、配合审计，不得设置障碍。有关部门和单位要依法、及时、全面提供审计所需的财务会计、业务和管理等资料，不得制定限制向审计机关提供资料和开放计算机信息系统查询权限的规定，已经制定的应予修订或废止。对获取的资料，审计机关要严格保密。

（十二）提供完整准确真实的电子数据。有关部门、金融机构和国有企事业单位应根据审计工作需要，依法向审计机关提供与本单位、本系统履行职责相关的电子数据信息和必要的技术文档；在确保数据信息安全的前提下，协助审计机关开展联网审计。在现场审计阶段，被审计单位要为审计机关进行电子数据分析提供必要的工作环境。

（十三）积极协助审计工作。审计机关履行职责需要协助时，有关部门、单位要积极予以协助和支持，并对有关审计情况严格保密。要建立健全审计与纪检监察、公安、检察以及其他有关主管单位的工作协调机制，对审计移送的违法违纪问题线索，有关部门要认真查处，及时向审计机关反馈查处结果。审计机关要跟踪审计移送事项的查处结果，适时向社会公告。

五、狠抓审计发现问题的整改落实

（十四）健全整改责任制。被审计单位的主要负责人作为整改第一责任人，要切实抓好审计发现问题的整改工作，对重大问题要亲自管、亲自抓。对审计发现的问题和提出的审计建议，被审计单位要及时整改和认真研究，整改结果在书面告知审计机关的同时，要向同级政府或主管部门报告，并向社会公告。

（十五）加强整改督促检查。各级政府每年要专题研究国家重大决策部署和有关政策措施落实情况审计，以及本级预算执行和其他财政收支审计查出问题的整改工作，将整改纳入督查督办事项。对审计反映的问题,被审计单位主管部门要及时督促整改。审计机关要建立整改检查跟踪机制,必要时可提请有关部门协助落实整改意见。

(十六)严肃整改问责。各地区、各部门要把审计结果及其整改情况作为考核、奖惩的重要依据。对审计发现的重大问题,要依法依纪作出处理,严肃追究有关人员责任。对审计反映的典型性、普遍性、倾向性问题,要及时研究,完善制度规定。对整改不到位的,要与被审计单位主要负责人进行约谈。对整改不力、屡审屡犯的,要严格追责问责。

六、提升审计能力

(十七)强化审计队伍建设。着力提高审计队伍的专业化水平,推进审计职业化建设,建立审计人员职业保障制度,实行审计专业技术资格制度,完善审计职业教育培训体系,努力建设一支具有较高政治素质和业务素质、作风过硬的审计队伍。审计机关负责人原则上应具备经济、法律、管理等工作背景。招录审计人员可加试审计工作必需的专业知识和技能,部分专业性强的职位可实行聘任制。

(十八)推动审计方式创新。加强审计机关审计计划的统筹协调,优化审计资源配置,开展好涉及全局的重大项目审计,探索预算执行项目分阶段组织实施审计的办法,对重大政策措施、重大投资项目、重点专项资金和重大突发事件等可以开展全过程跟踪审计。根据审计项目实施需要,探索向社会购买审计服务。加强上级审计机关对下级审计机关的领导,建立健全工作报告等制度,地方各级审计机关将审计结果和重大案件线索向同级政府报告的同时,必须向上一级审计机关报告。

(十九)加快推进审计信息化。推进有关部门、金融机构和国有企事业单位等与审计机关实现信息共享,加大数据集中力度,构建国家审计数据系统。探索在审计实践中运用大数据技术的途径,加大数据综合利用力度,提高运用信息化技术查核问题、评价判断、宏观分析的能力。创新电子审计技术,提高审计工作能力、质量和效率。推进对各部门、单位计算机信息系统安全性、可靠性和经济性的审计。

(二十)保证履行审计职责必需的力量和经费。根据审计任务日益增加的实际,合理配置审计力量。按照科学核算、确保必需的原则,在年度财政预算中切实保障本级审计机关履行职责所需经费,为审计机关提供相应的工作条件。加强内部审计工作,充分发挥内部审计作用。

七、加强组织领导

(二十一)健全审计工作领导机制。地方各级政府主要负责人要依法直接领导本级审计机关,支持审计机关工作,定期听取审计工作汇报,及时研究解决审计工作中遇到的突出问题,把审计结果作为相关决策的重要依据。要加强政府监督检查机关间的沟通交流,充分利用已有的检查结果等信息,避免重复检查。

(二十二)维护审计的独立性。地方各级政府要保障审计机关依法审计、依法查处问题、依法向社会公告审计结果,不受其他行政机关、社会团体和个人的干涉,定期组织开展对审计法律法规执行情况的监督检查。对拒不接受审计监督,阻挠、干扰和不配合审计工作,或威胁、恐吓、报复审计人员的,要依法依纪查处。

国务院办公厅关于稳增长促改革调结构惠民生政策措施落实情况的跟踪审计工作方案[1]

(国办发明电〔2014〕16号,2014年8月19日)

为做好稳增长、促改革、调结构、惠民生政策措施落实情况的跟踪审计工作,根据《中华人民共和国审计法》等相关规定,制定本工作方案。

一、审计目标

推动国务院出台的稳增长、促改革、调结构、惠民生政策措施落实到位,促进经济平稳运行、健康发展。

二、审计对象和范围

地方各级人民政府、国务院相关部门贯彻落实稳增长、促改革、调结构、惠民生政策措施情况(详见附件),必要时延伸审计相关企业和建设项目。

三、审计重点

围绕国务院出台的稳增长、促改革、调结构、惠民生一系列政策措施,重点审计以下方面:

(一)总体情况。包括:各相关部门按照职责范围和分工制定具体落实措施、任务分解、工作进展和完善制度保障等情况;各地区因地制宜制定具体措施、承接并制定目标任务细化方案、明确责任主体、建立健全保障机制等情况;各地区、各相关部门落实措施的具体内容、时间表、路线图和执行进度,以及取得的实际效果。

(二)存在的主要问题和出现的新情况。包括:项目建设进度是否符合时间要求,财政和信贷等资金保障是否到位,各类资金是否及时投入使用,简政放权等相关改革措施是否落地,各项政策措施是否充分发挥作用,以及经济发展过程中可能出现的财政、金融、产业、外贸等方面的风险隐患。

(三)问题产生的主要原因及各地区、各相关部门下一步将采取的措施。包括:针对跟踪审计发现的问题,深入分析问题产生的原因,落实各环节的责任主体,提出意见和建议;各地区、各相关部门针对跟踪审计指出的问题,下一步将采取的措施。

四、工作要求

(一)依法开展跟踪审计。对各地区、各相关部门贯彻落实国务院出台的稳增长、促改革、调结构、惠民生政策措施情况的跟踪审计,是审计法赋予审计机关的法定职责,各级审计机关要认真部署、周密安排,持续跟踪政策措施落实情况。各地区、各相关部门要全力支持配合审计工作,及时完整地提供相关资料、情况和电子数据。

(二)切实突出审计重点。各级审计机关在跟踪审计过程中,要将国务院政策措施与各地区的经济发展特点、各相关部门的工作职责范围紧密结合,因地制宜,抓住政策措施落实的重点环节、重点项目、重点内容等,揭示和反映影响经济发展的重大问题。

(三)坚持揭示问题和督促整改相结合。对跟踪审计发现的问题,要及时向被审计的地方、部门通报情况,提出具体可行的整改意见,督促各地区、各相关部门及时整改落实,促进各项政策措

---

[1]本书编写组.中华人民共和国现行审计法规与审计准则及政策解读[M].上海:立信出版社,2018:147-151.

施落实到位。

（四）上下协调，抓好衔接。贯彻落实国务院稳增长、促改革、调结构、惠民生政策措施，需要部门和地方联动。要做好对国务院相关部门的跟踪审计和对各地区跟踪审计的衔接，分清政策措施落实不到位的各环节责任，推动各项政策措施不打折扣地落实。

（五）抓好组织实施，建立定期报告制度。各级审计机关在跟踪审计过程中，既要审查相关资料，也要深入到地方、部门、企业和项目，采取召开座谈会等方式深入了解情况，分析原因、研究提出解决问题的对策。审计署每季度向国务院报告跟踪审计情况，地方各级审计机关每季度向本级政府和上级审计机关报告跟踪审计情况，重大事项随时报告。

（六）严格纪律，文明审计。各级审计机关和审计人员要遵守各项廉政纪律、审计纪律、保密纪律，坚持文明审计，客观公正、实事求是地反映情况。

附件：

稳增长促改革调结构惠民生相关政策措施落实情况跟踪审计主要内容

一、取消和下放行政审批事项、推进简政放权政策措施落实情况

根据《国务院关于严格控制新设行政许可的通知》（国发〔2013〕39号）、《国务院关于清理国务院部门非行政许可审批事项的通知》（国发〔2014〕16号）以及2013年以来国务院取消和下放一系列行政审批事项的相关文件，主要审计：

（一）取消和下放行政审批事项进展情况和地方承接情况，以及加强事中事后监管和服务情况。

（二）全面清理非行政许可审批事项、严格规范和控制新增行政审批事项落实情况，以及地方自行设立的审批、核准、备案、登记、注册、收费等清理情况。

（三）注册资本金登记制度改革和工商登记前置审批改为后置审批推进情况。

（四）现有行政审批事项向社会公开情况，以及优化审批流程、规范审批程序、提高审批效率等情况。

二、加快棚户区改造、加大保障性安居工程建设力度政策措施落实情况

根据《国务院关于加快棚户区改造工作的意见》（国发〔2013〕25号）、《国务院办公厅关于进一步加强棚户区改造工作的通知》（国办发〔2014〕36号）等文件，主要审计：

（一）2014年棚户区改造工程进展情况，包括改造规划、项目落实、开工数量、基本建成数量、完成投资以及配套设施建设等情况。

（二）金融支持棚户区改造情况和中央财政资金下达、地方财政资金配套、土地供应、税费政策等落实情况。

（三）棚户区改造安置住房分配入住情况。

三、深化铁路投融资体制改革、加快铁路建设政策措施落实情况

根据《国务院关于改革铁路投融资体制加快推进铁路建设的意见》（国发〔2013〕33号）等文件，主要审计：

（一）铁路建设项目前期工作情况，包括铁路总公司组织项目立项、可研、设计、报送情况，地

方政府相关手续办理情况,有关部门审批完成情况等。

(二)铁路建设投资完成情况,包括铁路总公司、地方政府铁路投资完成情况,地方政府负责的征收拆迁、配套资金落实情况等。

(三)铁路投融资体制改革重大事项完成情况,包括铁路发展基金设立、铁路土地综合开发利用、铁路企业改革和引导社会资本进入铁路建设等情况。

四、加快城市基础设施建设政策措施落实情况

根据《国务院关于加强城市基础设施建设的意见》(国发〔2013〕36号)、《国务院办公厅关于加强城市地下管线建设管理的指导意见》(国办发〔2010〕27号)等文件,主要审计:

(一)城市道路交通、城市管网建设和改造、污水和垃圾处理设施、供水和排水防涝、生态园林建设等任务完成情况,开展城市地下综合管廊试点工程情况。

(二)落实污水处理、生活垃圾处理、城镇供水、城镇燃气、供热管网改造等"十二五"规划,加快在建项目建设、推进新项目开工、做好后续项目储备情况。

(三)推进投融资体制和运营机制改革,特别是吸收民间资金参与城市基础设施建设,研究出台配套财政扶持政策,落实税收优惠政策情况。

五、促进节能环保产业发展政策措施落实情况

根据《国务院关于加快发展节能环保产业的意见》(国发〔2013〕30号)等文件,主要审计:

(一)加快污染治理重点工程实施,采用先进环保工艺、技术和装备,落实脱硫脱硝电价政策,推进相关设施改造情况。

(二)加快节能技术装备升级换代,包括推广高效锅炉、加快新能源汽车技术攻关和示范推广情况,重点用能装备节能改造进展情况。

(三)节能产品惠民政策、政府采购节能环保产品政策等推进情况;壮大节能环保服务业,合同能源管理、环境治理财税政策落实和建立市场化融资模式情况。

六、加快发展养老、健康服务业政策措施落实情况

根据《国务院关于加快发展养老服务业的若干意见》(国发〔2013〕35号)、《国务院关于促进健康服务业发展的若干意见》(国发〔2013〕40号)、《国务院办公厅关于印发深化医药卫生体制改革2014年重点工作任务的通知》(国办发〔2014〕24号)、《国务院办公厅印发关于县级公立医院综合改革试点意见的通知》(国办发〔2012〕33号)等文件,主要审计:

(一)加快养老服务设施和机构、居家养老服务网络建设,促进医疗卫生和养老服务相结合等任务进展情况。

(二)发展医疗服务、健康管理与促进、健康保险以及相关服务等任务进展情况。

(三)完善养老、健康服务业市场准入、财税价格、投融资、土地规划、人才政策等保障措施落实情况。

(四)加快推进公立医院改革,启动实施第二批县级公立医院综合改革试点,新增县级公立医院改革试点县(市)700个,使试点县(市)的数量覆盖50%以上的县(市),覆盖农村5亿人口等工作任务推进情况。

七、促进信息消费政策措施落实情况

根据《国务院关于促进信息消费扩大内需的若干意见》（国发〔2013〕32号）和《国务院关于印发"宽带中国"战略及实施方案的通知》（国发〔2013〕31号）等文件，主要审计：

（一）加快信息基础设施升级，特别是实施"宽带中国"工程、加快第四代移动通信（4G）基础设施建设、全面推进三网融合进展情况。

（二）鼓励智能终端产品发展，增强电子基础产业创新能力，大力推动集成电路产业发展，设立国家集成电路产业投资基金进展情况。

（三）培育信息消费需求，构建安全可信的信息消费环境基础，提升信息安全保障能力情况。

八、推进文化创意和设计服务与相关产业融合发展政策措施落实情况

根据《国务院关于推进文化创意和设计服务与相关产业融合发展的若干意见》（国发〔2014〕10号）等文件，主要审计：

（一）文化创意和设计服务在促进制造业、数字内容产业、人居环境、旅游、特色农业、体育产业、文化产业发展方面的进展情况。

（二）增强创新动力、强化人才培养、壮大市场主体、培育市场需求、引导集约发展、加大财税支持、加强金融服务、优化发展环境等政策措施落实情况。

（三）编制专项规划或行动计划、建立工作机制、加强宣传、加强统计核算和分析等组织实施要求落实情况。

九、落实企业投资自主权，向非国有资本推出一批投资项目政策措施落实情况

根据《国务院关于发布政府核准的投资项目目录（2013年本）的通知》（国发〔2013〕47号）等文件，主要审计：

（一）《政府核准的投资项目目录（2013年本）》实施情况，尤其是进一步缩减投资核准范围、下放核准权限，建立完善纵横联动协同管理机制、加快建设和用好全国联网的项目审批、核准和备案信息系统等情况。

（二）根据《国家发展改革委关于发布首批基础设施等领域鼓励社会投资项目的通知》（发改基础〔2014〕981号），首批80个鼓励社会资本以合资、独资、特许经营等方式参与建设营运的基础设施等领域示范项目进展情况。

（三）改进和规范核准行为，尽快发布企业投资核准办法、外商投资核准备案办法等工作进展情况。

十、金融支持实体经济特别是小微企业和"三农"政策措施落实情况

根据《国务院办公厅关于金融支持经济结构调整和转型升级的指导意见》（国办发〔2013〕67号）、《国务院办公厅关于金融支持小微企业发展的实施意见》（国办发〔2013〕87号）和《国务院办公厅关于多措并举着力缓解企业融资成本高问题的指导意见》（国办发〔2014〕39号）等文件，主要审计：

（一）加大"定向降准"措施力度，对支持"三农"、小微企业达到一定标准的银行业金融机构适当降低准备金率情况。

（二）扩大支小再贷款和专项金融债规模、支持小微企业贷款增速和增量"两个不低于"落实情况；大力发展农村普惠金融，推动农村基础金融服务全覆盖进展情况；扩大民间资本进入金融业，鼓励民间资本投资入股金融机构和参与金融机构重组改造情况。

（三）采取保持货币信贷总量合理适度增长、抑制金融机构筹资成本不合理上升、缩短企业融资链条等综合措施，着力缓解企业融资成本高问题，促进金融与实体经济良性互动等工作任务进展情况。

（四）加快推进信贷资产证券化和加大呆账核销力度，改进宏观审慎管理指标和存贷比管理办法的进展情况。

十一、促进对外贸易稳定增长政策措施落实情况

根据《国务院办公厅关于支持外贸稳定增长的若干意见》（国办发〔2014〕19号）和《国务院办公厅关于促进进出口稳增长、调结构的若干意见》（国办发〔2013〕83号）等文件，主要审计：

（一）提高贸易便利化水平，特别是整顿和规范进出口环节经营性服务和收费，免收2014年度出口商品法检费用、减少出口法检商品种类情况。

（二）加大对有订单、有效益外贸企业特别是中小企业的金融支持，加大出口信用保险支持，鼓励保险公司扩大短期出口信用保险业务进展情况。

（三）创新和完善多种贸易平台，尽快将市场采购贸易的相关政策落实到位并扩大试点范围，出台跨境电子商务贸易便利化措施进展情况。

（四）完善出口退税政策，进一步加快出口退税进度，确保及时足额退税进展情况。

十二、以创新支撑引领经济结构优化升级政策措施落实情况

根据《国务院关于印发"十二五"国家自主创新能力建设规划的通知》（国发〔2013〕4号）和政府工作报告等文件，主要审计：

（一）强化企业技术创新主体地位，鼓励和支持企业提高创新能力情况。

（二）完善和落实调动科技人员积极性创造性政策措施情况。

（三）加大政府科技投入，健全公共科技服务平台等情况；科技重大专项实施进展情况。

（四）促进信息化与工业化深度融合、推动企业加快技术改造等政策实施情况，设立新兴产业创业新平台等进展情况。

十三、夯实农业基础、推进现代农业发展政策措施落实情况

根据《中共中央国务院关于加快发展现代农业进一步增强农村发展活力的若干意见》（中发〔2013〕1号）、《国务院办公厅关于落实中共中央国务院关于加快发展现代农业进一步增强农村发展活力若干意见有关政策措施分工的通知》（国办函〔2013〕34号）和《国务院关于黑龙江省"两大平原"现代农业综合配套改革试验总体方案的批复》（国函〔2013〕70号）等文件，主要审计：

（一）以黑龙江"两大平原"现代农业综合配套改革试验区为试点，统筹整合涉农资金情况。

（二）贯彻落实《国务院关于全国高标准农田建设总体规划的批复》（国函〔2013〕111号），"十二五"期间建成4亿亩旱涝保收高标准农田进展情况。

（三）农村土地承包经营权确权登记颁证整省、整县试点工作推进情况。

（四）深化种业体制改革，强化企业技术创新主体地位，调动科研人员积极性，构建商业化育种体系，促进现代种业健康发展情况。

十四、加快重大水利工程建设，2014年再解决6000万农村人口饮水安全问题政策措施落实情况

根据政府工作报告等文件，主要审计：

（一）在建重大水利工程建设和2014年、2015年拟开工重大水利工程的前期工作情况，"十三五"拟开工重大水利工程前期论证情况。

（二）2014年农村饮水安全投资安排和工程实施情况。

（三）统筹使用税费、价格等改革措施促进节水增效，加强终端配套服务设施建设，解决好"最后一公里"问题等进展情况。

十五、实行精准扶贫，2014年再减少农村贫困人口1000万人以上政策措施落实情况

根据《中共中央办公厅国务院办公厅印发〈关于创新机制扎实推进农村扶贫开发工作的意见〉的通知》（中办发〔2013〕25号）等文件，主要审计：

（一）进一步加强扶贫资金管理，增强扶贫资金使用的针对性，整合扶贫资金和各类相关涉农资金情况。

（二）2014年各地落实减少农村贫困人口计划的主要措施，310个中央国家机关等单位定点扶贫592个县，18个东部发达省市对口帮扶西部10个省（区、市）落实情况。

（三）贫困县考核机制改革推进情况；每个贫困村、贫困户建档立卡和全国扶贫信息网络系统建设情况。

十六、加强生态环境保护政策措施落实情况

根据《国务院关于印发节能减排"十二五"规划的通知》（国发〔2012〕40号）、《国务院关于印发大气污染防治行动计划的通知》（国发〔2013〕37号）、《国务院关于印发"十二五"节能减排综合性工作方案的通知》（国发〔2011〕26号）等文件，主要审计：

（一）实施大气污染防治行动计划情况，淘汰燃煤小锅炉5万台，推进燃煤电厂脱硫改造1500万千瓦、脱硝改造1.3亿千瓦、除尘改造1.8亿千瓦，促进低速汽车（三轮汽车、低速货车）升级换代情况，淘汰黄标车和老旧车600万辆情况，在全国供应符合国家第四阶段标准的车用柴油进展情况。

（二）京津冀、长三角、珠三角区域大气污染治理联防联控情况；研究制定水污染防治行动计划，加强饮用水源保护，推进重点流域污染治理情况；研究制定土壤污染防治行动计划，实施土壤修复工程，整治农业面源污染情况。

（三）提前一年完成钢铁、水泥、电解铝、平板玻璃等21个重点行业的"十二五"淘汰落后产能任务进展情况；对未按期完成淘汰任务的地区，暂停对该地区重点行业建设项目办理审批、核准和备案手续情况；严格控制"两高"行业新增产能，新建、改建、扩建项目实行产能等量或减量置换情况。

十七、扩大"营改增"试点、减轻和公平企业税负政策措施落实情况

根据经国务院同意的《营业税改征增值税试点方案》（财税〔2011〕110号）和《财政部国家税务总局关于在全国开展交通运输业和部分现代服务业营业税改征增值税试点税收政策的通知》（财税〔2013〕37号），以及《国务院办公厅关于进一步加强涉企收费管理减轻企业负担的通知》（国办发〔2014〕30号）等文件，主要审计：

（一）交通运输业、部分现代服务业、邮政业和电信业营改增试点运行情况；营改增应税服务出口适用零税率政策和免税政策的执行情况。

（二）暂免征收部分小微企业增值税和营业税有关工作落实情况，小型微利企业减半征收企业所得税优惠政策实施情况。

（三）清理取消不合理、不合法的行政事业性收费，建立健全非税收入管理制度情况。

十八、促进高校毕业生就业创业政策措施落实情况

根据《国务院办公厅关于做好2014年全国普通高等学校毕业生就业创业工作的通知》（国办发〔2014〕22号）等文件，主要审计：

（一）2014届高校毕业生就业创业情况。

（二）落实引导高校毕业生到城乡基层就业、鼓励小微企业吸纳就业、激励高校毕业生自主创业、就业服务和就业援助等政策措施，拓宽就业领域，开发更多就业岗位情况。

（三）深化高等教育综合改革，推动创新高校人才培养机制情况。

十九、加强社会救助、保障困难群众基本生活政策措施落实情况

根据《社会救助暂行办法》（国务院令第649号）和《国务院关于进一步加强和改进最低生活保障工作的意见》（国发〔2012〕45号）等文件，主要审计：

（一）建立健全社会救助体系，加强最低生活保障、特困人员供养、受灾人员救助、医疗救助、教育救助、住房救助、就业救助、临时救助和引导社会力量参与等工作情况。

（二）中央及地方各级财政低保、医疗救助、临时救助、特困人员供养等社会救助资金投入和工作经费落实情况。

（三）社会救助统筹协调机制、一门受理机制、居民家庭经济状况核对机制、社会救助绩效评价机制、完善社会救助和保障标准与物价上涨挂钩联动机制的实施情况。

中共中央办公厅国务院办公厅印发
《关于完善审计制度若干重大问题的框架意见》及相关配套文件
（中办发〔2015〕58号）●
关于完善审计制度若干重大问题的框架意见

根据《中共中央关于全面推进依法治国若干重大问题的决定》和《国务院关于加强审计工作的意见》要求，为保障审计机关依法独立行使审计监督权，更好发挥审计在党和国家监督体系中的重要作用，现就完善审计制度有关重大问题提出如下框架意见。

一、总体要求

（一）指导思想。全面贯彻党的十八大和十八届二中、三中、四中、五中全会精神，以邓小平理

---

❶本书编写组.中华人民共和国现行审计法规与审计准则及政策解读[M].上海：立信出版社，2018：38-42.

论、"三个代表"重要思想、科学发展观为指导,深入学习贯彻习近平总书记系列重要讲话精神,紧紧围绕协调推进"四个全面"战略布局,按照党中央、国务院决策部署,认真贯彻落实宪法、审计法等法律法规,紧密结合审计工作的职责任务和履职特点,着眼依法独立行使审计监督权,创新体制机制,加强和改进新形势下的审计工作,强化审计队伍建设,不断提升审计能力和水平,更好服务于经济社会持续健康发展。

(二)总体目标。加大改革创新力度,完善审计制度,健全有利于依法独立行使审计监督权的审计管理体制,建立具有审计职业特点的审计人员管理制度,对公共资金、国有资产、国有资源和领导干部履行经济责任情况实行审计全覆盖,做到应审尽审、凡审必严、严肃问责。到2020年,基本形成与国家治理体系和治理能力现代化相适应的审计监督机制,更好发挥审计在保障国家重大决策部署贯彻落实、维护国家经济安全、推动深化改革、促进依法治国、推进廉政建设中的重要作用。

(三)基本原则

——坚持党的领导。加强党对审计工作的领导,围绕党委和政府的中心任务,研究提出审计工作的目标、任务和重点,严格执行重要审计情况报告制度,支持审计机关依法独立开展工作。坚持党管干部原则,加强审计机关领导班子和队伍建设,健全审计干部培养和管理机制,合理配置审计力量。

——坚持依法有序。运用法治思维和法治方式推动审计工作制度创新,充分发挥法治的引领和规范作用,破解改革难题,依法有序推进。重大改革措施需要取得法律授权的,按法律程序实施。

——坚持问题导向。针对制约审计监督作用发挥的体制机制障碍、影响审计事业长远发展的重点难点问题,积极探索创新,推进审计制度完善。

——坚持统筹推进。充分考虑改革的复杂性和艰巨性,做到整体谋划、分类设计、分步实施,及时总结工作经验,确保各项措施相互衔接、协调推进。

二、主要任务

(一)实行审计全覆盖。按照协调推进"四个全面"战略布局的要求,依法全面履行审计监督职责,坚持党政同责、同责同审,对公共资金、国有资产、国有资源和领导干部履行经济责任情况实行审计全覆盖。摸清审计对象底数,充分考虑审计资源状况,明确审计重点,科学规划、统筹安排、分类实施,有重点、有步骤、有深度、有成效地推进。建立健全与审计全覆盖相适应的工作机制,统筹整合审计资源,创新审计组织方式和技术方法,提高审计能力和效率。

(二)强化上级审计机关对下级审计机关的领导。围绕增强审计监督的整体合力和独立性,强化全国审计工作统筹。加强审计机关干部管理,任免省级审计机关正职,须事先征得审计署党组同意;任免省级审计机关副职,须事先征求审计署党组的意见。上级审计机关要加强审计项目计划的统筹和管理,合理配置审计资源,省级审计机关年度审计项目计划要报审计署备案。上级审计机关要根据本地区经济社会发展实际需要,统筹组织本地区审计机关力量,开展好涉及全局的重大项目审计。健全重大事项报告制度,审计机关的重大事项和审计结果必须向上级审计机关报告,同时抄报同级党委和政府。上级审计机关要加强对下级审计机关的考核。

(三)探索省以下地方审计机关人财物管理改革。2015年选择江苏、浙江、山东、广东、重庆、贵州、云南等7省市开展省以下地方审计机关人财物管理改革试点,试点地区省级党委和政府要按照党管干部、统一管理的要求,加强对本地区审计试点工作的领导。市地级审计机关正职由省级党委(党委组织部)管理,其他领导班子成员和县级审计机关领导班子成员可以委托市地级党委管理。完善机构编制和人员管理制度,省级机构编制管理部门统一管理本地区审计机关的机构编制,省级审计机关协助开展相关工作,地方审计人员由省级统一招录。改进经费和资产管理制度,地方审计机关的经费预算、资产由省级有关部门统一管理,也可以根据实际情况委托市地、县有关部门管理。地方审计机关的各项经费标准由各地在现有法律法规框架内结合实际确定,确保不低于现有水平。建立健全审计业务管理制度,试点地区审计机关审计项目计划由省级审计机关统一管理,统筹组织本地区审计机关力量,开展好涉及全局的重大项目审计。

(四)推进审计职业化建设。根据审计职业特点,建立分类科学、权责一致的审计人员管理制度和职业保障机制,确保审计队伍的专业化水平。根据公务员法和审计职业特点,建立适应审计工作需要的审计人员分类管理制度,建立审计专业技术类公务员职务序列。完善审计人员选任机制,审计专业技术类公务员和综合管理类公务员分类招录,对专业性较强的职位可以实行聘任制。健全审计职业岗位责任追究机制。完善审计职业保障机制和职业教育培训体系。

(五)加强审计队伍思想和作风建设。要加强思想政治建设,强化理论武装,坚定理想信念,严守政治纪律和政治规矩,不断提高审计队伍的政治素质。切实践行社会主义核心价值观,加强审计职业道德建设,培育和弘扬审计精神,恪守审计职业操守,做到依法审计、文明审计。加强党风廉政建设,从严管理审计队伍,严格执行廉政纪律和审计工作纪律,坚持原则、无私无畏、敢于碰硬,做到忠诚、干净、担当。

(六)建立健全履行法定审计职责保障机制。各级党委和政府要定期听取审计工作情况汇报,帮助解决实际困难和问题,支持审计机关依法履行职责,保障审计机关依法独立行使审计监督权,不受其他行政机关、社会团体和个人的干涉。审计机关不得超越职责权限、超越自身能力、违反法定程序开展审计,不参与各类与审计法定职责无关的、可能影响依法独立进行审计监督的议事协调机构或工作。健全干预审计工作行为登记报告制度。凡是涉及管理、分配、使用公共资金、国有资产、国有资源的部门、单位和个人,都要自觉接受审计、配合审计,及时、全面提供审计所需的财务会计、业务和管理等资料,不得制定限制向审计机关提供资料和开放计算机信息系统查询权限的规定,已经制定的应予修订或废止。对拒不接受审计监督,阻挠、干扰和不配合审计工作,或威胁恐吓、打击报复审计人员的,要依纪依法查处。审计机关要进一步优化审计工作机制,充分听取有关主管部门和审计对象的意见,客观公正地作出审计结论,维护审计对象的合法权益。

(七)完善审计结果运用机制。建立健全审计与组织人事、纪检监察、公安、检察以及其他有关主管单位的工作协调机制,把审计监督与党管干部、纪律检查、追责问责结合起来,把审计结果及整改情况作为考核、任免、奖惩领导干部的重要依据。对审计发现的违纪违法问题线索或其他事项,审计机关要依法及时移送有关部门和单位,有关部门和单位要认真核实查处,并及时向审计机关反馈查处结果,不得推诿、塞责。对审计发现的典型性、普遍性、倾向性问题和提出的审计建议,有关部门和单位要认真研究,及时清理不合理的制度和规则,建立健全有关制度规定。领导干部经济责任审计结果和审计发现问题的整改情况,要纳入所在单位领导班子民主生活会及党风廉政建设责任制检查考核的内容,作为领导班子成员述职述廉、年度考核、任职考核的重要依据。有关部门和单位要加强督促和检查,推动抓好审计发现问题的整改。对整改不力、屡审屡犯的,要与被审计单位主要负责人进行约谈,严格追责问责。各级人大常委会要把督促审计查出突出问题整改工作与审查监督政府、部门预算决算工作结合起来,建立听取和审议审计查出突出问题整改情况报告机制。审计机关要依法依规公告审计结果,被审计单位要公告整改结果。

（八）加强对审计机关的监督。各级党委、人大、政府要加强对审计机关的监督,定期组织开展审计法律法规执行情况检查,督促审计机关切实加强党风廉政建设、严格依法审计、依法查处问题、依法向社会公告审计结果。探索建立对审计机关的外部审计制度,加强对审计机关主要领导干部的经济责任审计,外部审计由同级党委和政府及上级审计机关负责组织。完善聘请民主党派和无党派人士担任特约审计员制度。审计机关要坚持阳光法则,加大公开透明度,自觉接受人民监督。

三、加强组织领导

（一）加强组织实施。完善审计制度,保障依法独立行使审计监督权,是党中央、国务院作出的重大决策部署。有关部门和地方各级党委、政府要从党和国家事业发展全局出发,充分认识完善审计制度的重大意义,加强工作统筹,形成合力,推动各项改革措施贯彻落实。

（二）有序部署推进。审计署要会同有关部门按照本框架意见和《关于实行审计全覆盖的实施意见》《关于省以下地方审计机关人财物管理改革试点方案》《关于推进国家审计职业化建设的指导意见》确定的目标要求和任务,加强组织协调,密切配合,有重点、有步骤地抓好落实。省级党委和政府要加强对本地区有关工作的领导,抓紧研究制定本地区的落实意见和方案,明确具体措施和时间表。实施过程中遇到的重大问题,要及时报告。

（三）推动完善相关法律制度。根据完善审计制度的需要,在充分总结试点及实施经验的基础上,及时推动修订完善审计法及其实施条例,健全相关配套规章制度,使各项工作于法有据,确保各项任务顺利实施。根据我国国情,进一步研究完善有关制度设计,切实解决重点难点问题。

关于实行审计全覆盖的实施意见

为全面履行审计监督职责,对公共资金、国有资产、国有资源和领导干部履行经济责任情况实行审计全覆盖,根据《关于完善审计制度若干重大问题的框架意见》,制定本实施意见。

一、实行审计全覆盖的目标要求

对公共资金、国有资产、国有资源和领导干部履行经济责任情况实行审计全覆盖,是党中央、国务院对审计工作提出的明确要求。审计机关要建立健全与审计全覆盖相适应的工作机制,科学规划,统筹安排,分类实施,注重实效,坚持党政同责、同责同审,通过在一定周期内对依法属于审计监督范围的所有管理、分配、使用公共资金、国有资产、国有资源的部门和单位,以及党政主要领导干部和国有企事业领导人员履行经济责任情况进行全面审计,实现审计全覆盖,做到应审尽审、凡审必严、严肃问责。对重点部门、单位要每年审计,其他审计对象1个周期内至少审计1次,对重点地区、部门、单位以及关键岗位的领导干部任期内至少审计1次,对重大政策措施、重大投资项目、重点专项资金和重大突发事件开展跟踪审计,坚持问题导向,对问题多、反映大的单位及领导干部要加大审计频次,实现有重点、有步骤、有深度、有成效的全覆盖。充分发挥审计监督作用,通过审计全覆盖发现国家重大决策部署执行中存在的突出问题和重大违纪违法问题线索,维护财经法纪,促进廉政建设;反映经济运行中的突出矛盾和风险隐患,维护国家经济安全;总结经济运行中好的做法和经验,注重从体制机制层面分析原因和提出建议,促进深化改革和体制机制创新。

二、对公共资金实行审计全覆盖

审计机关要依法对政府的全部收入和支出、政府部门管理或其他单位受政府委托管理的资金,以及相关经济活动进行审计。主要检查公共资金筹集、管理、分配、使用过程中遵守国家法律法规情况,贯彻执行国家重大政策措施和宏观调控部署情况,公共资金管理使用的真实性、合法性、效益性以及公共资金沉淀等情况,公共资金投入与项目进展、事业发展等情况,公共资金管理、使用部门和单位的财政财务收支、预算执行和决算情况,以及职责履行情况,以促进公共资金安全高效使用。根据公共资金的重要性、规模和管理分配权限等因素,确定重点审计对象。坚持以公共资金运行和重大政策落实情况为主线,将预算执行审计与决算草案审计、专项资金审计、重大投资项目跟踪审计等相结合,对涉及的重点部门和单位进行重点监督,加大对资金管理分配使用关键环节的审计力度。

三、对国有资产实行审计全覆盖

审计机关要依法对行政事业单位、国有和国有资本占控股或主导地位的企业(含金融企业,以下简称国有企业)等管理、使用和运营的境内外国有资产进行审计。主要检查国有资产管理、使用和运营过程中遵守国家法律法规情况,贯彻执行国家重大政策措施和宏观调控部署情况,国有资产真实完整和保值增值情况,国有资产重大投资决策及投资绩效情况,资产质量和经营风险管理情况,国有资产管理部门职责履行情况,以维护国有资产安全,促进提高国有资产运营绩效。根据国有资产的规模、管理状况以及管理主体的战略地位等因素,确定重点审计对象。对国有企业资产负债损益情况进行审计,将国有资产管理使用情况作为行政事业单位年度预算执行审计或其他专项审计的内容。

四、对国有资源实行审计全覆盖

审计机关要依法对土地、矿藏、水域、森林、草原、海域等国有自然资源,特许经营权、排污权等国有无形资产,以及法律法规规定属于国家所有的其他资源进行审计。主要检查国有资源管理和开发利用过程中遵守国家法律法规情况,贯彻执行国家重大政策措施和宏观调控部署情况,国有资源开发利用和生态环境保护情况,相关资金的征收、管理、分配和使用情况,资源环境保护项目的建设情况和运营效果、国有资源管理部门的职责履行情况,以促进资源节约集约利用和生态文明建设。根据国有资源的稀缺性、战略性和分布情况等因素,确定重点审计对象。加大对资源富集和毁损严重地区的审计力度,对重点国有资源进行专项审计,将国有资源开发利用和生态环境保护等情况作为领导干部经济责任审计的重要内容,对领导干部实行自然资源资产离任审计。

五、对领导干部履行经济责任情况实行审计全覆盖

审计机关要依法对地方各级党委、政府、审判机关、检察机关,中央和地方各级党政工作部门、事业单位、人民团体等单位的党委(党组、党工委)和行政正职领导干部(包括主持工作1年以上的副职领导干部),国有企业法定代表人,以及实际行使相应职权的企业领导人员履行经济责任情况进行审计。主要检查领导干部贯彻执行党和国家经济方针政策、决策部署情况,遵守有关法律法规和财经纪律情况,本地区本部门本单位发展规划和政策措施制定、执行情况及效果,重大决策和内部控制制度的执行情况及效果,本人遵守党风廉政建设有关规定情况等,以促进领导干部守法、守纪、守规、尽责。根据领导干部的岗位性质、履行经济责任的重要程度、管理资金资产资源规模等因素,确定重点审计对象和审计周期。坚持任中审计和离任审计相结合,经济责任审计与财政审计、金融审计、企业审计、资源环境审计、涉外审计等相结合,实现项目统筹安排、协同实施。

六、加强审计资源统筹整合

适应审计全覆盖的要求,加大审计资源统筹整合力度,避免重复审计,增强审计监督整体效能。加强审计项目计划统筹,在摸清审计对象底数的基础上,建立分行业、分领域审计对象数据库,分类确定审计重点和审计频次,编制中长期审计项目规划和年度计划时,既要突出年度审计重点,又要保证在一定周期内实现全覆盖。整合各层级审计资源,开展涉及全局或行业性的重点资金和重大项目全面审计,发挥审计监督的整体性和宏观性作用。在充分总结经验的基础上,完善国家审计准则和审计指南体系,明确各项审计应遵循的具体标准和程序,提高审计的规范性。集中力量、重点突破,对热点难点问题进行专项审计,揭示普遍性、典型性问题,深入分析原因,提出对策建议,推动建立健全体制机制、堵塞制度漏洞,达到以点促面的效果。建立审计成果和信息共享机制,加强各级审计机关、不同审计项目之间的沟通交流,实现审计成果和信息及时共享,提高审计监督成效。加强内部审计工作,充分发挥内部审计作用。有效利用社会审计力量,除涉密项目外,根据审计项目实施需要,可以向社会购买审计服务。

七、创新审计技术方法

构建大数据审计工作模式,提高审计能力、质量和效率,扩大审计监督的广度和深度。有关部门、金融机构和国有企事业单位应根据审计工作需要,依法向审计机关提供与本单位本系统履行职责相关的电子数据信息和必要的技术文档,不得制定限制向审计机关提供资料和开放计算机信息系统查询权限的规定,已经制定的应予修订或废止。审计机关要建立健全数据定期报送制度,加大数据集中力度,对获取的数据资料严格保密。适应大数据审计需要,构建国家审计数据系统和数字化审计平台,积极运用大数据技术,加大业务数据与财务数据、单位数据与行业数据以及跨行业、跨领域数据的综合比对和关联分析力度,提高运用信息化技术查核问题、评价判断、宏观分析的能力。探索建立审计实时监督系统,实施联网审计。

中共中央《深化党和国家机构改革方案》[1]

（2018年2月28日，中国共产党第十九届中央委员会第三次全体会议通过）

在新的历史起点上深化党和国家机构改革，必须全面贯彻党的十九大精神，坚持以马克思列宁主义、毛泽东思想、邓小平理论、"三个代表"重要思想、科学发展观、习近平新时代中国特色社会主义思想为指导，牢固树立政治意识、大局意识、核心意识、看齐意识，坚决维护以习近平同志为核心的党中央权威和集中统一领导，适应新时代中国特色社会主义发展要求，坚持稳中求进工作总基调，坚持正确改革方向，坚持以人民为中心，坚持全面依法治国，以加强党的全面领导为统领，以国家治理体系和治理能力现代化为导向，以推进党和国家机构职能优化协同高效为着力点，改革机构设置，优化职能配置，深化转职能、转方式、转作风，提高效率效能，积极构建系统完备、科学规范、运行高效的党和国家机构职能体系，为决胜全面建成小康社会、开启全面建设社会主义现代化国家新征程、实现中华民族伟大复兴的中国梦提供有力制度保障。

一、深化党中央机构改革

中国共产党领导是中国特色社会主义最本质的特征。党政军民学，东西南北中，党是领导一切的。深化党中央机构改革，要着眼于健全加强党的全面领导的制度，优化党的组织机构，建立健全党对重大工作的领导体制机制，更好发挥党的职能部门作用，推进职责相近的党政机关合并设立或合署办公，优化部门职责，提高党把方向、谋大局、定政策、促改革的能力和定力，确保党的领导全覆盖，确保党的领导更加坚强有力。

（一）组建国家监察委员会。为加强党对反腐败工作的集中统一领导，实现党内监督和国家机关监督、党的纪律检查和国家监察有机统一，实现对所有行使公权力的公职人员监察全覆盖，将监察部、国家预防腐败局的职责，最高人民检察院查处贪污贿赂、失职渎职以及预防职务犯罪等反腐败相关职责整合，组建国家监察委员会，同中央纪律检查委员会合署办公，履行纪检、监察两项职责，实行一套工作机构、两个机关名称。

主要职责是，维护党的章程和其他党内法规，检查党的路线方针政策和决议执行情况，对党员领导干部行使权力进行监督，维护宪法法律，对公职人员依法履职、秉公用权、廉洁从政以及道德操守情况进行监督检查，对涉嫌职务违法和职务犯罪的行为进行调查并作出政务处分决定，对履行职责不力、失职失责的领导人员进行问责，负责组织协调党风廉政建设和反腐败宣传等。

国家监察委员会由全国人民代表大会产生，接受全国人民代表大会及其常务委员会的监督。

不再保留监察部、国家预防腐败局。

（二）组建中央全面依法治国委员会。全面依法治国是中国特色社会主义的本质要求和重要保障。为加强党中央对法治中国建设的集中统一领导，健全党领导全面依法治国的制度和工作机制，更好落实全面依法治国基本方略，组建中央全面依法治国委员会，负责全面依法治国的顶层设计、总体布局、统筹协调、整体推进、督促落实，作为党中央决策议事协调机构。

主要职责是，统筹协调全面依法治国工作，坚持依法治国、依法执政、依法行政共同推进，坚

---

[1] 新华网.中共中央印发《深化党和国家机构改革方案》[EB/OL].(2018-3-22)[2019-1-5].http://www.xinhuanet.com/politics/2018-03/21/c_1122570517_8.htm.

持法治国家、法治政府、法治社会一体建设,研究全面依法治国重大事项、重大问题,统筹推进科学立法、严格执法、公正司法、全民守法,协调推进中国特色社会主义法治体系和社会主义法治国家建设等。

中央全面依法治国委员会办公室设在司法部。

(三)组建中央审计委员会。为加强党中央对审计工作的领导,构建集中统一、全面覆盖、权威高效的审计监督体系,更好发挥审计监督作用,组建中央审计委员会,作为党中央决策议事协调机构。

主要职责是,研究提出并组织实施在审计领域坚持党的领导、加强党的建设方针政策,审议审计监督重大政策和改革方案,审议年度中央预算执行和其他财政支出情况审计报告,审议决策审计监督其他重大事项等。

中央审计委员会办公室设在审计署。

(四)中央全面深化改革领导小组、中央网络安全和信息化领导小组、中央财经领导小组、中央外事工作领导小组改为委员会。为加强党中央对涉及党和国家事业全局的重大工作的集中统一领导,强化决策和统筹协调职责,将中央全面深化改革领导小组、中央网络安全和信息化领导小组、中央财经领导小组、中央外事工作领导小组分别改为中央全面深化改革委员会、中央网络安全和信息化委员会、中央财经委员会、中央外事工作委员会,负责相关领域重大工作的顶层设计、总体布局、统筹协调、整体推进、督促落实。

4个委员会的办事机构分别为中央全面深化改革委员会办公室、中央网络安全和信息化委员会办公室、中央财经委员会办公室、中央外事工作委员会办公室。

(五)组建中央教育工作领导小组。为加强党中央对教育工作的集中统一领导,全面贯彻党的教育方针,加强教育领域党的建设,做好学校思想政治工作,落实立德树人根本任务,深化教育改革,加快教育现代化,办好人民满意的教育,组建中央教育工作领导小组,作为党中央决策议事协调机构。

主要职责是,研究提出并组织实施在教育领域坚持党的领导、加强党的建设方针政策,研究部署教育领域思想政治、意识形态工作,审议国家教育发展战略、中长期规划、教育重大政策和体制改革方案,协调解决教育工作重大问题等。

中央教育工作领导小组秘书组设在教育部。

(六)组建中央和国家机关工作委员会。为加强中央和国家机关党的建设,落实全面从严治党要求,深入推进党的建设新的伟大工程,统一部署中央和国家机关党建工作,整合资源、形成合力,将中央直属机关工作委员会和中央国家机关工作委员会的职责整合,组建中央和国家机关工作委员会,作为党中央派出机构。

主要职责是,统一组织、规划、部署中央和国家机关党的工作,指导中央和国家机关党的政治建设、思想建设、组织建设、作风建设、纪律建设,指导中央和国家机关各级党组织实施对党员特别是党员领导干部的监督和管理,领导中央和国家机关各部门机关党的纪律检查工作,归口指导行业协会商会党建工作等。

不再保留中央直属机关工作委员会、中央国家机关工作委员会。

（七）组建新的中央党校（国家行政学院）。党校是我们党教育培训党员领导干部的主渠道。为全面加强党对干部培训工作的集中统一领导，统筹谋划干部培训工作，统筹部署重大理论研究，统筹指导全国各级党校（行政学院）工作，将中央党校和国家行政学院的职责整合，组建新的中央党校（国家行政学院），实行一个机构两块牌子，作为党中央直属事业单位。

主要职责是，承担全国高中级领导干部和中青年后备干部培训，开展重大理论问题和现实问题研究，研究宣传习近平新时代中国特色社会主义思想，承担党中央决策咨询服务，培养马克思主义理论骨干，对全国各级党校（行政学院）进行业务指导等。

（八）组建中央党史和文献研究院。党史和文献工作是党的事业的重要组成部分，在党和国家工作大局中具有不可替代的重要地位和作用。为加强党的历史和理论研究，统筹党史研究、文献编辑和著作编译资源力量，构建党的理论研究综合体系，促进党的理论研究和党的实践研究相结合，打造党的历史和理论研究高端平台，将中央党史研究室、中央文献研究室、中央编译局的职责整合，组建中央党史和文献研究院，作为党中央直属事业单位。中央党史和文献研究院对外保留中央编译局牌子。

主要职责是，研究马克思主义基本理论、马克思主义中国化及其主要代表人物，研究习近平新时代中国特色社会主义思想，研究中国共产党历史，编辑编译马克思主义经典作家重要文献、党和国家重要文献、主要领导人著作，征集整理重要党史文献资料等。

不再保留中央党史研究室、中央文献研究室、中央编译局。

（九）中央组织部统一管理中央机构编制委员会办公室。为加强党对机构编制和机构改革的集中统一领导，理顺机构编制管理和干部管理的体制机制，调整优化中央机构编制委员会领导体制，作为党中央决策议事协调机构，统筹负责党和国家机构职能编制工作。

中央机构编制委员会办公室作为中央机构编制委员会的办事机构，承担中央机构编制委员会日常工作，归口中央组织部管理。

（十）中央组织部统一管理公务员工作。为更好落实党管干部原则，加强党对公务员队伍的集中统一领导，更好统筹干部管理，建立健全统一规范高效的公务员管理体制，将国家公务员局并入中央组织部。中央组织部对外保留国家公务员局牌子。

调整后，中央组织部在公务员管理方面的主要职责是，统一管理公务员录用调配、考核奖惩、培训和工资福利等事务，研究拟订公务员管理政策和法律法规草案并组织实施，指导全国公务员队伍建设和绩效管理，负责国家公务员管理国际交流合作等。

不再保留单设的国家公务员局。

（十一）中央宣传部统一管理新闻出版工作。为加强党对新闻舆论工作的集中统一领导，加强对出版活动的管理，发展和繁荣中国特色社会主义出版事业，将国家新闻出版广电总局的新闻出版管理职责划入中央宣传部。中央宣传部对外加挂国家新闻出版署（国家版权局）牌子。

调整后，中央宣传部关于新闻出版管理方面的主要职责是，贯彻落实党的宣传工作方针，拟订新闻出版业的管理政策并督促落实，管理新闻出版行政事务，统筹规划和指导协调新闻出版事业、产业发展,监督管理出版物内容和质量,监督管理印刷业,管理著作权,管理出版物进口等。

(十二)中央宣传部统一管理电影工作。为更好发挥电影在宣传思想和文化娱乐方面的特殊重要作用,发展和繁荣电影事业,将国家新闻出版广电总局的电影管理职责划入中央宣传部。中央宣传部对外加挂国家电影局牌子。

调整后,中央宣传部关于电影管理方面的主要职责是,管理电影行政事务,指导监管电影制片、发行、放映工作,组织对电影内容进行审查,指导协调全国性重大电影活动,承担对外合作制片、输入输出影片的国际合作交流等。

(十三)中央统战部统一领导国家民族事务委员会。为加强党对民族工作的集中统一领导,将民族工作放在统战工作大局下统一部署、统筹协调、形成合力,更好贯彻落实党的民族工作方针,更好协调处理民族工作中的重大事项,将国家民族事务委员会归口中央统战部领导。国家民族事务委员会仍作为国务院组成部门。

调整后,中央统战部在民族工作方面的主要职责是,贯彻落实党的民族工作方针,研究拟订民族工作的政策和重大措施,协调处理民族工作中的重大问题,根据分工做好少数民族干部工作,领导国家民族事务委员会依法管理民族事务,全面促进民族事业发展等。

(十四)中央统战部统一管理宗教工作。为加强党对宗教工作的集中统一领导,全面贯彻党的宗教工作基本方针,坚持我国宗教的中国化方向,统筹统战和宗教等资源力量,积极引导宗教与社会主义社会相适应,将国家宗教事务局并入中央统战部。中央统战部对外保留国家宗教事务局牌子。

调整后,中央统战部在宗教事务管理方面的主要职责是,贯彻落实党的宗教工作基本方针和政策,研究拟订宗教工作的政策措施并督促落实,统筹协调宗教工作,依法管理宗教行政事务,保护公民宗教信仰自由和正常的宗教活动,巩固和发展同宗教界的爱国统一战线等。

不再保留单设的国家宗教事务局。

(十五)中央统战部统一管理侨务工作。为加强党对海外统战工作的集中统一领导,更加广泛地团结联系海外侨胞和归侨侨眷,更好发挥群众团体作用,将国务院侨务办公室并入中央统战部。中央统战部对外保留国务院侨务办公室牌子。

调整后,中央统战部在侨务方面的主要职责是,统一领导海外统战工作,管理侨务行政事务,负责拟订侨务工作政策和规划,调查研究国内外侨情和侨务工作情况,统筹协调有关部门和社会团体涉侨工作,联系香港、澳门和海外有关社团及代表人士,指导推动涉侨宣传、文化交流和华文教育工作等。

国务院侨务办公室海外华人华侨社团联谊等职责划归中国侨联行使,发挥中国侨联作为党和政府联系广大归侨侨眷和海外侨胞的桥梁纽带作用。

不再保留单设的国务院侨务办公室。

(十六)优化中央网络安全和信息化委员会办公室职责。为维护国家网络空间安全和利益,将国家计算机网络与信息安全管理中心由工业和信息化部管理调整为由中央网络安全和信息化委员会办公室管理。

工业和信息化部仍负责协调电信网、互联网、专用通信网的建设,组织、指导通信行业技术创新和技术进步,对国家计算机网络与信息安全管理中心基础设施建设、技术创新提供保障,在各省(自治区、直辖市)设置的通信管理局管理体制、主要职责、人员编制维持不变。

(十七)不再设立中央维护海洋权益工作领导小组。为坚决维护国家主权和海洋权益,更好统筹外交外事与涉海部门的资源和力量,将维护海洋权益工作纳入中央外事工作全局中统一谋划、统一部署,不再设立中央维护海洋权益工作领导小组,有关职责交由中央外事工作委员会及其办公室承担,在中央外事工作委员会办公室内设维护海洋权益工作办公室。

调整后,中央外事工作委员会及其办公室在维护海洋权益方面的主要职责是,组织协调和指导督促各有关方面落实党中央关于维护海洋权益的决策部署,收集汇总和分析研判涉及国家海洋权益的情报信息,协调应对紧急突发事态,组织研究维护海洋权益重大问题并提出对策建议等。

(十八)不再设立中央社会治安综合治理委员会及其办公室。为加强党对政法工作和社会治安综合治理等工作的统筹协调,加快社会治安防控体系建设,不再设立中央社会治安综合治理委员会及其办公室,有关职责交由中央政法委员会承担。

调整后,中央政法委员会在社会治安综合治理方面的主要职责是,负责组织协调、推动和督促各地区各有关部门开展社会治安综合治理工作,汇总掌握社会治安综合治理动态,协调处置重大突发事件,研究社会治安综合治理有关重大问题,提出社会治安综合治理工作对策建议等。

(十九)不再设立中央维护稳定工作领导小组及其办公室。为加强党对政法工作的集中统一领导,更好统筹协调政法机关资源力量,强化维稳工作的系统性,推进平安中国建设,不再设立中央维护稳定工作领导小组及其办公室,有关职责交由中央政法委员会承担。

调整后,中央政法委员会在维护社会稳定方面的主要职责是,统筹协调政法机关等部门处理影响社会稳定的重大事项,协调应对和处置重大突发事件,了解掌握和分析研判影响社会稳定的情况动态,预防、化解影响稳定的社会矛盾和风险等。

(二十)将中央防范和处理邪教问题领导小组及其办公室职责划归中央政法委员会、公安部。为更好统筹协调执政安全和社会稳定工作,建立健全党委和政府领导、部门分工负责、社会协同参与的防范治理邪教工作机制,发挥政法部门职能作用,提高组织、协调、执行能力,形成工作合力和常态化工作机制,将防范和处理邪教工作职责交由中央政法委员会、公安部承担。

调整后,中央政法委员会在防范和处理邪教工作方面的主要职责是,协调指导各相关部门做好反邪教工作,分析研判有关情况信息并向党中央提出政策建议,协调处置重大突发性事件等。公安部在防范和处理邪教工作方面的主要职责是,收集邪教组织影响社会稳定、危害社会治安的情况并进行分析研判,依法打击邪教组织的违法犯罪活动等。

二、深化全国人大机构改革

人民代表大会制度是坚持党的领导、人民当家作主、依法治国有机统一的根本政治制度安排。要适应新时代我国社会主要矛盾变化,完善全国人大专门委员会设置,更好发挥职能作用。

(二十一)组建全国人大社会建设委员会。为适应统筹推进"五位一体"总体布局需要,加强社会建设,创新社会管理,更好保障和改善民生,推进社会领域法律制度建设,整合全国人大内务司法委员会、财政经济委员会、教育科学文化卫生委员会的相关职责,组建全国人大社会建设委员会,作为全国人大专门委员会。

主要职责是,研究、拟订、审议劳动就业、社会保障、民政事务、群团组织、安全生产等方面的有关议案、法律草案,开展有关调查研究,开展有关执法检查等。

(二十二)全国人大内务司法委员会更名为全国人大监察和司法委员会。为健全党和国家监督体系,适应国家监察体制改革需要,促进国家监察工作顺利开展,将全国人大内务司法委员会更名为全国人大监察和司法委员会。

全国人大监察和司法委员会在原有工作职责基础上,增加配合深化国家监察体制改革、完善国家监察制度体系、推动实现党内监督和国家机关监督有机统一方面的职责。

(二十三)全国人大法律委员会更名为全国人大宪法和法律委员会。为弘扬宪法精神,增强宪法意识,维护宪法权威,加强宪法实施和监督,推进合宪性审查工作,将全国人大法律委员会更名为全国人大宪法和法律委员会。

全国人大宪法和法律委员会在继续承担统一审议法律草案工作的基础上,增加推动宪法实施、开展宪法解释、推进合宪性审查、加强宪法监督、配合宪法宣传等职责。

三、深化国务院机构改革

深化国务院机构改革,要着眼于转变政府职能,坚决破除制约使市场在资源配置中起决定性作用、更好发挥政府作用的体制机制弊端,围绕推动高质量发展,建设现代化经济体系,加强和完善政府经济调节、市场监管、社会管理、公共服务、生态环境保护职能,结合新的时代条件和实践要求,着力推进重点领域、关键环节的机构职能优化和调整,构建起职责明确、依法行政的政府治理体系,增强政府公信力和执行力,加快建设人民满意的服务型政府。

(二十四)组建自然资源部。建设生态文明是中华民族永续发展的千年大计。必须树立和践行绿水青山就是金山银山的理念,统筹山水林田湖草系统治理。为统一行使全民所有自然资源资产所有者职责,统一行使所有国土空间用途管制和生态保护修复职责,着力解决自然资源所有者不到位、空间规划重叠等问题,将国土资源部的职责,国家发展和改革委员会的组织编制主体功能区规划职责,住房和城乡建设部的城乡规划管理职责,水利部的水资源调查和确权登记管理职责,农业部的草原资源调查和确权登记管理职责,国家林业局的森林、湿地等资源调查和确权登记管理职责,国家海洋局的职责,国家测绘地理信息局的职责整合,组建自然资源部,作为国务院组成部门。自然资源部对外保留国家海洋局牌子。

主要职责是,对自然资源开发利用和保护进行监管,建立空间规划体系并监督实施,履行全民所有各类自然资源资产所有者职责,统一调查和确权登记,建立自然资源有偿使用制度,负责测绘和地质勘查行业管理等。

不再保留国土资源部、国家海洋局、国家测绘地理信息局。

(二十五)组建生态环境部。保护环境是我国的基本国策,要像对待生命一样对待生态环境,实行最严格的生态环境保护制度,形成绿色发展方式和生活方式,着力解决突出环境问题。为整合分散的生态环境保护职责,统一行使生态和城乡各类污染排放监管与行政执法职责,加强环境污染治理,保障国家生态安全,建设美丽中国,将环境保护部的职责,国家发展和改革委员会的应对气候变化和减排职责,国土资源部的监督防止地下水污染职责,水利部的编制水功能区划、排污口设置管理、流域水环境保护职责,农业部的监督指导农业面源污染治理职责,国家海洋局的海洋环境保护职责,国务院南水北调工程建设委员会办公室的南水北调工程项目区环境保护职责整合,组建生态环境部,作为国务院组成部门。生态环境部对外保留国家核安全局牌子。

主要职责是,拟订并组织实施生态环境政策、规划和标准,统一负责生态环境监测和执法工作,监督管理污染防治、核与辐射安全,组织开展中央环境保护督察等。

不再保留环境保护部。

(二十六)组建农业农村部。农业农村农民问题是关系国计民生的根本性问题,必须始终把解决好"三农"问题作为全党工作重中之重。为加强党对"三农"工作的集中统一领导,坚持农业农村优先发展,统筹实施乡村振兴战略,推动农业全面升级、农村全面进步、农民全面发展,加快实现农业农村现代化,将中央农村工作领导小组办公室的职责,农业部的职责,以及国家发展和改革委员会的农业投资项目、财政部的农业综合开发项目、国土资源部的农田整治项目、水利部的农田水利建设项目等管理职责整合,组建农业农村部,作为国务院组成部门。中央农村工作领导小组办公室设在农业农村部。

主要职责是,统筹研究和组织实施"三农"工作战略、规划和政策,监督管理种植业、畜牧业、渔业、农垦、农业机械化、农产品质量安全,负责农业投资管理等。

将农业部的渔船检验和监督管理职责划入交通运输部。

不再保留农业部。

(二十七)组建文化和旅游部。满足人民过上美好生活新期待,必须提供丰富的精神食粮。为增强和彰显文化自信,坚持中国特色社会主义文化发展道路,统筹文化事业、文化产业发展和旅游资源开发,提高国家文化软实力和中华文化影响力,将文化部、国家旅游局的职责整合,组建文化和旅游部,作为国务院组成部门。

主要职责是,贯彻落实党的文化工作方针政策,研究拟订文化和旅游工作政策措施,统筹规划文化事业、文化产业、旅游业发展,深入实施文化惠民工程,组织实施文化资源普查、挖掘和保护工作,维护各类文化市场包括旅游市场秩序,加强对外文化交流,推动中华文化走出去等。

不再保留文化部、国家旅游局。

(二十八)组建国家卫生健康委员会。人民健康是民族昌盛和国家富强的重要标志。为推动实施健康中国战略,树立大卫生、大健康理念,把以治病为中心转变到以人民健康为中心,预防控制重大疾病,积极应对人口老龄化,加快老龄事业和产业发展,为人民群众提供全方位全周期健康服务,将国家卫生和计划生育委员会、国务院深化医药卫生体制改革领导小组办公室、全国老龄工作委员会办公室的职责,工业和信息化部的牵头《烟草控制框架公约》履约工作职责,国家安全生产监督管理总局的职业安全健康监督管理职责整合,组建国家卫生健康委员会,作为国务院组成部门。

主要职责是，拟订国民健康政策，协调推进深化医药卫生体制改革，组织制定国家基本药物制度，监督管理公共卫生、医疗服务和卫生应急，负责计划生育管理和服务工作，拟订应对人口老龄化、医养结合政策措施等。

保留全国老龄工作委员会，日常工作由国家卫生健康委员会承担。民政部代管的中国老龄协会改由国家卫生健康委员会代管。国家中医药管理局由国家卫生健康委员会管理。

不再保留国家卫生和计划生育委员会。不再设立国务院深化医药卫生体制改革领导小组办公室。

（二十九）组建退役军人事务部。为维护军人军属合法权益，加强退役军人服务保障体系建设，建立健全集中统一、职责清晰的退役军人管理保障体制，让军人成为全社会尊崇的职业，将民政部的退役军人优抚安置职责，人力资源和社会保障部的军官转业安置职责，以及中央军委政治工作部、后勤保障部有关职责整合，组建退役军人事务部，作为国务院组成部门。

主要职责是，拟订退役军人思想政治、管理保障等工作政策法规并组织实施，褒扬彰显退役军人为党、国家和人民牺牲奉献的精神风范和价值导向，负责军队转业干部、复员干部、退休干部、退役士兵的移交安置工作和自主择业退役军人服务管理、待遇保障工作，组织开展退役军人教育培训、优待抚恤等，指导全国拥军优属工作，负责烈士及退役军人荣誉奖励、军人公墓维护以及纪念活动等。

（三十）组建应急管理部。提高国家应急管理能力和水平，提高防灾减灾救灾能力，确保人民群众生命财产安全和社会稳定，是我们党治国理政的一项重大任务。为防范化解重特大安全风险，健全公共安全体系，整合优化应急力量和资源，推动形成统一指挥、专常兼备、反应灵敏、上下联动、平战结合的中国特色应急管理体制，将国家安全生产监督管理总局的职责，国务院办公厅的应急管理职责，公安部的消防管理职责，民政部的救灾职责，国土资源部的地质灾害防治、水利部的水旱灾害防治、农业部的草原防火、国家林业局的森林防火相关职责，中国地震局的震灾应急救援职责以及国家防汛抗旱总指挥部、国家减灾委员会、国务院抗震救灾指挥部、国家森林防火指挥部的职责整合，组建应急管理部，作为国务院组成部门。

主要职责是，组织编制国家应急总体预案和规划，指导各地区各部门应对突发事件工作，推动应急预案体系建设和预案演练。建立灾情报告系统并统一发布灾情，统筹应急力量建设和物资储备并在救灾时统一调度，组织灾害救助体系建设，指导安全生产类、自然灾害类应急救援，承担国家应对特别重大灾害指挥部工作。指导火灾、水旱灾害、地质灾害等防治。负责安全生产综合监督管理和工矿商贸行业安全生产监督管理等。公安消防部队、武警森林部队转制后，与安全生产等应急救援队伍一并作为综合性常备应急骨干力量，由应急管理部管理，实行专门管理和政策保障，采取符合其自身特点的职务职级序列和管理办法，提高职业荣誉感，保持有生力量和战斗力。应急管理部要处理好防灾和救灾的关系，明确与相关部门和地方各自职责分工，建立协调配合机制。

中国地震局、国家煤矿安全监察局由应急管理部管理。

不再保留国家安全生产监督管理总局。

（三十一）重新组建科学技术部。创新是引领发展的第一动力,是建设现代化经济体系的战略支撑。为更好实施科教兴国战略、人才强国战略、创新驱动发展战略,加强国家创新体系建设,优化配置科技资源,推动建设高端科技创新人才队伍,健全技术创新激励机制,加快建设创新型国家,将科学技术部、国家外国专家局的职责整合,重新组建科学技术部,作为国务院组成部门。科学技术部对外保留国家外国专家局牌子。

主要职责是,拟订国家创新驱动发展战略方针以及科技发展、基础研究规划和政策并组织实施,统筹推进国家创新体系建设和科技体制改革,组织协调国家重大基础研究和应用基础研究,编制国家重大科技项目规划并监督实施,牵头建立统一的国家科技管理平台和科研项目资金协调、评估、监管机制,负责引进国外智力工作等。

国家自然科学基金委员会改由科学技术部管理。

不再保留单设的国家外国专家局。

（三十二）重新组建司法部。全面依法治国是国家治理的一场深刻革命,必须在党的领导下,遵循法治规律,创新体制机制,全面深化依法治国实践。为贯彻落实全面依法治国基本方略,加强党对法治政府建设的集中统一领导,统筹行政立法、行政执法、法律事务管理和普法宣传,推动政府工作纳入法治轨道,将司法部和国务院法制办公室的职责整合,重新组建司法部,作为国务院组成部门。

主要职责是,负责有关法律和行政法规草案起草,负责立法协调和备案审查、解释,综合协调行政执法,指导行政复议应诉,负责普法宣传,负责监狱、戒毒、社区矫正管理,负责律师公证和司法鉴定仲裁管理,承担国家司法协助等。

不再保留国务院法制办公室。

（三十三）优化审计署职责。改革审计管理体制,保障依法独立行使审计监督权,是健全党和国家监督体系的重要内容。为整合审计监督力量,减少职责交叉分散,避免重复检查和监督盲区,增强监督效能,将国家发展和改革委员会的重大项目稽察、财政部的中央预算执行情况和其他财政收支情况的监督检查、国务院国有资产监督管理委员会的国有企业领导干部经济责任审计和国有重点大型企业监事会的职责划入审计署,相应对派出审计监督力量进行整合优化,构建统一高效审计监督体系。

不再设立国有重点大型企业监事会。

（三十四）组建国家市场监督管理总局。改革市场监管体系,实行统一的市场监管,是建立统一开放竞争有序的现代市场体系的关键环节。为完善市场监管体制,推动实施质量强国战略,营造诚实守信、公平竞争的市场环境,进一步推进市场监管综合执法、加强产品质量安全监管,让人民群众买得放心、用得放心、吃得放心,将国家工商行政管理总局的职责,国家质量监督检验检疫总局的职责,国家食品药品监督管理总局的职责,国家发展和改革委员会的价格监督检查与反垄断执法职责,商务部的经营者集中反垄断执法以及国务院反垄断委员会办公室等职责整合,组建国家市场监督管理总局,作为国务院直属机构。

主要职责是,负责市场综合监督管理,统一登记市场主体并建立信息公示和共享机制,组织市场监管综合执法工作,承担反垄断统一执法,规范和维护市场秩序,组织实施质量强国战略,负责工业产品质量安全、食品安全、特种设备安全监管,统一管理计量标准、检验检测、认证认可工作等。

组建国家药品监督管理局,由国家市场监督管理总局管理,主要职责是负责药品、化妆品、医疗器械的注册并实施监督管理。

将国家质量监督检验检疫总局的出入境检验检疫管理职责和队伍划入海关总署。

保留国务院食品安全委员会、国务院反垄断委员会,具体工作由国家市场监督管理总局承担。

国家认证认可监督管理委员会、国家标准化管理委员会职责划入国家市场监督管理总局,对外保留牌子。

不再保留国家工商行政管理总局、国家质量监督检验检疫总局、国家食品药品监督管理总局。

(三十五)组建国家广播电视总局。为加强党对新闻舆论工作的集中统一领导,加强对重要宣传阵地的管理,牢牢掌握意识形态工作领导权,充分发挥广播电视媒体作为党的喉舌作用,在国家新闻出版广电总局广播电视管理职责的基础上组建国家广播电视总局,作为国务院直属机构。

主要职责是,贯彻党的宣传方针政策,拟订广播电视管理的政策措施并督促落实,统筹规划和指导协调广播电视事业、产业发展,推进广播电视领域的体制机制改革,监督管理、审查广播电视与网络视听节目内容和质量,负责广播电视节目的进口、收录和管理,协调推动广播电视领域走出去工作等。

不再保留国家新闻出版广电总局。

(三十六)组建中央广播电视总台。坚持正确舆论导向,高度重视传播手段建设和创新,提高新闻舆论传播力、引导力、影响力、公信力,是牢牢掌握意识形态工作领导权的重要抓手。为加强党对重要舆论阵地的集中建设和管理,增强广播电视媒体整体实力和竞争力,推动广播电视媒体、新兴媒体融合发展,加快国际传播能力建设,整合中央电视台(中国国际电视台)、中央人民广播电台、中国国际广播电台,组建中央广播电视总台,作为国务院直属事业单位,归口中央宣传部领导。

主要职责是,宣传党的理论和路线方针政策,统筹组织重大宣传报道,组织广播电视创作生产,制作和播出广播电视精品,引导社会热点,加强和改进舆论监督,推动多媒体融合发展,加强国际传播能力建设,讲好中国故事等。

撤销中央电视台(中国国际电视台)、中央人民广播电台、中国国际广播电台建制。对内保留原呼号,对外统一呼号为"中国之声"。

(三十七)组建中国银行保险监督管理委员会。金融是现代经济的核心,必须高度重视防控金融风险、保障国家金融安全。为深化金融监管体制改革,解决现行体制存在的监管职责不清晰、交叉监管和监管空白等问题,强化综合监管,优化监管资源配置,更好统筹系统重要性金融机构监管,逐步建立符合现代金融特点、统筹协调监管、有力有效的现代金融监管框架,守住不发生系统性金融风险的底线,将中国银行业监督管理委员会和中国保险监督管理委员会的职责整合,组建中国银行保险监督管理委员会,作为国务院直属事业单位。

主要职责是,依照法律法规统一监督管理银行业和保险业,保护金融消费者合法权益,维护银行业和保险业合法、稳健运行,防范和化解金融风险,维护金融稳定等。

将中国银行业监督管理委员会和中国保险监督管理委员会拟订银行业、保险业重要法律法规草案和审慎监管基本制度的职责划入中国人民银行。

不再保留中国银行业监督管理委员会、中国保险监督管理委员会。

(三十八)组建国家国际发展合作署。为充分发挥对外援助作为大国外交的重要手段作用,加强对外援助的战略谋划和统筹协调,推动援外工作统一管理,改革优化援外方式,更好服务国家外交总体布局和共建"一带一路"等,将商务部对外援助工作有关职责、外交部对外援助协调等职责整合,组建国家国际发展合作署,作为国务院直属机构。

主要职责是,拟订对外援助战略方针、规划、政策,统筹协调援外重大问题并提出建议,推进援外方式改革,编制对外援助方案和计划,确定对外援助项目并监督评估实施情况等。对外援助的具体执行工作仍由相关部门按分工承担。

(三十九)组建国家医疗保障局。医疗保险制度对于保障人民群众就医需求、减轻医药费用负担、提高健康水平有着重要作用。为完善统一的城乡居民基本医疗保险制度和大病保险制度,不断提高医疗保障水平,确保医保资金合理使用、安全可控,推进医疗、医保、医药"三医联动"改革,更好保障病有所医,将人力资源和社会保障部的城镇职工和城镇居民基本医疗保险、生育保险职责,国家卫生和计划生育委员会的新型农村合作医疗职责,国家发展和改革委员会的药品和医疗服务价格管理职责,民政部的医疗救助职责整合,组建国家医疗保障局,作为国务院直属机构。

主要职责是,拟订医疗保险、生育保险、医疗救助等医疗保障制度的政策、规划、标准并组织实施,监督管理相关医疗保障基金,完善国家异地就医管理和费用结算平台,组织制定和调整药品、医疗服务价格和收费标准,制定药品和医用耗材的招标采购政策并监督实施,监督管理纳入医保支出范围内的医疗服务行为和医疗费用等。

(四十)组建国家粮食和物资储备局。为加强国家储备的统筹规划,构建统一的国家物资储备体系,强化中央储备粮棉的监督管理,提升国家储备应对突发事件的能力,将国家粮食局的职责,国家发展和改革委员会的组织实施国家战略物资收储、轮换和管理,管理国家粮食、棉花和食糖储备等职责,以及民政部、商务部、国家能源局等部门的组织实施国家战略和应急储备物资收储、轮换和日常管理职责整合,组建国家粮食和物资储备局,由国家发展和改革委员会管理。

主要职责是,根据国家储备总体发展规划和品种目录,组织实施国家战略和应急储备物资的收储、轮换、管理,统一负责储备基础设施的建设与管理,对管理的政府储备、企业储备以及储备政策落实情况进行监督检查,负责粮食流通行业管理和中央储备粮棉行政管理等。

不再保留国家粮食局。

（四十一）组建国家移民管理局。随着我国综合国力进一步提升,来华工作生活的外国人不断增加,对做好移民管理服务提出新要求。为加强对移民及出入境管理的统筹协调,更好形成移民管理工作合力,将公安部的出入境管理、边防检查职责整合,建立健全签证管理协调机制,组建国家移民管理局,加挂中华人民共和国出入境管理局牌子,由公安部管理。

主要职责是,协调拟订移民政策并组织实施,负责出入境管理、口岸证件查验和边民往来管理,负责外国人停留居留和永久居留管理、难民管理、国籍管理,牵头协调非法入境、非法居留、非法就业外国人治理和非法移民遣返,负责中国公民因私出入国(境)服务管理,承担移民领域国际合作等。

（四十二）组建国家林业和草原局。为加大生态系统保护力度,统筹森林、草原、湿地监督管理,加快建立以国家公园为主体的自然保护地体系,保障国家生态安全,将国家林业局的职责,农业部的草原监督管理职责,以及国土资源部、住房和城乡建设部、水利部、农业部、国家海洋局等部门的自然保护区、风景名胜区、自然遗产、地质公园等管理职责整合,组建国家林业和草原局,由自然资源部管理。国家林业和草原局加挂国家公园管理局牌子。

主要职责是,监督管理森林、草原、湿地、荒漠和陆生野生动植物资源开发利用和保护,组织生态保护和修复,开展造林绿化工作,管理国家公园等各类自然保护地等。

不再保留国家林业局。

（四十三）重新组建国家知识产权局。强化知识产权创造、保护、运用,是加快建设创新型国家的重要举措。为解决商标、专利分头管理和重复执法问题,完善知识产权管理体制,将国家知识产权局的职责、国家工商行政管理总局的商标管理职责、国家质量监督检验检疫总局的原产地地理标志管理职责整合,重新组建国家知识产权局,由国家市场监督管理总局管理。

主要职责是,负责保护知识产权工作,推动知识产权保护体系建设,负责商标、专利、原产地地理标志的注册登记和行政裁决,指导商标、专利执法工作等。商标、专利执法职责交由市场监管综合执法队伍承担。

（四十四）国务院三峡工程建设委员会及其办公室、国务院南水北调工程建设委员会及其办公室并入水利部。目前,三峡主体工程建设任务已经完成,南水北调东线和中线工程已经竣工。为加强对重大水利工程建设和运行的统一管理,理顺职责关系,将国务院三峡工程建设委员会及其办公室、国务院南水北调工程建设委员会及其办公室并入水利部。由水利部承担三峡工程和南水北调工程的运行管理、后续工程建设管理和移民后期扶持管理等职责。

不再保留国务院三峡工程建设委员会及其办公室、国务院南水北调工程建设委员会及其办公室。

（四十五）调整全国社会保障基金理事会隶属关系。为加强社会保障基金管理和监督,理顺职责关系,保证基金安全和实现保值增值目标,将全国社会保障基金理事会由国务院管理调整为由财政部管理,承担基金安全和保值增值的主体责任,作为基金投资运营机构,不再明确行政级别。

（四十六）改革国税地税征管体制。为降低征纳成本,理顺职责关系,提高征管效率,为纳税人提供更加优质高效便利服务,将省级和省级以下国税地税机构合并,具体承担所辖区域内各项税收、非税收入征管等职责。为提高社会保险资金征管效率,将基本养老保险费、基本医疗保险费、失业保险费等各项社会保险费交由税务部门统一征收。国税地税机构合并后,实行以国家税务总局为主与省(自治区、直辖市)政府双重领导管理体制。国家税务总局要会同省级党委和政府加强税务系统党的领导,做好党的建设、思想政治建设和干部队伍建设工作,优化各层级税务组织体系和征管职责,按照"瘦身"与"健身"相结合原则,完善结构布局和力量配置,构建优化高效统一的税收征管体系。

四、深化全国政协机构改革

人民政协是具有中国特色的制度安排,是社会主义协商民主的重要渠道和专门协商机构。要加强人民政协民主监督,增强人民政协界别的代表性,加强委员队伍建设,优化政协专门委员会设置。

(四十七)组建全国政协农业和农村委员会。将全国政协经济委员会联系农业界和研究"三农"问题等职责调整到全国政协农业和农村委员会。

主要职责是,组织委员学习宣传党和国家农业农村方面的方针政策和法律法规,就"三农"问题开展调查研究,提出意见、建议和提案,团结和联系农业和农村界委员反映社情民意。

(四十八)全国政协文史和学习委员会更名为全国政协文化文史和学习委员会。将全国政协教科文卫体委员会承担的联系文化艺术界等相关工作调整到全国政协文化文史和学习委员会。

主要职责是,组织委员学习宣传党和国家文化艺术文史方面的方针政策和法律法规,就文化艺术文史问题开展调查研究,提出意见、建议和提案,团结和联系文化艺术文史界委员反映社情民意。

(四十九)全国政协教科文卫体委员会更名为全国政协教科卫体委员会。主要职责是,组织委员学习宣传党和国家教育、科技、卫生、体育方面的方针政策和法律法规,就教育、科技、卫生、体育问题开展调查研究,提出意见、建议和提案,团结和联系教育、科技、卫生、体育界委员反映社情民意。

五、深化行政执法体制改革

深化行政执法体制改革,统筹配置行政处罚职能和执法资源,相对集中行政处罚权,是深化机构改革的重要任务。根据不同层级政府的事权和职能,按照减少层次、整合队伍、提高效率的原则,大幅减少执法队伍种类,合理配置执法力量。一个部门设有多支执法队伍的,原则上整合为一支队伍。推动整合同一领域或相近领域执法队伍,实行综合设置。完善执法程序,严格执法责任,做到严格规范公正文明执法。

(五十)整合组建市场监管综合执法队伍。整合工商、质检、食品、药品、物价、商标、专利等执法职责和队伍,组建市场监管综合执法队伍。由国家市场监督管理总局指导。鼓励地方将其他直接到市场、进企业,面向基层、面对老百姓的执法队伍,如商务执法、盐业执法等,整合划入市场监管综合执法队伍。药品经营销售等行为的执法,由市县市场监管综合执法队伍统一承担。

(五十一)整合组建生态环境保护综合执法队伍。整合环境保护和国土、农业、水利、海洋等部门相关污染防治和生态保护执法职责、队伍,统一实行生态环境保护执法。由生态环境部指导。

(五十二)整合组建文化市场综合执法队伍。将旅游市场执法职责和队伍整合划入文化市场综合执法队伍,统一行使文化、文物、出版、广播电视、电影、旅游市场行政执法职责。由文化和旅游部指导。

(五十三)整合组建交通运输综合执法队伍。整合交通运输系统内路政、运政等涉及交通运输的执法职责、队伍,实行统一执法。由交通运输部指导。

(五十四)整合组建农业综合执法队伍。将农业系统内兽医兽药、生猪屠宰、种子、化肥、农药、农机、农产品质量等执法队伍整合,实行统一执法。由农业农村部指导。

继续探索实行跨领域跨部门综合执法,建立健全综合执法主管部门、相关行业管理部门、综合执法队伍间协调配合、信息共享机制和跨部门、跨区域执法协作联动机制。对涉及的相关法律法规及时进行清理修订。

六、深化跨军地改革

着眼全面落实党对人民解放军和其他武装力量的绝对领导,贯彻落实党中央关于调整武警部队领导指挥体制的决定,按照军是军、警是警、民是民原则,将列武警部队序列、国务院部门领导管理的现役力量全部退出武警,将国家海洋局领导管理的海警队伍转隶武警部队,将武警部队担负民事属性任务的黄金、森林、水电部队整体移交国家相关职能部门并改编为非现役专业队伍,同时撤收武警部队海关执勤兵力,彻底理顺武警部队领导管理和指挥使用关系。

(五十五)公安边防部队改制。公安边防部队不再列武警部队序列,全部退出现役。

公安边防部队转到地方后,成建制划归公安机关,并结合新组建国家移民管理局进行适当调整整合。现役编制全部转为人民警察编制。

(五十六)公安消防部队改制。公安消防部队不再列武警部队序列,全部退出现役。

公安消防部队转到地方后,现役编制全部转为行政编制,成建制划归应急管理部,承担灭火救援和其他应急救援工作,充分发挥应急救援主力军和国家队的作用。

(五十七)公安警卫部队改制。公安警卫部队不再列武警部队序列,全部退出现役。

公安警卫部队转到地方后,警卫局(处)由同级公安机关管理的体制不变,承担规定的警卫任务,现役编制全部转为人民警察编制。

(五十八)海警队伍转隶武警部队。按照先移交、后整编的方式,将国家海洋局(中国海警局)领导管理的海警队伍及相关职能全部划归武警部队。

(五十九)武警部队不再领导管理武警黄金、森林、水电部队。按照先移交、后整编的方式,将武警黄金、森林、水电部队整体移交国家有关职能部门,官兵集体转业改编为非现役专业队伍。

武警黄金部队转为非现役专业队伍后,并入自然资源部,承担国家基础性公益性地质工作任务和多金属矿产资源勘查任务,现役编制转为财政补助事业编制。原有的部分企业职能划转中国黄金总公司。

武警森林部队转为非现役专业队伍后,现役编制转为行政编制,并入应急管理部,承担森林灭火等应急救援任务,发挥国家应急救援专业队作用。

武警水电部队转为非现役专业队伍后,充分利用原有的专业技术力量,承担水利水电工程建设任务,组建为国有企业,可继续使用中国安能建设总公司名称,由国务院国有资产监督管理委员会管理。

(六十)武警部队不再承担海关执勤任务。参与海关执勤的兵力一次性整体撤收,归建武警部队。

为补充武警部队撤勤后海关一线监管力量缺口,海关系统要结合检验检疫系统整合,加大内部挖潜力度,同时通过核定军转编制接收一部分转业官兵,并通过实行购买服务、聘用安保人员等方式加以解决。

七、深化群团组织改革

群团组织改革要认真落实党中央关于群团改革的决策部署,健全党委统一领导群团工作的制度,紧紧围绕保持和增强政治性、先进性、群众性这条主线,强化问题意识,以更大力度、更实举措推进改革,着力解决"机关化、行政化、贵族化、娱乐化"等问题,把群团组织建设得更加充满活力、更加坚强有力。

牢牢把握改革正确方向,始终坚持党对群团组织的领导,坚决贯彻党的意志和主张,自觉服从服务党和国家工作大局,找准工作结合点和着力点,落实以人民为中心的工作导向,增强群团组织的吸引力影响力。要聚焦突出问题,改革机关设置、优化管理模式、创新运行机制,坚持眼睛向下、面向基层,将力量配备、服务资源向基层倾斜,更好适应基层和群众需要。促进党政机构同群团组织功能有机衔接,支持和鼓励群团组织承接适合由群团组织承担的公共服务职能,增强群团组织团结教育、维护权益、服务群众功能,充分发挥党和政府联系人民群众的桥梁纽带作用。加强组织领导,加强统筹协调,加强分类指导,加强督察问责,认真总结经验,切实把党中央对群团工作和群团改革的各项要求落到实处。

八、深化地方机构改革

地方机构改革要全面贯彻落实党中央关于深化党和国家机构改革的决策部署,坚持加强党的全面领导,坚持省市县统筹、党政群统筹,根据各层级党委和政府的主要职责,合理调整和设置机构,理顺权责关系,改革方案按程序报批后组织实施。

深化地方机构改革,要着力完善维护党中央权威和集中统一领导的体制机制,省市县各级涉及党中央集中统一领导和国家法制统一、政令统一、市场统一的机构职能要基本对应。赋予省级及以下机构更多自主权,突出不同层级职责特点,允许地方根据本地区经济社会发展实际,在规定限额内因地制宜设置机构和配置职能。统筹设置党政群机构,在省市县对职能相近的党政机关探索合并设立或合署办公,市县要加大党政机关合并设立或合署办公力度。借鉴经济发达镇行政管理体制改革试点经验,适应街道、乡镇工作特点和便民服务需要,构建简约高效的基层管理体制。

加强各级党政机构限额管理,地方各级党委机构限额与同级政府机构限额统一计算。承担行政职能的事业单位,统一纳入地方党政机构限额管理。省级党政机构数额,由党中央批准和管理。市县两级党政机构数额,由省级党委实施严格管理。

强化机构编制管理刚性约束,坚持总量控制,严禁超编进人、超限额设置机构、超职数配备领导干部。结合全面深化党和国家机构改革,对编制进行整合规范,加大部门间、地区间编制统筹调配力度。在省(自治区、直辖市)范围内,打破编制分配之后地区所有、部门所有、单位所有的模式,随职能变化相应调整编制。

坚持蹄疾步稳、紧凑有序推进改革,中央和国家机关机构改革要在2018年年底前落实到位。省级党政机构改革方案要在2018年9月底前报党中央审批,在2018年年底前机构调整基本到位。省以下党政机构改革,由省级党委统一领导,在2018年年底前报党中央备案。所有地方机构改革任务在2019年3月底前基本完成。

深化党和国家机构改革是推进国家治理体系和治理能力现代化的一场深刻变革,是关系党和国家事业全局的重大政治任务。各地区各部门各单位要坚决维护以习近平同志为核心的党中央权威和集中统一领导,坚持正确改革方向,把思想和行动统一到党中央关于深化党和国家机构改革的重大决策部署上来,不折不扣落实党中央决策部署。要着力统一思想认识,把思想政治工作贯穿改革全过程,引导各级干部强化政治意识、大局意识、核心意识、看齐意识,领导干部要带头讲政治、顾大局、守纪律、促改革,坚决维护党中央改革决策的权威性和严肃性。要加强组织领导,各级党委和政府要把抓改革举措落地作为政治责任,党委(党组)主要领导要当好第一责任人,对党中央明确的改革任务要坚决落实到位,涉及机构变动、职责调整的部门,要服从大局,确保机构、职责、队伍等按要求及时调整到位,不允许搞变通、拖延改革。要加强对各地区各部门机构改革落实情况的督导检查。各地区各部门推进机构改革情况和遇到的重大问题及时向党中央报告请示。

三、审计署发布的审计工作发展规划与意见

审计工作发展纲要(1991—1995年)[1]

第七届全国人民代表大会第四次会议批准的《中华人民共和国国民经济和社会发展十年规划和第八个五年计划纲要》(以下简称《纲要》),要求到二○○○年实现我国社会主义现代化建设的第二步战略目标,把国民经济的整体素质提高到一个新的水平。《纲要》提出,要加强和改进审计部门的工作,健全监督体系,更好地为调控经济运行服务。审计机关要根据《宪法》和《审计条例》规定的地位、职能和《纲要》的要求,从审计工作的现有基础出发,总结经验,统一思想认识,制定工作规划,进一步明确发展方向,努力提高工作水平,为实现《纲要》提出的主要目标作出贡献。

一、审计工作有了良好的基础

审计机关自一九八三年成立以来,广大审计人员在党中央、国务院的领导下,认真贯彻执行党的路线、方针、政策和关于审计工作的重要指示,艰苦奋斗,积极开拓,开创了社会主义审计事业的局面,取得了显著成绩。审计监督对维护国家财经法纪、提高经济效益、加强廉政建设等方

---

[1]《中国审计年鉴》编辑委员会.中国审计年鉴(1989—1993)[M].北京:中国审计出版社,1994:131-135.

面发挥了积极作用。

（一）依照《宪法》规定，在县级以上各级政府建立了三千多个审计机构。为加强对中央单位的审计监督，经国务院批准，审计署在十六个大中城市和国务院四十一个部门设立了派驻机构。全国审计机关已配备七万四千多审计人员，经过实践锻炼和有计划的培训，政治业务素质有了明显提高。

（二）审计监督在《宪法》的《审计条例》规定的主要领域已经基本展开。对各级政府部门、地方政府的财政收支、部分国营企业事业单位、国家财政金融机构、重点基本建设单位、借用外资项目执行单位的财务收支和一些专项资金进行了审计。审计的单位，一九九〇年已达二十六万多个。八年来，重点查处违反财经法纪问题，上交国库金额一百七十四亿元，节省基建投资四十多亿元，责成归还挤占挪用专项资金一百一十六亿元。在审计中还查出万元以上的贪污案件一千三百多起，移送监察机关和提请司法机关处理。各级审计机关还围绕一些重要的财经问题和审计发现的普遍性、倾向性问题，进行专题审计调查研究，向政府和有关部门反映了情况，提出加强和改进宏观管理的建议。

（三）认真贯彻国务院颁布的《审计条例》和《关于违反财政法规处罚的暂行规定》，并制定了一些与《审计条例》相配套的业务规章制度，基本做到了依法审计。

（四）加强了审计机关的社会主义精神文明建设。在审计人员中进行了坚持四项基本原则和以"廉洁、公正、严格、奉献"为内容的职业道德教育，制定了审计工作纪律和审计人员守则，表彰了一批先进单位和先进个人，使审计队伍在社会上树立了比较好的形象。

（五）在审计机关的指导下，全国已有四万五千多个政府部门和企业事业单位建立了专职内审机构，配备十万七千多专职内审人员。内审工作在促进改善内部管理，提高经济效益等方面，取得了明显成绩。

（六）在审计机关的管理和支持下，社会审计发展较快，全国已有审计事务所三千三百多个，一万八千多从业人员。社会审计组织积极开展了查证、咨询、培训财会审计人员等工作，积极为社会经济发展服务。

（七）积累了不少审计工作经验，开展了审计理论研究，在探索我国社会主义审计制度的基本原则和技术方法方面，取得了进展。

（八）同二十多个国家在审计领域开展了交往活动，参加了最高审计机关国际和亚洲组织，成功地举办了最高审计机关亚洲组织第五届大会和第四届国际研讨会，中国内部审计学会参加了国际内部审计师协会，扩大了我国在国际审计领域中的影响，借鉴了外国审计工作经验。

在肯定成绩的同时，必须看到审计工作还存在一些困难和问题。主要是：审计机关现有人员的数量和素质同审计工作的发展要求不相适应；审计法制不够健全，审计机关依法独立行使审计监督权受到影响；审计查出问题就事论事多，对有关宏观调控问题研究少；推动和指导内部审计、社会审计工作不够有力；审计理论研究和审计宣传工作还比较薄弱；审计工作发展不够平衡；有些审计机关工作条件还存在困难。这些问题，需要在今后加强和改进工作中逐步解决。

二、主要目标和指导原则

本世纪最后十年,是我国社会主义现代化建设非常关键的时期,审计机关肩负着重要任务,加强和改进审计工作十分必要。

审计监督是宏观调控体系的重要组成部分,要维护国家财经法纪和社会经济秩序,保障国家财政经济活动的健康发展。提高效益是一切经济工作的中心,审计机关要加强对生产、建设、流通领域重点单位的审计监督,促进他们加强和改进管理,勤俭办事,合理有效地利用国家资金。加强廉政建设是实行改革开放、发展商品经济条件下的重大问题,审计机关要严格监督政府部门财政收支,查处以权谋私、奢侈浪费等违纪行为,表彰遵守财经法纪的单位,促使他们发扬艰苦奋斗的优良传统。

依照《宪法》规定,审计机关是监督财政财务收支的专门机关,它同财政机关履行管理职能进行的监督,在层次上是有所不同的。审计署在总理领导下,地方审计机关在地方政府首脑和上级审计机关领导下,依法独立行使审计监督权,它有权审计下级政府和本级政府各部门包括财政部门在内的财政财务收支及其有关经济活动,审计监督主要维护国家法律、行政法规和地方行政法规。

审计工作要根据上述精神,确定发展的目标。

(一)奋斗目标

《纲要》提出,今后十年,要"初步建立适应以公有制为基础的社会主义有计划商品经济发展的、计划经济和市场调节相结合的经济体制和运行机制。"根据这一要求审计工作要有一个较大的发展,初步设想,到二〇〇〇年要建立起与新的经济体制和运行机制相适应的、在宏观调控中发挥监督作用的审计制度。一九九一年至一九九五年,审计工作要贯彻执行"加强、改进、发展、提高"的方针,突出审计重点,健全审计法制,提高人员素质,进一步发挥内部审计和社会审计工作的作用,提高审计工作水平,为深化改革、发展经济、实现"八五"计划服务。主要目标是:

——把地方政府、财务管理部门和重点企业事业单位、重点建设项目、重点专项资金作为审计的主要对象,做到经常审计或轮流审计,审计其财政财务收支真实、合法,并逐步审查资金使用效益。

——草拟《审计法》,同时健全审计法规及其相配套的专业规章制度,做到严格执法,使审计工作走上法制化、制度化、规范化的轨道。

——按照国家批准审计机关的十万人编制配齐人员。通过加强培训,努力建设一支政治思想、业务素质高的骨干队伍。

——推动和指导国营大中型企业、大型事业单位、国家重点项目建设单位和管理国家资金多的政府部门,建立和改进内部审计制度,完善自我约束机制,着重围绕提高经济效益开展审计工作。

——加强对社会审计组织的管理和指导,巩固和发展组织,提高人员素质和服务水平,拓宽业务领域,使其逐步适应社会经济发展的需要。

(二)指导原则

——履行法律赋予的审计监督职能,维护国家财经法纪和正常的经济秩序,促进国民经济健康发展。要寓服务于监督之中,不能离开基本职能,去搞管理和服务工作。

——围绕经济工作中心开展审计工作,贯彻党的路线、方针、政策,促进深化改革、提高效益、增收节支。

——适当集中力量,保证抓好重点单位、重点项目、重点资金的审计,提高质量,讲求实效,同时抽审一定数量的非重点单位,发挥威慑作用,但不要片面追求扩大审计覆盖面。

——从宏观着眼、微观入手进行审计,善于运用审计占有的资料,对经济活动中带普遍性、倾向性问题,加强综合研究,提出完善和改进宏观调控的建议。

——在财务收支审计的基础上,逐步延伸检查和评价有关的内部控制制度和经济效益,促进国营大中型企业改善经营管理,增强活力,提高经济效益。

——地方各级审计机关要对本级政府和上一级审计机关负责,审计业务以上级审计机关为主,充分发挥审计机关依法独立行使审计监督的职能作用。

三、"八五"期间的审计工作任务

审计工作要以经济建设为中心,把进一步搞好国营大中型企业、加强农业和农村工作、加强廉政建设作为重要任务。

(一)对地方政府财政收支逐步实行经常审计。对省、自治区、直辖市和单列市财政,逐步做到每年审计一次,对地、市、县财政,逐步做到两三年审计一次。建立乡财政的地方,根据实际情况开展审计。审计的范围,包括预算内和预算外资金。审计预算执行情况和决算,主要检查收支是否真实和符合国家法律、法规、政策,有无越权减免税收等问题,促使认真执行《国家预算管理条例》,维护国家收入,严格开支制度,提高财政税务管理水平。

(二)拓宽金融审计。对国家金融、保险机构总行、总公司的财务收支,每年审计一次,并组织审计若干分支机构。主要检查成本开支、自有资金使用是否符合国家财政制度,信贷基金是否完整,促使遵守财经法纪。要逐步开展信贷资金审计,重点检查贷款的发放有无违反国家金融法规、政策问题。对地方的金融机构,根据当地政府的安排和上述要求进行审计。

(三)深化企业审计。要贯彻执行中央关于进一步搞好国营大中型企业的精神,继续实行分层次、抓重点的方法。审计机关要选择部分国营大中型企业进行经常审计和轮流审计,其它企业原则上由主管部门内审机构或委托社会审计组织进行审计,审计机关进行抽审。对大中型企业特别是亏损增加、盈利下降较多的单位,要在财务收支审计的基础上,分析原因,对属于经营管理中的问题,促使他们眼睛向内,改善管理,挖掘潜力,提高经济效益。在审计中要了解企业的困难,向政府和有关部门反映。没有大中型企业的地方,要选择部分规模较大的企业,比照上述办法进行审计。对承包经营的企业,根据这几年的实践,应当重点审查资产、盈亏是否真实,自有资金使用有无违反国家规定向个人倾斜问题。对有些行业,可选择若干企业,进行行业审计,对国家在境外的企业,要根据政府的要求和自身的条件,逐步开展审计。

(四)加强农业资金审计。特别是地、县审计机关,要把农业资金审计作为主要任务,重点审计用于农业开发项目、粮棉生产发展基地、水利建设项目和扶助贫困地区等专项资金,主要审计管理农业资金的部门和使用资金多的单位,逐步做到每年审计一次。主要审查资金是否到位,有无挤占挪用、损失浪费等问题,促使专款专用,提高资金使用效益。

(五)加强固定资产投资审计。对国家建设项目,在开工前,审计有无资金来源和来源是否正当,防止挪用其它资金,盲目扩大建设规模;在建期间,根据项目建设周期,一般二、三年审计一次,主要检查资金使用是否符合国家规定,有无高估冒算、挤占挪用建设资金、损失浪费等问题;竣工后,要审计决算是否真实、合法,是否突破工程概预算并分析原因,有无偷工减料等问题。对地方重点建设项目审计,可参照上述做法进行。

(六)积极开展科研、文教经费和专项资金审计。对科研、教育、文化、卫生、社会劳动保险等事业单位的经费和各种专项资金,要选择部分数额大或问题多的作为重点,进行经常审计和轮流审计。主要审查有无挤占挪用、乱收费用和资金使用经济效益、社会效益。

(七)坚持和改进对政府部门的审计。对各级政府部门要坚持经常审计,重点放在有资金分配权、有预算外收入、有罚没收入和违纪问题较多的部门,每年至少审计一次。主要审查有无随意增加开支搞铺张浪费,用公款吃喝送礼等违纪问题,以及有无乱收费、乱罚款、乱摊派损害企业和其它单位利益的问题,促进节省行政开支、加强廉政建设。

(八)改进和扩大利用外资审计。对使用世界银行等国际金融组织贷款和国际组织拨款,要加强审计监督,依法处理违反财经法纪问题,促进提高效益。同时,要提高对外审计公证报告的质量和水平。对中外合资、合作企业要逐步开展审计,依法保护国家权益。对地方政府、部门和大型企业借用外债的偿还能力,有重点地进行审计调查。

(九)围绕财政经济活动中的重要问题开展专题审计调查。审计署每年要组织部分地方审计机关进行若干专题审计调查;地方审计机关,也要根据当地情况,选择专题进行调查。审计调查一般要与财政、财务收支审计结合进行。对审计占有的资料,要加强综合分析,属于宏观管理方面的问题,要向政府及有关部门反映情况,提出建议。

四、实现目标的主要措施

(一)加强审计法制建设。要在总结实施《审计条例》经验的基础上,借鉴国外一些好的做法,在一二年内拟出《审计法》草稿,报请国务院审核。同时,还要草拟审计法实施细则,关于违反审计法规处罚的规定,制定与《审计法》配套的业务规章制度、审计标准、技术方法、内部工作程序、文书档案管理办法等。要严格审计执法,做到有法必依,执法必严,违法必究。省以上审计机关要建立对下级审计机关的巡视检查制度,重点检查审计执行情况,发现问题及时纠正。

(二)进一步加强审计队伍建设。要继续充实审计机关人员,到一九九五年,按照国家批准的编制配齐人员。调配人员要注重政治、业务素质和人才合理结构,主要补充审计业务人员,加强薄弱环节,要组织审计人员努力学习马列主义、毛泽东思想,坚定社会主义信念,经得起改革开放、发展商品经济和反对和平演变的考验。要教育审计人员热爱审计事业,积极奉献,全心全意为人民服务,增强审计职业道德观念,做到坚持原则,实事求是,秉公执法。

审计人员必须熟悉审计、财会业务,懂得有关的经济管理知识,能够正确执行国家财经政策、法规。要有计划地开展岗位培训和专项审计业务培训,干什么学什么,缺什么补什么。按照统一规划、分级培训的原则,重点加强对各级领导的培训,争取用五年左右时间轮训一遍,学习宏观经济知识,提高组织领导能力;经过培训,使现有审计人员具有独立进行审计工作的能力。在工作和学习发生矛盾时,宁可减少审计项目,也要保证培训和学习时间。为适应培训审计人员的要求,要审编审计业务教材,认真办好南京审计学院等各级审计人员培训基地,提高培训质量,讲求实效。

对审计人员要加强思想教育,反腐倡廉,每年进行一次廉政方面的检查。对廉洁奉公的先进典型,要进行宣传和表彰,每隔三年召开一次全国表彰先进大会。对查出的问题要严肃处理,不能护短和手软。要把廉洁奉公作为考核干部的一项重要内容。同时,还要争取政府和有关部门的支持,进一步解决审计机关办公条件和审计人员生活方面的实际困难。

(三)加强和改进内部审计工作。要根据《纲要》的要求,加强对重点部门和大中型企业内部审计工作的指导。要总结、宣传和推广大中型企业内部审计在厂长(经理)领导下,维护财经法纪,促进改善经营管理、提高经济效益的经验。企业主管部门内审机构,要加强对所属单位的审计,指导和帮助他们开展内审工作,并搞好承担的企业承包经营责任审计和厂长(经理)离任经济责任审计。

(四)巩固和发展社会审计。国务院《关于城镇集体所有制企业条例》规定,集体企业要接受审计监督。社会审计组织要接受地方政府和有关单位的委托,对集体企业进行审计。要积极办理司法机关审理经济案件,工商管理部门处理经济事务和企业事业单位委托的审计查证,咨询培训和资产评估等业务。审计机关要进一步加强对社会审计组织的管理,帮助完善内部管理制度,提高服务质量,扩大业务范围,做到自主经营、独立核算、自负盈亏、健康发展,要建立省、自治区、直辖市和全国的执业审计师协会,负责指导社会审计工作,组织交流经验。

(五)推动乡镇集体经济审计。目前乡镇企业审计工作存在几种形式,各级审计机关要进行调查研究,加以比较,总结推广在乡镇企业政府领导或管理下的审计组织形式,逐步开展对乡镇企业、合作经济组织、乡镇管理的自筹资金的审计,为加强农业和农村工作服务。

(六)聘请特约审计人员参加审计工作。充分发挥和加强民主党派参政和监督的作用,对于推进社会主义民主政治建设,促进改革开放和现代化建设事业的发展,具有重要意义。审计机关要聘请符合条件的和有专门知识的民主党派成员、无党派人士担任特约审计员,参加一些重要的审计事项和审计法规、审计理论的研究,反映审计工作情况,提出建议。

(七)加强审计理论研究、宣传和出版工作。要开展审计理论特别是应用理论的研究,围绕健全我国审计监督制度和《审计工作发展纲要》,确定课题,落实任务,拿出对实际工作有指导意义的成果。要加强和改进审计宣传工作,根据以正面宣传为主的方针,采取多种方式和渠道,向社会宣传审计工作的作用和成果。审计出版工作重点放在提高刊物、图书、教材的质量和水平上,逐步扩大发行量。

(八)抓紧计算机审计的开发和应用。为逐步实现审计手段现代化,提高审计工作效率,要组织专门力量,开发专业审计需要的审计软件,并应用到工作中去。要培养计算机审计人才,逐步采用计算机作为审计辅助手段。大力推广使用计算机进行信息处理和文字档案管理。

(九)加强领导,改进方法。上级审计机关要考察了解下级审计机关领导干部执行政策、审计业绩等情况。主动配合当地党委、政府搞好领导班子建设。要根据各地区财政经济状况和审计工作发展情况,进行分类指导,提出不同要求,不搞一刀切;对民族自治地区要按照民族区域自治法和有关法规办事。审计机关上下之间要加强信息交流,互通情况,及时研究解决审计工作中的问题,提高工作水平,要进一步明确审计范围和职责,理顺审计系统内部关系,改进审计工作考核办法。审计机关要组织内部各职能机构加强协作,对一些重要的、互有联系的问题,进行联合审计或者分别审计、综合研究,以利于提高审计工作效率和水平。

本世纪的最后十年是我国社会主义审计工作发展的重要时期,各级审计机关和广大审计人员要在党委和政府的领导下,脚踏实地、艰苦奋斗,认真履行《宪法》赋予的审计监督职能,不断加强和改进审计工作,努力实现审计工作发展目标,为深化改革和发展经济作出新的贡献。

1999—2003年审计工作发展纲要[❶]

为了深入贯彻党的十五大精神,全面落实审计法,保证政府各项改革和发展目标的实现在总结十五年审计工作经验的基础上,制定1999—2003年审计工作发展纲要。

一、十五年审计工作基本经验

1. 十五年来,全国审计机关和广大审计人员在党中央、国务院和地方各级党委、政府的领导下,紧紧围绕经济工作中心,认真履行审计监督职责,全面开展预算执行审计和其他各项审计工作,在严肃财经纪律,维护经济秩序,促进完善宏观调控,加强廉政建设,保障国民经济健康发展方面发挥了重要作用。坚持以邓小平解放思想,实事求是的思想路线为指导,积极探索,勇于实践,不断发展和完善有中国特色的审计监督制度,初步建立了以宪法为根本、以审计法为核心的审计法律法规体系,形成了一支基本适应工作需要的审计队伍,审计工作开始走上法制化、制度化、规范化的轨道,为审计事业的发展打下了良好的基础。

2. 十五年审计工作的基本经验。

坚持依法审计,实事求是,全面履行审计监督职责,正确处理好监督与服务的关系;

坚持服务大局,围绕经济工作中心,在支持改革,促进发展,维护稳定方面发挥审计监督的积极作用;

坚持从宏观着眼、微观入手进行审计,加强对国民经济中带普遍性、倾向性问题的综合分析研究,提出加强管理,完善法制,健全宏观调控的意见和建议;

坚持从银行账户审计入手,推进预算执行审计工作法制化、制度化、规范化;

坚持以人为本,加强思想政治工作,强化教育和培训,严格执行廉政纪律,建设高素质审计队伍;

坚持从我国国情出发,总结自己工作经验,借鉴国外的有益做法,重视理论研究,不断探索和改进审计技术与方法。

二、今后五年审计工作发展目标

3. 今后五年,是我国改革开放和现代化建设的关键时期,各项改革已进入攻坚阶段。审计机关肩负着重要的历史责任,任务越来越重。当前,财经秩序混乱,有法不依,违反财经纪律的问

❶《中国审计年鉴》编辑委员会.中国审计年鉴(1999)[M].北京:中国审计出版社,2000:40-42.

题十分严重,会计核算中弄虚作假的现象比较普遍,财政财务收支不真实、不合法、不规范的状况还没有根本好转,审计人员的业务素质、工作水平以及审计技术手段同审计事业的发展还不相适应,应当加以研究和解决。

4. 审计工作的总体目标是,高举邓小平理论伟大旗帜,贯彻党的十五大精神,全面落实审计法,推进依法治国,在整顿经济秩序,加强宏观调控,推进各项改革,维护社会稳定等方面更好地发挥作用,保障国民经济持续快速健康发展。

5. 审计工作的主要任务是,以审计财政财务收支的真实、合法为重点,加强和改进财政收支审计、企业财务收支审计和金融机构财务收支审计,打假治乱,维护财经秩序,揭露和制止财政资金损失浪费、国有资产流失、舞弊和腐败等问题,促进各部门各单位建立和完善内部控制制度,加强廉政建设,提高资金使用效益。

6. 为了实现审计工作的目标和任务,实行"依法审计、服务大局、围绕中心、突出重点、求真务实"的方针,坚持全面审计、突出重点的原则,把财政投入较大和关系国计民生的项目作为审计重点;坚持点面结合的原则,注意发现大案要案的线索,下大气力揭露严重违法违规及舞弊和腐败问题;坚持执法必严、违法必究的原则,加大审计处理、处罚力度。狠抓队伍建设、法制建设、现代审计手段和技术方法的推广运用,把"人、法、技"三方面的建设作为推动审计事业发展的基本保证,认真抓好,抓出成效。

三、财政收支审计

7. 财政收支审计,以依法规范财政分配秩序,促进提高财政资金使用效益为目标,从审计预算单位银行账户入手,核实财政收支,摸清财力状况,揭露财政分配和资金管理使用不真实、不合法、不规范以及损失浪费等问题,提出完善有关政策和法规的建议,促进政府各部门加强预算管理,更好地发挥职能作用。

8. 财政部门预算执行情况审计,以依法规范预算分配秩序和财政管理行为为目标,从审计财政会计账目入手,摸清财力状况,揭露会计核算不真实和预算执行中违法违规问题,促进财政部门会计核算真实,预算执行合法、规范。同时,逐步加大对财政管理情况的审计力度。县以上各级政府财政部门预算执行情况每年审计一次。

9. 税务、海关系统税收征管审计,以促进依法治税和保证财政收入为目标,重点开展税收征收和管理情况审计,保证税收会计核算真实,揭露和制止擅自开减免税政策口子,越权违规减免税,混淆税收入库级次等问题,促进税收征管部门加大税收征管力度,加强税源管理和后续监管,充分发挥税收的保障收入和调节经济作用。省级国税部门两年审计一次,地市级国税部门五年至少审计一次,县级国税部门五年审计一次;直属海关两年审计一次。

10. 国库系统收纳拨付预算资金审计,以促进国库系统有效履行职责,保障国库资金安全完整为目标,从检查国库会计核算的真实性入手,揭露会计核算不真实,混淆入库级次,违规退库和拨付资金等问题,充分发挥国库的执行、监督和促进作用。中央国库省级分库两年审计一次,地市县国库分支机构五年至少审计一次。地方国库审计与地方预算执行审计同步进行。

11. 下级政府财政决算审计,以依法规范地方政府财政分配行为,维护国家政令统一为目标,揭露乱开政策口子、挖挤上级收入和违规使用上级财政专项拨款等问题,促进地方政府和财政部门完善政策制度,依照国家统一法令处理财政问题,同时,推动地方预算执行审计工作的深入开展。省级财政决算一般两年审计一次。

12. 行政事业经费审计,以规范行政事业财务管理,促进政府各部门合理有效使用资金,加强廉政建设为目标,对各项行政经费及行政性收费、罚没收入和各项事业费收支的真实、合法和效益进行审计,揭露和制止乱收费、隐瞒截留收入、挤占挪用和损失浪费等问题,促进政府部门合理地使用财政资金,有效履行职责。为实现"科教兴国"的战略任务,近两年要重点审计科技教育等专项经费,确保专款专用,充分发挥资金的使用效益。对有财政资金分配权和管理使用财政资金较多的一级预算单位每年审计一次,一般一级预算单位两年审计一次,重点的二、三级预算单位三年至少审计一次。经过五年左右的审计,使大多数一级预算单位的财政财务收支基本做到真实、合法,不出现大的违法违规问题,二、三级预算单位的违法违规问题明显减少。

13. 人民银行预算执行审计,以促进规范财务预算约束,有效履行职责为目标,从审计财务收支真实性入手,揭露预算收支中不真实、不合法问题,维护预算的严肃性,促进规范财务管理,有效发挥金融监管作用。

14. 农业专项资金审计,以保证资金专款专用,提高资金使用效益为目标,重点审计国家扶贫专项资金、农业综合开发资金、三峡移民资金和水利专项资金等管理使用情况的真实、合法,揭露和制止截留、挤占挪用和损失浪费等问题,促进加强管理。同时,积极开展对农业专项资金使用效果的审计,促进提高资金使用效益。每年在全国范围内选择一两项农业专项资金进行全面审计。

15. 资源环境保护资金审计,以促进加强征管和资金的合理有效使用为目标,重点审计财政投入资金的管理和使用情况,揭露资金征收、管理和使用中不真实、不合法的问题,防止挤占挪用和损失浪费。同时,积极探索资源环保资金使用效果的评价方法。每年在全国范围内选择一两项资源环保资金进行全面审计。

16. 社会保障资金审计,以促进资金安全完整和专款专用为目标,重点审计国有企业下岗职工基本生活费、再就业工程补助费和养老保险基金以及救灾、捐赠和福利彩票等收支的真实、合法,揭露和制止截留、挤占挪用和损失浪费等问题。每年在全国范围内选择一两项社会保障资金进行全面审计。

17. 固定资产投资审计,以促进建设资金合理有效使用为目标,重点审计国家财政投入较多的基础性、公益性公共工程,揭露项目建设中的高估冒算、挤占挪用、盲目投资和损失浪费等问题,促进加强管理,维护投资预算的严肃性。对关系国计民生、建设周期较长的重大项目实行跟踪审计,其他建设项目根据实际情况有重点地进行审计。

四、企业财务收支审计

18. 企业财务收支审计,以促进企业会计核算真实,维护所有者权益,保障国有资产保值增值为目标,重点审计企业财务收支的真实、合法,揭露企业弄虚作假,资产、盈亏不实,侵犯所有者权益,国有资产流失以及严重损失浪费等问题,促进企业加强经营管理,规范财务核算,保证资本的安全运营,提高经济效益。同时,对审计中发现的重大违法犯罪线索,及时移交有关部门立案查处。

19. 国有重点企业审计,在核实企业财务收支情况的基础上,重点揭露企业会计核算中的弄虚作假行为,促进财务收支真实、合法,保障国有资产保值增值。对重点亏损企业,还要分析亏损的主要原因,促进加强经营管理,实现扭亏目标。把重点企业审计与国务院实行的稽察特派员制度结合起来。

20. 国有资产占控股地位的企业审计,在核实企业财务收支真实性的基础上,重点揭露企业盈亏不实、权益分配不合理等问题,维护国家利益。同时,逐步开展境外企业财务收支审计,探索审计方法和路子。

五、金融机构财务收支审计

21. 金融机构财务收支审计,以促进整顿金融秩序,防范和化解金融风险为目标,重点揭露资产负债损益不真实、不合法,以及可能造成或增大金融风险的突出问题,促进金融机构依法经营,改善资产质量。

22. 国有商业银行审计,以检查财务收支的真实、合法为重点,揭露违规存贷,账外经营,造假账,收支及盈亏不实等问题,同时,积极探索和开展对信贷资产质量审计,促进依法经营,规范会计核算,降低不良资产比例,防范和化解金融风险。审计署统一组织对中央国有商业银行进行审计,对地方国有商业银行各地根据实际情况安排审计。

23. 政策性银行审计,以检查财务收支真实、合法为重点,揭露和反映挤占挪用和违规发放贷款等问题,促进依法管理,保障政策性贷款的合理有效使用。

24. 非银行金融机构审计,重点揭露和反映证券机构账外账、挪用客户保证金、违规自营、融资和为客户透支等问题,保险机构违规使用保险资金、随意降低保险费率和转移、隐瞒保费收入等问题,信托和金融租赁机构超范围经营问题,促进非银行金融机构依法规范经营,防范金融风险。审计署统一组织对中央非银行金融机构进行审计,地方非银行金融机构各地根据实际情况安排审计。

25. 世界银行、亚洲开发银行等国际组织贷援款项目审计,以促进依法有效地利用外资为目标,通过对项目执行单位财务收支审计,查处贷款使用中虚报冒领、挪用项目资金、倒卖项目物资、投资效益低、还贷能力差和弄虚作假提供虚假会计报表等问题,如实披露项目单位违反贷援款协议行为,不断提高审计公证的质量,促使项目单位严格遵守有关财经法规和项目协议,规范财务管理和会计核算。每年根据贷援款协议组织审计。

六、审计法制建设

26. 加强和完善审计法制建设,制定适合我国国情并体现国际公认审计原则的国家审计准则体系,约束和规范审计行为,提高审计质量,防范和降低审计风险。

27. 深入开展普法教育,组织审计人员认真学习审计法和财政、金融等领域的法律法规,学习和了解刑事、民事等方面的法律,增强审计人员的法律意识,提高依法审计的自觉性。

28. 加强对各级审计机关贯彻落实审计法、执行审计准则和依法处理审计查出问题情况的监督检查,健全和完善审计复核、复议和审计执法监督制度,加大审计执法力度,提高审计执法水平。

七、审计基础工作

29. 建立计算机知识达标考试制度,加快计算机网络系统和审计信息数据库建设,积极开发和推广应用计算机辅助审计软件,探索计算机辅助审计的路子,学习推广先进科学的审计方法,推进审计工作手段和方法的现代化。

30. 建立新闻发布会制度,定期向社会公布重要审计结果,对严重违法违纪和舞弊、腐败问题公开曝光;办好《中国审计报》,加强审计宣传力度。实行年度向政府报告审计工作情况制度,充分利用审计成果。加强审计理论研究,提高审计科研水平。做好审计出版工作,提高图书和期刊的质量。加强和改进审计计划管理、统计分析和档案工作。扩大对外交流与合作,引进国外先进审计技术和方法。

31. 改革和改进后勤服务工作,提高后勤管理水平,改善审计机关的办公条件和生活设施,逐步提高审计人员生活待遇,创造文明、整洁、方便的工作和生活环境,为审计工作提供有力的保障和良好的服务。

八、审计队伍建设

32. 认真贯彻党的十五大精神,以培养一批审计业务骨干为重点,建设结构合理、适应审计事业发展需要的高素质审计队伍。以提高一把手素质为重点,把审计机关的领导班子建设成为具有开拓创新精神、团结坚强的领导集体。

33. 优化审计人员结构,压缩非业务人员比例,补充财政、金融等宏观经济管理方面的人才;改革干部人事制度,建立竞争激励机制,完善和规范国家公务员的录用、考核和奖惩制度;加大干部交流和轮岗工作的力度;完善专业技术任职资格考试制度,制定具体考核标准及评审办法,加紧培养和选拔百名审计专家和一批审计业务尖子。

34. 建立培训制度,对审计人员分层次进行教育培训,有计划地开展专项审计业务和外语培训,保证每个审计人员每年至少有一个月的培训学习时间;进一步加强南京审计学院和审计培训基地建设,开拓培训渠道;继续选派部分业务骨干参加高等教育脱产学习和出国培训学习。

35. 加强马列主义、毛泽东思想和邓小平理论的学习,提高审计人员的理论水平和政策水平。加强思想政治工作和精神文明建设,开展职业道德教育,树立客观公正的审计职业道德风尚。加强机关作风建设,提倡"落实、扎实、老实"的优良作风。坚持不懈地抓好廉政建设,认真落实各项廉政规定,加强监督检查,严肃查处违反廉政纪律的行为,从严治理审计队伍,保持审计机关清正廉洁、客观公正的良好形象。

36. 深入开展以讲学习、讲政治、讲正气为主要内容的党性党风教育,保持政治上的坚定性;坚持民主集中制原则,增强领导班子的凝聚力,充分发挥领导班子的整体作用;建立和完善后备干部制度,高度重视培养和选拔优秀年轻干部进入领导班子;强化党内监督,扩大群众监督,增加工作透明度,切实加强对领导干部的监督。

九、内部审计和社会审计

37. 制定《内部审计工作条例》,通过制定政策法规和检查部门、单位内部审计工作情况,加强对内部审计的指导;成立中国内部审计协会,通过协会制定业务准则,总结交流工作经验,培训内部审计人员,宣传内部审计成果等对内部审计进行专业管理。经过五年的努力,逐步建立起以国家审计为指导,以内部审计协会为专业管理的内部审计工作运行机制,充分发挥内部审计在保证所在部门和单位会计核算真实、合法,促进加强管理,提高经济效益等方面的积极作用。

38. 加强对社会审计业务质量的监督,采取重点抽查、结合审计业务检查和根据群众举报专案检查等方式,对本地区有一定影响的社会审计组织的业务质量进行检查,重点揭露出具虚假审计报告和验资报告等问题,依照有关法规严肃处理,促进公正执业,提高业务质量。要通过实践,积累经验,探索路子,尽早出台《社会审计业务质量监督条例》。

实现1999—2003年审计工作发展目标,我国审计事业将进入一个新的发展阶段。我们要高举邓小平理论的伟大旗帜,在以江泽民同志为核心的党中央领导下,艰苦奋斗,开拓进取,使审计监督在我国社会主义市场经济体制中发挥更大作用。

2001年至2005年预算执行审计工作发展规划[1]
(2001年9月27日)

为了全面落实《审计法》,强化预算执行审计工作在国家预算管理和监督中的作用,指导和推动预算执行审计工作深入发展,在总结前五年预算执行审计工作经验的基础上,特制定本规划。

一、过去五年的主要成就(略)

二、面临的形势

今后五年,预算执行审计工作既有新的机遇,也面临着新的挑战。其主要内容是:(1)从2001年开始到2005年,我国将实施第十个五年计划。(2)全国人大和地方各级人大将对预算执行审计工作提出更高的要求。(3)预算管理制度的改革,对预算执行审计的工作目标、内容、审计方式和方法将产生深远的影响。(4)随着经济体制改革的逐步深入,经济领域的热点和难点问题会不可避免地反映到预算执行上来。

三、指导思想和原则

预算执行审计工作要以邓小平理论和江泽民"三个代表"重要思想为指导,按照"依法审计、服务大局、围绕中心、突出重点、求真务实"的工作方针,全面落实《审计法》赋予的审计职责,在整顿财经秩序、规范预算管理、促进财政体制改革、加强廉政建设等方面发挥积极的作用。今后五年预算执行审计工作要坚持以下原则:

(一)坚持把预算执行审计作为国家审计永恒的主题和审计机关的第一位任务。强化预算执行审计的重要地位,是国家加强预算管理和监督的需要,是有效发挥审计法定职责的需要。

(二)坚持和完善审计工作报告制度。审计结果报告和审计工作报告制度的建立,使审计工作纳入了国家预算管理和监督体系,并成为其中不可缺少的环节。通过这一制度,审计的意见和建议可以直接影响政府的宏观决策。

---

[1]《中国审计年鉴》编辑委员会.中国审计年鉴(2000—2001)[M].北京:中国审计出版社,2002:702-704.

（三）坚持以财政综合预算为主线,以财政部门具体组织预算执行情况审计为主导,以部门预算执行情况审计为基础,以其他财政收支审计为补充的预算执行审计工作体系。

（四）坚持核实财政财务收支、揭露反映问题、提出对策建议的总体工作思路。对预算管理中存在的不真实、不合法、不规范的问题,要在揭露问题的同时,从完善财政政策制度、健全预算管理机制、增强预算分配透明度等方面提出意见和建议。

（五）坚持全面审计,突出重点的工作方针。预算执行审计工作,要在总体把握财政收支管理情况的基础上,突出对掌管财政资金分配权和管理财政资金较多的重点部门、重点单位,以及关系国计民生的重大投资项目、重点专项资金的审计监督。

四、主要目标

今后五年预算执行审计工作的总体目标:一是进一步加大预算执行审计监督工作的力度,集中力量揭露和查处重大违反财经法纪问题,充分发挥审计监督的威慑作用,促使一级预算单位和主要二级预算单位的重大违法违纪问题明显减少;二是不断增强预算执行审计工作的深度,发挥审计监督在促进财政体制改革中的作用,通过审计,推动财政部门和政府其他职能部门不断深化财政制度的改革,逐步将财政管理纳入法制化、制度化、规范化的轨道,力争使一级预算单位的预算管理工作比较规范、严格,主要二级预算单位的预算管理水平明显提高;三是积极探索检查和评价财政资金使用效益的方法和途径,促使预算单位采取有效措施加强管理,努力提高财政资金的使用效益。

（一）对财政部门具体组织预算执行情况审计的主要目标:促进细化预算,制定科学合理的定员定额,建立和完善部门预算,规范预算分配行为,着力解决在预算分配过程中预留待分配指标问题。

（二）税收审计的主要目标:促进依法治税,规范税收征管行为,加强税源管理。通过对违法违纪问题的查处,促使税务部门严格执法,严禁越权违规减、免、缓税,征收"过头税"和混淆入库级次问题。

（三）关税审计的主要目标:促进海关依法行政,严格执法,强化内部控制机制。

（四）国库审计的主要目标:促进国库有效履行监管职责,建立健全内控制度,保障国库资金安全完整。

（五）部门预算执行情况审计的主要目标:维护预算的法律严肃性,促进建立健全内控制度,规范部门预算管理。

（六）专项资金审计的主要目标:促进强化资金管理,提高资金使用效益。中央和地方各级审计机关要围绕国家经济社会总体发展规划、政府经济工作中心和社会热点问题,有重点地选择国债专项资金(含外债)、科学教育资金、农业专项资金、资源环保资金、社会保障资金等各种专项资金进行审计。

（七）重点建设项目审计的主要目标:促进规范建设项目管理,提高投资效益。

五、保障措施

（一）领导重视,提高认识,统一组织,加强协调。要从全面贯彻落实《审计法》的高度认识预算执行审计工作的重要性,真正把它作为审计机关的第一位任务。

(二)加强对预算执行情况全过程的审计监督。中央和地方各级审计机关应当按照职责明确、程序严格、工作规范的要求,制定严格的预算执行审计工作制度,从组织上切实保证审计机关对预算资金征收、分配、拨付、使用的全过程,实施有效的监督。

(三)切实保证预算执行审计报告制度的实行。到2003年,全国县级以上审计机关必须依法履行职责,全面实行"两个报告"制度。

(四)严格审计执法,加大审计处理力度。为了保障国家的经济利益,有效遏制违法违纪问题的发生和蔓延,必须进一步加大审计的处理力度,加强审计决定的落实工作。

(五)进一步加大对下级政府预算执行和决算的审计监督力度。各级审计机关在组织本级预算执行审计工作的同时,要兼顾对下级政府预算执行和决算的审计。

(六)加强"人、法、技"建设。各级审计机关要始终把提高人员素质摆在重要位置。到2005年,审计署及各派出机构所有从事预算执行审计工作人员,均须具备初级以上计算机专业技术资格,省级和地市级财政审计处(科),至少有半数以上审计干部具有初级以上计算机专业技术资格,县级审计机关要大力培养审计干部掌握计算机操作技能。

要加快法制化、规范化建设步伐。2005年以前,逐步完成财政部门具体组织预算执行情况审计准则、税收审计准则、关税审计准则、国库审计准则、专项资金审计准则、行政部门财务审计准则和事业单位财务审计准则等专业审计准则的制定工作。编写完成财政审计指南、税收审计指南,并为编写关税审计指南和国库审计指南做好准备。

要大力推进计算机辅助审计。2005年以前,根据财政管理制度的改革,逐步开发中央财政总预算审计软件和国库审计软件。审计署各派出审计局和有条件的省级审计机关要加快与部门计算机联网的步伐,积极研究和探索计算机网络审计的路子。

审计署2003至2007年审计工作发展规划❶
(2003年7月1日)

2003至2007年是我国全面建设小康社会,加快推进社会主义现代化建设的关键时期。审计工作已进入总结经验、开拓创新、不断深化、寻求进一步发展的新阶段。为了深入贯彻党的十六大精神,促进审计工作在新世纪新阶段取得新的发展,特制定本规划。

一、今后5年审计工作的指导思想是,以邓小平理论和"三个代表"重要思想为指导,按照十六大要求,强化对权力的制约和监督,认真履行宪法和法律赋予的职责。继续贯彻"依法审计、服务大局、围绕中心、突出重点、求真务实"的方针,坚持"全面审计、突出重点",全面监督财政财务收支的真实、合法、效益,在促进改革和社会经济发展等方面发挥更大的作用。

二、今后5年审计工作的总体目标是,以审计创新为动力,以提升审计成果质量为核心,以加强审计业务管理为基础,以"人、法、技"建设为保障,全面提高审计工作水平,基本实现审计工作法制化、规范化、科学化。

三、今后5年审计工作的主要任务是:

---

❶《中国审计年鉴》编辑委员会.中国审计年鉴(2004)[M].北京:中国审计出版社,2005:667-670.

——继续坚持以真实性为基础,在财经领域打假治乱,促进整顿和规范市场经济秩序。

——继续严肃查处重大违法违规问题和经济犯罪,惩治腐败,推进廉政建设。

——积极开展效益审计,促进提高财政资金的管理水平和使用效益。

四、在审计内容和审计方式上坚持"两个并重":

——实行财政财务收支的真实合法审计与效益审计并重,逐年加大效益审计分量,争取到2007年,投入效益审计力量占整个审计力量的一半左右。效益审计以揭露管理不善、决策失误造成的严重损失浪费和国有资产流失为重点,促进提高财政资金管理水平和使用效益,维护国有资产安全。

——实行审计与专项审计调查并重,逐步提高专项审计调查的比重,争取到2007年,专项审计调查项目占整个项目的一半左右。重点调查国家政策法规执行中存在的问题和重大决策的落实情况,促进加强宏观管理,完善法规制度。

五、着力加强3项基础工作:

——实行科学的审计管理,整合审计资源,促进提高审计工作层次和水平。

——建立审计质量控制体系,进一步规范审计行为,防范审计风险。

——大力推广先进审计技术方法,积极探索信息化环境下新的审计方式,促进提高审计工作效率和质量。

六、财政审计,以促进规范预算管理,提高财政资金使用效益,建立社会主义公共财政制度为目标,以中央预算执行审计为重点,实现由收支审计并重向以支出审计为主转变;在支出审计方面,由主要审计中央本级支出向中央本级与补助地方支出审计并重转变。

——进一步强化中央本级支出审计,促进建立科学的预算定额和支出标准,规范预算分配行为。

——深化中央一级预算单位审计,加强对与一级预算单位关系密切的重点二三级单位的审计监控。经过五年努力,使一级单位预算管理逐步走向规范,二三级单位重大违法违规问题明显下降。

——探索建立规范化的部门决算(草案)审签制度。

——强化中央补助地方支出审计,促进建立科学规范的财政转移支付制度。

——固定资产投资审计以效益审计为主,促进提高建设资金的管理水平和投资效益,深化投融资体制改革。

——借鉴国际先进经验,加强规划协调,搞好国家重点区域环境保护投入和重大环境保护项目的审计监督,探索建立中国特色环境审计模式,促进落实环境保护的基本国策。

——掌握社会保障资金总休状况,着力从制度和管理上揭露分析问题,维护社保资金的安全完整,促进建立社会保障预算,完善社会保障制度。

——加强对重点财政专项资金的审计和专项审计调查,揭露挤占挪用、损失浪费等影响资金管理和使用效益的问题,促进国家宏观经济政策的贯彻落实。

——进一步改进税收审计,更多地采取专项审计调查方式,揭露和反映国税征管和海关监管中存在的突出问题,促进深化征管体制改革,从管理机制上解决税收流失和执法腐败问题。

七、金融审计,以促进防范风险、提高效益、规范管理为目标,推进建立安全高效稳健的金融运行机制,促进金融监管机构依法履行职责。

——以国有商业银行为重点,揭露金融机构经营管理中存在的突出问题,从政策、制度和监管上分析原因,促进规范管理,依法经营。

——改进国有商业银行审计方式,以总行为龙头,逐步实行联网审计。

——适应市场经济发展的要求,逐步加大证券保险和政策性银行的审计力度。

——逐步将国外贷援款项目对外审计公证业务分离出去,重点加强贷援款项目建设管理情况的监督。

——加强政府外债管理情况的审计调查,促进完善外债管理体制,防范政府偿债风险。

八、国有企业审计,以摸家底、揭隐患、促发展为目标,坚持和完善以经济责任审计为中心的企业审计路子,促进深化国有企业改革,加强国有资产监管。

——检查企业会计信息特别是损益的真实性,严肃查处各种弄虚作假行为和重大违法违规问题。

——评价企业领导人员经济责任履行情况,揭露重大经营决策失误给企业造成的损失。

——关注企业管理中存在的突出问题,检查分析企业资产的保值增值情况。

九、经济责任审计,坚持"积极稳妥、量力而行、提高质量、防范风险"的原则,加强协调指导,全面推进县以下党政领导干部和国有及国有控股企业领导人员经济责任审计,扩大县以上党政领导干部经济责任审计覆盖面,推动部门单位开展经济责任审计。加强法规建设,逐步完善经济责任审计制度。

十、加强审计法制建设,规范审计行为。

——积极提出建议,配合做好有关审计法律法规的修订工作。

——建立审计质量控制体系,实行审计项目全过程质量控制,明确主要环节的工作目标和质量要求,实行审计责任追究制度,防范审计风险。

——根据审计质量控制需要,进一步完善各项审计准则,吸取国际先进经验,进一步规范审计管理和审计行为。

十一、推行审计结果公告制度,充分发挥社会舆论监督作用。

——积极实行审计结果公告,逐步规范公告的形式、内容和程序,到2007年,力争做到所有审计和专项审计调查项目的结果,除涉及国家秘密、商业秘密及其他不宜对外披露的内容外,全部对社会公告。

——改进现行审计报告的形式和内容要求,建立适合于对外公告的审计报告制度。

十二、探索建立适应审计工作需要的干部管理机制,全面提高审计队伍素质。

——根据岗位职责和年度工作任务,以签订目标责任书为载体,实行"一把手"工作目标责任制,全面加强领导班子建设。

——进一步深化人事制度改革,探索建立审计人员职业化管理体制,加大竞争上岗、交流轮岗力度,健全科学的业绩考评体系,逐步形成干部能上能下的机制。

——优化干部队伍结构,着力培养复合型人才。争取到2007年,熟悉审计业务,同时又了解和掌握工程技术、计算机、法律、经济管理等知识的人员占整个审计业务人员的一半左右。

——采取坚决措施,加强派出局、特派办的班子和队伍建设,不断提高工作水平和管理水平。

——健全审计职业教育体系,针对不同职级、岗位和知识结构的人员,实施分层次培训,使培训工作覆盖审计干部整个职业生涯。

——加强机关党建和思想政治工作,深入学习贯彻邓小平理论和"三个代表"重要思想,积极开展机关文化建设,培养优良的工作作风。加强廉政建设,严格执行"八不准"审计纪律。

——进一步深化机关后勤管理制度改革,加强内部管理,提高服务水平。按照国家离退休工作方针政策,做好老干部工作。

十三、积极推广先进的审计技术方法,提高审计信息化水平。

——加强对审计系统信息化建设的规划、管理、组织和协调。加快"金审"工程建设,确保工程质量。

——完成审计信息化办公系统建设,逐步与相关部门开展网络信息交流。

——积极推行计算机辅助审计,探索计算机系统审计,逐步实现对财政、金融等重点部门及重要骨干企业的联网审计。

——加快审计数据库建设,基本建成审计对象、审计法规、审计专家等数据库和共享作业平台。

——大力推广和完善审计抽样、内控测评、风险评估等审计方法,积极研究探索适合我国审计工作的先进方法,不断提高审计工作的管理水平、效率和质量。

十四、整合审计资源,实现审计业务的科学管理。

——改进审计计划管理,明确年度审计工作总体目标和各项目审计目标,突出审计重点,增强计划的科学性。

——成立财政审计、环境审计、经济责任审计协调领导小组,合理调配审计力量,统筹安排审计工作。

——科学调整内部机构设置,加强系统内的协调配合,充分发挥审计监督的整体优势。

——加强审计成果的综合分析和开发利用,实现信息资源共享,提高审计信息利用的层次和水平。

——进一步加大宣传力度,增强审计宣传工作的计划性和针对性,密切与新闻单位的联系,提高审计报刊质量,不断扩大审计影响。

——加强审计科研机构建设,强化审计理论研究,实行科研人员与实务人员、理论研究与政策研究、科研与调研相结合,加大科研成果的推广应用,增强审计科研工作的实用性、指导性和前瞻性。

——加强审计学会和内部审计协会建设,充分发挥审计学会在审计理论研究方面的作用,通过内审协会强化对内部审计工作的指导。

——积极参与国际审计事务,掌握国际审计动态,加强对外交流合作,加快国外先进审计技术的引进,充分利用国外审计资源,扩大对外宣传,不断提高我国审计的国际地位。

十五、加强调查研究,总结推广先进经验,进一步加强对地方审计工作的指导。

十六、本规划自发布之日起施行。各执行单位根据规划要求,研究制定本部门具体落实措施,以确保完成规划提出的各项目标。

<h3 style="text-align:center">审计署2006至2010年审计工作发展规划❶</h3>
(2006年9月8日)

"十一五"时期是全面建设小康社会的关键时期。为了充分发挥审计监督在促进社会主义经济、政治、文化和和谐社会建设中的职能作用,根据《国民经济和社会发展第十一个五年规划》,结合审计工作实际,制定本规划。

一、今后五年审计工作的指导思想是,以邓小平理论和"三个代表"重要思想为指导,以科学发展观为统领,继续坚持"依法审计、服务大局、围绕中心、突出重点、求真务实"的审计工作方针,认真履行宪法和法律赋予的职责,全面监督财政财务收支的真实、合法效益,在推进社会主义经济、政治、文化、社会建设中发挥更大作用。

二、今后五年审计工作的总体目标是,以审计创新为动力,以提升审计成果质量为核心,以加强审计业务管理为基础,以"人、法、技"建设为保障,全面提高依法审计能力和审计工作水平,进一步加强审计工作法制化、规范化、科学化建设,积极构建与社会主义市场经济体制相适应的中国特色审计监督模式。

三、今后五年审计工作的主要任务是,认真落实修订后的审计法,全面加强审计监督。

——继续坚持以真实性为基础,严肃查处重大违法违规问题和经济犯罪,治理商业贿赂,惩治腐败,促进廉政建设。

——全面推进效益审计,促进转变经济增长方式,提高财政资金使用效益和资源利用效率、效果,建设资源节约型和环境友好型社会。

——充分发挥审计监督在宏观管理中的作用,注重从政策措施以及体制、机制、制度层面发现问题并提出审计意见和建议,促进深化改革,加强宏观管理。

四、在审计内容和审计方式上坚持"两个并重":

——坚持财政财务收支的真实合法审计与效益审计并重,每年投入效益审计的力量占整个审计力量的一半左右。以专项审计调查为主要方式,以揭露严重损失浪费或效益低下和国有资产流失问题为重点,以促进提高财政资金使用效益和管理水平为主要目标,全面推进效益审计,到2010年初步建立起适合中国国情的效益审计方法体系。

——坚持审计与专项审计调查并重,每年开展的专项审计调查项目占整个项目的一半左右。重点调查国家政策法规执行中存在的问题和重大决策的落实情况,关注财政资金使用效益和涉及群众切身利益的突出问题,促进国家相关政策制度的落实和完善。

五、继续着力加强三项基础工作:

——实行科学的审计管理,不断创新审计管理方式和方法,整合审计资源,促进提高审计工

❶《中国审计年鉴》编辑委员会.中国审计年鉴(2007)[M].北京:中国审计出版社,2008:721-725.

作层次和水平。

——着力完善审计质量控制体系,进一步规范审计行为,防范审计风险。

——进一步探索和完善信息化环境下新的审计方式,大力开展计算机审计,积极推广先进的审计技术方法,促进提高审计工作效率和质量。

六、财政审计,以促进规范预算管理,提高财政资金使用效益,建立社会主义公共财政制度为目标,以中央预算执行审计为重点,以支出审计为主,实行中央本级支出审计与转移支付审计并重,全面提升预算执行审计的层次和水平。注重整体性,对预算执行的总体情况作出评价;注重效益性,检查财政资金使用效益;注重宏观性,对一些涉及宏观政策的问题提出审计意见;注重建设性,对关系财政经济发展的重要问题提出建设性意见。

——进一步加强中央本级支出审计,促进建立科学的预算定额和支出标准,规范预算管理。

——深化中央一级预算单位审计,加强对与一级预算关系密切的重点二、三级单位的审计监控,注意从总体上把握和分析部门单位的预算执行情况,促进加强和改进管理,揭露预算执行中的突出问题,使一级单位预算管理基本达到规范,二、三级单位违法违规问题明显下降。

——适应预算管理体制改革的需要,探索部门决算(草案)审签制度。

——以促进建立科学规范的财政转移支付制度为目标,强化中央转移支付审计。统筹安排各专业审计力量,采取审计与专项审计调查相结合的方式,逐步扩大转移支付资金审计监督覆盖面,重点检查涉及执行国家宏观政策的转移支付资金管理使用情况,促进规范管理,提高资金使用效果。同时注意从完善转移支付体制、机制方面研究和揭示问题。

——固定资产投资审计以效益审计为主,加强对关系国计民生的国家重点投资项目的审计,促进加强项目管理,提高投资效益,深化投融资体制改革。

——组织开展对国家重点建设资金管理、分配和使用效果的审计和专项审计调查,促进科学决策、规范管理。

——积极开展资源与环境审计,加强与资源开发和环境保护有关的资金、重点生态保护工程、重点流域(或区域)污染治理项目的审计和审计调查,探索符合我国国情的资源与环境审计模式。

——把为社会主义新农村建设服务作为审计工作重点,在总体把握财政支农资金投入情况的基础上,统筹安排审计力量,有计划、有步骤地搞好新农村建设重点资金、重点项目的审计监督。从涉农资金分配、拨付、使用的主要环节入手,重点检查相关政策措施的执行和落实情况,揭露侵害农民利益的突出问题,促进加强资金和项目管理,提高投资效益,推动建设现代农业,发展农村经济,增加农民收入。

——以效益审计为主要方式,以促进社会保障资金的安全完整、规范管理为目标,掌握社保资金总体状况,着力从制度和管理上揭露分析问题,促进建立社会保障预算,实现社会保障目标,维护人民群众切身利益。

——加强科技、教育、医疗等关系经济社会发展、涉及广大人民群众切身利益的专项资金的审计和审计调查,揭露挤占挪用、损失浪费等影响资金管理和使用效益的问题,促进深化改革和完善相关政策制度,建立创新型国家,建设社会主义和谐社会。

——进一步改进税收审计,更多地采取专项审计调查方式,揭露和反映国税征管和海关监管中存在的突出问题,促进深化征管体制改革,从管理机制上解决税收流失和执法腐败问题。

七、金融审计,继续以促进防范风险、提高效益、规范管理为目标,适应金融改革的需要,进一步拓展审计思路和方法,推进建立安全高效稳健的金融运行机制,促进金融监管机构依法履行职责。

——以国有及国有资本占控股或主导地位的商业银行为重点,揭露金融机构经营管理中存在的突出问题,严肃查处大案要案,关注商业贿赂案件线索,从政策、制度和监管上分析原因,提出建议,促进规范管理,依法经营。

——适应市场经济发展的要求,逐步加大对政策性银行、证券公司、保险公司和金融资产管理公司的审计力度。

——改进金融审计方式,以总行(公司)为龙头,加大对基层分支机构的审计力度,促进健全内部控制机制。

——规范国外贷援款项目审计公证业务的管理,提高审计公证质量,加强国外贷援款项目执行和效益情况的监督,促进合理有效利用外资。

八、国有及国有控股企业审计,以促进加强管理、提高效益为目标,继续坚持和不断完善以经济责任为中心的企业审计路子,促进深化国有企业改革,加强国有资产监管,通过揭露问题,促进整改提高,为企业发展服务。

——检查企业会计信息特别是损益的真实性,严肃查处各种弄虚作假行为和重大违法违规问题。关注营销费用的管理和使用,治理商业贿赂。

——评价企业领导人员经济责任履行情况,检查重大经营决策及经营管理中存在的问题,促进增强管理意识、责任意识和效益意识。

——关注企业管理中存在的突出问题,检查、分析和评价企业资产的质量状况和保值增值情况,揭露国有资产流失及侵害职工利益的问题。

九、经济责任审计,继续坚持“积极稳妥、量力而行、提高质量、防范风险”的原则,加强协调指导,不断深化县以下党政领导干部和国有及国有控股企业领导人员经济责任审计,全面推进地厅级党政领导干部经济责任审计,继续探索省部级党政领导干部经济责任审计,推动部门单位开展经济责任审计。加强法规建设,逐步完善经济责任审计制度。

十、加强审计法制建设,规范审计行为,推进依法审计。

——认真学习贯彻修订后的审计法,配合做好审计法实施条例、经济责任审计条例的修订、制定工作,并做好组织实施工作。

——不断完善审计质量控制体系,加强审计项目全过程质量控制,落实审计工作各环节的工作目标和质量要求,实行审计质量责任追究制度,防范审计风险。

——根据审计质量控制需要,结合修订后的审计法,修订、完善各项审计准则和审计指南,吸取国际先进经验,进一步规范审计行为,提高审计工作质量。

十一、积极推进和不断完善审计结果公告制度,把审计监督与社会监督特别是社会舆论监督结合起来,促进依法行政和政务公开。

——积极稳妥地推进审计结果公告,逐步规范公告的形式、内容和程序,到2010年,做到所有审计和专项审计调查项目的结果,除涉及国家秘密、商业秘密及其他不宜对外披露的内容外,全部对社会公告,逐步健全科学规范的审计结果公告制度。

——密切与被审计单位的联系和沟通,积极促进审计发现问题的整改。把审计发现问题的整改情况作为审计结果公告的重要内容。

十二、认真贯彻落实公务员法和《审计署党组关于进一步加强审计机关人才工作的指导意见》,坚持以人为本,进一步探索建立适应审计工作需要的干部管理机制,全面提高审计队伍素质。

——加强领导班子建设。按照提高素质、优化结构、控制规模、增强能力的要求,科学合理地配置领导班子,不断提高领导班子的凝聚力和战斗力。

——继续坚持以竞争上岗和双向交流为主要内容的干部选拔和任用机制,完善审计系统干部选拔和任用制度,不断提高干部队伍素质和水平。

——按照公务员分类管理要求,继续探索审计人员职业化管理体制,健全科学的业绩考评体系,逐步形成干部能上能下的机制。

——优化干部队伍的知识和能力结构,着力培养一专多能的复合型人才,使既熟悉审计业务,又了解和掌握计算机、法律、经济管理、工程技术等知识的人员占整个审计人员的比重进一步提高。

——认真贯彻落实《干部教育培训工作条例(试行)》,加强教育培训,以审计人员能力建设为核心,创新培训内容、改进培训方式、整合培训资源、优化培训队伍、提高培训质量。进一步健全和完善具有审计系统特色的干部职业教育体系。

——五年内,将全国审计系统厅局级领导干部、地市级和县级一把手轮训一遍。

——加强机关党建和思想政治工作,深入学习贯彻邓小平理论和"三个代表"重要思想,坚持以科学发展观统领审计工作,建立健全保持共产党员先进性长效机制。积极开展机关文化和精神文明建设,着力弘扬"依法、求实、严格、奋进、奉献"的审计精神,培养优良的工作作风,建设文明和谐的审计机关。

——加强廉政建设,严格执行"八不准"审计纪律和其他各项廉政规定,进一步规范审计权力运行,强化对审计权力行使和领导干部的廉政监督,建立教育、制度、监督并重的惩治和预防腐败体系基本框架。

——进一步深化机关后勤管理制度改革,加强内部管理,提高服务水平,节约利用资源。按照国家离退休工作方针政策,做好老干部工作。

十三、积极推广先进的审计技术方法,大力加强审计信息化建设,提高审计工作的自主创新能力。

——积极推进"金审工程"二期和三期建设,完成全国审计信息网络中心、数据中心、中央和省级审计机关网络互联系统、信息安全保障系统的建设。

——推广完善审计管理和现场审计实施两大应用系统,逐步开展对关系国计民生的重大行业、部门的联网审计和信息系统审计,全面提高计算机应用水平。

——加强计算机审计方法和规范建设,逐步建立和完善适应信息化要求的审计业务和审计管理标准。

——大力推广和完善审计抽样、内控测评、风险评估等审计方法,积极研究探索适合我国审计工作的先进方法,不断提高审计工作的管理水平、效率和质量。

十四、整合审计资源,实现审计业务的科学管理。

——建立科学的审计计划管理体制,对审计项目计划实行集中统一管理。紧紧围绕经济社会发展大局,加强项目的可行性论证,根据审计目标确定审计项目计划,有效整合、利用审计资源,增强计划的科学性。搞好年度审计项目计划与审计工作发展规划之间的衔接,探索实行滚动项目计划。实行计划执行情况考核和审计项目后评估制度。

——完善审计业务经费零基预算法,加强审计成本控制,提高审计机关资金使用效益,在建设节约型机关中发挥模范带头作用。

——充分发挥财政审计、环境审计、经济责任审计协调领导小组的作用,整合审计资源,统筹安排各项审计工作。

——探索审计项目招标和合同制管理,加强系统内的协调配合,充分发挥审计监督的整体效能。

——加强审计成果的综合分析和开发利用,实现信息资源共享,提高审计信息利用的层次和水平。

——进一步加大审计宣传力度,努力营造有利于依法审计的良好氛围。充分发挥署宣传工作领导小组和新闻发言人的作用,增强审计宣传工作的计划性、针对性和内部协调性;密切与新闻单位的联系,增强新闻报道的主动性;提高审计报刊质量,办好审计网站,不断扩大审计工作在系统内和系统外、国内和国外的影响。

——加强审计科研机构建设,强化审计理论研究,实行科研人员与实务人员、理论研究与政策研究、科研与调研相结合,加大科研成果的推广应用,增强审计科研工作为审计工作服务的有效性和建设性。

——加强审计学会和内部审计协会建设,规范社团工作,充分发挥审计学会在审计理论研究方面的作用,通过内部审计协会强化对内部审计工作的指导。

——积极参与国际审计事务,掌握国际审计动态,加强对外交流与合作,加快国外先进审计技术的引进,充分利用国外审计资源,扩大对外宣传,不断提高我国审计的国际地位。

十五、加强调查研究,总结推广先进经验,进一步加强对地方审计工作的指导。

——指导地方审计机关紧紧围绕地方党政工作中心开展审计工作,使之更好地为促进地方经济发展、深化改革和社会稳定服务。

——建立重要情况通报制度,帮助地方审计机关及时了解把握国家大政方针和审计工作发展全局,明确审计工作发展思路和重点。

——实行署领导分片联系点制度,加强调查研究,及时总结推广基层工作中的好经验,研究解决工作中遇到的问题,搞好分类指导。

——加强审计法制建设和规范化建设的协调指导,推动地方开展审计质量检查,促进提高审计业务质量。做好优秀审计项目评选工作。

——加强计划指导,促进整合审计力量。每年年底提出下一年度审计重点参考意见;按照自愿参加、量力而行的原则,适当安排和组织地方审计机关参与审计署统一组织的审计项目。

——按照统一管理、一年一定的原则,改进和加强审计业务授权管理。以整合审计资源、发挥审计机关的整体效能为目标,科学确定年度授权审计项目计划。加强授权审计项目考核和重点抽查,严格审计质量控制。

——加强审计业务指导和培训,通过不定期举办审计专业培训班和专题研讨班等方式,研究专业审计中遇到的新情况、新问题,促进提升业务层次和水平。加强对地方审计机关计算机应用的培训,并为地方审计机关的业务培训提供必要的师资。

——建立审计署与省级审计机关人员交流制度。每年有计划地安排省级审计机关业务骨干到审计署工作或参加署统一组织的审计项目,同时从署机关和派出机构选派骨干到地方审计机关任职或参加地方的审计项目,促进沟通情况,加强交流,提高水平,锻炼干部。

——加强审计信息管理,建立信息共享机制。省级审计机关要及时向审计署报送业务综合报告;审计署各单位要进一步加强对地方审计工作情况的综合分析和研究,充分利用审计成果。

——加强总体规划和应用指导,推动地方审计信息化建设。

——加强对地方审计队伍建设、机关党的建设、廉政建设情况的调研,针对存在的共性问题,从政策制度上提出切实可行的措施。

十六、本规划自发布之日起施行。各执行单位根据规划要求,研究制定本部门具体落实措施,以确保完成规划提出的各项目标。

审计署2008至2012年审计工作发展规划[❶]
(2008年7月11日)

为了充分发挥审计在推动科学发展、促进社会和谐中的职能作用,根据党的十七大精神和《国民经济和社会发展第十一个五年规划纲要》,结合审计工作实际,制定审计署2008至2012年审计工作发展规划。

一、审计工作的指导思想。以中国特色社会主义理论为指导,以科学发展观为灵魂和指南,牢固树立科学的审计理念,坚持"依法审计、服务大局、围绕中心、突出重点、求真务实"的审计工作方针,认真履行宪法和法律赋予的职责,全面监督财政财务收支的真实、合法和效益,在推进社会主义经济、政治、文化和社会建设中发挥更大作用。

二、审计工作的总体目标。把推进法治、维护民生、推动改革、促进发展作为审计工作的出发点和落脚点,充分发挥审计保障国家经济社会运行的"免疫系统"功能,全面提高依法审计能力和

---

❶翟继光.中华人民共和国现行审计法规汇编[M].成都:西南财经大学出版社,2009:272-278.

审计工作水平,初步实现审计工作法治化、规范化、科学化,积极构建与社会主义市场经济体制相适应的中国特色审计监督制度。

三、审计工作的主要任务。认真贯彻落实审计法和审计法实施条例,进一步加强审计监督,不断增强审计工作的主动性、宏观性、建设性、开放性和科学性,把审计工作更好地融入全面建设小康社会发展全局,推进民主法治,维护国家安全,保障国家利益,促进国家经济社会全面协调可持续发展。

——继续坚持以真实性、合法性审计为基础,加大查处重大违法违规和经济犯罪问题的力度,促进反腐倡廉建设,强化对权力的监督和制约。

——全面推进绩效审计,促进转变经济发展方式,提高财政资金和公共资源配置、使用、利用的经济性、效率性和效果性,促进建设资源节约型和环境友好型社会,推动建立健全政府绩效管理制度,促进提高政府绩效管理水平和建立健全政府部门责任追究制。到2012年,每年所有的审计项目都开展绩效审计。

——注重从体制、机制、制度以及政策措施层面发现和分析研究问题,提出审计意见和建议,促进政策、法律、制度的落实和完善,推进深化改革,加强宏观管理。

——关注国家财政安全、金融安全、国有资产安全、民生安全、资源与生态环境安全、信息安全,揭示存在的风险,提出防范和化解风险的对策性建议,切实维护国家安全。

四、探索创新审计方式。在深入总结我国审计实践的基础上,不断探索符合我国发展实际的审计方式和方法。

——坚持多种审计类型的有效结合。坚持预算执行审计与决算审签相结合,财政财务收支真实、合法审计与绩效审计相结合,经济责任审计与财政、金融、企业审计等相结合,审计与专项审计调查相结合。同时,坚持揭露问题与促进整改相结合,审计监督与其他部门监督、舆论监督相结合。通过结合,协调各种资源和要素,加大审计力度,满足经济社会发展对审计的各种需求,提高审计的效果和影响力。

——积极探索跟踪审计。对关系国计民生的特大型投资项目、特殊资源开发与环境保护事项、重大突发性公共事项、国家重大政策措施的执行试行全过程跟踪审计。

——着力构建绩效审计评价及方法体系。认真研究,不断摸索和总结绩效审计经验和方法,2009年建立起中央部门预算执行绩效审计评价体系,2010年建立起财政绩效审计评价体系,2012年基本建立起符合我国发展实际的绩效审计方法体系。

——努力创新审计组织方式。积极探索审计项目招投标和合同制管理方式,加强系统内的协调配合,充分发挥审计监督的整体效能。

五、着力加强五项基础建设,夯实审计事业可持续发展的根基。

——大力推进队伍建设。坚持以人为本,以提高审计人员依法审计能力和审计工作水平为核心,着力打造政治过硬、业务精通、作风优良、廉洁自律、文明和谐的审计干部队伍。

——大力推进法治化建设。建立健全审计法律法规,做好审计准则和审计指南的制订、修订工作,进一步规范审计行为,强化审计质量控制,提高审计工作的法治化、规范化水平。

——大力推进信息化建设。以数字化为基础,积极推进计算机审计,总结推广先进的审计技术方法,进一步探索和完善信息化环境下的审计方式。

——大力推进理论建设。进一步强化审计基础理论和应用理论研究,构建中国特色社会主义审计理论体系,为审计实践服务。

——大力推进文化建设。加强审计文化研究,弘扬审计精神,树立文明形象,增强审计事业的发展动力。

六、财政审计。以规范预算管理、推动财政体制改革、促进建立公共财政体系、保障财政安全、提高财政绩效水平为目标,坚持"揭露问题、规范管理、促进改革、提高绩效"的审计思路,全面提升预算执行审计的层次和水平。

——中央财政管理审计,围绕中央预算执行的真实性、完整性和科学性,以预算管理和资金分配为重点,注重从体制、机制和制度上揭露问题,分析原因,提出建议;重点关注中央财政支出方向,促进优化财政支出结构,推进基本公共服务均等化和主体功能区建设,推进财政体制改革,完善财政管理,促进公共财政体系建设。

——中央部门预算执行审计,在继续做好对一级预算单位审计的基础上,加大对所属单位延伸审计的力度,促进预算单位管理不断规范,所属单位违法违规问题明显减少;注重把部门预算执行的真实性、合法性审计与绩效审计相结合,进一步完善与部门预算执行审计相结合的部门决算(草案)审签制度,推动建立部门预算项目库,建立统一、规范、科学的预算定额、支出标准和开支渠道,促进部门预算管理更加规范,推进部门预算公开,不断提高财政资金绩效水平。

——中央转移支付审计,注重从完善中央转移支付体制、机制方面研究和揭示问题,促进提高一般性转移支付规模和比例,规范专项转移支付管理,提高资金使用效益,推动建立统一、规范、透明的转移支付制度。

——中央税收征管审计,注重揭露税收征管中存在的突出问题,促进提高征管质量,推动税收体制改革,完善有利于科学发展的财税制度。

——中央企业国有资本经营预算审计,以推动国有资本经营预算的更加规范和科学为重点,积极探索审计的方式方法,促进完善国有资本预算管理制度。

——地方财政收支审计,以预算执行及决算的真实性、完整性为重点,同时关注地方政府负债情况,防范财政风险,促进规范地方财政管理,推动完善省以下财政体制。

——固定资产投资审计,围绕促进提高固定资产投资效益,关注对国家基础产业和基础设施投资、关系国计民生的重点投资项目和国家专项建设资金的审计,查处重大违法违规和严重损失浪费问题,促进加强项目管理,保障投资效果;关注国家宏观投资政策的落实和执行效果,促进完善政策法规,深化投融资体制改革。

——农业资金审计,在总体把握财政支农资金投入情况的基础上,重点审计新农村建设重点资金、重点项目,检查支农政策措施的落实情况,揭露和查处重大违法违规问题,依法维护农民利益,促进加强资金和项目管理,发展农村经济,增加农民收入,促进社会主义新农村建设。

——社会保障审计,继续深化养老、失业、医疗、工伤、生育等五项保险基金审计,促进扩大社会保障资金规模和覆盖范围,提高养老保险统筹层次,推进建立社会保障预算制度,建立健全覆盖城乡的社会保障体系;加大救灾救济款物审计力度,注重从制度、机制和管理上揭示问题,促进完善灾害救助制度和机制;强化住房保障资金审计,促进完善住房保障制度,落实党和国家的惠民政策。

——汶川地震抗震救灾和灾后恢复重建审计,对资金、物资的筹集、分配、拨付、使用和效果实施全过程跟踪审计,保障救灾和灾后恢复重建工作有力、有序、有效地开展,促进灾区经济社会的恢复和发展。

——专项资金审计,对关系经济社会发展、涉及人民群众切身利益的科技、教育、医疗卫生等专项资金的审计,关注相关领域改革政策措施的落实和执行情况,重点揭露挤占挪用、滞留截留、损失浪费等重大违法违规行为,揭示落实国家有关政策不到位、政策目标未实现的突出问题,促进深化改革和相关政策制度的完善,推动社会主义和谐社会建设。

七、金融审计。以维护安全、防范风险、促进发展为目标,服务国家宏观政策,推动金融改革,维护金融稳定,完善金融监管,推动建立高效安全的现代金融体系。

——加强对国有及国有资本占控股地位或主导地位金融机构的审计,重点揭露经营管理中存在的重大违法违规问题及大案要案线索,揭示影响金融业健康发展的突出风险,从政策上、制度上分析原因、提出建议,促进规范管理,提高竞争能力。

——实现对银行、证券、保险等金融行业的经常性审计,紧紧围绕国家宏观政策及经济运行中的热点问题,充分发挥在国家金融监督体系中的综合性优势。

——积极探索对金融政策实施情况及其效果的审计和专项审计调查。

——改进金融审计组织方式和审计方法,以总行(总公司)审计为龙头,切实增强集中分析金融机构电子数据的能力,提高审计质量和水平。

八、企业审计。以维护中央国有及国有资本占控股地位或主导地位的企业国有资产安全、促进可持续发展为目标,紧紧围绕"质量、责任、绩效",按照"把握总体、揭露隐患、服务发展"的审计思路,监督国有资产安全,揭露重大违法违规问题,促进确保国有资产保值增值和企业的可持续发展。

——检查企业会计信息的真实合法性,重点关注企业的损益状况、资产质量、债务状况,揭露和查处弄虚作假、重大违法违规问题,维护企业国有资产安全。

——检查企业管理中的突出问题和绩效状况,重点关注直接影响企业投入产出的成本、价格、业务量等主要因素,影响企业可持续发展的经营管理水平、风险控制、主业集中度和技术创新能力等关键因素,涉及企业的国有资产安全、国有资本金预算以及国有企业经济布局等宏观问题,促进完善现代企业制度和企业的可持续发展。

——检查企业落实国家宏观经济政策、履行社会责任情况,促进企业节能减排降耗。

九、经济责任审计。以促进领导干部贯彻落实科学发展观、树立正确的政绩观、切实履行经济责任,推动建立健全问责机制和责任追究制度为目标,坚持"积极稳妥、量力而行、提高质量、防范风险"的原则,不断提高审计质量,为相关部门评价和选拔、任用领导干部提供重要依据。

——配合做好《经济责任审计条例》制定、宣传和贯彻落实工作,组织好对各级审计机关和相关部门干部的学习培训,抓好监督检查。

——分步制定政府主要负责人、政府部门主要负责人、国有及国有资本占控股地位或主导地位的企业领导人员三类任期经济责任审计操作规范。

——推进省部长经济责任审计制度化,深化地厅级以下党政领导干部和国有及国有控股或主导地位的企业领导人员经济责任审计,推动中央单位内部管理的领导干部经济责任审计工作的开展,加强经济责任审计业务指导和督促检查。

——规范经济责任审计管理,做好与相关部门的协调配合工作,制定切实可行的制度、规范,实现经济责任审计计划管理的规范化,推动经济责任审计结果问责制、责任追究制等经济责任审计结果运用制度、机制的建立健全。

十、资源环境审计。以落实节约资源和保护环境基本国策为目标,维护资源环境安全,发挥审计在促进节能减排措施落实以及在资源管理与环境保护中的积极作用。

——对土地、矿产、森林、海洋等重要资源保护与开发利用情况的审计,重点揭露和查处破坏浪费资源、国有资源收益流失、危害资源安全等重大问题,从体制、机制和制度上分析原因,提出建议,促进资源保护和合理开发利用。

——对水、大气、固体废弃物、生态保护等方面的审计,重点关注环保资金投入、管理、使用情况和环保政策落实、环保目标实现情况,揭露和查处破坏生态、污染环境、影响人民群众身体健康的重大环境问题,提出提高资金使用效益和完善环保政策措施的建议。

——对土地出让金和土地开发整理资金的征收、管理和使用情况的审计,总体掌握和评价地方政府执行国家有关政策法规、实施土地开发整理的情况,关注、查处违法违规问题,提出进一步建立健全有关制度和政策措施的建议,促进国家土地有偿使用制度和耕地保护政策的贯彻落实。

——对企业执行国家节能减排相关政策及采取具体措施情况进行专项审计调查,重点了解企业节能减排工作所取得的成效,关注各项措施的落实情况,查找存在的主要问题并分析原因,提出完善节能减排的政策意见及建议,促进企业进一步增强节能减排意识,自觉履行社会责任。

——着力构建符合我国国情的资源环境审计模式,2012年初步建立起资源环境审计评价体系。

——认真履行亚洲审计组织环境审计委员会主席国职责,积极开展环境审计国际交流,借鉴国际做法和经验,强化对资源环境审计经验和案例的总结提炼,推动资源环境审计实用技术方法的研究和推广运用,促进资源环境审计工作质量和水平不断提高。

十一、涉外审计。以促进积极合理有效利用资金、防范涉外投资风险、维护涉外经济安全、履行国际责任为目标,着力整合涉外审计资源,拓宽涉外审计领域,提高涉外审计质量。

——继续加强对国外贷援款项目的审计监督。提高国外贷援款项目的公证审计质量,大力开展涉及环境、民生和可持续发展等国外贷援款项目的绩效审计,促进积极合理有效利用国外贷援款。

——加强驻外机构审计。结合部门预算执行审计,适当开展对国家驻外机构的审计,促进其严格执行财经法规,进一步完善财务管理制度,提高财务管理水平。

——积极探索对我国对外援助物资采购、工程建设、资金管理等方面的审计,维护对外援助资金的安全,提高对外援助资金使用效益。

——积极探索对国有及国有资本占控股地位或主导地位的企业和金融机构境外投资及境外分支机构的审计,强化管理控制,防范经营风险,增强国际竞争力,维护境外国有资产安全。

——认真履行联合国审计委员会委员职责,按照联合国审计委员会有关要求,圆满完成所承担的审计任务,确保审计质量,维护我国审计的国际形象。

十二、审计法治化建设。进一步完善审计法规,构建审计准则及指南体系,规范审计行为,推进依法审计。

——健全并完善中国特色审计法律法规和规章体系。配合做好审计法实施条例的修订和经济责任审计条例的制定工作,适时做好其他审计法规和规章的修订、制定工作,不断健全和完善中国特色社会主义审计法律法规和规章体系。

——着力构建我国国家审计准则体系和审计指南体系。在审计法和审计法实施条例修订的基础上,立足我国审计实践,借鉴国内外先进经验,2009年完成对现行审计准则的修订,基本构建起我国的国家审计准则体系,2012年基本构建起我国的国家审计指南体系。

——探索建立审计项目审理制度。认真落实审计质量控制的各项措施,改进审计复核工作,在总结经验的基础上,2010年建立起审计项目审理制度。

——探索建立审计质量责任追究制度,强化审计项目全过程质量控制,明确审计工作各环节的目标和质量要求,进一步规范审计行为,防范审计风险。

——加强普法宣传教育,提高审计人员依法审计的意识和能力,认真贯彻落实各项审计法律法规和规章,推进审计机关严格依法行政,全面履行审计职责。

——加强对内部审计的指导和社会审计机构执业质量的核查。以适当方式加强对内部审计的指导,推动内部审计发展。针对企业、金融机构等审计中发现的问题,核查相关社会审计机构出具的审计报告遵守国家法律法规和执业准则情况,促使有关部门加强监管,推动注册会计师行业的健康发展。

十三、审计结果利用和审计宣传。坚持审计结果公告制度,加强审计信息分析,提升审计成果层次,把审计监督与社会监督特别是社会舆论监督结合起来,不断提高审计工作的开放性和透明度,促进依法行政和政务公开。

十四、审计队伍建设。以人为本,坚持改革创新,逐步建立健全适应审计工作发展需要的干部管理和人力资源管理体制和机制,全面推进干部队伍建设,为审计事业科学发展提供坚强的思想保证和人才支撑。

——深化干部人事制度改革。改进干部选拔任用方式,提高选人、用人公信度,逐步形成干部选拔任用科学机制;按照科学发展观和正确政绩观的要求,健全制度,创新形式,完善对领导班子和干部的考核评价体系,强化干部监督工作;健全干部交流轮岗制度,提高干部的综合素质;积极探索推进审计职业化建设;以人事制度改革为重点,积极推进事业单位改革。

——加强领导班子建设。把领导班子思想政治建设放在首位,着力加强领导班子能力建设和作风建设;以加强"一把手"队伍建设为重点,科学配置领导班子,不断调整和优化领导班子结构,实现优势互补、合理搭配;建立健全后备干部动态管理工作机制,加大培养选拔优秀年轻干部力度。

——加强人才队伍建设。不断优化人才结构,逐步提高法律、工程、环境保护和计算机等相关专业人员比例,适应审计事业发展的需要;提高实战能力,强化审计骨干培养,打造高素质的领军人才;以履行联合国审计委员会委员职责为依托,培养国际型审计人才;科学利用外部人才资源,探索建立外聘专家库和专家咨询制度。

——加强教育培训。整合教育培训资源,以提高审计人员依法审计能力和审计工作水平为核心,大规模培训审计干部,大幅度提高审计干部素质;改进培训方式,以网络和案例培训为重点,不断健全以面授培训体系与网络培训体系相结合,以师资体系、教材体系和考试评价体系相配套,具有审计系统特色的干部职业教育培训体系;进一步完善审计实务导师制。加大对地方审计干部培训工作的指导,按照共建协议,推进南京审计学院的教学科研能力建设。

——切实做好离退休干部工作。坚持以人为本,营造更加舒心祥和的环境,不断提高服务与管理水平。

——加强机关党建和思想政治工作。以改革创新的精神抓好以党支部为重点的机关党的建设,建立健全和落实保持共产党员先进性长效机制;加强和改进思想政治工作,抓好中国特色社会主义理论体系教育,注重人文关怀和心理疏导,着力推进审计文化建设和精神文明建设,弘扬"依法、求实、严格、奋进、奉献"的审计精神,提高审计干部队伍的思想道德素质,努力培养优良的工作作风,建设文明和谐的审计机关。

——加强反腐倡廉建设。制定并认真执行审计署党组贯彻落实《建立健全惩治和预防腐败体系2008—2012年工作规划》的办法、违反审计法律法规行为处分规定。严格执行"八不准"等审计纪律和其他各项反腐倡廉规定,进一步规范审计权力运行,强化对审计权力行使全过程的监督和对领导干部的廉政监督。

十五、完成金审工程二期建设,推进金审工程三期建设,大力提高审计工作的信息化水平。

——基本建成审计信息化网络系统。改造审计内网,建设审计专网,充实视频、数据、语音等网络传输应用,保障信息安全,促进信息共享。

——基本建成审计信息化数据库。制定数据规划,完善充实审计数据库,提升数据资源建设的规范化水平,为审计业务、审计管理和领导决策提供有效支持。

——全面提高计算机技术应用水平。进一步完善并推广审计管理系统和现场审计实施系统,积极探索联网审计和信息系统审计。

——加强审计信息化制度建设和规范建设。建立健全计算机审计标准规范,总结形成计算机审计方法体系和操作制度体系。

——创新审计方法的信息化实现方式。积极研究探索审计抽样、内控测评、风险评估等审计方法的信息化实现方式。

十六、整合审计资源,做好实现科学管理的各项工作。

——着力构建审计计划、审计实施、审计项目审理既相分离又相制约的审计业务管理体系。

——提升审计计划管理的科学水平。紧紧围绕经济社会发展大局,加强社会需求和项目的可行性论证,有效整合利用审计资源,提高审计计划的科学性。搞好年度审计项目计划与审计工作发展规划之间的衔接,探索编制重大项目滚动计划。实行计划执行情况考核和审计项目后评估制度。

——充分发挥财政审计、环境审计、经济责任审计协调领导小组的作用,整合审计资源,统筹安排相关审计工作。

——加强审计信访举报工作,积极发挥信访举报在服务审计一线和实施审计项目中的作用。

——积极参与国际审计事务,认真履行审计署在地区、世界审计组织中的职责。加强因公出国(境)管理,提高境外专业考察和培训质量。及时掌握国际审计动态,加强对外交流与合作,拓展国外审计理论研究,引进国外先进审计技术方法,扩大对外宣传,不断提升我国审计的国际地位。

——加强审计科研工作。深化审计基础理论、应用理论和技术方法研究,2012年基本构建起中国特色社会主义审计理论体系框架,完善审计科研项目管理,做好科研成果的推广与宣传。

——加强审计学会和内部审计协会建设,规范社团管理。充分发挥审计学会在审计理论研究方面的作用。通过内部审计协会强化对内部审计工作的指导,积极推进内部审计实现转型与发展。

——建立审计工作绩效考核评价制度。实行审计业务经费零基预算,加强审计成本控制,节约利用资源,降低机关运行成本。2009年基本建立起审计署审计工作绩效评估制度。

——健全财务管理制度,推进预算公开。完善审计机关预算管理、国有资产管理。加大内部审计力度,切实推进财务公开,在机关内部公开部门预算、决算的基础上,逐步向社会公开审计署预算及预算执行情况。

——进一步深化机关后勤管理制度改革,加强内部管理,提高后勤保障服务水平。健全机关突发公共事件应急机制,完善应急预案,提高应急处置能力。落实综合治理目标责任,创建平安机关。

十七、加强调查研究和经验交流,进一步加强对地方审计工作的指导。

——继续实行署领导分片联系点制度,加强署机关各单位与地方审计机关的联系,深入实际调查研究,及时总结推广基层工作的新鲜经验,研究解决工作中遇到的问题,搞好分类指导。

——协调指导地方审计机关加强审计法治化建设,组织并推动地方开展审计项目质量检查和优秀审计项目评选等工作,促进提高审计业务水平。

——加强审计业务指导,及时总结研究审计中遇到的新情况、新问题,推广新经验;每年根据当前党和国家工作中心,研究提出审计工作指导意见。

——加强计划指导,促进整合审计力量。每年年底提出下一年度审计重点;按照自愿参加、量力而行的原则,适当安排和组织地方审计机关参与审计署统一组织的审计项目。

　　——按照统一管理、一年一定的原则,改进和加强审计业务授权管理。以整合审计资源、发挥审计机关的整体效能为目标,科学确定年度授权审计项目计划。加强授权审计项目考核和重点抽查,严格审计质量控制。

　　——加强审计培训,通过举办审计专业培训班和专题研讨班等方式,集中研讨审计中遇到的新情况、新问题,促进提升业务能力。为地方审计机关的业务培训提供必要的师资、教材与网络培训课件。

　　——每年有计划地安排审计署与地方审计机关互派干部到对方任职或参加对方组织的审计项目,加强沟通,促进交流,提高水平,锻炼干部。

　　——进一步加大对地方审计工作情况的采集、研究和综合分析的力度,充分利用审计成果。

　　——加强对地方审计信息化建设总体规划和应用的指导,2011年完成全国50%以上的地市和区县级审计机关审计管理系统的推广运用。

　　——加强对地方审计队伍建设、机关党的建设、廉政建设情况的调研,针对存在的共性问题,从政策制度上提出切实可行的措施。

　　——坚持和完善审计结果公告制度,逐步规范公告的形式、内容和程序,把对审计发现问题的整改情况作为审计结果公告的重要内容。

　　——探索建立特定审计事项阶段性审计情况公告、重大案件查处结果公告制度。

　　——加强审计成果的综合分析和开发利用,拓宽审计信息利用渠道,实现信息资源共享,开发提炼审计信息“精品”和“高端产品”,不断提高审计信息的质量和水平,建立健全科学的信息考核体系和奖惩机制。

　　——按照政府信息公开条例的要求,积极稳妥地推进审计信息公开,逐步实现审计事务公开。

　　——进一步加大审计宣传力度,增强审计宣传工作的计划性、针对性和内部协调性。充分发挥署宣传工作领导小组和新闻发言人的作用,密切与新闻单位的联系,增强新闻报道的主动性。重视网络民意,加强舆情研判和舆论引导。

　　——进一步提高审计报刊和出版物质量,办好审计网站,不断扩大审计工作在国内外的影响。

　　十八、本规划自发布之日起施行。审计署所属各单位应根据本规划要求,研究制定具体落实措施并付诸实施,有必要的,还应当制定并实施专项规划,确保本规划的完成。

<h3 style="text-align:center">审计署2008至2012年人才队伍建设规划[●]</h3>
（2008年7月11日）

　　为了适应审计工作发展需要,保障审计事业健康发展,建设一支高素质的审计人才队伍,根据《审计署2008至2012年审计工作发展规划》,制定本规划。

一、指导思想

　　以中国特色社会主义理论为指导,坚持以人为本,坚持改革创新,坚持德才兼备,以审计实践

[●]翟继光.中华人民共和国现行审计法规汇编[M].成都:西南财经大学出版社,2009:278-282.

为出发点,以能力建设和作风建设为核心,加强人才队伍建设,为审计事业科学发展提供人才保证。

二、总体目标

立足审计工作实际,统筹抓好审计领导人才、审计专业人才和审计管理人才三支队伍建设,健全有审计工作特色、适应审计工作发展需要、保证审计队伍建设持续发展的人才队伍建设机制,完善有利于优秀人才脱颖而出、健康成长、发挥才干的环境,建设一支政治过硬、业务精通、作风优良、廉洁自律、文明和谐的审计人才队伍。

三、基本原则

坚持党管人才的原则。党管人才是实现党的领导的重要组织保证,各项审计人才工作必须根据党的政策,在审计署党组的领导下实施。要按照中央提出的"人才资源是第一资源"的思想和人才强国战略,把优秀人才集聚到审计事业中来。

坚持把以坚定理想信念为核心的思想政治工作放在首位的原则。坚持从坚定理想信念入手,加强和改进思想政治工作,以思想政治工作带动审计业务能力建设和作风建设,引导审计人才牢固树立为党和人民、为审计事业不懈奋斗的信念,做到依法审计,客观公正,恪尽职守,纪律严明。

坚持以创新精神做好人才工作的原则。坚持人才强审战略,推进人才工作体制、机制创新,在发现人才、凝聚人才、造就人才、用好人才,以及提高选人用人公信度、提高广大党员群众对人才工作满意度上不断取得新进步。

四、主要任务

(一)加强审计领导人才队伍建设,提高领导审计事业科学发展的能力。

审计领导人才应当政治坚定,德才兼备,勤政清廉,奋发有为,要进一步提高审计领导人才开拓创新能力、综合分析能力和组织协调能力。

加强司(局)级领导班子建设。把思想政治建设放在首位,坚持署机关各单位、派出审计局领导班子集体学习和特派办党组中心组学习制度,认真学习中国特色社会主义理论和党的路线、方针、政策,保持政治上的坚定性,努力践行科学发展观。充分发扬民主,定期召开领导班子民主生活会,不断提高民主生活会质量,通过批评与自我批评,提高领导班子解决自身问题的能力。有计划地组织领导干部到党校、行政学院和干部学院等进行脱产培训,提高领导干部的理论修养。加强政策法规学习和反腐倡廉教育,提高领导干部依法行政、廉洁从政意识和水平。加强领导班子能力建设,提高领导干部科学判断形势的能力、总揽全局的能力、驾驭市场经济的能力、应对复杂局面的能力和依法执政的能力。以配备"一把手"为重点,不断调整和优化领导班子结构,实现优势互补、合理搭配,做到结构合理、团结协作、坚强有力。在保持合理的年龄梯次结构和专业结构的同时,要考虑性格和阅历的互补性,注意发挥领导班子的整体合力。要继续坚持领导干部轮岗和异地交流制度,"一把手"和署党组派驻纪检组长原则上任职满5年要进行轮岗或异地交流。

加强司(局)级后备干部队伍建设。为建设一支素质优良、数量充足、结构合理、堪当重任的司(局)级后备干部队伍,要坚持"民主、公开、竞争、择优",适时做好司(局)级后备干部的选拔工作。司(局)级后备干部人数按照领导班子职数正职1:2、副职1:1的比例确定,其中条件比较成熟、近期可提拔使用的人选一般不少于同级后备干部总数的三分之一。后备干部队伍中女干部不少于15%。坚持"实践是第一跑道",采取挂职锻炼、交流任职等多种形式加强后备干部培养工作。对后备干部的调配使用要服从工作大局、注重发展潜力、统筹安排使用,并注意做好跟踪管理工作。

抓好处级领导人才队伍建设。要培养一批年龄结构合理,具有较强的宏观意识,具备较好的政治素质、领导能力和业务工作水平的处级领导人才。选拔培养处级领导人才,应坚持做到组织考核和民主推荐、竞争上岗等方式有机结合,并通过定期交流、知识培训、多岗位锻炼培养提高他们带队伍、抓业务,组织处室人员完成各项审计工作任务的能力。

(二)加强审计专业人才队伍建设,不断提高审计实战能力。

要适应审计工作发展需要,培养各种类型的审计人才,使其不同程度地成为查核问题能手、分析研究高手、计算机应用强手,推动审计业务工作水平的提高。

实施专业领军人才培养工程。抓紧研究制定专业领军人才标准,对资格、能力、作用提出要求。建立统一选拔、重点培养、跟踪管理、有效使用的专业领军人才队伍建设机制。采取专题进修、课题研究、参与国际国内学术交流等方式进行培养,并注重在实践中发挥审计专业领军人才的带动作用。到2012年,在财政、金融、企业、绩效、资源环保、投资和计算机等审计领域培养200名左右专业领军人才。

实施业务骨干人才培养工程。采取集中教育培训和实践锻炼相结合的方式,促进业务骨干知识更新,特别要鼓励自学,坚持自我完善;依托审计专业技术资格考评制度,引导和鼓励审计业务骨干通过取得审计等专业技术资格提高政策水平和业务能力;派出业务骨干到其他部门和岗位锻炼,进行多层次、多渠道培养,提高实践技能。到2012年,培养各类业务骨干人才400名以上。

实施急需专业人才培养工程。以办好计算机审计中级培训班和信息系统审计培训班为重点,继续做好计算机审计人才培养工作。以履行联合国审计委员会委员职责为依托,培养一批具有国际视野、熟悉国际会计审计准则、对外能够有效沟通交流的国际型审计人才。以投资审计专题培训班为平台,培养一批熟悉国家宏观经济政策和政府投资政策、较好掌握工程项目审计专业知识和专业技能的投资审计专业人才。

实施青年审计人才培养工程。建立和完善优秀青年审计人才脱颖而出的机制,使优秀青年审计人才在重大审计项目和重点科研课题中担当重任,为他们创造良好的成长条件和环境。全面推行审计实务导师制,有针对性地提高青年审计人才的专业水平。创建"青年审计论坛",为优秀青年审计人才的审计理论与科研成果提供交流平台。

实施复合型人才培养工程。要不断推进制度创新,形成有利于复合型人才成长的机制和环境。按照一专多能的原则,培养既熟悉审计业务,又了解和掌握法律、工程造价、环境保护、计算机等方面知识、技能的复合型审计人才。采取知识培训和实践锻炼相结合的方式,促进非财经专业审计人才知识结构的调整和更新。派出审计人才到其他专业领域,进行多部门、多岗位锻炼。

（三）加强审计管理人才队伍建设，提高综合管理能力和服务水平。

全面提升审计管理人才综合分析、统筹规划和科学管理能力，增强服务意识，使其成为精通管理的行家里手。

立足本职，围绕经济社会发展目标和工作实际，组织审计管理人才学习掌握管理学科知识。结合机关工作实际，开展与审计工作密切相关的法律法规以及机关内部管理规章制度的培训，提高审计管部依法行政能力。

掌握和熟悉国家宏观经济政策，深入调查研究，了解和掌握审计工作发展规律，实现审计管理工作的科学发展。围绕审计中心工作，钻研审计业务，参与审计实践，增强服务意识，提高管理水平。

采取多种途径、多种措施培养造就审计管理人才。注重从审计专业人才中选拔优秀人员从事审计管理工作，建立科学的审计管理岗位与审计业务岗位交流制度，推动审计管理人才的多岗位锻炼。

（四）深化人事制度改革，建立健全人才工作机制。

探索以审计职业准入制度为主要内容的业化建设之路。借鉴国内外经验，开展审计职业化建设研究，制定审计人员能力标准。以审计职业准入制度为重点，探索建立审计职业制度体系和法规架构。探索审计职业管理制度，以审计岗位职责为基础，以审计人才职业资格为依据，逐步实施选拔、使用、考评、激励等全方位的职业化管理。健全审计职业教育体系，分职级、分层次培养人才。

完善"民主、公开、竞争、择优"的人才选拔任用机制。进一步提高选人用人的公信度，增强人才选拔任用工作的透明度。探索面向社会公开选拔优秀人才，拓宽选人渠道。加大竞争上岗工作力度，促使优秀人才脱颖而出。注重从基层选拔优秀人才到上级机关工作。把政治上靠得住、工作上有本事、作风上过得硬的人才选拔到各级领导岗位。深化事业单位改革，加强事业单位人才选拔聘用工作。

完善促进合理流动的人才交流机制。进一步注重人才的全面培养，实现科学的人才轮岗交流，实现人才在署机关各司（局）、派出审计局、特派办内部及相互之间的合理流动。各级领导干部达到规定任职年限的，原则上应当交流。在继续做好援藏、援疆和西部挂职干部选派工作的基础上，不断拓宽人才交流渠道，有针对性地派出人才到地方党政机关、国有企业或国家重点建设项目交流锻炼。

完善人才考核评价机制。坚持平时考核与年度考核相结合、定性考核与定量考核相结合、组织考核与群众民主评议相结合的原则，把对单位考核、领导班子考核和干部个人考核有机结合起来。完善体现科学发展观、正确政绩观的派出审计局和特派办领导班子以及领导干部考核制度，积极探索对署机关各单位的考核办法，发挥好考核工作的积极导向作用。

建立健全规范有效的审计人才奖励机制。根据《审计署公务员奖励实施办法（试行）》，不断完善新形势下审计人才的激励机制。对为审计事业发展做出突出贡献的优秀人才要依照规定授予荣誉，给予奖励，加强培养。

完善有利于人才能力素质提高的教育培训机制。以满足审计工作发展需要为目的,以加快审计人才培养为目标,进一步改革和完善审计专业技术资格考评制度。大力加强师资队伍建设,继续推动审计职业培训教材特别是审计案例教材的开发修订工作,充分利用包括多媒体和网络在内的多种教学手段,推进教育培训系统化、网络化。重点提高审计实战能力,在分级分类培训的基础上,坚持全员培训与重点培训相结合,通过专题教育、实践锻炼、挂职交流等多种形式,为不同的审计人才制定相应的培养目标。

建立健全利用社会人才资源机制。积极探索、建立专家咨询制度,对审计计划编制、审计项目管理、审计报告起草和审计质量控制等提供建议和服务。充分利用社会教育资源,拓宽继续教育渠道,对审计人才参加与审计工作相关的职业资格培训和考试提供资助。继续扩大与包括南京审计学院在内的国内外高等院校及科研机构的合作,鼓励审计人才申请国家留学基金项目。

(五)继续加强对地方审计机关人才队伍建设的指导和支持。

指导和推动地方审计机关,结合本地实际,制定本地区和本部门人才队伍建设规划。采取多种方式,组织开展地方审计机关人才队伍建设经验交流。

采取代培代训、以审代训等形式,培养地方审计机关师资力量。组织地方审计机关选派干部到署机关、派出局和特派办锻炼,培养审计业务骨干。继续举办审计厅(局)长和地(市)县局长培训班,提高培训的针对性和实效性。

五、保障措施

(一)加强领导,落实责任。

在审计署党组的领导下,人才工作领导小组统揽工作全局,各相关职能部门、单位分工负责,相互配合,认真履行职责。人事教育司作为人才工作领导小组具体办事机构,负责组织、督促、检查和指导各单位人才工作落实情况。署机关各单位和派出机构的领导班子要切实正确做好人才工作的政治责任感和使命感,把人才队伍建设作为重要工作纳入议事日程,统筹安排,整体部署,狠抓落实。

(二)加大投入,提高经费使用效益。

每年在财政预算中应当有一定比例的经费用于人才工作,力争人才经费投入稳步增长。细化人才工作经费预算,加强经费使用的管理和监督。建立人才重点工程项目责任制,加强项目论证和经费管理,确保工程项目的有效实施。全面提高人才经费的使用效益,保证人才经费最大限度地发挥作用。

(三)抓好基础工作,推动人才队伍建设的科学化和规范化。

加强人才信息化建设,做好人事管理信息系统的运行维护工作。根据金审工程二期总体规划,合理扩展人事管理信息系统功能,整合人才信息资源,加大开发应用力度,提高人才信息化管理水平。加强调查研究和统计分析,把握人才发展规律,为人才队伍建设服务。围绕人才工作重点,深化审计人才发展战略、审计职业化建设等课题的研究。逐步建立审计人才统计调查制度,对人才队伍发展现状和趋势进行分析,为审计人才队伍建设决策提供依据。

(四)加强人事部门自身建设,提高人事干部综合素质。

人事部门要解放思想,更新观念,与时俱进,创造性地开展工作,不断完善各种办事程序,改进管理方式,提高办事效率和管理水平。人事干部要加强能力建设,自觉学习人才工作有关政策法规,提高政策理论水平和综合素质,成为精通人事工作和人力资源管理的专门人才。要继续加强人事干部队伍作风建设,不断增强服务意识,坚持原则,依法办事,热情服务,把人事部门建成为审计人才之家。

2008 至 2012 年审计法律规范建设规划[●]

(审法发〔2008〕77 号,2008 年 7 月 11 日)

为了推进审计工作法制化、规范化和科学化,保障审计机关依法规范履行审计监督职责,提高审计工作质量和效率,根据《审计署 2008 至 2012 年审计工作发展规划》,制定本规划。

一、指导思想

以中国特色社会主义理论为指导,按照依法治国基本方略和全面推进依法行政实施纲要的总体要求,以提高审计人员依法审计意识和能力为核心,全面加强审计法律规范建设,严格规范审计行为,确保提高审计工作质量,不断提高审计工作效率,为审计事业又好又快发展提供强有力的法律保障。

二、总体目标

以宪法为根本依据,通过修订和制定审计法规、加强审计规章建设、完善审计准则体系、构建审计指南体系,形成适应社会主义市场经济体制、符合审计客观规律并与其他法律法规相衔接的中国特色审计法律规范体系。

三、基本原则

——坚持法制统一的原则。严格按照法定的权限和程序建章立制,做好与审计法及相关法律法规的衔接工作,从源头上防止和解决法规冲突问题,切实维护审计法制的统一。

——坚持突出重点、服务审计业务工作的原则。紧紧围绕审计工作大局,把影响依法审计和审计质量最突出的问题、审计业务人员最需要解决而且能够解决的问题,作为重点工作来抓。

——坚持稳定与创新相结合的原则。坚持和不断完善经审计实践证明比较成熟的经验和做法,并适应社会经济和审计工作的发展变化,着力解决当前审计工作中遇到的实际困难和问题。

——坚持立足中国实际与借鉴国外经验相结合的原则。立足我国国家审计面临的环境和历史条件,从实际出发,学习借鉴国外审计准则的有益内容,不断完善中国特色审计监督制度。

四、主要任务

(一)认真做好审计法律法规的修订和制定工作。

——配合国务院法制办做好审计法实施条例修订和经济责任审计条例制定工作。加强沟通协调,时了解掌握情况,并就重点问题作出说明,充分反映审计实践中遇到的新情况、新问题和广大审计人员的意见,推动审计法实施条例和经济责任审计条例在 2008 年内顺利出台。

——配合修订《中央预算执行情况审计监督暂行办法》。根据审计法和预算法的修订情况,

[●]翟继光.中华人民共和国现行审计法规汇编[M].成都:西南财经大学出版社,2009:282-284.

立足于预算管理制度改革和中央预算执行审计工作发展，及时补充和完善《中央预算执行情况审计监督暂行办法》。

——做好立法协调工作。密切关注国家有关财经法规的制定，做好审计法律法规与有关法规的协调和衔接工作，对征求我署意见的法律法规草案，及时反馈意见，为审计监督创造良好的法律环境。

（二）制定和完善相关审计规章。

——修订《建设项目审计处理暂行规定》。根据审计法及相关法律法规，适应我国政府投资体制改革和审计工作需要，加强与最高人民法院等有关方面沟通协调，研究处理好审计决定与合同的法律效力等问题，适时修订《建设项目审计处理暂行规定》。

——制定违反审计法律法规行为处分规定。根据审计法、行政监察法、公务员法和行政机关公务员处分条例，会同监察部等部门研究制定违反审计法律法规行为处分规定，完善审计执法责任制和审计执法过错责任追究制，促进审计法律法规的贯彻实施，力争2008年内完成。

——加强计算机审计法律问题的研究。适应我国国民经济和审计工作信息化的需要，加强信息系统审计法律问题的研究，积极提出对策，推动《国务院办公厅关于利用计算机信息系统开展审计工作有关问题的通知》（国办发〔2001〕88号）的贯彻执行，适时提出修订意见。

——加强对国有资本占控股或主导地位的企业、金融机构审计等法律问题的研究。适应国有企业和金融机构产权关系多元化的发展，积极研究对策，提出完善相关法律规定的意见。

——加强涉外审计法律问题的研究。适应对外开放的需要，加强对驻外机构审计和国有资本占控股或主导地位的企业、金融机构境外投资及境外分支机构审计等法律问题的研究，积极提出对策。

——定期开展法规清理工作。根据宪法、审计法及相关法律法规，及时对审计署颁布的审计规章和规范性文件进行清理，并公布清理结果。

（三）完善符合审计发展规律的中国特色国家审计准则体系。

在原有国家审计准则的基础上，根据审计法和修订后的审计法实施条例，立足我国国家审计实践，借鉴社会审计、内部审计和国外审计准则的有益内容，2009年完成对现行国家审计准则体系的修订工作，基本形成符合审计发展规律的中国特色国家审计准则体系。

（四）积极构建中国特色国家审计指南体系。

在修订国家审计准则基础上，结合审计业务工作需要，研究提出国家审计指南体系框架，并组织编制各项指南或修订已有指南，2012年完成全部指南的编制和修订工作。

五、保障措施

（一）切实加强对审计法律规范建设的领导。

审计署成立审计法律规范建设领导小组（以下简称领导小组），切实加强对审计法律规范建设的组织领导。领导小组下设办公室。办公室负责聘请审计系统内外专家，收集整理有关专家咨询意见，组织完成审计准则草案和其他规范的草拟、论证、修改等工作，持续跟踪评估审计法律规范的实施情况，及时提出更新、补充、完善的建议。

(二)加强组织协调,充分发挥审计系统整体合力。

抽调具有深厚理论功底、丰富实践经验并具有国际视野的中青年业务骨干,组成专门是国家审计准则修订工作组;根据国家审计指南所涉及的业务领域,组织业务司或者成立专门工作组开展相关审计指南的编制工作;广泛征求意见,充分调动全系统的智慧和力量,使审计法律规范更加符合实际,具有针对性和可操作性。

(三)加大与外部的沟通协调力度,为审计法律规范建设创造有利条件和良好外部环境。

加强与全国人大常委会法工委、国务院法制办等法制工作部门的沟通,配合做好工作,推动有关法规尽早出台;在审计立法、法规规章清理、立法协调等工作中加强与有关方面的沟通协调,确保审计法律规范建设顺利进行;充分借助研究机构、院校和有关专家学者的力量,促进审计法律规范建设不断加强和完善。

(四)深入开展审计普法宣传教育,全面提高审计人员法律意识和依法审计能力。

大力推进领导干部普法教育制度化、规范化,继续坚持和完善党组理论学习中心组集体学法制度、领导干部法律讲座制度,进一步增强审计机关领导干部的法律意识。以审计法规与审计业务结合为切入点,努力加强审计人员法律知识培训,提高审计人员法律素质和依法审计的能力。开展多种形式的审计普法宣传,增进全社会对审计监督的认识,为审计工作的顺利开展创造更为良好的社会环境。

(五)深入开展审计法治理论研究,为审计法律规范建设提供理论支持。

坚持从实际出发,注重调查研究,借鉴国外的有益做法,积极探索和总结审计法律规范建设的内在规律和实践经验,并围绕审计实践中出现的一些理论问题进行研究探讨,为审计法律规范建设提供理论支持,不断提高审计法律规范建设水平。

<h2 style="text-align:center">审计署"十二五"审计工作发展规划❶</h2>
(2011年6月30日)

为贯彻落实党的十七大和十七届三中、四中、五中全会精神,充分发挥审计在推动科学发展、促进加快转变经济发展方式中的作用,根据《国民经济和社会发展第十二个五年规划纲要》,结合审计工作实际,制定审计署"十二五"审计工作发展规划。

一、审计工作的指导思想。以中国特色社会主义理论体系为指导,以科学发展观为灵魂和指南,紧紧围绕科学发展这一主题和加快转变经济发展方式这一主线,牢固树立科学的审计理念,坚持"依法审计、服务大局、围绕中心、突出重点、求真务实"的审计工作方针,认真履行宪法和法律赋予的职责,全面监督财政财务收支的真实、合法和效益,在推进社会主义经济、政治、文化和社会建设中发挥更大作用。

二、审计工作的总体目标。把"推进法治、维护民生、推动改革、促进发展"作为审计工作的出发点和落脚点,充分发挥审计保障国家经济社会健康运行的"免疫系统"功能,努力实现"十二五"期间,审计工作在服务经济社会科学发展,促进深化改革和民主法制建设,维护国家安全和促进反腐倡廉建设,推动深化改革和完善国家治理方面迈上新台阶;审计工作法治化、规范化、科学化

❶《中国审计年鉴》编辑委员会.中国审计年鉴(2012)[M].北京:中国时代经济出版社,2013:835-843.

和信息化建设迈上新台阶;审计队伍建设迈上新台阶;符合中国国情、与社会主义市场经济体制相适应的中国特色社会主义审计理论和制度建设迈上新台阶。

三、审计工作的主要任务。认真贯彻落实审计法和审计法实施条例,进一步加强审计监督,自觉把审计工作作为经济社会发展全局的重要组成部分,推进民主法治,维护国家安全,保障国家利益,促进国家经济社会全面协调可持续发展。

——继续坚持以真实性、合法性审计为基础,加大查处重大违法违规和经济犯罪问题的力度,促进反腐倡廉建设,强化对权力的监督与制约。

——加强对中央重大方针政策和宏观调控措施贯彻落实情况的跟踪审计,促进政令畅通,保障各项政策措施落实到位。

——加大对国家信息化建设情况的审计力度,建立和完善电子审计体系。

——全面推进绩效审计,促进加快转变经济发展方式,提高财政资金和公共资源管理活动的经济性、效率性和效果性,促进建设资源节约型和环境友好型社会,推动建立健全政府绩效管理制度,促进提高政府绩效管理水平和建立健全政府部门责任追究制。

——注重从体制、机制、制度层面发现和分析研究问题,提出审计意见和建议,促进政策、法律、制度的落实和完善。

——关注国家财政安全、金融安全、国有资产安全、民生安全、资源与生态环境安全、信息安全,揭示存在的风险,提出防范和化解风险的对策性建议,切实维护国家利益和国家安全。

四、探索创新审计方式和方法。深入总结审计实践经验,不断探索符合我国发展实际的审计方式和方法。

——着力构建财政审计大格局。整体谋划、系统安排财政审计项目,按照清晰统一的审计目标,对审计内容、审计重点、审计资源、组织实施和成果利用进行统筹管理,提高审计质量,提升审计工作报告和审计结果报告的层次和水平。

——深化多种审计类型的有效结合。坚持预算执行审计与决算(草案)审签相结合,财政财务收支真实、合法审计与绩效审计相结合,经济责任审计与财政、金融、企业审计等相结合,审计与专项审计调查相结合。坚持揭露问题与促进整改相结合,审计监督与其他部门监督、舆论监督相结合。通过结合,协调各种资源和要素,更加适应经济社会发展对审计的总体需求,切实提高审计的效果。

——深化预算执行审计,全面开展部门决算(草案)审计,力争2012年底前建立决算(草案)审计制度。

——加强跟踪审计。对关系国计民生的重大建设项目、特殊资源开发与环境保护事项、重大突发性公共事项、国家重大政策措施的执行实行全过程跟踪审计。

——构建和完善绩效审计评价及方法体系。不断摸索和总结绩效审计经验和方法,2012年底前建立起中央部门预算执行绩效审计评价体系,2013年底前建立财政绩效审计评价体系和其他审计绩效审计方法体系。

——努力创新审计组织方式。积极探索符合形势要求和审计工作需要的审计组织方式,加强系统内的协调配合,充分发挥审计监督的整体效能。

——创新审计方法的信息化实现方式。积极研究运用数据挖掘、智能信息处理、知识发现与管理等先进技术,探索内控测评、智能审计、风险评估,以及多专业融合、多视角分析、多方式结合等审计方法的信息化实现方式。

五、着力加强五项基础建设,夯实审计事业可持续发展的根基。

——全面推进干部队伍建设。坚持以人为本,改革创新,以品格为核心、能力为重点、作风为基础、业绩为导向,全面提高审计人员依法审计能力和审计工作水平,全面落实审计署、人力资源社会保障部、国家公务员局联合下发的《关于加强审计机关公务员队伍专业化建设的意见》,着力打造政治过硬、业务精通、作风优良、廉洁自律、文明和谐的审计干部队伍。

——全面推进法治化建设。更加注重依法审计、文明审计,更加注重加强整改、完善制度,更加注重提高素质、严格管理,加强审计规章制度建设,构建审计指南体系,强化审计质量控制,深入开展普法宣传,进一步规范审计行为,提高审计工作的法治化、规范化水平。

——全面推进信息化建设。以数字化为基础,创新计算机审计的形式和内容,总结推广数字化审计模式,探索形成适应信息化环境的审计方式。

——全面推进理论建设。进一步强化审计基础理论、应用理论和技术方法研究,努力构建中国特色社会主义审计理论体系,为审计事业科学发展提供理论支撑和智力支持。

——全面推进文化建设。加强审计文化建设,弘扬审计精神,树立"责任、忠诚、清廉、依法、独立、奉献"的审计价值理念和文明形象,增强审计事业的凝聚力。

六、财政审计。以维护国家财政安全、促进深化财政体制改革、推动完善公共财政和政府预算体系、增强财政政策有效性、促进依法民主科学理财和提高预算执行效果为目标,以深化预算执行审计为主线,坚持"评价总体、揭露问题、规范管理、推动改革、提高绩效、维护安全"的审计思路,增强财政审计宏观性、整体性、建设性和时效性。

——中央财政管理审计,围绕中央预算执行的真实性、完整性和科学性,以预算管理和资金分配为重点,注重从体制、机制和制度上揭露问题,分析原因,提出建议,促进提高财政政策实施效果、推进深化财政体制改革、推动预算的统一和完整、提高财政资金使用绩效和财政管理的规范性。

——中央部门预算执行审计,贯彻"严格查处,立足整改,规范提高,促进发展"的工作原则,着力规范一级预算单位的预算管理,深化二、三级预算单位的审计监督,完善部门决算草案审签制度,探索对部门预算执行整体情况发表审计意见;以社会关注热点问题和重大项目绩效评价为切入点,开展部门预算执行绩效审计,关注压缩公款出国(境)、公务用车、公务接待费用降低行政成本政策执行情况,促进提高财政资金使用绩效和政府绩效管理水平;坚持中央部门预算执行审计结果公告制度,促进预算公开的基础工作,推动部门预决算公开、透明;推进联网审计和中央部门与垂直管理京外单位"上下联动"审计,逐步扩大审计覆盖面,提高审计效率。

——中央转移支付审计,注重从完善中央转移支付体制、机制方面研究和揭示问题,促进提高一般性转移支付规模和比例,规范专项转移支付管理,提高资金使用效益,推动建立统一、规范、透明的转移支付制度。

——税收征管审计，在促进税务部门、海关部门依法履职的基础上，加强对税收征管机制、专项优惠政策和重大税收制度运行情况及效果的调查、分析和评估，努力推动税制改革，促进税收政策制度更好地服务于经济发展方式转变和经济社会可持续发展。

——中央企业国有资本经营预算审计，揭示中央企业国有资本经营收益征收、分配、使用中存在的突出问题，分析国有资本投资方向和领域，确保国家重大决策的贯彻执行，推进国有经济布局和产业结构的战略性调整，促进完善国有资本经营预算管理制度和提高国有经济整体效益。

——地方财政收支审计，以预算执行及决算的真实性、完整性为基础，关注执行统一财税政策情况、中央转移支付资金预算管理和使用情况、财政体制运行情况和地方政府性债务情况。完善地方政府财政收支审计与地方党政主要领导人任期经济责任审计相结合的审计模式。对地方政府性债务实行动态化、常态化的审计监督，揭示问题，防范风险。推动规范地方政府举债融资行为，促进地方政府性债务纳入预算管理，增强透明度，接受人大监督。

——固定资产投资审计，围绕促进提高固定资产投资效益和反腐倡廉建设，加强对政府投资和以政府投资为主的建设项目的预算执行情况和竣工决算审计，积极开展关系国家利益和社会公共利益的重大建设项目跟踪审计，积极开展特定事项的专项审计调查。进一步加大对征地拆迁、工程招投标、设备材料采购、资金管理使用和工程质量管理等重点环节的审计力度，督促相关单位加强资金和项目管理，完善法律、法规和制度，提高投资效益，推进廉政建设，促进深化投资体制改革。

——农业资金审计，加强对关系广大农民切身利益、关系农村生产生活、关系农业生产综合能力提高和国家粮食安全等强农惠农资金和项目审计，揭露和查处严重损害农民利益、造成财政资金流失和严重损失浪费等问题，促进农业资金整合，确保强农惠农政策落到实处。

——社会保障资金审计，深化各项社会保险基金审计，加强对全国社会保障基金投资运营的审计监督，促进基金管理规范、安全，促进各项社会保险政策的落实和制度的完善，推进多层次的社会保险体系不断健全；关注社会保险基金预算编制和执行情况，推进社会保险基金预算制度不断完善；强化保障性安居工程资金和住房公积金审计，促进完善住房保障制度和保障性安居工程建设目标任务的完成；加大社会保障和就业财政专项资金、社会捐赠资金的审计力度，促进相关惠民政策的落实，促进社会救助体系建设和社会福利事业、慈善事业的发展。

——重大突发性公共事项审计，加强对资金、物资的筹集、分配、拨付、使用和效果的全过程跟踪审计，保障重大突发性公共事项应急处置、预防预警、恢复重建工作的顺利进行，推动相关地区经济和社会事业的恢复和发展。

——专项资金审计，加强对科技、教育、医疗卫生、文化建设等专项资金的审计，关注政策措施执行效果和资金使用效益，促进相关政策制度的不断完善和有效落实，推动科学发展和社会和谐。

七、金融审计。以维护安全、推动改革、促进发展为目标，揭示和防范金融风险，完善金融监管，推动建立健全高效安全的现代金融体系和系统性风险防范机制。

——加强对国有及国有资本占控股地位或主导地位金融机构的审计和审计调查,关注货币市场、保险市场、资本市场运行中的突出问题,反映金融服务、金融创新和金融监管中的新情况,并从体制、机制上分析原因,提出建议,促进深化金融改革,推动金融市场可持续健康发展。

——在做好金融机构资产负债损益的真实、合法和效益情况等全面审计的基础上,关注其法人治理结构及内控制度的建立和执行效果,有效揭示内部管理薄弱环节和制度缺陷,促进依法经营,加强管理,提高企业核心竞争力。

——加大对金融机构执行货币政策和其他宏观调控政策措施情况的审计和审计跟踪调查力度,促进金融机构调整优化资产结构,转变经营管理方式,提高为实体经济服务水平。

——加强对金融控股集团公司的审计,积极探索跨行业、跨市场金融活动的审计方法,提示系统性风险隐患,促进建立健全防范系统性风险的预警体系和处置机制。

——建立综合数据分析平台,实现对银行业、证券业、保险业等金融行业的经常性审计或审计调查,完善金融审计组织方式和审计方法体系,进一步改进信息化条件下以总行(总公司)为龙头的审计管理模式,有效整合审计资源,不断提高"集中分析,分散核查,专题研究"的工作水平。

八、企业审计。以维护国有资产安全,促进国有企业科学发展为目标,坚持"强化管理、推动改革、维护安全、促进发展"的审计思路,加快转变审计方式,加强对国有企业资金、权力和责任的审计,推动其转变发展方式、落实宏观政策、加强经营管理、防控重大风险、创新机制制度和推进反腐倡廉。

——全面监督国有企业财务收支的真实性、合法性和效益性,更加关注法人治理结构及内部控制制度的建立和执行情况,推动企业加强内部管理。

——加大对国有企业落实"三重一大"决策制度的审计力度,加强对重要经营领域和关键环节的监督,加强对重大决策、重大项目、资金使用、资源利用等相关权力和责任的监督,促进企业健全权力运行机制。

——加强对国有企业贯彻执行国家战略性结构调整、发展战略性新兴产业、提升核心竞争力、增强自主创新能力、实施节能减排、产业振兴规划等重大政策部署和宏观政策措施情况的跟踪审计,促进国家方针政策和相关法律法规的贯彻落实,为国有经济实现综合性、系统性和战略性转变发挥作用。

——着重揭示影响国有企业科学发展的突出矛盾和重大风险,深入分析企业经济活动与国家方针政策之间的内在关联,维护企业安全,促进深化改革和完善制度。

——有步骤、分阶段地推进与重点中央企业信息系统的联网,试点实时审计;统一整合和统筹调配审计资源,采取多种形式组织审计项目,建立"点(单个企业)、线(行业和上下游产业)、面(国有经济运行)"联动的企业审计模式,提高企业审计的主动性、时效性、宏观性和建设性。

九、资源环境审计。以促进贯彻落实节约资源和保护环境的基本国策为目标,检查国家资源环境政策法规贯彻落实、资金分配管理使用和资源环保工程项目的建设运营情况,维护资源环境安全,发挥审计在资源管理与环境保护中的积极作用,推动生态文明建设。

——加强对土地、矿产、淡水、海洋等重要资源保护与开发利用情况的审计,揭露和查处违规出让、无序开发、低效利用,破坏浪费资源、国有资源收益流失、危害资源安全等问题,促进资源依法有效保护和合理开发利用。

——加强对水、大气、土壤、重金属、固体废弃物、核能利用等污染防治情况的审计,揭露和查处防治规划政策措施不落实,违规处置、排放污染物,防治设施运营不正常,严重污染环境等问题,促进加强污染防治,不断改善环境质量。

——加强对森林、湿地、草原、生物等重点生态系统保护和防沙治沙、水土保持、防治石漠化等生态治理工程建设实施情况的审计,促进生态保护与修复,加强生态环境建设。

——加强对节能减排资金的分配、管理、使用和相关政策法规执行情况的审计,揭露和查处落实节能减排政策法规不到位、淘汰落后产能进展滞后、严重浪费能源资源等问题,促进转变经济发展方式,优化产业结构。

——加强审计机关内部资源环境审计相关资源的整合,积极构建资源环境审计与其他专业审计有机结合的多元工作格局,努力探索符合我国国情的资源环境审计理论与方法,不断完善资源环境审计制度与规范。

——认真履行亚洲审计组织环境审计委员会秘书处职责,加强亚洲环境审计协调服务;广泛开展环境审计国际交流,努力探索国际环境合作审计新模式;积极参与世界审计组织国际环境审计事务,不断扩大我国环境审计的国际影响。

十、涉外审计。以促进积极合理有效利用外资、防范涉外投资风险、维护境外国有资产安全、履行国际责任为目标,着力整合涉外审计资源,拓宽涉外审计领域,提高涉外审计质量。

——继续加强对国外贷援款项目的审计监督。提高国外贷援款项目的审计质量,全面推进涉及环境、民生和可持续发展等国外贷援款项目的绩效审计,促进积极合理有效利用国外贷援款,提高利用外资的质量和水平。

——探索我国对外援助物资采购、工程建设、资金管理等方面的审计,维护对外援助资金的安全,提高对外援助资金使用效益。

——深化驻外机构审计。结合部门预算执行审计,开展驻外非经营性机构审计,促进其加强财务管理,提高使用财政资金的绩效。积极推进境外经营性机构和境外投资的审计,维护境外国有资产安全。

——认真履行联合国审计委员会委员职责,完成所承担的审计任务。

十一、经济责任审计。认真贯彻落实中共中央办公厅、国务院办公厅下发的《党政主要领导干部和国有企业领导人员经济责任审计规定》(以下简称两办《规定》),坚持"全面推进、突出重点、健全制度、规范管理、提高质量、深化发展"的审计思路,以促进领导干部贯彻落实科学发展观,推动本地区、本部门(系统)、本单位科学发展为目标,以领导干部守法、守纪、守规、尽责情况为重点,进一步推动经济责任审计工作科学发展,发挥经济责任审计在加强干部管理监督、推动党风廉政建设、促进经济社会又好又快发展等方面的积极作用。

——深入推进党政主要领导干部和企业领导人员经济责任审计。全面推进县(市、区)、乡(镇)党政主要领导干部任期经济责任同步审计;逐步扩大市(地、州)党政主要领导干部经济责任同步审计;不断深化省(自治区、直辖市)长(主席)、部长经济责任审计;在对副省级城市党政主要领导干部进行任期经济责任同步审计试点的基础上,探索省(自治区、直辖市)党政主要领导干部任期经济责任同步审计;深化党政工作部门、审判机关、检察机关、事业单位、人民团体等单位主要领导干部和国有企业领导人员经济责任审计。

——建立经济责任审计规范化体系。按照两办《规定》健全经济责任审计制度和规范,进一步规范经济责任审计的内容、程序及成果运用等;探索经济责任审计的有关实施办法,进一步细化对不同类别领导干部经济责任审计的操作流程、审计组织方式和审计方法等;研究制定经济责任审计评价指标体系,建立健全经济责任审计情况通报、审计整改以及责任追究等结果运用制度,探索和推行经济责任审计结果公告制度,逐步建立起经济责任审计规范化体系。

——全面提升经济责任审计质量和水平。加强审计计划管理和质量控制,进一步完善审计内容和审计组织方式。坚持任中审计与离任审计相结合,加大任中审计力度。探索和推行党委、政府主要领导干部同步审计的组织方式和审计方法。合理调配和整合审计资源,实现不同审计项目之间的资源共享。依法规范审计评价,做到审计评价与审计内容相统一。

——加强对全国经济责任审计工作的指导。制定印发两办规定的贯彻实施意见,并对各地贯彻落实情况进行监督检查,研究解决贯彻执行过程中遇到的新情况、新问题;加强对部门和单位内部管理领导干部经济责任审计工作的指导,逐步建立和推行工作报告制度;加强对经济责任审计工作开展情况的调查研究,及时总结和推广先进经验;深入开展审计理论与实务研究,逐步构建经济责任审计理论体系,为审计实践提供理论支持和科学指导。健全完善经济责任审计工作组织协调机制,逐步建立制度健全、管理规范、运转有序、工作高效的联席会议工作机制。

——加强对审计署管理干部和省级审计机关主要领导干部的经济责任审计。建立和推行任期内轮审制度,促进审计机关加强管理和党风廉政建设。

十二、审计法治化建设。进一步完善中国特色审计法律规范体系,规范审计行为,推进依法审计。

——健全并完善中国特色审计法律法规和规章体系。会同有关部门做好《中央预算执行情况审计监督暂行办法》的修订工作,适时做好其他审计法规和规章的制定、修订工作,不断健全和完善中国特色审计法律规范体系。

——着力构建国家审计指南体系。以审计法律法规和国家审计准则为依据,立足我国审计实践,借鉴国内外先进经验,有步骤地开发审计指南,2014年基本构建起涵盖通用审计指南和专业审计指南的国家审计指南体系。

——积极参与国家法律法规制定工作,提高立法协调水平,进一步发挥审计机关在立法工作中的作用,促进完善中国特色社会主义法律体系。

——严格执行审计法、审计法实施条例和国家审计准则,完善审计机关层级监督机制,依法纠正下级审计机关违反国家规定做出的审计决定,推动依法审计和文明审计。

——大力推行审计项目审理制度,逐步规范审理工作流程,明确审理工作标准,提高审理工作质量。

——探索建立审计质量岗位责任追究制度。明确审计质量岗位责任,严格责任追究,开展审计项目全过程质量控制,进一步规范审计行为,防范审计风险。

——加大审计业务质量检查力度,提升优秀审计项目评选水平,促进提高审计质量和水平。加强对社会审计机构相关审计报告质量的核查,推动注册会计师行业的健康发展。

——加强普法宣传教育,全面实施"六五"普法规划,建立法律知识学习培训长效机制,督促审计干部认真学习和遵守各项法律法规,提高审计干部依法办事和依法审计的意识和能力,推进审计机关严格依法行政,全面履行审计职责。

十三、审计结果利用和审计宣传。加强审计成果综合利用,提升审计成果层次;坚持审计结果公告制度,把审计监督与社会监督特别是社会舆论监督结合起来,不断提高审计工作的开放性和透明度,促进依法行政和政务公开。

——坚持和完善审计结果公告制度,逐步规范公告的形式、内容和程序,把对审计发现问题的整改情况作为审计结果公告的重要内容。

——坚持和完善特定审计事项阶段性审计情况公告、重大案件查处结果公告制度。

——加强审计成果的综合分析和开发利用,拓宽审计成果利用渠道,实现信息资源共享,开发提炼审计成果"精品"和"高端产品",不断提高审计信息的质量和水平。

——按照政府信息公开条例的要求,积极稳妥地推进审计工作信息公开,逐步实现审计事务公开。

——加大审计宣传力度,增强审计宣传工作的针对性和协调性。加强对重大审计新闻事项或事件的宣传策划。密切与新闻单位的联系,增强新闻报道的主动性。加强舆情研判,将审计监督与新闻舆论监督密切协调。

——进一步深化改革,加强对审计出版单位的管理。提高审计报刊和出版物质量,拓宽发行渠道,充分发挥媒体对审计工作的宣传作用,不断扩大审计工作的影响。

十四、审计队伍建设。贯彻落实党的组织路线和干部工作、人才工作方针政策,逐步建立健全适应审计事业科学发展需要的干部管理和人力资源管理体制和机制,全面推进干部队伍建设,为审计事业科学发展提供坚强的组织保证。

——深化干部人事制度改革。进一步加大竞争性选拔干部的力度,推行差额选拔干部办法和票决制,完善干部选拔任用机制;加大对领导班子和领导干部的日常监督和管理,健全巡视制度和任期经济责任审计制度,完善对领导班子和领导干部的考核评价体系;进一步加大从基层一线考试录用公务员的力度,拓宽与地方党委政府、审计机关干部交流的渠道;健全干部交流制度,提高干部的综合素质;积极探索推进审计队伍专业化建设。

——加强领导班子建设。把领导班子思想政治建设放在首位,着力加强领导班子能力建设和作风建设;以加强"一把手"队伍建设为重点,科学配置领导班子,不断调整和优化领导班子结构,实现优势互补、合理搭配,发挥整体功能;加强后备干部队伍建设,建立健全后备干部动态管理工作机制。坚持重在培养、同样使用,加大培养选拔优秀年轻干部力度。

——加强审计人才队伍专业化建设。贯彻落实《关于加强审计机关公务员队伍专业化建设的意见》,不断优化人才结构,逐步提高法律、工程、环境保护和计算机应用等相关专业人员比例,合理配置人才资源;加大高层次审计专业人才培养力度,建设一支高素质的领军人才、骨干人才队伍;科学利用外部人才资源,探索建立外聘专家库和专家咨询制度,不断推进人才工作体制机制创新。

——加强教育培训。整合教育培训资源,大规模培训审计干部,持续提高审计干部素质;创新教育培训模式,改进培训方式,逐步健全以面授培训体系与网络培训体系相结合,以师资体系、教材体系和考试评价体系相配套,具有审计系统特色的干部职业教育培训体系。推进审计干部教育学院建设。按照共建协议,促进南京审计学院的教学科研能力建设。

——加强审计业务培训。举办审计专业培训班和专题研讨班,促进提升业务能力。为地方审计机关的业务培训提供必要的师资、教材与网络培训课件。

——加强审计硕士专业学位教育工作。积极发挥全国审计专业学位研究生教育指导委员会的作用,在国务院学位委员会、教育部和人力资源社会保障部的指导下,做好审计硕士专业学位研究生教育工作。

——进一步拓宽培养干部的渠道。加大选派优秀干部到地方党委政府、地方审计机关交流任职的力度;每年有计划地安排审计署与地方审计机关互派干部到对方挂职或参加对方组织的审计项目;有计划地安排缺乏基层工作经历的干部到基层、艰苦地区,到地方政府有关部门、企事业单位、重大项目建设单位等培养锻炼,不断提高干部的综合素质和实际工作能力。

——加强对直属单位的管理。建立健全直属单位综合管理、监督检查和业务指导的相关制度。按照中央统一部署和要求,积极推进直属事业单位和出版社的改革发展工作。发挥审计博物馆宣传国家审计和反腐倡廉教育基地的作用。

——切实做好离退休干部工作。继续落实好离退休干部的政治待遇和生活待遇,加强党建和思想政治建设,发挥党支部对离退休干部的教育引导作用,坚持以人为本,营造舒心和谐环境,不断提高服务与管理水平。

——加强机关党建和思想政治工作。认真贯彻《中国共产党党和国家机关基层组织工作条例》,建设学习型党组织,注重党建理论研究,抓好中国特色社会主义理论体系和核心价值理念教育,以"立足本职建功立业,争当'四手'奋发有为"活动为抓手,积极开展创先争优活动;推进基层党组织党务公开工作,切实保障党员的民主权利;加强和改进思想政治工作,创新方式方法,充分发挥工青妇组织的桥梁纽带作用,开展主题实践活动,不断提高审计干部的思想道德素质,培育"实、高、新、严、细"的良好作风,促进和谐机关和精神文明建设。

——加强反腐倡廉建设。深入贯彻审计署党组贯彻落实建立健全惩治和预防腐败体系工作规划的实施办法,认真执行党风廉政建设责任制,建立健全审计机关廉政风险防控工作机制,加强对廉政风险点的查找与防控,加快构建惩治和预防腐败体系;以《廉政准则》及其实施办法为重点内容,加强廉洁从政教育;会同有关部门制定和实施《审计领域违法违纪行为处分规定》,不断健全反腐倡廉制度体系;严格执行领导干部个人事项报告制度和审计纪律"八不准"规定,加强审计项目廉政监督检查,强化审计权力运行的监督制约。

十五、大力推进电子审计体系建设,努力提高审计工作的信息化水平。

——建立健全电子审计体系。积极开展对国家信息化政策执行、规划实施和工程建设的审计监督,大力推进国家电子政务重大工程资源共享、业务协同、服务效能和标准化水平的提高,促进国家信息化建设顺利实施;继续推进金审工程建设,不断完善以审计业务信息化和审计管理数字化为主要内容的审计信息化系统。

——提高审计业务信息化水平。完善并推广现场审计实施系统,积极开展信息系统审计,总结计算机审计方法体系和操作制度,建立健全标准规范;组织开展对重要单位的联网审计;积极探索统一组织项目、联网跟踪等审计组织方式。加强综合数据分析队伍建设。

——提高审计管理数字化水平。完善并推广审计管理系统,基本形成以审计项目计划实施、审计量控制、审计成果利用、审计资源调配、机关事务处理为主线的审计管理数字化,创新信息化环境下的审计管理方式。

——建成国家审计数据中心。基本完成各类专业审计数据规划和数据库建设,结合数据积累,完善对宏观经济政策执行情况的跟踪审计,深化对政府预算执行的审计评价,探索对国家经济运行安全的审计评价。建设模拟审计实验室,为审计业务、审计管理和领导决策提供仿真预测等有效支持。

——建成审计信息网络及安全保障系统。建成符合国家信息安全保密要求的审计专网和审计内网;国家审计交换中心投入运行,实现中央地方审计机关互联互通、资源共享,促进审计业务协同;保障视频、数据、语音等网络应用的畅通与安全。

十六、整合审计资源,做好实现科学管理的各项工作。

——提升审计资源的配置效率。围绕经济社会发展大局,加强前期立项调研,发挥好审计项目计划的引领作用。明确审计目标和工作重点,提高审计工作覆盖面。统一境内外机构审计对象,实现审计情况有效衔接。发挥财政审计、环境审计、经济责任审计协调领导小组的作用,整合审计资源,统筹安排相关审计工作。加强审计外聘人员管理。

——提高审计项目计划的科学性。提高计划编制与下达工作的时效性。合理安排审计项目,细化审计目标、审计范围、所需审计资源和关键时间节点。

——完善审计统计制度,建立健全科学的审计统计指标体系,提升审计统计数据的准确性、时效性。强化审计统计数据有效利用,更好地为审计业务工作和审计机关领导提供政策建议和决策参考。

——积极参与国际审计事务,认真履行审计署在地区、世界审计组织中的职责,办好2013年世界审计组织第21届大会。加强境外专业考察和培训管理,切实提高境外学习、培训质量。及时掌握国际审计动态,拓展国外审计理论研究,借鉴先进经验。加强对外交流与合作,不断提升我国审计的国际地位。

——加强审计理论研究工作。围绕审计业务工作需要,深入研究审计事业发展中的重大理论问题、现实问题和难点问题,实现审计理论研究与审计业务工作有机结合;规范审计科研管理,提高审计理论研究工作的质量和水平。

——切实办好审计科研所博士后工作站,吸引一批高层次国家审计研究人才,促进提高审计理论研究的层次和水平。

——加强审计学会建设,充分发挥审计学会在深化审计理论研究方面的作用。加强审计学会的组织建设,健全办事机构,密切与审计业务部门和其他有关单位的联系和合作,根据审计实践需要确定研究方向和重点,不断改进组织开展理论研究的方式方法,为审计事业发展提供更有力的理论支撑。

——加强对内部审计工作的指导。进一步完善审计机关指导监督内部审计工作的相关规定,充分发挥内部审计协会在内部审计职业化管理中的作用,促进内部审计发挥在评价和改进组织风险管理、控制和治理效果中的作用,推动内部审计健康发展。

——建立审计工作绩效考核评价制度。加强审计机关预算管理,强化审计成本控制,推进预算公开,努力做到申请计划有概算、正式进点有预算、审计过程有核算、项目结束有决算、成果绩效有评估,切实提高审计工作绩效,适时向社会公告审计署绩效报告。

——规范机关后勤管理与服务。巩固和深化机关后勤管理制度改革,推进服务社会化,加强对特派办后勤服务管理的指导。落实综合治理工作目标责任,完善应急预案,提高突发事件应急处置能力,创建平安机关。厉行勤俭节约,降低机关运行成本,积极改善机关办公条件,提升资产管理水平,确保资产安全完整。

十七、切实履行主管全国审计工作的职责,进一步加强对全国审计业务工作的领导。

——完善署领导对地方联系点制度,加强与地方审计机关的联系,深入实际调查研究,及时总结推广基层工作的新鲜经验,研究解决工作中遇到的问题,搞好分类指导。

——指导地方加强审计规章制度建设,大力推行审计项目审理制度,推动地方开展审计项目质量检查和优秀审计项目评选等工作,促进提高审计工作质量和水平。

——加强审计业务领导,及时总结研究审计中遇到的新情况、新问题,推广新经验;每年根据党和国家工作中心,研究提出审计工作指导意见;加大对地方审计机关人员的业务培训力度。

——加强计划指导,促进整合审计力量。每年年底提出下一年度审计重点;按照自愿参加、量力而行的原则,适当安排和组织地方审计机关参与审计署统一组织的审计项目。

——按照统一管理、一年一定的原则,改进和加强审计业务授权管理。以整合审计资源、发挥审计机关的整体效能为目标,科学确定年度授权审计项目计划。加强授权审计项目考核和重点抽查,严格审计质量控制。

——做好省级审计机关领导班子建设协管工作。根据审计事业发展需要,深入调查研究,及时向地方党委、政府提出加强和推进地方审计机关领导班子建设的意见和建议。

——加强对地方审计队伍建设、机关党的建设、精神文明建设和廉政建设情况的调研,针对存在的共性问题,从政策制度上给予指导,提出切实可行的措施。加大对中西部地区,特别是新疆、西藏地区审计机关的支持力度。

——加强对地方审计信息化建设总体规划和应用的指导。完成金审工程二期建设,启动金审工程三期建设,2015年基本完成审计管理系统的推广运用。

——加大对地方审计工作情况的采集、研究和综合分析的力度，充分利用地方审计机关信息和成果，交流有关审计情况，实现审计成果共享。

十八、本规划自发布之日起施行。审计署将加强规划落实情况的监督检查，所属各单位根据本规划要求，研究制定具体落实措施并付诸实施，确保本规划的完成。地方审计机关可参考本规划制定本地区审计工作发展规划。

"十三五"国家审计工作发展规划[❶]
（审政研发〔2016〕55号，2016年5月17日）

为贯彻落实党的十八大和十八届三中、四中、五中全会精神，根据《国民经济和社会发展第十三个五年规划纲要》《国务院关于加强审计工作的意见》、中共中央办公厅、国务院办公厅《关于完善审计制度若干重大问题的框架意见》及相关配套文件，结合审计工作实际，制定"十三五"国家审计工作发展规划。

一、审计工作的指导思想。高举中国特色社会主义伟大旗帜，以马克思列宁主义、毛泽东思想、邓小平理论、"三个代表"重要思想、科学发展观为指导，深入贯彻习近平总书记系列重要讲话精神，牢固树立政治意识、大局意识、核心意识、看齐意识，着力贯彻落实创新、协调、绿色、开放、共享的发展理念，完善审计制度，加大审计力度，创新审计方式，提升审计能力，提高审计效率，依法独立行使审计监督权，更好地发挥审计在党和国家监督体系中的重要作用，为协调推进"四个全面"战略布局，实现中华民族伟大复兴的中国梦做出更大贡献。

二、审计工作的目标要求。按照协调推进"四个全面"战略布局的部署要求，围绕提高发展质量和效益这个中心，贯穿供给侧结构性改革这条主线，贯彻党政同责、同责同审要求，对公共资金、国有资产、国有资源和领导干部履行经济责任情况实行审计全覆盖，做到应审尽审、凡审必严、严肃问责。到2020年，基本形成与国家治理体系和治理能力现代化相适应的审计监督机制，使中国特色社会主义审计制度更加完善，更加充分发挥审计在保障国家重大决策部署贯彻落实、维护国家经济安全、推动深化改革、促进依法治国、推进廉政建设中的作用。

——形成有利于依法独立行使审计监督权的审计管理体制。加强全国审计工作统筹，强化上级审计机关对下级审计机关的领导，推进省以下地方审计机关人财物管理改革，优化审计机关内部架构，实现各层级审计资源的科学配置，推动建立健全履行法定审计职责保障机制，完善审计结果运用机制，自觉接受对审计机关的监督。推动修订审计法及其实施条例，完善国家审计准则和指南体系，明确各项审计应遵循的具体标准和程序，切实做到依法审计。

——健全与审计全覆盖相适应的工作机制。坚持科学规划、统筹安排、分类实施，在"十三五"期间，对依法属于审计监督范围的所有管理、分配、使用公共资金、国有资产、国有资源的部门和单位，以及党政主要领导干部和国有企事业单位领导人员履行经济责任情况实现有重点、有步骤、有深度、有成效的审计全覆盖，对重点部门、单位每年审计，其他审计对象至少审计1次，对重点地区、部门、单位以及关键岗位的领导干部任期内至少审计1次，对重大政策措施、重大投资项目、重点专项资金和重大突发事件开展跟踪审计。

[❶]本书编写组.中华人民共和国现行审计法规与审计准则及政策解读[M].上海：立信出版社，2018：295-304.

——建立具有审计职业特点的审计人员管理制度。加强审计机关领导班子和干部队伍建设,健全审计干部培养和管理机制,打造一支政治强、业务精、作风优、纪律严的审计铁军。推进审计职业化建设,建立分类科学、权责一致的审计人员管理制度和职业保障机制,确保审计队伍专业化水平。

——大力推行现代综合审计模式。树立科学的国家审计观,创新审计管理模式和组织方式,形成财政、金融、企业、经济责任、资源环境、民生审计一体化,境内与境外审计一体化,审计发展规划、年度计划、项目方案、组织实施一体化,审计一线作业与后台数据分析一体化,审计实践总结与理论研究一体化,查处问题与促进发展、分析原因与推进改革、促进整改与推动问责一体化,惩治腐败与促进廉政、揭示风险与维护安全、促进公平正义与推进民主法治一体化。全面推广"总体分析、发现疑点、分散核实、系统研究"的数字化审计方式,努力实现由单点离散审计向多点联动审计转变、由局部审计向全覆盖审计转变、由静态审计向静态与动态审计相结合转变、由事后审计向事后与事中审计相结合转变、由现场审计向现场审计与非现场审计相结合转变、由微观审计向微观与宏观审计相结合转变。

三、审计工作的基本原则。适应新常态,践行新理念,正确把握改革和发展中出现的新情况新问题,既不能以新出台的制度规定去衡量以前的老问题,也不能生搬硬套或机械地使用不符合改革发展要求的旧制度规定来衡量当前的创新事项。

——坚持依法审计。树立法治理念,强化法治思维,做到审计程序合法、审计方式遵法、审计标准依法、审计保障用法。严格遵循宪法和基本法律法规,以是否符合中央决定精神和重大改革方向作为审计定性判断的标准。

——坚持问题导向。严肃查处损害国家和人民利益、重大违纪违法、重大履职不到位、重大损失浪费、重大环境污染和资源毁损、重大风险隐患等问题,对以权谋私、假公济私、权钱交易、骗取财政资金、失职渎职、贪污受贿、内幕交易等违法犯罪问题,做到"零容忍"。

——坚持客观求实。实事求是地揭示、分析和反映问题,做到"三个区分",即区分是主观故意违纪违规还是过失犯错,区分是政策制度、法规不完善还是有意违规,区分是改革探索中出现的失误还是以权谋私等。

——坚持鼓励创新。注重保护改革发展中的新生事物,对突破原有制度或规定,但有利于维护人民利益,有利于调结构、补短板、化解产能过剩,有利于降低企业成本、提质增效,有利于化解房地产库存,有利于扩大有效供给,有利于防范化解金融风险,有利于资源节约利用和保护生态环境,有利于推进财政资金统筹使用和提高资金绩效的创新举措,要坚决支持鼓励,积极促进规范和完善,大力推动形成新的制度规范。

——坚持推动改革。密切关注影响改革发展的深层次问题,对制约和阻碍中央重大政策措施贯彻落实,制约和阻碍结构性改革推进,制约和阻碍创新创业、激发活力,制约和阻碍简政放权、政府职能转变,制约和阻碍转型升级、提高绩效等体制机制性问题,要及时反映,大力推动完善制度和深化改革。

四、审计工作的主要任务。围绕党和国家工作中心,服务改革发展大局,从审计财政财务收

支的真实、合法和效益入手,始终坚持"两手抓",突出以下重点:

——着力维护人民根本利益。审计中要围绕实现好、维护好、发展好最广大人民根本利益,更加关注扶贫、教育、医疗、社保等民生政策落实情况,更加关注公共资源、公共资产、公共服务的公平合理分配,维护社会公平正义,推进共享发展。

——着力推动依法治国。审计中要围绕全面依法治国的重大部署,始终关注法律法规的执行情况,揭示有法不依、执法不严等问题,促进依法行政;反映法律法规不适应、不衔接、不配套等问题。提出加强法治建设的意见建议,促进加快建设法治经济和法治社会。

——着力推动深化改革。审计中要围绕全面深化改革的重大部署,始终关注改革部署的推进情况和创新探索,关注发展中的新情况、新问题,关注体制性机制性问题,积极提出解决突出问题和推动长远发展的建议,促进形成有利于创新的体制机制,推动创新发展。

——着力推动政策落实。审计中要围绕国家重大政策措施和宏观调控部署的贯彻落实,始终关注重大项目落地、重点资金保障、重大政策落实等情况,促进去产能、去库存、去杠杆、降成本、补短板,促进经济结构转型升级,推动协调发展。

——着力推动提高发展质量和效益。要把绩效理念贯穿审计工作始终,综合分析经济效益、社会效益和环境效益,促进加快转变经济发展方式,实现更高质量、更有效率、更加公平、更可持续的发展。

——着力推动生态文明建设。审计中要围绕加快推进生态文明建设的重大部署,始终关注资源节约集约循环利用和环境保护政策落实情况,促进形成绿色发展方式和生活方式,推动绿色发展。

——着力维护经济安全。审计中要密切关注经济社会运行中的薄弱环节,关注财政、政府债务、金融、能源、矿产资源、水资源、粮食、生态环保等方面的风险隐患,防范系统性和区域性风险;关注走出去、引进来过程中国有资产安全,促进提高开放型经济水平,推动开放发展。

——着力推动党风廉政建设和反腐败斗争。审计中对重大违纪违法问题,要重拳出击,一查到底。要查源头、查原因、查责任、查后果,深入研究分析腐败案件发生的规律,推动建立完善不敢腐、不能腐、不想腐的制度机制。

五、政策落实跟踪审计。以促进政策落实到位、不断完善、发挥实效为目标,着力推动项目落地、资金保障、简政放权、政策落实、风险防范,紧密结合不同时期、不同地区、不同行业、不同部门单位的实际情况,持续跟踪审计国家重大政策措施和宏观调控部署落实情况,发挥审计的保障作用。

——对各地区、各部门单位贯彻落实国家重大政策措施的具体部署、执行进度和实际效果进行审计,及时发现和纠正有令不行、有禁不止行为,促进政令畅通。

——加大对不作为、慢作为、假作为等重大履职不到位问题,以及重大失职渎职、重大损失浪费、重大风险隐患、重大违纪违法等问题的揭露和查处力度,推动整改问责。

——加大推动制度创新力度。根据中央出台的重大政策措施,及时跟踪有关部门规章和地方性法规修订完善情况,促进及时建立健全与新政策新要求相适应的新办法、新规则;对不合时宜、制约发展、阻碍政策落实的法律和行政法规,推动及时清理完善。

——加大推动深化改革力度。积极推动供给侧结构性改革。对改革发展过程中行之有效的积极探索和创新举措,要促进总结完善,推动形成新的制度机制;密切关注各领域改革措施不配套、不衔接甚至相互矛盾、抵消等问题,积极提出建设性意见,保障改革协调推进。

——创新政策落实跟踪审计的方式方法,不断完善操作规范、报告公告、整改问责等,到2017年形成高效健全的政策落实跟踪审计制度体系。

六、财政审计。以保障公共资金安全高效使用、促进建立健全现代财税制度、增强财政政策的有效性为目标,依法对政府的全部收入和支出、政府部门管理或其他单位受政府委托管理的资金,以及相关经济活动进行审计,切实增强财政审计的宏观性、整体性和建设性。

——加强财政预算执行及决算草案审计。每年对各级政府预算执行及决算草案进行审计,监督检查预决算的真实性、合法性和效益性,重点关注财税体制运行、财税政策执行、政府预算体系建设、重点专项资金管理使用、预算绩效管理、政府债务管理,以及推进政府资产报告制度、权责发生制政府综合财务报告制度、财政库底目标余额管理制度等情况。完善预算执行审计分阶段组织实施方式。探索开展科目审计。

——加强部门预算执行及决算草案审计。对各级党政工作部门、事业单位、人民团体等的部门预算执行和决算草案5年内至少审计1次,重点部门和单位每年审计,监督检查部门预决算的真实性、合法性和效益性,重点关注贯彻中央八项规定精神、国务院"约法三章"要求、"三公"经费和会议费支出等情况,促进严格预算约束,提高预算绩效管理水平。

——加强税收审计。对海关、国税、地税系统收入征管情况5年内至少审计1次,重点监督检查依法征收、税制改革、非税收入改革和征管体制改革推进,以及结构调整、科技创新、大众创业、环境保护等方面税收优惠政策落实情况及效果,推动清费立税,完善地方税体系,促进建立税种科学、结构优化、法律健全、规范公平、征管高效的现代税收制度。

——加强公共投资审计。对2022年北京冬奥会场馆等关系全局性、战略性、基础性的重大公共基础设施工程进行跟踪审计,加强对其他政府投资、政府与社会资本合作等方式建设的公共产品和公共服务项目审计,突出立项决策、项目审批、征地拆迁、环境保护、工程招投标、物资采购、资金管理使用和工程质量管理等重点环节,关注投资项目规划布局、投向结构和经济社会环境效益等情况,促进深化投融资体制改革、扩大有效投资、优化供给结构、提高投资绩效。

七、金融审计。以防风险、增效益、促改革为目标,依法对金融监管部门、金融机构、金融市场开展全方位、多层次审计监督,关注金融领域新业务、新市场、新动向,促进提高金融服务实体经济效率和支持经济转型的能力,推动建立安全高效的现代金融体系。

——对金融监管部门履行监管职责情况进行全面审计,重点关注落实宏观政策、细化监管措施、健全监管规则、提高监管绩效等方面存在的突出问题和薄弱环节,从体制机制制度层面分析原因、提出建议,促进完善适应现代金融市场发展的金融监管框架,推动构建货币政策与审慎管理相协调的金融管理体制。

——对国有及国有资本占控股或主导地位的金融机构5年内至少审计1次,重点关注资产负债损益、经营管理、业务创新、法人治理及内部控制等情况,促进金融机构依法合规经营,提高管理水平和服务质量,防范经营风险,增强核心竞争力。

——重点关注银行、证券、保险等金融机构贯彻落实国家重大政策措施情况,推动落实国家货币政策、产业政策等宏观调控政策措施,发展绿色金融、普惠金融、互联网金融,加强对中小微企业、农村特别是贫困地区的信贷、结算、保险等金融服务,更好地支持实体经济发展。

——密切关注货币市场、资本市场、外汇市场、保险市场等运行情况,及时揭示和反映重大风险隐患,促进健全监测预警、压力测试、评估处置和市场稳定机制,防范发生系统性、区域性金融风险。

八、企业审计。以促进国有企业提质增效、保值增值、做强做优做大为目标,依法对国有企业和国有资本实现审计全覆盖,推动国有企业深化改革,促进增强国有经济活力、控制力、影响力、抗风险能力,维护国有资本安全。

——对各级国有资产监管机构履行监管职责情况进行全面审计,推动以管企业为主向以管资本为主转变,建立国有资产出资人监管权力清单和责任清单,将配合承担的公共管理职能归位于相关政府部门和单位,促进完善各类国有资产管理体制。

——对国有资本投资、运营公司进行全面审计。密切关注国有资本投资、运营公司的设立及运转情况,加大对权力集中的重点岗位和资金密集、资源富集、资产聚集的重点领域、重要环节的审计力度,促进形成国有资本流动重组有效平台、优化国有资本布局、规范国有资本运作、提高国有资本配置和运行效率。

——对国有和国有资本占控股或主导地位的企业 5 年内至少审计 1 次。结合国有企业分类改革、国有资本授权经营体制改革等推进情况,区分国有企业功能类别、国有资本和国有资产规模、管理状况以及管理主体的战略地位等,确定重点审计对象和审计频次。审计中重点关注企业境内外国有资产的真实、完整和保值增值情况、资产负债损益情况、重大投资决策及投资绩效情况、发展潜力和风险隐患情况、企业法人治理及内部控制情况,遵守国家相关法律法规情况,促进国有企业加强经营管理,提高盈利能力。

——加强国有企业境外投资和境外国有资产审计。建立国有资本、国有企业境外投资审计制度,对投资、运营、管理和使用境外国有资产的有关企业和单位,以及负责境外国有资产监管的机构进行审计,重点监督检查贯彻执行国家重大经济政策措施和"走出去"战略部署情况、境外投资和经营管理等业务的决策流程和绩效情况、境外国有资产产权管理和国有资本保值增值情况,促进境外国有资产依法运营、安全可控、优质高效,推动健全完善境外国有资产监管体制机制和制度。

——关注国有企业贯彻落实国家重大政策措施情况,重点监督检查电力、石油、天然气、铁路、民航、电信、军工等领域国有企业服务国家战略、落实国家重大产业政策和产业布局调整等情况,对各项政策措施的实施情况及效果,推动增强国有经济的整体功能和效益。

——密切关注混合所有制改革、国有企业分类改革、公司制股份制改革等国有企业改革重点领域。着力检查相关改革措施的具体部署、责任落实、执行进度和实际效果等,促进国有企业改革依法有序推进,防止国有资产流失。

九、民生审计。以促进深化改革、保障和改善基本民生、维护人民利益为目标,加大对扶贫、"三农"、就业、社会保障、科技、文化、教育、救灾等民生资金和项目的审计力度,循着资金流向,从政策要求、预算安排、资金拨付追踪到项目和个人,确保惠民政策落地生根、不断完善和发挥实效。

——加强扶贫审计。对扶贫政策落实情况进行跟踪审计,重点监督检查脱贫工作责任制落实情况,精准扶贫、精准脱贫相关项目实施和资金管理使用情况,推动扶贫资金统筹整合使用,促进提高扶贫实效,打赢脱贫攻坚战。

——加强涉农审计。密切关注转变农业发展方式、推进农业结构调整、推进农村一二三产业融合发展、深化农村土地制度改革、实行耕地保护及轮作休耕、提高农业技术装备和信息化水平等重大政策措施落实情况,重点监督检查政策执行、资金使用、项目实施、资源利用等方面情况,推动涉农资金整合和统筹使用,促进强农惠农政策落到实处。

——加强社会保障审计。以养老保险、医疗保险为重点,加强社会保险基金管理使用和投资运营情况审计,揭示突出问题和风险隐患,保障基金安全规范运行,促进建立更加公平更可持续的社会保障制度。围绕新型城镇化目标,深化保障性安居工程审计,加大对住房公积金等住房保障资金、城镇棚户区和城乡危房改造项目的审计力度,推动建立健全以政府为主提供基本保障、以市场为主满足多层次需求的住房供应体系。加强社会救助、社会福利和优抚安置等方面审计,推动健全社会救助体系和社会福利制度,维护社会公平。

——加强教科文卫等领域审计。加强对教育、科技、文化、医药卫生等领域重点资金和项目的审计,重点监督检查政策落实、资金分配、项目实施等情况,及时反映相关领域改革中的新情况、新问题,促进规范管理、完善制度、提高绩效,推动深化科技管理体制等相关领域改革,健全国家基本公共服务制度,完善基本公共服务体系,提高义务教育、基本医疗、公共卫生、公共设施、公共文化等基本公共服务共建能力和共享水平。

——对重大突发性公共事项进行跟踪审计,重点监督检查有关资金、物资的筹集、分配、拨付、使用情况和有关项目的建设推进情况,保障重大突发性公共事项应急处置、预防预警、恢复重建等工作顺利进行。

十、资源环境审计。以促进全面节约和高效利用资源、加快改善生态环境为目标,依法对土地、矿产、水资源、森林、草原、海洋等国有自然资源,以及环境综合治理和生态保护修复等情况进行审计,加大对资源富集和毁损严重地区的审计力度,对重点国有资源、重大污染防治和生态系统保护项目实行审计全覆盖,推动加快生态文明建设。

——对重要自然资源开发利用及保护情况进行审计,重点监督检查土地、矿产、水资源、森林等相关政策制度执行情况,特别是约束性指标落实情况和资源高效利用机制建立情况,促进资源节约集约循环利用,提高资源利用综合效益。

——对重点领域、重点行业、重点地区污染防治情况进行审计,重点监督检查水、大气、土壤、重金属废弃物、核废弃物等污染防治行动计划执行情况,污染物减排约束性指标落实情况,环境治理基础制度改革情况,环境基础设施、环境治理保护重点工程建设情况,促进落实最严格的环境保护制度,推动形成政府、企业、公众共治的环境治理体系。

——对山水林田湖等自然生态系统保护和修复情况进行审计,重点监督检查退耕退牧还林还草、天然林资源保护、国家生态安全屏障保护修复、国土绿化行动、国土综合整治、防沙治沙和水土流失综合治理、湿地保护与恢复等重点生态工程建设情况和相关政策措施落实情况,推动自然生态系统的保护与修复,筑牢生态安全屏障。

——实行领导干部自然资源资产离任审计。在试点的基础上,2017年制定《领导干部自然资源资产离任审计暂行规定》,2018年起全面推开,2020年建立起比较完善的自然资源资产离任审计制度。通过审计,促进切实履行自然资源资产管理和环境保护责任。

十一、经济责任审计。以促进领导干部守法、守纪、守规、尽责为目标,坚持“全面推进、突出重点、健全制度、规范管理、提高质量、深化发展”的工作思路,深化领导干部经济责任审计,完善经济责任审计结果运用机制,不断提高经济责任审计的质量和水平。

——对地方各级党委、政府、审判机关、检察机关,中央和地方各级党政工作部门、事业单位、人民团体等单位的党委(党组、党工委)和行政正职领导干部(包括主持工作1年以上的副职领导干部),国有企业法定代表人,以及不担任法定代表人但实际行使相应职权的企业主要领导人员履行经济责任情况进行审计,对重点地区、部门、单位的领导干部任期内至少审计1次,坚持任中审计与离任审计相结合,加大任中审计力度,全面推进党政主要领导干部经济责任同步审计。

——突出经济责任审计重点。立足权力运行与责任落实,分类别研究领导干部经济责任的内容,健全完善经济责任审计评价体系,重点监督检查领导干部贯彻执行党和国家经济方针政策、决策部署情况,遵守有关法律法规和财经纪律情况,本地区本部门本单位发展规划和政策措施制定、执行情况及效果,重大决策和内部控制制度的执行情况及效果,本人遵守党风廉政建设有关规定情况等,促进领导干部更好地践行五大发展理念,依法作为、主动作为、有效作为。

——深化经济责任审计结果运用。充分发挥经济责任审计工作联席会议(领导小组)的作用,健全经济责任审计情况通报、审计发现问题整改、审计结果公告等制度,推动将经济责任审计结果及整改情况纳入所在单位领导班子、民主生活会及党风廉政建设责任制检查考核的内容,作为领导班子成员述职述廉、年度考核、任职考核的重要依据。

十二、涉外审计。以促进完善对外开放战略布局、健全对外开放新机制、保障国家利益为目标,加强对外援助资金、驻外非经营性机构、利用外资审计,服务“走出去”战略,推进“一带一路”建设。

——加强对外援助资金审计。对组织管理我国政府对外无偿援助、无息贷款、优惠贷款的政府主管部门,国有金融机构等对外援助管理机构,以及在境内外实施援助项目的中方实施单位进行审计,重点监督检查贯彻执行国家对外援助方针政策和决策部署,对外援助资金预算执行,项目资金管理使用的真实、合法和效益等情况,促进提高对外援助资金规范使用和发挥最大效益。

——加强驻外非经营性机构审计。对我国驻外使领馆及各类驻外非经营性机构进行审计,重点监督检查预算执行和其他财政收支、财务收支的真实、合法和效益情况,国有资产的购建、管理、使用和处置等情况,促进规范预算和财务管理,提高资金使用绩效。

——加强利用外资审计。重点监督检查扩大开放领域、放宽准入限制等相关政策措施落实情况,国外贷援款项目管理和资金使用以及对外履约情况,关注新兴国际金融组织总体发展战略与业务开展等情况,促进优化利用外资结构,提高利用外资综合质量。

十三、加强和改进审计管理。围绕增强审计监督的独立性和整体合力,创新审计资源配置、业务管理和结果运用等机制,促进全国审计工作统筹部署、协调推进。

——强化上级审计机关对下级审计机关的领导。健全对下级审计机关的干部管理、重大事项报告、考核等方面制度。在稳步推进7个地区省以下地方审计机关人财物管理改革试点的基础上,总结经验、把握规律,到2018年形成一套较为成熟、规范、有效的省以下地方审计机关人财物管理制度和模式。

——加强审计计划统筹。摸清审计对象底数,分类确定审计重点和审计频次,对重点部门、单位以及关键岗位的领导干部加大审计频次,编制中长期审计项目计划,确保"十三五"期间实现有重点、有步骤、有深度、有成效的审计全覆盖。完善审计项目计划管理办法,明确省、市、县审计项目计划报批、备案的办法和具体要求。

——优化审计资源配置。推进跨层级、跨专业、跨区域审计资源的优化配置,加强各级审计机关、不同类型审计项目的统筹融合和相互衔接,建立审计成果和信息共享机制,提高审计监督整体效能。规范大型审计项目的组织实施和成果运用,加强审计现场科学管理,保证规范有序高效运行。

——完善审计结果运用机制。健全审计与组织人事、纪检监察、公安、检察以及其他有关主管单位的工作协调机制,制定进一步加强协作配合的实施意见,推动把审计监督与党管干部、纪律检查、追责问责结合起来。加强对审计发现问题整改情况的跟踪督促,推动改进各级人大常委会听取和审议审计查出突出问题整改情况报告机制。加强审计成果综合利用,提高审计成果利用的层次和水平。

——加大审计结果和信息公开力度。完善审计机关政府信息公开工作规定和审计结果公告办法。除涉及国家秘密、商业秘密、个人隐私以及公开后可能危及国家安全、公共安全、经济安全和社会稳定的信息外,依法依规全面公告审计结果,推动被审计单位公告整改结果。加强和改进审计宣传工作,讲好审计故事,办好审计机关所属媒体,注重运用新媒体,提高审计信息公开的及时性和广泛性。

——加强对内部审计的指导,强化对社会审计机构出具相关审计报告的核查,除涉密项目外,根据需要购买审计服务,并制定完善相应管理办法。

十四、加强审计队伍建设。以品德为核心、能力为重点、作风为基础、业绩为导向,全面加强审计队伍的政治、思想、组织、作风、纪律、能力和制度建设,打造审计铁军。到2020年,形成一套健全高效的审计人才培养、激励、评价和使用机制,审计队伍整体能力素质有较大提升,高端骨干人才数量有较大增长,人才总量和结构与审计事业发展总体要求基本适应。

——加强领导班子建设。认真落实《审计署2015—2018年领导班子建设规划》,全面加强审计机关各级领导班子政治建设,引导领导干部增强政治意识、大局意识、核心意识、看齐意识,始终忠诚于党、始终对组织坦诚、始终正确对待权力、始终牢记政治责任,严防"七个有之",不断提高驾驭能力和领导能力。以"一把手"建设为重点,选优配强各级领导班子。加强人才梯队建设,健全后备干部动态管理机制,不断优化各级审计机关领导班子的经历、年龄、知识、专业等结构。

——加强干部队伍思想作风建设。强化思想政治教育,大力弘扬"责任、忠诚、清廉、依法、独立、奉献"的审计人员核心价值观,深入落实"实、高、新、严、细"的工作作风,锻造优良的政治品质,打造过硬的纪律作风,使审计队伍的政治素质和纪律作风再上一个新台阶。

——深化干部人事制度改革。完善干部选拔任用和轮岗交流机制,加大上下级审计机关之间干部交流力度,有计划地选派审计干部到其他单位挂职锻炼。上级审计机关要按照规定配合地方加强对下级审计机关的考核和考察。严格执行巡视工作条例和领导干部能上能下若干规定,加强对领导班子和领导干部的日常监督和管理,完善考核评价体系。严格执行领导干部报告个人有关事项规定。探索开展公务员个人平时考核。积极稳妥推进事业单位改革。继续做好离退休干部工作。

——推进审计职业化建设。建立符合审计职业特点、适应审计工作需要的审计人员管理制度,建立审计专业技术类公务员职务序列。完善审计人员选任机制,实行分类招录制度。对专业性较强的职位实行聘任制,制定聘任人员管理办法。设立正高级审计专业技术资格。健全审计职业保障机制和审计职业岗位责任追究机制。制定推进国家审计职业化建设实施方案,经中央批准后实施。到2020年,形成基本适应工作需要的审计职业化管理机制。

——完善审计职业教育培训体系。制定审计职业教育规划,建立审计干部继续教育和分类分级、分岗位培训制度。办好市县审计局局长和省级审计机关处长培训班,5年内轮训一遍。继续办好新观、西藏培训班。对西部地区送教上门,吸收一批中西部地区审计干部到审计署及派出机构参加审计项目,以审代训。加强审计干部教育培训网络平台建设,推进审计模拟实验室的建设和应用,加大审计案例教学的推广应用力度。建立审计人员职业发展规划,持续提升职业胜任能力。完善审计专业人才培养机制。

——加强审计干部教育学院建设和发展。立足审计工作需要和审计干部成长需要,科学设计审计干部教育培训课程、教案和培训班次,实施精品培训课程和精品教材工程,增强培训师资力量,推进审计职业教育与国民教育深度融合,不断提高教学管理水平和教育培训质量。

十五、落实全面从严治党和党风廉政建设主体责任。坚持思想建党、制度治党,认真履行全面从严治党和党风廉政建设主体责任,严守党的政治纪律和政治规矩,增强"四个意识",自觉在思想上政治上行动上与党中央保持高度一致,对党绝对忠诚,为审计事业发展提供坚强的政治思想和组织保障。

——落实两个主体责任。强化审计机关各级党组织、各级领导班子及成员的全面从严治党主体责任,坚持把管党治党作为最大的政绩、第一位的工作抓实抓好。把党风廉政建设与审计业务工作同部署、同落实、同检查、同考核,建立并严格落实党风廉政建设主体责任台账制度,层层分工负责,层层传导压力,层层抓好落实。

——加强审计机关党的建设。坚持把党建工作与审计业务工作融为一体。抓好审计机关基层党组织建设,健全组织机构,完善组织设置,规范组织制度,切实发挥战斗堡垒作用。加强党员教育、监督和管理,增强党员意识,切实发挥先锋模范作用。严肃党内政治生活,严格执行民主集中制,各级党组织每年开展1次党性分析和民主评议党员,切实增强党内生活的政治性、原则性、战斗性。把意识形态工作作为党建工作重要内容,切实维护意识形态领域安全。制定加强审计队伍思想和作风建设的意见,做好新形势下的思想政治工作。加强审计一线党建工作,更好地发挥审计组临时党组织的监督、保障和服务功能。

——深入推进党风廉政建设。严格贯彻中央八项规定精神,坚持不懈纠正"四风",建立健全作风建设长效机制。以树立正确的权力观、地位观、利益观为重点,把岗位廉政教育、职业道德教育和预防职务犯罪贯穿于领导干部培养和管理的全过程,深入学习贯彻党章、《中国共产党廉洁自律准则》和《中国共产党纪律处分条例》以及其他党规党纪,严格遵守党的政治纪律、组织纪律、廉洁纪律、群众纪律、工作纪律、生活纪律。丰富和改进廉政教育形式,健全审计廉政风险防控体系。加强审计现场管理,严格执行审计"八不准"工作纪律等规定。加大审计项目廉政回访等监督检查力度,对重大审计项目实行廉政跟踪检查。严格执纪问责,对违反廉政纪律的行为实行"一案双查",既追究当事人责任,也追究相关领导责任。

——办好中共审计署党校。坚持服务中心、建设队伍,审计署对署机关和派出机构党员干部集中培训,5年内对处级以上党员干部轮训一遍,每年举办1期基层党组织书记培训班,重点开展马克思主义基本原理、中国特色社会主义理论体系、党的路线方针政策和党风党纪党规教育,强化思想理论武装,增强党性修养,坚定理想信念。适时开展对地方审计机关党员领导干部、重要党务工作者和模范党员的培训。

十六、推进审计法治化建设。以保障依法独立开展审计监督为目标,坚持依法审计、文明审计,加强审计质量控制,强化对审计监督权运行的制约和监督,不断完善审计法律法规和内部规章制度体系,使审计工作有章可循、有规可依。

——形成较为完备的审计法律法规体系。在广泛征求各方面意见的基础上,做好审计法及其实施条例修订相关工作。修订完善国家审计准则,制定、修订各专业领域的国家审计指南,适时做好其他审计法规、规章和地方性审计法规的制定和修订工作。

——形成健全的审计管理制度体系。健全审计业务管理、廉政建设、岗位考核、责任追究等内部管理制度,完善和落实重大事项报告制度,提高规范化管理水平。建立和落实审计规范性文件的起草、审查、集体审议、公开发布等制度,加强合法性审查,提高审计制度建设的程序化、科学化水平。

——建立健全审计业务质量控制机制。优化复核审理流程,分环节、分层级落实质量控制责任,对发现的重大审计质量问题,要按照权责一致的原则,严格实行责任追究制度。加强质量检查,上级审计机关要加强对下级审计机关审计质量的监督检查,定期通报监督检查情况。改进优秀审计项目评选,发挥好优秀审计项目的示范引领作用。

——强化对审计监督权运行的制约和监督。建立健全审计机关权力清单、责任清单制度,形成审计计划、实施、审理、报告等各环节既相互制约又协调有序的审计权力运行机制。严格落实干预审计工作行为登记报告等制度,增强纪律约束。完善审计机关主要领导干部经济责任审计,探索与省以下地方审计机关人财物管理改革相适应的经济责任审计组织方式。主动接受党委、人大、政府、政协监督,定期报告工作。推动建立对审计机关的外部审计制度。坚持阳光法则,提高审计工作的公开透明度,完善特约审计员制度,自觉接受社会监督。

——切实做到依法审计、文明审计。加强法治宣传教育,严格依照法定程序、方式、标准履行审计监督职责。坚持文明审计、客观求实,充分听取被审计单位和有关方面意见。各级审计机关不得参与可能影响依法独立进行审计监督的议事协调机构或工作。

十七、加快审计信息化建设。以提升审计能力和审计效率为目标,加大数据集中力度,完善国家审计数据中心,形成全国统一的审计信息系统。加大数据分析力度,拓展大数据技术运用,大幅提高运用信息化技术发现问题、评价判断、宏观分析的能力,形成"国家审计云"。

——加大数据集中和整合力度。建立健全数据采集与管理的制度规范和工作机制,到2020年实现对经济社会各类主要信息数据的全归集。完善审计业务电子数据管理办法。建立完善国家审计数据中心和省级审计数据分中心,大力推进各类数据的整合和标准化,地方审计机关收集的审计相关电子数据信息,按审计署规定的标准、方式、要求统一集中管理,逐步实现各级审计机关之间、审计机关与审计现场之间的信息共享,提升数据利用价值。建立审计数据灾备中心。

——加强大数据技术运用。积极应用"云计算"、数据挖掘、智能分析等新兴技术,提高审计效率。探索多维度、智能化数据分析方法。加强对各领域、各层级、各系统间数据的关联分析,增强判断评价宏观经济、感知经济风险等方面能力。大力推进联网审计。

——加强信息化建设项目审计。围绕国家大数据战略和"互联网+"行动,以提高财政资金使用效益和维护国家信息安全为重点,加大对政府部门、国有企事业单位信息化建设项目及信息系统审计力度,促进国家大数据战略的顺利实施。

——完成金审三期工程建设。制定统筹推进全国审计信息化建设指导意见。到2020年,基本建成数字化审计指挥平台、大数据综合分析平台、审计综合作业平台、模拟仿真实验室和综合服务支撑系统。加快推进审计机关公文处理、档案管理等各项工作的信息化,逐步实现审计计划编制、资源配置、组织管理、质量控制、成果利用等全过程的数字化。基本建成一体化信息综合服务支撑保障体系。实现审计机关设备和系统软件全部国产化。

十八、加强和改进审计理论研究。坚持总结规律、认识规律、运用规律,深化审计理论研究,力争推出一批有用、管用、好用的审计理论研究成果,更好服务和指导审计实践。到2020年,初步形成较为完善的中国特色社会主义审计理论体系。

——突出审计理论研究重点。加强对国家治理、国家战略、公共政策、宏观经济形势及审计监督对象和事项的研究,为更好发挥审计在国家治理中的蓝石和重要保障作用提供理论支撑、理论指导。加强审计基础理论研究,不断深化对国家审计本质和发展规律的认识。加强对审计实践的理论总结和提炼,把实践中形成的行之有效的做法和经验,总结升华为理论或制度规范,为审计实践提供有效指引。编写《中国国家审计学》《中国共产党审计工作史》《中国审计思想史》

《中外国家审计比较研究》。

——加强审计理论研究人才队伍和其他基础建设。积极营造百花齐放、百家争鸣的理论研究氛围和优秀科研人才脱颖而出的人才成长环境,加强科研机构与业务部门的协作和人员交流,组织重点课题研究。深入推进高校审计学科建设、审计专业硕士学位管理、优秀审计博士论文评选、审计署博士后工作站建设。到2020年,形成一批审计学科带头人,凝聚一批在国内外有影响的国家审计理论专家,培养一批在理论研究上有建树的骨干。

——加强审计决策咨询智库建设。整合审计科研资源,加强各级审计科研所、学会、理论研究会等科研机构建设,着力为各级审计机关确定工作思路提供咨询建议,为解决实践中遇到的问题提供决策参考。建立健全不同层级科研机构间、科研机构与政策研究机构间的协作机制,围绕重大问题开展联合攻关,充分发挥审计智库服务决策的重要作用。加强审计博物馆建设。

十九、加强审计国际合作与交流。坚持服务国家利益,坚持互利共赢,在更大范围、更广领域、更高层次上参与并引领国际审计事务,积极扩大中国审计的国际话语权和影响力,不断提升中国审计在世界审计舞台上的地位。

——积极参与审计国际事务。认真履行世界审计组织主席职责,完成《世界审计组织章程》修订。有序推进国际标准化组织"审计数据采集"项目委员会工作,完成"审计数据采集"国际标准的制定。深层次参与亚洲及有关地区审计组织事务。

——推进审计领域多边双边外交。完善多边双边审计会晤机制,通过高层互访、培训、研讨会、项目合作、专家讲学等多种形式,加强与世界各国审计机关的广泛联系与合作,探索接收其他国家和地区审计官员到中国审计机关学习、实践,为发展中国家最高审计机关提供能力和信息共享。

——组织审计国际培训。持续开展对发展中国家,特别是周边、南太及非洲地区审计官员的培训,打造有中国特色的国际化审计培训品牌。在全国审计系统选派一批国际教员,执行境内外审计国际培训项目。办好接收国际留学生项目。

——加大审计对外宣传力度。在借鉴国际审计先进经验的同时,积极向国际社会推介中国特色社会主义审计理论和制度、模式与方法,传播中国审计理念,分享中国审计经验,展示中国软实力。

二十、切实抓好规划实施。各级审计机关要根据本规划要求,研究制订具体落实措施,切实加强组织领导,抓好规划实施,确保本规划确定的目标任务顺利完成。有关单位要加强监督检查、中期考核和效果评估,确保各项任务落实到位。

"十三五"国家审计工作发展规划修改内容[①]
(审办发〔2016〕152号,2016年12月2日)

一、第一段"为贯彻落实党的十八大和十八届三中、四中、五中全会精神"修改为"为贯彻落实党的十八大和十八届三中、四中、五中、六中全会精神"。

二、"一、审计工作的指导思想"中"牢固树立政治意识、大局意识、核心意识、看齐意识,着力

---

❶中华人民共和国现行审计法规与审计准则及政策解读[M].上海:立信出版社,2018:304-305.

贯彻落实创新、协调、绿色、开放、共享的发展理念"修改为"牢固树立政治意识、大局意识、核心意识、看齐意识,更加紧密地团结在以习近平同志为核心的党中央周围,更加自觉地在思想上政治上行动上同以习近平同志为核心的党中央保持高度一致,着力贯彻落实创新、协调、绿色、开放、共享的发展理念"。

三、"二、审计工作的目标要求"中"按照协调推进四个全面,战略布局的部署要求,围绕提高发展质量和效益这个中心,贯穿供给侧结构性改革这条主线,贯彻党政同责、同责同审要求"修改为"紧紧围绕统筹推进五位一体,总体布局和协调推进'四个全面',战略布局的部署要求,围绕提高发展质量和效益这个中心,贯穿供给侧结构性改革这条主线,坚持总体国家安全观,贯彻党政同责、同责同审要求"。

四、"二、审计工作的目标要求"中"加强审计机关领导班子和干部队伍建设,健全审计干部培养和管理机制,打造一支政治强、业务精、作风优、纪律严的审计铁军"修改为"按照信念坚定、为民服务、勤政务实、敢于担当、清正廉洁,的好干部标准,加强审计机关领导班子和干部队伍建设,健全审计干部培养和管理机制,锻造一支政治强、业务精、作风优、纪律严的审计铁军"。

五、"十四、加强审计队伍建设"中"以品德为核心、能力为重点、作风为基础、业绩为导向,全面加强审计队伍的政治、思想、组织、作风、纪律、能力和制度建设,打造审计铁军"修改为"坚持正确选任用人导向,坚持'信念坚定'、为民服务、勤政务实、敢于担当、清正廉洁,的好干部标准,按照'三严三实',专题教育和'两学一做',学习教育、全面从严治党的要求,全面加强审计队伍的政治、思想、组织、作风、纪律、能力和制度建设,锻造一支政治强、业务精、作风优、纪律严的审计铁军"。

六、"十四、加强审计队伍建设"中"强化思想政治教育,大力弘扬'责任、忠诚、清廉、依法、独立、奉献'的审计人员核心价值观,深入落实'实、高、新、严、细'的工作作风"修改为"坚定理想信念,培育和践行社会主义核心价值观,按照'责任、忠诚、清廉、依法、独立、奉献'的要求,深入落实'实、高、新、严、细'的工作作风"。

七、"十五、落实全面从严治党和党风廉政建设主体责任"中"自觉在思想上政治上行动上与党中央保持高度一致"修改为"更加自觉地在思想上政治上行动上同以习近平同志为核心的党中央保持高度一致"。

八、将"十五、落实全面从严治党和党风廉政建设主体责任"中"深入学习贯彻党章、《中国共产党廉洁自律准则》和《中国共产党纪律处分条例》以及其他党规党纪"修改为"深入学习贯彻党章、《关于新形势下党内政治生活的若干准则》《中国共产党党内监督条例》《中国共产党问责条例》《中国共产党廉洁自律准则》和《中国共产党纪律处分条例》以及其他党规党纪"。

切实发挥审计监督作用促进经济平稳健康运行若干意见❶
（审发〔2014〕第73号,2014年6月3日）

当前,我国经济运行的基本面是好的。但是也要看到,经济发展正处于增长速度换挡期、结构调整阵痛期、前期刺激政策消化期三重叠加阶段,各种深层次矛盾和问题逐步显现,经济面临

---

❶本书编写组.中华人民共和国现行审计法规与审计准则及政策解读[M].上海:立信出版社,2018:160-162.

较大下行压力。面对新形势,各级审计机关要切实做到依法审计、实事求是,紧紧围绕党中央、国务院和地方各级党委、政府工作中心,坚持一手抓促进经济平稳健康运行,一手抓反腐倡廉和推动深化改革,结合改革发展的新要求,实事求是地揭示、分析和反映问题,客观审慎地做出审计处理和提出审计建议,更好地促进经济平稳健康发展。

一、切实增强责任意识和使命感。各级审计机关要深刻领会中央关于全面深化改革、促进经济发展的总体部署,牢牢把握党中央、国务院关于切实保障国家粮食安全、大力调整产业结构、着力防控债务风险、积极促进区域协调发展、着力做好保障和改善民生工作、不断提高对外开放水平的任务要求。深刻理解关于加强财政、货币和产业、投资等政策协同配合,做好政策储备,适度适时预调微调的重要指示,了解政策背景,掌握政策目标,提高对宏观经济形势的总体把握水平和分析研判能力,增强责任意识和使命感,努力提高审计的针对性、建设性、时效性,充分发挥审计对经济平稳健康运行的推动和促进作用。

二、促进中央重大政策措施贯彻落实。围绕中央关于稳增长、调结构、惠民生、促改革的政策目标,监督检查财政、金融、产业、投资、惠民等政策措施执行和完成情况,及时查处上有政策、下有对策,有令不行、有禁不止行为,促进各项政策及时落实和政令畅通。结合国家政策的着力点和资金投向要求,加强对农业、重大水利、铁路、节能环保、城市基础设施、社会事业等重点项目的审计,监督好社会保障、保障性安居工程棚户区改造、扶贫开发、生态环境保护等民生资金的使用,着力发挥投资拉动经济增长的积极作用。针对国务院下发的金融服务"三农"、支持文化企业发展、保护中小企业等相关意见决定,高度关注财政投入、企业投资、银行贷款投向,促进各类资金向"三农"、文化、民生、中小企业等领域倾斜。

三、正确把握改革和发展中出现的新情况新问题。一方面坚持依法审计,对严重违法违纪、以权谋私和腐败问题,要严肃查处;另一方面坚持实事求是,既不能以现在的规定制度去查处以前的老问题也不能用过时的制度规定来衡量当前的创新事项。对突破原有制度或规定,但符合中央精神和改革方向。有利于科学发展、有利于深化改革、有利于中央政策措施落实的创新举措,要予以支持,促进规范和完善,消除经济发展的制度障碍。对改革和发展中出现的工作失误,不能一味简单地套用现成的标准和规定,要认真研究分析,历史地、辩证地、客观地看待,慎重稳妥地反映和处理。

四、促进各级领导干部切实履职尽责。通过开展党政领导干部和国有企业领导人员经济责任审计,强化对权力运行的监督制约,着力监督检查各级各部门各单位领导干部守法守规守纪尽责情况,特别是领导干部贯彻落实中央政策措施情况,促进各级领导干部结合本地实际,落实中央关于改革、发展和稳定的各项任务要求,领导经济发展,主动作为、有效作为,切实履职尽责。对不作为、假作为、乱作为的领导干部,依法依纪揭示和反映,促进有关方面追责和问责。

五、积极推动政府职能转变。围绕转变政府职能、简政放权的要求,监督检查行政审批权和行政事业性收费项目的清理工作,着力关注行政审批权力下放后,政府职能是否转变到位,转变过程中存在哪些突出问题,提出改进建议,推动创新行政管理方式。密切关注市场运行情况和政府监管职责履行情况,注重分析法律法规、发展规划、政策标准的约束和引导作用,促进理清政府和市场的关系,充分释放发展活力和动力,为经济发展创造良好的市场环境。

六、积极促进各类资金整合。围绕优化财政支出结构,加强对民生改善、结构调整等重要领域专项资金的审计监督,揭示专项资金多头管理、多头分配、交叉重复、拨付链条长等问题,推动同类别专项资金整合优化,推进完善专项资金管理办法和制度。注重揭示财政资金分配使用过程中的虚报冒领、骗取套取、截留侵占等问题,促进专项资金规范使用,保障相关政策目标的实现。

七、促进提高财政资金使用绩效。在关注财政、财务收支真实性、合法性的基础上,更加突出效益性,把财政资金投入与项目进展、事业发展以及政策目标实现统筹考虑,把规范支出与促进投入有机结合,把问效、问绩、问责贯穿始终,推动财政资金合理配置、高效使用。加强重大政府投资项目审计,监督检查政府投资的规划布局和投向结构、分配依据和计划下达、资金使用和建设管理情况,综合分析经济效益、社会效益和环境效益,促进发挥政府投资对结构调整的引导作用。加强政府性债务审计,促进债务资金更多地用于棚户区改造、保障性住房、城市地下管网改造等民生工程,发挥债务资金更大作用。

八、促进激活财政存量资金。加强对各级财政存量资金的审计,关注该投未投、该用未用以及财政资金使用效益低下的问题促进存量资金尽快落实到项目和发挥效益。研究分析存量资金的成因和结构,提出改进财政资金分配、管理和使用办法,推动各类存量资金重点投向民生领域,保障重点民生项目的资金需求,避免大量资金闲置或低效运转。

九、促进厉行勤俭节约,围绕中央八项规定精神,国务院"约法三章"要求和厉行节约反对浪费条例等规定的观测落实,在各级预算执行审计中,加大对各地方、各部门"三公"经费、会议费使用和楼堂馆所建设的检查力度,努力降低行政运转支出,促进建设俭朴政府。

十、注重揭示经济运行中的风险隐患。关注政府性债务风险,跟踪检查存量债务化解情况,密切关注新增债务的举借、管理和使用情况,防止形成浪费和新的风险隐患。关注金融风险,跟踪检查信贷资金投向、互联网金融的发展、跨境资本流动,严肃查处债券市场和资本市场中的利益输送、非法集资、网络赌博和诈骗等重大违法违规问题,守住不发生系统性区域性金融风险的底线。关注资源环境风险,加强对水、矿产、土地等资源以及环境保护情况的审计,揭露和查处破坏浪费资源,造成国有资源流失和危害资源环境安全等问题。

十一、推动深化改革和制度创新。积极关注体制机制制度性问题,对不合时宜、制约发展、阻碍政策落实的制度规定,要切实予以反映和提出修改完善建议。要推动财政体制改革,促进各级政府预算和决算公开,建立财权与事权相匹配的财政体制。要推动金融改革,保障利率汇率市场化改革的有序推进和存款保险制度的建立,促进加强金融监管协调,加强新增贷款流向监控,规范互联网金融的发展和民间借贷管理。要推动国有企业改革,引导社会资本投资入股国有企业,强化内部管控,促进建立健全现代企业制度和完善公司法人治理结构。

十二、严肃揭露和查处重大违法违纪案件。坚持推动发展改革和惩治腐败"两手抓",对审计中发现的重大违法违纪问题,要查深查透查实。要重点关注财政、金融、企业、投资和资源环境等领域,关注重大项目审批、土地交易、非法集资、项目招标投标、重大物资采购、重大项目投资决策、银行贷款发放、债券交易、国有股权转让、专项资金分配等环节,严肃查处公职人员特别是领导干部以权谋私、权钱交易、失职渎职、贪污受贿及侵吞国有资产等问题,严厉打击职务犯罪,惩治权力运行中的贪腐行为。

关于进一步加大审计力度促进稳增长等政策措施落实的意见[1]
(审政研发〔2015〕58号,2015年9月18日)

去年以来,各级审计机关按照国务院的部署和要求,加强对国家重大决策部署落实情况的审计监督,开展稳增长等政策措施落实情况的跟踪审计,取得很好效果。当前,我国经济发展的基本面没有改变,经济运行总体缓中趋稳、稳中向好,但稳中有难,稳增长任务还很艰巨。为进一步加大审计力度,更加有效地推动稳增长等政策措施落实,现提出以下意见:

一、总体要求

(一)围绕中心、服务大局,把稳增长、促发展作为当前审计工作的首要任务。各级审计机关要按照国务院的部署和地方各级党委、政府的要求,集中力量、全力以赴、主动作为,把监督检查稳增长等政策措施的落实情况作为各项审计的重要内容,持续进行跟踪审计,促进政策落地生根、不断完善和发挥实效。

(二)吃透政策、把握重点,切实增强审计的针对性、时效性和建设性。各级审计机关要加强对稳增长等政策措施的学习,深入研究政策背景,深刻领会政策意图,及时掌握政策要求。围绕项目落地、资金保障、简政放权、政策落实、风险防范"五个抓手",结合所审计地区经济社会发展实际和部门特点,确定审计重点,加大审计力度。

(三)依法审计、实事求是,历史、客观、辩证地反映政策落实中存在的问题并积极提出建议。各级审计机关要坚持原则,依法履职尽责。要正确把握改革和发展中出现的新情况新问题,客观审慎地反映和处理,既不能以新出台的制度规定去衡量以前的老问题,也不能生搬硬套或机械地使用原有的制度规定来衡量当前的创新事项。

二、把握原则

(四)坚决查处,大力推动整改问责。对审计发现的问题,凡是不作为、慢作为、假作为等重大履职不到位的,凡是重大失职渎职的,凡是造成重大损失浪费的,凡是造成重大风险隐患的,凡是重大违法违纪的,要坚决查处,大力推动整改问责。

(五)坚决促进,大力推动总结完善。对突破原有制度和规定的创新举措或应变措施,凡是有利于稳增长、科学发展的,凡是有利于调结构、转变发展方式的,凡是有利于创新驱动、增强发展后劲的,凡是有利于环境治理、生态保护的,凡是有利于惠民生、维护社会稳定的,凡是有利于防风险、维护经济安全的,要坚决促进,大力推动总结完善。

(六)坚决揭示,大力推动深化改革。对体制机制制度性问题,凡是制约和阻碍稳增长、促改革、调结构、惠民生、防风险政策措施贯彻落实的,凡是制约和阻碍探索创新、激发市场活力的,凡是制约和阻碍提高绩效、实现有质量、有效益、可持续发展的,要坚决揭示反映,大力推动深化改革。

---

[1] 本书编写组.中华人民共和国现行审计法规与审计准则及政策解读[M].上海:立信出版社,2018:153-155.

三、重点任务

（七）促进重大政策有效落实。财政税收政策方面，重点监督检查各地区优化财政支出结构、加快财政支出进度、对实体经济和中小企业税收优惠政策的执行、项目资金到位、保证重大项目建设等情况。金融政策方面，重点关注金融机构支持实体经济特别是小微企业发展、保障重大项目融资等情况。产业政策方面，重点关注加大对养老、保险、科技等服务以及信息技术、新能源、电子商务、物流、节能环保、文化体育等产业的支持力度情况。民生政策方面，重点关注加大对扶贫、"三农"、民政社保、教育、医疗等民生领域的投入力度情况。

（八）促进简政放权。监督检查各部门、各地区取消下放行政审批事项，推动规范和公开行政审批流程，压缩和明确审批时限等情况；对已取消下放的行政审批事项，重点揭示明放暗留、变相审批、弄虚作假等行为。推进收费项目清理，严肃查处违规设立的基金和收费项目；促进清理规范行政审批中介服务，推动整顿规范行业协会商会收费。推进商事制度改革和职业资格改革，推动通关便利化。推进监管方式创新，促进提升监管效能，营造公平竞争、良性发展环境。

（九）促进重大建设项目加快推进。加强对信息电网油气网络、生态环保、清洁能源、粮食水利、交通运输、健康养老服务、能源矿产资源保障、轨道交通、现代物流、新兴产业、增强制造业核心竞争力等11类国家重大工程项目的审计，重点对水利、铁路、城市基础设施、保障性安居工程等进行全过程跟踪审计。对已批复但开工和建设滞后的项目，推动尽快形成实物工作量。对建设项目的程序性问题，按照有利于项目实施、政策目标落实、促进经济增长的要求，督促尽快完善。对正在报批项目，重点揭示审批环节多、耗时长、效率低等突出问题，促进优化审批流程、加快进度。

（十）促进财政专项资金整合和统筹使用。加强对民生改善、结构调整等重要领域专项资金的审计，促进整合政策目标相近、支持方向相同、扶持领域相关的专项资金，推动国务院确定的有关试验地区、试点领域加大专项资金整合力度，推进完善专项资金管理制度。对确因无法使用而需改变用途、跨科目调剂预算、变更资金投向，凡是有利于政策落实、项目实施和财政资金尽快发挥效益的，要积极促进预算调剂、用途改变和项目变更。对长期闲置不能形成有效支出的，要在揭示问题的基础上，积极提出建议，推动专项资金统筹安排。

（十一）促进盘活存量、优化结构、提高效益。继续加强对各级财政存量资金的审计，把财政资金投入与项目进展、事业发展以及政策目标实现统筹考虑，重点揭示应投未投、该用未用问题，推动财政资金合理配置。研究分析存量资金的成因、结构、闲置时间和资金性质，区别对待、分类施策，推动加快清理盘活进度。对项目已无法实施的长期结转资金，要督促及时收回。对确定当年预算不能执行的项目，要推动及时调整预算，防止形成新的资金沉淀。对清理收回的存量:资金，要督促及时安排使用，推动重点投向民生领域，保障重点民生项目的资金需求。

（十二）促进闲置土地有效利用。结合国家土地宏观调控政策和区域发展战略，重点审查建设用地投资强度、建筑密度等情况，推进土地的深度开发和高效利用。要准确反映闲置土地的规模、结构和变化情况，积极推动整合盘活，优先投入经济社会发展急需和民生建设领域。对闲置期限较长的，积极推动有关方面明确处置方案，采取依法依规收回或回购等措施，重新整合利用；

对近期闲置的,推动采取追加投资、合作开发、依法置换等措施,尽快启动项目建设。

(十三)促进创业创新。加强对国家支持"大众创业、万众创新"相关政策落实情况的审计,重点检查支持创新的各类资金运行、促进传统产业技术改造的有关措施落实等情况。加强对科技项目和科技资金的审计,推动深化科技体制改革有关政策落实。对创新投融资体制机制的积极探索,要从发展的角度推动总结和完善,促进发挥政府投资的引导和放大效应。对战略性新兴产业和生态产业项目,要积极推动解决产业发展和项目建设中遇到的困难,促进新兴产业成为稳增长的新引擎。

(十四)促进防范风险、维护经济安全。关注政府性债务风险,跟踪存量债务的结构、置换和增量债务管理等情况,防范区域性风险。关注金融风险,跟踪反映金融机构资产质量变化、资本市场发展、金融创新、民间金融发展、跨境资本流动等情况,防范系统性风险。关注资源环境风险,加强对水、矿产、土地等资源以及环境保护情况的审计,防范危害资源环境安全等问题。严肃揭露和查处以权谋私、权力寻租等腐败问题,严肃揭露和查处骗取套取财政资金、侵占国有权益、侵害群众利益等问题,严肃揭露和查处违规建设楼堂馆所、公款吃喝、公款旅游、奢侈浪费等违反中央八项规定精神的问题,切实维护公共资金和国有资产安全。

(十五)促进健全完善制度规定。根据中央出台的重大政策措施,跟踪检查有关部门和地区是否及时修订不符合要求的部门规章和地方法规,促进及时建立健全与新政策新要求相适应的新办法、新规则。对不合时宜、制约发展、阻碍政策落实的法律和行政法规,要切实予以反映,提出废止或修改建议,推动及时清理完善。对改革发展过程中的积极探索和新情况新问题,要注重加强调查研究,积极提出建议,推动形成新的制度规定。

四、强化领导、改进方法

(十六)整合力量、统筹推进。各级审计机关要进一步做好项目计划安排,统筹调配力量,创新方式方法,努力实现对稳增长等政策措施的审计全覆盖。强化上下联动,审计署和省级审计机关要加强指导、培训和总结,明确阶段性工作方案和要点。加强稳增长等政策措施跟踪审计与其他专项审计的衔接配合,其他审计中发现的涉及政策措施落实方面的问题,跟踪审计报告中要及时、充分反映,发挥审计合力。

(十七)严明纪律、改进作风。各级审计机关要严格在法定职责权限范围内开展审计工作,既要敢于碰硬、又要善于解决问题。要严格遵守廉政纪律、保密纪律、审计工作纪律,做到审计程序合法,审计方式遵法,审计标准依法,审计保障用法。要切实做到文明审计,坚持客观公正、平等待人、以理服人,充分听取被审计单位和有关方面意见。

(十八)精心组织、确保质量。各级审计机关要加强项目组织实施,明确和落实审计质量控制责任,确保实现预定的审计工作目标。审计署将加强督促和检查,建立对各级审计机关跟踪审计组织实施、审计结果上报以及审计质量情况的检查、考核和通报制度。发现跟踪审计工作推进不力、质量不符合要求的,要与有关单位主要负责同志和审计组长进行约谈。发现严重审计质量问题的,要严肃追责问责。

(十九)及时报告、依法公开。各级审计机关要按月上报跟踪审计结果,重点报告审计发现的重大政策措施不落实或落实中出现的突出问题和典型事例,并提出相关建议。重大情况要随时报告。要依法加大对跟踪审计情况的公告和宣传力度,加强舆论引导,营造良好审计环境。

审计署关于审计工作更好地服务于创新型国家和世界科技强国建设的意见[❶]

(审政研发[2016]61号,2016年6月3日)

各省、自治区、直辖市和计划单列市、新疆生产建设兵团审计厅(局),署机关各单位、各特派员办事处、各派出审计局:

为深入贯彻落实全国科技创新大会精神,更好地服务于创新型国家和世界科技强国建设,现就做好相关审计工作提出以下意见:

一、充分认识推进科技创新的极端重要性。全国科技创新大会从战略和全局的高度,分析了我国科技创新所处的时代方位、时代定位和国际地位,明确了到2020年进入创新型国家行列,到2030年进入创新型国家前列,到新中国成立100年时成为世界科技强国的科技事业发展目标和战略部署。习近平总书记指出,科技兴则国家兴,科技强则国家强,实现"两个一百年"奋斗目标,实现中华民族伟大复兴的中国梦,必须坚持走中国特色自主创新道路。李克强总理强调,要发挥科技创新在全面创新中的引领作用,以体制机制改革激发创新活力,塑造更多依靠创新驱动的引领型发展。各级审计机关和广大审计人员要深入学习贯彻大会精神,把思想和行动统一到中央重大决策部署上来,增强责任感和使命感。要充分认识推进科技创新的极端重要性,进一步做好相关审计工作,促进科技创新政策措施落实,推进科技资金和科研项目管理创新,推动建立符合科技创新规律、有利于调动和保护科研人员积极性、有利于多出科技创新成果和成果转化的体制机制,为我国如期实现建设创新型国家和世界科技强国目标作出积极贡献。

二、着力把握科技创新的新要求。各级审计机关要以是否符合中央决定精神和重大改革方向作为审计定性判断的标准,深刻理解中央关于科技创新的总体部署和具体政策措施,领会精神实质,把握政策意图。要坚持客观求实,充分尊重科学研究灵感瞬间性、方式随意性、路径不确定性的特点,把因缺乏经验、先行先试出现的失误和错误,同明知故犯的违纪违法行为区分开来;把上级尚无限制的探索性试验中的失误和错误,同上级明令禁止后依然我行我素的违纪违法行为区分开来;把创新工作中的无意过失,同为谋取私利的违纪违法行为区分开来,实事求是地反映问题,客观审慎地做出审计处理和提出审计建议。

三、着力推动科技创新相关政策落实。审计中要持续关注各地、各部门贯彻落实创新驱动发展战略、大众创业万众创新、深化科技体制改革等政策情况,以及深化财政科技计划管理改革、健全促进科技成果转化机制、支持企业技术创新、建设创新型城市和区域创新中心等措施的进展和效果,关注国家重大科研基础设施和大型科研仪器开放共享、国家科技管理信息系统建设运行服务、科研信用管理制度建设、科研项目信息公开、知识产权运用保护、国家实验室建设和运行等情况,着力反映有关部门和地方贯彻中央政策措施不到位,有关体制机制不完善等问题,促进各项政策措施落地落实、不断完善和发挥实效。

四、着力推动建立完善科技管理和运行机制。审计中要关注各地区、各部门科技经费管理以

[❶]本书编写组.中华人民共和国现行审计法规与审计准则及政策解读[M].上海:立信出版社,2018:289-291.

及国家重点科技项目立项遴选情况,重点揭示立项遴选机制不公开不透明,项目安排分散重复等问题。关注科技成果转化机制建立健全情况,重点揭示兼职和离岗创业、收益分配、科技成果转让流程等配套制度不完善,成果所有权和使用权处置难,项目验收或结题不及时、走形式等,以及由此造成的科技人员创新创业积极性不足、科技成果有效转化率低等问题。关注推进重大科技决策制度化和改革科技评价制度等情况,推动完善符合科技创新规律的资源配置方式,促进形成充满活力的科技管理和运行机制。

五、着力推动科技项目预算和财务管理改革。审计中要关注财政科研项目主管部门落实简化项目预算编制、下放直接费用预算调剂权、大幅提高人员费用比例、增加用于人员激励的绩效支出等情况,关注各级政府财政、发展改革、教育、国土资源、环保等部门落实简化科研仪器设备采购管理、扩大中央高校和科研院所基建项目自主权、简化用地和环评等手续情况,关注中央高校、科研院所根据工作需要调整差旅会议管理规定、优化教学科研人员出国审批程序、强化自我约束意识、完善内控机制情况,重点揭示改革不到位或进展迟缓,简单套用行政预算和财务管理方法管理科技资源等问题,推动建立健全体现科研人员智力价值的科技经费分配制度,完善经费报销制度,促进科技经费更好地服务于人的创造性活动。

六、着力推动相关主管部门履职尽责。审计中要关注科技管理部门落实抓战略、抓规划、抓政策、抓服务要求,构建科技创新平台、改革科技评价制度、加强知识产权保护、推进科技成果转化等情况,重点揭示服务机制不健全、评价机制不科学、检查评审过多、管理信息系统滞后、科技成果转化激励机制不到位和转化平台不完善等问题,促进相关部门转变职能、推进科技领域的"放管服"改革,减少科技项目行政审批,真正赋予科研院所、高校和企业等开展科研更大的自主权,赋予领衔科技专家更大的技术路线决策权、经费支配权、资源调动权。

七、着力推动科技经费加大投入和有效使用。审计中要关注各级政府科技经费预算安排、资金拨付和使用情况,重点揭示财政科技投入不足、资金分配"小、散"、资金拨付不及时造成大量沉淀,以及科技资金"管得过死"等影响科研项目实施进度和效果的问题,促进加大财政科技投入、提高资金使用效益。关注国家财政、税收、金融等各项科技创新相关优惠政策执行情况,是否真正起到引导企业、单位、社会团体增加科技研发投入的作用。关注科技资金的安全,重点揭示相关部门和单位借科技项目之名,以权谋私、截留侵占、贪污私分、挥霍浪费科技资金,以及有关主管部门和人员在科技资金分配管理中利用职权违法违纪向特定关系人输送利益等问题。

八、着力推动鼓励创新和保护创新。审计中要贯彻中央关于鼓励创新、宽容失败的要求,注重保护科技创新中的新生事物,注重保护科技人员的创新性和积极性,注重维护科研人员的合法权益,推动完善保障和激励创新的分配制度。对突破原有制度或规定,但符合科技创新大会精神,有利于提升科技创新能力,有利于科技创新目标实现,有利于推动科技成果转化,有利于为经济发展注入新动力,有利于促进经济社会协调发展,有利于保障国家安全的创新举措,要坚决支持,鼓励探索。要积极发现破解科技创新难题的好做法好经验,促进总结和推广。

九、着力推动完善体制制度机制。审计中要贯彻科技体制及其相关体制改革要求,对制约和阻碍创新驱动发展战略贯彻落实,制约和阻碍"双创"环境优化,制约和阻碍提高科技资金绩效,制约和阻碍科技成果转化等体制机制性问题,要及时反映,推动破除制约创新的体制机制障碍。要关注影响科技创新的深层次问题,关注创新中出现的新情况新问题,推动完善科技制度和深化改革,促进形成新的制度或规定。

十、着力推动审计工作创新。各级审计机关要解放思想、锐意创新,推动审计理念思路的与时俱进、审计制度机制的与时俱进、审计方式方法的与时俱进。要加快审计信息化建设,广泛运用数字化审计方式,归集数据、分析数据、查找疑点、综合提炼,大幅提高审计的精准度和时效性。要注重从宏观层面进行大数据关联分析,提高研判宏观经济发展趋势、感知经济社会运行风险、发现违纪违法问题线索的能力。要加强对国家战略、公共政策、宏观经济形势的研究,加强审计实践的理论总结和提炼,提升审计工作的层次和水平。

第二编　审计基本法律法规

一、审计法、审计条例及施行细则

中华人民共和国暂行审计条例(草案)[1]
(修改稿,1950年中央人民政府财政部印)
第一章　总则

第一条　本条例根据中国人民政治协商会议共同纲领第四十条及国家财政管理方针制定之。

第二条　为了加强国家的财政管理,对于各项收支,实行严格的审核与监督,以达取之合理,用之得当,保证节约财力,发展生产政策之实施,必须建立全国统一的审计制度,并贯彻执行。

第三条　各级人民政府及所属机关、部队,其财政收支,均须按照全国预算决算暂行条例之所定,编造预算决算呈报各该级审计机关审核,其预算之执行,应受审计机关之监督。

第四条　财政收支审计,由各级人民政府财政机关办理,并在财政机关内部设置适当形式与数量的工作机构或人员,司理审计事务。

第五条　为执行国家预算及实施财政管理之需要,得在中央级及大行政区级军事系统、经济系统、外交系统财务机关内,设置审计机构或人员,办理各级财务审计事宜。

第六条　根据国家财政之分级管理方针,实行分层负责审计制,各管其财政范围之审计事宜。

第七条　财政审计之分级如下:

中央人民政府财政部(以下简称中央财政部)为第一级审计机关。

大行政区人民政府(军政委员会)及内蒙古自治区人民政府财政部同为第二级审计机关。

省(中央、大行政区直辖市同)人民政府财政厅(局)为第三级审计机关。

县(省辖市同)人民政府财政科为第四级审计机关。

督察专员公署财政科,不为一级审计机关,但视工作之需要得由省委托代审。

第八条　中央级各财务机关审计为第二级审计,大行政区级各财务机关审计为第三级审计。

第九条　各级审计机关对于审计事务,为办理之便利,得委托下级审计机关或其他机关办理之。

第十条　本条例所称审计机关,系指各负责办理审计工作之财政机关、财务机关或代审机关而言。

[1]李金华.中国审计史.第三卷(上)[M].北京:中国时代经济出版社,2004:98-105.

第十一条　各机关凡不经审计机关审核之财政收支事项,各该级人民政府委员会议或政务会议不予讨论,政府负责人不予核批。

第十二条　各机关对于各该级审计机关之审核结论,认为不当时,可提请复审,如经复审仍无改变,则有权提请各该级人民政府委员会议或政府负责人审查决定之。

审计机关,对于政府委员会议,或政府负责人之最后决定,必须坚决执行,如有不同意见时,仍可保留,并得向上级审计机关反映。

第二章　审计职权

第十三条　各级财政审计机关职权如下:

一、编制各该级财政预算案,并审核同级各机关及下级政府预算。

二、执行各该级财政预算,并指导各下级财政机关执行各级预算的工作。

三、监督各级机关对预算及各项财政制度之执行。

四、核发各机关经费之预算通知书、决算核准书。

五、编制各该级财政决算书,并审核同级各机关及下级政府决算。

六、稽查财政上之不法或不忠于职务之行为。

第十四条　各级财务审计机关职权如下:

一、编制各该系统财政预算案,并审核同级各单位及下级会计单位预算。

二、执行各该系统财政预算,并指导各下级会计单位执行各该预算的工作。

三、监督各级单位对预算及各项财政制度之执行。

四、核发各单位经费之预算通知书,决算核定书。

五、编制各该系统财政决算,并审核同级各单位及下级会计单位决算。

六、检查财务上之不法事项。

七、各经济系统审计机关,对于本系统营业收支之审计职权另行订定之。

第十五条　对受委托之代审机关,应视其工作之需要及不同情况,赋予下列职权之一部或全部:

一、根据委托责任审核各受审机关之预算、决算,并转报委托机关核定。

二、监督预算之执行。

三、签发预算通知书。

四、签发决算核准书。

五、检查各受审机关财务上之不法事项。

第十六条　上级审计机关对于下级人民政府之审核结论,有复审、修改或提议修改之权,对下级审计机关或代审机关之审核结论,有复审与改正之权。

第十七条　各级审计机关为切实执行预算监督得经常进行有计划的财务检查,如发现有不法之收入或支出时,应及时制止,并报告各该级人民政府负责人或上级审计机关指示纠正。

第十八条　各审计机关为行使其职权,得向受审单位调阅簿籍凭证及其他有关文件,并质询疑问。各该单位主管负责人及其他有关人员,不得隐瞒或拒绝,否则为违犯纪律。

第十九条　审计机关对于各机关显然不当之开支虽未超越预算,亦得事前拒发支付书事后驳复之。

第二十条　审计机关于执行预算监督时,得检查各机关有无违犯全国预算决算条例第四十八条各项规定之行为。如有发现,得随时报请上级处理之。

第二十一条　审计机关发现各机关人员,有财务上不法或不忠于职务行为时,应通知各该机关负责人处分之,情节严重者,并得报请监察委员会,依法移付惩戒。

该机关负责人,对于前项通知,扣压不办时,应连带负责。

如违法者为各该机关负责人时,审计机关应提请上级执行处分。

如违法者为受托之代管机关人员或负责人时,审计机关除应及时制止外,并得转报上级审计机关予以处理。

第二十二条　审计机关对于审查完竣之案件,于事后三年内发现其中有错误、遗漏、重复等情节,得再为审查,重新处理。

第三章　审计实务

第二十三条　各级审计机关,应按全国预算决算暂行条例之所定,对于各级预算单位编送之预算实行事前审计。

于季度、月份预算核定后,负责核发预算通知书。

第二十四条　各级审计机关,应按全国预算决算暂行条例之所定,对于各级预算单位报送之决算执行事后审计。

于季度、月份决算核定后,负责核发决算核准书。

第二十五条　于执行事前审计时,对于重大之收支事项,须召集各有关机关参加,临时组成预算审查会议,由审计机关主持,实行会同审核。

第二十六条　于执行事前事后审计时,应广泛搜集审核资料,多方征求受审单位之意见,然后根据必要与可能的原则,做出恰当正确的审核结论,绝不可草率从事,如对于缺乏审核根据或认为有不实者,须进行实地审核。

第二十七条　各级审计机关对于各机关财产之移交、变卖或主要账簿、凭证之销毁,必要时得派审计人员监视。

第二十八条　各级审计机关,须按月向上级审计机关报告所管范围审计工作进行情况,请示有关工作方面的问题,以加强工作之联系。

第二十九条　各级审计机关,对下级审计机关及代审机关,应经常进行业务上的督促与指示,并随时解决下级审计机关与代审机关,所提出之疑难问题,以求改进工作。

第三十条　审计人员在审计预算决算时,应按规定时间力求迅捷,无故积压因而影响各机关财政收支者,应受纪律处分。

第四章　财务检查

第三十一条　各级审计机关对各级机关,应进行定期的财务检查,但遇临时需要亦得随时进行检查,不受定期之限制。

第三十二条 对于各机关财务之检查,应事前制订检查计划,由各该级审计机关负责人批准后实行之。

第三十三条 检查的范围,应限于一般的财务方面,对于有关国家机密之财政开支检查时,应由政府负责人指定专人进行之。

第三十四条 各级审计机关,在指派出外检查人员时,应根据受查单位之工作性质、受查事项,选择适当之审计干部前往,并于出发前发给证明文件,以为进行工作之凭证。

第三十五条 各受查单位,对于检查人员之质询,应负责详细解答,并应协助检查人员搜集有关资料,查究有关人员,以便检查任务之顺利完成。

第三十六条 进行检查期间,检查人员对于受审单位错误之纠正,与疑问之解答,以情节轻微及有法规章则足资依据或已成惯例足资引证者为限,但遇有情节重大,或无法规章则足资依据者,应即报告上级,请示解决办法。

第三十七条 检查人员,如对受查单位之人员,查见有贪污、舞弊等行为或嫌疑者,应即征得上级或受查单位行政负责人之同意,请受查单位加以适当之监视,必要时,并得封存有关账册、报表与单据。

受查单位之人员,对于前项情事如有发现,应向检查人员揭发或检举,如有徇情隐瞒,查明之后,应负连带责任。

第三十八条 对每一机关检查完毕后,应由检查人员,编写财务检查报告书一份,送报受查单位负责人签署意见后,提交本审计机关负责人批示。

第三十九条 财务检查报告书,经由审计机关负责人核定后,即行正式通知受查单位,其中有向受查单位建议之点,受查单位应即考虑采纳,有指示改正之点,应即接受改正,其施行经过,并应具报,如有异议,得于通知到达十日内提出意见,以便审计机关进行复查或重加考虑。

如遇重大问题,审计机关负责人不能决定时,应报请各该级人民政府负责人为之议决。

第五章 附则

第四十条 本条例施行细则另定之。

第四十一条 审计机关对于受财政补助之党派、团体,实行审计事务,得依本条例之规定执行之。

第四十二条 内蒙古自治区所辖之各级人民政府及其他地区,名称之不同各级人民政府,其所辖财政机关审计之分级,得按其类似级次者办理之。

第四十三条 村(乡、镇)财政收支之审计制度,由省人民政府另行制定,根据中央人民政府政务院及大行政区人民政府(军政委员会)批准后执行。

第四十四条 本条例经中央人民政府政务院政务会通过后施行。其修改同。

国务院关于审计工作的暂行规定❶

(1985年8月29日发布)

第一条 根据中华人民共和国宪法第九十一条、第一百零九条的规定,制定本规定。

---

❶《中国审计年鉴》编辑委员会.中国审计年鉴(1983—1988)[M].北京:中国审计出版社,1990:13-14.

第二条　审计机关是代表国家执行审计监督的机关。通过对国务院各部门和地方各级人民政府的财政收支,财政金融机构、企业事业组织以及其他同国家财政有关的单位的财务收支及其经济效益,进行审计监督,以严肃财经纪律,提高经济效益,加强宏观控制和管理,保证经济体制改革的顺利进行。

第三条　审计机关遵照国家法律和行政法规的规定,依据财政经济规章制度,进行审计活动。

审计机关依法独立行使审计监督权,不受其他行政机关、社会团体和个人的干涉。

第四条　国务院设审计署,在总理领导下,负责组织领导全国的审计工作,对国务院负责并报告工作。

县级以上的地方各级人民政府设审计局,在上级审计机关和本级人民。政府的领导下,负责本行政区内的审计工作,对上一级审计机关和本级人民政府负责并报告工作。

第五条　审计机关的主要任务是:

(一)对财政计划、信贷计划的执行及其结果,进行审计监督。

(二)对国营企业事业组织、基本建设单位、金融保险机构的财务收支及其经济效益,进行审计监督。

(三)对行政机关、中国人民解放军和有国家资金或接受国家补助单位的财务收支,进行审计监督。

(四)对严重侵占国家资财、严重损失浪费及其它严重损害国家利益等违反财经法纪的行为,进行专案审计。

(五)对国家利用国际金融组织贷款的建设项目、联合国专门机构援建项目的财务收支,进行审计。

(六)执行国家审计法规,制定审计规章制度,参与拟订重要的财政经济法规。

第六条　各级审计机关,根据工作需要,可以在重点地区、部门和企业设派出机构或审计人员,进行审计监督。

上级审计机关可将其审计范围内的事项,授权下级审计机关进行审计。

第七条　审计机关的主要职权是:

(一)检查被审计单位的账目、资财和有关文件、资料等。被审计单位必须如实提供,不得拒绝或隐匿。

(二)参加被审计单位的有关会议;对审计中发现的问题,进行调查并索取证明材料。有关部门、单位和个人,应当积极配合,不得设置障碍。

(三)责成被审计单位纠正违反国家规定的收支,制止严重的损失浪费。被审计单位和有关部门不得拒绝执行。

(四)对违反财经法纪的单位,依照国家法律和行政法规的规定,分别作出没收其非法所得、处以罚款、扣缴款项、停止财政拨款、停止银行贷款等处理决定,通知和监督被审计单位和有关部门执行。被审计单位和有关部门不得拒绝执行。

（五）对阻挠、拒绝和破坏审计工作的被审计单位,必要时可以采取封存账册和资财等临时措施,并追究直接责任人员和有关领导人员的责任。

（六）通报违反财经法纪的重大案件,表扬遵守和维护财经法纪成绩显著的单位和个人。

第八条　各级审计机关的年度审计工作计划、年度工作报告,报上级审计机关并报本级人民政府。

各级审计机关对审计对象,应当就地审计或将有关账册、资料报送审计。

政府各部门和企业事业组织,应当按照审计机关的规定,报送财务收支计划、信贷计划、预算、决算、报表,有关的规章制度、资料等。

第九条　审计机关对被审计单位进行审计后提出的审计报告,应当征求被审计单位意见,作出审计结论和决定,通知并监督被审计单位和有关部门执行。审计报告,应当分别报送上级审计机关和本级人民政府。

被审计单位对审计结论和决定如有异议,可在十五日内向上一级审计机关申请复审。

上级审计机关应当在接到复审申请文件之日起,三十日内进行复审。复审期间,原审计结论和决定照常执行。上级审计机关有权纠正下级审计机关不适当的审计结论和决定。

被审计单位对复审结论和决定不服时,可以向上一级审计机关直至向审计署提出申诉。

第十条　国务院和县级以上地方各级人民政府各部门,应当建立内部审计监督制度,根据审计业务需要,分别设立审计机构或审计人员,在本部门主要负责人的领导下,负责所属单位和本行业的财务收支及其经济效益的审计。审计业务受同级国家审计机关的指导,向本部门和同级国家审计机关报告工作。

大中型企业事业组织,应当建立内部审计监督制度,设立审计机构,在本单位主要负责人领导下,负责本单位的财务收支及其经济效益的审计。审计业务受上一级主管部门审计机构的指导,向本单位和上一级主管部门审计机构报告工作。

部门、单位实行内部审计监督的具体办法,由审计署另行制定。

第十一条　审计机关可以委托经政府有关部门批准、注册的社会审计、会计组织进行审计,审计报告应当报送委托的审计机关审定。

社会审计、会计组织接受企业事业组织委托所作的查账报告,应当报送企业事业组织主管部门的同级审计机关,并负责保守机密。

第十二条　各级审计机关的领导人员按照干部管理权限的规定任免。地方各级审计局主要负责人的任免,应当事前征得上级审计机关同意。

审计人员专业称号的评定,审计专业人员的聘任,按照国家有关规定执行。

第十三条　审计人员应当坚持原则、敢于斗争、忠于职守、秉公办事,不得滥用职权、徇私舞弊、泄漏机密、玩忽职守。

审计人员依法行使职权,受法律保护,任何人不得打击报复。

第十四条　对违反本规定的单位和个人,按照情节轻重,分别给予经济制裁、政纪处分;触犯刑律的,对直接责任人员,提请司法机关依法惩处。

第十五条　中国人民解放军建立审计机构、实行审计监督的具体办法,由中央军委另行制定。

第十六条　本规定由审计署负责解释。

第十七条　本规定自发布之日起施行。

中华人民共和国审计条例●

(一九八八年十月二十一日国务院第二十二次常务会议通过,
一九八八年十一月三十日中华人民共和国国务院令第二十一号发布)

第一章　总　则

第一条　为加强对财政、财务收支以及经济活动的审计监督,严肃财经法纪,提高经济效益,加强宏观控制和管理,保障社会主义现代化建设的顺利进行,制定本条例。

第二条　国家设立审计机关,实行审计监督制度。

审计机关对本级人民政府各部门、下级人民政府、国家金融机构、全民所有制企业事业单位以及其他有国家资产单位的财政、财务收支的真实、合法、效益,进行审计监督。

第三条　审计机关依照国家法律、法规和政策的规定,进行审计监督。

审计机关依法独立行使审计监督权,不受其他行政机关、社会团体和个人的干涉。

审计机关作出的审计结论和决定,被审计单位和有关人员必须执行。审计结论和决定涉及其他有关单位的,有关单位应当协助执行。

第四条　审计机关实行双重领导体制,对本级人民政府和上一级审计机关负责并报告工作,审计业务以上级审计机关领导为主。

第五条　属于国家审计范围、审计机关未设立派出机构的单位,可以根据需要设立内部审计机构或者审计工作人员,实行内部审计制度。

第六条　依法成立的社会审计组织,可以接受委托开展审计查证和咨询服务业务。

第二章　审计机关和审计工作人员

第七条　国务院设立审计署。审计署是国家最高审计机关,在国务院总理领导下,组织领导全国的审计工作,负责审计署审计范围内的审计事项。

第八条　县级以上地方各级人民政府设立审计机关。地方各级审计机关分别在省长、自治区主席、市长、州长、县长、区长和上一级审计机关的领导下,组织领导本行政区的审计工作,负责本级审计机关审计范围内的审计事项。

第九条　审计机关根据工作需要可以在重点地区、部门设立派出机构,进行审计监督。

第十条　各级审计机关的领导人员,依照干部管理权限的规定任免。地方各级审计机关负责人(包括正职和副职)的任免,应当事前征得上一级审计机关的同意。

第十一条　审计工作人员应当依法审计、忠于职守、坚持原则、客观公正、廉洁奉公、保守秘密。

审计工作人员依法行使职权,受法律保护,任何人不得打击报复。

●《中国审计年鉴》编辑委员会.中国审计年鉴(1983—1988)[M].北京:中国审计出版社,1990:2-5.

第三章 审计机关的主要任务

第十二条 审计机关对下列单位的财政、财务收支进行审计监督：

(一)本级人民政府各部门和下级人民政府；

(二)国家金融机构；

(三)全民所有制企业事业单位和基本建设单位；

(四)国家给予财政拨款或者补贴的其他单位；

(五)有国家资产的中外合资经营企业、中外合作经营企业、国内联营企业和其他企业；

(六)国家法律、法规规定应当进行审计监督的其他单位。

第十三条 审计机关对前条所列单位的下列事项,进行审计监督：

(一)财政预算的执行和财政决算；

(二)信贷计划的执行及其结果；

(三)财务计划的执行和决算；

(四)基本建设和更新改造项目的财务收支；

(五)国家资产的管理情况；

(六)预算外资金的收支；

(七)借用国外资金、接受国际援助项目的财务收支；

(八)与财政、财务收支有关的各项经济活动及其经济效益；

(九)严重侵占国家资产、严重损失浪费等损害国家经济利益行为；

(十)全民所有制企业承包经营责任的有关审计事项；

(十一)国家法律、法规规定的其他审计事项。

第十四条 各级审计机关根据国家财政体制,按被审计单位的财政、财务隶属关系,确定审计范围。

上级审计机关可以将其审计范围内的事项,授权下级审计机关进行审计；下级审计机关审计范围内的重大审计事项,上级审计机关可以直接进行审计。

审计机关可以将其审计范围内的事项,委托内部审计机构、社会审计组织进行审计。

第四章 审计机关的主要职权

第十五条 审计机关在审计过程中有下列监督检查权：

(一)要求被审计单位报送财政预算、财务计划、决算、会计报表以及有关资料；

(二)检查被审计单位的有关账目、资产,查阅有关文件资料,参加被审计单位的有关会议；

(三)对审计中的有关事项,向机关、团体、企业事业单位和有关人员进行调查,上述单位和人员应当提供有关资料及证明材料；

(四)对正在进行的严重损害国家利益、违反财经法规行为,提请有关主管部门作出临时的制止决定。制止无效时,通知财政部门或者银行暂停拨付有关款项；

(五)对阻挠、破坏审计工作的被审计单位,可以采取封存有关账册、资产等临时措施。

第十六条 对违反财经法规的被审计单位,审计机关可按下列规定处理：

（一）警告、通报批评；

（二）责令纠正违反国家规定的收支；

（三）责令退还或者没收非法所得；

（四）收缴侵占的国家资产；

（五）对违反规定使用财政拨款或者银行贷款、严重危害国家利益的被审计单位,作出停止财政拨款或者停止银行贷款的决定；

（六）按照有关法规的规定处以罚款。

被审计单位拒不缴纳应缴的违法款项,罚款的,审计机关可以通知银行扣缴。

第十七条　对前条被审计单位的直接责任人员和单位负责人,审计机关认为应当给予行政处分的,移送监察或者有关部门处理。情节严重、构成犯罪的,提请司法机关依法追究刑事责任。

第五章　审计工作程序

第十八条　各级审计机关应当根据国家政策以及上级审计机关和本级政府的要求,确定审计工作的重点,编制审计项目计划。

第十九条　审计机关确定审计事项后,应当通知被审计单位。

被审计单位应当配合审计机关的工作,并提供必要的工作条件。

第二十条　审计工作人员通过审查凭证、账表,查阅文件、资料,检查现金、实物,向有关单位和人员调查等进行审计,并取得证明材料。

证明材料应当有提供者的签名、盖章。

第二十一条　审计工作人员对审计事项进行审计后,应当向其所属的审计机关提出审计报告。

审计报告应当征求被审计单位的意见。被审计单位应当在收到审计报告之日起十日内提出书面意见。

第二十二条　审计机关审定审计报告,作出审计结论和决定,通知被审计单位和有关单位执行。

审计机关对重大事项作出审计结论和决定前,应当征求有关部门的意见。

财政部门或者主管部门应当依照有关财政、财务决算的审计结论和决定,核批决算或者在下一年度处理。

第二十三条　被审计单位对审计机关作出的审计结论和决定不服的,可以在收到审计结论和决定之日起十五日内,向上一级审计机关申请复审。上一级审计机关应当在收到复审申请之日起三十日内,作出复审结论和决定。特殊情况下,作出复审结论和决定的期限可以适当延长。

复审期间,原审计结论和决定照常执行。

第二十四条　上一级审计机关的复审结论和决定或者审计署的审计结论和决定,为终审结论和决定。

被审计单位对终审结论和决定不服的,可以向终审机关或者其上级审计机关提出申诉。

第二十五条　审计机关应当检查审计结论和决定的执行情况。

第二十六条 各级审计机关对办理的审计事项必须建立审计档案,按照规定管理。

第六章 内部审计

第二十七条 国家金融机构、全民所有制大中型企业、大型基建项目的建设单位和财务收支金额较大的全民所有制事业单位以及审计机关未设立派出机构的政府部门等,可以根据需要设立内部审计机构或者审计工作人员。

第二十八条 内部审计机构或者审计工作人员在本单位负责人领导下,依照国家法律、法规和政策的规定,对本单位及本单位下属单位的财务收支及其经济效益进行内部审计监督。

内部审计机构或者审计工作人员,应当接受审计机关的业务指导。

第二十九条 内部审计机构或者审计工作人员对本单位及本单位下属单位的下列事项进行内部审计监督:

(一)财务计划或者单位预算的执行和决算;

(二)与财务收支有关的经济活动及其经济效益;

(三)国家和单位资产的管理情况;

(四)违反国家财经法规的行为;

(五)本单位领导交办的其他审计事项。

内部审计机构或者审计工作人员负责指导本单位下属单位的内部审计工作。

第七章 社会审计

第三十条 社会审计组织是依法独立承办审计查证和咨询服务的事业单位,实行有偿服务,自收自支,独立核算,依法纳税。

第三十一条 社会审计组织,经审计署或者省、自治区、直辖市审计机关批准成立,

经批准成立的社会审计组织,应当依照国家规定向当地工商行政管理机关办理登记,领取营业执照后,始得开业。

第三十二条 社会审计组织接受国家机关、企业事业单位和个人委托,承办下列业务:

(一)财务收支的审计查证事项;

(二)经济案件的鉴定事项;

(三)注册资金的验证和年检;

(四)建立账簿、建立财务会计制度以及提供会计、财务、税务和经济管理咨询服务;

(五)培训审计、财务、会计人员。

社会审计组织接受委托,承办对外商投资企业的有关查证业务时,应当依照《中华人民共和国注册会计师条例》的规定执行。

社会审计组织在执行业务中取得和了解的资料、情况,应当按照规定严格保守秘密。

第三十三条 社会审计组织应当接受审计机关的管理和业务指导。

社会审计组织承办审计机关委托的审计事项所作出的审计报告,应当报送审计机关审定。

第八章 法律责任

第三十四条 违反本条例,有下列行为之一的单位、单位直接责任人员、单位负责人以及其

他有关人员,审计机关可给予警告、通报批评,并可酌情处以罚款;审计机关认为应当给予行政处分的人员,移送监察或者有关部门处理:

(一)拒绝提供有关文件、账簿、凭证、会计报表、资料和证明材料的;

(二)阻挠审计工作人员行使职权,抗拒、破坏监督检查的;

(三)弄虚作假、隐瞒事实真相的;

(四)拒不执行审计结论和决定的;

(五)打击报复审计工作人员和检举人的。

第三十五条　违反本条例,有下列行为之一的审计工作人员,审计机关可酌情处以罚款,并可按照干部管理权限的规定,给予行政处分或者提出给予行政处分的建议:

(一)利用职权,谋取私利的;

(二)弄虚作假,徇私舞弊的;

(三)玩忽职守,给国家或者被审计单位造成较大损失的;

(四)泄露国家秘密的。

第三十六条　被处罚的单位和个人对依照第三十四条、第三十五条规定作出的处罚决定不服的,可向作出处罚决定机关的上级机关提出申诉。

第三十七条　对有第三十四条、第三十五条所列行为,情节严重、构成犯罪的直接责任人员、单位负责人、审计工作人员和其他有关人员,审计机关提请司法机关依法追究刑事责任。

第九章　附则

第三十八条　中国人民解放军审计工作的具体办法,由中央军委另行制定。

第三十九条　本条例由审计署负责解释:施行细则由审计署制定。

第四十条　本条例自1989年1月1日起施行。1985年8月29日发布的《国务院关于审计工作的暂行规定》同时废止。

中华人民共和国审计条例施行细则❶
(一九八九年六月二十一日审计署第一号令发布)

第一条　根据《中华人民共和国审计条例》(以下简称《审计条例》)第三十九条的规定,制定本施行细则。

第二条　各级审计机关执行《审计条例》第三条第一款,应当遵守下列规定:

(一)国务院各部门、地方政府及其部门在权限范围内制定的与国家法律、法规和政策无抵触的有关规定,应当作为审计的依据;

(二)下级政府、部门的规定与上级政府、部门的有关规定相抵触时,除国家另有特殊规定外,应以上级政府、部门的规定为审计依据;

(三)政府各部门之间的有关规定不一致时,应以法律、行政法规授权的主管部门的规定为审计依据;

(四)对审计中发现的重大问题,没有明确审计依据的,应当请示本级人民政府或者上一级审

---

❶《中国审计年鉴》编辑委员会.中国审计年鉴(1989—1993)[M].北京:中国审计出版社,1994:37-40.

计机关。

第三条 下级审计机关执行《审计条例》第四条的规定,应当及时向上一级审计机关报送有关审计工作的下列资料:

(一)地方性审计法规、规章,本级人民政府关于审计工作的重要决定、指示;

(二)审计工作的计划、总结、典型经验、重要的审计调查报告以及统计报表;

(三)严重违反财经法规、严重损失浪费等重大审计事项的审计结论和决定,上级审计机关交办审计事项的审计报告;

(四)审计工作的其他重要情况。

第四条 审计机关办理审计业务时,如本级人民政府的有关规定、决定、指示与上级审计机关的有关规定、决定、指示不一致时,应按上级审计机关的执行。

第五条 《审计条例》第八条的规定,适用于地区行政公署设立的审计机关。

第六条 《审计条例》第九条所称的设立派出机构的"审计机关",是指审计署和省、自治区、直辖市以及计划单列城市的审计机关。

省、自治区、直辖市以及计划单列城市审计机关在重点地区、部门设立派出机构,由本级人民政府决定,并报上级审计机关备案。

第七条 审计机关应当支持审计工作人员依法行使职权。

审计工作人员依法行使职权,遭受打击报复,向上级审计机关提出申诉时,上级审计机关应及时调查核实,依据《审计条例》第八章的有关规定进行处理,或者提请监察等有关机关处理。

第八条 《审计条例》第十二、十三条所称的"国家资产"是指:国家直接管理或者授权部门、企业事业单位和其他单位管理和使用的属于全民所有的资金、财产,及其所取得的属于全民所有的收益。

第九条 《审计条例》第十二条及其他有关条款所称的"财政、财务收支",包括外汇收支。

第十条 《审计条例》第十二条第二项所称的"国家金融机构"是指国家设立的下列机构:

(一)中国人民银行及其分支机构;

(二)国家专业银行及其分支机构;

(三)中国人民保险公司及其分支机构;

(四)信托投资公司;

(五)经中国人民银行批准设立的其他有国家资产的金融组织。

第十一条 《审计条例》第十二条第四项所称的"国家给予财政拨款或者补贴的其他单位"包括有关的机关、团体和部队等。

第十二条 《审计条例》第十二条第五项中的"其他企业",是指有国家资产的其他非全民所有制企业。

对有国家资产的中外合资经营企业、中外合作经营企业审计监督的具体办法,另行制定。

第十三条 《审计条例》第十二条第六项所称的其他单位,包括地方性法规、规章规定应当进行审计监督的单位。

第十四条　《审计条例》第十三条第七项所称的"借用国外资金、接受国际援助项目",包括:

(一)外国政府、国际金融组织、国外银行及其他金融机构等提供的各类贷款;

(二)对外发行债券;

(三)国际组织、外国政府和民间团体提供的各项援助;

(四)利用国外资金的合作项目。

第十五条　《审计条例》第十二条所列单位,应当按照审计机关的规定,及时向负责对其审计监督的审计机关报送与《审计条例》第十三条所列审计事项有关的预算、计划、决算、报表、规章、文件、资料等。

第十六条　执行《审计条例》第十四条第三项规定,内部审计机构、社会审计组织承办委托审计事项提出的审计报告,由委托的审计机关审定,并作出审计结论和决定。

第十七条　《审计条例》第十五条第三项所称"机关、团体、企业事业单位和有关人员",包括被审计单位以外的有关单位和人员有关事项,包括与被审计单位的财政、财务收支有关的税利收缴、债权债务、银行往来、供销关系等经济业务活动情况。

第十八条　审计机关执行《审计条例》第十五条第四项的规定,对被审计单位正在进行的严重损害国家利益、违反财经法规的行为,应当首先责成其停止该项行为;被审计单位不执行的,提请其主管部门作出临时的制止决定;主管部门制止无效,或者情况紧急时,通知财政部门或者银行暂停拨付有关款项。

暂停拨付的有关款项,必须是与被审计单位正在进行的严重损害国家利益、违反财经法规行为直接有关的款项。

第十九条　《审计条例》第十五条第四项所称的"有关主管部门作出临时的制止决定",包括主管部门暂停拨款。

第二十条　《审计条例》第十五条第五项所称的"阻挠、破坏审计工作",是指被审计单位在审计过程中的下列行为:

(一)拒绝提供或者提供虚假的凭证、账表、文件、资料和证明材料的;

(二)销毁账册和隐匿资产的;

(三)借故设置障碍,妨碍审计工作人员正常履行职责的;

(四)在审计过程中继续进行严重损害国家利益、违反财经法规行为的。

第二十一条　审计机关对阻挠、破坏审计工作的被审计单位,除在审计过程中采取封存账册、资产等临时措施外,并可根据《审计条例》第八章的规定,对单位和有关人员给予处罚。

第二十二条　被审计单位已停止或者纠正严重损害国家利益、违反财经法规的行为或者阻挠、破坏审计工作的行为后,审计机关采取的暂停拨付有关款项或者封存有关账册、资产等临时措施应当及时解除。

第二十三条　《审计条例》第十六条关于罚款的规定,适用于被审计单位的直接责任人员和单位负责人。

第二十四条　《审计条例》第十六条第一款第三项所称的应予退还或者没收的"非法所得"

包括：

（一）个人利用职务上的便利，非法占有的公共财物；

（二）单位非法侵占的不属于本单位的财物；

（三）违反价格管理规定所攫取的收入；

（四）违反国家规定将全民所有的资产转让给集体或者个人所获得的非法收入；

（五）单位或者个人利用职权非法收受的钱物；

（六）依法应予退还或者没收的其他非法所得。

第二十五条 《审计条例》第十六条第一款第四项所称的应予收缴的"侵占的国家资产"包括：

（一）违反规定未缴纳的税款以及隐瞒、截留应当上交的利润或者其他收入；

（二）非法减免的税收；

（三）虚报冒领、骗取的财政拨款、补贴或者物资；

（四）依法应当收缴的其他国家资产。

第二十六条 审计机关确定审计事项后，应当组成审计组，在实施审计前向被审计单位发送《审计通知书》。审计机关认为需要被审计单位进行自查的，应在《审计通知书》中写明自查的内容及要求。

第二十七条 审计工作人员执行《审计条例》第二十条时，应当按照下列规定办理：

（一）对审计中发现的问题，做出详细、准确的记录，并写明资料来源。

（二）对证明审计事项的原始资料、有关文件和实物等，通过复印、复制、拍照等方法取得。

（三）参加有关会议时，应当对涉及审计事项的内容做出记录。必要时，可以要求被调查单位提供会议有关记录材料。

（四）对重要审计事项进行调查时，审计工作人员不得少于二人。

审计工作人员收集的证明材料，应当经过当事人核阅签章。

第二十八条 审计工作人员起草的审计报告，主要包括下列内容：

（一）审计的内容、范围、方式、时间及有关情况的概括；

（二）与审计事项有关的事实；

（三）依据的法律、法规、政策的规定；

（四）初步结论、处理意见和建议。

第二十九条 审计组应将审计报告征求被审计单位的意见，被审计单位提出不同意见，认为审计报告中事实不清或有出入的，应当进一步核实；对审计报告中结论和处理意见有异议的，应当依据有关法规和具体情况认真研究；

被审计单位在规定期限内没有提出书面意见的，视为对审计报告没有异议。

第三十条 审计机关执行《审计条例》第二十二条第二款的规定，对有下列规定内容之一的审计事项，应当征求有关部门的意见：

（一）审计依据界限不清的；

（二）需要追究地方、部门负责人行政责任的；

（三）需要有关部门采取重大改进措施的；

（四）审计机关认为需要征求有关部门意见的其他重大事项。

审计机关征求意见后，依法独立作出审计结论和决定。

第三十一条　审计组的审计报告须报派出的审计机关审定，由审计机关作出审计结论和决定，通知和监督被审计单位执行，并通知有关部门协助执行。

审计机关负责人对作出的审计结论和决定负责。

第三十二条　上级审计机关办理复审事项，应当按照下列情形分别处理：

（一）原审计结论和决定认定事实清楚，定性和处理恰当的，维持原审计结论和决定。

（二）原审计结论和决定认定事实清楚，定性或者处理不当的，纠正原审计结论和决定中不适当的定性或者处理。

（三）原审计结论和决定事实不清或者证明材料不足的，重新进行审查、核实。

第三十三条　被审计单位对审计机关派出机构作出的审计结论和决定不服的，向设立派出机构的审计机关申请复审。

第三十四条　审计机关检查审计结论和决定的执行情况时，应当按照下列情形分别处理：

（一）被审计单位未按规定期限和要求执行审计结论和决定，可根据《审计条例》第八章有关规定进行处理。

（二）发现原审计结论和决定不适当时，可进行复查，重新作出审计结论和决定。

（三）发现下级审计机关作出的审计结论和决定不适当时，上级审计机关有权改变或者撤销。

第三十五条　内部审计、社会审计的施行办法，另行制定。

第三十六条　审计机关根据《审计条例》第三十四条的规定，对单位可处以三千元以下的罚款；情节严重的，可处以三千元以上、一万元以下的罚款。

第三十七条　审计机关根据《审计条例》第三十四、三十五条的规定，对有关人员可根据情节轻重，处以相当于本人三个月基本工资以下的罚款。

第三十八条　审计机关根据《审计条例》第三十四条的规定，对单位的警告和对单位及其有关人员罚款的处罚，在《审计结论和决定》中作出；不能在《审计结论和决定》中作出的，应当在《审计处罚决定通知书》中作出。

第三十九条　本施行细则由审计署负责解释。

第四十条　本施行细则自发布之日起施行。

<h3 style="text-align:center">中华人民共和国审计法（1994）❶</h3>

（1994年8月31日第八届全国人民代表大会常务委员会第九次会议通过）

第一章　总则

第一条　为了加强国家的审计监督，维护国家财政经济秩序，促进廉政建设，保障国民经济健康发展，根据宪法，制定本法。

---

❶《中国审计年鉴》编辑委员会.中国审计年鉴（1994—1998）[M].北京：中国审计出版社,1999：112-114.

第二条　国家实行审计监督制度。国务院和县级以上地方人民政府设立审计机关。

国务院各部门和地方各级人民政府及其各部门的财政收支,国有的金融机构和企业事业组织的财务收支,以及其他依照本法规定应当接受审计的财政收支、财务收支,依照本法规定接受审计监督。

审计机关对前款所列财政收支或者财务收支的真实、合法和效益,依法进行审计监督。

第三条　审计机关依照法律规定的职权和程序,进行审计监督。

第四条　国务院和县级以上地方人民政府应当每年向本级人民代表大会常务委员会提出审计机关对预算执行和其他财政收支的审计工作报告。

第五条　审计机关依照法律规定独立行使审计监督权,不受其他行政机关、社会团体和个人的干涉。

第六条　审计机关和审计人员办理审计事项,应当客观公正,实事求是,廉洁奉公,保守秘密。

第二章　审计机关和审计人员

第七条　国务院设立审计署,在国务院总理领导下,主管全国的审计工作。审计长是审计署的行政首长。

第八条　省、自治区、直辖市、设区的市、自治州、县、自治县、不设区的市、市辖区的人民政府的审计机关,分别在省长、自治区主席、市长、州长、县长、区长和上一级审计机关的领导下,负责本行政区域内的审计工作。

第九条　地方各级审计机关对本级人民政府上一级审计机关负责并报告工作,审计业务以上级审计机关领导为主。

第十条　审计机关根据工作需要,可以在其审计管辖范围内派出审计特派员。

审计特派员根据审计机关的授权,依法进行审计工作。

第十一条　审计机关履行职责所必需的经费,应当列入财政预算,由本级人民政府予以保证。

第十二条　审计人员应当具备与其从事的审计工作相适应的专业知识和业务能力。

第十三条　审计人员办理审计事项,与被审计单位或者审计事项有利害关系的,应当回避。

第十四条　审计人员对其在执行职务中知悉的国家秘密和被审计单位的商业秘密,负有保密的义务。

第十五条　审计人员依法执行职务,受法律保护。

任何组织和个人不得拒绝、阻碍审计人员依法执行职务,不得打击报复审计人员。

审计机关负责人依照法定程序任免。审计机关负责人没有违法失职或者其他不符合任职条件的情况的,不得随意撤换。

第三章　审计机关职责

第十六条　审计机关对本级各部门(含直属单位)和下级政府预算的执行情况和决算,以及预算外资金的管理和使用情况,进行审计监督。

第十七条　审计署在国务院总理领导下,对中央预算执行情况进行审计监督,向国务院总理提出审计结果报告。

地方各级审计机关分别在省长、自治区主席、市长、州长、县长、区长和上一级审计机关的领导下,对本级预算执行情况进行审计监督,向本级人民政府和上一级审计机关提出审计结果报告。

第十八条　审计署对中央银行的财务收支,进行审计监督。

审计机关对国有金融机构的资产、负债、损益,进行审计监督。

第十九条　审计机关对国家的事业组织的财务收支,进行审计监督。

第二十条　审计机关对国有企业的资产、负债、损益,进行审计监督。

第二十一条　审计机关对与国计民生有重大关系的国有企业,接受财政补贴较多或者亏损数额较大的国有企业,以及国务院和本级地方人民政府指定的其他国有企业,应当有计划地定期进行审计。

第二十二条　对国有资产占控股地位或者主导地位的企业的审计监督,由国务院规定。

第二十三条　审计机关对国家建设项目预算的执行情况和决算,进行审计监督。

第二十四条　审计机关对政府部门管理的和社会团体受政府委托管理的社会保障基金、社会捐赠资金以及其他有关基金、资金的财务收支,进行审计监督。

第二十五条　审计机关对国际组织和外国政府援助、贷款项目的财务收支,进行审计监督。

第二十六条　除本法规定的审计事项外,审计机关对其他法律、行政法规规定应当由审计机关进行审计的事项,依照本法和有关法律、行政法规的规定进行审计监督。

第二十七条　审计机关有权对与国家财政收支有关的特定事项,向有关地方、部门、单位进行专项审计调查,并向本级人民政府和上一级审计机关报告审计调查结果。

第二十八条　审计机关根据被审计单位的财政、财务隶属关系或者国有资产监督管理关系,确定审计管辖范围。

审计机关之间对审计管辖范围有争议的,由其共同的上级审计机关确定。

上级审计机关可以将其审计管辖范围内的本法第十八条第二款至第二十五条规定的审计事项,授权下级审计机关进行审计;上级审计机关对下级审计机关审计管辖范围内的重大审计事项,可以直接进行审计,但是应当防止不必要的重复审计。

第二十九条　国务院各部门和地方人民政府各部门、国有的金融机构和企业事业组织,应当按照国家有关规定建立健全内部审计制度。各部门、国有的金融机构和企业事业组织的内部审计,应当接受审计机关的业务指导和监督。

第三十条　对依法独立进行社会审计的机构的指导、监督、管理,依照有关法律和国务院的规定执行。

第四章　审计机关权限

第三十一条　审计机关有权要求被审计单位按照规定报送预算或者财务收支计划、预算执行情况、决算、财务报告,社会审计机构出具的审计报告,以及其他与财政收支或者财务收支有关的资料,被审计单位不得拒绝、拖延、谎报。

第三十二条 审计机关进行审计时,有权检查被审计单位的会计凭证、会计账簿、会计报表以及其他与财政收支或者财务收支有关的资料和资产,被审计单位不得拒绝。

第三十三条 审计机关进行审计时,有权就审计事项的有关问题向有关单位和个人进行调查,并取得有关证明材料。有关单位和个人应当支持、协助审计机关工作,如实向审计机关反映情况,提供有关证明材料。

第三十四条 审计机关进行审计时,被审计单位不得转移、隐匿、篡改、毁弃会计凭证、会计账簿、会计报表以及其他与财政收支或者财务收支有关的资料,不得转移、隐匿所持有的违反国家规定取得的资产。

审计机关对被审计单位正在进行的违反国家规定的财政收支、财务收支行为,有权予以制止;制止无效的,经县级以上审计机关负责人批准,通知财政部门和有关主管部门暂停拨付与违反国家规定的财政收支、财务收支行为直接有关的款项,已经拨付的,暂停使用。采取该项措施不得影响被审计单位合法的业务活动和生产经营活动。

第三十五条 审计机关认为被审计单位所执行的上级主管部门有关财政收支、财务收支的规定与法律、行政法规相抵触的,应当建议有关主管部门纠正;有关主管部门不予纠正的,审计机关应当提请有权处理的机关依法处理。

第三十六条 审计机关可以向政府有关部门通报或者向社会公布审计结果。

审计机关通报或者公布审计结果,应当依法保守国家秘密和被审计单位的商业秘密,遵守国务院的有关规定。

第五章 审计程序

第三十七条 审计机关根据审计项目计划确定的审计事项组成审计组,并应当在实施审计三日前,向被审计单位送达审计通知书。

被审计单位应当配合审计机关的工作,并提供必要的工作条件。

第三十八条 审计人员通过审查会计凭证、会计账簿、会计报表,查阅与审计事项有关的文件、资料,检查现金、实物、有价证券,向有关单位和个人调查等方式进行审计,并取得证明材料。

审计人员向有关单位和个人进行调查时,应当出示审计人员的工作证件和审计通知书副本。

第三十九条 审计组对审计事项实施审计后,应当向审计机关提出审计报告。审计报告报送审计机关前,应当征求被审计单位的意见。被审计单位应当自接到审计报告之日起十日内,将其书面意见送交审计组或者审计机关。

第四十条 审计机关审定审计报告,对审计事项作出评价,出具审计意见书;对违反国家规定的财政收支、财务收支行为,需要依法给予处理、处罚的,在法定职权范围内作出审计决定或者向有关主管机关提出处理、处罚意见。

审计机关应当自收到审计报告之日起三十日内,将审计意见书和审计决定送达被审计单位和有关单位。

审计决定自送达之日起生效。

第六章 法律责任

第四十一条 被审计单位违反本法规定,拒绝或者拖延提供与审计事项有关的资料的,或者拒绝、阻碍检查的,审计机关责令改正,可以通报批评,给予警告;拒不改正的,依法追究责任。

第四十二条 审计机关发现被审计单位违反本法规定,转移、隐匿、篡改、毁弃会计凭证、会计账簿、会计报表以及其他与财政收支或者财务收支有关的资料的,有权予以制止。

被审计单位有前款所列行为,审计机关认为对负有直接责任的主管人员和其他直接责任人员依法应当给予行政处分的,应当提出给予行政处分的建议,被审计单位或者其上级机关、监察机关应当依法及时作出决定;构成犯罪的,由司法机关依法追究刑事责任。

第四十三条 被审计单位违反本法规定,转移、隐匿违法取得的资产的,审计机关、人民政府或者有关主管部门在法定职权范围内有权予以制止,或者申请法院采取保全措施。

被审计单位有前款所列行为,审计机关认为对负有直接责任的主管人员和其他直接责任人员依法应当给予行政处分的,应当提出给予行政处分的建议,被审计单位或者其上级机关、监察机关应当依法及时作出决定;构成犯罪的,由司法机关依法追究刑事责任。

第四十四条 对本级各部门(含直属单位)和下级政府违反预算的行为或者其他违反国家规定的财政收支行为,审计机关、人民政府或者有关主管部门在法定职权范围内,依照法律、行政法规的规定作出处理。

第四十五条 对被审计单位违反国家规定的财务收支行为,审计机关、人民政府或者有关主管部门在法定职权范围内,依照法律、行政法规的规定,责令限期缴纳应当上缴的收入,限期退还违法所得,限期退还被侵占的国有资产,以及采取其他纠正措施,并可依法给予处罚。

第四十六条 对被审计单位违反国家规定的财政收支、财务收支行为负有直接责任的主管人员和其他直接责任人员,审计机关认为依法应当给予行政处分的,应当提出给予行政处分的建议,被审计单位或者其上级机关、监察机关应当依法及时作出决定。

第四十七条 被审计单位的财政收支、财务收支违反法律、行政法规的规定,构成犯罪的,依法追究刑事责任。

第四十八条 报复陷害审计人员,构成犯罪的,依法追究刑事责任;不构成犯罪的,给予行政处分。

第四十九条 审计人员滥用职权、徇私舞弊、玩忽职守,构成犯罪的,依法追究刑事责任;不构成犯罪的,给予行政处分。

第七章 附则

第五十条 中国人民解放军审计工作的规定,由中央军事委员会根据本法制定。

第五十一条 本法自1995年1月1日起施行。1988年11月30日国务院发布的《中华人民共和国审计条例》同时废止。

中华人民共和国审计法实施条例(1997)●

(1997年10月21日)

第一章 总则

第一条 根据《中华人民共和国审计法》(以下简称审计法)的规定,制定本条例。

第二条 审计是审计机关依法独立检查被审计单位的会计凭证、会计账簿、会计报表以及其他与财政收支、财务收支有关的资料和资产,监督财政收支、财务收支真实、合法和效益的行为。

第三条 接受审计监督的财政收支,是指依照《中华人民共和国预算法》和国家其他有关规定,纳入预算管理的收入和支出,以及预算外资金的收入和支出。

接受审计监督的财务收支,是指国有的金融机构、企业事业单位以及国家规定应当接受审计监督的其他有关单位,按照国家有关财务会计制度的规定,办理会计事务、进行会计核算、实行会计监督的各种资金的收入和支出。

第四条 审计机关依照审计法和本条例以及其他有关法律、法规规定的职责、权限和程序进行审计监督。

审计机关以法律、法规和国家其他有关财政收支、财务收支的规定为审计评价和处理、处罚依据。

第五条 审计机关对预算执行情况进行审计监督的主要内容:

(一)各级人民政府财政部门按照本级人民代表大会批准的本级预算向本级各部门批复预算的情况、本级预算执行中调整情况和预算收支变化情况;

(二)预算收入征收部门依照法律、行政法规和国家其他有关规定征收预算收入情况;

(三)各级人民政府财政部门按照批准的年度预算和用款计划、预算级次和程序,拨付本级预算支出资金情况;

(四)国务院财政部门和县级以上地方各级人民政府财政部门依照法律、行政法规的规定和财政管理体制,拨付补助下级人民政府预算支出资金和办理结算情况;

(五)本级各部门执行年度支出预算和财政制度、财务制度以及相关的经济建设和事业发展情况,有预算收入上缴任务的部门和单位预算收入上缴情况;

(六)各级国库按照国家有关规定办理预算收入的收纳情况和预算支出的拨付情况;

(七)按照国家有关规定实行专项管理的预算资金收支情况;

(八)法律、法规规定的预算执行中的其他事项。

第六条 审计机关对其他财政收支情况进行审计监督的主要内容:

(一)各级人民政府财政部门依照法律、行政法规和国家其他有关规定,管理和使用预算外资金和财政有偿使用资金的情况;

(二)本级各部门依照法律、行政法规和国家其他有关规定,管理和使用预算外资金的情况;

(三)本级各部门决算和下级政府决算。

● 《中国审计年鉴》编辑委员会.中国审计年鉴(1994—1998)[M].北京:中国审计出版社,1999:115-119.

第二章　审计机关和审计人员

第七条　审计署在国务院总理领导下,主管全国的审计工作,履行审计法和国务院规定的职责。地方各级审计机关在本级人民政府行政首长和上一级审计机关的领导下,负责本行政区域内的审计工作,履行法律、法规和本级人民政府规定的职责。

第八条　省、自治区人民政府设立的地区行政公署审计机关,对地区行政公署和省、自治区人民政府审计机关负责并报告工作,审计业务以省、自治区人民政府审计机关领导为主。

第九条　审计机关编制履行职责所必需的年度经费预算草案的依据:

(一)法律、法规;

(二)本级人民政府的决定和要求;

(三)审计机关的职责、任务和计划;

(四)定员定额标准;

(五)上一年度经费预算执行情况和本年度的变化因素。

审计机关履行职责所必需的经费预算,在本级预算中单独列项,由本级人民政府予以保证。

第十条　审计人员实行审计专业技术资格制度,具体办法按照国家有关规定执行。

审计机关根据工作需要,可以聘请具有与审计事项相关专业知识的人员参加审计工作。

第十一条　审计人员办理审计事项,遇有下列情形之一的,应当自行回避;被审计单位有权申请审计人员回避:

(一)与被审计单位负责人和有关主管人员之间有夫妻关系、直系血亲关系、三代以内旁系血亲以及近姻亲关系的;

(二)与被审计单位或者审计事项有经济利益关系的;

(三)与被审计单位或者审计事项有其他利害关系,可能影响公正执行公务的。

审计人员的回避,由审计机关负责人决定;审计机关负责人的回避,由本级人民政府或者上一级审计机关负责人决定。

第十二条　地方各级审计机关正职和副职负责人的任免,应当事先征求上一级审计机关的意见。

第十三条　审计机关负责人在任职期间没有下列情形之一的,不得随意撤换:

(一)因犯罪被追究刑事责任的;

(二)因严重违法失职受到行政处分,不适宜继续担任审计机关负责人的;

(三)因身体健康原因不能履行职责1年以上的;

(四)不符合国家规定的其他任职条件的。

第三章　审计机关职责

第十四条　审计机关对与本级人民政府财政部门直接发生预算缴款、拨款关系的国家机关、军队、政党组织和社会团体,依法进行审计监督;对与本级人民政府财政部门直接发生预算缴款、拨款关系的企业和事业单位,依法进行审计监督。

第十五条　接受审计监督的预算外资金,是指国家机关、事业单位和社会团体为履行或者代

为履行政府职能,按照国家有关规定收取、提取和安排使用的未纳入预算管理的下列财政性资金:

(一)财政部门管理的未纳入预算的各项附加收入和筹集的其他资金、基金;

(二)行政机关和事业单位未纳入预算的各项行政收费和事业收费;

(三)政府有关主管部门从所属单位集中的上缴资金;

(四)未纳入预算管理的其他财政性资金、基金。

第十六条 审计机关应当在每一预算年度终了后,对预算执行情况和其他财政收支情况进行审计。必要时,审计机关可以对本预算年度或者以往预算年度财政收支中的有关事项进行审计、检查。

第十七条 审计机关对本级预算执行情况的审计结果报告,包括下列内容:

(一)财政部门具体组织本级预算执行的情况;

(二)本级预算收入征收部门组织预算收入的情况;

(三)本级国库办理预算收支业务的情况;

(四)审计机关对本级预算执行情况作出的审计评价;

(五)本级预算执行中存在的问题以及审计机关依法采取的措施;

(六)审计机关提出的处理意见和改进本级预算执行工作的建议;

(七)本级政府要求报告的其他情况。

第十八条 审计署对中央银行及其分支机构从事金融业务活动、履行金融监督管理职责所发生的各项财务收支,依法进行审计监督。

审计署向国务院总理提出的中央预算执行情况审计结果报告,应当包括中央银行的财务收支情况。

第十九条 审计机关对下列国有金融机构,依法进行审计监督:

(一)国家政策性银行;

(二)国有商业银行;

(三)国有非银行金融机构;

(四)国有资产占控股地位或者主导地位的银行或者非银行金融机构。

第二十条 审计机关对国有资产占控股地位或者主导地位的下列企业,依法进行审计监督:

(一)国有资本占企业资本总额的百分之五十以上的企业;

(二)国有资本占企业资本总额的比例不足百分之五十,但是国有资产投资者实质上拥有控制权的企业。

审计机关对前款所列企业的审计监督,除国务院另有规定外,比照审计法第二十条、第二十一条的规定执行。

第二十一条 接受审计监督的国家建设项目,是指以国有资产投资或者融资为主的基本建设项目和技术改造项目。

与国家建设项目直接有关的建设、设计、施工、采购等单位的财务收支,应当接受审计机关的审计监督。

第二十二条 审计机关应当对国家建设项目总预算或者概算的执行情况、年度预算的执行情况和年度决算、项目竣工决算,依法进行审计监督。

第二十三条 接受审计监督的社会保障基金,包括养老、医疗、工伤、失业、生育等社会保险基金,救济、救灾、扶贫等社会救济基金,以及发展社会福利事业的社会福利基金。

接受审计监督的社会捐赠资金,包括境内外企业、团体和个人捐赠用于社会公益事业的货币、有价证券和实物。

第二十四条 审计机关对国际组织和外国政府下列援助、贷款项目,依法进行审计监督:

(一)国际金融组织、外国政府及其机构向中国政府及其机构提供的贷款项目;

(二)国际组织、外国政府及其机构向中国企业事业单位提供的由中国政府及其机构担保的贷款项目;

(三)国际组织、外国政府及其机构向中国政府提供的援助和赠款项目;

(四)国际组织、外国政府及其机构向受中国政府委托管理有关基金、资金的社会团体提供的援助和赠款项目;

(五)利用国际组织和外国政府援助、贷款的其他项目。

第二十五条 审计机关进行专项审计调查时,应当向被调查的地方、部门、单位及有关人员出具专项审计调查的书面通知并说明有关情况;有关地方、部门、单位及有关人员应当接受调查,如实反映情况,提供有关资料。

第二十六条 审计机关根据被审计单位的财政、财务隶属关系,确定审计管辖范围;不能根据财政、财务隶属关系确定审计管辖范围的,根据国有资产监督管理关系,确定审计管辖范围。

两个或者两个以上国有资产投资主体投资的企业事业单位,由对主要投资主体有审计管辖权的审计机关进行审计监督。

第二十七条 各级审计机关应当按照确定的审计管辖范围进行审计监督和专项审计调查。

第四章 审计机关权限

第二十八条 审计机关依法进行审计监督时,被审计单位应当按照审计机关规定的期限和要求,向审计机关提供与财政收支或者财务收支有关的情况和资料。

被审计单位向审计机关提供的情况和资料,包括被审计单位在银行和非银行金融机构设立账户的情况、委托社会审计机构出具的审计报告、验资报告、资产评估报告以及办理企业、事业单位合并、分立、清算事宜出具的有关报告等。

第二十九条 各级人民政府财政部门、税务部门和其他部门应当向本级审计机关报送下列资料:

(一)本级人民代表大会批准的本级预算和本级人民政府财政部门向本级各部门批复的预算,预算收入征收部门的年度收入计划,以及本级各部门向所属各单位批复的预算;

(二)本级预算收支执行和预算收入征收部门的收入计划完成情况月报、年报和决算,以及预算外资金收支决算和财政有偿使用资金收支情况;

（三）综合性财政税务工作统计年报，情况简报，财政、预算、税务、财务和会计等规章制度；

（四）本级各部门汇总编制的本部门决算草案。

第三十条 审计机关有权检查被审计单位运用电子计算机管理财政收支、财务收支的财务会计核算系统。被审计单位应当向审计机关提供运用电子计算机储存、处理的财政收支、财务收支电子数据以及有关资料。

第三十一条 审计机关就审计事项的有关问题向有关单位和个人进行调查时，有权查询被审计单位在金融机构的各项存款，并取得证明材料；有关金融机构应当予以协助，并提供证明材料。

审计机关查询被审计单位在金融机构的存款时，应当持县级以上审计机关负责人签发的查询通知书，并负有保密义务。

第三十二条 审计机关有根据认为被审计单位可能转移、隐匿、篡改、毁弃会计凭证、会计账簿、会计报表以及其他与财政收支或者财务收支有关的资料的，有权采取取证措施；必要时，经审计机关负责人批准，有权暂时封存被审计单位与违反国家规定的财政收支或者财务收支有关的账册资料。

第三十三条 审计机关依法进行审计监督时，被审计单位不得转移、隐匿所持有的下列违反国家规定取得的资产：

（一）弄虚作假骗取的财政拨款、银行贷款以及物资；

（二）违反国家规定享受国家补贴、补助、贴息、免息、减税、免税、退税等优惠政策取得的资产；

（三）违反国家规定向他人收取的款项、实物；

（四）违反国家规定处分国有资产取得的收益；

（五）违反国家规定取得的其他资产。

审计机关依照法定程序，可以通知对被审计单位资金拨付负有管理职责或者对其资金使用负有监督职责的部门，暂停拨付与违反国家规定的财政收支、财务收支行为直接有关的款项；已经拨付的，暂停使用。

第三十四条 审计机关依法进行审计监督时，发现被审计单位违反国家规定挪用、滥用或者非法使用贷款资金的，可以建议有关的国有金融机构采取保障贷款资金安全的相应措施。

第三十五条 审计机关可以就有关审计事项向政府有关部门通报审计结果，并可以就有关问题提出意见和建议。

审计机关可以向社会公布下列审计事项的审计结果：

（一）本级人民政府或者上级审计机关要求向社会公布的；

（二）社会公众关注的；

（三）法律、法规规定向社会公布的其他审计事项的审计结果。

第五章 审计程序

第三十六条 审计机关应当根据法律、法规和国家其他有关规定，按同级人民政府和上级机关的要求,确定年度审计工作重点,编制年度项目计划。

第三十七条　审计机关依法实施审计时,直接送达审计文书,也可以送达审计文书接送达的,以被审计单位在回执上注明的签收日期为送达日期;邮寄送达的,以回执上注明的收件日期为送达日期。

第三十八条　审计人员实施审计时,应当按照以下规定办理:

(一)编制审计工作底稿,对审计中发现的问题,作出详细、准确的记录,并注明资料来源。

(二)搜集、取得能够证明审计事项的原始资料、有关文件和实物等;不能或者不宜取得原始资料、有关文件和实物的,可以采取复制、拍照等方法取得证明材料。

(三)对与审计事项有关的会议和谈话内容作出记录,或者根据审计工作需要,要求提供会议记录材料。

第三十九条　审计人员向有关单位和个人调查取得的证明材料,应当有提供者的签名或者盖章;不能取得提供者签名或者盖章的,审计人员应当注明原因。

第四十条　审计组向审计机关提出审计报告前,应当征求被审计单位意见。被审计单位应当自接到审计报告之日起 10 日内,提出书面意见;自接到审计报告 10 日内未提出书面意见的,视同无异议。

审计组应当审查被审计单位对审计报告的意见,进一步核实情况,根据所核实的情况对审计报告作必要修改,并将审计报告和被审计单位的书面意见一并报送审计机关。

第四十一条　审计组提出的审计报告,经审计机关专门机构或者人员复核后,由审计机关审定并按照以下规定办理:

(一)对没有违反国家规定的财政收支、财务收支行为的,应当对审计事项作出评价,出具审计意见书;对有违反国家规定的财政收支、财务收支行为,情节显著轻微的,应当予以指明并责令自行纠正,对审计事项作出评价,出具审计意见书。

(二)对有违反国家规定的财政收支、财务收支行为,需要依法给予处理、处罚的,除应当对审计事项作出评价,出具审计意见书外,还应当对违反国家规定的财政收支、财务收支行为,在法定职权范围内作出处理、处罚的审计决定。

(三)对违反国家规定的财政收支、财务收支行为,审计机关认为应当由有关主管机关处理、处罚的,应当作出审计建议书,向有关主管机关提出处理、处罚意见。

第四十二条　审计机关在审计中遇有损害国家利益和社会公共利益而处理、处罚依据不明确的事项,应当向本级人民政府和上级审计机关报告。

第四十三条　审计机关作出审计决定后,送达被审计单位执行;审计决定需要有关主管部门协助执行的,应当制发协助执行审计决定通知书。

第四十四条　被审计单位应当执行审计决定,并将应当缴纳的款项按照财政管理体制和国家有关规定缴入专门账户;依法没收的违法所得和罚款,全部缴入国库。

被审计单位或者协助执行的有关主管部门应当自审计决定生效之日起 30 日内,将审计决定的执行情况书面报告审计机关。

第四十五条 审计机关应当自审计决定生效之日起3个月内,检查审计决定的执行情况。被审计单位未按规定期限和要求执行审计决定的,审计机关应当责令执行;仍不执行的,申请人民法院强制执行。

第四十六条 对地方审计机关作出的审计决定不服的,应当先向上一级审计机关或者本级人民政府申请复议;对审计署作出的审计决定不服的,应当先向审计署申请复议。

审计机关应当自收到复议申请书之日起2个月内作出复议决定。遇有特殊情况的,作出复议决定的期限可以适当延长;但是,延长的期限最长不得超过2个月,并应当将延长的期限和理由及时通知复议申请人。

第四十七条 审计机关对办理的审计事项、审计调查事项、审计复议事项和审计应诉事项,应当按照国家有关规定建立、健全审计档案制度。

第四十八条 审计通知书、审计报告、审计意见书、审计决定等审计文书的内容和格式,由审计署规定。

第六章 法律责任

第四十九条 被审计单位违反审计法的规定,拒绝或者拖延提供与审计事项有关的资料的,或者拒绝、阻碍检查的,由审计机关责令改正,可以通报批评,给予警告;拒不改正的,按照下列规定追究责任:

(一)对被审计单位处以5万元以下的罚款;

(二)对被审计单位负有直接责任的主管人员和其他直接责任人员,审计机关认为应当给予行政处分或者纪律处分的,向有关部门、单位提出给予行政处分或者纪律处分的建议;

(三)构成犯罪的,依法追究刑事责任。

依照前款规定追究责任后,被审计单位仍须接受审计机关的审计监督。

第五十条 审计机关发现被审计单位转移、隐匿、篡改、毁弃会计凭证、会计账簿、会计报表以及其他与财政收支或者财务收支有关的资料的,有权予以制止,责令交出、改正或者采取措施予以补救,并采取本条例第三十二条规定的措施。

第五十一条 审计机关发现被审计单位转移、隐匿违法取得的资产的,有权予以制止,或者提请人民政府或者有关主管部门予以制止,或者依法申请人民法院采取财产保全措施。

第五十二条 对本级各部门(含直属单位)和下级政府违反预算的行为或者其他违反国家规定的财政收支行为,审计机关在法定的职权范围内,区别情况对违法取得的资产按照以下规定处理:

(一)责令限期缴纳、上缴应当缴纳或者上缴的财政收入;

(二)责令限期退还被侵占的国有资产;

(三)责令限期退还违法所得;

(四)责令冲转或者调整有关会计账目;

(五)采取其他纠正措施。

第五十三条 对被审计单位违反国家规定的财务收支行为,由审计机关在法定职权范围内责令改正,给予警告,通报批评,依照本条例第五十二条规定对违法取得的资产作出处理;有违法所得的,处以违法所得1倍以上5倍以下的罚款;没有违法所得的,处以5万元以下的罚款。对被审计单位负有直接责任的主管人员和其他直接责任人员,审计机关认为应当给予行政处分或者纪律处分的,向有关部门、单位提出给予行政处分或者纪律处分的建议。

法律、行政法规对被审计单位违反国家规定的财务收支行为另有处理、处罚规定的,从其规定。

第五十四条　审计机关提出的对被审计单位处理、处罚的建议或者对被审计单位负有直接责任的主管人员和其他直接责任人员给予行政处分或者纪律处分的建议,有关部门、单位应当依法及时作出决定,并将结果书面通知审计机关。

第五十五条　审计人员滥用职权、徇私舞弊、玩忽职守,构成犯罪的,依法追究刑事责任;尚不构成犯罪的,依法给予行政处分。

审计人员违法、违纪取得的财物,依法予以追缴、没收或者责令退赔。

第七章　附则

第五十六条　本条例自发布之日起施行。

中华人民共和国审计法(2006)[1]

(1994年8月31日第八届全国人民代表大会常务委员会第九次会议通过,
根据2006年2月28日第十届全国人民代表大会常务委员会第二十次会议
《关于修改<中华人民共和国审计法>的决定》修正)

第一章　总则

第一条　为了加强国家的审计监督,维护国家财政经济秩序,提高财政资金使用效益,促进廉政建设,保障国民经济和社会健康发展,根据宪法,制定本法。

第二条　国家实行审计监督制度。国务院和县级以上地方人民政府设立审计机关。

国务院各部门和地方各级人民政府及其各部门的财政收支,国有的金融机构和企业事业组织的财务收支,以及其他依照本法规定应当接受审计的财政收支、财务收支,依照本法规定接受审计监督。

审计机关对前款所列财政收支或者财务收支的真实、合法和效益,依法进行审计监督。

第三条　审计机关依照法律规定的职权和程序,进行审计监督。

审计机关依据有关财政收支、财务收支的法律、法规和国家其他有关规定进行审计评价,在法定职权范围内作出审计决定。

第四条　国务院和县级以上地方人民政府应当每年向本级人民代表大会常务委员会提出审计机关对预算执行和其他财政收支的审计工作报告。审计工作报告应当重点报告对预算执行的审计情况。必要时,人民代表大会常务委员会可以对审计工作报告作出决议。

国务院和县级以上地方人民政府应当将审计工作报告中指出的问题的纠正情况和处理结果向本级人民代表大会常务委员会报告。

---

[1]翟继光.中华人民共和国现行审计法规汇编[M].成都:西南财经大学出版社,2009:3-7.

第五条　审计机关依照法律规定独立行使审计监督权,不受其他行政机关、社会团体和个人的干涉。

第六条　审计机关和审计人员办理审计事项,应当客观公正,实事求是,廉洁奉公,保守秘密。

第二章　审计机关和审计人员

第七条　国务院设立审计署,在国务院总理领导下,主管全国的审计工作。审计长是审计署的行政首长。

第八条　省、自治区、直辖市、设区的市、自治州、县、自治县、不设区的市、市辖区的人民政府的审计机关,分别在省长、自治区主席、市长、州长、县长、区长和上一级审计机关的领导下,负责本行政区域内的审计工作。

第九条　地方各级审计机关对本级人民政府和上一级审计机关负责并报告工作,审计业务以上级审计机关领导为主。

第十条　审计机关根据工作需要,经本级人民政府批准,可以在其审计管辖范围内设立派出机构。派出机构根据审计机关的授权,依法进行审计工作。

第十一条　审计机关履行职责所必需的经费,应当列入财政预算,由本级人民政府予以保证。

第十二条　审计人员应当具备与其从事的审计工作相适应的专业知识和业务能力。

第十三条　审计人员办理审计事项,与被审计单位或者审计事项有利害关系的,应当回避。

第十四条　审计人员对其在执行职务中知悉的国家秘密和被审计单位的商业秘密,负有保密的义务。

第十五条　审计人员依法执行职务,受法律保护。

任何组织和个人不得拒绝、阻碍审计人员依法执行职务,不得打击报复审计人员。

审计机关负责人依照法定程序任免。审计机关负责人没有违法失职或者其他不符合任职条件的情况的,不得随意撤换。地方各级审计机关负责人的任免,应当事先征求上一级审计机关的意见。

第三章　审计机关职责

第十六条　审计机关对本级各部门(含直属单位)和下级政府预算的执行情况和决算以及其他财政收支情况,进行审计监督。

第十七条　审计署在国务院总理领导下,对中央预算执行情况和其他财政收支情况进行审计监督,向国务院总理提出审计结果报告。

地方各级审计机关分别在省长、自治区主席、市长、州长、县长、区长和上一级审计机关的领导下,对本级预算执行情况和其他财政收支情况进行审计监督,向本级人民政府和上一级审计机关提出审计结果报告。

第十八条　审计署对中央银行的财务收支,进行审计监督。审计机关对国有金融机构的资产、负债、损益,进行审计监督。

第十九条　审计机关对国家的事业组织和使用财政资金的其他事业组织的财务收支,进行审计监督。

第二十条　审计机关对国有企业的资产、负债、损益,进行审计监督。

第二十一条　对国有资本占控股地位或者主导地位的企业、金融机构的审计监督,由国务院规定。

第二十二条　审计机关对政府投资和以政府投资为主的建设项目的预算执行情况和决算,进行审计监督。

第二十三条　审计机关对政府部门管理的和其他单位受政府委托管理的社会保障基金、社会捐赠资金以及其他有关基金、资金的财务收支,进行审计监督。

第二十四条　审计机关对国际组织和外国政府援助、贷款项目的财务收支,进行审计监督。

第二十五条　审计机关按照国家有关规定,对国家机关和依法属于审计机关审计监督对象的其他单位的主要负责人,在任职期间对本地区、本部门或者本单位的财政收支、财务收支以及有关经济活动应负经济责任的履行情况,进行审计监督。

第二十六条　除本法规定的审计事项外,审计机关对其他法律、行政法规规定应当由审计机关进行审计的事项,依照本法和有关法律、行政法规的规定进行审计监督。

第二十七条　审计机关有权对与国家财政收支有关的特定事项,向有关地方、部门、单位进行专项审计调查,并向本级人民政府和上一级审计机关报告审计调查结果。

第二十八条　审计机关根据被审计单位的财政、财务隶属关系或者国有资产监督管理关系,确定审计管辖范围。

审计机关之间对审计管辖范围有争议的,由其共同的上级审计机关确定。

上级审计机关可以将其审计管辖范围内的本法第十八条第二款至第二十五条规定的审计事项,授权下级审计机关进行审计;上级审计机关对下级审计机关审计管辖范围内的重大审计事项,可以直接进行审计,但是应当防止不必要的重复审计。

第二十九条　依法属于审计机关审计监督对象的单位,应当按照国家有关规定建立健全内部审计制度;其内部审计工作应当接受审计机关的业务指导和监督。

第三十条　社会审计机构审计的单位依法属于审计机关审计监督对象的,审计机关按照国务院的规定,有权对该社会审计机构出具的相关审计报告进行核查。

第四章　审计机关权限

第三十一条　审计机关有权要求被审计单位按照审计机关的规定提供预算或者财务收支计划、预算执行情况、决算、财务会计报告,运用电子计算机储存、处理的财政收支、财务收支电子数据和必要的电子计算机技术文档,在金融机构开立账户的情况,社会审计机构出具的审计报告,以及其他与财政收支或者财务收支有关的资料,被审计单位不得拒绝、拖延、谎报。

被审计单位负责人对本单位提供的财务会计资料的真实性和完整性负责。

第三十二条　审计机关进行审计时,有权检查被审计单位的会计凭证、会计账簿、财务会计报告和运用电子计算机管理财政收支、财务收支电子数据的系统,以及其他与财政收支、财务收支有关的资料和资产,被审计单位不得拒绝。

第三十三条 审计机关进行审计时,有权就审计事项的有关问题向有关单位和个人进行调查,并取得有关证明材料。有关单位和个人应当支持、协助审计机关工作,如实向审计机关反映情况,提供有关证明材料。

审计机关经县级以上人民政府审计机关负责人批准,有权查询被审计单位在金融机构的账户。

审计机关有证据证明被审计单位以个人名义存储公款的,经县级以上人民政府审计机关主要负责人批准,有权查询被审计单位以个人名义在金融机构的存款。

第三十四条 审计机关进行审计时,被审计单位不得转移、隐匿、篡改、毁弃会计凭证、会计账簿、财务会计报告以及其他与财政收支或者财务收支有关的资料,不得转移、隐匿所持有的违反国家规定取得的资产。

审计机关对被审计单位违反前款规定的行为,有权予以制止;必要时,经县级以上人民政府审计机关负责人批准,有权封存有关资料和违反国家规定取得的资产;对其中在金融机构的有关存款需要予以冻结的,应当向人民法院提出申请。

审计机关对被审计单位正在进行的违反国家规定的财政收支、财务收支行为,有权予以制止;制止无效的,经县级以上人民政府审计机关负责人批准,通知财政部门和有关主管部门暂停拨付与违反国家规定的财政收支、财务收支行为直接有关的款项,已经拨付的,暂停使用。

审计机关采取前两款规定的措施不得影响被审计单位合法的业务活动和生产经营活动。

第三十五条 审计机关认为被审计单位所执行的上级主管部门有关财政收支、财务收支的规定与法律、行政法规相抵触的,应当建议有关主管部门纠正;有关主管部门不予纠正的,审计机关应当提请有权处理的机关依法处理。

第三十六条 审计机关可以向政府有关部门通报或者向社会公布审计结果。

审计机关通报或者公布审计结果,应当依法保守国家秘密和被审计单位的商业秘密,遵守国务院的有关规定。

第三十七条 审计机关履行审计监督职责,可以提请公安、监察、财政、税务、海关、价格、工商行政管理等机关予以协助。

第五章 审计程序

第三十八条 审计机关根据审计项目计划确定的审计事项组成审计组,并应当在实施审计三日前,向被审计单位送达审计通知书;遇有特殊情况,经本级人民政府批准,审计机关可以直接持审计通知书实施审计。

被审计单位应当配合审计机关的工作,并提供必要的工作条件。

审计机关应当提高审计工作效率。

第三十九条 审计人员通过审查会计凭证、会计账簿、财务会计报告,查阅与审计事项有关的文件、资料,检查现金、实物、有价证券,向有关单位和个人调查等方式进行审计,并取得证明材料。

审计人员向有关单位和个人进行调查时,应当出示审计人员的工作证件和审计通知书副本。

第四十条　审计组对审计事项实施审计后,应当向审计机关提出审计组的审计报告。审计组的审计报告报送审计机关前,应当征求被审计对象的意见。被审计对象应当自接到审计组的审计报告之日起十日内,将其书面意见送交审计组。审计组应当将被审计对象的书面意见一并报送审计机关。

第四十一条　审计机关按照审计署规定的程序对审计组的审计报告进行审议,并对被审计对象对审计组的审计报告提出的意见一并研究后,提出审计机关的审计报告;对违反国家规定的财政收支、财务收支行为,依法应当给予处理、处罚的,在法定职权范围内作出审计决定或者向有关主管机关提出处理、处罚的意见。

审计机关应当将审计机关的审计报告和审计决定送达被审计单位和有关主管机关、单位。审计决定自送达之日起生效。

第四十二条　上级审计机关认为下级审计机关作出的审计决定违反国家有关规定的,可以责成下级审计机关予以变更或者撤销,必要时也可以直接作出变更或者撤销的决定。

第六章　法律责任

第四十三条　被审计单位违反本法规定,拒绝或者拖延提供与审计事项有关的资料的,或者提供的资料不真实、不完整的,或者拒绝、阻碍检查的,由审计机关责令改正,可以通报批评,给予警告;拒不改正的,依法追究责任。

第四十四条　被审计单位违反本法规定,转移、隐匿、篡改、毁弃会计凭证、会计账簿、财务会计报告以及其他与财政收支、财务收支有关的资料,或者转移、隐匿所持有的违反国家规定取得的资产,审计机关认为对直接负责的主管人员和其他直接责任人员依法应当给予处分的,应当提出给予处分的建议,被审计单位或者其上级机关、监察机关应当依法及时作出决定,并将结果书面通知审计机关;构成犯罪的,依法追究刑事责任。

第四十五条　对本级各部门(含直属单位)和下级政府违反预算的行为或者其他违反国家规定的财政收支行为,审计机关、人民政府或者有关主管部门在法定职权范围内,依照法律、行政法规的规定,区别情况采取下列处理措施:

(一)责令限期缴纳应当上缴的款项;

(二)责令限期退还被侵占的国有资产;

(三)责令限期退还违法所得;

(四)责令按照国家统一的会计制度的有关规定进行处理;

(五)其他处理措施。

第四十六条　对被审计单位违反国家规定的财务收支行为,审计机关、人民政府或者有关主管部门在法定职权范围内,依照法律、行政法规的规定,区别情况采取前条规定的处理措施,并可以依法给予处罚。

第四十七条　审计机关在法定职权范围内作出的审计决定,被审计单位应当执行。

审计机关依法责令被审计单位上缴应当上缴的款项,被审计单位拒不执行的,审计机关应当通报有关主管部门,有关主管部门应当依照有关法律、行政法规的规定予以扣缴或者采取其他处理措施,并将结果书面通知审计机关。

第四十八条　被审计单位对审计机关作出的有关财务收支的审计决定不服的,可以依法申请行政复议或者提起行政诉讼。

被审计单位对审计机关作出的有关财政收支的审计决定不服的,可以提请审计机关的本级人民政府裁决,本级人民政府的裁决为最终决定。

第四十九条　被审计单位的财政收支、财务收支违反国家规定,审计机关认为对直接负责的主管人员和其他直接责任人员依法应当给予处分的,应当提出给予处分的建议,被审计单位或者其上级机关、监察机关应当依法及时作出决定,并将结果书面通知审计机关。

第五十条　被审计单位的财政收支、财务收支违反法律、行政法规的规定,构成犯罪的,依法追究刑事责任。

第五十一条　报复陷害审计人员的,依法给予处分;构成犯罪的,依法追究刑事责任。

第五十二条　审计人员滥用职权、徇私舞弊、玩忽职守或者泄露所知悉的国家秘密、商业秘密的,依法给予处分;构成犯罪的,依法追究刑事责任。

第七章　附则

第五十三条　中国人民解放军审计工作的规定,由中央军事委员会根据本法制定。

第五十四条　本法自1995年1月1日起施行。1988年11月30日国务院发布的《中华人民共和国审计条例》同时废止。

全国人民代表大会常务委员会关于修改《中华人民共和国审计法》的决定
(2006年2月28日第十届全国人民代表大会常务委员会第二十次会议通过)

第十届全国人民代表大会常务委员会第二十次会议决定对《中华人民共和国审计法》作如下修改:

一、第一条修改为:"为了加强国家的审计监督,维护国家财政经济秩序,提高财政资金使用效益,促进廉政建设,保障国民经济和社会健康发展,根据宪法,制定本法。"

二、第三条增加一款,作为第二款:"审计机关依据有关财政收支、财务收支的法律、法规和国家其他有关规定进行审计评价,在法定职权范围内作出审计决定。"

三、第四条修改为:"国务院和县级以上地方人民政府应当每年向本级人民代表大会常务委员会提出审计机关对预算执行和其他财政收支的审计工作报告。审计工作报告应当重点报告对预算执行的审计情况。必要时,人民代表大会常务委员会可以对审计工作报告作出决议。"

"国务院和县级以上地方人民政府应当将审计工作报告中指出的问题的纠正情况和处理结果向本级人民代表大会常务委员会报告。"

四、第十条修改为:"审计机关根据工作需要,经本级人民政府批准,可以在其审计管辖范围内设立派出机构。"

"派出机构根据审计机关的授权,依法进行审计工作。"

五、第十五条增加一款,作为第四款:"地方各级审计机关负责人的任免,应当事先征求上一级审计机关的意见。"

六、第十六条修改为："审计机关对本级各部门(含直属单位)和下级政府预算的执行情况和决算以及其他财政收支情况,进行审计监督。"

七、第十七条修改为："审计署在国务院总理领导下,对中央预算执行情况和其他财政收支情况进行审计监督,向国务院总理提出审计结果报告。"

"地方各级审计机关分别在省长、自治区主席、市长、州长、县长、区长和上一级审计机关的领导下,对本级预算执行情况和其他财政收支情况进行审计监督,向本级人民政府和上一级审计机关提出审计结果报告。"

八、第十九条修改为："审计机关对国家的事业组织和使用财政资金的其他事业组织的财务收支,进行审计监督。"

九、删去第二十一条。

十、第二十二条改为第二十一条,修改为："对国有资本占控股地位或者主导地位的企业、金融机构的审计监督,由国务院规定。"

十一、第二十三条改为第二十二条,修改为："审计机关对政府投资和以政府投资为主的建设项目的预算执行情况和决算,进行审计监督。"

十二、第二十四条改为第二十三条,修改为："审计机关对政府部门管理的和其他单位受政府委托管理的社会保障基金、社会捐赠资金以及其他有关基金、资金的财务收支,进行审计监督。"

十三、增加一条,作为第二十五条:"审计机关按照国家有关规定,对国家机关和依法属于审计机关审计监督对象的其他单位的主要负责人,在任职期间对本地区、本部门或者本单位的财政收支、财务收支以及有关经济活动应负经济责任的履行情况,进行审计监督。"

十四、第二十九条修改为："依法属于审计机关审计监督对象的单位,应当按照国家有关规定建立健全内部审计制度;其内部审计工作应当接受审计机关的业务指导和监督。"

十五、第三十条修改为："社会审计机构审计的单位依法属于审计机关审计监督对象的,审计机关按照国务院的规定,有权对该社会审计机构出具的相关审计报告进行核查。"

十六、第三十一条修改为："审计机关有权要求被审计单位按照审计机关的规定提供预算或者财务收支计划、预算执行情况、决算、财务会计报告,运用电子计算机储存、处理的财政收支、财务收支电子数据和必要的电子计算机技术文档,在金融机构开立账户的情况,社会审计机构出具的审计报告,以及其他与财政收支或者财务收支有关的资料,被审计单位不得拒绝、拖延、谎报。"

"被审计单位负责人对本单位提供的财务会计资料的真实性和完整性负责。"

十七、第三十二条修改为："审计机关进行审计时,有权检查被审计单位的会计凭证、会计账簿、财务会计报告和运用电子计算机管理财政收支、财务收支电子数据的系统,以及其他与财政收支、财务收支有关的资料和资产,被审计单位不得拒绝。"

十八、第三十三条增加一款,作为第二款:"审计机关经县级以上人民政府审计机关负责人批准,有权查询被审计单位在金融机构的账户。"

增加一款,作为第三款:"审计机关有证据证明被审计单位以个人名义存储公款的,经县级以上人民政府审计机关主要负责人批准,有权查询被审计单位以个人名义在金融机构的存款。"

十九、第三十四条第一款修改为:"审计机关进行审计时,被审计单位不得转移、隐匿、篡改、毁弃会计凭证、会计账簿、财务会计报告以及其他与财政收支或者财务收支有关的资料,不得转移、隐匿所持有的违反国家规定取得的资产。"

增加一款,作为第二款:"审计机关对被审计单位违反前款规定的行为,有权予以制止;必要时,经县级以上人民政府审计机关负责人批准,有权封存有关资料和违反国家规定取得的资产;对其中在金融机构的有关存款需要予以冻结的,应当向人民法院提出申请。"

第二款改为两款,作为第三款、第四款,修改为:"审计机关对被审计单位正在进行的违反国家规定的财政收支、财务收支行为,有权予以制止;制止无效的,经县级以上人民政府审计机关负责人批准,通知财政部门和有关主管部门暂停拨付与违反国家规定的财政收支、财务收支行为直接有关的款项,已经拨付的,暂停使用。"

"审计机关采取前两款规定的措施不得影响被审计单位合法的业务活动和生产经营活动。"

二十、增加一条,作为第三十七条:"审计机关履行审计监督职责,可以提请公安、监察、财政、税务、海关、价格、工商行政管理等机关予以协助。"

二十一、第三十七条改为第三十八条,第一款修改为:"审计机关根据审计项目计划确定的审计事项组成审计组,并应当在实施审计3日前,向被审计单位送达审计通知书;遇有特殊情况,经本级人民政府批准,审计机关可以直接持审计通知书实施审计。"

增加一款,作为第三款:"审计机关应当提高审计工作效率。"

二十二、第三十八条改为第三十九条,第一款修改为:"审计人员通过审查会计凭证、会计账簿、财务会计报告,查阅与审计事项有关的文件、资料,检查现金、实物、有价证券,向有关单位和个人调查等方式进行审计,并取得证明材料。"

二十三、第三十九条改为第四十条,修改为:"审计组对审计事项实施审计后,应当向审计机关提出审计组的审计报告。审计组的审计报告报送审计机关前,应当征求被审计对象的意见。被审计对象应当自接到审计组的审计报告之日起10日内,将其书面意见送交审计组。审计组应当将被审计对象的书面意见一并报送审计机关。"

二十四、第四十条改为第四十一条,修改为:"审计机关按照审计署规定的程序对审计组的审计报告进行审议,并对被审计对象对审计组的审计报告提出的意见一并研究后,提出审计机关的审计报告;对违反国家规定的财政收支、财务收支行为,依法应当给予处理、处罚的,在法定职权范围内作出审计决定或者向有关主管机关提出处理、处罚的意见。"

"审计机关应当将审计机关的审计报告和审计决定送达被审计单位和有关主管机关、单位。审计决定自送达之日起生效。"

二十五、增加一条,作为第四十二条:"上级审计机关认为下级审计机关作出的审计决定违反国家有关规定的,可以责成下级审计机关予以变更或者撤销,必要时也可以直接作出变更或者撤销的决定。"

二十六、第四十一条改为第四十三条,修改为:"被审计单位违反本法规定,拒绝或者拖延提供与审计事项有关的资料的，或者提供的资料不真实、不完整的，或者拒绝、阻碍检查的，由审计机关责令改正，可以通报批评，给予警告；拒不改正的，依法追究责任。"

二十七、第四十二条、第四十三条合并为一条，作为第四十四条，修改为："被审计单位违反本法规定，转移、隐匿、篡改、毁弃会计凭证、会计账簿、财务会计报告以及其他与财政收支、财务收支有关的资料，或者转移、隐匿所持有的违反国家规定取得的资产，审计机关认为对直接负责的主管人员和其他直接责任人员依法应当给予处分的，应当提出给予处分的建议，被审计单位或者其上级机关、监察机关应当依法及时作出决定，并将结果书面通知审计机关；构成犯罪的，依法追究刑事责任。"

二十八、第四十四条改为第四十五条，修改为："对本级各部门（含直属单位）和下级政府违反预算的行为或者其他违反国家规定的财政收支行为，审计机关、人民政府或者有关主管部门在法定职权范围内，依照法律、行政法规的规定，区别情况采取下列处理措施：

（一）责令限期缴纳应当上缴的款项；

（二）责令限期退还被侵占的国有资产；

（三）责令限期退还违法所得；

（四）责令按照国家统一的会计制度的有关规定进行处理；

（五）其他处理措施。"

二十九、第四十五条改为第四十六条，修改为："对被审计单位违反国家规定的财务收支行为，审计机关、人民政府或者有关主管部门在法定职权范围内，依照法律、行政法规的规定，区别情况采取前条规定的处理措施，并可以依法给予处罚。"

三十、增加一条，作为第四十七条："审计机关在法定职权范围内作出的审计决定，被审计单位应当执行。"

"审计机关依法责令被审计单位上缴应当上缴的款项，被审计单位拒不执行的，审计机关应当通报有关主管部门，有关主管部门应当依照有关法律、行政法规的规定予以扣缴或者采取其他处理措施，并将结果书面通知审计机关。"

三十一、增加一条，作为第四十八条："被审计单位对审计机关作出的有关财务收支的审计决定不服的，可以依法申请行政复议或者提起行政诉讼。"

"被审计单位对审计机关作出的有关财政收支的审计决定不服的，可以提请审计机关的本级人民政府裁决，本级人民政府的裁决为最终决定。"

三十二、第四十六条改为第四十九条，修改为："被审计单位的财政收支、财务收支违反国家规定，审计机关认为对直接负责的主管人员和其他直接责任人员依法应当给予处分的，应当提出给予处分的建议，被审计单位或者其上级机关、监察机关应当依法及时作出决定，并将结果书面通知审计机关。"

三十三、第四十八条改为第五十一条，修改为："报复陷害审计人员的，依法给予处分；构成犯罪的，依法追究刑事责任。"

三十四、第四十九条改为第五十二条，修改为："审计人员滥用职权、徇私舞弊、玩忽职守或者泄露所知悉的国家秘密、商业秘密的,依法给予处分;构成犯罪的,依法追究刑事责任。"

本决定自2006年6月1日起施行。

《中华人民共和国审计法》根据本决定作相应修改并对条款顺序作相应调整,重新公布。

中华人民共和国审计法实施条例(2010)❶

(1997年10月21日中华人民共和国国务院令第231号公布,2010年2月2日国务院第100次常务会议修订通过)

第一章 总 则

第一条 根据《中华人民共和国审计法》(以下简称审计法)的规定,制定本条例。

第二条 审计法所称审计,是指审计机关依法独立检查被审计单位的会计凭证、会计账簿、财务会计报告以及其他与财政收支、财务收支有关的资料和资产,监督财政收支、财务收支真实、合法和效益的行为。

第三条 审计法所称财政收支,是指依照《中华人民共和国预算法》和国家其他有关规定,纳入预算管理的收入和支出,以及下列财政资金中未纳入预算管理的收入和支出:

(一)行政事业性收费;

(二)国有资源、国有资产收入;

(三)应当上缴的国有资本经营收益;

(四)政府举借债务筹措的资金;

(五)其他未纳入预算管理的财政资金。

第四条 审计法所称财务收支,是指国有的金融机构、企业事业组织以及依法应当接受审计机关审计监督的其他单位,按照国家财务会计制度的规定,实行会计核算的各项收入和支出。

第五条 审计机关依照审计法和本条例以及其他有关法律、法规规定的职责、权限和程序进行审计监督。

审计机关依照有关财政收支、财务收支的法律、法规,以及国家有关政策、标准、项目目标等方面的规定进行审计评价,对被审计单位违反国家规定的财政收支、财务收支行为,在法定职权范围内作出处理、处罚的决定。

第六条 任何单位和个人对依法应当接受审计机关审计监督的单位违反国家规定的财政收支、财务收支行为,有权向审计机关举报。审计机关接到举报,应当依法及时处理。

第二章 审计机关和审计人员

第七条 审计署在国务院总理领导下,主管全国的审计工作,履行审计法和国务院规定的职责。

地方各级审计机关在本级人民政府行政首长和上一级审计机关的领导下,负责本行政区域的审计工作,履行法律、法规和本级人民政府规定的职责。

第八条 省、自治区人民政府设有派出机关的,派出机关的审计机关对派出机关和省、自治区人民政府审计机关负责并报告工作,审计业务以省、自治区人民政府审计机关领导为主。

---

❶本书编写组.中华人民共和国现行审计法规与审计准则及政策解读[M].上海:立信出版社,2018:7-12.

第九条 审计机关派出机构依照法律、法规和审计机关的规定,在审计机关的授权范围内开展审计工作,不受其他行政机关、社会团体和个人的干涉。

第十条 审计机关编制年度经费预算草案的依据主要包括:

(一)法律、法规;

(二)本级人民政府的决定和要求;

(三)审计机关的年度审计工作计划;

(四)定员定额标准;

(五)上一年度经费预算执行情况和本年度的变化因素。

第十一条 审计人员实行审计专业技术资格制度,具体按照国家有关规定执行。

审计机关根据工作需要,可以聘请具有与审计事项相关专业知识的人员参加审计工作。

第十二条 审计人员办理审计事项,有下列情形之一的,应当申请回避,被审计单位也有权申请审计人员回避:

(一)与被审计单位负责人或者有关主管人员有夫妻关系、直系血亲关系、三代以内旁系血亲或者近姻亲关系的;

(二)与被审计单位或者审计事项有经济利益关系的;

(三)与被审计单位、审计事项、被审计单位负责人或者有关主管人员有其他利害关系,可能影响公正执行公务的。

审计人员的回避,由审计机关负责人决定;审计机关负责人办理审计事项时的回避,由本级人民政府或者上一级审计机关负责人决定。

第十三条 地方各级审计机关正职和副职负责人的任免,应当事先征求上一级审计机关的意见。

第十四条 审计机关负责人在任职期间没有下列情形之一的,不得随意撤换:

(一)因犯罪被追究刑事责任的;

(二)因严重违法、失职受到处分,不适宜继续担任审计机关负责人的;

(三)因健康原因不能履行职责1年以上的;

(四)不符合国家规定的其他任职条件的。

第三章 审计机关职责

第十五条 审计机关对本级人民政府财政部门具体组织本级预算执行的情况,本级预算收入征收部门征收预算收入的情况,与本级人民政府财政部门直接发生预算缴款、拨款关系的部门、单位的预算执行情况和决算,下级人民政府的预算执行情况和决算,以及其他财政收支情况,依法进行审计监督。经本级人民政府批准,审计机关对其他取得财政资金的单位和项目接受、运用财政资金的真实、合法和效益情况,依法进行审计监督。

第十六条 审计机关对本级预算收入和支出的执行情况进行审计监督的内容包括:

(一)财政部门按照本级人民代表大会批准的本级预算向本级各部门(含直属单位)批复预算的情况、本级预算执行中调整情况和预算收支变化情况;

（二）预算收入征收部门依照法律、行政法规的规定和国家其他有关规定征收预算收入情况；

（三）财政部门按照批准的年度预算、用款计划，以及规定的预算级次和程序，拨付本级预算支出资金情况；

（四）财政部门依照法律、行政法规的规定和财政管理体制，拨付和管理政府间财政转移支付资金情况以及办理结算、结转情况；

（五）国库按照国家有关规定办理预算收入的收纳、划分、留解情况和预算支出资金的拨付情况；

（六）本级各部门（含直属单位）执行年度预算情况；

（七）依照国家有关规定实行专项管理的预算资金收支情况；

（八）法律、法规规定的其他预算执行情况。

第十七条　审计法第十七条所称审计结果报告，应当包括下列内容：

（一）本级预算执行和其他财政收支的基本情况；

（二）审计机关对本级预算执行和其他财政收支情况作出的审计评价；

（三）本级预算执行和其他财政收支中存在的问题以及审计机关依法采取的措施；

（四）审计机关提出的改进本级预算执行和其他财政收支管理工作的建议；

（五）本级人民政府要求报告的其他情况。

第十八条　审计署对中央银行及其分支机构履行职责所发生的各项财务收支，依法进行审计监督。

审计署向国务院总理提出的中央预算执行和其他财政收支情况审计结果报告，应当包括对中央银行的财务收支的审计情况。

第十九条　审计法第二十一条所称国有资本占控股地位或者主导地位的企业、金融机构，包括：

（一）国有资本占企业、金融机构资本（股本）总额的比例超过50%的；

（二）国有资本占企业、金融机构资本（股本）总额的比例在50%以下，但国有资本投资主体拥有实际控制权的。

审计机关对前款规定的企业、金融机构，除国务院另有规定外，比照审计法第十八条第二款、第二十条规定进行审计监督。

第二十条　审计法第二十二条所称政府投资和以政府投资为主的建设项目，包括：

（一）全部使用预算内投资资金、专项建设基金、政府举借债务筹措的资金等财政资金的；

（二）未全部使用财政资金，财政资金占项目总投资的比例超过50%，或者占项目总投资的比例在50%以下，但政府拥有项目建设、运营实际控制权的。

审计机关对前款规定的建设项目的总预算或者概算的执行情况、年度预算的执行情况和年度决算、单项工程结算、项目竣工决算，依法进行审计监督；对前款规定的建设项目进行审计时，可以对直接有关的设计、施工、供货等单位取得建设项目资金的真实性、合法性进行调查。

第二十一条　审计法第二十三条所称社会保障基金，包括社会保险、社会救助、社会福利基金以及发展社会保障事业的其他专项基金;所称社会捐赠资金,包括来源于境内外的货币、有价证券和实物等各种形式的捐赠。

第二十二条　审计法第二十四条所称国际组织和外国政府援助、贷款项目,包括:

(一)国际组织、外国政府及其机构向中国政府及其机构提供的贷款项目;

(二)国际组织、外国政府及其机构向中国企业事业组织以及其他组织提供的由中国政府及其机构担保的贷款项目;

(三)国际组织、外国政府及其机构向中国政府及其机构提供的援助和赠款项目;

(四)国际组织、外国政府及其机构向受中国政府委托管理有关基金、资金的单位提供的援助和赠款项目;

(五)国际组织、外国政府及其机构提供援助、贷款的其他项目。

第二十三条　审计机关可以依照审计法和本条例规定的审计程序、方法以及国家其他有关规定,对预算管理或者国有资产管理使用等与国家财政收支有关的特定事项,向有关地方、部门、单位进行专项审计调查。

第二十四条　审计机关根据被审计单位的财政、财务隶属关系,确定审计管辖范围;不能根据财政、财务隶属关系确定审计管辖范围的,根据国有资产监督管理关系,确定审计管辖范围。

两个以上国有资本投资主体投资的金融机构、企业事业组织和建设项目,由对主要投资主体有审计管辖权的审计机关进行审计监督。

第二十五条　各级审计机关应当按照确定的审计管辖范围进行审计监督。

第二十六条　依法属于审计机关审计监督对象的单位的内部审计工作,应当接受审计机关的业务指导和监督。

依法属于审计机关审计监督对象的单位,可以根据内部审计工作的需要,参加依法成立的内部审计自律组织。审计机关可以通过内部审计自律组织,加强对内部审计工作的业务指导和监督。

第二十七条　审计机关进行审计或者专项审计调查时,有权对社会审计机构出具的相关审计报告进行核查。

审计机关核查社会审计机构出具的相关审计报告时,发现社会审计机构存在违反法律、法规或者执业准则等情况的,应当移送有关主管机关依法追究责任。

第四章　审计机关权限

第二十八条　审计机关依法进行审计监督时,被审计单位应当依照审计法第三十一条规定,向审计机关提供与财政收支、财务收支有关的资料。被审计单位负责人应当对本单位提供资料的真实性和完整性作出书面承诺。

第二十九条　各级人民政府财政、税务以及其他部门(含直属单位)应当向本级审计机关报送下列资料:

(一)本级人民代表大会批准的本级预算和本级人民政府财政部门向本级各部门(含直属单位)批复的预算,预算收入征收部门的年度收入计划,以及本级各部门(含直属单位)向所属各单

位批复的预算;

(二)本级预算收支执行和预算收入征收部门的收入计划完成情况月报、年报,以及决算情况;

(三)综合性财政税务工作统计年报、情况简报,财政、预算、税务、财务和会计等规章制度;

(四)本级各部门(含直属单位)汇总编制的本部门决算草案。

第三十条 审计机关依照审计法第三十三条规定查询被审计单位在金融机构的账户的,应当持县级以上人民政府审计机关负责人签发的协助查询单位账户通知书;查询被审计单位以个人名义在金融机构的存款的,应当持县级以上人民政府审计机关主要负责人签发的协助查询个人存款通知书。有关金融机构应当予以协助,并提供证明材料,审计机关和审计人员负有保密义务。

第三十一条 审计法第三十四条所称违反国家规定取得的资产,包括:

(一)弄虚作假骗取的财政拨款、实物以及金融机构贷款;

(二)违反国家规定享受国家补贴、补助、贴息、免息、减税、免税、退税等优惠政策取得的资产;

(三)违反国家规定向他人收取的款项、有价证券、实物;

(四)违反国家规定处分国有资产取得的收益;

(五)违反国家规定取得的其他资产。

第三十二条 审计机关依照审计法第三十四条规定封存被审计单位有关资料和违反国家规定取得的资产的,应当持县级以上人民政府审计机关负责人签发的封存通知书,并在依法收集与审计事项相关的证明材料或者采取其他措施后解除封存。封存的期限为7日以内;有特殊情况需要延长的,经县级以上人民政府审计机关负责人批准,可以适当延长,但延长的期限不得超过7日。

对封存的资料、资产,审计机关可以指定被审计单位负责保管,被审计单位不得损毁或者擅自转移。

第三十三条 审计机关依照审计法第三十六条规定,可以就有关审计事项向政府有关部门通报或者向社会公布对被审计单位的审计、专项审计调查结果。

审计机关经与有关主管机关协商,可以在向社会公布的审计、专项审计调查结果中,一并公布对社会审计机构相关审计报告核查的结果。

审计机关拟向社会公布对上市公司的审计、专项审计调查结果的,应当在5日前将拟公布的内容告知上市公司。

第五章 审计程序

第三十四条 审计机关应当根据法律、法规和国家其他有关规定,按照本级人民政府和上级审计机关的要求,确定年度审计工作重点,编制年度审计项目计划。

审计机关在年度审计项目计划中确定对国有资本占控股地位或者主导地位的企业、金融机构进行审计的,应当自确定之日起7日内告知列入年度审计项目计划的企业、金融机构。

第三十五条　审计机关应当根据年度审计项目计划,组成审计组,调查了解被审计单位的有关情况,编制审计方案,并在实施审计3日前,向被审计单位送达审计通知书。

第三十六条　审计法第三十八条所称特殊情况,包括:

(一)办理紧急事项的;

(二)被审计单位涉嫌严重违法违规的;

(三)其他特殊情况。

第三十七条　审计人员实施审计时,应当按照下列规定办理:

(一)通过检查、查询、监督盘点、发函询证等方法实施审计;

(二)通过收集原件、原物或者复制、拍照等方法取得证明材料;

(三)对与审计事项有关的会议和谈话内容作出记录,或者要求被审计单位提供会议记录材料;

(四)记录审计实施过程和查证结果。

第三十八条　审计人员向有关单位和个人调查取得的证明材料,应当有提供者的签名或者盖章;不能取得提供者签名或者盖章的,审计人员应当注明原因。

第三十九条　审计组向审计机关提出审计报告前,应当书面征求被审计单位意见,被审计单位应当自接到审计组的审计报告之日起10日内,提出书面意见;10日内未提出书面意见的,视同无异议。

审计组应当针对被审计单位提出的书面意见,进一步核实情况,对审计组的审计报告作必要修改,连同被审计单位的书面意见一并报送审计机关。

第四十条　审计机关有关业务机构和专门机构或者人员对审计组的审计报告以及相关审计事项进行复核、审理后,由审计机关按照下列规定办理:

(一)提出审计机关的审计报告,内容包括:对审计事项的审计评价,对违反国家规定的财政收支、财务收支行为提出的处理、处罚意见,移送有关主管机关、单位的意见,改进财政收支、财务收支管理工作的意见;

(二)对违反国家规定的财政收支、财务收支行为,依法应当给予处理、处罚的,在法定职权范围内作出处理、处罚的审计决定;

(三)对依法应当追究有关人员责任的,向有关主管机关、单位提出给予处分的建议;对依法应当由有关主管机关处理、处罚的,移送有关主管机关;涉嫌犯罪的,移送司法机关。

第四十一条　审计机关在审计中发现损害国家利益和社会公共利益的事项,但处理、处罚依据又不明确的,应当向本级人民政府和上一级审计机关报告。

第四十二条　被审计单位应当按照审计机关规定的期限和要求执行审计决定。对应当上缴的款项,被审计单位应当按照财政管理体制和国家有关规定缴入国库或者财政专户。审计决定需要有关主管机关、单位协助执行的,审计机关应当书面提请协助执行。

第四十三条　上级审计机关应当对下级审计机关的审计业务依法进行监督。

下级审计机关作出的审计决定违反国家有关规定的,上级审计机关可以责成下级审计机关予以变更或者撤销,也可以直接作出变更或者撤销的决定;审计决定被撤销后需要重新作出审计决定的,上级审计机关可以责成下级审计机关在规定的期限内重新作出审计决定,也可以直接作出审计决定。

下级审计机关应当作出而没有作出审计决定的,上级审计机关可以责成下级审计机关在规定的期限内作出审计决定,也可以直接作出审计决定。

第四十四条　审计机关进行专项审计调查时,应当向被调查的地方、部门、单位出示专项审计调查的书面通知,并说明有关情况;有关地方、部门、单位应当接受调查,如实反映情况,提供有关资料。

在专项审计调查中,依法属于审计机关审计监督对象的部门、单位有违反国家规定的财政收支、财务收支行为或者其他违法违规行为的,专项审计调查人员和审计机关可以依照审计法和本条例的规定提出审计报告,作出审计决定,或者移送有关主管机关、单位依法追究责任。

第四十五条　审计机关应当按照国家有关规定建立、健全审计档案制度。

第四十六条　审计机关送达审计文书,可以直接送达,也可以邮寄送达或者以其他方式送达。直接送达的,以被审计单位在送达回证上注明的签收日期或者见证人证明的收件日期为送达日期;邮寄送达的,以邮政回执上注明的收件日期为送达日期;以其他方式送达的,以签收或者收件日期为送达日期。

审计机关的审计文书的种类、内容和格式,由审计署规定。

第六章　法律责任

第四十七条　被审计单位违反审计法和本条例的规定,拒绝、拖延提供与审计事项有关的资料,或者提供的资料不真实、不完整,或者拒绝、阻碍检查的,由审计机关责令改正,可以通报批评,给予警告;拒不改正的,对被审计单位可以处5万元以下的罚款,对直接负责的主管人员和其他直接责任人员,可以处2万元以下的罚款,审计机关认为应当给予处分的,向有关主管机关、单位提出给予处分的建议;构成犯罪的,依法追究刑事责任。

第四十八条　对本级各部门(含直属单位)和下级人民政府违反预算的行为或者其他违反国家规定的财政收支行为,审计机关在法定职权范围内,依照法律、行政法规的规定,区别情况采取审计法第四十五条规定的处理措施。

第四十九条　对被审计单位违反国家规定的财务收支行为,审计机关在法定职权范围内,区别情况采取审计法第四十五条规定的处理措施,可以通报批评,给予警告;有违法所得的,没收违法所得,并处违法所得1倍以上5倍以下的罚款;没有违法所得的,可以处5万元以下的罚款;对直接负责的主管人员和其他直接责任人员,可以处2万元以下的罚款,审计机关认为应当给予处分的,向有关主管机关、单位提出给予处分的建议;构成犯罪的,依法追究刑事责任。

法律、行政法规对被审计单位违反国家规定的财务收支行为处理、处罚另有规定的,从其规定。

第五十条　审计机关在作出较大数额罚款的处罚决定前,应当告知被审计单位和有关人员有要求举行听证的权利。较大数额罚款的具体标准由审计署规定。

第五十一条　审计机关提出的对被审计单位给予处理、处罚的建议以及对直接负责的主管人员和其他直接责任人员给予处分的建议,有关主管机关、单位应当依法及时作出决定,并将结果书面通知审计机关。

第五十二条　被审计单位对审计机关依照审计法第十六条、第十七条和本条例第十五条规定进行审计监督作出的审计决定不服的,可以自审计决定送达之日起60日内,提请审计机关的本级人民政府裁决,本级人民政府的裁决为最终决定。

审计机关应当在审计决定中告知被审计单位提请裁决的途径和期限。

裁决期间,审计决定不停止执行。但是,有下列情形之一的,可以停止执行:

(一)审计机关认为需要停止执行的;

(二)受理裁决的人民政府认为需要停止执行的;

(三)被审计单位申请停止执行,受理裁决的人民政府认为其要求合理,决定停止执行的。

裁决由本级人民政府法制机构办理。裁决决定应当自接到提请之日起60日内作出;有特殊情况需要延长的,经法制机构负责人批准,可以适当延长,并告知审计机关和提请裁决的被审计单位,但延长的期限不得超过30日。

第五十三条　除本条例第五十二条规定的可以提请裁决的审计决定外,被审计单位对审计机关作出的其他审计决定不服的,可以依法申请行政复议或者提起行政诉讼。

审计机关应当在审计决定中告知被审计单位申请行政复议或者提起行政诉讼的途径和期限。

第五十四条　被审计单位应当将审计决定执行情况书面报告审计机关。审计机关应当检查审计决定的执行情况。

被审计单位不执行审计决定的,审计机关应当责令限期执行;逾期仍不执行的,审计机关可以申请人民法院强制执行,建议有关主管机关、单位对直接负责的主管人员和其他直接责任人员给予处分。

第五十五条　审计人员滥用职权、徇私舞弊、玩忽职守,或者泄露所知悉的国家秘密、商业秘密的,依法给予处分;构成犯罪的,依法追究刑事责任。

审计人员违法违纪取得的财物,依法予以追缴、没收或者责令退赔。

第七章　附则

第五十六条　本条例所称以上、以下,包括本数。

本条例第五十二条规定的期间的最后一日是法定节假日的,以节假日后的第一个工作日为期间届满日。审计法和本条例规定的其他期间以工作日计算,不含法定节假日。

第五十七条　实施经济责任审计的规定,另行制定。

第五十八条　本条例自2010年5月1日起施行。

二、审计基本法规

审计机关审计统计工作的规定[1]

（审综发〔1996〕第369号，1996年12月17日）

第一条　为了规范审计统计工作，保障审计统计资料的准确性、及时性和完整性，根据《中华人民共和国审计法》和《中华人民共和国统计法》，制定本规定。

第二条　审计统计工作的基本任务是：对审计工作发展情况和工作成果进行统计调查，开展统计分析，提供统计资料，实行统计监督，为加强审计工作管理和促进宏观调控服务。

第三条　各级审计机关，国务院各部门和地方人民政府各部门、国有金融机构和企业事业组织的内部审计机构，社会审计机构，必须依照国家有关法律规定，如实提供审计统计资料和相关情况。

第四条　审计统计工作实行统一领导，分级负责，归口管理。

审计署主管全国的审计统计工作；审计署派出机构负责组织本单位的审计统计工；地方各级审计机关负责组织本地区的审计统计工作。

第五条　各级审计机关和审计机构，应指定一个部门具体负责和管理审计统计工作，并配备审计统计人员。

审计署设立审计统计机构；省、自治区和直辖市审计机关应当配备专职审计统计人员；设区的市、自治州、县、自治县和不设区的市、市辖区的审计机关应当配备专职或兼职审计统计人员。

内部审计机构和社会审计机构应当配备专职或兼职审计统计人员。

第六条　审计统计人员应当具备与其从事的工作相适应的审计、统计、计算机等方面的专业知识和业务能力。

审计统计人员应当保持相对稳定。

审计机关应当对审计统计人员有计划地进行专业培训。

第七条　各级审计机关和审计机构应当领导、监督审计统计机构和审计统计人员，认真贯彻统计法规和统计制度，履行职责，准确、及时地提供审计统计资料，完成各项审计统计工作任务，并保障其必要的工作条件。

审计机关和审计机构如发现统计数据计算或者来源有错误，应当责成审计统计机构、审计统计人员和有关人员核实、订正。

第八条　审计统计人员有权要求有关单位和审计人员提供审计统计资料和相关情况，检查审计统计资料的准确性，要求改正不确实的审计统计资料。有关单位和审计人员不得拒绝或阻挠。

审计统计人员不得虚报、瞒报、伪造、篡改或拒报审计统计资料；未经批准，不得自行编制、发布统计调查表；未经核定和批准，不得自行公布审计统计资料。

---

[1]翟继光.中华人民共和国现行审计法规汇编[M].成都：西南财经大学出版社，2009：155.

第九条　审计署负责制定全国性审计统计调查计划,规定统一的审计统计制度,制定统一的统计指标、统计标准、统计方法和基本审计统计报表表式,报国家统计局备案。

各级审计机关和审计机构应当按照审计署的规定,组织实施审计统计工作。

第十条　省级以上审计机关可以临时组织地区性或专业性审计统计调查,但应征得本级审计统计管理部门的同意,并按规定向本级统计主管部门备案,且不得与审计署下达的基本审计统计报表重复或抵触。

违反规定自行编制、发布的审计统计调查表,有关单位有权拒绝填报。

第十一条　各级审计机关和审计机构应当建立、健全审计统计的各项基础工作制度,严格审计统计工作程序。

审计统计机构和审计统计人员应当会同审计业务部门和审计人员,根据审计意见书、审计决定等审计公文中的数据资料,登记审计统计台账,依据审计统计台账填制审计情况统计报表,切实保证数出有据,并健全审计统计档案。

第十二条　为了反映审计项目计划执行情况和审计工作成果,揭示审计工作管理和社会经济运行中带普遍性、倾向性的问题,发挥审计统计的信息监督和咨询服务作用,应当实行按季度上报审计统计分析报告的制度。

第十三条　审计统计资料应当按照国家规定,实行保密制度。定期上报和通报审计统计资料时,应当经单位负责人审核、签署或盖章。

第十四条　审计机关应当对审计统计工作质量实行年度考核、半年报表会审和不定期抽查制度。

第十五条　审计机关依据考核、检查的结果,应当对于有下列情况之一的审计统计机构和审计统计人员予以表彰:

(一)改进和完善审计统计制度、方法,有重要贡献的;

(二)提供审计统计资料准确、及时、完整,成绩优异的;

(三)开展审计统计分析成效显著,对促进加强审计管理和宏观调控发挥重要作用的;

(四)有其他特殊贡献,需要予以表彰的。

第十六条　发现审计统计机构和有关责任人员违反统计法规和统计制度,情节严重,造成不良后果的,应当严肃处。

第十七条　本规定由审计署负责解释。

第十八条　本规定自1997年1月1日起施行。

审计机关审计信息工作的规定❶

(审办发〔1996〕372号,1996年12月17日)

第一条　为了加强审计信息工作,提高审计信息质量,根据《中华人民共和国审计法》和国务院办公厅《政务信息工作暂行办法》,制定本规定。

第二条　审计信息工作的主要任务是:反映审计工作中的重要情况和审计查出的重大问题,

---

❶翟继光.中华人民共和国现行审计法规汇编[M].成都:西南财经大学出版社,2009:156.

交流审计工作经验和方法,宣传审计工作成果和作用,为领导科学决策,审计机关指导工作,以及扩大审计的社会影响服务。

第三条 审计信息工作必须坚持党的基本路线和实事求是的原则。

第四条 审计信息工作坚持分层次服务,各级审计机关以为本级政府和上一级审计机关服务为重点,同时努力为上一级政府、有关部门和下级审计机关服务。

第五条 审计信息工作应当围绕国家经济工作中心和财经活动中的重点、难点、热点问题,通过审计和审计调查,反映建立社会主义市场经济体制进程和审计事业发展中出现的新情况、新问题。

第六条 各级审计机关应当加强对审计信息工作的领导,提出要求,布置任务,组织协调,支持和指导审计信息机构发挥整体功能,做好审计信息工作。

第七条 审计署负责对审计系统审计信息工作进行指导。

各级审计机关及其派出机构应当确定负责审计信息工作的机构,加强审计信息工作的管理。

第八条 负责审计信息工作的机构履行下列主要职责:

(一)依据党和国家的方针、政策,结合本地区、本部门的工作部署,研究制定审计信息工作计划,并组织实施;

(二)做好信息的采集、筛选、加工、传送、反馈和存储等日常工作;

(三)结合政府的中心工作、审计工作的重点和领导关心的问题,以及从信息中发现的重要情况,组织专题调研,挖掘深层次的信息;

(四)为本级政府和上级审计机关提供信息服务;

(五)组织开展审计信息工作经验交流,了解和指导下级单位的审计信息工作;

(六)组织本级和下级审计信息工作人员的业务培训;

(七)组织审计工作的对外宣传报道。

第九条 审计信息网络是审计信息工作的基础,信息直报点是审计信息网络的组成部分。各级审计机关应当根据本地区的实际情况和需要,建立和完善审计信息网络。

第十条 审计信息队伍由专职和兼职审计信息工作人员组成。各级审计机关负责审计信息工作的机构应当配备专职审计信息工作人员。专职审计信息工作人员的人数根据工作需要在编制范围内确定。

第十一条 地方各级审计机关应当及时向本级政府和上级审计机关报送信息。审计机关各部门、各派出机构应当及时向本级审计机关报送信息。下级审计机关对上级审计机关要求报送的信息,应当严格按照要求报送。

第十二条 上级审计机关负责信息工作的机构,应当定期向下级审计机关通报信息采用情况,并根据工作实际,适时提出信息报送参考要点。

第十三条 审计机关根据需要,组织相互之间的信息业务研讨和经验交流,在依法保守秘密的前提下,实现信息资源共享。

第十四条 下级审计机关向本级政府和上级审计机关报送的信息,必须经本级审计机关主要或分管领导审核、签发。

第十五条　上级审计机关采用下级审计机关报送的揭露问题的信息,应当征求下级审计机关的意见。

第十六条　各级审计机关应当对审计信息工作实行考核制度,对成绩突出的单位和个人给予表彰。

第十七条　审计信息应当符合下列要求:

(一)反映的情况真实、可靠,重大问题上报前必须核实;

(二)信息中的事例、数字、单位准确,单位名称规范;

(三)重要情况和突发性事件迅速报送,必要时连续报送;

(四)实事求是,喜忧兼报,防止弄虚作假,以偏概全;

(五)主题鲜明,文题相符,言简意赅;

(六)反映工作中的情况、问题、思路、举措等,应当有新意;

(七)反映的情况和问题力求有一定的深度,努力做到有情况、有分析、有预测、有建议,既有定量分析,又有定性分析;

(八)适应领导需要,为科学决策提供依据。

第十八条　各级审计机关应当加快审计信息工作现代化手段的建设,实现信息迅速、准确、安全地处理、传递和存储。

第十九条　本规定由审计署负责解释。

第二十条　本规定自1997年1月1日起施行。

审计机关审计行政应诉管理的规定❶

(审法发〔1996〕第357号,1996年12月16日)

第一条　为了维护审计机关依法行使职权,促进审计行政争议的有效解决,根据《中华人民共和国审计法》《中华人民共和国行政诉讼法》,制定本规定。

第二条　本规定所称审计行政应诉,是指审计机关以被告身份参加行政诉讼的活动。

第三条　审计机关在审计行政应诉中,应当接受人民法院的监督,坚持以事实为根据、以法律为准绳,严格依法办事。

第四条　审计机关应当区分下列情况应诉:

(一)复议机关决定维持原审计具体行政行为的,由作出原审计具体行政行为的审计机关应诉;

(二)复议机关决定改变原审计具体行政行为的,由复议机关应诉。

第五条　审计机关的法制机构是本机关的行政应诉代理机构。未设立法制机构的审计机关,应当确定本机关的行政应诉代理机构或者专职代理人员。

第六条　审计行政应诉代理机构的职责是:

(一)组织、办理具体的审计行政应诉案件;

(二)指导下级审计机关的审计行政应诉工作;

---

❶翟继光.中华人民共和国现行审计法规汇编[M].成都:西南财经大学出版社,2009:163.

（三）了解、研究审计行政应诉工作中带有普遍性的问题，并有针对性地向本机关领导提出改进审计行政执法工作的建议。

第七条　审计机关接到起诉状副本后，应诉代理机构应当根据法定代表人的授权，委托诉讼代理人。

第八条　诉讼代理人可以由本机关工作人员担任。也可以聘请律师担任。

第九条　法定代表人应当与诉讼代理人签订授权委托书。授权委托书应当具体明确诉讼代理人的代理事项、权限和期限。

第十条　审计机关、复议机构应当将与作出审计具体行政行为有关的材料移交给诉讼代理人，配合诉讼代理人做好应诉前的准备工作。

第十一条　诉讼代理人应当根据案件的具体情况草拟答辩状。

答辩状应当事实清楚，理由充分，观点明确，针对性强，法律依据准确。

第十二条　审计行政应诉代理机构应当在收到起诉状副本之日起10日内向人民法院提交下列材料：

（一）答辩状；

（二）作出审计具体行政行为的有关材料；

（三）法定代表人身份证明；

（四）授权委托书；

（五）人民法院要求提交的其他材料。

第十三条　诉讼代理人在开庭审理前，应当草拟代理词。

代理词应当客观陈述事实，正确引用法律、法规，理由确实充分，要求合理合法。

第十四条　法定代表人、诉讼代理人应当根据人民法院的通知按时出庭，并应当服从法庭指挥，遵守法庭纪律。

第十五条　庭审期间，诉讼代理人应当对法庭的审理情况作出记录。

第十六条　在案件审理过程中，诉讼代理人应当保守国家秘密。

第十七条　审计机关不服人民法院第一审判决的，应当在判决书送达之日起15日内向上一级人民法院提起上诉；不服第一审裁定的，应当在裁定书送达之日起10日内向上一级人民法院提起上诉。

第十八条　审计机关应当严格执行人民法院已经生效的判决或者裁定。

第十九条　被审计单位不执行人民法院已经生效的判决或者裁定的，审计机关可以按照《审计机关审计处理处罚的规定》的有关规定处理，还可以依法申请人民法院强制执行。

第二十条　诉讼期间，不停止审计具体行政行为的执行。但有下列情形之一的，停止审计具体行政行为的执行：

（一）审计机关认为需要停止执行的；

（二）被审计单位申请停止执行，人民法院裁定停止执行的；

（三）法律、法规规定停止执行的。

第二十一条　案件结案后,审计行政应诉代理机构应当写出结案报告。结案报告应当载明下列主要内容:

(一)审计机关与被审计单位争议的事实及理由;

(二)人民法院审理的主要过程;

(三)判决或者裁定的结果;

(四)其他需要说明的事项。

第二十二条　下级审计机关应当自审计行政应诉案件结案之日起1个月内,将案件的有关材料报上一级审计机关备案。

地方审计机关应当于半年和年度终了后,将本地区半年和年度的审计行政诉讼情况报告上一级审计机关。

第二十三条　本办法由审计署负责解释。

第二十四条　本办法自1997年1月1日起施行。《审计机关办理行政诉讼的暂行规定》同时废止。

审计机关审计听证的规定❶

(审计署令第1号,2000年1月28日)

第一条　为规范审计机关的审计处罚程序,保证审计质量,维护公民、法人或者其他组织的合法权益,根据《中华人民共和国行政处罚法》和《中华人民共和国审计法》,制定本规定。

第二条　审计机关进行审计听证应当遵循公正、公平、公开的原则。

第三条　审计机关对被审计单位和有关责任人员(以下简称当事人)作出下列审计处罚前,应当向当事人送达审计听证告知书,告知当事人在收到审计听证告知书之后三日内有权要求举行审计听证会:

(一)对被审计单位处以违反国家规定的财务收支金额百分之五以上且金额在十万元以上罚款;

(二)对违反国家规定的财务收支行为负有直接责任的有关责任人员处以二千元以上罚款。

第四条　审计听证告知书主要包括以下内容:

(一)当事人的名称或姓名;

(二)建议作出的审计处罚;

(三)审计处罚的事实依据;

(四)审计处罚的法律依据;

(五)当事人有要求审计听证的权利;

(六)当事人申请审计听证的期限;

(七)审计听证主持人的姓名;

(八)审计机关的名称(印章)和日期。

第五条　审计听证告知书可以直接送达、委托送达或者邮寄送达。

---

❶翟继光.中华人民共和国现行审计法规汇编[M].成都:西南财经大学出版社,2009:161.

第六条　当事人要求举行审计听证会的,应当自收到审计听证告知书之日起三日内,向审计机关提出书面申请,列明听证要求,并由申请人签名或者盖章。逾期不提出审计听证要求的,视为放弃审计听证权利。

当事人直接送达、委托送达审计听证申请的,以审计机关收到审计听证申请之日为送达日;当事人邮寄送达审计听证申请的,以该申请寄出的邮戳日期为送达日。

第七条　审计机关收到审计听证申请后,应当进行审核。对符合审计听证条件的,应当组织审计听证;对不符合审计听证条件的,裁定不予审计听证。

第八条　审计机关应当在举行审计听证会七日前向当事人送达审计听证会通知书,告知当事人举行审计听证会的时间、地点。

裁定不予审计听证的,审计机关应当作出不予审计听证裁定书,载明理由告知当事人。

第九条　除涉及国家秘密、商业秘密或者个人隐私外,审计听证会应当公开举行。

第十条　审计听证会应当由审计机关指定的非本案审计人员主持。

第十一条　审计机关应当根据实际情况确定审计听证会的主持人、书记员。

主持人负责审计听证会的组织、主持工作。一般审计事项的审计听证会由一人主持;重大审计事项的审计听证会由三人主持,但审计机关应指定首席主持人。

书记员负责审计听证会的记录工作,可以由一至二人组成。

第十二条　当事人认为主持人或者书记员与本案有直接利害关系的,有权申请其回避并说明理由。

当事人申请主持人回避应当在审计听证会举行之前提出;申请书记员回避可以在审计听证会举行时提出。

当事人申请回避可以以书面形式提出,也可以以口头形式提出。以口头形式提出的,由书记员记录在案。

第十三条　主持人的回避,由听证机关决定;书记员的回避,由主持人决定。

主持人应当回避,需要重新确定主持人的,听证机关可以裁定延期审计听证;主持人不需回避的,听证机关裁定审计听证如期举行。

第十四条　当事人可以亲自参加审计听证,也可以委托一至二人代理参加审计听证。委托他人代理参加审计听证会的,代理人应当出具当事人的授权委托书。

当事人的授权委托书应当载明代理人的代理权限。

第十五条　当事人接到审计听证通知书后,不能按时参加审计听证会的,应当及时告知听证机关。

当事人无正当理由不按时参加审计听证会的,视为放弃听证权利,听证机关予以书面记载。在审计听证会举行过程中当事人放弃申辩或者无故退出审计听证会的,听证机关可以宣布终止听证,并记入审计听证笔录。

第十六条　审计听证会应当制作笔录。笔录应当交当事人确认无误后,由当事人签字或者盖章。当事人如认为笔录有差错,可以要求补正。

具备条件的审计机关应当对审计听证会情况进行录音、录像。

第十七条　审计听证会参加人和旁听人员应当遵守以下听证纪律：

（一）审计听证会参加人应当在主持人的主持下发言、提问、辩论；

（二）未经主持人允许，审计听证会参加人不得提前退席；

（三）未经主持人允许，任何人不得录音、录像或摄影；

（四）旁听人员要保持肃静，不得发言、提问或者议论。

第十八条　主持人在审计听证会主持过程中，有以下权利：

（一）对审计听证会参加人的不当辩论或者其他违反审计听证会纪律的行为予以制止、警告；

（二）对违反审计听证会纪律的旁听人员予以制止、警告、责令退席；

（三）对违反审计听证纪律的人员制止无效的，移交公安机关依法处置。

第十九条　审计听证会应当按照下列程序进行：

（一）主持人宣布审计听证会开始；

（二）主持人宣布案由并宣读参加审计听证会的主持人、书记员、听证参加人的姓名、工作单位和职务；

（三）主持人宣读审计听证会的纪律和应注意的事项；

（四）主持人告知当事人或其代理人有申请书记员回避的权利，并询问当事人或其代理人是否申请回避；

（五）参与审计的人员提出当事人违法违规的事实、证据、建议作出的审计处罚及其法律依据；

（六）当事人进行陈述、申辩；

（七）在主持人允许下，双方进行质证、辩论；

（八）双方作最后陈述；

（九）书记员将所作的笔录交听证双方当场确认并签字或者盖章；

（十）主持人宣布审计听证会结束。

第二十条　在听证会举行过程中当事人申请书记员回避的，由主持人当场作出是否回避的裁定。

第二十一条　有下列情形之一的，可以延期举行审计听证会：

（一）当事人有正当理由未到场的；

（二）需要通知新的证人到场，或者有新的事实需要重新调查核实的；

（三）其他需要延期的情形。

第二十二条　审计听证会结束后，听证主持人应当根据审计听证情况和有关法律、法规的规定，向审计机关提交审计听证报告。审计听证报告连同审计听证笔录、案卷材料一并报送审计机关。

第二十三条　审计听证报告主要包括以下内容：

（一）听证案由；

(二)主持人、书记员和听证参加人的姓名、工作单位和职务；

(三)审计听证的时间、地点；

(四)审计听证建议；

(五)听证主持人签名或盖章。

审计听证建议主要包括以下内容：

(一)确有应受审计处罚的违法行为的,根据情节轻重及具体情况,建议作出审计处罚；

(二)违法事实不成立或者没有处罚的法律、法规依据的,建议不给予审计处罚；

(三)违法行为情节轻微,依法可以不予审计处罚的,建议不予审计处罚。

第二十四条 审计机关应当对听证主持人提出的审计听证建议进行审查,作出决定。

审计机关不得因当事人要求审计听证、在审计听证中进行申辩和质证而加重处罚。

第二十五条 审计听证笔录和审计听证报告应当归入审计档案。

第二十六条 本规定由审计署负责解释。

第二十七条 本规定自发布之日起施行。

审计机关审计复议的规定[1]

(审计署令第1号,2000年1月28日)

第一条 为保证审计机关依法行使审计监督权,防止和纠正违法或者不当的审计具体行政行为,保护公民、法人或者其他组织的合法权益,根据《中华人民共和国审计法》和《中华人民共和国行政复议法》(以下简称《行政复议法》),制定本规定。

第二条 审计复议机关办理审计复议事项,适用本规定。

本规定所称审计复议机关,是指有权受理复议申请,依法对审计具体行政行为进行审查并作出决定的审计机关。

第三条 被审计单位认为审计机关的具体行政行为侵犯其合法权益,可以依照有关法律、法规和本规定,向审计复议机关申请复议。

第四条 向审计机关申请复议的审计具体行政行为包括：

(一)审计机关作出的责令限期缴纳、上缴应当缴纳或者上缴的收入、限期退还违法所得、限期退还被侵占的国有资产等审计处理行为；

(二)审计机关作出的罚款、没收违法所得等审计处罚行为；

(三)审计机关采取的通知有关部门暂停拨付有关款项、责令暂停使用有关款项等强制措施行为；

(四)法律、法规规定可以申请复议的其他具体行政行为。

第五条 被审计单位可以自知道该审计具体行政行为之日起六十日内提出审计复议申请。

因不可抗力或者其他正当理由耽误法定申请期限的,申请期限自障碍消除之日起继续计算。

第六条 被审计单位申请审计复议时,该被审计单位是审计复议的申请人。

申请人可以委托代理人代为参加审计复议。

---

[1] 翟继光.中华人民共和国现行审计法规汇编[M].成都:西南财经大学出版社,2009:50-52.

委托代理人参加审计复议应当向审计复议机关提交授权委托书。

第七条　被审计单位对审计机关的具体行政行为不服申请审计复议,作出该审计具体行政行为的审计机关是被申请人。

第八条　申请人申请审计复议应当书面申请。申请人口头申请的,审计复议机关应当告知其以书面形式申请。复议申请书应当写明申请人的基本情况、复议请求、申请复议的主要事实和理由、申请时间等。

第九条　审计复议机关负责法制工作的机构是审计复议机构,具体办理审计复议事项,履行下列职责:

(一)审查、受理审计复议申请;

(二)查阅文件和资料,向有关组织和人员调查取证;

(三)审查申请审计复议的审计具体行政行为是否合法、适当,拟订审计复议决定;

(四)向审计复议机关提出对《行政复议法》第七条所列有关规定的处理意见;

(五)对被申请人违反《行政复议法》和本规定的行为依照法定的权限和程序提出处理建议;

(六)办理因不服审计复议决定提起行政诉讼的应诉事项;

(七)法律、法规和规章规定的其他职责。

第十条　审计复议机关履行复议职责,应当遵循合法、公正、公开的原则,坚持依法行政、有错必纠,保障法律、法规的正确实施。

第十一条　对审计署作出的具体行政行为不服的,向审计署申请审计复议。

对审计署依法设立的派出机构以自己的名义作出的具体行政行为不服的,向审计署申请审计复议。

第十二条　对地方审计机关作出的审计具体行政行为不服的,可以向上一级审计机关申请审计复议,也可以向本级人民政府申请审计复议。但对地方审计机关办理地方政府授权交办的事项和依照地方性法规、规章和有关规定办理的审计事项所作出的具体行政行为不服的,应当向该审计机关的本级人民政府申请复议。

对地方审计机关依法设立的派出机构以自己的名义作出的具体行政行为不服的,向设立该派出机构的审计机关或者该审计机关的本级人民政府申请审计复议。

第十三条　对审计机关与其他行政机关以共同的名义作出的具体行政行为不服的,向其共同的上一级行政机关申请复议。

第十四条　被审计单位对审计机关作出的具体行政行为不服的,应当先依法申请审计行政复议。在法定行政复议期限内不得向人民法院提起行政诉讼。

第十五条　审计复议机关收到审计复议申请后,应当在五日内进行审查,对不符合法定条件的审计复议申请,决定不予受理,并书面告知被审计单位;对符合法定条件,但是不属于本机关受理的审计复议申请,应当告知被审计单位向有关审计复议机关提出。

除前款规定外,审计复议申请自审计复议机关负责法制工作的机构收到之日起即为受理。

第十六条　申请人依法提出审计复议申请,审计复议机关无正当理由不予受理的,上级审计机关应当责令其受理;必要时,上级审计机关也可以直接受理。

第十七条 审计复议期间审计具体行政行为不停止执行;但是有下列情形之一的,可以停止执行:

(一)被申请人认为需要停止执行的;

(二)审计复议机关认为需要停止执行的;

(三)申请人申请停止执行,审计复议机关认为要求合理,决定停止执行的;

(四)法律规定停止执行的。

第十八条 审计复议机关办理审计复议事项原则上采取书面审查的办法,但是申请人提出要求或者审计复议机构认为必要时,可以采取适当的方式向有关组织和人员调查情况,听取申请人、被申请人和其他有关单位和个人的意见。

第十九条 审计复议机构应当自复议受理之日起七日内,将审计复议申请书副本发送被申请人。被申请人应当自收到申请书副本之日起十日内,提出复议答辩书,并提交作出审计具体行政行为的证据、依据和其他有关材料。

申请人及其委托代理人可以查阅被申请人提出的答辩书、作出审计具体行政行为的证据、依据和其他有关材料,除涉及国家秘密、商业秘密或者个人隐私外,审计复议机关、被申请人不得拒绝。

第二十条 在审计复议过程中,被申请人不得自行向申请人和其他有关组织或者个人收集证据。

第二十一条 审计复议决定作出前,申请人要求撤回审计复议申请的,经说明理由,可以撤回;申请人撤回审计复议申请的,审计复议终止。

审计复议机关应当将申请人撤回审计复议申请的情况记录在案。

第二十二条 审计复议机构应当对被申请人作出的审计具体行政行为进行审查,拟出审计复议决定稿,经审计复议机关的负责人同意或者集体讨论通过后,分别作出下列审计复议决定,制作审计复议决定书:

(一)审计具体行政行为认定事实清楚,证据确凿,适用依据正确,程序合法,内容适当的,决定维持。

(二)审计具体行政行为有下列情形之一的,决定撤销、变更或者确认该行为违法;决定撤销或者确认审计具体行政行为违法的,可以责令被申请人在一定期限内重新作出审计具体行政行为:

1. 主要事实不清、证据不足的;

2. 适用依据错误的;

3. 违反法定程序的;

4. 超越或者滥用职权的;

5. 审计具体行政行为明显不当的。

(三)被申请人不按照本规定第十九条规定提出书面答复、提交当初作出审计具体行政行为的证据、依据和其他有关材料的,视为该审计具体行政行为没有证据、依据,决定撤销该审计具体行政行为。

审计复议机关责令被申请人重新作出审计具体行政行为的,被申请人不得以同一事实和理由作出与原审计具体行政行为相同或者基本相同的审计具体行政行为。

第二十三条　申请人在申请审计复议时可以一并提出行政赔偿请求,审计复议机关按照国家有关法律的规定办理。

第二十四条　审计复议机关应当自受理审计复议申请之日起六十日内作出审计复议决定;情况复杂,不能在规定期限内作出审计复议决定的,经审计复议机构的负责人批准,可以适当延长,并告知申请人和被申请人;但是延长期限最多不超过三十日。

审计复议机关作出审计复议决定,应当制作审计复议决定书。

第二十五条　审计复议决定书可以直接送达,也可以邮寄送达。直接送达的,以受送达人在送达回证上注明的签收日期为送达日期。邮寄送达的,以受送达人在回执上注明的收件日期为送达日期。

第二十六条　审计复议决定书一经送达即发生法律效力。

第二十七条　被申请人应当履行审计复议决定。

被申请人不履行或者无正当理由拖延履行审计复议决定的,审计复议机关或者有关上级主管部门应当责令其限期履行。

第二十八条　申请人对审计复议决定不服的,可以依照《行政诉讼法》的规定向人民法院提起行政诉讼。但对审计署作出的审计具体行政行为不服提起审计复议后,又对审计复议决定不服的,也可以向国务院申请裁决,国务院作出的裁决为最终裁决,申请人不得再向人民法院起诉。

第二十九条　申请人、委托代理人弄虚作假、欺骗审计复议机关、扰乱复议工作秩序或者有其他违规行为的,审计复议机关可以给予警告、责令改正,并可以移送公安机关依法处置。

第三十条　申请人逾期不起诉、不申请裁决,又不履行审计复议决定的,按照下列规定分别处理:

(一)维持审计具体行政行为的审计复议决定,由作出审计具体行政行为的审计机关申请人民法院强制执行;

(二)变更审计具体行政行为的审计复议决定,由审计复议机关申请人民法院强制执行。

第三十一条　审计复议机关及其工作人员、被申请人有违反《行政复议法》规定的行为的,应当依照该法追究责任。

第三十二条　个人对审计机关作出的罚款不服的,按照有关法律、法规规定办理。

第三十三条　本规定由审计署负责解释。

第三十四条　本规定自发布之日起施行。审计署于1996年12月16日发布的《审计机关审计行政复议的规定》(审法发〔1996〕358号)同时废止。

审计署审计报告审核审定暂行办法[1]

（审法发〔2005〕27号，2005年7月21日）

第一条 为了规范审计署审计报告审核审定程序，明确审核审定责任，提高审计质量，防范审计风险，根据《审计机关审计项目质量控制办法（试行）》的有关规定，制定本办法。

第二条 审计署业务司、派出审计局直接实施的所有审计项目的审计报告，审计署业务司负责汇总特派办提交的审计报告，以及特派办直接实施需由审计署出具（但不需要经过业务司审核）的审计报告，均应按本办法规定进行审核审定。

第三条 审计署审计报告的审核审定，实行审计报告代拟部门和复核机构各司其职、总审计师统一把关、署领导分工负责、审计业务会议集体研究审定相结合的原则。

第四条 审计报告审核审定的程序：

（一）审计报告代拟部门在研究审核审计组或特派办提交的审计报告后，代拟审计署审计报告（含审计决定书、审计移送处理书，下同），一并送复核机构进行复核；

（二）复核机构进行复核后，提出复核意见，由审计报告代拟部门作出相应的修改并附采纳复核意见情况说明，送总审计师审核；

（三）总审计师审核后，经分管副审计长审核并提交审计业务会议审议。不需要召开审计业务会议的，直接送分管副审计长审定、签发。

第五条 总审计师在审核审计报告过程中，可视需要召集有关人员，聘请有关专家，召开专题会议。

第六条 自审计报告代拟部门收到审计组或特派办审计报告至审计署正式出具审计报告的时间，一般应控制在30个工作日以内。其中：审计报告代拟部门代拟审计报告、复核机构复核审计报告、总审计师审核审计报告的时间，分别控制在7个工作日以内；提交审计业务会议审议的时间控制在6个工作日以内，分管副审计长审定、签发时间控制在3个工作日以内。如遇特殊情况可适当延长控制时间，但每个环节延长时间一般不超过3个工作日。

第七条 凡列入审计署统一组织项目计划且符合本办法第二条规定的审计项目的审计报告，均应提交审计业务会议进行审议。

审计署业务司、派出审计局实施的非统一组织项目计划的其他项目的审计报告，有下列情况的也提交审计业务会议进行审议：

（一）审计查出金额巨大或情节严重的；

（二）涉及国家秘密或被审计单位商业秘密的；

（三）被审计单位与审计组对问题认定存在较大分歧的；

（四）审计问题定性、处理、处罚涉及的法律、法规等规定不明确，较难作出审计结论的；

（五）审计处理处罚决定执行后以及审计结果向社会公告后，可能引起社会关注或产生较大影响的。

第八条 确定召开审计业务会议后，由署办公厅负责安排会议时间、地点，通知参加会议人

---

[1]翟继光.中华人民共和国现行审计法规汇编[M].成都：西南财经大学出版社，2009：217-219.

员,并于会前至少1个工作日分送会议材料。

第九条　审计报告代拟部门应为审计业务会议准备并经办公厅提交下列材料:

(一)审计署审计报告代拟稿,或审计署业务司汇总特派办的审计报告代拟稿,特派办直接实施需由审计署出具的审计报告代拟稿;

(二)审计组审计报告征求意见稿及被审计单位反馈意见;

(三)审计组审计报告修订稿及被审计单位反馈意见采纳情况说明;

(四)复核机构复核意见、总审计师审核意见及审计报告代拟部门采纳复核、审核意见情况的说明;

(五)其他相关材料,如重要问题的审计取证材料、相关的法律法规等。

第十条　审计业务会议由审计长主持,或者由其委托的副审计长主持。

第十一条　审计业务会议参加人员包括:审计长、副审计长、总审计师,办公厅、复核机构、审计报告代拟部门和相关业务部门负责人等。审计组、复核机构及办公厅有关人员,可以视具体情况列席会议。

第十二条　审计业务会议后,由审计报告代拟部门根据会议决定,修改审计报告代拟稿,送分管副审计长审定、签发。

第十三条　复核机构负责审计业务会议的记录工作。审计报告代拟部门应当将审计业务会议记录归人相应的审计项目档案。

第十四条　审计报告审核审定及相关的责任划分是:

(一)审计人员主要对审计报告列示问题所需审计证据的相关性、客观性、充分性和合法性负责;

(二)审计组组长主要对审计报告所列审计发现问题的真实性和完整性负责;

(三)审计报告代拟部门主要对审计署审计报告代拟稿中审计评价的恰当性,审计事实的准确性,审计定性和处理处罚及引用法规的正确性,审计建议的针对性、可行性,以及整个审计报告的规范性负直接责任;

(四)复核机构对本条第三项所列事项负间接责任;

(五)总审计师、分管副审计长、审计长对审核和审定、签发的审计报告负领导责任;

(六)审计业务会议对审计报告负集体决策责任。

第十五条　复核机构复核和总审计师审核时,发现未充分履行第十四条第三项职责,存在多处不当或差错的,可将审计报告退回审计报告代拟部门进行修改。

第十六条　发现违反本办法的行为,情况严重的,应予以通报批评,并追究有关人员的责任。相关审计项目不得参加优秀审计项目评选。

第十七条　对专项审计调查报告,应当参照本办法有关规定进行审核、审定。

第十八条　本办法自发布之日起施行。以前发布的有关规定同时废止。

审计署审计结果公告办法[1]

（审法发〔2006〕37号，2006年6月20日）

第一条 为了规范审计署公告审计结果工作，提高审计结果公告质量，根据《中华人民共和国审计法》第三十六条和国务院《全面推进依法行政实施纲要》，制定本办法。

第二条 本办法所称公告审计结果，是指审计署依法向社会公布审计报告所反映内容及相关情况的行为。

第三条 凡审计署统一组织审计项目的审计结果，除受委托的经济责任审计项目和涉及国家秘密、被审计单位商业秘密的内容外，原则上都要向社会公告。

第四条 审计署公告审计结果，应保证质量，做到事实清楚，证据确凿，定性准确，评价客观公正。

第五条 审计署需要公告下列审计结果的，应当事先报经国务院同意：

（一）中央预算执行和其他财政收支的审计工作报告以及审计查出问题纠正情况报告；

（二）向国务院报送的综合性专题报告；

（三）其他认为需要报经国务院同意的审计结果。

其他审计事项的审计结果需要公告的，由审计署决定。

第六条 审计署公告审计结果需要报经国务院同意的，应当在向国务院呈送的相关报告中加以说明，并形成公告稿报国务院审批。

第七条 审计署公告审计结果，应在审计报告和审计决定书生效90日（提请裁决、申请行政复议或者提起行政诉讼期满）后的适当时机进行。

被审计单位对审计结果提请裁决、申请行政复议或者提起行政诉讼的，审计署公告审计结果，应在裁决、行政复议、行政诉讼结束后进行。

第八条 审计署公告审计结果，由审计署办公厅统一组织办理，履行规定的审批手续。审计署机关各单位、派出审计局、驻地方特派员办事处不得向社会公告审计结果。

第九条 审计署公告审计结果一般应包括以下内容：

（一）被审计单位基本情况及审计评价意见；

（二）审计发现的主要问题；

（三）审计处理处罚及建议；

（四）审计整改情况；

（五）其他认为需要公告的内容。

第十条 审计署通过公开出版《中华人民共和国审计署审计结果公告》向社会公告审计结果，同时在审计署网站发布。

第十一条 审计署公告审计结果，应按照审计法的有关规定，在审计报告出具前将其送被审计单位和有关部门征求意见，并注明审计署将以适当方式公告审计结果。公告时一般不再征求意见，但被审计单位对审计报告有重大分歧意见的，必须再次征求意见，在事实和定性等主要问

---

[1] 本书编写组. 中华人民共和国现行审计法规与审计准则及政策解读[M]. 上海：立信出版社，2018：102-103.

题上取得一致。

需公告涉嫌违法违纪或者犯罪案件移送事项情况的,应当与受理移送部门协商一致。

第十二条 审计署出具审计报告、审计决定书后,审计署有关部门应及时跟踪了解审计整改情况。审计署在公告审计结果时,应如实反映审计整改情况。

第十三条 公告涉及的有关单位对公告的有关内容提出异议的,由审计署办公厅商有关司局负责解释。

第十四条 违反本办法规定,有下列行为之一的,依法追究有关单位和个人的责任:

(一)未经批准擅自公告审计结果的;

(二)审计结果公告后发现布重大事实差错并造成不良后果的;

(三)泄露国家秘密或者被审计单位及相关单位的商业秘密的。

第十五条 审计署公告专项审计调查结果,遵照本办法执行。

第十六条 本办法由审计署办公厅负责解释。

第十七条 本办法自发布之日起施行。审计署于2002年3月19日印发的《审计署审计结果公告试行办法》(审法发〔2002〕49号)同时废止。

中国注册会计师鉴证业务基本准则[1]
(财会〔2006〕4号,2006年2月15日修订)
第一章 总则

第一条 为了规范注册会计师执行鉴证业务,明确鉴证业务的目标和要素,确定中国注册会计师审计准则、中国注册会计师审阅准则、中国注册会计师其他鉴证业务准则(分别简称审计准则、审阅准则和其他鉴证业务准则)适用的鉴证业务类型,根据《中华人民共和国注册会计师法》,制定本准则。

第二条 鉴证业务包括历史财务信息审计业务、历史财务信息审阅业务和其他鉴证业务。

注册会计师执行历史财务信息审计业务、历史财务信息审阅业务和其他鉴证业务时,应当遵守本准则以及依据本准则制定的审计准则、审阅准则和其他鉴证业务准则。

第三条 本准则所称注册会计师,是指取得注册会计师证书并在会计师事务所执业的人员,有时也指其所在的会计师事务所。

本准则所称鉴证业务要素,是指鉴证业务的三方关系、鉴证对象、标准、证据和鉴证报告。

第四条 注册会计师执行鉴证业务时,应当遵守中国注册会计师职业道德规范(简称职业道德规范)和会计师事务所质量控制准则。

第二章 鉴证业务的定义和目标

第五条 鉴证业务是指注册会计师对鉴证对象信息提出结论,以增强除责任方之外的预期使用者对鉴证对象信息信任程度的业务。

鉴证对象信息是按照标准对鉴证对象进行评价和计量的结果。如责任方按照会计准则和相关会计制度(标准)对其财务状况、经营成果和现金流量(鉴证对象)进行确认、计量和列报(包括

---

[1]本书编写组.中华人民共和国现行审计法规与审计准则及政策解读[M].上海:立信出版社,2018:625-631.

披露,下同)而形成的财务报表(鉴证对象信息)。

第六条 鉴证对象信息应当恰当反映既定标准运用于鉴证对象的情况。如果没有按照既定标准恰当反映鉴证对象的情况,鉴证对象信息可能存在错报,而且可能存在重大错报。

第七条 鉴证业务分为基于责任方认定的业务和直接报告业务。在基于责任方认定的业务中,责任方对鉴证对象进行评价或计设,鉴证对象信息以责任方认定的形式为预期使用者获取。如在财务报表审计中,被审计单位管理层(责任方)对财务状况、经营成果和现金流量(鉴证对象)进行确认、计量和列报(评价或计量)而形成的财务报表(鉴证对象信息)即为责任方的认定;该财务报表可为预期报表使用者获取,注册会计师针对财务报表出具审计报告。这种业务属于基于责任方认定的业务。

在直接报告业务中,注册会计师直接对鉴证对象进行评价或计量,或者从责任方获取对鉴证对象评价或计量的认定,而该认定无法为预期使用者获取,预期使用者只能通过阅读鉴证报告获取鉴证对象信息。如在内部控制鉴证业务中,注册会计师可能无法从管理层(责任方)获取其对内部控制有效性的评价报告(责任方认定),或虽然注册会计师能够获取该报告,但预期使用者无法获取该报告,注册会计师直接对内部控制的有效性(鉴证对象)进行评价并出具鉴证报告,预期使用者只能通过阅读该鉴证报告获得内部控制有效性的信息(鉴证对象信息)。这种业务属于直接报告业务。

第八条 鉴证业务的保证程度分为合理保证和有限保证。

合理保证的鉴证业务的目标是注册会计师将鉴证业务风险降至该业务环境下可接受的低水平,以此作为以积极方式提出结论的基础。如在历史财务信息审计中,要求注册会计师将审计风险降至可接受的低水平,对审计后的历史财务信息提供商水平保证(合理保证),在审计报告中对历史财务信息采用积极方式提出结论。这种业务属于合理保证的鉴证业务。

有限保证的鉴证业务的目标是注册会计师将鉴证业务风险降至该业务环境下可接受的水平,以此作为以消极方式提出结论的基础。如在历史财务信息审阅中,要求注册会计师将审阅风险降至该业务环境下接受的水平(高于历史财务信息审计中可接受的低水平),对审阅后的历史财务信息提供低于高水平的保证(有限保证),在审阅报告中对历史财务信息采用消极方式提出结论。这种业务属于有限保证的鉴证业务。

第三章 业务承接

第九条 在接受委托前,注册会计师应当初步了解业务环境。

业务环境包括业务约定事项、鉴证对象特征、使用的标准、预期使用者的需求、责任方及其环境的相关特征,以及可能对鉴证业务产生重大影响的事项、交易、条件和惯例等其他事项。

第十条 在初步了解业务环境后,只有认为符合独立性和专业胜任能力等相关职业道德规范的要求,并且拟承接的业务具备下列所有特征,注册会计师才能将其作为鉴证业务予以承接:

(一)鉴证对象适当;

(二)使用的标准适当且预期使用者能够获取该标准;

(三)注册会计师能够获取充分、适当的证据以支持其结论;

（四）注册会计师的结论以书面报告形式表述，且表述形式与所提供的保证程度相适应；

（五）该业务具有合理的目的。如果鉴证业务的工作范围受到重大限制，或委托人试图将注册会计间的名字和鉴证对象不适当地联系在一起，则该业务可能不具有合理的目的。

第十一条　当拟承接的业务不具备本准则第十条规定的鉴证业务的所有特征，不能将其作为鉴证业务予以承接时，注册会计师可以提请委托人将其作为非鉴证业务（如商定程序、代编财务信息、管理咨询、税务服务等相关服务业务），以满足预期使用者的需要。

第十二条　如果某项鉴证业务采用的标准不适当，但满足下列条件之一时，注册会计师可以考虑将其作为一项新的鉴证业务：

（一）委托人能够确认鉴证对象的某个方面适用于所采用的标准，注册会计师可以针对该方面执行鉴证业务，但在鉴证报告中应当说明该报告的内容并非针对鉴证对象整体；

（二）能够选择或设计适用于鉴证对象的其他标准。

第十三条　对已承接的鉴证业务，如果没有合理理由，注册会计师不应将该项业务变更为非鉴证业务，或将合理保证的鉴证业务变更为有限保证的鉴证业务。

当业务环境变化影响到预期使用者的需求，或预期使用者对该项业务的性质存在误解时，注册会计可以应委托人的要求，考虑同意变更该项业务。如果发生变更，注册会计师不应忽视变更前获取的证据。

第四章　鉴证业务的三方关系

第十四条　鉴证业务涉及的三方关系人包括注册会计师、责任方和预期使用者。

责任方与预期使用者可能是同一方，也可能不是同一方。

第十五条　注册会计师可以承接符合本准则第十条规定的各类鉴证业务。

如果鉴证业务涉及的特殊知识和技能超出了注册会计师的能力，注册会计师可以利用专家协助执行鉴证业务。在这种情况下，注册会计师应当确信包括专家在内的项目组整体已具备执行该项鉴证业务知识和技能，并充分参与该项鉴证业务和了解专家所承担的工作。

第十六条　责任方是指下列组织或人员：

（一）在直接报告业务中，对鉴证对象负责的组织或人员；

（二）在基于责任方认定的业务中，对鉴证对象信息负责并可能同时对鉴证对象负责的组织或人；

（三）责任方可能是鉴证业务的委托人，也可能不是委托人。

第十七条　注册会计师通常提请责任方提供书面声明，表明责任方已按照既定标准对鉴证对象评价或计量，无论该声明是否能为预期使用者获取。在直接报告业务中，当委托人与责任方不是同一方时，注册会计师可能无法获取此类书面声明。

第十八条　预期使用者是指预期使用鉴证报告的组织或人员。责任方可能是预期使用者，但不是唯一的预期使用者。

注册会计师可能无法识别使用鉴证报告的所有组织和人员，尤其在各种可能的预期使用者对鉴证对象存在不同的利益需求时。注册会计师应当根据法律法规的规定或与委托人签订的协议识别预期使用者。

在可行的情况下,鉴证报告的收件人应当明确为所有的预期使用者。

第十九条 在可行的情况下,注册会计师应当提请预期使用者或其代表,与注册会计师和责任方(如果委托人与责任方不是同一方,还包括委托人)共同确定鉴证业务约定条款。

无论其他人员是否参与,注册会计师都应当负责确定鉴证业务程序的性质、时间和范围,并对鉴证业务中发现的、可能导致对鉴证对象信息作出重大修改的问题进行跟踪。

第二十条 当鉴证业务服务于特定的使用者,或具有特定目的时,注册会计师应当考虑在鉴证报告中注明该报告的特定使用者或特定目的,对报告的用途加以限定。

第五章 鉴证对象

第二十一条 鉴证对象与鉴证对象信息具有多种形式,主要包括:

(一)当鉴证对象为财务业绩或状况时(如历史或预测的财务状况、经营成果和现金流量),鉴证对象信息是财务报表;

(二)当鉴证对象为非财务业绩或状况时(如企业的运营情况),鉴证对象信息可能是反映效率或效果的关键指标;

(三)当鉴证对象为物理特征时(如设备的生产能力),鉴证对象信息可能是有关鉴证对象物理特征的说明文件;

(四)当鉴证对象为某种系统和过程时(如企业的内部控制或信息技术系统),鉴证对象信息可能是关于其有效性的认定;

(五)当鉴证对象为一种行为时(如遵守法律法规的情况),鉴证对象信息可能是对法律法规遵守情况或执行效果的声明。

第二十二条 鉴证对象具有不同特征,可能表现为定性或定量、客观或主观、历史或预测、时点或期间。这些特征将对下列方面产生影响:

(一)按照标准对鉴证对象进行评价或计量的准确性;

(二)证据的说服力。

鉴证报告应当说明与预期使用者特别相关的鉴证对象特征。

第二十三条 适当的鉴证对象应当同时具备下列条件:

(一)鉴证对象可以识别;

(二)不同的组织或人员对鉴证对象按照既定标准进行评价或计量的结果合理一致;

(三)注册会计师能够收集与鉴证对象有关的信息,获取充分、适当的证据,以支持其提出适当的鉴证结论。

第六章 标准

第二十四条 标准是指用于评价或计量鉴证对象的基准,当涉及列报时,还包括列报的基准。

标准可以是正式的规定,如编制财务报表所使用的会计准则和相关会计制度;也可以是某些非正式的规定,如单位内部制定的行为准则或确定的绩效水平。

第二十五条　注册会计师在运用职业判断对鉴证对象作出合理一致的评价或计计计量时,需要有适当的标准。

适当的标准应当具备下列所有特征:

(一)相关性:相关的标准有助于得出结论,便于预期使用者作出决策;

(二)完整性:完整的标准不应忽略业务环境中可能影响得出结论的相关因素,当涉及列报时,还包括列报的基准;

(三)可靠性:可靠的标准能够使能力相近的注册会计师在相似的业务环境中,对鉴证对象作出合理一致的评价或计量;

(四)中立性:中立的标准有助于得出无偏向的结论;

(五)可理解性:可理解的标准有助于得出清晰、易于理解、不会产生重大歧义的结论。

注册会计师基于自身的预期、判断和个人经验对鉴证对象进行的评价和计量,不构成适当的标准。

第二十六条　注册会计师应当考虑运用于具体业务的标准是否具备本准则第二十五条所述的特征,以评价该标准对此项业务的适用性。在具体鉴证业务中,注册会计师评价标准各项特征的相对重要程度,需要运用职业判断。

标准可能是由法律法规规定的,或由政府主管部门或国家认可的专业团体依照公开、适当的程序发布的,也可能是专门制定的。采用标准的类型不同,注册会计师为评价该标准对于具体鉴证业务的适用性所需执行的工作也不同。

第二十七条　标准应当能够为预期使用者获取,以使预期使用者了解鉴证对象的评价或计量过程,标准可以通过下列方式供预期使用者获取:

(一)公开发布;

(二)在陈述鉴证对象信息时以明确的方式表述;

(三)在鉴证报告中以明确的方式表述;

(四)常识理解,如计量时间的标准是小时或分钟。

如果确定的标准仅能为特定的预期使用者获取,或仅与特定目的相关,鉴证报告的使用也应限于这些特定的预期使用者或特定目的。

第七章　证据
第一节　总体要求

第二十八条　注册会计师应当以职业怀疑态度计划和执行鉴证业务,获取有关鉴证对象信息是否不存在重大错报的充分、适当的证据。

注册会计师应当及时对制定的计划、实施的程序、获取的相关证据以及得出的结论作出记录。

第二十九条　注册会计师在计划和执行鉴证业务,尤其在确定证据收集程序的性质、时间和范围时,应当考虑重要性、鉴证业务风险以及可获取证据的数量和质量。

第二节　职业怀疑态度

第三十条　职业怀疑态度是指注册会计师以质疑的思维方式评价所获取证据的有效性,并对相互矛盾的证据,以及引起对文件记录或责任方提供的信息的可靠性产生怀疑的证据保持警觉。

第三十一条 鉴证业务通常不涉及鉴定文件记录的真伪,注册会计师也不是鉴定文件记录真伪的专家,但应当考虑用作证据的信息的可靠性,包括考虑与信息生成和维护相关的控制的有效性。

如果在执行业务过程中识别出的情况使其认为文件记录可能是伪造的或文件记录中的某些条款已经发生变动,注册会计师应当作出进一步调查,包括直接向第三方询证,或考虑利用专家的工作,以评价文件记录的真伪。

第三节 证据的充分性和适当性

第三十二条 证据的充分性是对证据数量的衡量,主要与注册会计师确定的样本量有关。证据的适当性是对证据质量的衡量,即证据的相关性和可靠性。

所需证据的数量受鉴证对象信息重大错报风险的影响,即风险越大,可能需要的证据的数量也受证据质量的影响,即证据质量越高,可能需要的证据数量越少。

尽管证据的充分性和适当性相关,但如果证据的质量存在缺陷,注册会计师仅靠获取更多的证据可能无法弥补其质量上的缺陷。

第三十三条 证据的可靠性受其来源和性质的影响,并取决于获取证据的具体环境。

注册会计师通常按照下列原则考虑证据的可靠性:

(一)从外部独立来源获取的证据比从其他来源获取的证据更可靠;

(二)内部控制有效时内部生成的证据比内部控制薄弱时内部生成的证据更可靠;

(三)直接获取的证据比间接获取或推论得出的证据更可靠;

(四)以文件记录形式(无论是纸质、电子或其他介质)存在的证据比口头形式的证据更可靠;

(五)从原件获取的证据比从传真或复印件获取的证据更可靠。

在运用本条第二款第(一)项至第(五)项所述原则评价证据的可靠性时,注册会计师应当注意可能出现的重大例外情况。

第三十四条 如果针对某项认定从不同来源获取的证据或获取的不同性质的证据能够相互印证,与该项认定相关的证据通常具有更强的说服力。

如果从不同来源获取的证据或获取的不同性质的证据不一致,可能表明某项证据不可靠,注册会计师应当追加必要的程序予以解决。

第三十五条 针对一个期间的鉴证对象信息获取充分、适当的证据,通常要比针对一个时点的鉴证对象信息获取充分、适当的证据更困难。

针对过程提出的结论通常限于鉴证业务涵盖的期间,注册会计师不应对该过程是否在未来以特定方式继续发挥作用提出结论。

第三十六条 注册会计师可以考虑获取证据的成本与所获取信息有用性之间的关系,但不应仅以获取证据的困难和成本为由减少不可替代的程序。

在评价证据的充分性和适当性以支持鉴证报告时,注册会计师应当运用职业判断,并保持职业怀疑态度。

第四节 重要性

第三十七条 在确定证据收集程序的性质、时间和范围,评估鉴证对象信息是否不存在错报时,注册会计师应当考虑重要性。在考虑重要性时,注册会计师应当了解并评估哪些因素可能会影响预期使用者的决策。

注册会计师应当综合数量和性质因素考虑重要性。在具体业务中评估重要性以及数量和性质因素的相对重要程度,需要注册会计师运用职业判断。

第五节 鉴证业务风险

第三十八条 鉴证业务风险是指在鉴证对象信息存在重大错报的情况下,注册会计师提出不恰当结论的可能性。

在直接报告业务中,鉴证对象信息仅体现在注册会计师的结论中,鉴证业务风险包括注册会计师不恰当地提出鉴证对象在所有重大方面遵守标准的结论的可能性。

第三十九条 在合理保证的鉴证业务中,注册会计师应当将鉴证业务风险降至具体业务环境下可接受的低水平,以获取合理保证,作为以积极方式提出结论的基础。

在有限保证的鉴证业务中,由于证据收集程序的性质、时间和范围与合理保证的鉴证业务不同,其风险水平高于合理保证的鉴证业务;但注册会计师实施的证据收集程序至少应当足以获取有意义的保证水平,作为以消极方式提出结论的基础。

当注册会计师获取的保证水平很有可能在一定程度上增强预期使用者对鉴证对象信息的信任时,这种保证水平是有意义的保证水平。

第四十条 鉴证业务风险通常体现为重大错报风险和检查风险。

重大错报风险是指鉴证对象信息在鉴证前存在重大错报的可能性。

检查风险是指某一鉴证对象信息存在错报,该错报单独或连同其他错报是重大的,但注册会计师未能发现这种错报的可能性。

注册会计师对重大错报风险和检查风险的考虑受具体业务环境的影响,特别受鉴证对象性质,以及所执行的是合理保证鉴证业务还是有限保证鉴证业务的影响。

第六节 证据收集程序的性质、时间和范围

第四十一条 证据收集程序的性质、时间和范围因业务的不同而不同。注册会计师应当清楚表达证据收集程序,并以适当的形式运用于合理保证的鉴证业务和有限保证的鉴证业务。

第四十二条 在合理保证的鉴证业务中,为了能够以积极方式提出结论,注册会计师应当通过下列、不断修正的、系统化的执业过程,获取充分、适当的证据:

(一)了解鉴证对象及其他的业务环境事项,在适用的情况下包括了解内部控制;

(二)在了解鉴证对象及其他的业务环境事项的基础上,评估鉴证对象信息可能存在的重大错报风险;

(三)应对评估的风险,包括制定总体应对措施以及确定进一步程序的性质、时间和范围;

(四)针对已识别的风险实施进一步程序,包括实施实质性程序,以及在必要时测试控制运行

的有效性：

（五）评价证据的充分性和适当性。

第四十三条 合理保证提供的保证水平低于绝对保证。由于下列因素的存在，将鉴证业务风险降至零几乎不可能，也不符合成本效益原则：

（一）选择性测试方法的运用；

（二）内部控制的固有局限性；

（三）大多数证据是说服性而非结论性的；

（四）在获取和评价证据以及由此得出结论时涉及大量判断；

（五）在某些情况下鉴证对象具有特殊性。

第四十四条 合理保证的鉴证业务和有限保证的鉴证业务都需要运用鉴证技术和方法，收集充分、适当的证据。与合理保证的鉴证业务相比，有限保证的鉴证业务在证据收集程序的性质、时间、范围等方面是有意识地加以限制的。

无论是合理保证还是有限保证的鉴证业务，如果注意到某事项可能导致对鉴证对象信息是否需要作出重大修改产生疑问，注册会计师应当执行其他足够的程序，追踪这一事项，以支持鉴证结论。

第七节 可获取证据的数量和质量

第四十五条 可获取证据的数量和质量受下列因素的影响：

（一）鉴证对象和鉴证对象信息的特征；

（二）业务环境中除鉴证对象特征以外的其他事项。

第四十六条 对任何类型的鉴证业务，如果下列情形对注册会计师的工作范围构成重大限制，阻碍注册会计师获取所需要的证据，注册会计师提出无保留结论是不恰当的：

（一）客观环境阻碍注册会计师获取所需要的证据，无法将鉴证业务风险降至适当水平；

（二）责任方或委托人施加限制，阻碍注册会计师获取所需要的证据，无法将鉴证业务风险将至适当水平。

第八节 记录

第四十七条 注册会计师应当记录重大事项，以提供证据支持鉴证报告，并证明其已按照鉴证业务准则的规定执行业务。

第四十八条 对需要运用职业判断的所有重大事项，注册会计师应当记录推理过程，相关结论。

如果对某些事项难以进行判断，注册会计师还应当记录得出结论时已知悉的有关事实。

第四十九条 注册会计师应当将鉴证过程中考虑的所有重大事项记录于工作底稿。

在运用职业判断确定工作底稿的编制和保存范围时，注册会计师应当考虑，使未曾接触该项鉴证业务的有经验的专业人士了解实施的鉴证程序，以及作出重大决策的依据。

第八章 鉴证报告

第五十条 注册会计师应当出具含有鉴证结论的书面报告，该鉴证结论应当说明注册会计师就鉴证对象信息获取的保证。

注册会计师应当考虑其他报告责任,包括在适当时与治理层沟通。

第五十一条　在基于责任方认定的业务中,注册会计师的鉴证结论可以采用下列两种表述形式:

(一)明确提及责任方认定,如"我们认为,责任方作出的'根据×标准,内部控制在所有重大方面是有效的'这一认定是公允的"。

(二)直接提及鉴证对象和标准,如"我们认为,根据×标准,内部控制在所有重大方面是有效的"。

在直接报告业务中,注册会计师应当明确提及鉴证对象和标准。

第五十二条　在合理保证的鉴证业务中,注册会计师应当以积极方式提出结论,如"我们认为,根据×标准,内部控制在所有重大方面是有效的"或"我们认为,责任方作出的'根据×标准,内部控制在所有重大方面是有效的'这一认定是公允的"。

在有限保证的鉴证业务中,注册会计师应当以消极方式提出结论,如"基于本报告所述的工作,我们没有注意到任何事项使我们相信,根据×标准,×系统在任何重大方面是无效的"或"基于本报告所述的工作,我们没有注意到任何事项使我们相信,责任方作出的'根据×标准,×系统在所有重大方面是有效的'这一认定是不公允的"。

第五十三条　当存在本准则第五十四条至第五十六条所述情况时,注册会计师应当对其影响程度作出判断。如果这些情况影响重大,注册会计师不能出具无保留结论的报告。

第五十四条　对任何类型的鉴证业务,如果注册会计师的工作范围受到限制,注册会计师应当视受到限制的重大与广泛程度,出具保留结论或无法提出结论的报告。

在某些情况下,注册会计师应当考虑解除业务约定。

第五十五条　如果存在下列情形,注册会计师应当视其影响的重大与广泛程度,出具保留结论或否定结论的报告:

(一)注册会计师的结论提及责任方的认定,且该认定未在所有重大方面作出公允表达;

(二)注册会计师的结论直接提及鉴证对象和标准,且鉴证对象信息存在重大错报。

第五十六条　在承接业务后,如果发现标准或鉴证对象不适当,可能误导预期使用者,注册会计师应当视其重大与广泛程度,出具保留结论或否定结论的报告。

如果发现标准或鉴证对象不适当,造成工作范围受到限制,注册会计师应当视受到限制的重大与广泛程度,出具保留结论或无法提出结论的报告。

在某些情况下,注册会计师应当考虑解除业务约定。

第五十七条　当注册会计师针对鉴证对象信息出具报告,或同意将其姓名与鉴证对象联系在一起时,则注册会计师与该鉴证对象发生了关联。

如果获知他人不恰当地将其姓名与鉴证对象相关联,注册会计师应当要求其停止这种行为,并考虑采取其他必要的措施,包括将不恰当使用注册会计师姓名这一情况告知所有已知的使用者或征询法律意见。

第九章　附则

第五十八条　注册会计师执行司法诉讼中涉及会计、审计、税务或其他事项的鉴定业务,除有特定要求者外,应当参照本准则办理。

第五十九条　某些业务可能符合本准则第五条鉴证业务的定义,使用者可能从业务报告的意见、观点或措辞中推测出某种程度的保证,但如果满足下列所有条件,注册会计师执行这些业务不必遵守本准则:

(一)注册会计师的意见、观点或措辞对整个业务而言仅是附带性的;

(二)注册会计师出具的书面报告被明确限定为仅供报告中所提及的使用者使用;

(三)与特定预期使用者达成的书面协议中,该业务未被确认为鉴证业务;

(四)在注册会计师出具的报告中,该业务未被称为鉴证业务。

第六十条　本准则自2007年1月1日起施行。

审计署聘请外部人员参与审计工作管理办法❶

(审办发〔2010〕68号,2010年5月9日)

第一章　总则

第一条　为了充分履行审计职责,规范聘请外部人员参与审计工作的行为,根据《中华人民共和国审计法》和《中华人民共和国审计法实施条例》,制定本办法。

第二条　审计署遇有审计力量不足、相关专业知识不能满足审计工作需要时,可以从外部聘请相关专业人员参与审计(含专项审计调查,下同)工作,主要包括:

(一)从地方审计机关、社会中介机构和其他专业机构聘请外部人员参与审计;

(二)聘请外部专家对与其专业相关的特定事项提供咨询意见或者专业鉴定意见。

第三条　审计署可以聘请外部人员参与下列审计:

(一)固定资产投资审计;

(二)企业和金融机构资产、负债、损益及其主要负责人任期经济责任审计;

(三)事业单位、社会团体和其他社会组织财务收支及其主要负责人任期经济责任审计;

(四)资源环境项目审计;

(五)社会保障项目审计;

(六)国外贷援款项目审计;

(七)其他需要聘请外部人员参与的审计。

第二章　外部人员的聘请

第四条　聘请外部人员实行计划管理。署机关和特派办(以下简称各单位)每年制定审计项目计划时,应"尽力而为,量力而行,留有余地",确因工作需要或特殊事项必需外聘相关专业人员的,应向审计署提出包括聘请人员的数量、专业、资质和聘请时间等内容的外聘工作计划(草案)。

署机关外聘工作计划(草案)由办公厅审核并报经审计长会议审定;特派办外聘工作计划(草案)由办公厅会同业务司审核并报分管特派办和财务工作的署领导审定。形成审计署年度外聘

---

❶本书编写组.中华人民共和国现行审计法规与审计准则及政策解读[M].上海:立信出版社,2018:164-166.

工作计划(草案),作为申请分配外聘经费的重要依据。

第五条　从社会中介机构和其他专业机构聘请外部人员的,拟聘请人员所在机构一般应当符合下列条件:

(一)依法设立,能够独立享有民事法律权利、承担民事法律责任;

(二)具备与审计事项相适应的资质、等级;

(三)社会信誉好,近3年未因业务质问题和违法违规行为受到有关部门处理处罚;

(四)聘请审计机关退休人员的,应符合退休人员从业的有关规定。

第六条　拟聘请的外部人员应当符合下列条件:

(一)具有与审计事项相适应的专业技能和资格;

(二)从事相关专业工作3年以上;

(三)职业道德良好,近3年未受到有关部门处理处罚,未受到纪律处分或者行政处分;

(四)身体健康。

如有特定审计事项,可以向拟聘请人员提出除上述条件之外的其他特殊聘请要求。

第七条　从社会中介机构和其他专业机构聘请外部人员的,一般应从财政部、国资委、证监会和审计署确立的社会中介机构或其他专业机构名单中选择。在办理聘请外部人员参与审计的相关工作时,各单位与拟聘用的社会中介机构和其他专业机构或个人有利害关系的人员应回避。

第八条　协议签订。从社会中介机构和其他专业机构聘请外部人员的,应当由各单位与拟聘请人员所在机构签订聘请协议。聘请协议应当明确以下内容:

(一)审计目标、内容和职责范围;

(二)工作时限和要求;

(三)受聘人员姓名、资质条件及其权利;

(四)费用及支付方式;

(五)廉政、回避和保密承诺;

(六)违约责任;

(七)其他应当约定的事项。

第九条　凡与被审计单位或者审计事项有利害关系的外部单位和外部人员,应当要求其回避。

第三章　外聘人员的工作管理

第十条　各单位应当对外聘人员进行国家审计法律、法规、规章和相关审计业务培训,并对其进行审计工作纪律、审计职业道德教育。

第十一条　各单位应当将外聘人员编入相关审计项目的审计组,但不得担任审计组组长、副组长和主审。

审计组组长在审计实施中应当加强对外聘人员的督导和业务复核,审计组所在部门和审计署相关部门应当加强对外聘人员工作的监督检查,有效保证其审计质量。

第十二条　外聘人员在审计实施中享有审计法第三十一条、第三十二条和第三十三条规定的要求被审计单位提供资料、检查和调查取证等相关权限。

外聘人员有权如实向审计机关反映审计中发现的问题和处理建议,对审计机关有关人员阻止受聘人员如实反映情况的,外聘人员可越级直至向审计署领导反映有关情况,提出相应意见和建议。审计署和各单位对于反映真实情况的外聘人员应予保护和奖励。

第十三条　外聘人员应当在审计项目完成后,及时移交审计实施过程中所形成的全部纸质资料和电子资料。外聘人员不得将其参与审计工作获取的相关信息用于与所审计事项无关的目的。

第十四条　外聘人员应当对其工作结果负责,各单位应当对利用其结果所形成的审计结论负责。

第十五条　审计项目完成后,各单位应当组织对外聘人员参与审计工作的业务质量和履行聘请协议情况进行考评。各单位应当逐步建立外聘人员备选库,根据考评结果,将业务能力强和职业道德水平高的外聘人员列入外聘人员备选库,并实行动态管理。

第四章　纪律管理

第十六条　外聘人员参与审计工作,必须遵守《审计署关于加强审计纪律的八项规定》和各项审计纪律、廉政纪律、保密规定等法律法规和纪律。

第十七条　外聘人员有下列情形之一的,应当依法依纪作出处理处罚:

(一)隐瞒审计发现的问题或者与被审计单位串通舞弊的;

(二)利用受聘工作从被审计单位获取不正当利益的;

(三)将参与审计工作获取的信息用于与审计事项无关目的的;

(四)违反保密纪律或回避规定的;

(五)拒绝接受聘请单位和审计组统一领导和监督的;

(六)不履行聘请协议规定的其他义务的。

第十八条　审计人员有下列情形之一,造成严重后果的,应当依法依纪作出处理处罚:

(一)未按本办法规定履行聘请外部人员相关职责的;

(二)通过聘请外部人员工作获取不正当利益的;

(三)要求外聘人员或者与其串通实施违反审计工作有关规定的活动的;

(四)有其他违法违纪行为的。

第五章　外聘经费的管理

第十九条　外聘经费应纳入各单位年度财政预算,按照下列程序申请、审批和使用。

(一)办公厅依据财政部下达的年度预算控制数、署年度外聘工作计划和各单位人力资源状况,提出外聘经费分配草案,并报审计长会议批准后,列入各单位年度预算。

办公厅根据外聘经费预算执行情况,可在每年第四季度进行一次预算调整。

(二)各单位在年度预算确定的外聘经费控制数内,依据年度外聘工作计划开展外部人员聘请工作。执行中需要调整外聘经费预算的,应当履行相应的审批程序。

(三)署本级需要支付外聘经费的,由相关业务司局提出费用支付申请和依据,按经费审批权限报经批准后,在署本级年度预算控制数内按聘请协议支付。

第二十条　外聘费用标准。各单位统一按审计外勤经费标准报销外聘人员相关费用,并在下述标准内支付外聘费用,除此之外不再承担其他任何费用。

从社会中介机构和其他专业机构聘请外部人员参与审计的,向外聘人员所在机构按下述标准支付外聘费用:

高级职称人员500元/人天(税前,下同)。

中级职称人员(含注册会计师等执业资格人员)300元/人天。

一般人员200元/人天。

聘请相关特殊专业专家的,按相关规定标准支付费用。

第二十一条　审计过程中,聘请外部专家对与其专业相关的特定事项提供咨询意见或者专业鉴定意见,需要支付咨询费、检测费等其他费用时,必须提供相应的收费依据和收费标准,无依据的不得支付外聘费用。

第二十二条　外聘经费的结算。

(一)审计组应安排专人做好考勤记录,由记录人、外聘人员、审计组组长和有关单位负责人签字认可,报销时须附考勤表。

(二)外聘人员的城市间交通费、住宿发票等报销票据应与本单位职工分开填列,单独报销。

第二十三条　各单位应按照规定的程序和范围管理使用外聘经费,严禁违规使用外聘经费。

第二十四条　办公厅及各特派办办公室负责对外聘经费使用进行监督检查。年度预算执行结束后,办公厅将抽查外聘经费使用情况。

第二十五条　同等条件下,聘请外部人员参与审计应优先聘请地方审计机关人员。从地方审计机关聘请人员参与审计的,可经双方协商,向参审人员派出单位适当支付外聘费用。

第六章　附则

第二十六条　本办法由审计署办公厅负责解释。

第二十七条　本办法自发布之日起施行,原《审计署关于印发〈审计署聘请外部人员参与审计工作管理办法〉的通知》(审法发〔2006〕39号)和《审计署办公厅关于加强聘请外部人员参与审计工作经费预算管理和支付管理的通知》(审办办发〔2007〕63号)同时作废。

审计机关封存资料资产规定[1]
(审计署令第9号)(2010)

第一条　为了规范审计机关封存被审计单位有关资料和违反国家规定取得的资产的行为,保障审计机关和审计人员严格依法行使审计监督职权,提高依法审计水平,维护国家利益和被审计单位的合法权益,根据审计法、审计法实施条例和其他有关法律法规,制定本规定。

第二条　审计机关对被审计单位有关资料和违反国家规定取得的资产采取封存措施适用本规定。

审计机关在审计证据可能灭失或者以后难以取得的情况下,采取的先行登记保存措施,依照

---

[1]本书编写组.中华人民共和国现行审计法规与审计准则及政策解读[M].上海:立信出版社,2018:145-146.

行政处罚法和有关行政法规的规定执行。

第三条　审计机关采取封存措施,应当遵循合法、谨慎的原则。

审计机关应当严格依照审计法、审计法实施条例和本规定确定的条件、程序采取封存措施,不得滥用封存权。

审计机关通过制止被审计单位违法行为、及时取证或者采取先行登记保存措施可以达到审计目的的,不必采取封存措施。

第四条　有下列情形之一的,审计机关可以采取封存措施:

(一)被审计单位正在或者可能转移、隐匿、篡改、毁弃会计凭证、会计账簿、财务会计报告以及其他与财政收支或者财务收支有关的资料的;

(二)被审计单位正在或者可能转移、隐匿违反国家规定取得的资产的。

第五条　审计机关依法对被审计单位的下列资料进行封存:

(一)会计凭证、会计账簿、财务会计报告等会计资料;

(二)合同、文件、会议记录等与被审计单位财政收支或者财务收支有关的其他资料。

上述资料存储在磁、光、电等介质上的,审计机关可以依法封存相关存储介质。

第六条　审计机关依法对被审计单位违反国家规定取得的现金、实物等资产或者有价证券、权属证明等资产凭证进行封存。

第七条　审计机关采取封存措施,应当经县级以上人民政府审计机关(含县级人民政府审计机关和省级以上人民政府审计机关派出机构,下同)负责人批准,由两名审计人员实施。

第八条　审计机关采取封存措施,应当向被审计单位送达封存通知书。

封存通知书包括下列内容:

(一)被审计单位名称;

(二)封存依据;

(三)封存资料或者资产的名称、数量等;

(四)封存期限;

(五)被审计单位申请行政复议或者提起行政诉讼的途径和期限;

(六)审计机关的名称、印章和日期。

在被审计单位正在转移、隐匿、篡改、毁弃有关资料或者正在转移、隐匿违反国家规定取得的资产等紧急情况下,审计人员报经县级以上人民政府审计机关负责人口头批准,可以采取必要措施,当场予以封存,再补送封存通知书。

第九条　审计机关采取封存措施时,审计人员应当会同被审计单位相关人员对有关资料或者资产进行清点,开列封存清单。

封存清单一般登记封存资料的名称、数量,封存资产的名称、规格、型号、数量等。封存资料存储在磁、光、电等介质上的,还应当列明存储介质的名称、规格等。

封存清单一式两份,由审计人员和被审计单位相关人员核对后签名或者盖章,双方各执一份。

第十条 审计机关应当对存放封存资料或者资产的文件柜、保险柜、档案室、库房等加贴封条。

封条上应当注明审计机关名称、封存日期并加盖审计机关印章。

第十一条 审计机关具备保管条件的,可以自行保管封存的资料或者资产;不具备保管条件的,可以指定被审计单位对存放封存资料、资产的设备或者设施进行保管或者看管;特殊情况下,也可以委托与被审计单位无利害关系的第三人保管。

审计机关指定被审计单位保管或者看管存放封存资料、资产的设备或者设施的,应当在封存通知书中一并载明被审计单位的保管责任。

第十二条 被审计单位或者受托保管的第三人应当履行保管责任,除本规定第十三条规定的情形外,不得擅自启封,不得损毁或者转移存放封存资料、资产的设备或者设施。

第十三条 遇有自然灾害等突发事件,可能导致封存的资料或者资产损毁的,负有保管责任的被审计单位或者第三人,应当将封存的资料或者资产转移到安全的地方,并将情况及时报告采取封存措施的审计机关。

第十四条 封存的期限一般不得超过7个工作日;有特殊情况需要延长的,经县级以上人民政府审计机关负责人批准,可以适当延长,但延长的期限不得超过7个工作日。

第十五条 审计机关封存资料或者资产后,审计人员应当及时进行审查,获取审计证据,或者提请有关主管部门对被审计单位违反国家规定取得的资产进行处理。

第十六条 审计机关在封存期限届满或者在封存期限内完成对有关资料或者资产处理的,审计人员应当与被审计单位相关人员共同清点封存的资料或者资产后予以退还,并在双方持有的封存清单上注明解除封存日期和退还的资料或者资产,由双方签名或者盖章。

第十七条 审计机关违反规定采取封存措施,给国家利益或者被审计单位的合法权益造成重大损害的,依照有关法律法规的规定追究相关人员的责任。

第十八条 被审计单位或者负有保管责任的第三人有下列行为之一的,依照有关法律法规的规定追究相关人员的责任:

(一)除本规定第十三条规定的情形外,擅自启封的;

(二)故意或者未尽保管责任,导致封存的资料被转移、隐匿、篡改、毁弃的;

(三)故意或者未尽保管责任,导致封存的资产被转移、隐匿、损毁的。

第十九条 本规定由审计署负责解释。

第二十条 本规定自2011年2月1日起施行。

中华人民共和国国家审计准则[❶]

(审计署令第8号,2010)

第一章 总则

第一条 为了规范和指导审计机关和审计人员执行审计业务的行为,保证审计质量,防范审计风险,发挥审计保障国家经济和社会健康运行的"免疫系统"功能,根据《中华人民共和国审计

---

❶本书编写组.中华人民共和国现行审计法规与审计准则及政策解读[M].上海:立信出版社,2018:115-134.

法》《中华人民共和国审计法实施条例》和其他有关法律法规,制定本准则。

第二条 本准则是审计机关和审计人员履行法定审计职责的行为规范,是执行审计业务的职业标准,是评价审计质量的基本尺度。

第三条 本准则中使用"应当""不得"词汇的条款为约束性条款,是审计机关和审计人员执行审计业务必须遵守的职业要求。

本准则中使用"可以"词汇的条款为指导性条款,是对良好审计实务的推介。

第四条 审计机关和审计人员执行审计业务,应当适用本准则。其他组织或者人员接受审计机关的委托、聘用、承办或者参加审计业务,也应当适用本准则。

第五条 审计机关和审计人员执行审计业务,应当区分被审计单位的责任和审计机关的责任。

在财政收支、财务收支以及有关经济活动中,履行法定职责、遵守相关法律法规、建立并实施内部控制、按照有关会计准则和会计制度编报财务会计报告、保持财务会计资料的真实性和完整性,是被审计单位的责任。

依据法律法规和本准则的规定,对被审计单位财政收支、财务收支以及有关经济活动独立实施审计并作出审计结论,是审计机关的责任。

第六条 审计机关的主要工作目标是通过监督被审计单位财政收支、财务收支以及有关经济活动的真实性、合法性、效益性,维护国家经济安全,推进民主法治,促进廉政建设,保障国家经济和社会健康发展。

真实性是指反映财政收支、财务收支以及有关经济活动的信息与实际情况相符合的程度。

合法性是指财政收支、财务收支以及有关经济活动遵守法律、法规或者规章的情况。

效益性是指财政收支、财务收支以及有关经济活动实现的经济效益、社会效益和环境效益。

第七条 审计机关对依法属于审计机关审计监督对象的单位、项目、资金进行审计。

审计机关按照国家有关规定,对依法属于审计机关审计监督对象的单位的主要负责人经济责任进行审计。

第八条 审计机关依法对预算管理或者国有资产管理使用等与国家财政收支有关的特定事项向有关地方、部门、单位进行专项审计调查。

审计机关进行专项审计调查时,也应当适用本准则。

第九条 审计机关和审计人员执行审计业务,应当依据年度审计项目计划,编制审计实施方案,获取审计证据,作出审计结论。

审计机关应当委派具备相应资格和能力的审计人员承办审计业务,并建立和执行审计质量控制制度。

第十条 审计机关依据法律法规规定,公开履行职责的情况及其结果,接受社会公众的监督。

第十一条 审计机关和审计人员未遵守本准则约束性条款的,应当说明原因。

第二章 审计机关和审计人员

第十二条 审计机关和审计人员执行审计业务,应当具备本准则规定的资格条件和职业要求。

第十三条　审计机关执行审计业务,应当具备下列资格条件:

(一)符合法定的审计职责和权限;

(二)有职业胜任能力的审计人员;

(三)建立适当的审计质量控制制度;

(四)必需的经费和其他工作条件。

第十四条　审计人员执行审计业务,应当具备下列职业要求:

(一)遵守法律法规和本准则;

(二)恪守审计职业道德;

(三)保持应有的审计独立性;

(四)具备必需的职业胜任能力;

(五)其他职业要求。

第十五条　审计人员应当恪守严格依法、正直坦诚、客观公正、勤勉尽责、保守秘密的基本审计职业道德。

严格依法就是审计人员应当严格依照法定的审计职责、权限和程序进行审计监督,规范审计行为。

正直坦诚就是审计人员应当坚持原则,不屈从于外部压力;不歪曲事实,不隐瞒审计发现的问题;廉洁自律,不利用职权谋取私利;维护国家利益和公共利益。

客观公正就是审计人员应当保持客观公正的立场和态度,以适当、充分的审计证据支持审计结论,实事求是地作出审计评价和处理审计发现的问题。

勤勉尽责就是审计人员应当爱岗敬业,勤勉高效,严谨细致,认真履行审计职责,保证审计工作质量。保守秘密就是审计人员应当保守其在执行审计业务中知悉的国家秘密、商业秘密;对于执行审计业务取得的资料、形成的审计记录和掌握的相关情况,未经批准不得对外提供和披露,不得用于与审计工作无关的目的。

第十六条　审计人员执行审计业务时,应当保持应有的审计独立性,遇有下列可能损害审计独立性情形的,应当向审计机关报告:

(一)与被审计单位负责人或者有关主管人员有夫妻关系、直系血亲关系、三代以内旁系血亲以及近姻亲关系;

(二)与被审计单位或者审计事项有直接经济利益关系;

(三)对曾经管理或者直接办理过的相关业务进行审计;

(四)可能损害审计独立性的其他情形。

第十七条　审计人员不得参加影响审计独立性的活动,不得参与被审计单位的管理活动。

第十八条　审计机关组成审计组时,应当了解审计组成员可能损害审计独立性的情形,并根据具体情况采取下列措施,避免损害审计独立性:

(一)依法要求相关审计人员回避;

（二）对相关审计人员执行具体审计业务的范围作出限制；

（三）对相关审计人员的工作追加必要的复核程序；

（四）其他措施。

第十九条 审计机关应当建立审计人员交流等制度，避免审计人员因执行审计业务长期与同一被审计单位接触可能对审计独立性造成的损害。

第二十条 审计机关可以聘请外部人员参加审计业务或者提供技术支持、专业咨询、专业鉴定。

审计机关聘请的外部人员应当具备本准则第十四条规定的职业要求。

第二十一条 有下列情形之一的外部人员，审计机关不得聘请：

（一）被刑事处罚的；

（二）被劳动教养的；

（三）被行政拘留的；

（四）审计独立性可能受到损害的；

（五）法律规定不得从事公务的其他情形。

第二十二条 审计人员应当具备与其从事审计业务相适应的专业知识、职业能力和工作经验。

审计机关应当建立和实施审计人员录用、继续教育、培训、业绩评价考核和奖惩激励制度，确保审计人员具有与其从事业务相适应的职业胜任能力。

第二十三条 审计机关应当合理配备审计人员，组成审计组，确保其在整体上具备与审计项目相适应的职业胜任能力。

被审计单位的信息技术对实现审计目标有重大影响的，审计组的整体胜任能力应当包括信息技术方面的胜任能力。

第二十四条 审计人员执行审计业务时，应当合理运用职业判断，保持职业谨慎，对被审计单位可能存在的重要问题保持警觉，并审慎评价所获取审计证据的适当性和充分性，得出恰当的审计结论。

第二十五条 审计人员执行审计业务时，应当从下列方面保持与被审计单位的工作关系

（一）与被审计单位沟通并听取其意见；

（二）客观公正地作出审计结论，尊重并维护被审计单位的合法权益；

（三）严格执行审计纪律；

（四）坚持文明审计，保持良好的职业形象。

第三章 审计计划

第二十六条 审计机关应当根据法定的审计职责和审计管辖范围，编制年度审计项目计划。

编制年度审计项目计划应当服务大局，围绕政府工作中心，突出审计工作重点，合理安排审计资源，防止不必要的重复审计。

第二十七条 审计机关按照下列步骤编制年度审计项目计划：

（一）调查审计需求，初步选择审计项目；

（二）对初选审计项目进行可行性研究，确定备选审计项目及其优先顺序；

（三）评估审计机关可用审计资源，确定审计项目，编制年度审计项目计划。

第二十八条　审计机关从下列方面调查审计需求，初步选择审计项目：

（一）国家和地区财政收支、财务收支以及有关经济活动情况；

（二）政府工作中心；

（三）本级政府行政首长和相关领导机关对审计工作的要求；

（四）上级审计机关安排或者授权审计的事项；

（五）有关部门委托或者提请审计机关审计的事项；

（六）群众举报、公众关注的事项；

（七）经分析相关数据认为应当列入审计的事项；

（八）其他方面的需求。

第二十九条　审计机关对初选审计项目进行可行性研究，确定初选审计项目的审计目标、审计范围、审计重点和其他重要事项。

进行可行性研究重点调查研究下列内容：

（一）与确定和实施审计项目相关的法律法规和政策；

（二）管理体制、组织结构、主要业务及其开展情况；

（三）财政收支、财务收支状况及结果；

（四）相关的信息系统及其电子数据情况；

（五）管理和监督机构的监督检查情况及结果；

（六）以前年度审计情况；

（七）其他相关内容。

第三十条　审计机关在调查审计需求和可行性研究过程中，从下列方面对初选审计项目进行评估，以确定备选审计项目及其优先顺序：

（一）项目重要程度，评估在国家经济和社会发展中的重要性、政府行政首长和相关领导机关及公众关注程度、资金和资产规模等；

（二）项目风险水平，评估项目规模、管理和控制状况等；

（三）审计预期效果；

（四）审计频率和覆盖面；

（五）项目对审计资源的要求。

第三十一条　年度审计项目计划应当按照审计机关规定的程序审定。

审计机关在审定年度审计项目计划前，根据需要，可以组织专家进行论证。

第三十二条　下列审计项目应当作为必选审计项目：

（一）法律法规规定每年应当审计的项目；

（二）本级政府行政首长和相关领导机关要求审计的项目；

（三）上级审计机关安排或者授权的审计项目。

审计机关对必选审计项目，可以不进行可行性研究。

第三十三条 上级审计机关直接审计下级审计机关审计管辖范围内的重大审计事项，应当列入上级审计机关年度审计项目计划，并及时通知下级审计机关。

第三十四条 上级审计机关可以依法将其审计管辖范围内的审计事项，授权下级审计机关进行审计。对于上级审计机关审计管辖范围内的审计事项，下级审计机关也可以提出授权申请，报有管辖权的上级审计机关审批。

获得授权的审计机关应当将授权的审计事项列入年度审计项目计划。

第三十五条 根据中国政府及其机构与国际组织、外国政府及其机构签订的协议和上级审计机关的要求，审计机关确定对国际组织、外国政府及其机构援助、贷款项目进行审计的，应当纳入年度审计项目计划。

第三十六条 于预算管理或者国有资产管理使用等与国家财政收支有关的特定事项，符合下列情形的，可以进行专项审计调查：

（一）涉及宏观性、普遍性、政策性或者体制、机制问题的；

（二）事项跨行业、跨地区、跨单位的；

（三）事项涉及大量非财务数据的；

（四）其他适宜进行专项审计调查的。

第三十七条 审计机关年度审计项目计划的内容主要包括：

（一）审计项目名称；

（二）审计目标，即实施审计项目预期要完成的任务和结果；

（三）审计范围，即审计项目涉及的具体单位、事项和所属期间；

（四）审计重点；

（五）审计项目组织和实施单位；

（六）审计资源。

采取跟踪审计方式实施的审计项目，年度审计项目计划应当列明跟踪的具体方式和要求。

专项审计调查项目的年度审计项目计划应当列明专项审计调查的要求。

第三十八条 审计机关编制年度审计项目计划可以采取文字、表格或者两者相结合的形式。

第三十九条 审计机关计划管理部门与业务部门或者派出机构，应当建立经常性的沟通和协调机制。调查审计需求、进行可行性研究和确定备选审计项目，以业务部门或者派出机构为主实施；备选审计项目排序、配置审计资源和编制年度审计项目计划草案，以计划管理部门为主实施。

第四十条 审计机关根据项目评估结果，确定年度审计项目计划。

第四十一条 审计机关应当将年度审计项目计划报经本级政府行政首长批准并向上一级审计机关报告。

第四十二条 审计机关应当对确定的审计项目配置必要的审计人力资源、审计时间、审计技术装备、审计经费等审计资源。

第四十三条　审计机关同一年度内对同一被审计单位实施不同的审计项目,应当在人员和时间安排上进行协调,尽量避免给被审计单位工作带来不必要的影响。

第四十四条　审计机关应当将年度审计项目计划下达审计项目组织和实施单位执行。

年度审计项目计划一经下达,审计项目组织和实施单位应当确保完成,不得擅自变更。

第四十五条　年度审计项目计划执行过程中,遇有下列情形之一的,应当按照原审批程序调整:

(一)本级政府行政首长和相关领导机关临时交办审计项目的;

(二)上级审计机关临时安排或者授权审计项目的;

(三)突发重大公共事件需要进行审计的;

(四)原定审计项目的被审计单位发生重大变化,导致原计划无法实施的;

(五)需要更换审计项目实施单位的;

(六)审计目标、审计范围等发生重大变化需要调整的;

(七)需要调整的其他情形。

第四十六条　上级审计机关应当指导下级审计机关编制年度审计项目计划,提出下级审计机关重点审计领域或者审计项目安排的指导意见。

第四十七条　年度审计项目计划确定审计机关统一组织多个审计组共同实施一个审计项目或者分别实施同一类审计项目的,审计机关业务部门应当编制审计工作方案。

第四十八条　审计机关业务部门编制审计工作方案,应当根据年度审计项目计划形成过程中调查审计需求、进行可行性研究的情况,开展进一步调查,对审计目标、范围、重点和项目组织实施等进行确定。

第四十九条　审计工作方案的内容主要包括:

(一)审计目标;

(二)审计范围;

(三)审计内容和重点;

(四)审计工作组织安排;

(五)审计工作要求。

第五十条　审计机关业务部门编制的审计工作方案应当按照审计机关规定的程序审批。在年度审计项目计划确定的实施审计起始时间之前,下达到审计项目实施单位。

审计机关批准审计工作方案前,根据需要,可以组织专家进行论证。

第五十一条　审计机关业务部门根据审计实施过程中情况的变化,可以申请对审计工作方案的内容进行调整,并按审计机关规定的程序报批。

第五十二条　审计机关应当定期检查年度审计项目计划执行情况,评估执行效果。

审计项目实施单位应当向下达审计项目计划的审计机关报告计划执行情况。

第五十三条　审计机关应当按照国家有关规定,建立和实施审计项目计划执行情况及其结果的统计制度。

第四章 审计实施
第一节 审计实施方案

第五十四条 审计机关应当在实施项目审计前组成审计组。

审计组由审计组组长和其他成员组成。审计组实行审计组组长负责制。审计组组长由审计机关确定,审计组组长可以根据需要在审计组成员中确定主审,主审应当履行其规定职责和审计组组长委托履行的其他职责。

第五十五条 审计机关应当依照法律法规的规定,向被审计单位送达审计通知书。

第五十六条 审计通知书的内容主要包括被审计单位名称、审计依据、审计范围、审计起始时间、审计组组长及其他成员名单和被审计单位配合审计工作的要求。同时,还应当向被审计单位告知审计组的审计纪律要求。

采取跟踪审计方式实施审计的,审计通知书应当列明跟踪审计的具体方式和要求。

专项审计调查项目的审计通知书应当列明专项审计调查的要求。

第五十七条 审计组应当调查了解被审计单位及其相关情况,评估被审计单位存在重要问题的可能性,确定审计应对措施,编制审计实施方案。

对于审计机关已经下达审计工作方案的,审计组应当按照审计工作方案的要求编制审计实施方案。

第五十八条 审计实施方案的内容主要包括:

(一)审计目标;

(二)审计范围;

(三)审计内容、重点及审计措施,包括审计事项和根据本准则第七十三条确定的审计应对措施;

(四)审计工作要求,包括项目审计进度安排、审计组内部重要管理事项及职责分工等。采取跟踪审计方式实施审计的,审计实施方案应当对整个跟踪审计工作作出统筹安排。

专项审计调查项目的审计实施方案应当列明专项审计调查的要求。

第五十九条 审计组调查了解被审计单位及其相关情况,为作出下列职业判断提供基础:

(一)确定职业判断适用的标准;

(二)判断可能存在的问题;

(三)判断问题的重要性;

(四)确定审计应对措施。

第六十条 审计人员可以从下列方面调查了解被审计单位及其相关情况:

(一)单位性质、组织结构;

(二)职责范围或者经营范围、业务活动及其目标;

(三)相关法律法规、政策及其执行情况;

(四)财政财务管理体制和业务管理体制;

(五)适用的业绩指标体系以及业绩评价情况;

（六）相关内部控制及其执行情况；

（七）相关信息系统及其电子数据情况；

（八）经济环境、行业状况及其他外部因素；

（九）以往接受审计和监管及其整改情况；

（十）需要了解的其他情况。

第六十一条　审计人员可以从下列方面调查了解被审计单位相关内部控制及其执行情况：

（一）控制环境，即管理模式、组织结构、责权配置、人力资源制度等；

（二）风险评估，即被审计单位确定、分析与实现内部控制目标相关的风险，以及采取的应对措施；

（三）控制活动，即根据风险评估结果采取的控制措施，包括不相容职务分离控制、授权审批控制、资产保护控制、预算控制、业绩分析和绩效考评控制等；

（四）信息与沟通，即收集、处理、传递与内部控制相关的信息，并能有效沟通的情况；

（五）对控制的监督，即对各项内部控制设计、职责及其履行情况的监督检查。

第六十二条　审计人员可以从下列方面调查了解被审计单位信息系统控制情况：

（一）一般控制，即保障信息系统正常运行的稳定性、有效性、安全性等方面的控制；

（二）应用控制，即保障信息系统产生的数据的真实性、完整性、可靠性等方面的控制。

第六十三条　审计人员可以采取下列方法调查了解被审计单位及其相关情况：

（一）书面或者口头询问被审计单位内部和外部相关人员；

（二）检查有关文件、报告、内部管理手册、信息系统的技术文档和操作手册；

（三）观察有关业务活动及其场所、设施和有关内部控制的执行情况；

（四）追踪有关业务的处理过程；

（五）分析相关数据。

第六十四条　审计人员根据审计目标和被审计单位的实际情况，运用职业判断确定调查了解的范围和程度。

对于定期审计项目，审计人员可以利用以往审计中获得的信息，重点调查了解已经发生变化的情况。

第六十五条　审计人员在调查了解被审计单位及其相关情况的过程中，可以选择下列标准作为职业判断的依据：

（一）法律、法规、规章和其他规范性文件；

（二）国家有关方针和政策；

（三）会计准则和会计制度；

（四）国家和行业的技术标准；

（五）预算、计划和合同；

（六）被审计单位的管理制度和绩效目标；

（七）被审计单位的历史数据和历史业绩；

（八）公认的业务惯例或者良好实务；

（九）专业机构或者专家的意见；

（十）其他标准。

审计人员在审计实施过程中需要持续关注标准的适用性。

第六十六条 职业判断所选择的标准应当具有客观性、适用性、相关性、公认性。

标准不一致时，审计人员应当采用权威的和公认程度高的标准。

第六十七条 审计人员应当结合适用的标准，分析调查了解的被审计单位及其相关情况，判断被审计单位可能存在的问题。

第六十八条 审计人员应当运用职业判断，根据可能存在问题的性质、数额及其发生的具体环境，判断其重要性。

第六十九条 审计人员判断重要性时，可以关注下列因素：

（一）是否属于涉嫌犯罪的问题；

（二）是否属于法律法规和政策禁止的问题；

（三）是否属于故意行为所产生的问题；

（四）可能存在问题涉及的数量或者金额；

（五）是否涉及政策、体制或者机制的严重缺陷；

（六）是否属于信息系统设计缺陷；

（七）政府行政首长和相关领导机关及公众的关注程度；

（八）需要关注的其他因素。

第七十条 审计人员实施审计时，应当根据重要性判断的结果，重点关注被审计单位可能存在的重要问题。

第七十一条 需要对财务报表发表审计意见的，审计人员可以参照中国注册会计师执业准则的有关规定确定和运用重要性。

第七十二条 审计组应当评估被审计单位存在重要问题的可能性，以确定审计事项和审计应对措施。

第七十三条 审计组针对审计事项确定的审计应对措施包括：

（一）评估对内部控制的依赖程度，确定是否及如何测试相关内部控制的有效性；

（二）评估对信息系统的依赖程度，确定是否及如何检查相关信息系统的有效性、安全性；

（三）确定主要审计步骤和方法；

（四）确定审计时间；

（五）确定执行的审计人员；

（六）其他必要措施。

第七十四条 审计组在分配审计资源时，应当为重要审计事项分派有经验的审计人员和安排充足的审计时间，并评估特定审计事项是否需要利用外部专家的工作。

第七十五条 审计人员认为存在下列情形之一的，应当测试相关内部控制的有效性：

（一）某项内部控制设计合理且预期运行有效，能够防止重要问题的发生；

（二）仅实施实质性审查不足以为发现重要问题提供适当、充分的审计证据。

审计人员决定不依赖某项内部控制的，可以对审计事项直接进行实质性审查。

被审计单位规模较小、业务比较简单的，审计人员可以对审计事项直接进行实质性审查。

第七十六条　审计人员认为存在下列情形之一的，应当检查相关信息系统的有效性、安全性：

（一）仅审计电子数据不足以为发现重要问题提供适当、充分的审计证据；

（二）电子数据中频繁出现某类差异。

审计人员在检查被审计单位相关信息系统时，可以利用被审计单位信息系统的现有功能或者采用其他计算机技术和工具，检查中应当避免对被审计单位相关信息系统及其电子数据造成不良影响。

第七十七条　审计人员实施审计时，应当持续关注已作出的重要性判断和对存在重要问题可能性的评估是否恰当，及时作出修正，并调整审计应对措施。

第七十八条　遇有下列情形之一的，审计组应当及时调整审计实施方案：

（一）年度审计项目计划、审计工作方案发生变化的；

（二）审计目标发生重大变化的；

（三）重要审计事项发生变化的；

（四）被审计单位及其相关情况发生重大变化的；

（五）审计组人员及其分工发生重大变化的；

（六）需要调整的其他情形。

第七十九条　一般审计项目的审计实施方案应当经审计组组长审定，并及时报审计机关业务部门备案。

重要审计项目的审计实施方案应当报经审计机关负责人审定。

第八十条　审计组调整审计实施方案中的下列事项，应当报经审计机关主要负责人批准：

（一）审计目标；

（二）审计组组长；

（三）审计重点；

（四）现场审计结束时间。

第八十一条　编制和调整审计实施方案可以采取文字、表格或者两者相结合的形式。

第二节　审计证据

第八十二条　审计证据是指审计人员获取的能够为审计结论提供合理基础的全部事实，包括审计人员调查了解被审计单位及其相关情况和对确定的审计事项进行审查所获取的证据。

第八十三条　审计人员应当依照法定权限和程序获取审计证据。

第八十四条　审计人员获取的审计证据，应当具有适当性和充分性。

适当性是对审计证据质量的衡量，即审计证据在支持审计结论方面具有的相关性和可靠性。相关性是指审计证据与审计事项及其具体审计目标之间具有实质性联系。可靠性是指审计证据真实、可信。

充分性是对审计证据数量的衡量。审计人员在评估存在重要问题的可能性和审计证据质量的基础上,决定应当获取审计证据的数量。

第八十五条 审计人员对审计证据的相关性分析时,应当关注下列方面:

(一)一种取证方法获取的审计证据可能只与某些具体审计目标相关,而与其他具体审计目标无关;

(二)针对一项具体审计目标可以从不同来源获取审计证据或者获取不同形式的审计证据。

第八十六条 审计人员可以从下列方面分析审计证据的可靠性:

(一)从被审计单位外部获取的审计证据比从内部获取的审计证据更可靠;

(二)内部控制健全有效情况下形成的审计证据比内部控制缺失或者无效情况下形成的审计证据更可靠;

(三)直接获取的审计证据比间接获取的审计证据更可靠;

(四)从被审计单位财务会计资料中直接采集的审计证据比经被审计单位加工处理后提交的审计证据更可靠;

(五)原件形式的审计证据比复制件形式的审计证据更可靠。

不同来源和不同形式的审计证据存在不一致或者不能相互印证时,审计人员应当追加必要的审计措施,确定审计证据的可靠性。

第八十七条 审计人员获取的电子审计证据包括与信息系统控制相关的配置参数、反映交易记录的电子数据等。

采集被审计单位电子数据作为审计证据的,审计人员应当记录电子数据的采集和处理过程。

第八十八条 审计人员根据实际情况,可以在审计事项中选取全部项目或者部分特定项目进行审查,也可以进行审计抽样,以获取审计证据。

第八十九条 存在下列情形之一的,审计人员可以对审计事项中的全部项目进行审查:

(一)审计事项由少量大额项目构成的;

(二)审计事项可能存在重要问题,而选取其中部分项目进行审查无法提供适当、充分的审计证据的;

(三)对审计事项中的全部项目进行审查符合成本效益原则的。

第九十条 审计人员可以在审计事项中选取下列特定项目进行审查:

(一)大额或者重要项目;

(二)数量或者金额符合设定标准的项目;

(三)其他特定项目。

选取部分特定项目进行审查的结果,不能用于推断整个审计事项。

第九十一条 在审计事项包含的项目数量较多,需要对审计事项某一方面的总体特征作出结论时,审计人员可以进行审计抽样。

审计人员进行审计抽样时,可以参照中国注册会计师执业准则的有关规定。

第九十二条　审计人员可以采取下列方法向有关单位和个人获取审计证据：

（一）检查，是指对纸质、电子或者其他介质形式存在的文件、资料进行审查，或者对有形资产进行审查；

（二）观察，是指查看相关人员正在从事的活动或者执行的程序；

（三）询问，是指以书面或者口头方式向有关人员了解关于审计事项的信息；

（四）外部调查，是指向与审计事项有关的第三方进行调查；

（五）重新计算，是指以手工方式或者使用信息技术对有关数据计算的正确性进行核对；

（六）重新操作，是指对有关业务程序或者控制活动独立进行重新操作验证；

（七）分析，是指研究财务数据之间、财务数据与非财务数据之间可能存在的合理关系，对相关信息作出评价，并关注异常波动和差异。

审计人员进行专项审计调查，可以使用上述方法及其以外的其他方法。

第九十三条　审计人员应当依照法律法规规定，取得被审计单位负责人对本单位提供资料真实性和完整性的书面承诺。

第九十四条　审计人员取得证明被审计单位存在违反国家规定的财政收支、财务收支行为以及其他重要审计事项的审计证据材料，应当由提供证据的有关人员、单位签名或者盖章；不能取得签名或者盖章不影响事实存在的，该审计证据仍然有效，但审计人员应当注明原因。

审计事项比较复杂或者取得的审计证据数量较大的，可以对审计证据进行汇总分析，编制审计取证单，由证据提供者签名或者盖章。

第九十五条　被审计单位的相关资料、资产可能被转移、隐匿、篡改、毁弃并影响获取审计证据的，审计机关应当依照法律法规的规定采取相应的证据保全措施。

第九十六条　审计机关执行审计业务过程中，因行使职权受到限制而无法获取适当、充分的审计证据，或者无法制止违法行为对国家利益的侵害时，根据需要，可以按照有关规定提请有权处理的机关或者相关单位予以协助和配合。

第九十七条　审计人员需要利用所聘请外部人员的专业咨询和专业鉴定作为审计证据的，应当对下列方面作出判断：

（一）依据的样本是否符合审计项目的具体情况；

（二）使用的方法是否适当和合理；

（三）专业咨询、专业鉴定是否与其他审计证据相符。

第九十八条　审计人员需要使用有关监管机构、中介机构、内部审计机构等已经形成的工作结果作为审计证据的，应当对该工作结果的下列方面作出判断：

（一）是否与审计目标相关；

（二）是否可靠；

（三）是否与其他审计证据相符。

第九十九条　审计人员对于重要问题，可以围绕下列方面获取审计证据：

（一）标准，即判断被审计单位是否存在问题的依据；

（二）事实，即客观存在和发生的情况。事实与标准之间的差异构成审计发现的问题；

（三）影响，即问题产生的后果；

（四）原因，即问题产生的条件。

第一百条　审计人员在审计实施过程中，应当持续评价审计证据的适当性和充分性。

已采取的审计措施难以获取适当、充分审计证据的，审计人员应当采取替代审计措施；仍无法获取审计证据的，由审计组报请审计机关采取其他必要的措施或者不作出审计结论。

第三节　审计记录

第一百零一条　审计人员应当真实、完整地记录实施审计的过程、得出的结论和与审计项目有关的重要管理事项，以实现下列目标：

（一）支持审计人员编制审计实施方案和审计报告；

（二）证明审计人员遵循相关法律法规和本准则；

（三）便于对审计人员的工作实施指导、监督和检查。

第一百零二条　审计人员作出的记录，应当使未参与该项业务的有经验的其他审计人员能够理解其执行的审计措施、获取的审计证据、作出的职业判断和得出的审计结论。

第一百零三条　审计记录包括调查了解记录、审计工作底稿和重要管理事项记录。

第一百零四条　审计组在编制审计实施方案前，应当对调查了解被审计单位及其相关情况作出记录。调查了解记录的内容主要包括：

（一）对被审计单位及其相关情况的调查了解情况；

（二）对被审计单位存在重要问题可能性的评估情况；

（三）确定的审计事项及其审计应对措施。

第一百零五条　审计工作底稿主要记录审计人员依据审计实施方案执行审计措施的活动。

审计人员对审计实施方案确定的每一审计事项，均应当编制审计工作底稿。一个审计事项可以根据需要编制多份审计工作底稿。

第一百零六条　审计工作底稿的内容主要包括：

（一）审计项目名称；

（二）审计事项名称；

（三）审计过程和结论；

（四）审计人员姓名及审计工作底稿编制日期并签名；

（五）审核人员姓名、审核意见及审核日期并签名；

（六）索引号及页码；

（七）附件数量。

第一百零七条　审计工作底稿记录的审计过程和结论主要包括：

（一）实施审计的主要步骤和方法；

（二）取得的审计证据的名称和来源；

（三）审计认定的事实摘要；

（四）得出的审计结论及其相关标准。

第一百零八条　审计证据材料应当作为调查了解记录和审计工作底稿的附件。一份审计证据材料对应多个审计记录时，审计人员可以将审计证据材料附在与其关系最密切的审计记录后面，并在其他审计记录中予以注明。

第一百零九条　审计组起草审计报告前，审计组组长应当对审计工作底稿的下列事项进行审核：

（一）具体审计目标是否实现；

（二）审计措施是否有效执行；

（三）事实是否清楚；

（四）审计证据是否适当、充分；

（五）得出的审计结论及其相关标准是否适当；

（六）其他有关重要事项。

第一百一十条　审计组组长审核审计工作底稿，应当根据不同情况分别提出下列意见：

（一）予以认可；

（二）责成采取进一步审计措施，获取适当、充分的审计证据；

（三）纠正或者责成纠正不恰当的审计结论。

第一百一十一条　重要管理事项记录应当记载与审计项目相关并对审计结论有重要影响的下列管理事项：

（一）可能损害审计独立性的情形及采取的措施；

（二）所聘请外部人员的相关情况；

（三）被审计单位承诺情况；

（四）征求被审计对象或者相关单位及人员意见的情况、被审计对象或者相关单位及人员反馈的意见及审计组的采纳情况；

（五）审计组对审计发现的重大问题和审计报告讨论的过程及结论；

（六）审计机关业务部门对审计报告、审计决定书等审计项目材料的复核情况和意见；

（七）审理机构对审计项目的审理情况和意见；

（八）审计机关对审计报告的审定过程和结论；

（九）审计人员未能遵守本准则规定的约束性条款及其原因；

（十）因外部因素使审计任务无法完成的原因及影响；

（十一）其他重要管理事项。

重要管理事项记录可以使用被审计单位承诺书、审计机关内部审批文稿、会议记录、会议纪要、审理意见书或者其他书面形式。

第四节　重大违法行为检查

第一百一十二条　审计人员执行审计业务时，应当保持职业谨慎，充分关注可能存在的重大违法行为。

第一百一十三条 本准则所称重大违法行为是指被审计单位和相关人员违反法律法规、涉及金额比较大、造成国家重大经济损失或者对社会造成重大不良影响的行为。

第一百一十四条 审计人员检查重大违法行为,应当评估被审计单位和相关人员实施重大违法行为的动机、性质、后果和违法构成。

第一百一十五条 审计人员调查了解被审计单位及其相关情况时,可以重点了解可能与重大违法行为有关的下列事项:

(一)被审计单位所在行业发生重大违法行为的状况;

(二)有关的法律法规及其执行情况;

(三)监管部门已经发现和了解的与被审计单位有关的重大违法行为的事实或者线索;

(四)可能形成重大违法行为的动机和原因;

(五)相关的内部控制及其执行情况;

(六)其他情况。

第一百一十六条 审计人员可以通过关注下列情况,判断可能存在的重大违法行为:

(一)具体经济活动中存在的异常事项;

(二)财务和非财务数据中反映出的异常变化;

(三)有关部门提供的线索和群众举报;

(四)公众、媒体的反映和报道;

(五)其他情况。

第一百一十七条 审计人员根据被审计单位实际情况、工作经验和审计发现的异常现象,判断可能存在重大违法行为的性质,并确定检查重点。

审计人员在检查重大违法行为时,应当关注重大违法行为的高发领域和环节。

第一百一十八条 发现重大违法行为的线索,审计组或者审计机关可以采取下列应对措施:

(一)增派具有相关经验和能力的人员;

(二)避免让有关单位和人员事先知晓检查的时间、事项、范围和方式;

(三)扩大检查范围,使其能够覆盖重大违法行为可能涉及的领域;

(四)获取必要的外部证据;

(五)依法采取保全措施;

(六)提请有关机关予以协助和配合;

(七)向政府和有关部门报告;

(八)其他必要的应对措施。

第五章 审计报告
第一节 审计报告的形式和内容

第一百一十九条 审计报告包括审计机关进行审计后出具的审计报告以及专项审计调查后出具的专项审计调查报告。

第一百二十条 审计组实施审计或者专项审计调查后,应当向派出审计组的审计机关提交审计报告。审计机关审定审计组的审计报告后,应当出具审计机关的审计报告。遇有特殊情况,审计机关可以不向被调查单位出具专项审计调查报告。

第一百三十一条 审计报告应当内容完整、事实清楚、结论正确、用词恰当、格式规范。

第一百二十二条 审计机关的审计报告(审计组的审计报告)包括下列基本要素:

(一)标题;

(二)文号(审计组的审计报告不含此项);

(三)被审计单位名称;

(四)审计项目名称;

(五)内容;

(六)审计机关名称(审计组名称及审计组组长签名);

(七)发日期(审计轴审计机关提交报告的日期)。

经济责任审计报告还包括被审计人员姓名及担任职务。

第一百二十三条 审计报告的内容主要包括:

(一)审计依据,即实施审计所依据的法律法规规定;

(二)实施审计的基本情况,一般包括审计范围、内容、方式和实施的起止时间;

(三)被审计单位基本情况;

(四)审计评价意见,即根据不同的审计目标,以适当、充分的审计证据为基础发表的评价意见;

(五)以往审计决定执行情况和审计建议采纳情况;

(六)审计发现的被审计单位违反国家规定的财政收支、财务收支行为和其他重要问题的事实、定性、处理处罚意见以及依据的法律法规和标准;

(七)审计发现的移送处理事项的事实和移送处理意见,但是涉嫌犯罪等不宜让被审计单位知悉的事项除外;

(八)针对审计发现的问题,根据需要提出的改进建议。

审计期间被审计单位对审计发现的问题已经整改的,审计报告还应当包括有关整改情况。

经济责任审计报告还应当包括被审计人员履行经济责任的基本情况,以及被审计人员对审计发现问题承担的责任。

核查社会审计机构相关审计报告发现的问题,应当在审计报告中一并反映。

第一百二十四条 采取跟踪审计方式实施审计的,审计组在跟踪审计过程中发现的问题,应当以审计机关的名义及时向被审计单位通报,并要求其整改。

跟踪审计实施工作全部结束后,应当以审计机关的名义出具审计报告。审计报告应当反映审计发现但尚未整改的问题,以及已经整改的重要问题及其整改情况。

第一百二十五条 专项审计调查报告除符合审计报告的要素和内容要求外,还应当根据专项审计调查目标重点分析宏观性、普遍性、政策性或者体制、机制问题并提出改进建议。

第一百二十六条 对审计或者专项审计调查中发现被审计单位违反国家规定的财政收支、

财务收支行为,依法应当由审计机关在法定职权范围内作出处理处罚决定的,审计机关应当出具审计决定书。

第一百二十七条 审计决定书的内容主要包括:

(一)审计的依据、内容和时间;

(二)违反国家规定的财政收支、财务收支行为的事实、定性、处理处罚决定以及法律法规依据;

(三)处理处罚决定执行的期限和被审计单位书面报告审计决定执行结果等要求;

(四)依法提请政府裁决或者申请行政复议、提起行政诉讼的途径和期限。

第一百二十八条 审计或者专项审计调查发现的依法需要移送其他有关主管机关或者单位纠正、处理处罚或者追究有关人员责任的事项,审计机关应当出具审计移送处理书。

第一百二十九条 审计移送处理书的内容主要包括:

(一)审计的时间和内容;

(二)依法需要移送有关主管机关或者单位纠正、处理处罚或者追究有关人员责任事项的事实、定性及其依据和审计机关的意见;

(三)移送的依据和移送处理说明,包括将处理结果书面告知审计机关的说明;

(四)所附的审计证据材料。

第一百三十条 出具对国际组织、外国政府及其机构援助、贷款项目的审计报告,按照审计机关的相关规定执行。

第二节 审计报告的编审

第一百三十一条 审计组在起草审计报告前,应当讨论确定下列事项:

(一)评价审计目标的实现情况;

(二)审计实施方案确定的审计事项完成情况;

(三)评价审计证据的适当性和充分性;

(四)提出审计评价意见;

(五)评估审计发现问题的重要性;

(六)提出对审计发现问题的处理处罚意见;

(七)其他有关事项。

审计组应当对讨论前款事项的情况及其结果作出记录。

第一百三十二条 审计组组长应当确认审计工作底稿和审计证据已经审核,并从总体上评价审计证据的适当性和充分性。

第一百三十三条 审计组根据不同的审计目标,以审计认定的事实为基础,在防范审计风险的情况下,按照重要性原则,从真实性、合法性、效益性方面提出审计评价意见。

审计组应当只对所审计的事项发表审计评价意见。对审计过程中未涉及、审计证据不适当或者不充分、评价依据或者标准不明确以及超越审计职责范围的事项,不得发表审计评价意见。

第一百三十四条 审计组应当根据审计发现问题的性质、数额及其发生的原因和审计报告的使用对象,评估审计发现问题的重要性,如实在审计报告中予以反映。

第一百三十五条　审计组对审计发现的问题提出处理处罚意见时,应当关注下列因素:

(一)法律法规的规定;

(二)审计职权范围:属于审计职权范围的,直接提出处理处罚意见,不属于审计职权范围的,提出移送处理意见;

(三)问题的性质、金额、情节、原因和后果;

(四)对同类问题处理处罚的一致性;

(五)需要关注的其他因素。

审计发现被审计单位信息系统存在重大漏洞或者不符合国家规定的,应当责成被审计单位在规定期限内整改。

第一百三十六条　审计组应当针对经济责任审计发现的问题,根据被审计人员履行职责情况,界定其应当承担的责任。

第一百三十七条　审计组实施审计或者专项审计调查后,应当提出审计报告,按照审计机关规定的程序审批后,以审计机关的名义征求被审计单位、被调查单位和拟处罚的有关责任人员的意见。

经济责任审计报告还应当征求被审计人员的意见;必要时,征求有关干部监督管理部门的意见。

审计报告中涉及的重大经济案件调查等特殊事项,经审计机关主要负责人批准,可以不征求被审计单位或者被审计人员的意见。

第一百三十八条　被审计单位、被调查单位、被审计人员或者有关责任人员对征求意见的审计报告有异议的,审计组应当进一步核实,并根据核实情况对审计报告作出必要的修改。

审计组应当对采纳被审计单位、被调查单位、被审计人员、有关责任人员意见的情况和原因,或者上述单位或人员未在法定时间内提出书面意见的情况作出书面说明。

第一百三十九条　对被审计单位或者被调查单位违反国家规定的财政收支、财务收支行为,依法应当由审计机关进行处理处罚的,审计组应当起草审计决定书。

对依法应当由其他有关部门纠正、处理处罚或者追究有关责任人员责任的事项,审计组应当起草审计移送处理书。

第一百四十条　审计组应当将下列材料报送审计机关业务部门复核:

(一)审计报告;

(二)审计决定书;

(三)被审计单位、被调查单位、被审计人员或者有关责任人员对审计报告的书面意见及审计组采纳情况的书面说明;

(四)审计实施方案;

(五)调查了解记录、审计工作底稿、重要管理事项记录、审计证据材料;

(六)其他有关材料。

第一百四十一条　审计机关业务部门应当对下列事项进行复核,并提出书面复核意见:

(一)审计目标是否实现;

(二)审计实施方案确定的审计事项是否完成;

(三)审计发现的重要问题是否在审计报告中反映;

(四)事实是否清楚、数据是否正确;

(五)审计证据是否适当、充分;

(六)审计评价、定性、处理处罚和移送处理意见是否恰当,适用法律法规和标准是否适当;

(七)被审计单位、被调查单位、被审计人员或者有关责任人员提出的合理意见是否采纳;

需要复核的其他事项。

第一百四十二条　审计机关业务部门应当将复核修改后的审计报告、审计决定书等审计项目材料连同书面复核意见,报送审理机构审理。

第一百四十三条　审理机构以审计实施方案为基础,重点关注审计实施的过程及结果,主要审理下列内容:

(一)审计实施方案确定的审计事项是否完成;

(二)审计发现的重要问题是否在审计报告中反映;

(三)主要事实是否清楚、相关证据是否适当、充分;

(四)适用法律法规和标准是否适当;

(五)评价、定性、处理处罚意见是否恰当;

(六)审计程序是否符合规定。

第一百四十四条　审理机构审理时,应当就有关事项与审计组及相关业务部门进行沟通。

必要时,审理机构可以参加审计组与被审计单位交换意见的会议,或者向被审计单位和有关人员了解相关情况。

第一百四十五条　审理机构审理后,可以根据情况采取下列措施:

(一)要求审计组补充重要审计证据;

(二)对审计报告、审计决定书进行修改。

审理过程中遇有复杂问题的,经审计机关负责人同意后,审理机构可以组织专家进行论证。

审理机构审理后,应当出具审理意见书。

第一百四十六条　审理机构将审理后的审计报告、审计决定书连同审理意见书报送审计机关负责人。第一百四十七条审计报告、审计决定书原则上应当由审计机关审计业务会议审定;特殊情况下,经审计机关主要负责人授权,可以由审计机关其他负责人审定。

第一百四十八条　审计决定书经审定,处罚的事实、理由、依据、决定与审计组征求意见的审计报告不一致并且加重处罚的,审计机关应当依照有关法律法规的规定及时告知被审计单位、被调查单位和有关责任人员,并听取其陈述和申辩。

第一百四十九条　对于拟作出罚款的处罚决定,符合法律法规规定的听证条件的,审计机关应当依照有关法律法规的规定履行听证程序。

第一百五十条　审计报告、审计决定书经审计机关负责人签发后,按照下列要求办理:

(一)审计报告送达被审计单位、被调查单位;

(二)经济责任审计报告送达被审计单位和被审计人员;

(三)审计决定书送达被审计单位、被调查单位、被处罚的有关责任人员。

第三节　专题报告与综合报告

第一百五十一条　审计机关在审计中发现的下列事项,可以采用专题报告、审计信息等方式向本级政府、上一级审计机关报告:

(一)涉嫌重大违法犯罪的问题;

(二)与国家财政收支、财务收支有关政策及其执行中存在的重大问题;

(三)关系国家经济安全的重大问题;

(四)关系国家信息安全的重大问题;

(五)影响人民群众经济利益的重大问题;

(六)其他重大事项。

第一百五十二条　专题报告应当主题突出、事实清楚、定性准确、建议适当。

审计信息应当事实清楚、定性准确、内容精炼、格式规范、反映及时。

第一百五十三条　审计机关统一组织审计项目的,可以根据需要汇总审计情况和结果,编制审计综合报告。必要时,审计综合报告应当征求有关主管机关的意见。

审计综合报告按照审计机关规定的程序审定后,向本级政府和上一级审计机关报送,或者向有关部门通报。

第一百五十四条　审计机关实施经济责任审计项目后,应当按照相关规定,向本级政府行政首长和有关干部监督管理部门报告经济责任审计结果。

第一百五十五条　审计机关依照法律法规的规定,每年汇总对本级预算执行情况和其他财政收支情况的审计报告,形成审计结果报告,报送本级政府和上一级审计机关。

第一百五十六条　审计机关依照法律法规的规定,代本级政府起草本级预算执行情况和其他财政收支情况的审计工作报告(稿),经本级政府行政首长审定后,受本级政府委托向本级人民代表大会常务委员会报告。

第四节　审计结果公布

第一百五十七条　审计机关依法实行公告制度。审计机关的审计结果、审计调查结果依法向社会公布。

第一百五十八条　审计机关公布的审计和审计调查结果主要包括下列信息:

(一)被审计(调查)单位基本情况;

(二)审计(调查)评价意见;

(三)审计(调查)发现的主要问题;

(四)处理处罚决定及审计(调查)建议;

(五)被审计(调查)单位的整改情况。

第一百五十九条　在公布审计和审计调查结果时,审计机关不得公布下列信息:

(一)涉及国家秘密、商业秘密的信息;

(二)正在调查、处理过程中的事项;

(三)依照法律法规的规定不予公开的其他信息。

涉及商业秘密的信息,经权利人同意或者审计机关认为不公布可能对公共利益造成重大影响的,可以予以公布。

审计机关公布审计和审计调查结果应当客观公正。

第一百六十条　审计机关公布审计和审计调查结果,应当指定专门机构统一办理,履行规定的保密审查和审核手续,报经审计机关主要负责人批准。

审计机关内设机构、派出机构和个人,未经授权不得向社会公布审计和审计调查结果。

第一百六十一条　审计机关统一组织不同级次审计机关参加的审计项目,其审计和审计调查结果原则上由负责该项目组织工作的审计机关统一对外公布。

第一百六十二条　审计机关公布审计和审计调查结果按照国家有关规定需要报批的,未经批准不得公布。

第五节　审计整改检查

第一百六十三条　审计机关应当建立审计整改检查机制,督促被审计单位和其他有关单位根据审计结果进行整改。

第一百六十四条　审计机关主要检查或者了解下列事项:

(一)执行审计机关作出的处理处罚决定情况;

(二)对审计机关要求自行纠正事项采取措施的情况;

(三)根据审计机关的审计建议采取措施的情况;

(四)对审计机关移送处理事项采取措施的情况。

第一百六十五条　审计组在审计实施过程中,应当及时督促被审计单位整改审计发现的问题。

审计机关在出具审计报告、作出审计决定后,应当在规定的时间内检查或者了解被审计单位和其他有关单位的整改情况。

第一百六十六条　审计机关可以采取下列方式检查或者了解被审计单位和其他有关单位的整改情况:

(一)实地检查或者了解;

(二)取得并审阅相关书面材料;

(三)其他方式。

对于定期审计项目,审计机关可以结合下一次审计,检查或者了解被审计单位的整改情况。

检查或者了解被审计单位和其他有关单位的整改情况应当取得相关证明材料。

第一百六十七条　审计机关指定的部门负责检查或者了解被审计单位和其他有关单位整改情况,并向审计机关提出检查报告。

第一百六十八条　检查报告的内容主要包括：

（一）检查工作开展情况,主要包括检查时间、范围、对象和方式等;

（二）被审计单位和其他有关单位的整改情况;

（三）没有整改或者没有完全整改事项的原因和建议。

第一百六十九条　审计机关对被审计单位没有整改或者没有完全整改的事项,依法采取必要措施。

第一百七十条　审计机关对审计决定书中存在的重要错误事项,应当予以纠正。

第一百七十一条　审计机关汇总审计整改情况,向本级政府报送关于审计工作报告中指出问题的整改情况的报告。

第六章　审计质量控制和责任

第一百七十二条　审计机关应当建立审计质量控制制度,以保证实现下列目标:

（一）遵守法律法规和本准则;

（二）作出恰当的审计结论;

（三）依法进行处理处罚。

第一百七十三条　审计机关应当针对下列要素建立审计质量控制制度:

（一）审计质量责任;

（二）审计职业道德;

（三）审计人力资源;

（四）审计业务执行;

（五）审计质量监控。

对前款第二、三、四项应当按照本准则第二至五章的有关要求建立审计质量控制制度。

第一百七十四条　审计机关实行审计组成员、审计组主审、审计组组长、审计机关业务部门、审理机构、总审计师和审计机关负责人对审计业务的分级质量控制。

第一百七十五条　审计组成员的工作职责包括:

（一）遵守本准则,保持审计独立性;

（二）按照分工完成审计任务,获取审计证据;

（三）如实记录实施的审计工作并报告工作结果;

（四）完成分配的其他工作。

第一百七十六条　审计组成员应当对下列事项承担责任:

（一）未按审计实施方案实施审计导致重大问题未被发现的;

（二）未按照本准则的要求获取审计证据导致审计证据不适当、不充分的;

（三）审计记录不真实、不完整的;

（四）对发现的重要问题隐瞒不报或者不如实报告的。

第一百七十七条　审计组组长的工作职责包括:

（一）编制或者审定审计实施方案;

（二）组织实施审计工作；

（三）督导审计组成员的工作；

（四）审核审计工作底稿和审计证据；

（五）组织编制并审核审计组起草的审计报告、审计决定书、审计移送处理书、专题报告、审计信息；

（六）配置和管理审计组的资源；

（七）审计机关规定的其他职责。

第一百七十八条　审计组组长应当从下列方面督导审计组成员的工作：

（一）将具体审计事项和审计措施等信息告知审计组成员，并与其讨论；

（二）检查审计组成员的工作进展，评估审计组成员的工作质量，并解决工作中存在的问题；

（三）给予审计组成员必要的培训和指导。

第一百七十九条　审计组组长应当对审计项目的总体质量负责，并对下列事项承担责任：

（一）审计实施方案编制或者组织实施不当，造成审计目标未实现或者重要问题未被发现的；

（二）审核未发现或者未纠正审计证据不适当、不充分问题的；

（三）审核未发现或者未纠正审计工作底稿不真实、不完整问题的；

（四）得出的审计结论不正确的；

（五）审计组起草的审计文书和审计信息反映的问题严重失实的；

（六）提出的审计处理处罚意见或者移送处理意见不正确的；

（七）对审计组发现的重要问题隐瞒不报或者不如实报告的；

（八）违反法定审计程序的。

第一百八十条　根据工作需要，审计组可以设立主审。主审根据审计分工和审计组组长的委托，主要履行下列职责：

（一）起草审计实施方案、审计文书和审计信息；

（二）对主要审计事项进行审计查证；

（三）协助组织实施审计；

（四）督导审计组成员的工作；

（五）审核审计工作底稿和审计证据；

（六）组织审计项目归档工作；

（七）完成审计组组长委托的其他工作。

第一百八十一条　审计组组长将其工作职责委托给主审或者审计组其他成员的，仍应当对委托事项承担责任。受委托的成员在受托范围内承担相应责任。

第一百八十二条　审计机关业务部门的工作职责包括：

（一）提出审计组组长人选；

（二）确定聘请外部人员事宜；

（三）指导、监督审计组的审计工作；

（四）复核审计报告、审计决定书等审计项目材料；

（五）审计机关规定的其他职责。

业务部门统一组织审计项目的，应当承担编制审计工作方案，组织、协调审计实施和汇总审计结果的职责。

第一百八十三条　审计机关业务部门应当及时发现和纠正审计组工作中存在的重要问题，并对下列事项承担责任：

（一）对审计组请示的问题未及时采取适当措施导致严重后果的；

（二）复核未发现审计报告、审计决定书等审计项目材料中存在的重要问题的；

（三）复核意见不正确的；

（四）要求审计组不在审计文书和审计信息中反映重要问题的。

业务部门对统一组织审计项目的汇总审计结果出现重大错误、造成严重不良影响的事项承担责任。

第一百八十四条　审计机关审理机构的工作职责包括：

（一）审查修改审计报告、审计决定书；

（二）提出审理意见；

（三）审计机关规定的其他职责。

第一百八十五条　审计机关审理机构对下列事项承担责任：

（一）审理意见不正确的；

（二）对审计报告、审计决定书作出的修改不正确的；

（三）审理时应当发现而未发现重要问题的。

第一百八十六条　审计机关负责人的工作职责包括：

（一）审定审计项目目标、范围和审计资源的配置；

（二）指导和监督检查审计工作；

（三）审定审计文书和审计信息；

（四）审计管理中的其他重要事项。

审计机关负责人对审计项目实施结果承担最终责任。

第一百八十七条　审计机关对审计人员违反法律法规和本准则的行为，应当按照相关规定追究其责任。

第一百八十八条　审计机关应当按照国家有关规定，建立健全审计项目档案管理制度，明确审计项目归档要求、保存期限、保存措施、档案利用审批程序等。

第一百八十九条　审计项目归档工作实行审计组组长负责制，审计组组长应当确定立卷责任人。立卷责任人应当收集审计项目的文件材料，并在审计项目终结后及时立卷归档，由审计组组长审查验收。

第一百九十条　审计机关实行审计业务质量检查制度，对其业务部门、派出机构和下级审计机关的审计业务质量进行检查。

第一百九十一条 审计机关可以通过查阅有关文件和审计档案、询问相关人员等方式、方法,检查下列事项:

(一)建立和执行审计质量控制制度的情况;

(二)审计工作中遵守法律法规和本准则的情况;

(三)与审计业务质量有关的其他事项。

审计业务质量检查应当重点关注审计结论的恰当性、审计处理处罚意见的合法性和适当性。

第一百九十二条 审计机关开展审计业务质量检查,应当向被检查单位通报检查结果。

第一百九十三条 审计机关在审计业务质1检查中,发现被检查的派出机构或者下级审计机关应当作出审计决定而未作出的,可以依法直接或者责成其在规定期限内作出审计决定;发现其作出的审计决定违反国家有关规定的,可以依法直接或者责成其在规定期限内变更、撤销审计决定。

第一百九十四条 审计机关应当对其业务部门、派出机构实行审计业务年度考核制度,考核审计质量控制目标的实现情况。

第一百九十五条 审计机关可以定期组织优秀审计项目评选,对被评为优秀审计项目的予以表彰。

第一百九十六条 审计机关应当对审计质量控制制度及其执行情况进行持续评估,及时发现审计质量控制制度及其执行中存在的问题,并采取措施加以纠正或者改进。

审计机关可以结合日常管理工作或者通过开展审计业务质量检查、考核和优秀审计项目评选等方式,对审计质量控制制度及其执行情况进行持续评估。

第七章 附则

第一百九十七条 审计机关和审计人员开展下列工作,不适用本准则的规定:

(一)配合有关部门查处案件;

(二)与有关部门共同办理检查事项;

(三)接受交办或者接受委托办理不属于法定审计职责范围的事项。

第一百九十八条 地方审计机关可以根据本地实际情况,在遵循本准则规定的基础上制定实施细则。

第一百九十九条 本准则由审计署负责解释。

第二百条 本准则自2011年1月1日起施行。附件所列的审计署以前发布的审计准则和规定同时废止。

《中华人民共和国国家审计准则2010》修订说明❶

《中华人民共和国国家审计准则》(以下简称《审计准则》)于2010年7月8日经审计长会议审议通过,2010年9月1日刘家义审计长签署审计署第8号令予以公布,自2011年1月1日起施行。为了更好地指导学习、宣传和贯彻落实修订后的国家审计准则,特作如下解读:

---

❶本书编写组.中华人民共和国现行审计法规与审计准则及政策解读[M].上海:立信出版社,2018:134-139.

一、修订的意义

《审计准则》的修订和颁布,是继审计法和审计法实施条例修订后我国审计法制建设的又一件大事,是完善我国审计法律制度的重大举措,是国家审计准则体系建设史上一个重要的里程碑,对规范审计机关和审计人员执行审计业务的行为,保证审计质量,防范审计风险,发挥审计保障国家经济和社会健康运行的"免疫系统"功能有十分重大的意义。《审计准则》适用于审计机关开展的各项审计业务,对执行审计业务基本程序作了系统规范,体现了很强的综合性;《审计准则》以贯彻落实科学发展观为指针,坚持运用科学的审计理念和先进的审计技术方法,体现了很强的科学性;《审计准则》系统总结了我国国家审计二十多年来的实践经验,将行之有效的做法确定下来,体现了很强的实用性;《审计准则》充分借鉴国际政府审计准则的内容和外国审计机关有益做法,体现了很强的国际性。

二、修订的必要性

近些年来,我国社会经济形势发生了深刻变化,审计工作也得到了深入发展。一是审计法和审计法实施条例修订后,原有准则需做相应修订,以便与审计法律法规保持一致。二是近年来,各级审计机关深入贯彻落实科学发展观,树立科学审计理念,不断加大审计监督力度,创新审计监督方式方法,积累了许多经验,需要加以总结并通过准则予以规定。三是审计实践也证明,原有准则中的一些规定不能完全适应新形势下审计工作发展要求,同时原有准则体系比较庞杂,有些准则间部分内容存在交叉重复。原有的准则和规定不能适应审计工作要求,需要加以修订。

三、修订遵循的原则

(一)依照审计法和审计法实施条例的规定,与原有准则保持一定连续性。

2006年全国人大常委会修改的审计法和2010年国务院修订的审计法实施条例对审计机关的审计职责、审计权限和审计程序等都作出了一些新的规定。此次修订的《审计准则》,作为部门规章,严格依照了审计法和审计法实施条例的规定,并明确了执行的具体要求,确保审计法律法规全面贯彻落实。同时,对于原有准则,特别是《审计机关审计项目质量控制办法(试行)》中一些经过实践证明比较成熟的规定,均吸收到修订后的《审计准则》中,保持审计规范的连续性和稳定性。

(二)总结多年来审计实践经验,体现中国国家审计特色。

近年来,在各级党委、政府的正确领导下,各级审计机关坚持"依法审计、服务大局、围绕中心、突出重点、求真务实"的审计工作方针,认真履行法定审计职责,创新审计工作方式方法,在监督财政财务收支真实、合法基础上,全面推进绩效审计,深入开展经济责任审计,加强专项审计调查和跟踪审计,严肃查处重大违法行为,注重从体制、机制、制度和政策层面发现和分析问题并提出审计建议,加大公布审计结果力度,促进被审计单位整改,较好地发挥了审计监督的建设性作用。实践证明,这些基本做法和经验是符合我国国情和审计工作发展要求的。修订的《审计准则》主要从我国实际出发,立足于总结审计实践经验,体现中国国家审计的特色。

(三)借鉴外国政府审计准则的有益内容,努力与国际通行做法相衔接。

国际审计组织和有的外国审计机关相继颁布了审计准则,其中有些基本审计理念和技术方法对我国审计机关也有借鉴意义。此次修订准则,重点借鉴了外国政府审计准则的有益内容,并适当参考了社会审计和内部审计准则的相关要求。一方面,有利于完善我国审计规范,推动审计事业发展;另一方面,借鉴外国政府审计的一些好的内容,努力使修订的《审计准则》与国际通行做法相衔接,便于加强国际审计交流与合作。

(四)坚持约束与指导相结合,增强《审计准则》的指导作用。

修订的《审计准则》适用于中央到县的各级审计机关,适用于审计机关开展的各项审计业务。考虑到各地实际情况和审计项目的不同特点,修订的《审计准则》坚持约束与指导相结合的原则,将一些条款设定为约束性条款、一些条款设定为指导性条款,注重对执行审计业务过程中相关实质性环节的管理和指导,增强《审计准则》的适用性和指导作用,便于各级审计机关和广大审计人员贯彻执行。

四、《审计准则》的体系结构

修订前的国家审计准则体系由一个国家审计基本准则、若干个通用审计准则和专业审计准则构成。这种体系结构比较零散,相关准则间的内容存在交叉,不便于审计人员系统学习和掌握。此次修订,参考《审计机关审计项目质量控制办法(试行)》的体系结构,将原有国家审计基本准则和通用审计准则规范的内容统一纳入《审计准则》,形成一个完整单一的国家审计准则。在审计准则的下一层次研究开发审计指南,进一步细化相关审计业务操作的具体要求。据此构建起由宪法、审计法和审计法实施条例、审计准则和审计指南等不同级次规定组成的审计法律规范体系。

按照上述体系结构,《审计准则》正文分为七章,即总则、审计机关和审计人员、审计计划、审计实施、审计报告、审计质量控制和责任、附则。共200条。同时,《审计准则》在吸收原有审计准则和相关规定中能够继续适用的内容后,废止了审计署以前发布的28项审计准则和相关规定,并在《审计准则》附件中列明了废止的规定名称。

五、修订的主要内容

(一)关于《审计准则》的适用。

1.《审计准则》的适用范围。《审计准则》是审计机关和审计人员履行法定审计职责的行为规范,是执行审计业务的职业标准,是评价审计质量的基本尺度,适用于各级审计机关和审计人员执行的各项审计业务和专项审计调查业务。同时,其他组织或者人员接受审计机关的委托、聘用,承办或者参加审计业务,也应当适用《审计准则》。但审计机关和审计人员配合有关部门查处案件、与有关部门共同办理检查事项、接受交办或者接受委托办理不属于法定审计职责范围的事项,不适用《审计准则》,应当按照其他有关规定和要求办理。《审计准则》第二条、第四条、第八条和第一百九十七条对此作了规定。

2.《审计准则》条款的具体应用。考虑到我国各级审计机关的实际情况和具体审计项目之间的差异,为增强《审计准则》的适用性,将使用"应当""不得"词汇的条款规定为约束性条款,即各级审计机关和审计人员执行审计业务都必须遵守的职业要求;而使用"可以"词汇的条款为指导性条款,是对良好审计实务的推介。审计机关和审计人员未遵守约束性条款的,应当说明原因,并在审计记录中加以记载。《审计准则》第三条、第十一条和第一百一十一条对此作了规定。

（二）关于审计人员的独立性和职业道德要求。

1. 审计人员的独立性。依法独立行使审计监督权是审计工作的基本要求。宪法、审计法和审计法实施条例从审计机关组织和领导体制、审计职责和权限、审计经费和审计人员履行职务的保护等方面，对审计机关和审计人员依法独立行使审计监督权作出了规定。《审计准则》第十六条至二十三条主要明确了审计人员保持独立性的要求，规定了审计机关针对可能损害审计独立性的情形应当采取的措施，并对审计机关聘请外部人员的相关要求作了规定。

2. 审计职业道德要求。各级审计机关十分重视加强审计职业道德建设，在长期审计实践中形成了具有审计职业特色的道德规范和要求。国际审计组织和许多外国审计机关也制定了审计职业道德规范和守则。在立足我国审计工作实际情况，借鉴国际政府审计职业道德规范内容的基础上，《审计准则》第十五条明确了严格依法、正直坦诚、客观公正、勤勉尽责、保守秘密五项基本审计职业道德，并规定了审计人员遵守各项基本职业道德的要求。

（三）关于审计计划。

1. 年度审计项目计划的编制程序和要求。年度审计项目计划是审计机关对年度审计工作做出的统筹部署和安排，对依法履行审计监督职责，保障审计工作科学和有序运行有着十分重要的作用。为了加强对编制年度审计项目计划工作的指导，确保计划的科学性和可行性，在总结我国年度审计项目计划管理经验的基础上，《审计准则》第三章从调查审计需求、对初选审计项目进行可行性研究和评估、配置审计项目资源，以及年度审计项目计划审定、调整和执行情况检查等方面，明确了年度审计项目计划编制和执行的要求。同时，为更好地指导审计机关确定专项审计调查项目计划，《审计准则》第三十六条对开展专项审计调查的项目提出了指导性原则，即对于预算管理或者国有资产管理使用中涉及宏观性、普遍性、政策性或者体制、机制问题的事项，跨行业、跨地区、跨单位的事项，涉及大量非财务数据的事项等，可以作为专项审计调查项目予以安排。

2. 审计工作方案的编制。根据审计实践，审计机关统一组织多个审计组共同实施一个审计项目或者分别实施同一类项目，一般需要编制审计工作方案，以加强对这些项目组织实施工作的管理，便于审计结果的汇总和综合利用，确保年度审计项目计划的执行。审计机关业务部门应当根据年度审计项目计划形成过程中调查审计需求、进行可行性研究的情况，开展进一步调查，对审计目标、范围、重点和项目组织实施等进行确定，编制审计工作方案，按照审计机关规定的程序审批后，在实施审计起始时间之前下达项目实施单位。《审计准则》第四十七条至第五十一条对此作了规定。

（四）关于审计实施。

1. 审计实施方案的编制要求。为增强审计实施方案的科学性和可操作性，发挥其指导作用，在总结我国审计实践经验并借鉴外国政府审计有益做法的基础上，《审计准则》第四章第一节将编制审计实施方案作为项目审计实施的第一个环节加以了规定。

一是明确了编制审计实施方案的实质性要求。根据全面审计、突出重点的审计工作基本要求,运用审计风险理论和重要性原则,首先要求审计组调查了解被审计单位及其相关情况,包括相关内部控制及其执行情况和信息系统控制情况。其次,审计组根据调查了解的情况,结合适用的标准,判断被审计单位可能存在的问题,即风险领域或者风险点。第三,审计人员运用职业判断,根据可能存在问题的性质、数额及其发生的具体环境,判断其重要性,评估可能存在的重要问题,即重要风险领域或者重要风险点。在判断重要性时,对财政收支、财务收支合法性和效益性进行审计的项目一般不需确定量化的重要性水平(金额标准),可只对重要性作出定性判断。第四,在评估被审计单位存在重要问题可能性的基础上,确定审计事项和审计应对措施,包括对各审计事项的审计步骤和方法、审计时间、执行审计的人员等,形成审计实施方案。《审计准则》第五十七条至第七十三条对此作了规定。

二是强调及时调整审计实施方案。对大中型或者业务比较复杂的审计项目,审计组调查了解被审计单位及其各项业务情况往往不能通过一次调查了解就全部完成,实践中需要将调查了解工作贯穿审计实施过程的始终。随着调查了解的不断深入和审计工作的展开,审计人员应当持续关注已作出的重要性判断和对存在重要问题可能性的评估是否恰当;对原先作出的不恰当判断和评估结果及时修正,并考虑其他相关情况的变化,调整审计事项和审计应对措施,即及时调整审计实施方案。《审计准则》第七十七条和第七十八条对此作了规定。同时,考虑到调查了解工作的持续性和调查了解已属于项目审计实施工作的组成部分,《审计准则》不再将审前调查作为项目审计工作的一个单独阶段。

三是调整了审计实施方案的审批权限。为了使审计组能够根据实际情况及时采取审计应对措施,提高审计工作效率,《审计准则》第七十九条和第八十条规定,一般审计项目的审计实施方案应当经审计组组长审定,并及时报审计机关业务部门备案;重要审计项目的审计实施方案应当报经审计机关负责人审定。审计组调整审计实施方案中的审计目标、审计组组长、审计重点和现场审计结束时间,应当报经审计机关主要负责人批准。

2. 获取审计证据的要求。获取审计证据是审计实施阶段的核心工作,也是审计机关和审计人员作出正确审计结论的基础。《审计准则》第四章第二节规定了获取审计证据的要求。

一是明确了审计证据应当具有的基本特性。《审计准则》第八十四条至第八十六条从质量和数量两个方面,明确了审计证据应当具有适当性和充分性。适当性是对审计证据质量的衡量,包括审计证据的相关性和可靠性;充分性是对审计证据数量的衡量。

二是对采取不同审查方法获取审计证据提出了指导意见。《审计准则》第八十八条至第九十一条规定,审计人员可以在审计事项中选取全部项目进行审查(详查)或者选取部分特定项目进行审查(抽查),也可以进行审计抽样,以获取审计证据。同时,明确了各种审查方法适用的情形以及审查结果是否可用于推断审计事项总体特征。

三是规定了审计人员获取审计证据的具体方法和要求。《审计准则》第九十二条规定了审计人员可以采取检查、观察、询问、外部调查、重新计算、重新操作和分析等7种基本方法获取审计证据。同时,为了确保审计人员对重要问题查深查透,《审计准则》第九十九条规定审计人员应当围绕认定问题所依据的标准、事实、影响和原因4个方面获取审计证据。

3. 审计记录的类型和内容。为了支持审计人员编制审计实施方案和审计报告,证明审计人员遵循相关法律法规和《审计准则》,便于对审计人员的工作实施指导、监督和检查,《审计准则》第四章第三节对审计记录作了规定。

一是调整了审计记录的类型。在总结我国项目审计中需要记录的事项和原有做法的基础上,《审计准则》第一百零一条和第一百零三条规定,审计人员应当对审计实施过程、得出的审计结论和与审计项目有关的重要管理事项作出记录,并将审计记录划分为3种类型,即调查了解记录、审计工作底稿和重要管理事项记录,取消了审计日记的做法。

二是规范了各类记录的内容和要求。调查了解记录的主要内容包括对被审计单位及其相关情况的调查了解情况、对被审计单位存在重要问题可能性的评估情况和据此确定的审计事项及其应对措施,是编制审计实施方案的重要基础。审计工作底稿主要记录实施审计的步骤和方法、取得的审计证据的名称和来源、审计认定的主要事实和得出的审计结论及其相关标准,并经审计组组长审核,以支持审计人员编制审计报告;审计人员对审计实施方案确定的每一审计事项均应当编制审计工作底稿,而不是仅对审计发现的问题编制审计工作底稿。重要管理事项记录用于记载与审计项目相关并对审计结论有重要影响的管理事项。《审计准则》第一百零四条至第一百一十一条对此作了规定。

4. 检查重大违法行为的特别规定。在总结我国审计机关多年来查处重大违法行为和经济犯罪案件线索实践经验的基础上,《审计准则》第四章第四节对检查重大违法行为作出了特别规定,包括检查重大违法行为过程中应当评估的因素、调查了解的重点内容、需关注的异常情况以及采取的应对措施等。审计机关和审计人员在检查重大违法行为时,除遵守《审计准则》第四章第一节至第三节的规定外,还应当遵守上述这些特别规定,以便有效检查重大违法行为,打击经济犯罪,维护国家财政经济秩序和经济安全,促进廉政建设。

(四)关于审计报告。

1. 专项审计调查报告及其编审。依照审计法和审计法实施条例关于专项审计调查的规定,为督促被调查单位整改专项审计调查发现的问题,公布专项审计调查结果,更好地发挥专项审计调查的作用,《审计准则》将专项审计调查报告作为向被调查单位出具的一种审计文书。专项审计调查报告除符合审计报告要素和内容要求外,还应当根据专项审计调查目标重点分析宏观性、普遍性、政策性或者体制、机制问题并提出改进建议。一般情况下,审计组实施专项审计调查后,应当提出专项审计调查报告,以审计机关名义征求被调查单位意见后,向审计机关提交专项审计调查报告。审计机关按照审定审计报告的程序对专项审计调查报告进行审定后,送达被调查单位。专项审计调查中发现属于审计监督对象的单位违反国家规定的财政收支、财务收支行为,依法应当由审计机关在法定职权范围内作出处理处罚决定的,审计机关应当出具审计决定书;依法需要移送其他有关主管机关或者单位纠正、处理处罚或者追究有关人员责任的,审计机关应当出具审计移送处理书。《审计准则》第五章第一节和第二节相关条款对此作了规定。

2. 审理机构对审计项目的审理。为了贯彻审计法实施条例关于审计机关专门机构对审计报告以及相关审计事项进行审理的新规定,《审计准则》将审计机关法制工作机构原来对审计结论性文书的复核调整为审理机构对审计项目的审理。审理机构以审计实施方案为基础,重点关注审计实施的过程及结果,审理的主要内容包括:审计实施方案确定的审计事项是否完成,审计发现的重要问题是否在审计报告中反映,主要事实是否清楚,相关证据是否适当、充分,适用法律法规和标准是否适当,审计评价、定性、处理处罚意见是否恰当,以及审计程序是否符合规定。审理过程中,审理机构应当与审计组及相关业务部门进行沟通;必要时,可以参加与被审计单位交换意见的会议或者向被审计单位和有关人员了解相关情况。审理机构审理后应当出具审理意见书,并根据情况,可以要求审计组补充重要审计证据,对审计报告、审计决定书进行修改。《审计准则》第一百四十二条至第一百四十六条对此作了规定。

3. 专题报告与综合报告。为了加强审计成果的开发利用,提升审计成果的质量和水平,《审计准则》第五章第三节对专题报告和综合报告进行了规范,规定了可以采用专题报告、审计信息等方式向本级政府和上一级审计机关报告的事项范围,明确了可以编制审计综合报告的情形和审计综合报告、经济责任审计结果的报送对象,以及审计机关在起草、报送审计结果报告和审计工作报告等方面的要求。

4. 审计整改检查。为了贯彻落实审计法和审计法实施条例的规定,促进被审计单位整改,确保审计效果,充分发挥审计监督作用,《审计准则》第五章第五节对审计整改检查作出具体规范,明确要求审计机关建立审计整改检查机制,督促被审计单位和其他有关单位根据审计结果进行整改,并对审计机关检查的主要内容、检查的方式和时间、检查报告以及检查后应采取的措施等作出了规定。

(五)关于审计质量控制和责任。

为了加强全员全过程审计质量控制,明确审计责任,《审计准则》第六章要求审计机关应当针对审计质量责任、审计职业道德、审计人力资源、审计业务执行、审计质量监控5个要素建立审计质量控制制度,并通过审计业务质量检查等方式对审计质量控制制度的建立和执行情况进行检查和评估。同时,从审计项目质量控制的角度,规定审计机关实行审计组成员、审计组主审、审计组组长、审计机关业务部门、审理机构、总审计师和审计机关负责人对审计业务的分级质量控制,并分别明确了审计组成员、审计组主审、审计组组长、审计机关业务部门、审理机构和审计机关负责人的工作职责和应承担的责任。

(六)关于信息技术环境下审计的特别规定。

考虑到信息技术环境下开展审计工作的特殊性,《审计准则》作出了一些特别规定。如审计组信息技术方面胜任能力的要求;调查了解相关的信息系统控制评估对信息系统的依赖程度,检查相关信息系统的有效性、安全性等要求;审计人员在检查中应当避免对被审计单位相关信息系统及其电子数据造成不良影响的要求;电子审计证据的特殊取证要求;审计发现被审计单位信息系统存在重大漏洞或者不符合国家规定的处理措施等。

此外,根据各级审计机关开展跟踪审计的实际需要,总结近年来的实践经验,《审计准则》对采取跟踪审计方式实施的审计项目,从编制年度审计项目计划、制发审计通知书、编制审计实施方案、出具审计报告等方面作了一些特殊规定。

审计机关审计档案管理规定❶

（2012）

第一条　为了规范审计档案管理,维护审计档案的完整与安全,保证审计档案的质量,发挥审计档案的作用,根据《中华人民共和国档案法》《中华人民共和国审计法》和其他有关法律法规,制定本规定。

第二条　本规定所称审计档案,是指审计机关进行审计(含专项审计调查)活动中直接形成的对国家和社会具有保存价值的各种文字、图表等不同形式的历史记录。

审计档案是国家档案的组成部分。

第三条　审计机关的审计档案管理工作接受同级档案行政管理部门的监督和指导;审计机关和档案行政管理部门在各自的职责范围内开展审计档案工作。

第四条　审计机关审计档案应当实行集中统一管理。

第五条　审计机关应当设立档案机构或者配备专职(兼职)档案人员,负责本单位的审计档案工作。

第六条　审计档案案卷质量的基本要求是:审计项目文件材料应当真实、完整、有效、规范,并做到遵循文件材料的形成规律和特点,保持文件材料之间的有机联系,区别不同价值,便于保管和利用。

第七条　审计文件材料应当按照结论类、证明类、立项类、备查类4个单元进行排列。

第八条　审计文件材料归档范围:

(一)结论类文件材料:上级机关(领导)对该审计项目形成的《审计要情》《重要信息要目》等审计信息批示的情况说明、审计报告、审计决定书、审计移送处理书等结论类报告,及相关的审理意见书、审计业务会议记录、纪要、被审计对象对审计报告的书面意见、审计组的书面说明等。

(二)证明类文件材料:被审计单位承诺书、审计工作底稿汇总表、审计工作底稿及相应的审计取证单、审计证据等。

(三)立项类文件材料:上级审计机关或者本级政府的指令性文件、与审计事项有关的举报材料及领导批示、调查了解记录、审计实施方案及相关材料、审计通知书和授权审计通知书等。

(四)备查类文件材料:被审计单位整改情况、该审计项目审计过程中产生的信息等不属于前三类的其他文件材料。

第九条　审计文件材料按审计项目立卷,不同审计项目不得合并立卷。

第十条　审计文件材料归档工作实行审计组组长负责制。

审计组组长确定的立卷人应当及时收集审计项目的文件材料,在审计项目终结后按立卷方法和规则进行归类整理,经业务部门负责人审核、档案人员检查后,按照有关规定进行编目和装订,由审计业务部门向本机关档案机构或者专职(兼职)档案人员办理移交手续。

第十一条　审计机关统一组织多个下级审计机关的审计组共同实施一个审计项目,由审计机关负责组织的业务部门确定文件材料归档工作。

---

❶本书编写组.中华人民共和国现行审计法规与审计准则及政策解读[M].上海:立信出版社,2018:143-144.

第十二条　审计复议案件的文件材料由复议机构逐案单独立卷归档。

为了便于查找和利用,档案机构(人员)应当将审计复议案件归档情况在被复议的审计项目案卷备考表中加以说明。

第十三条　审计档案的保管期限应当根据审计项目涉及的金额、性质、社会影响等因素划定为永久、定期两种,定期分为30年、10年。

(一)永久保管的档案,是指特别重大的审计事项、列入审计工作报告、审计结果报告或第一次涉及的审计领域等具有突出代表意义的审计事项档案。

(二)保管30年的档案,是指重要审计事项、查考价值较大的档案。

(三)保管10年的档案,是指一般性审计事项的档案。

审计机关业务部门应当负责划定审计档案的保管期限。

执行同一审计工作方案的审计项目档案,由审计机关负责组织的业务部门确定相同保管期限。

审计档案的保管期限自归档年度开始计算。

第十四条　审计文件材料的归档时间应当在该审计项目终结后的5个月内,不得迟于次年4月底。

跟踪审计项目,按年度分别立卷归档。

第十五条　审计机关应当根据审计工作保密事项范围和有关主管部门保密事项范围的规定确定密级和保密期限。凡未标明保密期限的,按照绝密级30年、机密级20年、秘密级10年认定。

审计档案的密级及其保密期限,按卷内文件的最高密级及其保密期限确定,由审计业务部门按有关规定作出标识。

审计档案保密期限届满,即自行解密。因工作需要提前或者推迟解密的,由审计业务部门向本机关保密工作部门按解密程序申请办理。

第十六条　审计档案应当采用"年度—组织机构—保管期限"的方法排列、编目和存放。审计案卷排列方法应当统一,前后保持一致,不可任意变动。

第十七条　审计机关应当按照国家有关规定配置具有防盗、防光、防高温、防火、防潮、防尘、防鼠、防虫功能的专用、坚固的审计档案库房,配备必要的设施和设备。

第十八条　审计机关应当加强审计档案信息化管理,采用计算机等现代化管理技术编制适用的检索工具和参考材料,积极开展审计档案的利用工作。

第十九条　审计机关应当建立健全审计档案利用制度。借阅审计档案,仅限定在审计机关内部。审计机关以外的单位有特殊情况需要查阅、复制审计档案或者要求出具审计档案证明的,须经审计档案所属审计机关分管领导审批,重大审计事项的档案须经审计机关主要领导审批。

第二十条　省级以上(含省级)审计机关应当将永久保管的、省级以下审计机关应当将永久和30年保管的审计档案在本机关保管20年后,定期向同级国家综合档案馆移交。

第二十一条　审计机关应当按照有关规定成立鉴定小组,在审计机关办公厅(室)主要负责人的主持下定期对已超过保管期限的审计档案进行鉴定,准确地判定档案的存毁。

第二十二条 审计机关应当对确无保存价值的审计档案进行登记造册,经分管负责人批准后销毁。销毁审计档案,应当指定两人负责监销。

第二十三条 对审计机关工作人员损毁、丢失、涂改、伪造、出卖、转卖、擅自提供审计档案的,由任免机关或者监察机关依法对直接责任人员和负有责任的领导人员给予行政处分;涉嫌犯罪的,移送司法机关依法追究刑事责任。档案行政管理部门可以对相关责任单位依法给予行政处罚。

第二十四条 电子审计档案的管理办法另行规定。

第二十五条 审计机关和档案行政管理部门可以根据本地实际情况,在遵循本规定的基础上联合制定实施办法。

第二十六条 本规定由审计署和国家档案局负责解释。

第二十七条 本规定自2013年1月1日起施行。此前审计署发布的《审计机关审计档案工作准则》(2001年审计署第3号令)同时废止。

内部审计基本准则❶

(中内协2013年第一号公告)

第一章 总则

第一条 为了规范内部审计工作,保证内部审计质量,明确内部审计机构和内部审计人员的责任,根据《审计法》及其实施条例,以及其他有关法律、法规和规章,制定本准则。

第二条 本准则所称内部审计,是一种独立、客观的确认和咨询活动,它通过运用系统、规范的方法,审查和评价组织的业务活动、内部控制和风险管理的适当性和有效性,以促进组织完善治理、增加价值和实现目标。

第三条 本准则适用于各类组织的内部审计机构、内部审计人员及其从事的内部审计活动。其他组织或者人员接受委托、聘用,承办或者参与内部审计业务,也应当遵守本准则。

第二章 一般准则

第四条 组织应当设置与其目标、性质、规模、治理结构等相适应的内部审计机构,并配备具有相应资格的内部审计人员。

第五条 内部审计的目标、职责和权限等内容应当在组织的内部审计章程中明确规定。

第六条 内部审计机构和内部审计人员应当保持独立性和客观性,不得负责被审计单位的业务活动、内部控制和风险管理的决策与执行。

第七条 内部审计人员应当遵守职业道德,在实施内部审计业务时保持应有的职业谨慎。

第八条 内部审计人员应当具备相应的专业胜任能力,并通过后续教育加以保持和提高。

第九条 内部审计人员应当履行保密义务,对于实施内部审计业务中所获取的信息保密。

第三章 作业准则

第十条 内部审计机构和内部审计人员应当全面关注组织风险,以风险为基础组织实施内部审计业务。

---

❶本书编写组.中华人民共和国现行审计法规与审计准则及政策解读[M].上海:立信出版社,2018:390-391.

第十一条　内部审计人员应当充分运用重要性原则,考虑差异或者缺陷的性质、数量等因素,合理确定重要性水平。

第十二条　内部审计机构应当根据组织的风险状况、管理需要及审计资源的配置情况,编制年度审计计划。

第十三条　内部审计人员根据年度审计计划确定的审计项目,编制项目审计方案。

第十四条　内部审计机构应当在实施审计三日前,向被审计单位或者被审计人员送达审计通知书,做好审计准备工作。

第十五条　内部审计人员应当深入了解被审计单位的情况,审查和评价业务活动、内部控制和风险管理的适当性和有效性,关注信息系统对业务活动、内部控制和风险管理的影响。

第十六条　内部审计人员应当关注被审计单位业务活动、内部控制和风险管理中的舞弊风险,对舞弊行为进行检查和报告。

第十七条　内部审计人员可以运用审核、观察、监盘、访谈、调查、函证、计算和分析程序等方法,获取相关、可靠和充分的审计证据,以支持审计结论、意见和建议。

第十八条　内部审计人员应当在审计工作底稿中记录审计程序的执行过程,获取的审计证据,以及作出的审计结论。

第十九条　内部审计人员应当以适当方式提供咨询服务,改善组织的业务活动、内部控制和风险管理。

第四章　报告准则

第二十条　内部审计机构应当在实施必要的审计程序后,及时出具审计报告。

第二十一条　审计报告应当客观、完整、清晰,具有建设性并体现重要性原则。

第二十二条　审计报告应当包括审计概况、审计依据、审计发现、审计结论、审计意见和审计建议。

第二十三条　审计报告应当包含是否遵循内部审计准则的声明。如存在未遵循内部审计准则的情形,应当在审计报告中作出解释和说明。

第五章　内部管理准则

第二十四条　内部审计机构应当接受组织董事会或者最高管理层的领导和监督,并保持与董事会或者最高管理层及时、高效的沟通。

第二十五条　内部审计机构应当建立合理、有效的组织结构,多层级组织的内部审计机构可以实行集中管理或者分级管理。

第二十六条　内部审计机构应当根据内部审计准则及相关规定,结合本组织的实际情况制定内部审计工作手册,指导内部审计人员的工作。

第二十七条　内部审计机构应当对内部审计质量实施有效控制,建立指导、监督、分级复核和内部审计质量评估制度,并接受内部审计质量外部评估。

第二十八条　内部审计机构应当编制中长期审计规划、年度审计计划、本机构人力资源计划和财务预算。

第二十九条　内部审计机构应当建立激励约束机制,对内部审计人员的工作进行考核、评价和奖惩。

第三十条　内部审计机构应当在董事会或者最高管理层的支持和监督下,做好与外部审计的协调工作。

第三十一条　内部审计机构负责人应当对内部审计机构管理的适当性和有效性负主要责任。

第六章　附则

第三十二条　本准则由中国内部审计协会发布并负责解释。

第三十三条　本准则自2014年1月1日起施行。

审计署审计现场管理办法[1]

(审办法发〔2015〕144号,2015年10月28日)

第一条　为了规范审计现场管理,进一步提高效率,保证质量,防范风险,落实责任,根据《中华人民共和国审计法》及其实施条例、《国务院关于加强审计工作的意见》《中华人民共和国国家审计准则》和其他有关法律法规,制定本办法。

第二条　本办法适用于审计署及其派出机构(以下统称审计机关)的审计现场管理工作。

第三条　本办法所称的审计现场管理,是指审计组进入被审计单位开始工作至审计组提交审计结果文书期间,审计机关为执行审计业务及相关事项而进行的组织、协调和控制等一系列活动。

第四条　开展现场审计,应当依照审计法的规定组成审计组。审计组实行审计组组长负责制。审计组组长是审计现场业务、廉政、保密、安全等工作的第一责任人。审计组副组长根据审计实施方案的分工协助审计组组长履行审计现场管理和审计查证等职责。

审计署领导或者司(局、特派办)领导担任审计组组长的,根据工作需要,可以指定审计现场负责人。审计现场负责人根据审计组组长的委托,履行审计现场管理职责,对审计组组长负责,并承担相应责任。

审计组主审根据审计组组长的委托和审计分工,履行起草审计文书和信息、对主要审计事项进行审计查证、协助组织实施现场审计、督促审计组成员工作等职责。

审计组设审计小组的,审计小组的审计现场管理应当遵守本办法的相关规定,具体要求由审计组组长视实际情况确定。

审计组成员根据审计分工,认真履行职责并承担相应责任。

第五条　审计组应当设立兼职廉政监督员,协助审计组组长抓好审计现场各项廉政风险防控工作,监督审计人员严格按照《审计署关于登记报告干预审计工作行为试行办法》处理遇到的说情、打招呼、威胁、恐吓等干预行为;严格按照《审计署关于礼品礼金处理暂行规定》处理有关单位和个人赠送礼品、礼金的行为。

符合设立临时党组织的审计组还应当按《中共审计署党组关于在审计组设立临时党组织

---

[1] 本书编写组.中华人民共和国现行审计法规与审计准则及政策解读[M].上海:立信出版社,2018:139-143.

的意见》,成立临时党小组、党支部或党总支。审计组临时党组织书记应当履行党风廉政建设第一责任人的责任,负责落实廉政责任制,执行审计署关于廉政风险防控的规定等工作。

第六条　审计组组成后,审计组组长应当围绕审计工作任务,组织必要的审计业务学习和培训,同时开展有针对性的廉政、保密、安全等教育。

审计组进驻被审计单位时,应组织被审计单位相关人员召开审计进点会议,宣读审计通知书,告知审计工作纪律相关规定,提出配合审计工作的要求等。

审计期间,审计组应当在被审计单位公示审计项目名称、审计纪律八项规定及举报电话等内容。

第七条　审计组组长应当及时组织编制审计实施方案,并采取以下措施提高方案的科学性和可操作性:

(一)充分调查了解被审计单位及其相关情况,确保调查了解的深度和效果;

(二)根据审计项目总体目标、被审计对象实际情况和审计人力及时间资源等,合理确定审计内容和重点;

(三)将审计内容和重点细化到具体审计事项,提出审计步骤方法和时限要求;

(四)合理配置审计资源,将审计事项分解落实到人,明确审计组成员各自承担的工作任务和相关要求。

审计组应当根据审计进展及相关情况变化,按规定权限和程序及时调整审计实施方案。

审计组组长对审计实施方案的质量负责。

第八条　审计组组长可以根据审计实施方案确定的审计事项,组织编制审计任务清单,对审计事项的执行、调整和完成情况进行管理,确保审计实施方案落实。审计人员应当对相关审计事项的完成情况进行确认,对未按要求完成的审计事项作出书面说明。

审计人员应当认真执行审计实施方案,按照方案确定的审计事项、分工和进度要求,依照法定职责、权限和程序实施审计,不得擅自减少审计事项和扩大审计范围。

第九条　审计组应当充分运用审计管理系统(OA)、现场审计实施系统(AO)和项目执行管理软件等信息化手段,对审计现场的信息进行收集、分析、处理和共享,与审计机关实现信息的实时传递,加强对审计现场的动态管理,提高审计现场信息化管理水平。

第十条　审计组实施审计前,可以对被审计单位提出资料需求清单(明确资料提供时间),作为审计通知书附件一并送达被审计单位。审计过程中,审计组可以根据需要,依法要求被审计单位、相关单位和个人按要求提供其他与审计事项有关的资料。

被审计单位、相关单位和个人提供的资料应当包括财政财务收支、业务和管理等方面资料(含电子数据)。对于投资、运营、管理和使用境外国有资产的被审计单位、相关单位和个人,审计组应当要求其提供与境外国有资产有关的财政财务收支、业务和管理等方面资料。

在获取审计资料的过程中,审计人员应当与被审计单位、相关单位和个人做好交接手续,认真清点、核对,及时、准确、完整地填写资料交接清单。

审计人员获取审计资料时,不得超越法定审计职责,索取与审计事项无关的资料;不得影响被审计单位合法的业务活动和生产经营活动。

　　第十一条　审计组应当加强对审计现场资料(含电子数据存储介质)的管理,采取必要的保存和保密等措施,严格履行资料借阅交接手续,妥善保管和使用,防止资料的丢失和损毁。无关人员未经允许不得接触审计现场资料和计算机等设备。

　　审计组获取的电子数据资料的保管和使用,应当严格按照《审计署审计业务电子数据管理办法(试行)》的规定办理。

　　第十二条　遇有被审计单位和相关单位违反法律规定,拒绝、拖延提供与审计事项有关的资料,或者提供的资料不真实、不完整,或者拒绝、阻碍检查等不配合审计工作,或者制定限制向审计机关提供资料和开放计算机信息系统查询权限的情形的,审计组应当积极协调沟通,要求被审计单位或相关人员改正,并注意收集其不配合审计工作的相关证据。经协调沟通仍无法解决的,审计组应当及时将有关情况上报派出审计组的审计机关。

　　需要约谈被审计单位负责人的,应当严格按照审计署关于约谈被审计单位主要负责人的规定办理。

　　第十三条　审计人员应当按照审计实施方案确定的单位或者事项开展外部调查。对审计实施方案中没有明确但属于审计项目范围的单位或者事项开展外部调查,应当经审计组组长同意,必要时,应当调整审计实施方案。

　　外部调查不得偏离审计目标;不得借外部调查的名义,调查了解与审计项目无关的事项。特殊情况下,遇有超出审计项目范围的问题需调查的,应当报经审计机关负责人依照有关规定审批。

　　第十四条　审计人员应当依照法定权限和程序获取审计证据,获取的审计证据应当符合适当性和充分性的要求,不得片面收集证据,不得涂改、伪造、隐匿和销毁审计证据。

　　审计人员查询被审计单位在金融机构账户和存款、有关单位和个人房屋权属登记信息的,应当严格按照《审计署查询被审计单位在金融机构账户和存款管理办法》和《审计查询房屋权属登记信息暂行办法》的规定办理。

　　第十五条　审计人员执行现场审计业务,遇有以下情形,应当至少有两名审计人员参加或者在场:

　　(一)向被审计单位及相关人员了解重要审计事项或者交接重要资料;

　　(二)外部调查取证;

　　(三)查勘现场;

　　(四)监督盘点资产;

　　(五)采取审计证据保全措施;

　　(六)结算就餐、住宿等费用;

　　(七)审计组组长认为需要两人参加的其他情形。

　　第十六条　审计组组长应当加强审计现场管理督导,跟踪检查审计实施方案的执行情况,督促落实审计事项,对审计人员给予必要的指导,解决审计现场出现的问题。对不能胜任的审计人员,应当及时调整分工。

审计组组长应当按照审计机关的有关规定严格控制审计现场时间,把握工作进度,提高工作效率。如需延期,应当按照有关规定报批。

第十七条 审计组应当适时召开会议,研究审计实施过程中的情况和问题,以及廉政、保密等事项。会议召开形式和参加人员由审计组组长视具体情况确定。

以下事项,审计组应当及时召开会议集体研究:

(一)编制和调整审计实施方案;

(二)研究重大审计事项;

(三)讨论审计工作底稿及证据材料,研究起草审计报告;

(四)研究被审计单位或者被审计人员的反馈意见;

(五)审计组组长认为需要集体研究的其他事项。

重大事项及存在分歧审计事项的讨论过程和结果必须如实记录,并由参会人员签字确认。

第十八条 审计人员对审计实施方案确定的所有审计事项均应当及时编制审计工作底稿,真实、完整记录实施审计的主要步骤和方法、获取的相关证据,以及得出的审计结论等。审计人员对审计工作底稿的质量负责。

审计组组长、主审应当及时审核审计工作底稿,确认具体审计目标的完成情况和审计措施的有效执行情况。对经审核需补充审计证据或者修改审计结论的底稿,审计人员应当及时补充修改。经审核后修改审计结论的,原底稿应当附于审定的底稿之后一并留存归档。

第十九条 审计组内的请示汇报事项,应当遵循逐级请示汇报原则。对请示事项,被请示人应当明确答复。审计人员应当主动、如实汇报审计工作进展情况、发现的问题和被审计单位意见,不得拖延、瞒报。遇有重大事项或不同意见,审计人员可直接向审计组组长汇报,也可直接向审计机关负责人直至审计长报告。

审计组必须依法、如实、客观地向派出审计组的审计机关报告审计工作情况和结果。如隐瞒不报,一经发现,将依法追究责任。

审计期间,审计人员遇有可能损害审计独立性的情形,应当主动提出回避。

第二十条 以下情形,审计组组长应当及时向派出审计组的审计机关请示汇报:

(一)发现重大违法违规问题线索;

(二)收到重要信访举报材料;

(三)出现重大廉政、保密、安全等问题;

(四)出现可能损害审计独立性的重要情形;

(五)需提请有关机关协助或者配合审计工作;

(六)出现严重影响审计工作开展的情形;

(七)其他需要请示汇报的情形。

第二十一条 审计组需要上报专题报告和审计信息的,审计组组长、主审应当严格审核相关证据材料。反映的事实和结论,原则上应当征求被审计单位及相关单位的意见。已有整改、处理情况的,应当一并反映。

涉及重大经济案件调查等特殊事项的专题报告、审计信息,原则上应当经审计机关审理机构审核,并严格限制知晓范围,经办人员应当妥善保管相关资料,不得泄露办理过程与结果信息。

第二十二条　审计期间,除涉及重大经济案件调查等特殊事项外,审计组对每个审计事项、发现的每个问题,必须就事实、证据等,与被审计单位不同层级充分交换意见。

审计组起草和提交审计报告前,应当确认审计实施方案中的审计事项是否完成,审计工作底稿是否经过审核,审计发现的重要问题是否如实反映,问题定性、处理处罚意见和审计评价是否恰当等。审计组组长对审计报告的质量负责。

审计现场工作结束前,审计组一般应当召开会议与被审计单位交换意见。审计组可商被审计单位确定其参加人员,必要时可提请审计机关审理机构等派人参加。对存在分歧的事项,审计组应当进一步研究核实有关情况。

审计发现的问题经审计组会议研究后决定不在审计报告中反映的,审计组应当编制清单并作出说明,与相关的审计工作底稿和证据一并提交审计机关审理部门。

审计发现的暂不具备移送条件的事项,应当严格按照审计署有关对暂不具备移送条件的审计问题线索进行登记管理的规定办理。

第二十三条　撤离现场工作地点前,审计组应当对以下事项进行检查和确认:

(一)需补充证据的审计事项,是否进行了补充完善;

(二)审计现场形成的重要管理事项记录是否完善;

(三)是否与被审计单位结清了相关费用;

(四)外聘人员使用的审计资料是否收回,电子数据是否按规定处理;

(五)应当归还的资料和借用的设备是否如数归还被审计单位、有关单位和个人,是否认真清点、核对并做好交接手续;

(六)不需归还的审计资料是否按规定完整保存,涉密资料和数据的处理是否符合规定;

(七)需要销毁审计资料的,是否编造审计资料销毁清册并报经审计组组长批准后销毁;

(八)是否按规定完成审计数据的归集、积累工作。

第二十四条　审计组应当严格遵守国家保密法律法规和审计署保密规定,严格保守国家秘密、工作秘密和商业秘密,加强对涉密信息资料和涉密电子设备的安全保密管理,严格按规定控制知晓和使用范围。在审计现场应当采取有效措施,防止被审计单位有关人员未经允许接触审计工作资料。

审计人员不得打听不宜知悉的审计工作秘密,不得向被审计单位人员泄露审计工作秘密,不得在网络、报刊等公共媒体上泄露审计工作秘密,不得擅自向新闻媒体披露审计情况,不得违反审计组提出的其他保密工作要求。

第二十五条　审计组应当加强审计现场人员管理,严格执行考勤制度和请销假制度。

对无正当理由,拒不服从工作安排,严重影响审计工作的审计人员,审计组组长报经审计机关批准,可以停止其现场审计工作。

第二十六条 审计组应当加强审计外勤经费管理,及时报账。审计组外勤经费支出明细、考勤记录和经费报销情况应当在审计组范围内以适当形式公布。

第二十七条 审计组应当加强审计现场安全管理,发生可能严重影响审计工作开展和审计人员人身、资料、设备和财产安全等突发事件时,应当严格按照《审计署审计现场突发事件处置办法》的规定办理。

第二十八条 审计组应当加强人文关怀,尽可能帮助审计人员排忧解难,并适时组织开展健康有益的文体活动,保障审计人员的身心健康。异地审计的,应当按照规定安排休整。

第二十九条 违反本办法规定,有下列行为之一,情节轻微的,由审计组或者派出审计组的审计机关批评教育并责令改正;情节较重的,由派出审计组的审计机关责令作出检查、诫勉谈话、通报批评,或者采取调离岗位、引咎辞职、免职、降职等组织处理;依法应当追究行政责任或者党纪政纪责任的,依照《中华人民共和国审计法》及其实施条例、《中华人民共和国公务员法》《行政机关公务员处分条例》和《中国共产党纪律处分条例》等有关规定,给予行政处分和纪律处分;涉嫌犯罪的,移送司法机关依法追究刑事责任:

(一)不严格执行审计实施方案,擅自减少审计内容或者扩大审计范围;

(二)审计资料或者设备管理不善,造成损毁或者丢失;

(三)超越法定审计职责,索取与审计事项无关的资料;

(四)影响被审计单位合法的业务活动和生产经营活动;

(五)片面收集证据,涂改、伪造、隐匿审计证据;

(六)须两人以上共同参与的事项擅自单独实施;

(七)须提交审计组会议讨论事项没有提交,或者擅自改变集体决定;

(八)须请示汇报事项隐瞒不报或者擅自处置;

(九)与被审计单位沟通协调时言谈举止失当,影响审计形象;

(十)经费开支、考勤记录、报销情况不公布,或者经费管理混乱;

(十一)向被审计单位通风报信、出谋划策,帮助其阻挠、拖延审计工作;

(十二)违反现场纪律,不服从管理;

(十三)违反本办法的其他行为。

第三十条 违反本办法规定的处理处罚结果应当作为对相关人员、单位年度考核的依据。

第三十一条 审计组的外聘人员应当遵守本办法和审计署对外聘人员管理的相关规定。

第三十二条 本办法由审计署负责解释。

第三十三条 本办法自印发之日起施行。《审计署办公厅关于印发审计署审计现场管理办法(试行)的通知》(审办法发〔2013〕64号)同时废止。

<h3 style="text-align:center">国家重大政策措施和宏观调控部署落实情况跟踪审计实施意见(试行)❶</h3>

(审办财发〔2015〕30号,2015年3月9日)

第一条 为做好对国家重大政策措施和宏观调控部署落实情况的跟踪审计(以下简称跟踪

---

❶本书编写组.中华人民共和国现行审计法规与审计准则及政策解读[M].上海:立信出版社,2018:156-158.

审计），根据《中华人民共和国审计法》和《国务院关于加强审计工作的意见》（国发〔2014〕48号），制定本实施意见。

第二条　本实施意见适用于审计署组织开展的国家重大政策措施和宏观调控部署落实情况跟踪审计项目。

第三条　国家重大政策措施和宏观调控部署，是指党中央、国务院在一定时期制定、实施的经济社会领域重大改革措施、国民经济与社会发展规划、年度计划和工作任务，以及对国家经济运行进行调节和控制所运用的各种政策安排。

第四条　在跟踪审计中，通过揭示重大政策措施和宏观调控部署贯彻落实中存在的问题，反映好的经验和做法，推动国家重大决策部署和政策措施落实到位，促进政策落地生根和不断完善，确保中央政令畅通、令行禁止；同时关注经济社会发展过程中出现的新情况、新问题，深入分析原因，提出对策建议，保障经济社会平稳健康运行。

第五条　跟踪审计的对象，包括中央各有关部门和各级地方政府，必要时延伸审计相关企事业单位、社会组织和项目建设单位等。

第六条　跟踪审计以一个自然年度为一个审计周期，每个审计周期按季度划分为4个工作阶段。审计机关应当在全面审计基础上，把握每个工作阶段的工作重点，其中，第一季度着重关注当年工作的计划部署情况，以及上年未如期完成事项的推进情况；第二、三季度着重关注已到达规定时间节点的各项工作任务完成情况，国家重大建设项目、重点工程的进展情况，财政资金、信贷资金到位与使用情况，以及各项政策措施持续落实情况；第四季度全面反映全年工作任务的完成情况，各项政策措施的贯彻落实情况及取得的实际效果。

第七条　跟踪审计的内容。

围绕党中央、国务院经济工作重心，全面审计国家重大政策措施和宏观调控部署落实情况。同时，根据不同时期经济社会发展的要求和国家宏观调控的主要方向，突出不同时期、不同地域的审计重点。主要包括：

（一）贯彻落实的总体情况。

——中央各有关部门按照职责范围和任务分工，制定具体落实措施、进行任务分解、推动工作进展和完善制度保障等情况。

——各地区因地制宜制定具体措施、承接并制定目标任务细化方案、明确责任主体、建立健全保障机制、保障政策落地等情况，以及各项目标任务分解到市县后的推进情况。

——相关落实措施的具体内容、时间表、路线图、执行进度和实际效果。

（二）政策落实过程中具体审计内容。

各类规划制定和修订工作是否按期完成；国家的各项改革措施是否落实；国家规划的重点建设项目在实施过程中遇到的主要困难和问题、建设进度是否符合要求；与政策落实直接相关的各类财政资金、信贷资金是否及时到位并投入使用；国家产业政策是否执行到位，财政资金、信贷资金和土地等要素投向是否符合国家产业政策和宏观调控部署；政府简政放权的各项措施是否落实到位等。其中，重点关注：

——重大项目完成情况。对水利、铁路、城市基础设施、棚户区改造等重大项目进行全过程跟踪审计,关注规划、立项、审批、建设、竣工验收、运营等各环节任务分解和落实情况,促进项目科学规划,严格管理,有效推进。

——重点资金保障情况。对落实政策所需的财政资金、信贷资金管理使用情况进行审计,关注资金是否保障到位、是否及时投入使用并发挥效益,是否存在一方面承担信贷资金财务成本,而另一方面形成新的沉淀资金等情况,确保资金安全运行。

——重大政策落实情况。对重大政策落实情况进行审计,关注促进培育新的经济增长点、增强经济发展内生动力、减轻企业负担、支持小微企业发展、淘汰落后产能、推动产业转型升级、保障和改善民生等重大政策是否落实到位。

——简政放权推进情况。对政府职能转变和简政放权情况进行审计,关注取消和下放行政审批事项、转变政府职能、转变监管方式、规范中介服务、释放市场活力等改革措施落实情况,审查是否存在懒政庸政怠政、不作为、乱作为以及权力寻租、贪污腐败等问题。

(三)遇到的制度瓶颈和出现的新情况。

反映相关政策措施落实过程中的体制机制障碍和制度瓶颈,包括与其他正在执行的制度法规的不衔接、不配套问题;揭示相关调控部署实施过程中出现的新情况、新问题以及经济运行中可能出现的风险隐患。

(四)揭示问题产生的原因、提出审计建议并及时督促整改。

针对跟踪审计发现的问题,深入解剖问题所涉及的各个环节并分析原因,落实各环节的责任主体;针对审计发现的问题,要按照审慎的原则,提出审计意见和建议,并在审计实施过程中和下一阶段跟踪审计中督促有关单位加强问题整改、落实责任追究。

(五)注意总结反映各地区、各部门在贯彻落实国家重大政策措施和宏观调控部署中,取得的好经验和做法。

第八条　跟踪审计的组织和分工。

跟踪审计纳入审计署年度审计项目计划管理,审计署财政审计工作领导小组办公室具体负责跟踪审计的组织协调工作。

——对中央部门的跟踪审计,由财政司按照审计计划确定的部门组织相关业务司局和派出审计局实施。

——对地方政府的跟踪审计,分别由特派办和省级审计机关实施。其中,特派办负责审计署年度审计计划和审计方案确定的地区和单位;省级审计机关按照审计署年度工作安排和审计方案的要求,组织对所在地区的跟踪审计工作。各特派办延伸审计相关市、县、部门、单位和建设项目时,要与省级审计机关做好工作衔接,尽量避免不必要的重复和交叉。

——除单独立项的跟踪审计项目之外,各级审计机关在组织开展财政、金融、企业、资源环保、投资、民生、经济责任等各审计项目时,都要关注国家重大政策措施和宏观调控部署落实情况,并将审计发现的问题形成专题材料,纳入跟踪审计报告。

第九条　跟踪审计工作的职责界定。

（一）审计署财政审计工作领导小组办公室的职责。

1. 加强对国家重大政策措施和宏观调控部署的研究,组织梳理国家重大政策措施和宏观调控部署具体工作任务情况。

2. 根据已确定的审计项目计划,制定跟踪审计工作方案。

3. 审核中央各部门和各省审计组制定的跟踪审计实施方案。

4. 建立跟踪审计项目平台,加强对各审计组现场审计的业务指导和过程控制;组织各中央部门审计组与各省审计组之间开展上下联动,及时掌握各单位工作开展情况,汇总编发审计信息。

5. 复核审计署直接派出的跟踪审计组起草的审计报告,重要事项送法规司审理。

6. 汇总各单位报送的审计结果,形成综合报告上报国务院。

（二）各参审特派办、派出审计局和相关业务司职责。

1. 根据审计署制定的跟踪审计工作方案,制定审计实施方案。

2. 根据审计实施方案开展现场审计。

3. 及时向审计署财政审计工作领导小组办公室报送跟踪审计过程中发现的重大情况。

4. 按时向审计署上报跟踪审计报告。

5. 督促落实整改。

（三）各省级审计机关职责。

1. 根据审计署制定的跟踪审计工作方案,制定审计实施方案。

2. 根据审计实施方案组织开展现场审计。

3. 及时向审计署财政审计工作领导小组办公室报送跟踪审计过程中发现的重大情况。

4. 按时向审计署和地方党委、政府上报跟踪审计报告。

5. 督促落实整改。

第十条　建立跟踪审计结果定期报告制度,跟踪审计报告分为季度报告和年度报告。

审计署派出机构和省级审计机关应当在每个季度结束后的15日内,将跟踪审计季度报告报审计署,报告反映的数据应当截止到该季度末,每年1月15日上报的跟踪审计年度报告应当包括相关部门和地区上年全年的数据和情况。审计组完成每个季度的跟踪审计后要向有关部门和地方政府反馈审计发现问题并督促整改。审计署向被审计单位出具年度审计报告。

审计署各业务司局组织实施的其他审计项目,发现国家重大政策措施和宏观调控部署落实方面问题汇总形成的专题材料,于每个季度结束后的15日内提交审计署财政审计工作领导小组办公室。

审计署于每个季度结束后的20日内将跟踪审计综合报告上报国务院;重大情况随时向国务院报告。

第十一条　各审计项目实施单位和各审计组应当严格执行《中华人民共和国国家审计准则》《审计署审计现场管理办法（试行）》等规定,加强过程管理和质量控制,落实审计方案确定的各项审计内容。审计组实行组长负责制,实施全过程质量控制,明确各环节质量管理的分工和责任。

对因组织实施不力造成重大问题未被发现、审计结论不恰当、审计文书失实以及瞒报重大问题的,区分不同情况予以处理,并追究有关人员责任。

审计署财政审计工作领导小组办公室要及时向各审计组传达审计署的相关部署和要求,掌握审计组的工作进展情况,加强现场审计过程控制,确保跟踪审计工作按照审计署制定的跟踪审计工作方案有序开展。

第十二条 实施意见由审计署财政审计工作领导小组办公室负责解释。

第十三条 本实施意见自发布之日起施行。

审计署关于内部审计工作的规定

(2018年1月12日)

第一章 总则

第一条 为了加强内部审计工作,建立健全内部审计制度,提升内部审计工作质量,充分发挥内部审计作用,根据《中华人民共和国审计法》《中华人民共和国审计法实施条例》以及国家其他有关规定,制定本规定。

第二条 依法属于审计机关审计监督对象的单位(以下统称单位)的内部审计工作,以及审计机关对单位内部审计工作的业务指导和监督,适用本规定。

第三条 本规定所称内部审计,是指对本单位及所属单位财政财务收支、经济活动、内部控制、风险管理实施独立、客观的监督、评价和建议,以促进单位完善治理、实现目标的活动。

第四条 单位应当依照有关法律法规、本规定和内部审计职业规范,结合本单位实际情况,建立健全内部审计制度,明确内部审计工作的领导体制、职责权限、人员配备、经费保障、审计结果运用和责任追究等。

第五条 内部审计机构和内部审计人员从事内部审计工作,应当严格遵守有关法律法规、本规定和内部审计职业规范,忠于职守,做到独立、客观、公正、保密。

内部审计机构和内部审计人员不得参与可能影响独立、客观履行审计职责的工作。

第二章 内部审计机构和人员管理

第六条 国家机关、事业单位、社会团体等单位的内部审计机构或者履行内部审计职责的内设机构,应当在本单位党组织、主要负责人的直接领导下开展内部审计工作,向其负责并报告工作。

国有企业内部审计机构或者履行内部审计职责的内设机构应当在企业党组织、董事会(或者主要负责人)直接领导下开展内部审计工作,向其负责并报告工作。国有企业应当按照有关规定建立总审计师制度。总审计师协助党组织、董事会(或者主要负责人)管理内部审计工作。

第七条 内部审计人员应当具备从事审计工作所需要的专业能力。单位应当严格内部审计人员录用标准,支持和保障内部审计机构通过多种途径开展继续教育,提高内部审计人员的职业胜任能力。

内部审计机构负责人应当具备审计、会计、经济、法律或者管理等工作背景。

第八条 内部审计机构应当根据工作需要,合理配备内部审计人员。除涉密事项外,可以根据内部审计工作需要向社会购买审计服务,并对采用的审计结果负责。

第九条　单位应当保障内部审计机构和内部审计人员依法依规独立履行职责,任何单位和个人不得打击报复。

第十条　内部审计机构履行内部审计职责所需经费,应当列入本单位预算。

第十一条　对忠于职守、坚持原则、认真履职、成绩显著的内部审计人员,由所在单位予以表彰。

第三章　内部审计职责权限和程序

第十二条　内部审计机构或者履行内部审计职责的内设机构应当按照国家有关规定和本单位的要求,履行下列职责:

(一)对本单位及所属单位贯彻落实国家重大政策措施情况进行审计;

(二)对本单位及所属单位发展规划、战略决策、重大措施以及年度业务计划执行情况进行审计;

(三)对本单位及所属单位财政财务收支进行审计;

(四)对本单位及所属单位固定资产投资项目进行审计;

(五)对本单位及所属单位的自然资源资产管理和生态环境保护责任的履行情况进行审计;

(六)对本单位及所属单位的境外机构、境外资产和境外经济活动进行审计;

(七)对本单位及所属单位经济管理和效益情况进行审计;

(八)对本单位及所属单位内部控制及风险管理情况进行审计;

(九)对本单位内部管理的领导人员履行经济责任情况进行审计;

(十)协助本单位主要负责人督促落实审计发现问题的整改工作;

(十一)对本单位所属单位的内部审计工作进行指导、监督和管理;

(十二)国家有关规定和本单位要求办理的其他事项。

第十三条　内部审计机构或者履行内部审计职责的内设机构应有下列权限:

(一)要求被审计单位按时报送发展规划、战略决策、重大措施、内部控制、风险管理、财政财务收支等有关资料(含相关电子数据,下同),以及必要的计算机技术文档;

(二)参加单位有关会议,召开与审计事项有关的会议;

(三)参与研究制定有关的规章制度,提出制定内部审计规章制度的建议;

(四)检查有关财政财务收支、经济活动、内部控制、风险管理的资料、文件和现场勘察实物;

(五)检查有关计算机系统及其电子数据和资料;

(六)就审计事项中的有关问题,向有关单位和个人开展调查和询问,取得相关证明材料;

(七)对正在进行的严重违法违规、严重损失浪费行为及时向单位主要负责人报告,经同意作出临时制止决定;

(八)对可能转移、隐匿、篡改、毁弃会计凭证、会计账簿、会计报表以及与经济活动有关的资料,经批准,有权予以暂时封存;

(九)提出纠正、处理违法违规行为的意见和改进管理、提高绩效的建议;

(十)对违法违规和造成损失浪费的被审计单位和人员,给予通报批评或者提出追究责任的建议；

（十一）对严格遵守财经法规、经济效益显著、贡献突出的被审计单位和个人，可以向单位党组织、董事会（或者主要负责人）提出表彰建议。

第十四条 单位党组织、董事会（或者主要负责人）应当定期听取内部审计工作汇报，加强对内部审计工作规划、年度审计计划、审计质量控制、问题整改和队伍建设等重要事项的管理。

第十五条 下属单位、分支机构较多或者实行系统垂直管理的单位，其内部审计机构应当对全系统的内部审计工作进行指导和监督。系统内各单位的内部审计结果和发现的重大违纪违法问题线索，在向本单位党组织、董事会（或者主要负责人）报告的同时，应当及时向上一级单位的内部审计机构报告。

单位应当将内部审计工作计划、工作总结、审计报告、整改情况以及审计中发现的重大违纪违法问题线索等资料报送同级审计机关备案。

第十六条 内部审计的实施程序，应当依照内部审计职业规范和本单位的相关规定执行。

第十七条 内部审计机构或者履行内部审计职责的内设机构，对本单位内部管理的领导人员实施经济责任审计时，可以参照执行国家有关经济责任审计的规定。

第四章 审计结果运用

第十八条 单位应当建立健全审计发现问题整改机制，明确被审计单位主要负责人为整改第一责任人。对审计发现的问题和提出的建议，被审计单位应当及时整改，并将整改结果书面告知内部审计机构。

第十九条 单位对内部审计发现的典型性、普遍性、倾向性问题，应当及时分析研究，制定和完善相关管理制度，建立健全内部控制措施。

第二十条 内部审计机构应当加强与内部纪检监察、巡视巡察、组织人事等其他内部监督力量的协作配合，建立信息共享、结果共用、重要事项共同实施、问题整改问责共同落实等工作机制。

内部审计结果及整改情况应当作为考核、任免、奖惩干部和相关决策的重要依据。

第二十一条 单位对内部审计发现的重大违纪违法问题线索，应当按照管辖权限依法依规及时移送纪检监察机关、司法机关。

第二十二条 审计机关在审计中，特别是在国家机关、事业单位和国有企业三级以下单位审计中，应当有效利用内部审计力量和成果。对内部审计发现且已经纠正的问题不再在审计报告中反映。

第五章 对内部审计工作的指导和监督

第二十三条 审计机关应当依法对内部审计工作进行业务指导和监督，明确内部职能机构和专职人员，并履行下列职责：

（一）起草有关内部审计工作的法规草案；

（二）制定有关内部审计工作的规章制度和规划；

（三）推动单位建立健全内部审计制度；

（四）指导内部审计统筹安排审计计划，突出审计重点；

（五）监督内部审计职责履行情况，检查内部审计业务质量；

（六）指导内部审计自律组织开展工作；

（七）法律、法规规定的其他职责。

第二十四条 审计机关可以通过业务培训、交流研讨等方式，加强对内部审计人员的业务指导。

第二十五条 审计机关应当对单位报送的备案资料进行分析，将其作为编制年度审计项目计划的参考依据。

第二十六条 审计机关可以采取日常监督、结合审计项目监督、专项检查等方式，对单位的内部审计制度建立健全情况、内部审计工作质量情况等进行指导和监督。

对内部审计制度建设和内部审计工作质量存在问题的，审计机关应当督促单位内部审计机构及时进行整改并书面报告整改情况；情节严重的，应当通报批评并视情况抄送有关主管部门。

第二十七条 审计机关应当按照国家有关规定对内部审计自律组织进行政策和业务指导，推动内部审计自律组织按照法律法规和章程开展活动。必要时，可以向内部审计自律组织购买服务。

第六章 责任追究

第二十八条 被审计单位有下列情形之一的，由单位党组织、董事会（或者主要负责人）责令改正，并对直接负责的主管人员和其他直接责任人员进行处理：

（一）拒绝接受或者不配合内部审计工作的；

（二）拒绝、拖延提供与内部审计事项有关的资料，或者提供资料不真实、不完整的；

（三）拒不纠正审计发现问题的；

（四）整改不力、屡审屡犯的；

（五）违反国家规定或者本单位内部规定的其他情形。

第二十九条 内部审计机构或者履行内部审计职责的内设机构和内部审计人员有下列情形之一的，由单位对直接负责的主管人员和其他直接责任人员进行处理；涉嫌犯罪的，移送司法机关依法追究刑事责任：

（一）未按有关法律法规、本规定和内部审计职业规范实施审计导致应当发现的问题未被发现并造成严重后果的；

（二）隐瞒审计查出的问题或者提供虚假审计报告的；

（三）泄露国家秘密或者商业秘密的；

（四）利用职权谋取私利的；

（五）违反国家规定或者本单位内部规定的其他情形。

第三十条 内部审计人员因履行职责受到打击、报复、陷害的，单位党组织、董事会（或者主要负责人）应当及时采取保护措施，并对相关责任人员进行处理；涉嫌犯罪的，移送司法机关依法追究刑事责任。

第七章 附则

第三十一条 本规定所称国有企业是指国有和国有资本占控股地位或者主导地位的企业、金融机构。

第三十二条 不属于审计机关审计监督对象的单位的内部审计工作,可以参照本规定执行。

第三十三条 本规定由审计署负责解释。

第三十四条 本规定自 2018 年 3 月 1 日起施行。审计署于 2003 年 3 月 4 日发布的《审计署关于内部审计工作的规定》(2003 年审计署第 4 号令)同时废止。

第三编　审计业务法律法规

一、财政审计

审计署关于对中央部门及其直属企事业单位和地方政府财政收支实行经常性审计监督的通知
（1989年9月5日）

为认真贯彻党的十三届四中全会精神,贯彻落实李鹏总理关于审计工作要逐步实现经常化、制度化、规范化的指示,加强审计监督工作,审计署根据《中华人民共和国审计条例》的有关规定,在总结前几年工作经验的基础上,研究决定,从一九八九年起,对中央部门及其直属国营企事业单位、金融机构和省、自治区、直辖市及计划单列城市政府财政收支,分批实行经常性审计监督。这样做,把抓重点同审计工作经常化、制度化紧密结合起来,有利于经济了解和掌握被审单位情况,发现带普遍性、倾向性的问题;有利于加强对被审单位的审计监督,促进其改善经营管理;有利于研究带宏观性的问题,促进加强宏观调控;有利于演化审计工作,提高审计工作质量,培养和锻炼干部;也有利于协调审计与财务大检查的关系,避免重复检查。

第一批实行经常性审计的单位共442个。其中:中央、国务院部门及直属机构82个,金融机构10个,中央直属企事业单位321个,15个省、自治区、直辖市及计划单列城市政府财政收支,利用世行贷款项目的单位14个。对以上单位的经常性审计,分别由审计署及其驻地方特派员办事处、驻国务院部门派出机构负责实施(具体分工按审计署明确的审计范围办理)。以后,随着审计力量的加强和被审单位内控制度的健全、财务管理的完善,经常性审计的单位再逐步扩大或作必要的调整。

对实行经常性审计的单位的审计要求是:

1. 对实行经常性审计的单位,每年至少审计一次,连续审计几年。审计的内容按《中华人民共和国审计条例》的有关规定执行,每年可根据年度计划提出的重点内容和要求有所侧重。

2. 通过经济性审计,发现带倾向性、苗头性的问题,从宏观上分析研究,提出建议。

3. 通过经济性审计,研究改进审计工作,提高审计工作质量和效率。

对暂时未实行经常性审计的单位实行轮审,争取三至五年轮审一遍。每年审计的覆盖面、审计的重点和要求,由年度计划具体安排。

实行经常性审计监督是深化审计工作,提高审计工作质量和效率,逐步完善我国审计监督制度的一项重要措施,请各省、自治区、直辖市及计划单列城市人民政府和国务院部委、直属机构给予大力支持和协助,并通知各有关单位及时提供本部门、本系统的年度财政财务预决算报表、季度会计报表和有关财政、财务、会计方面的法规、制度及有关资料。

根据李鹏总理的指示,凡实行经常性审计的单位以及当年实行轮审的单位,财务大检查就不再进行检查,希国务院财务大检查办公室大力协助。

固定资产投资项目开工前审计暂行办法

(审基发〔1992〕84号,1992年2月26日)

第一条　为加强固定资产投资项目管理,控制投资规模,提高投资效益,根据国务院国发〔1991〕43号《关于继续严格控制固定资产投资新开工项目的通知》,特制定本办法。

第二条　固定资产投资项目实行开工前审计制度。大中型建设项目和总投资3000万元以上的楼堂馆所项目(不包括技术改造项目,下同)的开工报告,须先经审计机关审计,方可向有权审批机关报批。小型建设项目和3000万元以下的楼堂馆所项目开工前,须先经审计机关审计,方可向有权审批开工的机关办理项目开工手续。

第三条　项目开工前审计程序是由建设单位向审计机关提出审计申请并报送有关资料,审计机关受理项目开工前审计申请后,在30天内提出审计意见通知书或审计结论,发送建设单位和审批项目开工的机关。

第四条　建设单位在申请开工前审计时,需提供下列资料:

1. 批准的项目建议书、可行性研究报告、初步设计、年度计划等文件;

2. 建设项目资金来源及前期财务支出等有关财务资料;

3. 审计机关根据建设项目具体情况确定的其他资料。

第五条　审计的主要内容。

1. 建设项目总投资来源是否合规,当年资金是否落实。银行贷款须提供银行贷款承诺书或合同;利用外资须提供经主管部门批准的协议书;年度自筹基建资金须提供银行存款证明;预算内资金须确已落实;

2. 建设项目开工前的各项审批手续是否完备、合法,建设项目及投资是否纳入国家年度投资计划。需由国家计委报请国务院批准开工的大中型建设项目,先审计,经批准后下达项目计划;

3. 设计编定的建设规模和建设标准是否与可行性研究报告文件相符,有无超规模、超标准问题,项目概算对固定资产投资方向调节税、利率等因素是否作了综合考虑;

4. 建设项目征地拆迁、三通一平工作是否完成;

5. 是否符合国家的产业政策,是否存在违反国家政策的其他有关问题。

第六条　审计分工。

1. 北京地区大中型建设项目和3000万元以上的楼堂馆所项目及中央部委机关的楼堂馆所项目由审计署审计;

2. 北京地区中央单位小型建设项目由审计署驻部门审计机关审计;未设署驻部门审计机关的,可由部门(包括部级公司)内审机构审计;未设内审机构的由审计署审计;北京市小型建设项目由北京市审计局审计。

3. 北京地区以外的中央项目由审计署驻各地特派员办事处审计；未设特派员办事处的，审计署授权各省、自治区、直辖市和计划单列市审计局审计（不另发授权通知书），审计结果报审计署备案；

4. 地方建设项目由地方审计机关审计；经审计署授权的省级及以下各专业银行、保险公司、邮电、气象、石油销售、地（市）县级烟草公司（含三级批发站）的项目由地方审计机关审计。

5. 国内合资建设项目、异地建设项目以项目隶属关系按上述分工进行审计；跨省区建设项目由建设单位所在地审计机关按上述分工进行审计。

第七条　处理原则。

1. 申请开工前审计的建设项目，凡符合国家有关建设项目开工的规定并具备开工条件的，审计机关应出具同意办理开工手续的意见；否则审计机关应出具不同意办理开工手续的意见；对未提供完整资料的建设项目，审计机关可不受理审计申请。

2. 未经审计和经审计不同意办理开工手续的建设项目，审批项目开工机关不予办理批准开工手续，建设部门不予核发施工执照，银行不予拨付工程用款。

3. 未经审计开工的建设项目，除责令建设单位停工立即补办开工前审计手续外，并处以建设单位项目总投资1%以下（含1%）的罚款，罚款从自有资金中支付；没有自有资金的，由主管部门代付；对直接责任人和主管负责人处以相当于本人三个月基本工资以下的罚款；在开工前审计中发现的其他问题，按国家有关规定处理。

第八条　各省、自治区、直辖市和计划单列市审计局，署各派出机构于每年六月底和十一月底向审计署填报一次《新开（复）工建设项目审计汇总表》。

第九条　停缓建后恢复建设的项目须有计划部门同意建设项目复工的意见，建设单位方可向审计机关提出复工前审计申请，审计办法按以上条款进行。

第十条　各省、自治区、直辖市审计局和署派出机构可根据上述原则制定适合本地区本部门实际情况的固定资产投资项目开工前审计实施细则，报审计署备案。

第十一条　本暂行办法由审计署负责解释。

第十二条　本暂行办法自一九九二年五月一日起执行。审计署、国家计委审基（89）419通知同时废止。

中央预算执行情况审计监督暂行办法❶
（中华人民共和国国务院令第181号，1995）

第一条　为了做好对中央预算执行和其他财政收支的审计监督工作，根据《中华人民共和国审计法》（以下简称《审计法》），制定本办法。

第二条　审计署在国务院总理领导下，对中央预算执行情况进行审计监督，维护中央预算的法律严肃性，促进中央各部门（含直属单位，下同）严格执行预算法，发挥中央预算在国家宏观调控中的作用，保障经济和社会的健康发展。

第三条　对中央预算执行情况进行审计，应当有利于国务院对中央财政收支的管理和全国

---

❶翟继光.中华人民共和国现行审计法规汇编［M］.成都：西南财经大学出版社，2009：153-154.

人民代表大会常务委员会对中央预算执行和其他财政收支的监督;有利于促进国务院财政税务部门和中央其他部门依法有效地行使预算管理职权;有利于实现中央预算执行和其他财政收支审计监督工作的法制化。

第四条　审计署依法对中央预算执行情况,省级预算执行情况和决算,以及中央级其他财政收支的真实、合法和效益,进行审计监督。

第五条　对中央预算执行情况进行审计监督的主要内容:

(一)财政部按照全国人民代表大会批准的中央预算向中央各部门批复预算的情况、中央预算执行中调整情况和预算收支变化情况;

(二)财政部、国家税务总局、海关总署等征收部门,依照有关法律、行政法规和国务院财政税务部门的有关规定,及时、足额征收应征的中央各项税收收入、中央企业上缴利润、专项收入和退库拨补企业计划亏损补贴等中央预算收入情况;

(三)财政部按照批准的年度预算和用款计划、预算级次和程序、用款单位的实际用款进度,拨付中央本级预算支出资金情况;

(四)财政部依照有关法律、行政法规和财政管理体制,拨付补助地方支出资金和办理结算情况;

(五)财政部依照有关法律、行政法规和财政部的有关规定,管理国内外债务还本付息情况;

(六)中央各部门执行年度支出预算和财政、财务制度,以及相关的经济建设和事业发展情况;有预算收入上缴任务的部门和单位预算收入上缴情况;

(七)中央国库按照国家有关规定,办理中央预算收入的收纳和预算支出的拨付情况;

(八)国务院总理授权审计的按照有关规定实行专项管理的中央级财政收支情况。

第六条　对中央级其他财政收支进行审计监督的主要内容:

(一)财政部依照有关法律、行政法规和财政部的有关规定,管理和使用预算外资金和财政有偿使用资金的情况;

(二)中央各部门依照有关法律、行政法规和财政部的有关规定,管理和使用预算外资金的情况。

第七条　为了做好中央预算执行情况审计监督工作,对省级政府预算执行和决算中,执行预算和税收。

法律、行政法规,分配使用中央财政补助地方支出资金和省级预算外资金管理和使用情况等关系国家财政工作全局的问题,进行审计或者审计调查。

第八条　根据《审计法》有关审计工作报告制度的规定,审计署应当在每年第一季度对上一年度国家税务总局、海关总署所属机构和中央有关部门实施中央预算情况和其他财政收支,进行就地审计;第二季度对上一年度中央预算执行情况进行审计。审计署对预算执行中的特定事项,应当及时组织专项审计调查。

审计署每年第二季度应当向国务院总理提出对上一年度中央预算执行和其他财政收支的审计结果报告。

审计署应当按照全国人民代表大会常务委员会的安排,受国务院委托,每年向全国人民代表大会常务委员会提出对上一年度中央预算执行和其他财政收支的审计工作报告。

第九条　国务院财政税务部门和中央其他部门应当向审计署报送以下资料:

(一)全国人民代表大会批准的中央预算和财政部向中央各部门批复的预算,税务、海关征收部门的年度收入计划,以及中央各部门向所属各单位批复的预算;

(二)中央预算收支执行和税务、海关收入计划完成情况月报、决算和年报,以及预算外资金收支决算和财政有偿使用资金收支情况;

(三)综合性财政税务工作统计年报,情况简报,财政、预算、税务、财务和会计等规章制度;

(四)中央各部门汇总编制的本部门决算草案。

第十条　对国务院财政税务部门和中央其他部门在组织中央预算执行和其他财政收支中,违反预算的行为或者其他违反国家规定的财政收支行为,审计署在法定职权范围内,依照有关法律、行政法规的规定,出具审计意见书或者作出审计决定,重大问题向国务院提出处理建议。

第十一条　国务院财政税务部门和中央其他部门发布的财政规章、制度和办法有同有关法律、行政法规相抵触或者有不适当之处,应当纠正或者完善的,审计署可以提出处理建议,报国务院审查决定。

第十二条　违反《审计法》的规定,拒绝或者阻碍审计检查的,由审计署责令改正,可以通报批评,给予警告;拒不改正的,依法追究责任。

第十三条　中国人民解放军审计署对中国人民解放军预算执行和其他财政收支的审计结果报告,报中央军事委员会的同时,并报审计署。

第十四条　省、自治区、直辖市审计机关,可以参照本办法,结合本地方的实际情况,制定地方预算执行情况审计监督实施办法,报同级人民政府批准,并报审计署备案。

第十五条　本办法自发布之日起施行。

审计机关对国家建设项目竣工决算审计实施办法
(1996年12月13日)

第一条　为了规范国家建设项目(以下简称建设项目)竣工决算的审计监督,提高审计工作质量,根据《中华人民共和国审计法》第二十三条的规定,制定本办法。

第二条　本办法所称建设项目,是指以国有资产投资或者融资为主的基本建设项目和技术改造项目。

第三条　本办法所称建设项目竣工决算审计,是指建设项目正式竣工验收前,审计机关依法对建设项目竣工决算的真实、合法、效益进行的审计监督。其目的是保障建设资金合理、合法使用,正确评价投资效益,促进总结建设经验,提高建设项目管理水平。

第四条　建设项目的设计、施工、监理等单位与建设项目有关的财务收支,应当依法接受审计机关的审计。

审计机关对上述单位与建设项目有关的财务收支的审计,不受审计管辖范围的限制。

第五条　审计机关对建设项目竣工决算报表进行审计监督的主要内容:

（一）"竣工工程概况表""竣工财务决算表""交付使用资产总表""交付使用资产明细表"的真实和合法情况；

（二）竣工决算说明书的真实与准确情况。

第六条　审计机关对建设项目投资及概算执行情况进行审计监督的主要内容：

（一）各种资金渠道投入的实际金额；

（二）资金不到位的数额、原因及其影响；

（三）实际投资完成额；

（四）概算调整原则、各种调整系数、设计变更和估算增加的费用，核实概算总投资；

（五）核实建设项目超概算的金额，分析其原因，并查明扩大规模、提高标准和批准设计外投资情况。

第七条　审计机关对建设项目的建筑安装工程核算、设备投资核算、待摊投资的列支内容和分摊、其他投资列支的真实、合法、效益，进行审计监督。

第八条　审计机关对建设项目交付使用资产情况进行审计监督的主要内容：

（一）交付的固定资产是否真实，是否办理验收手续；

（二）流动资产和铺底流动资金移交的真实与合法；

（三）交付无形资产的情况；

（四）交付递延资产的情况。

第九条　审计机关对尾工工程的未完工程量及所需要的投资进行审计监督，查明是否留足投资和有无新增工程内容等问题。

第十条　审计机关对建设项目结余资金进行审计监督的主要内容：

（一）银行存款、现金和其他货币资金；

（二）库存物资实存量的真实性，有无积压、隐瞒、转移、挪用等问题；

（三）往来款项，核实债权债务，有无转移、挪用建设资金和债权债务清理不及时等问题。

第十一条　审计机关对建设收入的来源、分配、上缴和留成、使用情况的真实性、合法性进行审计监督。

第十二条　审计机关对建设项目投资包干结余进行审计监督，重点审查包干指标完成情况，包干结余分配是否合规。

第十三条　审计机关对建设项目投资效益评审的主要内容：

（一）建设工期对投资效益的影响；

（二）分析工程造价；

（三）测算投资回收期（静态、动态）、财务净现值、内部收益率等技术经济指标；

（四）分析贷款偿还能力，评价建设项目的经济效益、社会效益、环境效益。

第十四条　接受审计机关竣工决算审计的建设项目必须具备以下条件：

（一）已经完成初步验收；

（二）已经编制出竣工决算。

第十五条　被审计项目单位应当按照审计机关规定的期限和要求,如实提供以下资料:

(一)项目批准建设的有关文件、设计文件、历次调整概算文件;

(二)初步竣工验收报告;

(三)承包合同及结算资料,建设单位自行采购设备、主要材料合同、清单及出入库资料,重大设计变更资料;

(四)自项目建设之日起的工程进度报表和财务报表、工程竣工决算报表,以及其他与财务收支有关的资料。

第十六条　审计机关对建设项目竣工决算进行审计监督,应当按照《审计机关审计项目计划管理的规定》,实行审计项目计划管理。国家重点建设项目竣工决算审计计划由审计署下达。

第十七条　审计机关对建设项目竣工决算审计的分工,应当按照《审计机关审计管辖范围划分的暂行规定》执行。竣工决算审计,一般由对该项目进行在建审计的审计机关实施。

第十八条　审计机关按照审计程序进行审计监督。对建设项目涉及设计、施工、监理等单位的审计,要分别下达审计通知书、审计意见书和审计决定。对建设项目审计查出的违反国家规定的财政、财务收支行为,依照有关法律、法规和规章的规定进行处理。

第十九条　本办法由审计署负责解释。

第二十条　本办法自1997年1月1日起施行。

国务院关于加强预算外资金管理的决定[1]

(国发〔1996〕29号,1996年7月6日)

各省、自治区、直辖市人民政府,国务院各部委、各直属机构:

改革开放以来,预算外资金增长较快,对经济建设和社会事业发展起到了一定的积极作用。但是,近几年来有的地方违反《中华人民共和国预算法》和国务院的有关规定,擅自将财政预算资金通过各种非法手段转为预算外资金,有些部门和单位擅自设立基金或收费项目,导致国家财政收入流失,预算外资金不断膨胀。同时,由于管理制度不健全,预算外资金的使用脱离财政管理和各级人大监督,乱支滥用现象十分严重。这些问题不仅导致了国家财政资金分散和政府公共分配秩序混乱,而且加剧了固定资产和消费基金膨胀,助长了不正之风和腐败现象的发生。根据中共中央十四届五中全会精神,现就进一步加强预算外资金管理作出如下决定:

一、严格执行《中华人民共和国预算法》,禁止将预算资金转移到预算外

各级人民政府要严格按照《中华人民共和国预算法》和财政法规的要求,切实加强对财政预算资金和预算外资金的管理,完善对财政资金的监督检查制度。任何地区、部门和单位都不得隐瞒财政收入,将财政预算资金转为预算外资金。财政部门要严格按照"控制规模、限定投向、健全制度、加强监督"的原则,加强财政周转金管理。各部门、各单位未经财政部门批准,不得擅自将财政拨款转为有偿使用,更不得设置账外账和"小金库"。财政部门尤其不能设置"小金库"。

二、将部分预算外资金纳入财政预算管理

各地区、各部门要认真贯彻《中共中央办公厅、国务院办公厅关于转发财政部〈关于对行政性

---

[1] 本书编写组.中华人民共和国现行审计法规与审计准则及政策解读[M].上海:立信出版社,2018:61.

收费、罚没收入实行预算管理的规定〉的通知》(中办发〔1993〕19号)精神,将财政部已经规定的83项行政性收费项目纳入财政预算。

从1996年起将养路费、车辆购置附加费、铁路建设基金、电力建设基金、三峡工程建设基金、新菜地开发基金、公路建设基金、民航基础设施建设基金、农村教育事业附加费、邮电附加、港口建设费、市话初装基金、民航机场管理建设费等13项数额较大的政府性基金(收费)纳入财政预算管理。基金(收费)收入要按现行体制及时上缴中央金库或地方金库,使用由主管部门提出计划,财政部门按规定拨付,属于基本建设用途的,由财政部门按计划批准的项目计划安排支出,实行收支两条线管理,加强财政、审计监督。基金(收费)收支在预算上单独编列反映,按规定专款专用,不得挪作他用,也不能平衡预算。具体管理办法由财政部会同有关部门制定。

地方财政部门按国家规定收取的各项税费附加,从1996年起统一纳入地方财政预算,作为地方财政的固定收入,不再作为预算外资金管理。

今后要积极创造条件,将应当纳入财政预算管理的预算外资金逐步纳入财政预算管理。

三、预算外资金管理范围

预算外资金,是指国家机关、事业单位和社会团体为履行或代行政府职能,依据国家法律、法规和具有法律效力的规章而收取、提取和安排使用的未纳入国家预算管理的各种财政性资金。其范围主要包括:法律、法规规定的行政事业性收费、基金和附加收入等;国务院或省级人民政府及其财政、计划(物价)部门审批的行政事业性收费;国务院以及财政部审批建立的基金、附加收入等;主管部门从所属单位集中的上缴资金;用于乡镇政府开支的乡自筹和乡统筹资金;其他未纳入预算管理的财政性资金。

社会保障基金在国家财政建立社会保障预算制度以前,先按预算外资金管理制度进行管理,专款专用,加强财政、审计监督。

按照《企业财务通则》和《企业会计准则》的规定,国有企业税后留用资金不再作为预算外资金管理。事业单位和社会团体通过市场取得的不体现政府职能的经营、服务性收入,不作为预算外资金管理,收入可不上缴财政专户,但必须依法纳税,并纳入单位财务收支计划,实行收支统一核算。

四、加强收费、基金管理,严格控制预算外资金规模

收取或提取预算外资金必须依照法律、法规和有关法律效力的规章制度所规定的项目、范围、标准和程序执行。

行政事业性收费要严格执行中央、省两级审批的管理制度。收费项目按隶属关系分别报国务院和省、自治区、直辖市人民政府的财政部门会同计划(物价)部门批准;确定和调整收费标准,按隶属关系分别报国务院和省、自治区、直辖市人民政府的计划(物价)部门会同财政部门批准;重要的收费项目和标准制定及调整应报请国务院或省级人民政府批准。省、自治区、直辖市人民政府批准的行政事业性收费项目和收费标准报财政部、国家计委备案。省、自治区、直辖市以下各级人民政府(包括计划单列市)及其部门无权审批设立行政事业性收费项目或调整收费标准。行政性收费中的管理性收费、资源性收费、全国性的证照收费和公共事业收费,以及涉及中央和其他地区的地方性收费,具体征收管理办法的制定和修改由财政部、国家计委会同有关部门负责。地方性法规中已明确的收费,具体征收管理办法的制定和修改由省级财政、计划(物价)部门会同有关部门负责。未按规定报经批准的或不符合审批规定的各种行政事业性收费,都属乱收费行为,必须停止执行。财政部、国家计委要会同有关部门抓紧起草《行政性收费管理条例》,报国务院审批发布。

征收政府性基金必须严格按国务院规定统一财政部审批,重要的报国务院审批。基金立项的申请和批准要以国家法律、法规和中共中央、国务院有关文件规定为依据,否则一律不予立项。地方无权批准设立基金项目,也不得以行政事业性收费的名义变相批准设立基金项目。对地方已经设立的基金项目,必须按照《国务院办公厅转发财政部、审计署、监察部对各种基金进行清理登记意见的通知》(国办发〔1995〕25号)的规定进行清理登记,由财政部负责审查处理,重要的报国务院审批。

财政部门要建立健全行政事业性收费和政府性基金的票据管理与监督制定。各部门和各单位在执收时,必须按隶属关系使用中央或省级财政部门统一印制或监制的票据。

五、预算外资金要上缴财政专户,实收收支两条线管理

预算外资金是国家财政性资金,不是部门和单位自有资金,必须纳入财政管理。财政部门要在银行开设统一的专户,用于预算外资金收入和支出管理。部门和单位的预算外收入必须上缴同级财政专户,支出由同级财政按预算外资金收支计划和单位财务收支计划统筹安排,从财政专户中拨付,实行收支两条线管理。

对部门和单位的预算外资金收支按不同性质实行分类管理。国家机关和受政府委托的部门、单位统一收取和使用的专项用于公共工程和社会公共事业的基金、收费,以及以政府信誉强制建立的社会保障基金等,收入金额缴入同级财政专户,支出按计划和规定和用途专款专用,不得挪作他用,收支结余可结转下年度专项使用;各部门和各单位的其他预算外资金,收入缴入同级财政专户,支出由财政结合预算内资金统筹安排,其中少数费用开支有特殊需要的预算外资金,经财政部门核定收支计划后,可按确定的比例或按收支结余的数额定期缴入同级财政专户。

预算外资金结余,除专项资金按规定结转下年度专项使用以外,财政部门经同级政府批准可按隶属关系统筹调剂使用。

有预算外收支活动的部门和单位经财政部门批准可在指定银行开设预算外资金支出账户,确有必要的,也可再开设一个收入过渡性账户。未经财政部门审核同意,银行不得为部门和单位开设预算外资金账户。

部门和单位上缴财政专户的预算外资金,必须按财政部门规定的时间及时缴入财政部门在银行开设的预算外资金专户,不得拖欠、截留和坐收坐支。逾期未缴的,由银行从单位资金账户中直接划入财政专户。

六、加强预算外资金收支计划管理

财政部门要建立预算外资金预决算管理制度。各部门、各单位要按规定编制预算外资金收支计划和单位财务收支计划,并及时报送同级财政部门,对预算内拨款和预算外收入统一核算,统一管理。财政部门要在认真审核单位预算外资金收支计划和单位财务收支计划的基础上,编制本级预算外资金收支计划,报经同级人民政府批准后组织实施。年度终了,财政部门要审批单位的预算外资金收支决算,编制本级预算资金收支决算,并报同级政府审批,在此基础上,编制包括预算内、外收支的综合财政计划。

七、严格预算外资金支出管理,严禁违反规定乱支挪用

各部门、各单位要严格按国家规定和经财政部门核定的预算外资金收支计划和单位财务收支计划使用预算外资金。专项用于公共工程、公共事业的资金和收费,以及其他专项资金,要按计划和规定用途专款专用,由财政部门审核后分期拨付资金;用于工资、奖金、补贴、津贴和福利等方面的支出,必须严格执行财政部门核定的项目、范围和标准;用于固定资产投资的支出,要按国家规定立项,纳入国家固定资产投资计划,并按计划部门确定的国家投资计划和工程进度分期拨付;用于购买专项控制商品方面的支出,要报财政部门审查同意后,按国家有关规定办理控购审批手续。严禁将预算外资金转交非财务机构管理、账外设账、私设"小金库"和公款私存;严禁用预算外资金搞房地产等计划外投资,从事股票、期货等交易活动以及各种形式的高消费。

财政部门要认真履行职责,建立健全各项管理制度,积极做好各项服务工作,有时拨付预算外资金,切实加强对预算外资金的管理。

八、建立健全监督检查与处罚制度

各级人民政府要接受同级人民代表大会对预算外资金使用情况的监督。各级财政部门要加强对预算外资金收入和支出的管理,建立健全各项收费、基金的稽查制度,并会同人民银行共同做好预算外资金账户的开设和管理工作。

各级计划(物价)部门要按照收费管理的职责分工,认真做好收费标准的审核工作,严肃查处各种乱收费行为。各级审计、监察等部门要根据国家政策和宏观管理的要求,与财政部门协调配合,对同级各部门和下级政府预算外资金的财务管理进行监督检查,促进资金的合理使用。

对违反预算外资金管理规定者,要依照国家法律、法规予以处罚:

对隐瞒财政预算收入,将预算资金转为预算外的,要将违反规定的收入全部上缴上一级财政。同时,要追究有关部门和本级政府领导人的责任,依据情节轻重予处分直至撤销其职务。

对违反国家规定擅自设立行政事业性收费、基金项目或扩大范围、提高标准的,违法金额一律没收上缴财政。同时追究有关领导的责任,依据情节轻重给予处分直至撤销其职务。

对用预算外资金私设"小金库"、搞房地产等计划外投资、从事股票、期货交易和不按规定要求开设预算外资金账户等违反规定的活动,以及滥发奖金和实物的,除责令追回资金上缴同级财政外,还要依照有关规定予以处罚,并依据情节轻重给予当事人和有关领导处分。

对擅自将财政预算拨款挪作他用或转为有偿使用的,其资金一律追回上缴上一级财政,并相应核减以后年度的财政预算拨款,同时给予有关责任人相应的处分。

财政、计划(物价)、银行等部门工作人员在预算外资金管理工作中要忠于职守、秉公办事。对玩忽职守的,由所在单位或上级主管部门给予行政处分。

以上违反规定者,情节严重构成犯罪的,要移送司法机关依法追究刑事责任。

九、各级政府必须重视和加强预算外资金的管理

加强预算外资金管理是当前和今后一个时期各级人民政府的一项重要任务。各级人民政府要根据本决定精神,按照《国务院批转财政部等部门关于清理检查预算外资金意见的通知》(国发〔1996〕12号)要求,立即组织力量对预算外资金认真进行清理整顿,属于国家规定应纳入预算管理的资金,要坚决按规定执行。对不符合国家规定设立的收费和基金项目一律取消。今后国家原则上不再出台新的基金。各级人民政府要把预算外资金管理工作列入重要的议事日程,定期听取有关预算外资金管理情况的汇报,及时解决管理中出现的问题,协调好政府有关部门之间的工作关系,统一认识,密切配合,共同做好预算外资金的管理工作。各级人民政府要按本决定的要求,认真部署,尽快落实。各地区、各部门要在1996年底前将加强预算外资金管理的情况上报国务院,同时抄送财政部。

本决定自发布之日起实行。凡与本决定不一致的政策和规定,一律以本决定为准。

全国人民代表大会常务委员会关于加强中央预算审查监督的决定❶
(1999年12月25日第九届全国人民代表大会常务委员会第十三次会议通过)

为履行宪法赋予全国人民代表大会及其常务委员会的职责,贯彻依法治国的基本方略,规范预算行为,厉行节约,更好地发挥中央预算在发展国民经济、促进社会进步、改善人民生活和深化改革、扩大开放中的作用,必须加强对中央预算的审查和监督。为此,特作如下决定:

一、加强和改善预算编制工作。要坚持先有预算,后有支出,严格按预算支出的原则,细化预算和提前编制预算。各部门、各单位应当按照预算法的要求编好部门预算和单位预算,有关部门要按时批复预算、拨付资金。积极创造条件做到:中央本级预算的经常性支出按中央一级预算单位编制,中央预算建设性支出、基金支出按类别以及若干重大项目编制,中央财政对地方总的补助性支出按补助类别编制。在每个财政年度开始前将中央预算草案全部编制完毕。

二、加强和改善中央预算的初步审查工作。对中央预算的审查,应当按照真实、合法、效益和具有预测性的原则进行。国务院财政部门应当及时向全国人民代表大会财政经济委员会和全国人民代表大会常务委员会预算工作委员会通报有关中央预算编制的情况,在全国人民代表大会会议举行的一个半月前,将中央预算初步方案提交财政经济委员会,由财政经济委员会对上一年预算执行情况和本年度中央预算草案的主要内容进行初步审查。国务院财政部门应积极创造条件,做到提交审查的材料包括:科目列到类、重要的列到款的预算收支总表和中央政府性基金预算表,中央各预算单位收支表,建设性支出、基金支出的类别表和若干重大的项目表,按类别划分的中央财政返还或补助地方支出表,中央财政对农业、教育、科技、社会保障支出表等,以及有关说明。

三、全国人民代表大会会议期间,财政经济委员会根据各代表团和有关专门委员会的意见对中央及地方预算草案进行审查,并提出审查结果报告。全国人民代表大会关于中央及地方预算的决议,国务院应当贯彻执行。

四、加强对预算超收收入使用的监督。中央预算超收收入可以用于弥补中央财政赤字和其

---

❶本书编写组.中华人民共和国现行审计法规与审计准则及政策解读[M].上海:立信出版社,2018:48.

他必要的支出。中央预算执行过程中,需要动用超收收入追加支出时,应当编制超收收入使用方案,由国务院财政部门及时向财政经济委员会和预算工作委员会通报情况,国务院应向全国人民代表大会常务委员会作预计超收收入安排使用情况的报告。

五、严格控制不同预算科目之间的资金调剂,各部门、各单位的预算支出应当按照预算科目执行。中央预算安排的农业、教育、科技、社会保障预算资金的调减,须经全国人民代表大会常务委员会审查和批准,以后根据需要还可以逐步增加新的项目。

六、加强对中央预算调整方案的审查工作。因特殊情况必须调整中央预算时,国务院应当编制中央预算调整方案,并于当年7月至9月之间提交全国人民代表大会常务委员会。国务院财政部门应当及时向财政经济委员会和预算工作委员会通报中央预算调整的情况,在常务委员会举行会议审批中央预算调整方案的一个月前,将中央预算调整方案的初步方案提交财政经济委员会,由财政经济委员会进行初步审查。

七、中央决算草案应当按照全国人民代表大会批准的预算所列科目编制,按预算数、调整或变更数以及实际执行数分别列出,变化较大的要作出说明。中央决算草案应在全国人民代表大会常务委员会举行会议审查和批准的一个月前,提交财政经济委员会,由财政经济委员会结合审计工作报告进行初步审查。

八、加强对中央预算执行的审计。国务院审计部门要按照真实、合法和效益的要求,对中央预算执行情况和部门决算依法进行审计,审计出的问题要限时依法纠正、处理。国务院应当向全国人民代表大会常务委员会提出对中央预算执行和其他财政收支的审计工作报告,必要时,常务委员会可以对审计工作报告作出决议。

九、加强对中央预算执行情况的监督。在全国人民代表大会及其常务委员会领导下,财政经济委员会和预算工作委员会应当做好有关工作。国务院有关部门应及时向财政经济委员会、预算工作委员会提交落实全国人民代表大会关于预算决议的情况,对部门、单位批复的预算,预算收支执行情况,政府债务、社会保障基金等重点资金和预算外资金收支执行情况,有关经济、财政、金融、审计、税务、海关等综合性统计报告、规章制度及有关资料。

十、加强对预算外资金的监督。要采取措施将中央预算外资金纳入中央预算,对暂时不能纳入预算的要编制收支计划和决算。预算外资金的收支情况要向全国人民代表大会常务委员会报告。

十一、要依法执行备案制度。国务院应将全国人民代表大会授权其制定的经济体制改革和对外开放方面有关预算的暂行规定或条例,中央预算与地方预算有关收入和支出项目的划分、地方向中央上解收入、中央对地方返还或者给予补助的具体办法,省、自治区、直辖市政府报送国务院备案的预算的汇总,以及其他应报送的事项,及时报送全国人民代表大会常务委员会备案。

十二、预算工作委员会是全国人民代表大会常务委员会的工作机构,协助财政经济委员会承担全国人民代表大会及其常务委员会审查预决算、审查预算调整方案和监督预算执行方面的具体工作,受常务委员会委员长会议委托,承担有关法律草案的起草工作,协助财政经济委员会承担有关法律草案审议方面的具体工作,以及承办本决定第十一条规定的和常务委员会、委员长会议交办以及财政经济委员会需要协助办理的其他有关财政预算的具体事项。经委员长会议专项同意,预算工作委员会可以要求政府有关部门和单位提供预算情况,并获取相关信息资料及说明。经委员长会议专项批准,可以对各部门、各预算单位、重大建设项目的预算资金使用和专项资金的使用进行调查,政府有关部门和单位应积极协助、配合。

中央预算执行审计工作程序实施细则

(1999年3月23日)

为使中央预算执行审计工作制度化、规范化,提高工作效率,明确工作责任,保证工作质量,根据《中央预算执行情况审计监督暂行办法》(国务院令第181号),结合审计署工作实际,制定本细则。

本细则所称工作程序,是指中央预算执行情况及其他财政收支审计的工作步骤和规程。包括中央预算执行审计工作总体实施方案的制订、下达和组织实施;审计结果的综合汇总;起草向国务院总理提交的中央预算执行和其他财政收支的审计结果报告;受国务院委托,代拟向全国人民代表大会常务委员会提交的中央预算执行和其他财政收支的审计工作报告;落实中央预算执行和其他财政收支审计处理决定的执行情况,起草向国务院办公厅的报告。

中央预算执行审计工作年度为每年7月1日至次年6月30日。

中央预算执行审计工作总体实施方案应在审计署年度审计项目计划的基础上制定,安排的审计项目包括:年度审计项目计划中确定的财政部、国税、关税、国库、省级财政决算、中央各部门(含直属单位,下同)等中央预算执行审计项目;拟将审计成果列入下一年度中央预算执行情况及其他财政收支审计结果报告和审计工作报告的其他财政专项资金审计项目。

中央预算执行审计总体实施方案的内容,包括指导思想、工作目标、审计项目、审计范围、审计重点、工作要求。编制程序:

一、财政审计司于每年6月上旬,根据审计署年度审计项目计划,提出编写中央预算执行审计总体实施方案的框架和思路,报主管审计长批准后,印发署各有关审计司和派出审计局。

二、署各有关审计司和派出审计局应根据署统一部署,结合具体情况,按一级预算单位和财政专项资金,编制中央预算执行审计方案草案,于6月底前送财政审计司协调汇总。

三、财政审计司根据汇总情况,草拟中央预算执行审计总体实施方案,提交主管审计长审核,7月中旬提交审计长办公会议讨论,经研究确定后,8月正式下达执行。

中央预算执行审计工作应严格按照中央预算执行审计总体实施方案组织落实。执行中遇有情况变化,需要调整审计项目或重点内容时,须报经审计长办公会议批准。

中央预算执行审计工作按以下分工组织和实施。

一、财政审计司负责组织对财政部具体组织中央预算执行情况的审计工作。根据工作需要,有关审计司应派人员参加。

二、财政审计司负责组织特派员办事处对上一年度省、自治区、直辖市和计划单列市本级财政决算进行审计,对本年度国家税务总局、海关总署、国家金库及其所属机构执行中央预算情况进行审计。

三、金融审计司负责组织特派员办事处对本年度人民银行系统预算执行情况进行审计。

四、署各有关审计司和派出审计局按照业务分工,负责对中央各有关部门本年度预算执行情况进行审计。

五、财政专项资金的审计,按专业对口原则,由有关业务主管司分别组织实施。

审计实施工作结束后,署各有关审计司和派出审计局于3月20日前,向财政审计司提交中央各部门预算执行审计报告和财政专项资金审计情况汇总报告。派出审计局在提交审计报告的同时,应一并提交被审计单位反馈意见复印件和审计工作底稿复印件。

汇总过程中对审计事实或问题定性不够清楚、准确的,有关单位应进行解释并补充说明材料;对严重事实不清、定性不准的,由财政审计司提出建议,报主管审计长审定。

中央预算执行审计处理原则由审计署统一制定。

根据国家有关财经法规,财政审计司提出财政部、国税、关税、国库、省级财政决算和中央各部门预算执行情况的审计处理原则,金融审计司提出人民银行系统预算执行情况的审计处理原则,署其他审计司就负责的其他财政收支审计事项提出具体处理意见,分别送法制司审核后,报主管审计长审定。各单位要严格按上述要求执行,确有特殊情况,须报经主管审计长批准,并通知财政审计司。

审计决定与审计意见书正式下达前,均应提交法制司进行复核。

署各有关审计司应将草拟的审计决定与审计意见书连同审计报告和被审计单位反馈意见复印件、审计工作底稿复印件,提交法制司复核。

各特派员办事处将财政决算、国库、国税、关税的审计报告和被审计单位反馈意见复印件、审计工作底稿复印件,送财政审计司审核,并由财政审计司草拟审计决定与审计意见书,提交法制司复核。

各特派员办事处草拟的人民银行分支机构预算执行审计决定与审计意见书,送金融审计司审核并提出修改意见后,提交法制司复核。

各派出审计局草拟的中央各部门预算执行审计决定与审计意见书,由财政审计司审核并提出修改意见后,提交法制司复核。

署各有关审计司和派出审计局于4月底前提交草拟的审计决定与审计意见书,经法制司复核后于5月底前正式下达,办公厅发文明分送财政审计司2份。

财政审计司应于每年5月上旬完成审计结果报告初稿。办公厅根据署领导意见,于5月底前完成审计结果报告修改工作,6月上旬完成审计工作报告。

审计结果报告在送交审计长会议讨论之前,财政审计司应将报告中涉及署有关审计司和派出审计局的内容印发给相关单位进行复核。复核内容包括问题的事实、定性和文字表述等。复核结果由各有关单位领导签字确认。办公厅根据复核结果对审计结果报告作进一步修改。撰写工作完成后,复核结果的有关资料由财政审计司存档保管。经复核后写入审计结果报告的问题,如需变动,应报主管审计长批准。

审计结果报告和审计工作报告定稿后,署各有关审计司和派出审计局应根据财政审计司提出的要求,完成对有关问题的解释材料,财政审计司负责汇总工作。解释材料主要包括审计查出问题的具体情节、定性依据、处理情况等方面内容。

中央预算执行情况和其他财政收支审计处理决定落实情况的汇总工作,由财政审计司负责完成。

署各有关审计司和派出审计局按照业务分工,落实被审计单位执行审计决定的情况,9月底前将情况送财政审计司汇总。财政审计司根据国务院办公厅《关于认真落实1997年中央预算执行情况和其他财政收支审计处理决定的通知》(国办发〔1998〕125号)的要求,草拟中央预算执行情况及其他财政收支审计处理决定落实情况报告,经主管审计长批准后,于11月底前报国务院办公厅。

对地方预算执行审计结果的综合汇总工作,由财政审计司在每年10月份完成,11月底前向主管审计长提交综合汇总报告。

本细则自印发之日起施行。

审计署关于加强基础设施建设资金和建设项目审计监督工作的通知
(审投发〔1999〕36号,1999年4月1日)

各省、自治区、直辖市和计划单列市、新疆生产建设兵团审计厅(局),各特派员办事处、各派出审计局:

去年以来,为了应对亚洲金融危机的影响,进一步扩大内需,保持国民经济的较快增长,党中央、国务院采取积极的财政政策,增发1000亿元国债专项资金,重点用于增加基础设施投资。国务院对管好用好国家投入的专项资金,确保基础设施建设工程质量等问题极为重视,去年12月,朱总理在听取审计署工作汇报时明确指出:"为了推动国民经济快速发展,目前国家采取积极的财政政策,在基础设施建设方面特别是水利建设方面,投入了大量的财政资金",这些资金"要靠审计来监督,这是一个最大的重点"。今年初,国务院专门召开了全国基础设施建设工程质量工作会议,会后国务院下发了《关于加强基础设施工程质量管理的通知》,明确要求审计机关加强对国家拨款的基础设施建设项目的审计监督。刚刚结束的九届全国人大二次会议通过的《政府工作报告》中,也明确提出要加强基础设施建设项目审计。为认真贯彻落实党中央、国务院的指示精神,搞好基础设施建设资金和建设项目的审计监督工作,特作如下通知:

一、要切实提高认识。各级审计机关要组织广大审计干部认真学习国务院领导同志对审计工作的重要指示和九届全国人大二次会议、全国基础设施建设工程质量工作会议精神,提高对国家加强基础设施建设、确保工程质量和加强基础设施建设资金、建设项目审计监督重大意义的认识。各级审计机关一定要从讲政治的高度,坚定不移地贯彻落实好党中央、国务院的指示精神,认真组织好这项审计工作。

二、要认真履行职责,坚持依法审计。对国家建设项目的预算执行情况和决算进行审计监督,是审计法赋予审计机关的重要职责,其他管理部门的检查监督绝不能代替审计监督。各级审计机关要认真履行法定职责,排除干扰,理直气壮地开展审计工作;要加大执法力度,对审计发现的重大违法违纪问题,必须依法纠正、严肃处理;要注意发现大案要案线索,及时移交有关部门立案查处,在惩治腐败,促进规范建设市场和提高财政资金使用效益方面发挥积极作用。

三、要注意突出重点。朱总理在《政府工作报告》中指出:"要严禁挤占、挪用财政债券资金,绝不允许把资金拿去弥补经常性开支或搞其他建设,甚至搞楼堂馆所。对重大项目要进行专项审计和跟踪审计。"各级审计机关务必全面认真贯彻,把国家投入基础设施的建设资金,特别是国债专项资金(包括地方配套资金)和重点项目作为审计重点。在建设资金审计中,重要点检查各地政府及计划、财政等投资管理部门和项目主管部门是否按国家投资计划和工程进度拨付、使用资金,资金投向是否符合规定的用途、专款专用,有无截留、挤占、挪用等问题。对重点基础设施工程项目审计,要着重检查项目各项管理制度和工程概算(预算)执行情况,深入查处项目建设中各种腐败和损失浪费问题,促进加强项目建设管理,确保工程质量,提高投资效益。同时,结合项目审计,要依法对接受委托承办建设项目工程概(结)算审核业务的社会中介机构,进行执业质量检查。

四、要加强组织领导。各级审计机关要建立和落实审计质量领导责任制。承担此项审计任务的审计机关,务必统筹安排,周密组织,确保有足够的力量按时完成审计任务;要针对不同情况,研究制定具体实施方案,贯彻"全面审计,突出重点,抓大案要案"的指导思想,务求审深、审细、审透,确保审计质量,防范审计风险。各级领导同志要深入第一线,加强具体指导,以高度负责的态度抓好这项审计工作,促进中央关于加强基础设施建设重大决策的贯彻落实。

国务院关于贯彻落实《全国人民代表大会常务委员会关于加强中央预算审查监督的决定》的通知❶

(国发〔2000〕39号)

《全国人民代表大会常务委员会关于加强中央预算审查监督的决定》(以下简称《决定》)已经1999年12月25日日第九届全国人民代表大会常务委员会第十三次会议通过。认真贯彻实施《决定》,对促进中央预算管理体制改革,加强依法理财、从严治财,具有十分重要的意义。各部门要高度重视,采取有效措施,认真贯彻落实。为此,特作如下通知:

一、提高思想认识,严格依法行政

《决定》的发布,对于贯彻依法治国方针,规范预算行为,进一步改进和规范预算管理工作,更好地发挥中央预算在发展国民经济、促进社会进步、改善人民生活和深化改革、扩大开放中的作用具有重要的意义。各部门要认真学习,深刻领会,全面贯彻《决定》精神,进一步加强中央预算管理,依法理财,从严治财,开创中央预算管理工作的新局面。

二、改进预算编制工作,加强预算资金管理

《决定》在中央预算的编制、审查和批准、执行、调整、决算以及监督等方面,将《宪法》和《预算法》中有关预算审查监督的规定具体化,对改进和加强中央预算管理提出了新的更高的要求。财政部要严格按照《决定》精神,进一步改进工作作风,加强和改善中央预算管理工作。各部门要严格按照《预算法》和《决定》的要求,认真履行职责,积极做好各项工作。

(一)各部门要进一步改进和加强中央预算的编制工作,积极创造条件提前编制和细化预算;

---

❶本书编写组.中华人民共和国现行审计法规与审计准则及政策解读[M].上海:立信出版社,2018:49.

要严格按照国务院关于编制中央预算的指示和财政部的具体规定,统一由财务机构编制包含本部门所有财务收支的预算草案,并在规定的时间内报送财政部审核汇总。国家计委、国家经贸委、科技部、国务院机关事务管理局等具有预算分配权的部分,要按照财政部统一规定的时间表,及时审核和落实各部门预算指标,在年初预算中确需预留的待分配支出,不得超过国务院规定的比例。各部门要根据法律和政策规定,认真分析本部门上一年度实际收支情况和下一年度收支变动因素,按照类别逐项测算预算收入和预算支出,实事求是地编制本部门预算草案;财政部在审核汇总各部门预算草案的基础上编制中央预算草案,并在规定的时间内报送国务院。中央预算草案经全国人民代表大会批准后,财政部和各部门要及时批复下达。

(二)各部门财务收支要严格按照财政部和上级预算主管部门批复的预算执行;预算执行中不得随意调剂使用不同预算科目的资金,因特殊情况确需调剂使用的,应于每年第三季度,由有关部门统一提出调剂使用方案,报财政部审核同意后执行。中央预算安排的农业、教育、科技、社会保障等预算资金如有调减,有关部门要列明调减的原因、项目、数额,经财政部报国务院审核,确需调减的,提请全国人民代表大会常务委员会审查批准。

(三)各部门要按照国务院有关规定,加强和是预算外资金管理,逐步将预算外资金纳入预算;对暂时不能纳入预算的,要根据收入情况和支出需要编制预算外资金收支计划。对预算外资金要加强财政专户管理,全面落实"收支两条线"的规定。

(四)进一步改进和加强对中央预算执行情况和部门决算的审计。审计署要认真履行宪法赋予审计机关的职责,按照真实、合法和效益的要求,严格依照审计法律、行政法规的规定,对中央预算执行情况和部门决算进行审计,促进各部门严格执行《预算法》,规范预算行为,加强预算管理。同时,要积极探索新的审计形式,不断提高审计质量。

三、自觉接受全国人大及其常委会对中央预算的审查和监督

各部门要严格按照《决定》的要求,自觉接受全国人大及其常委会对中央预算的审查和监督,积极协助、配合全国人大财政经济委员会(简称财政经济委员会)和全国人大常委会预算工作委员会(简称预算工作委员会)地开展工作。

(一)在各部门预算草案和中央预算草案编制过程中,由财政部统一向财政经济委员会和预算工作委员会通报预算编制的有关情况。中央预算草案编制完成后,在报送国务院批准之前,财政部应当及时向财政经济委员会和预算工作委员会通报编制情况。中央预算草案经国务院审定后,财政部应当在规定的时间内将中央预算草案提交财政经济委员会进行初步审查。

(二)在中央预算执行过程中,有关部门应当按照《决定》的要求,及时向财政经济委员会、预算工作委员会提交有关情况和资料。其中,落实全国人大关于预算决议的情况,对部门批复的预算,预算收支执行情况,政府债务、社会保障基金等重点资金和预算外资金收支执行情况,由财政部负责提交;直接要求有关部门提供的,由有关部门与财政部核实后负责提交;各部门对所属单位批复的预算,由各部门按照财政经济委员会和预算工作委员会的要求负责提交;有关经济、财政、金融、审计、税务、海关等综合性统计报告、规章制度及有关资料,由有关部门负责提交。

(三)对预算工作委员会经全国人大常委会委员长会议专项同意,要求有关部门提供的预算情况、相关信息资料和说明,有关部门在接到预算工作委员会的通知后,应当及时报告国务院并通报财政部,在与财政部进行核实后,及时予以提供。对预算工作委员会经委员长会议专项批准,对各部门、各预算单位预算资金使用情况进行的调查,有关部门应当积极予以协助和配合,并及时通报财政部。

审计署关于进一步深化财政审计工作的意见[1]

(审财发〔2005〕33号,2005年9月2日)

署机关各单位、各特派员办事处、各派出审计局:

财政审计是国家审计机关的基本职责和永恒主题。《审计署2003至2007年审计工作发展规划》(以下简称"五年规划")实施以来,财政审计在规范预算管理,提高财政资金使用效益,促进建立社会主义公共财政制度等方面发挥了积极作用。为进一步推动财政审计一体化进程,充分发挥财政审计的整体合力,实现"五年规划"确定的财政审计总体目标,现就进一步深化财政审计工作提出以下意见。

一、进一步统一思想认识,切实转变财政审计工作思路。当前,财政管理中存在的问题根源在于体制不完善,制度不健全,管理不规范,需要通过不断深化改革、加强管理逐步加以解决。为此,财政审计必须转变工作思路,在揭露问题的基础上,注重从体制、机制、制度的高度分析原因,提出建议,推动财政管理逐步走向制度化、规范化、科学化。今后一段时期的财政审计,要全面贯彻"依法审计,服务大局,围绕中心,突出重点,求真务实"的审计工作方针,按照"守土有责,把握总体,突出重点"的工作要求,坚持以"揭露问题,规范管理,促进改革"的工作思路开展工作,不断提高财政审计的整体效能。

二、今后三年财政审计的总体目标是,通过揭露财权缺乏制约、管理秩序不规范、职责履行不到位等问题,进一步完善财政权力的监督制约机制,促进中央各部门依法履行职责,规范预算管理,提高财政资金使用效益,建立社会主义公共财政制度。

中央本级支出审计,以促进建立科学的支出标准和预算定额为目标,深化部门预算制度改革。着力加强三个方面的工作:一是揭露和查处虚报冒领预算资金、私存私放资金、违规收费或截留坐支非税收入,以及管理不善、决策失误造成国有资产重大损失浪费等重大违法违规和管理薄弱的问题;二是促使中央部门预算编报、预算分配和批复基本符合国家规定,管理基本规范,在此基础上,推动部门预算改革,促进建立科学合理的预算的支出标准和预算定额;三是积极开展政府部门效益审计。

中央补助地方支出审计,以促进建立科学规范的财政转移支付制度为目标,着力加强三个方面的工作:一是规范转移支付资金管理;二是推动财政体制改革,主要是完善省以下财政体制;三是提高转移支付资金使用效益。通过审计,力争推动财政部门按地区和项目编制中央补助地方支出预算,理顺部门分配专项转移支付资金的职责,规范资金分配行为,提高财政资金使用效益。

三、改进审计工作模式,全面整合财政审计资源。财政审计要坚持"统一审计计划、统一审计方案,统一审计实施,统一审计报告,统一审计处理"的"五统一"原则。

---

[1] 本书编写组.中华人民共和国现行审计法规与审计准则及政策解读[M].上海:立信出版社,2018:180.

——以计划为载体统一审计目标,整合审计力量。每年7月底之前,财政审计协调领导小组办公室根据财政审计总体目标,在征求有关方面意见的基础上,提出下一年度财政审计计划的建议,经财政审计协调领导小组研究后报办公厅,经审计长会议审定后执行。

中央本级支出审计,要做好财政部、发展改革委具体组织中央本级预算执行情况的审计和中央部门预算执行情况的审计之间的横向结合,研究确定审计目标,提出审计计划建议。财政审计协调领导小组统一协调组织财政司、行政事业司、投资司和各派出审计局的力量,开展中央本级支出审计。

中央补助地方支出审计,要把财政部、发展改革委具体组织中央补助地方预算执行情况和地方管理使用中央各类补助收入情况作为一个统一的整体研究确定审计目标,提出审计计划建议。从2006年起,对地方管理使用的各类中央补助资金开展全面审计。财政审计协调领导小组按计划统一协调组织实施,整合署机关和特派办财政、行政事业、农业、投资、社保等审计力量,每年集中审计若干省、自治区、直辖市(统称为省,下同)。特派办对其管辖范围内的省,在审计署统一组织开展中央补助地方支出审计之后,按照就近、就地原则,可自主安排进行审计。特派办自主安排的审计项目要纳入审计署的年度审计计划。中央补助地方支出审计以审计调查为主。对中央补助地方支出的审计,可以吸收地方审计机关的力量参加,同时,要注重运用地方审计机关的相关审计成果。

——以方案为载体整合审计内容。财政审计协调领导小组办公室负责提出年度财政审计总体方案。财政司负责提出财政部具体组织中央预算执行情况的审计工作方案;行政事业司负责提出中央部门预算执行审计工作方案;投资司负责提出发展改革委管理分配中央预算内和国债基本建设资金审计工作方案;财政审计协调领导小组办公室负责提出中央补助地方支出审计工作方案。财政审计总体方案和各项审计工作方案经财政审计协调领导小组研究并报审计长会议审定后严格执行。

对财政部、发展改革委、中央部门和中央补助地方支出的审计,要在审计内容上形成一个横向、纵向相互关联的统一整体,在审计目标取向一致的基础上,确定每年的审计内容和重点,并体现到审计工作方案和审计实施方案之中。

——以报告为载体整合审计成果。要通过严格审计质量控制和加大分析力度等措施,提升审计报告的质量和水平。审计报告要充分体现财政审计在促进体制改革、机制完善和制度改进等方面的审计成果。审计组要按照审计工作方案和审计实施方案的要求,精细组织实施,加大宏观分析力度,确保审计报告质量。行政事业司负责汇总提出中央部门预算执行审计报告,财政审计协调领导小组办公室负责汇总提出中央补助地方支出审计报告。对财政部和发展改革委的审计要充分运用和体现中央部门预算执行和中央补助地方支出的审计成果。

四、认真贯彻"全面审计,突出重点"的工作方针。财政审计协调领导小组在提出财政审计工作方案时,要根据财政审计目标,研究确定每年的审计重点,努力做到有所为,有所不为。

五、围绕社会关注的热点和难点问题开展审计和专项审计调查。财政审计协调领导小组要围绕社会关注的热点和难点问题,每年选择1~2项组织开展审计和专项审计调查,着力反映和促进解决关系国计民生的突出问题。

六、积极推行计算机审计,提高审计工作效率。财政审计协调领导小组、署机关各有关业务司和各派出机构,要全面运用审计管理系统加强工作联系和沟通。中央本级支出审计要开展联网审计试点,积极开发审计软件和模块,解决实际工作中遇到的技术难题。中央补助地方支出审计和其他专项审计也要积极创造条件推广运用现场审计实施系统,切实提高工作效率。

七、加强调查研究,为财政审计工作提供理论和实践支持。财政审计协调领导小组每年都要集中一段时间开展调查研究,走访国务院主管部门、相关理论研究机构和部分地区,从体制、机制和制度上研究目前财政管理中的薄弱环节和审计的着力点,为提出财政审计年度工作目标、审计项目安排和审计方案奠定扎实基础,充分发挥财政审计在规范财政管理,促进财政改革方面的积极作用。

财政违法行为处罚处分条例❶

(2004 年 11 月 30 日中华人民共和国国务院令第 427 号公布,根据 2011 年 1 月 8 日《国务院关于废止和修改部分行政法规的决定》修订)

第一条 为了纠正财政违法行为,维护国家财政经济秩序,制定本条例。

第二条 县级以上人民政府财政部门及审计机关在各自职权范围内,依法对财政违法行为作出处理、处罚决定。

省级以上人民政府财政部门的派出机构,应当在规定职权范围内,依法对财政违法行为作出处理、处罚决定;审计机关的派出机构,应当根据审计机关的授权,依法对财政违法行为作出处理、处罚决定。

根据需要,国务院可以依法调整财政部门及其派出机构(以下统称财政部门)、审计机关及其派出机构(以下统称审计机关)的职权范围。

有财政违法行为的单位,其直接负责的主管人员和其他直接责任人员,以及有财政违法行为的个人,属于国家公务员的,由监察机关及其派出机构(以下统称监察机关)或者任免机关依照人事管理权限,依法给予行政处分。

第三条 财政收入执收单位及其工作人员有下列违反国家财政收入管理规定的行为之一的,责令改正,补收应当收取的财政收入,限期退还违法所得。对单位给予警告或者通报批评。对直接负责的主管人员和其他直接责任人员给予警告、记过或者记大过处分;情节严重的,给予降级或者撤职处分:

(一)违反规定设立财政收入项目;

(二)违反规定擅自改变财政收入项目的范围、标准、对象和期限;

(三)对已明令取消、暂停执行或者降低标准的财政收入项目,仍然依照原定项目、标准征收或者变换名称征收;

(四)缓收、不收财政收入;

(五)擅自将预算收入转为预算外收入;

---

❶本书编写组.中华人民共和国现行审计法规与审计准则及政策解读[M].上海:立信出版社,2018:174-177.

（六）其他违反国家财政收入管理规定的行为。

《中华人民共和国税收征收管理法》等法律、行政法规另有规定的,依照其规定给予行政处分。

第四条　财政收入执收单位及其工作人员有下列违反国家财政收入上缴规定的行为之一的,责令改正,调整有关会计账目,收缴应当上缴的财政收入,限期退还违法所得。对单位给予警告或者通报批评。对直接负责的主管人员和其他直接责任人员给予记大过处分;情节较重的,给予降级或者撤职处分;情节严重的,给予开除处分:

（一）隐瞒应当上缴的财政收入;

（二）滞留、截留、挪用应当上缴的财政收入;

（三）坐支应当上缴的财政收入;

（四）不依照规定的财政收入预算级次、预算科目入库;

（五）违反规定退付国库库款或者财政专户资金;

（六）其他违反国家财政收入上缴规定的行为。

《中华人民共和国税收征收管理法》《中华人民共和国预算法》等法律、行政法规另有规定的,依照其规定给予行政处分。

第五条　财政部门、国库机构及其工作人员有下列违反国家有关上解、下拨财政资金规定的行为之一的,责令改正,限期退还违法所得。对单位给予警告或者通报批评。对直接负责的主管人员和其他直接责任人员给予记过或者记大过处分;情节较重的,给予降级或者撤职处分;情节严重的,给予开除处分:

（一）延解、占压应当上解的财政收入;

（二）不依照预算或者用款计划核拨财政资金;

（三）违反规定收纳、划分、留解、退付国库库款或者财政专户资金;

（四）将应当纳入国库核算的财政收入放在财政专户核算;

（五）擅自动用国库库款或者财政专户资金;

（六）其他违反国家有关上解、下拨财政资金规定的行为。

第六条　国家机关及其工作人员有下列违反规定使用、骗取财政资金的行为之一的,责令改正,调整有关会计账目,追回有关财政资金,限期退还违法所得。对单位给予警告或者通报批评。对直接负责的主管人员和其他直接责任人员给予记大过处分;情节较重的,给予降级或者撤职处分;情节严重的,给予开除处分:

（一）以虚报、冒领等手段骗取财政资金;

（二）截留、挪用财政资金;

（三）滞留应当下拨的财政资金;

（四）违反规定扩大开支范围,提高开支标准;

（五）其他违反规定使用、骗取财政资金的行为。

第七条　财政预决算的编制部门和预算执行部门及其工作人员有下列违反国家有关预算管

理规定的行为之一的,责令改正,追回有关款项,限期调整有关预算科目和预算级次。对单位给予警告或者通报批评。对直接负责的主管人员和其他直接责任人员给予警告、记过或者记大过处分;情节较重的,给予降级处分;情节严重的,给予撤职处分:

(一)虚增、虚减财政收入或者财政支出;

(二)违反规定编制、批复预算或者决算;

(三)违反规定调整预算;

(四)违反规定调整预算级次或者预算收支种类;

(五)违反规定动用预算预备费或者挪用预算周转金;

(六)违反国家关于转移支付管理规定的行为;

(七)其他违反国家有关预算管理规定的行为。

第八条　国家机关及其工作人员违反国有资产管理的规定,擅自占有、使用、处置国有资产的,责令改正,调整有关会计账目,限期退还违法所得和被侵占的国有资产。对单位给予警告或者通报批评。对直接负责的主管人员和其他直接责任人员给予记大过处分;情节较重的,给予降级或者撤职处分;情节严重的,给予开除处分。

第九条　单位和个人有下列违反国家有关投资建设项目规定的行为之一的,责令改正,调整有关会计账目,追回被截留、挪用、骗取的国家建设资金,没收违法所得,核减或者停止拨付工程投资。对单位给予警告或者通报批评,其直接负责的主管人员和其他直接责任人员属于国家公务员的,给予记大过处分;情节较重的,给予降级或者撤职处分;情节严重的,给予开除处分:

(一)截留、挪用国家建设资金;

(二)以虚报、冒领、关联交易等手段骗取国家建设资金;

(三)违反规定超概算投资;

(四)虚列投资完成额;

(五)其他违反国家投资建设项目有关规定的行为。

《中华人民共和国政府采购法》《中华人民共和国招标投标法》《国家重点建设项目管理办法》等法律、行政法规另有规定的,依照其规定处理、处罚。

第十条　国家机关及其工作人员违反《中华人民共和国担保法》及国家有关规定,擅自提供担保的,责令改正,没收违法所得。对单位给予警告或者通报批评。对直接负责的主管人员和其他直接责任人员给予警告、记过或者记大过处分;造成损失的,给予降级或者撤职处分;造成重大损失的,给予开除处分。

第十一条　国家机关及其工作人员违反国家有关账户管理规定,擅自在金融机构开立、使用账户的,责令改正,调整有关会计账目,追回有关财政资金,没收违法所得,依法撤销擅自开立的账户。对单位给予警告或者通报批评。对直接负责的主管人员和其他直接责任人员给予降级处分;情节严重的,给予撤职或者开除处分。

第十二条　国家机关及其工作人员有下列行为之一的,责令改正,调整有关会计账目,追回被挪用、骗取的有关资金,没收违法所得。对单位给予警告或者通报批评。对直接负责的主管人

员和其他直接责任人员给予降级处分;情节较重的,给予撤职处分;情节严重的,给予开除处分:

（一）以虚报、冒领等手段骗取政府承贷或者担保的外国政府贷款、国际金融组织贷款;

（二）滞留政府承贷或者担保的外国政府贷款、国际金融组织贷款;

（三）截留、挪用政府承贷或者担保的外国政府贷款、国际金融组织贷款;

（四）其他违反规定使用、骗取政府承贷或者担保的外国政府贷款、国际金融组织贷款的行为。

第十三条 企业和个人有下列不缴或者少缴财政收入行为之一的,责令改正,调整有关会计账目,收缴应当上缴的财政收入,给予警告,没收违法所得,并处不缴或者少缴财政收入10%以上30%以下的罚款;对直接负责的主管人员和其他直接责任人员处3000元以上5万元以下的罚款:

（一）隐瞒应当上缴的财政收入;

（二）截留代收的财政收入;

（三）其他不缴或者少缴财政收入的行为。

属于税收方面的违法行为,依照有关税收法律、行政法规的规定处理、处罚。

第十四条 企业和个人有下列行为之一的,责令改正,调整有关会计账目,追回违反规定使用、骗取的有关资金,给予警告,没收违法所得,并处被骗取有关资金10%以上50%以下的罚款或者被违规使用有关资金10%以上30%以下的罚款;对直接负责的主管人员和其他直接责任人员处3000元以上5万元以下的罚款:

（一）以虚报、冒领等手段骗取财政资金以及政府承贷或者担保的外国政府贷款、国际金融组织贷款;

（二）挪用财政资金以及政府承贷或者担保的外国政府贷款、国际金融组织贷款;

（三）从无偿使用的财政资金以及政府承贷或者担保的外国政府贷款、国际金融组织贷款中非法获益;

（四）其他违反规定使用、骗取财政资金以及政府承贷或者担保的外国政府贷款、国际金融组织贷款的行为。

属于政府采购方面的违法行为,依照《中华人民共和国政府采购法》及有关法律、行政法规的规定处理、处罚。

第十五条 事业单位、社会团体、其他社会组织及其工作人员有财政违法行为的,依照本条例有关国家。

机关的规定执行;但其在经营活动中的财政违法行为,依照本条例第十三条、第十四条的规定执行。

第十六条 单位和个人有下列违反财政收入票据管理规定的行为之一的,销毁非法印制的票据,没收违法所得和作案工具。对单位处5000元以上10万元以下的罚款;对直接负责的主管人员和其他直接责任人员处3000元以上5万元以下的罚款。属于国家公务员的,还应当给予降级或者撤职处分;情节严重的,给予开除处分:

（一）违反规定印制财政收入票据;

（二）转借、串用、代开财政收入票据；

（三）伪造、变造、买卖、擅自销毁财政收入票据；

（四）伪造、使用伪造的财政收入票据监（印）制章；

（五）其他违反财政收入票据管理规定的行为。

属于税收收入票据管理方面的违法行为，依照有关税收法律、行政法规的规定处理、处罚。

第十七条　单位和个人违反财务管理的规定，私存私放财政资金或者其他公款的，责令改正，调整有关会计账目，追回私存私放的资金，没收违法所得。对单位处3000元以上5万元以下的罚款；对直接负责的主管人员和其他直接责任人员处2000元以上2万元以下的罚款。属于国家公务员的，还应当给予记大过处分；情节严重的，给予降级或者撤职处分。

第十八条　属于会计方面的违法行为，依照会计方面的法律、行政法规的规定处理、处罚。对其直接负责的主管人员和其他直接责任人员，属于国家公务员的，还应当给予警告、记过或者记大过处分；情节较重的，给予降级或者撤职处分；情节严重的，给予开除处分。

第十九条　属于行政性收费方面的违法行为，《中华人民共和国行政许可法》《违反行政事业性收费和罚没收入收支两条线管理规定行政处分暂行规定》等法律、行政法规及国务院另有规定的，有关部门依照其规定处理、处罚、处分。

第二十条　单位和个人有本条例规定的财政违法行为，构成犯罪的，依法追究刑事责任。

第二十一条　财政部门、审计机关、监察机关依法进行调查或者检查时，被调查、检查的单位和个人应当予以配合，如实反映情况，不得拒绝、阻挠、拖延。

违反前款规定的，责令限期改正。逾期不改正的，对属于国家公务员直接负责的主管人员和其他直接责任人员，给予警告、记过或者记大过处分；情节严重的，给予降级或者撤职处分。

第二十二条　财政部门、审计机关、监察机关依法进行调查或者检查时，经县级以上人民政府财政部门、审计机关、监察机关的负责人批准，可以向与被调查、检查单位有经济业务往来的单位查询有关情况，可以向金融机构查询被调查、检查单位的存款，有关单位和金融机构应当配合。

财政部门、审计机关、监察机关在依法进行调查或者检查时，执法人员不得少于2人，并应当向当事人或者有关人员出示证件；查询存款时，还应当持有县级以上人民政府财政部门、审计机关、监察机关签发的查询存款通知书，并负有保密义务。

第二十三条　财政部门、审计机关、监察机关依法进行调查或者检查时，在有关证据可能灭失或者以后难以取得的情况下，经县级以上人民政府财政部门、审计机关、监察机关的负责人批准，可以先行登记保存，并应当在7日内及时作出处理决定。在此期间，当事人或者有关人员不得销毁或者转移证据。

第二十四条　对被调查、检查单位或者个人正在进行的财政违法行为，财政部门、审计机关应当责令停止。拒不执行的，财政部门可以暂停财政拨款或者停止拨付与财政违法行为直接有关的款项，已经拨付的，责令其暂停使用；审计机关可以通知财政部门或者其他有关主管部门暂停财政拨款或者停止拨付与财政违法行为直接有关的款项，已经拨付的，责令其暂停使用，财政部门和其他有关主管部门应当将结果书面告知审计机关。

第二十五条 依照本条例规定限期退还的违法所得,到期无法退还的,应当收缴国库。

第二十六条 单位和个人有本条例所列财政违法行为,财政部门、审计机关、监察机关可以公告其财政违法行为及处理、处罚、处分决定。

第二十七条 单位和个人有本条例所列财政违法行为,弄虚作假骗取荣誉称号及其他有关奖励的,应当撤销其荣誉称号并收回有关奖励。

第二十八条 财政部门、审计机关、监察机关的工作人员滥用职权、玩忽职守、徇私舞弊的,给予警告、记过或者记大过处分;情节较重的,给予降级或者撤职处分;情节严重的,给予开除处分。构成犯罪的,依法追究刑事责任。

第二十九条 财政部门、审计机关、监察机关及其他有关监督检查机关对有关单位或者个人依法进行调查、检查后,应当出具调查、检查结论。有关监督检查机关已经作出的调查、检查结论能够满足其他监督检查机关履行本机关职责需要的,其他监督检查机关应当加以利用。

第三十条 财政部门、审计机关、监察机关及其他有关机关应当加强配合,对不属于其职权范围的事项,应当依法移送。受移送机关应当及时处理,并将结果书面告知移送机关。

第三十一条 对财政违法行为作出处理、处罚和处分决定的程序,依照本条例和《中华人民共和国行政处罚法》《中华人民共和国行政监察法》等有关法律、行政法规的规定执行。

第三十二条 单位和个人对处理、处罚不服的,依照《中华人民共和国行政复议法》《中华人民共和国行政诉讼法》的规定申请复议或者提起诉讼。

国家公务员对行政处分不服的,依照《中华人民共和国行政监察法》《中华人民共和国公务员法》等法律、行政法规的规定提出申诉。

第三十三条 本条例所称"财政收入执收单位",是指负责收取税收收入和各种非税收入的单位。

第三十四条 对法律、法规授权的具有管理公共事务职能的组织以及国家行政机关依法委托的组织及其工勤人员以外的工作人员,企业、事业单位、社会团体中由国家行政机关以委任、派遣等形式任命的人员以及其他人员有本条例规定的财政违法行为,需要给予处分的,参照本条例有关规定执行。

第三十五条 本条例自2005年2月1日起施行。1987年6月16日国务院发布的《国务院关于违反财政法规处罚的暂行规定》同时废止。

政府投资项目审计规定
(2011年1月14日)

第一条 为进一步加强政府投资项目审计工作,规范政府投资项目审计行为,提升政府投资审计质量和成效,充分发挥审计保障国家经济社会健康运行的"免疫系统"功能,根据《中华人民共和国审计法》《中华人民共和国审计法实施条例》和《中华人民共和国国家审计准则》等有关法律法规,制定本规定。

第二条 审计机关对政府投资和以政府投资为主的项目实施的审计和专项审计调查适用本规定。

第三条　审计机关依据《中华人民共和国审计法》和《中华人民共和国审计法实施条例》以及本级人民政府规定,确定政府投资项目审计的对象、范围和内容。

第四条　审计机关应当根据法律、法规、规章的规定和本级人民政府的要求以及上级审计机关的工作安排,按照全面审计、突出重点、合理安排、确保质量的原则,确定年度政府投资审计项目计划。

各级政府及其发展改革部门审批的政府重点投资项目,应当作为政府投资审计重点。

审计机关按照确定的审计管辖范围开展政府投资项目审计,防止不必要的重复审计。

第五条　审计机关对政府重点投资项目以及涉及公共利益和民生的城市基础设施、保障性住房、学校、医院等工程,应当有重点地对其建设和管理情况实施跟踪审计。

第六条　审计机关对政府投资项目重点审计以下内容:

(一)履行基本建设程序情况;

(二)投资控制和资金管理使用情况;

(三)项目建设管理情况;

(四)有关政策措施执行和规划实施情况;

(五)工程质量情况;

(六)设备、物资和材料采购情况;

(七)土地利用和征地拆迁情况;

(八)环境保护情况;

(九)工程造价情况;

(十)投资绩效情况;

(十一)其他需要重点审计的内容。

除重点审计上述内容外,还应当关注项目决策程序是否合规,有无因决策失误和重复建设造成重大损失浪费等问题;应当注重揭示和查处工程建设领域中的重大违法违规问题和经济犯罪线索,促进反腐倡廉建设;应当注重揭示投资管理体制、机制和制度方面的问题。

第七条　审计机关在真实性、合法性审计的基础上,应当更加注重检查和评价政府投资项目的绩效,逐步做到所有审计的政府重点投资项目都开展绩效审计。

第八条　对政府投入大、社会关注度高的重点投资项目竣工决算前,审计机关应当先进行审计。

审计机关应当提高工程造价审计质量,对审计发现的多计工程价款等问题,应当责令建设单位与设计、施工、监理、供货等单位据实结算。

第九条　审计机关对列入年度审计计划的竣工决算审计项目,一般应当在审计通知书确定的审计实施日起3个月内出具审计报告。确需延长审计期限时,应当报经审计计划下达机关批准。

第十条　审计机关开展政府投资项目审计,应当确定项目法人单位或其授权委托进行建设管理的单位为被审计单位。在审计通知书中应当明确,实施审计中将对与项目直接有关的设计、施工、监理、供货等单位取得项目资金的真实性、合法性进行调查。

采取跟踪审计方式实施审计的,审计通知书应当列明跟踪审计的具体方式和要求。

第十一条　审计机关在法定职权范围内对审计发现的违法违规问题进行处理处罚;对审计发现的需要追究有关人员责任的违法违纪案件线索,应当及时移送司法机关或纪检监察等机关处理;对不属于审计管辖范围内的、应当依法由其他有关部门纠正、处理处罚的事项,应当移送有关部门处理。

办理审计移送事项时,应当按规定移交相关证据材料。

审计机关应当进一步建立健全审计机关与纪检监察机关和司法机关的案件线索移送、协查和信息共享的协调沟通机制,发挥监督合力。

第十二条　审计机关应当及时向本级人民政府报告重点投资项目审计结果,并通报有关部门。政府投资项目审计中发现的重大问题,应当纳入本级预算执行审计结果报告。审计机关在审计中发现有关部门履行职责不到位、政策法规不完善等问题,应当及时向本级人民政府或有关主管部门提出建议。

第十三条　审计机关实施政府投资项目审计,遇有相关专业知识局限等情况时,可以聘请符合审计职业要求的外部人员参加审计项目或者提供技术支持、专业咨询、专业鉴定。审计机关应当制定有关聘请外部人员的工作规范,加强对聘请外部人员工作的督导和业务复核,保证审计质量。

审计机关聘请的外部人员在政府投资项目审计中违反有关法律法规规定的,审计机关应当停止其承担的工作,追究违约责任,移送有关部门处理;涉嫌犯罪的,移送司法机关追究刑事责任。

第十四条　审计机关应当根据《中华人民共和国国家审计准则》,建立健全政府投资项目审计质量控制制度,实行审计组成员、审计组主审、审计组组长、审计机关业务部门、审理机构、总审计师和审计机关负责人对审计业务的分级质量控制,作出恰当的审计结论,依法进行处理处罚,防范审计风险。

第十五条　审计机关应当建立健全政府投资项目审计整改检查机制,督促被审计单位和其他有关单位根据审计结果进行整改。审计组在审计实施过程中,应当及时督促被审计单位整改审计发现的问题。

对于跟踪审计项目,审计机关应当将上次审计查出问题的整改情况作为审计的重要内容。

第十六条　审计机关应当依法实行公告制度,及时客观公正地向社会公告政府投资项目审计结果及整改情况;逐步实现所有政府重点投资项目审计结果及整改情况,除涉及国家秘密和商业秘密外,都按程序全面、如实向社会公告。

第十七条　审计机关应当充分运用信息化手段开展政府投资项目审计工作,努力搭建管理平台,逐步建立政府投资项目审计数据库,加快方法体系建设,扩大工程造价软件在竣工决算审计中的应用,并探索信息化条件下的联网审计,提高政府投资项目审计管理水平和效率。

第十八条　上级审计机关应当加强对下级审计机关政府投资项目审计工作的业务领导,及时总结和推广好的经验与做法,研究制定政府投资项目审计业务规范,提高规范化水平。

下一级审计机关应当按规定向上一级审计机关报告政府重点投资项目审计结果。

第十九条　审计机关应当重视和加强投资审计队伍建设,积极引进符合条件的投资审计相关专业人才,培养投资审计业务骨干人才和领军人才,改善投资审计队伍的专业结构,逐步提高投资审计人员的整体素质,使投资审计人员具备与政府投资项目审计工作相适应的专业知识、业务能力和实践经验,为投资审计发展提供人才保障。

第二十条　审计机关应当加强对投资审计人员的职业道德和廉政纪律教育,针对投资审计工作容易出现廉政风险的环节,加强内部控制,强化管理,确保严格执行审计纪律,维护审计机关廉洁从审的良好形象。

第二十一条　地方审计机关可以根据《中华人民共和国审计法》和《中华人民共和国审计法实施条例》,结合本地实际,制定地方政府投资项目审计的实施细则。

第二十二条　审计机关对国有资本占控股地位或者主导地位的企业和国家事业组织投资的项目审计,参照本规定执行。

第二十三条　本规定由审计署负责解释,自发布之日起施行。2006年1月20日颁布的《政府投资项目审计管理办法》同时废止。

审计署办公厅关于加强审计监督进一步推动财政资金统筹使用的意见[●]

(审办财发〔2015〕122号,2015年9月7日)

各省、自治区、直辖市和计划单列市、新疆生产建设兵团审计厅(局),署机关各单位、各特派员办事处、各派出审计局:

近年来,国务院多次就推动财政资金的统筹使用提出要求。审计机关按照国务院的部署和要求,持续组织对财政存量资金盘活和统筹使用等情况的审计,高度关注国务院加强财政资金统筹使用有关政策措施的落实情况,及时反映影响财政资金统筹使用的体制机制制度性障碍,取得积极成效。为进一步加强对财政资金统筹使用的审计监督,切实落实国务院政策要求,现提出以下意见:

一、充分认识加强财政资金统筹使用审计监察的重要意义。加强财政资金统筹使用,是创新宏观调控的重要内容,也是深化财政体制改革的重要举措,对于贯彻落实稳增长、促改革、调结构、惠民生、防风险各项政策措施具有重要意义。当前,一些地方和单位专项过多、过散、过小的现象仍然比较突出,资金统筹力度和存量盘活力度不大、使用效益较低的问题依然比较突出。各级审计机关要认真贯彻国务院部署,按照国务院要求,在财政、金融、企业、经济责任、资源环境、民生等相关领域审计中,应紧紧围绕"整合专项、盘活存量、优化支出、提高效益"目标开展工作,进一步推动整合资金,统筹安排财政资金,盘活存量、用好增量,促进财政资金尽快形成有效支出,提高财政资金使用绩效,促进经济平稳健康运行。

二、切实把握审计推动财政资金统筹使用的要求。对审计发现的情况和问题,各级审计机关

---

❶本书编写组.中华人民共和国现行审计法规与审计准则及政策解读[M].上海:立信出版社,2018:152-153.

要坚持依法审计、实事求是。要认真研究分析,坚持历史地、辩证地、客观地看待改革和发展中出现的新情况、新问题,慎重稳妥地反映和处理,更好地发挥审计促进国家重大决策部署落实的保障作用。

(一)坚持实事求是,着力推动财政资金的统筹使用。审计中,对于跨科目调剂预算的,或者同一类事项变更财政资金投向地区或具体项目的,要仔细甄别,大力推动改革创新,使之更加有利于政策落实、有利于项目实施、有利于加快预算执行进度、有利于财政资金尽快发挥效益,并督促依法依规办理预算调整调剂、项目变更等相关审批手续,规范资金管理使用,提高资金绩效。

(二)坚持客观分析,着力推动消除阻碍财政资金统筹使用的制度障碍。审计中,对于扩大专项资金使用范围、改变专项资金用途等问题,要全面分析、客观判断。积极促进采取创新举措,使之更加有利于科学发展、扩大就业、改善民生,有利于调结构、转方式、利长远,有利于整合资源、提高绩效、集中力量办大事,有利于生态建设、环境保护,有利于科技创新、增强发展后劲,有利于化解矛盾、防范风险,并从完善相关政策规定角度,提出消除不适应改革发展制度障碍的建议。

(三)坚持严肃查处重大违法违规问题,着力维护财政资金安全。审计中,要严肃揭露和查处骗取套取、贪污侵占、损失浪费等违法违纪和腐败问题,严肃揭露和查处违规建设楼堂馆所、公款吃喝、公款送礼、公款旅游、奢侈浪费等违反中央八项规定精神的问题,严肃揭露和查处"形象工程""政绩工程",确保有限的财政资金用到急需的方面;要加大对扶贫、"三农"、养老设施建设、民政社保、教育、医疗等民生资金和项目的审计力度,严肃揭露和查处侵害群众利益的问题,确保人民群众真正从中受益。

三、进一步加强组织领导。各级审计机关要从大局出发,充分认识统筹盘活财政资金的重要性,统一思想,加强领导。上级审计机关要加大对下级审计机关的业务指导力度,下级审计机关要及时反映统筹盘活财政资金中的新情况、新问题。对于需要健全完善体制机制的,要及时向有关部门提出建议;对于财政资金长期闲置、统筹盘活不力的,要推动加强问责;对于好的典型、好的做法,要及时总结推广;对于涉嫌犯罪的,要及时办理移送。稳增长等政策措施贯彻落实跟踪审计、预算执行审计等各项目要将统筹、盘活财政资金作为重要审计内容,在审计目标、审计内容、审计问题处理和审计成果利用等方面有机衔接,统筹兼顾,切实发挥审计在宏观政策实施中的重要保障作用。

<h2 style="text-align:center">审计署关于进一步完善和规范投资审计工作的意见❶</h2>

(审投发〔2017〕30号,2017年9月6日)

各省、自治区、直辖市和计划单列市、新疆生产建设兵团审计厅(局),署机关各单位、各派出审计局、各特派员办事处、各直属单位:

近年来,全国审计机关在各级党委、政府的领导下,积极开展投资审计监督,在推动深化改革、促进社会经济发展、加强反腐倡廉建设、提高政府投资绩效等方面发挥了重要作用。但也存在相关制度机制不够完善、部分投资审计工作质量不高和审计结果运用不规范等问题。为进一步完善和规范投资审计工作,现提出如下意见:

---

❶本书编写组.中华人民共和国现行审计法规与审计准则及政策解读[M].上海:立信出版社,2018:291.

一、坚持依法审计,认真履行审计监督职责。各级审计机关要牢固树立依法审计意识,坚持在法定职责权限范围内开展审计工作,依法确定审计对象和范围,严格规范审计取证、资料获取、账户查询、延伸审计、审计处理等行为。审计机关和审计人员要依法独立行使审计监督权,不得参与工程项目建设决策和审批、征地拆迁、工程招标、物资采购、质量评价、工程结算等管理活动。

二、坚持突出重点,切实提高投资审计工作质量和效果。各级审计机关要根据本地区公共投资项目情况,按照围绕中心、服务大局、突出重点、量力而行、确保质量的原则,统筹制定年度投资审计项目计划。要按照国家审计准则要求,严格执行审计项目计划,履行规定流程和审批复核程序,严格审计报告和公告制度。加强对政府投资为主,关系全局性、战略性、基础性的重大公共基础设施工程的审计监督,紧紧围绕重大项目审批、征地拆迁、环境保护、工程招投标、物资采购、工程结算、资金管理等关键环节,合理确定审计重点,运用先进技术方法,提高审计工作质量和效率。各省级审计机关要加强对本地区投资审计工作的领导和指导,加强审计质量监督检查。

三、健全完善制度机制,有效运用投资审计结果。各级审计机关要严格遵守审计法等法律法规,进一步健全和完善投资审计制度,认真履行工程结算审计法定职责,促进相关单位履职尽责,提高投资绩效。对平等民事主体在合同中约定采用审计结果作为竣工结算依据的,审计机关应依照合同法等有关规定,尊重双方意愿。审计项目结束后,审计机关应依法独立出具投资项目审计报告,对审计发现的结算不实等问题,应作出审计决定,责令建设单位整改;对审计发现的违纪违法、损失浪费等问题线索,应依法移送有关部门处理。要健全审计查出问题整改督查机制,促进整改落实和追责问责。

四、严格遵守审计纪律,加强廉政风险防控。各级审计机关和审计人员要严格遵守审计"八不准"等廉政纪律、保密纪律、工作纪律,坚守审计职业道德,不得利用审计职权、个人影响谋取私利。坚持公开透明,加强对审计权力运行监督。加强审计项目廉政回访等监督检查,抓好廉政制度贯彻落实工作,切实防控廉政风险和审计风险。各级审计机关在投资审计工作中确有必要购买社会服务的,应严格把关,依法审慎进行,要加强全过程监管,对弄虚作假、恶意串通等严重失信和违反职业道德的社会中介机构、执业人员要加大通报和责任追究力度。

二、金融审计

审计署关于对国家金融机构的财务收支实行经常性审计的通知
(审金字〔1989〕266号,1989年7月15日)

各省、自治区、直辖市及计划单列市审计局,审计署驻上海特派员办事处:

为了认真贯彻党的十三届四中全会精神,更好地为治理、整顿、深化改革和廉政建设服务,加强审计监督,根据《中华人民共和国审计条例》的有关规定和李鹏总理在七届人大二次会议上所作政府工作报告中"使审计工作逐步实现经常化、制度化、规范化"的要求,同时考虑到,这几年我们已经对国家金融机构的财务收支全部审计了一遍,积累了一定的经验,锻炼了一批干部,基本上具备了进行经常性审计的条件。为此,决定从1990年起,对国家金融机构财务收支实行经常性的审计。现将有关事项通知如下：

一、审计范围

中国人民银行、中国工商银行、中国农业银行、中国银行、中国人民建设银行、交通银行、国家外汇管理局、中国人民保险公司县级（含县支行、支公司）以上分支机构。如有需要，亦可延伸审计到县级以下的机构。

中国人民银行总行、各专业银行总行、保险总公司、国家外汇管理局、中国国际信托投资公司、中国新技术创业投资公司的财务收支，由审计署金融审计司进行经常性审计。交通银行总管理处，由审计署驻上海特派员办事处进行经常性审计。以上单位的分支机构和所属企业，按审计署已经明确的审计范围，分别由审计署金融审计司和地方审计机关以及有关特派员办事处负责进行经常性审计。

二、审计内容

（一）各项收入是否真实、合规。有无截留、隐瞒收入等问题。

（二）各项支出是否合规。有无虚列支出、扩大成本开支范围、提高开支标准、挤占成本的问题。

（三）利润是否真实、准确。有无违反国家政策法规，偷、漏、拖欠应上缴国家的利润和税金的问题，有无多提、重提利润留成的问题。

（四）利润留成中各项专用基金的分配和使用是否合规。有无擅自提高奖励基金、福利基金的比例和滥发奖金、实物的问题。

（五）国家资财是否完整无缺，基建和购置固定资产支出的资金来源是否合规。有无挪用信贷资金和保险准备金搞本单位基本建设和为本单位购置固定资产的问题。

（六）有无其他违反财经法纪的行为，特别是弄虚作假、钻改革的空子、损害国家利益为小团体和个人谋取私利的问题。

（七）每次审计，对上述内容，可以根据实际情况，有所侧重。并根据年度计划的要求，抓住重点，特别是要通过审计发现带有普遍性、倾向性的重大问题，从宏观上分析研究，提出建议。

三、时间要求对金融机构财务收支的经常性审计，一般每季度或半年审计一次，可不发审计结论和处理决定。在审计过程中，如发现财务、业务上存在重大违纪问题，可进行专项审计，按审计程序办理。年度终了后，对年度财务决算进行比较系统地审计，并作出审计结论。对年度财务决算的审计，应在第二年的上半年内完成。省级的审计报告应陆续报送，最迟于九月底报署。

四、审计依据审计应以国家财经法律、法规和国家授权部门颁布的财务制度和规定为依据。各总行、总公司经财政部批准实施的财务管理制度和规定，以及地方政府颁布的与国家财经法规不相抵触的有关财务规定，也可作审计依据。

五、审计签证单和违纪资金的补缴入库。

由于金融机构实行系统管理，对违纪问题的处理应力求统一，避免畸轻畸重。为此，各级审计机关必须严格按有关规定进行处理，从严掌握。若对重大违纪问题作变通处理或对应补缴的违纪资金进行减免，应事先征得审计署同意。

审计签证单和违纪资金补缴入库事项应严格按规定办理,并作好统计。

六、各级审计机关应将对金融机构财务收支的经常性审计任务列入年度审计计划,有计划、有步骤地进行。

世界银行贷款项目审计工作规范
(1989年3月22日)

一、总则

(一)为加强审计监督、提高审计公证质量,促使项目单位管好用好世界银行贷款及国内配套资金,特制定本规范。

(二)世界银行贷款项目的审计,是对贷款项目执行单位经济资料及经济活动的真实性、合法性和有效性进行的审计。

(三)对世界银行贷款项目的审计,由中华人民共和国审计署(含署派出机构)及项目所在省、自治区、直辖市、计划单列市审计局组织进行。

(四)世界银行贷款项目审计的依据是:我国有关的法律、条例和规定;我国政府有关部门与世界银行签订的贷款协定、世界银行与审计署商定的有关要求。

(五)世界银行贷款项目的审计,在整个项目实施期间应持续进行,并根据综合部门的委托进行后评价审计。

(六)本规范主要是为世界银行贷款项目的审计而制定,同时适用于其他国际金融组织贷款和联合国专门机构援助项目的审计,政府贷(援)款、商业贷款项目的审计也可参照执行。

二、审计工作程序

(一)审计授权

审计署根据财政部与世界银行签订的贷款协定,对需授权审计的项目,应于每年八月底前向有关审计机关下达授权审计通知书。

授权审计通知书同时抄送项目主管部门及所属各项目执行单位(被审单位)。

审计署直接下达给计划单列市、省辖市审计局的授权审计通知书应同时抄送所属省审计局。

(二)审计计划

根据审计署下达的授权审计通知书,有关审计机关必须将世界银行贷款项目作为必审项目,列入年度审计工作计划。

审计工作计划,主要内容包括;被审项目名称、被审单位名称、贷款协定编号、审计范围、审计主要内容、审计时间、参加审计人员等。

世界银行贷款项目年度审计工作计划,应抄报审计署。

(三)审计通知

有关审计机关,根据审计署下达的授权审计通知书及审计工作计划,在实施审计之前应向被审单位发送审计通知书。

审计通知书应明确审计的范围、内容、方式、时间;要求被审单位提供的资料及工作;主审人员及参加审计人员的名单等。

在持续审计时,如审计范围、内容无较大变动时,有关审计机关与被审单位可视具体情况采用简化方式联系,而不一定再发送审计通知书。

(四)审计方案

审计工作方案,是审计工作计划的具体化。在发出审计通知书的同时,还需编制周密的工作方案。工作方案除审计通知书上已列的一些内容外,还应当包括具体的审计内容、审计步骤、人员分工、工作进度时间等。

(五)审计实施

根据审计工作方案,进入审计实施阶段。审计实施阶段可分为如下具体步骤:

1. 内部控制制度的检查和评价;

2. 根据内部控制制度检查和评价的结果,进一步明确审计重点,修订审计工作方案;

3. 通过对凭证、账册、报表的审查及钱、物的检查等,对财务收支的真实性、合规性进行审计。在此基础上,如有必要还可对经济效益进行审计。

(六)审计报告

根据审计实施的结果,编制对外审计报告、对内审计报告、管理意见书及审计结论和决定。

三、内部控制制度的检查和评价

(一)了解内部控制制度

通过查阅有关文件、听取情况介绍、走访有关人员等,以了解内部控制制度的基本情况:

1. 项目单位上下级之间、同级之间的行政隶属、经济利益关系,特别是项目单位的会计机构、其他专职管理机构的设置、人员配备、职责范围及相互之间的关系。

2. 各级项目单位的会计制度及其他各项管理制度(包括财务管理、劳动管理、物资管理、质量控制、人员培训等项制度)。

3. 各级项目单位的会计制度及其它各项管理制度(包括财务管理、劳动管理、物资管理、质量控制、人员培训等项制度)。

4. 世界银行贷款资金的领拨程度及管理制度(包括国外采购、国内劳务、零星支出、周转金支补等等)。

5. 国外进口设备、材料的招标订购、到货验收、仓储保管、调拨使用、计价结算等程序和管理制度。

6. 项目单位与施工单位之间的料款拨付、工程验收及价款结算的程序和管理制度。

7. 内部审计机构、内部审计制度、内部审计工作及报告。

在第一年度的审计中,应对以上情况作全面的了解(必要时可绘制流程图),以后各年度只对内部控制制度的变化情况进行审查。

(二)测试内部控制制度

将了解的内部控制制度与内部控制制度的执行情况进行比较,确定已经建立的内部控制制度是否严格执行,实际效果和作用如何。为此,应选择部分经济业务,按制度规定进行核测抽查,验证已经建立的内部控制制度的可行性和有效性。

（三）评价内部控制制度

在内部控制制度测试的基础上，对内部控制制度作出评价：

1. 各项内部控制制度是否符合内部控制的基本原则，有哪些具体的制度应当增补、改进或删除。

2. 已制定的内部控制制度是否得到了有效的贯彻实施，控制功能是否健全，控制目标有无达到，哪些具体的贯彻措施或规定应当加强或改进。

内部控制制度的评价应纳入审计报告的有关部分，并视具体情况据此修订审计工作方案。

四、审计实施要点

（一）外汇收支审计要点

贷款项目外汇收支的一切凭证、账簿和报表，均应逐项逐笔审计。主要是：

1. 贷款用途的审计。世界银行贷款只能用于贷款、信贷协定规定的用途，检查有无挪借或支用于贷款项目无关的方面。

2. 付款通知书的审计。根据借款人的提款申请，向借款人及其执行机构或第三者支付款项时，世界银行将给借款申请人回复付款通知书。这是借款人及其执行机构支用贷款、登记账簿的主要依据，应逐笔审计。

3. 外汇金额折算的审计。国际复兴开发银行的贷款、国际开发协会的信贷分别以美元、特别提款权定值，银行可以根据借款人的需要支付任何一种货币，但要按照银行规定的适用汇率兑折成等值美元或等值特别提款权，因此银行记入贷款，信贷账户的金额与借款人申请支付的金额不一定相同，应逐笔审计。

4. 专用账户的审计。根据贷款、信贷协定，有的项目单位贷款的提取采用周转金的方式，并在中国银行开设专用账户。对此应逐笔审计。采用周转金的方式，虽然费用支出是记入专用账户而不是直接向银行提款，但必须按照贷款、信贷协定规定的程序进行。为避免向银行提款时才发现不合规定的事项，从而保证专用账户存款的补充和周转，对有关的标书、合同、订单、付款凭证、账单、收据、验收手续、开支用途等，应在年中进行持续审计。

5. 费用报表的审计。采用费用报表提款方式的项目单位，提款时不必向银行送达有关的证明文件，而是要求审计人员就地审计并在审计报告中加以证明。对此应当尽量在向银行提款前进行持续地审计。特别对开支用途、土建工程和劳务支出的验收手续、定额单价等要作重点审计。为简化手续，这种持续审计可以采取送达审计的方式。

各级项目执行单位及其主管部门，凡涉及外汇收支业务的审计均按上述办理。

（二）项目执行单位财务审计要点

项目执行单位的审计，首先应审查报送世界银行的会计报表是否按照隶属范围，全面正确地反映了项目的财务状况；汇总报表是否完全按照所属单位报表编制，有无加工调整，加工调整是否合规；汇总报表相互之间有关信贷支出，投资数额等的勾稽关系是否正确；等等。与此同时，还应根据不同情况区别对待：

1. 属于管理机构型的项目执行单位，如国务院有关部委和省级政府有关厅局等，主要应：

（1）对使用贷款进口物资的验收、分配手续、作价原则,在各工程项目间投资额的分摊等进行审计。

（2）项目办公室直接开支费用的合规性审计。

2. 属于承担还贷责任的企业型项目执行单位,如铁路局,省电力局,主要应:

（1）抽查项目单位本身的部分凭证、账项,对成本开支、销售收入、利润分配、专用基金、固定资产、大额的债权债务等进行有重点的合规性审计。

（2）对项目单位所属的非项目部分进行抽审。每年只抽审部分单位即可。主要对被抽审单位的内部控制制度的检查、评价及财务收支的合规性审计。

3. 属于金融机构的项目执行单位,如中国农业银行、中国投资银行等,应主要对项目执行单位本身的财务收支、信贷资金发放、收回进行审计,并对使用转贷款项的企业作必要的抽样审计,以了解企业的经济效益和还贷能力。

（三）项目执行单位项目部分财务审计要点

项目执行单位的项目部分,主要是指按照贷款、信贷协定的规定,直接使用世界银行贷款进行建设的项目部分,也是世界银行贷款项目审计的重点,必须进行持续地审计。具体分如下几个方面:

1. 属于先利用国内资金进行项目建设,然后再根据工程或费用支出的一定比例向世界银行提取贷款的项目单位,如公路、橡胶、淡水养鱼等项目,其使用国内资金完成工程或劳务费用的全部支出凭证和账簿必须逐项审计。特别是工程或费用支出是否符合贷款、信贷协定,验收手续是否完整,工程进度和劳务支出是否真实等等,均应作为重点加强审计。

2. 属于国内配套资金只是用于完成贷款、信贷协定要求的配套工程或设备购置,而不直接影响向世界银行提取贷款的项目单位,如大学发展、医疗卫生等项目,其审计可以采取定期送达或其他方式,重点是配套资金有无单独设账核算,全部支出有无合法凭证,账表是否相符的审计。

3. 属于自营施工形式的基本建设单位(包括扩大总承包或概算大包干结算形式的单位),因工程规模较大,应采取分次抽样持续审计的方式。审计中应主要注意下列问题:

（1）工程设计、概算是否经有关部门批准;

（2）工程项目是否列入国家基本建设计划;

（3）已开工的单项工程是否符合工程设计;

（4）已完成的工程投资额或单项工程投资额是否超出工程概算;

（5）当年完成工程投资额有无超过国家年度基建计划;

（6）工程成本中各项支出是否符合有关制度规定;

（7）已完工程投资额的结转手续是否健全(包括工程质量验收凭证、投资额结算办法等);

（8）其他基本建设支出是否符合有关制度规定;

（9）核销的基本建设支出是否符合有关制度规定;

（10）分包工程手续是否健全,是否符合有关规定(包括分包合同、结算原则及实际价款的结算等);

（11）会计报表是否符合制度规定,账表是否相符,报表项目数字是否合规真实。

4. 属于采取承发包方式,基本建设工程的全部或主要部分由一个或几个施工企业负责施工的建设单位,除按上述加强对基本建设的设计、计划、概算、报表等进行审计外,还应重点对建设单位与施工单位签订的承发包合同,包括工程验收,价款结算及其他有关事项进行审计。施工企业实际施工成本,可不作为审计的重点。

(四)效益审计要点

为了有效地使用贷款资金,更好地发挥贷款项目的经济效益,在项目进行的适当时间或阶段,结合项目进行中的经验和问题,开展效益审计是必要的。

效益审计,是在财务审计的基础上对主要的经济资料及经济活动进行综合评估的审计。审计要点:

1. 是否按照贷款协定和有关部门批准的基本建设计划、实施施工(或购置)计划,在项目执行期间有无未经批准的重大设计变更,能否按原计划竣工交付使用,对项目预期目标的实现有何影响。

2. 基建投资支出(自营工程为工程成本),是否超过概预算,分析其超降原因,是否存在严重的浪费损失等问题。

3. 对项目完成后的预计效益进行分析,如生产能力的发展,原材料供应有无保障,产品质量及销路,价格水平,成本水平及其预期的经济效益和社会效果,与原定的目标进行对比,并着重分析还贷能力。

4. 效益审计应尽可能利用项目单位的有效正确的统计监测资料和财务审计资料,结合现场的实际情况进行分析,并与项目主管部门、项目执行单位研究解决办法或补救措施,及时发现问题和解决问题,促进经济效益全面发挥。

五、审计报告

审计过程基本结束时,必须将审计的结果加强汇总,编制对外审计报告、对内审计报告、管理意见书及审计结论和决定。所有这些,均应以事实为依据,以政策法规为尺度,在审计工作底稿的基础上编制。

(一)对外审计报告

对外审计报告是要说明财务报表和补充资料是否真实、正确地反映了被审单位的财务状况和经营成果,并作出评价。完整(长式)审计报告分为五部分:审计报告(审计师意见)、审计范围、财务报表、财务报表说明和补充资料。

1. 审计报告

审计报告一般分四种类型:

(1)无保留意见的报告。通过审计,判明被审单位的财务报表、报表说明及补充资料真实、正确地反映了其财务状况和经营成果,符合我国的会计制度及世界银行的有关要求,则可提交无保留意见的报告(报告格式见附件一)。

(2)保留意见的报告。通过审计,如果发现被审单位的财务报表、报表说明及补充资料,有一些不能真实、正确地反映其财务状况和经营成果,则可提交有保留意见的报告(报告格式见附件二)。

（3）相反意见的报告。通过审计，如果发现被审单位的财务报表、报表说明及补充资料根本不能真实、正确地反映其财务状况和经营成果，则可提交表示相反意见的报告(报告格式见附件二)。

（4）拒绝发表意见的报告。在审计过程中被审单位不提供必要的资料，或提供的资料不充分，不能说明关键问题，或在其他方面不予合作，审计机关有权拒绝发表意见，并提拒绝发表意见的报告(报告格式见附件二)。

审计署授权的审计机关，凡拟出有保留意见、相反意见和拒绝发表意见的报告，均须将草稿报经审计署审定后再由有关审计机关报出。

2. 审计范围

审计范围是对审计工作所涉及范围的说明，包括内部控制制度、固定资产、库存物资、货币资金(包括外汇)、债权债务、专用账户、费用支出报表等。究竟包括哪几项，视实际进行审计的范围而定，不得生搬硬套。

3. 财务报表

年度财务报表，应根据我国的会计制度和世界银行有关的要求编制，报表的各类及所列项目应足以反映出项目执行单位的实际财务状况和经营成果。

4. 财务报表说明

财务报表说明应根据具体情况编写，特别应对我国会计制度与国际公认会计准则和差异部分及世界银行要求说明的项目作重点说明。不搞千篇一律。

5. 补充资料

补充资料可采用文字或表格、计算公式等形式，根据具体情况对财务报表作进一步的表述或补充。

外资司应及时将世界银行提出的合理要求转告有关审计机关，或举例加以说明，作为编写财务报表及补充资料的参考，但不应将举例说明搞成固定模式。对外审计报告，由派出的审计小组草拟，派出该审计小组的审计机关审定并报出。报送的单位有世界银行、被审单位、项目单位主管部门、审计授权单位及其他有关单位。其中，应报世界银行的审计报告，经项目主管部门转送。

（二）对内审计报告

为使审计公证真正建立在审计监督的基础上，促使项目单位管好用好贷款及国内配套资金，根据审计条例有关审计程序的规定，还必须编制对内审计报告。

对内审计报告应详细反映审计过程中所发现的项目单位的问题，并作出实事求是的评价和建议。

对内审计报告，由派出的审计小组编制，报派出的审计机关审定。

（三）管理意见书

管理意见书，主要是揭露项目执行单位在项目管理和贷款资金使用中存在的问题，并提出改进的建议。管理意见书在对外、对内审计报告的基础上，根据审计署的具体要求视有无可向世界银行披露的问题而编制。

管理意见书,由派出的审计小组编制,审计机关审定并报出。其中涉及重要问题的,应将草稿先报审计署外资运用审计司审核后报出。报送单位有被审单位和世界银行。

(四)审计结论和决定

对审计中发现的违反财经纪律和规章制度,严重铺张浪费或经济损失等问题,派出审计小组的审计机关应在对内审计报告的基础上,根据有关法规作出审计结论和决定。

审计结论和决定,应送被审单位及其他有关单位。对此,被审单位及有关单位必须按审计条例有关规定执行。审计机关也应随后检查审计结论和决定的执行情况。

六、附则

本规范自1989年起实施。

本规范由审计署外资运用审计司负责解释。

审计署关于对金融机构贷款合规性审计的意见
(1992年1月6日)

为了贯彻落实李鹏总理关于《审计部门有重点地对全国金融机构加强审计》的指示,根据我署《1992年审计工作安排》,现就开展信贷审计提出以下意见:

通过对贷款合规性审计,审查贷款管理与发放过程中存在的漏洞与问题,并提出健全内部控制制度的建议,促进其加强廉政建设,提高队伍素质。

审计的内容是金融机构1989年以来信贷计划的执行情况,重点审计贷款的发放是否突破计划规模,是否符合国家的信贷政策,以及有无以贷谋私等问题。

审计中应注意:

(一)实施审计时应重点抓:

(1)逾期、呆滞贷款及其形成的原因;

(2)专项贷款被挪用的数额及其用途;

(3)发放给各类公司的贷款及方向;

(4)金融机构自办的信托投资公司、信托部、房地产公司发放的贷款及其用途。

(二)审计中应检查贷款的借款合同和借据,核实借款用途,并检查贷款发放中审批制度和贷款"二查"制度执行的情况。

(三)审计中发现重大问题,应跟踪对借款企业进行审计。

审计局拟安排地市级及其以上审计机关抓好同级银行的某一家银行的贷款审计,县市审计局要有1/2开展这项审计工作。

审计署拟与人民银行总行共同部署该项工作,请各级审计机关加强与同级人民银行联系。

审计署、中国人民银行对金融机构贷款合规性审计的实施方案
(1992年12月17日)

遵照李鹏总理关于有重点地加强对金融机构审计监督的指示精神,为保证落实署审电字〔1992〕1号《关于对金融机构贷款合规性审计意见》,特制定本实施方案。

一、审计的目的

通过对金融机构贷款管理与运用是否合规的审计,揭露在贷款管理与运用中存在的主要漏洞与问题,促进其加强信贷管理,完善内部控制制度,加强廉政建设,提高资金运用效率。

二、审计的对象与范围

主要对专业银行和交通银行1991年末流动资金贷款和信托类贷款进行审计,遇重大问题可追溯至以前年度。

三、审计的重点

(一)执行信贷计划规模情况。在全面分析的基础上,对超过计划较多的行、处进行深入的审计。

(二)执行信贷政策情况。主要对执行产业政策,调整信贷结构,优化增量和主要农副产品收购贷款执行专项管理、专户储存、专款专用,以及执行利率政策的情况进行审计。

(三)执行银行内部信贷管理与控制制度情况。主要对执行审批制度和贷款"三查"制度的情况进行审计。

在上述审计重点中应抓住:

1. 属于银行主观原因所形成的逾期、呆滞贷款和违规多次展期的贷款;

2. 属于银行主观原因所形成的挤占挪用粮油棉收购贷款数额及用途;

3. 银行违规发放给各类公司的贷款及用途;

4. 金融机构自办的信托投资公司、信托部、房地产公司发放的违规贷款及其用于本系统和本单位搞基本建设、购置固定资产的贷款。

四、审计的步骤与方法

首先应选择好审计对象。选择的方式,可根据对企业财务收支审计中反映信贷管理与控制比较薄弱的行、处为对象。然后,通知被审计单位自查。在听取汇报后,按以下步骤与方法实施审计。

第一阶段:审计贷款管理与内部控制制度的建立、健全和执行情况。

第一步:检查贷款管理与内部控制制度的建制情况。

检查是否建立健全了信贷人员岗位责任制度、贷款审批制度、贷款"三查"制度和有关对贷款业务的会计核算制度,以及对上述制度执行情况进行稽核检查与考核的制度。

第二步:核查贷款账、据的完整性、准确性和真实性。

1. 检查发放的贷款是否都有合同和借款借据;两者内容和借款用途是否一致;借据中的日期、期限、利率和用途等内容是否齐全;借据的审批手续是否合规和完整。

2. 按照不同的贷款种类和利率核实贷款账、据是否相符。

3. 在核实账、据相符的基础上,进一步核实贷款的真实性。这项工作主要从抓银企之间的贷款对账入手。如银行在"教育、清理、整顿"过程中,已对过账的,可在这次对账的基础上核实;如未对过账的,则应通过对账来核实贷款的真实性。

第三步:核查贷款"三查"制度的执行情况

1. 通过抽审一定量贷款来检查"三查"制度执行情况。如何确定一定量的贷款,既可按时间划分,如抽审一年中某一季度或某一月份发放的贷款;也可按贷款种类划分,如抽审半年或一年内发放的工业流动资金贷款或其他流动资金贷款。

2. 按照贷前调查、贷时审查和贷后检查的顺序,深入地查对核实有关企业贷款申请书和银行调查材料或报告,贷款审核的意见,以及对贷款使用检查的记录等资料。

第二阶段:审计年度信贷计划的执行情况,核实是否在计划规模内发放贷款。

第一步:对信贷收支综合计划进行审计核查,从总体上看贷款计划规模的执行情况和是否占用了联行汇差资金。

第二步:按照上级行下达的贷款控制指标进行深入的审计检查,进一步查证各项贷款是否按照规定发放,有无基本建设(含技改)贷款挤占流动资金贷款或专项贷款等情况。

第三阶段:审计贷款的合规性。

在方法上,以跟踪审计为主。在对贷款真实性审计的基础上,深入借款户查证核实银行贷款的管理与发放是否合规。

第一步:对对不上账的贷款,深入借款户逐笔查证落实;

第二步:对已对上账和账、据相符的贷款,进行重点抽查。

(一)逐笔查清逾期呆滞两年以上贷款的形成原因;

(二)逐笔查清超规定多次展期的贷款形成原因;

(三)按照流动资金和信托类及其他类贷款的不同贷款种类(如工业、乡镇企业、信托、房地产开发贷款等)各抽查10个左右贷款户,核实是否存在用流动资金贷款或拆借资金发放给企业用于固定资产投资项目或技术改造项目;是否存在用粮、棉、油收购贷款发放给工商企业和乡镇企业用于流动资金或固定资产投资项目或技术改造项目;是否存在以房地产开发为名,为银行本单位建造办公楼或职工宿舍等等。

第三步:还应抽审一定比例已还清贷款的借款账户,核实贷款合规性。

第四阶段:整理审计证据,分析定性,做出审计结论和决定。

五、审计和处理依据

(一)审计定性的依据:

1. 国务院自1985年以来颁发的有关金融方针政策和产业政策等经济、金融政策;

2. 中国人民银行自1985年以来颁发的有关信贷资金管理办法、会计核算办法;1989年以来颁发的有关信贷政策、利率政策;

3. 经中国人民银行授权或批准,由专业银行总行、交通银行总管理处自1989年以来,制定的有关信贷货币政策补充规定,各项贷款办法和信贷管理内部控制制度,以及利率政策等等。

(二)审计处理的依据

审计定性后,按照中国人民银行、中华人民共和国监察部银发(1989)136号文件颁发的《金融稽核检查处罚规定》处理。

六、审计罚没款项的处理

对违反金融法规罚没收入的处理,暂按中国人民银行、监察部银发(1989)136号文中第二十七条规定和中国人民银行银发(1989)207号文中的第一款规定办理。

七、几点要求

(一)应将审计的主要精力,放在检查金融机构在贷款管理和发放工作中主观上存在的主要漏洞和问题。

(二)注意提高审计质量。应准确查明情况,力求事实清楚,定性准确,处理客观公正。

(三)注意加强上下联系。工作中遇有重大情况与问题,应及时向上反映。

(四)贷款合规性审计工作,应于九月底前全部结束,十月中旬将汇总报告,和重点审计单位的审计报告报送审计署。

<h3 style="text-align:center">审计署关于加强金融审计监督的通知</h3>

(1993年7月16日)

各省、自治区、直辖市和计划单列市审计局、各特派员办事处:

最近,党中央和国务院发出文件,从整顿金融秩序,严肃金融纪律入手,解决当前经济中出现的矛盾和问题,采取了一系列加强宏观调控措施。为了认真贯彻执行中央的决策,发挥金融审计监督的职能作用,经研究决定,在今年九、十月份对金融机构执行中央关于整顿金融措施的情况进行一次专项审计监督。现将有关事项通知如下:

一、审计监督的内容

(一)清理和纠正违章拆借和投资的情况;

(二)纠正违反利率政策的情况;

(三)纠正挪用信贷资金炒买炒卖房地产、股票和其他有价证券的情况;

(四)纠正擅自设立金融机构的情况,兴办非银行金融机构和其他经济实体在人事、财务、资金等方面与银行脱钩的情况;

(五)纠正结算纪律松弛,占用汇差资金和压单压票的情况。

二、审计监督工作的组织分工

(一)各级地方审计机关和审计署驻地方特派员办事处,根据审计署的授权和分工,对人民银行、专业银行、商业银行和保险公司的分支机构进行审计。

(二)审计署组织力量对人民银行、专业银行的部分省、市分行进行审计。

三、具体要求

(一)各级审计机关的领导,要将这项工作作为当前一项重要任务,积极组织力量实施,抓出成效。

(二)审计中发现的重要问题和情况,要及时向上反映。

(三)各省、自治区、直辖市和计划单列市审计局、审计署驻地方特派员办事处于11月20日前将审计结果报告审计署。

审计署关于国有金融机构审计管辖范围的通知
（审综发〔1995〕2号，1995年1月5日）

各省、自治区、直辖市和计划单列市审计厅（局），驻地方特派员办事处，驻国务院部门审计局：

根据《审计法》关于确定审计管辖范围的规定和1994年底全国审计工作会议精神，经研究决定，从1995年1月起，中国人民银行和隶属于中央的其它金融机构，由审计署进行审计监督；隶属于地方的金融机构，由地方审计机关进行审计监督。对中央金融机构的审计，按审计署统一安排进行。审计署1994年底前下发的文件中有关金融审计分工与授权的规定停止执行。

审计署关于中央银行财务审计实施办法
（1996年12月5日）

第一条　为了规范中央银行财务审计工作，保证审计工作质量，根据《中华人民共和国审计法》（以下简称《审计法》）第十八条的规定，制定本办法。

第二条　本办法所称中央银行，是指中国人民银行及其分支机构。

第三条　本办法所称中央银行财务审计，是指审计署对中央银行（含国家外汇管理局）及所属企业单位财务收支的真实、合法和效益进行的审计监督。

第四条　审计署对中央银行财务收支进行审计，应当有利于充分发挥中央银行金融宏观调控作用，维护金融秩序；有利于促进中央银行严格执行国家财经法律、法规，促进廉政建设；有利于促进中央银行保障国民经济持续、快速、健康发展。

第五条　对中央银行的审计监督工作，由审计署统一组织，审计署及其派出机构具体实施。

第六条　对中央银行会计凭证、账簿、报表情况进行审计监督的主要内容：

（一）自制记账凭证与所附原始凭证金额一致性的情况；

（二）账簿反映的各项业务达到账账、账据、账实、账款、账表和内外账六相符的情况；

（三）合并报表编制时遵守一致性原则的情况；

（四）系统会计决算汇总报表真实性的情况。

第七条　对中央银行内部管理与控制制度情况进行测评的主要内容：

（一）总体内控制度与部门管理控制制度的健全性、相关性、制约性和有效性的情况；

（二）各项内控制度执行的情况。

第八条　对中央银行财务收支情况进行审计监督的主要内容：

（一）按照财政部批准的财务收支计划向所属分支机构批复财务收支计划的情况、财务收支计划执行中调整的情况和财务收支变化情况；

（二）各项业务收入和各项利息收入的计算、反映和入账情况；

（三）各项利息支出的计息范围、利率和按实际列支情况，各项业务支出的开支范围和开支标准情况，各项管理费的开支范围和提取标准情况，各项专项支出在限额内使用和专款专用情况，以及是否有以预提、摊销等名义虚列支出的情况；

（四）总准备金提取和使用的情况；

（五）所属企事业单位年终利润并入财务决算情况；

（六）系统汇总决算反映的财务收支计划执行情况；

（七）盈利解缴或亏损拨补情况。

第九条　对中央银行其他财务收支情况进行审计监督的主要内容：

（一）专项贷款的财务收支情况；

（二）专项资金或基金的财务收支情况；

（三）所属企业单位的各项资产形成和运用，各项负债形成和偿还，所有者权益各项目增减变化，以及由此产生的财务收支情况；

（四）所属事业单位的财务收支情况。

第十条　审计署按照审计程序进行审计监督，对查出的违反国家规定的财政、财务收支行为，依照有关法律、法规和规章的规定进行处理。

第十一条　审计署发现中央银行制定的财务会计规章、制度和办法与法律、行政法规相抵触或有不当之处的，应向中央银行提出纠正或完善的建议。

第十二条　审计署对中央银行财务收支进行审计监督，主要采取行业审计的方式，对重要审计事项进行专项审计。

实施审计时，以抽样审计为主，并可运用计算机辅助审计技术。

第十三条　审计署应当要求中央银行按照规定提供以下资料：

（一）财政机关批准的年度财务计划和调整财务计划的批件；对本级和各分支行核批的年度财务计划和调整财务计划的批件；

（二）汇总和本级年财务报告；

（三）信贷、现金统计月报表、金融情况简报；

（四）信贷、外汇、财务和会计等规章制度与办法；

（五）账簿、凭证及其他有关会计资料。

第十四条　对中央银行违反《审计法》的有关规定，拒绝或拖延提供与审计事项有关资料，或者拒绝、阻碍审计检查的，由审计署责令改正，可以给予警告，通报批评；拒不改正的，依法追究责任。

第十五条　本办法由审计署负责解释。

第十六条　本办法自1997年1月1日起施行。

审计署关于国有金融机构财务审计实施办法

（1996年12月5日）

第一条　为了规范国有金融机构财务审计工作，保证审计工作质量，根据《中华人民共和国审计法》（以下简称《审计法》）第十八条的规定，制定本办法。

第二条　本办法所称国有金融机构，是指国家政策性银行（含各级分支机构），国有商业银行（含各级分支机构、所属合资及控股公司），国有合资及控股的保险业、信托业、证券业等非银行金融机构（含各级分支机构）。

第三条　本办法所称国有金融机构财务审计，是指审计机关对国有金融机构资产、负债、损益的真实、合法和效益进行的审计监督。

第四条 审计机关对国有金融机构资产、负债、损益进行审计,应当有利于国家制定的金融方针政策的落实;有利于严格执行财经法律、法规,维护财经纪律;有利于促进国有金融机构加强经营管理与内部控制,实现国有资产保值、增值;有利于促进国有金融机构保障国民经济持续、快速、健康发展。

第五条 审计署依法对中央国有金融机构的资产、负债、损益进行审计监督。

地方审计机关依法对地方国有金融机构的资产、负债、损益进行审计监督。

对中央国有金融机构资产、负债、损益的审计监督工作,由审计署统一组织,各级审计机关及署派出机构具体实施。

第六条 审计机关对国有金融机构会计科目、账户、凭证、账簿、报表情况进行审计监督的主要内容:

(一)会计科目使用和账户设置的情况;

(二)自制记账凭证与所附原始凭证金额一致性的情况;

(三)账簿反映的各项业务达到账账、账据、账实、账款、账表和内外账六相符的情况;

(四)合并报表编制时遵守一致性原则的情况;

(五)系统会计决算汇总报表真实性的情况。

第七条 审计机关对国有金融机构内部管理与控制制度情况进行测评的主要内容:

(一)总体内部管理与控制制度与部门或专业管理控制制度的健全性、相关性、制约性和有效性的情况;

(二)各项内部管理控制制度执行的情况。

第八条 审计机关对国有银行机构资产、负债、损益情况进行审计监督的主要内容:

(一)各项资产形成、运用、管理的真实、合法和效益情况。审计各项贷款和拆出资金的运用与管理,利率的使用与本息的回收,呆账和坏账准备金的提取及核销,逾期和呆滞、呆账贷款的管理,各种应收及暂付款项的管理,固定资产管理及折旧计提,在建工程的管理和转入固定资产的情况;

(二)各项负债形成、偿还和管理的真实、合法和效益情况。审计各项存款、借款、信用证(卡)和拆入资金的吸收与管理,利率的使用,各种应付款项计提、管理与使用,以担保、保函等形式所形成的或有负债的真实性和合法性的情况;

(三)所有者权益各项目增减变动和管理的真实、合法和效益情况。审计实收资本的构成和增减变动,公积金和公益金的计提和使用,利润结转和分配的情况;

(四)损益的真实、合法情况。审计各项业务收入和支出执行权责发生制原则的情况,各项收入和支出的真实性与合法性,资本性支出与收益性支出的划分,税前、税后利润计算和税收解缴的情况。

本条内容,适用于保险、信托投资和证券机构的审计。

第九条 审计机关对国有保险机构资产、负债、损益情况进行审计监督的主要内容:

（一）资产，审计应收保费和应收分保账款的管理，保户借款和预付赔款的清理，存出分保准备金和保证金的管理，系统内往来款项清理的情况；

（二）负债，审计未到期责任准备金、未决赔款准备金、长期责任准备金和人身保险责任准备金的计提、变动及结转，保户储金、存入分保准备金和保证金的管理，系统内往来款项的清理，预收保费、应付分保账款和应付手续费清理的情况；

（三）所有者权益，审计上级拨入营运资本金、资本公积和盈余公积的增减变化，资本公积和盈余公积的计提与使用，利润结转与分配的情况；

（四）损益，审计营业费用项下的招待费、业务宣传费、防灾费和代办手续费的计提基数和使用，准备金提转差的计算，以及人寿保险中死差、汇差和利差计算的情况。

第十条　审计机关对国有金融信托投资和证券机构资产、负债、损益情况进行审计监督的主要内容：

（一）信托资金，审计各项信托存款的范围和期限，各项信托贷款甲类、乙类的划分及甲类有关合同或协议的有效性，自营信托存贷款业务所占的比例，手续费和利率的水平，以及信托贷款本息回收的情况；

（二）委托资金，审计各项委托存贷款的真实性，以及委托存贷款执行资产负债比例管理的情况；

（三）投资资金，审计各项投资资金的来源，投资项目与内容的合法性和效益性，投资项目的管理，投资风险准备金的计提与核销，证券回购和证券的买空卖空，有价证券和保管单的真实存在，以及投资业务所占比例的情况；

（四）租赁资金，审计各项租赁项目的真实性，租赁项目手续的完整性，租金水平及计收的情况；

（五）所有者权益，审计资本充足率情况；

（六）损益，审计各项投资收益的回收，查明投资收益是否有直接转移投资的情况。

第十一条　审计机关按照审计程序进行审计监督，对查出的违反国家规定的财政、财务收支行为，依照有关法律、法规、规章的规定进行处理。

第十二条　审计机关发现国有金融机构制定的财务会计规定、制度、办法与法律、行政法规相抵触或有不当之处，应当提出纠正或完善的建议。国有金融机构不予纠正的，审计机关应当提请有权处理机关依法处理。

第十三条　对国有金融机构资产、负债、损益进行审计监督，主要采取行业审计的方式，对重要审计事项实施专项审计。

实施审计时，以抽样审计为主，并可运用计算机辅助审计技术。

第十四条　审计机关应当要求国有金融机构按照规定提供以下资料：

（一）财政机关批准的年度财务计划和调整计划的批件；对本级和分支行（分支公司）核批的年度财务计划和调整财务计划的批件；

（二）汇总和本级年度财务报告；

（三）信贷、现金、统计月报表、金融情况简报；

（四）信贷、外汇、财务会计等规章制度与办法；

（五）账簿、凭证及其他有关会计资料。

第十五条　对国有金融机构违反《审计法》的规定，拒绝或拖延提供与审计事项有关的资料的，或者拒绝、阻碍审计检查的，由审计机关责令改正，可以给予警告，通报批评；拒不改正的，依法追究责任。

第十六条　本办法由审计署负责解释。

第十七条　本办法自1997年1月1日起施行。

关于审计机关在审计执法过程中查询被审计单位存款问题的通知

（审发〔1998〕308号，1998年10月14日）

中国人民银行各省、自治区、直辖市分行，深圳市分行；各政策性银行，各商业银行，非银行金融机构；各省、自治区、直辖市和计划单列市审计厅（局），各特派员办事处，各派出审计局：

审计机关自成立以来，在审计执法过程中一直得到有关金融机构的大力支持与配合，取得了较好的执法效果。随着我国经济体制改革不断深化和审计工作的全面开展，涉及查询被审计单位在金融机构各项存款的工作也相应增多。《中华人民共和国商业银行法》第三十条规定："对单位存款，商业银行有权拒绝任何单位或者个人查询，但法律、行政法规另有规定的除外；有权拒绝任何单位或者个人冻结、扣划，但法律另有规定的除外。"国务院在《中华人民共和国审计法实施条例》第三十一条中规定："审计机关就审计事项的有关问题向有关单位和个人进行调查时，有权查询被审计单位在金融机构的各项存款，并取得证明材料；有关金融机构应当予以协助，并提供证明材料。审计机关查询被审计单位在金融机构的存款时，应当持县级以上审计机关负责人签发的查询通知书，并负有保密义务。"为了切实贯彻法律、行政法规的上述规定，经审计署、中国人民银行研究，现通知如下：

审计机关在审计监督过程中，有权就审计事项查询被审计单位在金融机构的各项存款，并取得证明材料。审计机关在查询被审计单位在金融机构的各项存款时，应当出具经县级以上审计机关负责人签发的协助查询存款通知书、工作证件和审计通知书副本。

审计机关就审计事项向金融机构查询被审计单位在金融机构的存款时，应当提供被审计单位的开户银行名称、账户名称及账号，由金融机构负责人指定具体业务部门提供有关被审计单位存款的情况和资料。对因群众举报等原因，审计机关无法提供被审计单位确定的账户名称及账号的，审计机关应当向有关金融机构作出说明，有关金融机构应当积极协助。

审计机关在查询存款或者查阅有关资料时，可以抄录、复印或者拍照，但不得将原件借走。对金融机构提供的有关资料，审计机关负有保密的义务。

审计机关在取得有关证明材料后，应当注明来源，并由提供证明材料的金融机构签名或者盖章。

审计机关需要到异地查询被审计单位在金融机构的存款时，可以直接到异地金融机构进行查询，不受审计管辖范围的限制。

以上各项规定请各金融机构、各级审计机关认真贯彻执行。

会计师事务所从事金融相关审计业务暂行办法

（银发〔2000〕228号，2000年7月14日）

第一章　总则

为加强对金融机构的监督管理，保护社会公众利益，充分发挥会计师事务所的鉴证和服务作用，根据《中华人民共和国注册会计师法》、《中华人民共和国中国人民银行法》等有关法律法规的规定，制定本办法。

本办法所称金融机构是指经中国人民银行批准，在中华人民共和国境内依法设立的政策性银行、国有独资商业银行、金融资产管理公司、股份制商业银行、外资银行、城市商业银行、信托投资公司、企业集团财务公司、金融租赁公司、城市信用合作社及其联社、农村信用合作社及其联社等金融机构。

本办法所称金融相关审计业务，是指会计师事务所接受委托从事的下列业务：

（一）接受金融机构委托从事的年度会计报表审计；

（二）接受金融机构委托、根据中国人民银行规定进行的专项审计业务；

（三）接受中国人民银行委托进行的专项审计业务。

第二章　会计师事务所条件

从事政策性银行、国有独资商业银行、金融资产管理公司、股份制商业银行、外资银行以及中国人民银行总行直接监管的信托投资公司、企业集团财务公司、金融租赁公司金融相关审计业务的会计师事务所，应具备下列条件：

（一）在我国境内依法成立三年以上（含三年），内部机构及管理制度健全；

（二）注册会计师不少于60人，上年度业务收入不低于1500万元；

（三）具有良好的职业道德记录和信誉，最近3年未发生过严重工作失误和违反职业道德的行为，没有发生过重大违法违规行为；

（四）至少有20名熟悉金融相关审计业务的注册会计师。

从事城市商业银行、城市信用合作社及其联社、农村信用合作社及其联社以及中国人民银行分行监管的信托投资公司、企业集团财务公司、金融租赁公司金融相关审计业务的会计师事务所，应具备下列条件：

（一）在我国境内依法成立三年以上（含三年），内部机构及管理制度健全；

（二）注册会计师不少于20人，上年度业务收入不低于400万元；

（三）具有良好的职业道德记录和信誉，最近3年未发生过严重工作失误和违反职业道德的行为，没有发生过重大违法违规行为；

（四）至少有3名熟悉金融相关审计业务的注册会计师。

第三章　监督和管理

具备第四条规定条件的会计师事务所，应将有关证明材料送所在地省级注册会计师协会审查后，连同省级注册会计师协会的证明函，一并报送中国注册会计师协会审核。

具备第五条规定条件的会计师事务所，应将有关证明材料送所在地的省级注册会计师协会审查。省级注册会计师协会审查后,将符合条件的会计师事务所名单及有关指标汇总后报送中国注册会计师协会审核。

中国注册会计师协会将符合条件的会计师事务所向中国人民银行推荐,经中国人民银行审核批准后,对符合条件的会计师事务所由中国人民银行向金融机构发文公布。

各金融机构有权自行选择符合条件的会计师事务所为其提供服务,不得委托不符合条件的会计师事务所以及其他机构和个人办理金融相关审计业务。对不符合条件的会计师事务所出具的审计报告,中国人民银行将不予认可。

政策性银行、国有独资商业银行、金融资产管理公司、股份制商业银行、外资银行以及中国人民银行总行直接监管的信托投资公司、企业集团财务公司、金融租赁公司在与从事金融相关审计业务的会计师事务所签订业务约定书之日起七个工作日内,应将所委托会计师事务所的以下资料一式两份报送中国人民银行:

(一)营业执照复印件;

(二)项目负责人和签字注册会计师简历;

(三)曾经从事金融相关审计业务证明。

城市商业银行、城市信用合作社及其联社、农村信用合作社及其联社以及中国人民银行分行监管的信托投资公司、企业集团财务公司、金融租赁公司在与从事金融相关审计业务的会计师事务所签订业务约定书之日起七个工作日内,应将所委托会计师事务所的相关资料一式两份报送所在地中国人民银行分行、营业管理部或中心支行。

金融机构变更委托的会计师事务所之前,应将变更原因报送中国人民银行总行或分行、营业管理部、中心支行。

会计师事务所对变更有异议的,有权向中国人民银行和中国注册会计师协会或中国人民银行分行、营业管理部、中心支付和省级注册会计师协会提出申诉。

各金融机构应积极配合注册会计师的工作,主动提供有关财务会计资料及其他相关资料,并对所提供资料的真实性、合法性、完整性承担相应的责任。

从事金融相关审计业务的会计师事务所应严格按照国家有关法律、法规和行业管理制度的规定开展金融相关审计业务,对执行业务过程中知悉的商业秘密保密。

从事金融相关审计业务的注册会计师应参加中国注册会计师协会和中国人民银行组织和举办的金融相关审计业务培训。

第四章　检查和处罚

中国人民银行和中国注册会计师协会根据各自职责,分别对金融机构的财务会计资料和会计师事务所的审计工作底稿进行检查,复核有关工作质量。

金融机构有违法违规行为的,由中国人民银行处理。会计师事务所有违法违规行为的,由中国注册会计师协会处理。

经调查核实在审计过程中有下列问题的会计师事务所,中国人民银行或其分行、营业管理部、中心支行有权要求金融机构终止对该事务所的委托。

（一）严重违背《中国注册会计师独立审计准则》；

（二）发生严重违背职业道德的行为；

（三）中国人民银行对金融机构现场检查发现会计师事务所存在按《中国注册会计师独立审计准则》等执业规范的规定应发现而未发现的重大问题。

因上述行为被终止委托的会计师事务所二年内不得从事金融相关审计业务。

注册会计师、会计师事务所故意出具虚假的审计报告，由省级以上人民政府财政部门按《中华人民共和国注册会计师法》的规定给予行政处罚；构成犯罪的，依法追究刑事责任。

第五章　附则

本办法由中国人民银行会同财政部负责解释。

本办法自发布之日起施行。

三、企业审计

全民所有制工业企业转换经营机制审计监督规定

（审工发〔1993〕106号，1993年4月13日）

为了维护企业经营自主权，促进企业提高经济效益，保障国有资产保值增值，根据《全民所有制工业企业转换经营机制条例》和《中华人民共和国审计条例》的规定，制定本规定。

审计机关依法对全民所有制工业企业和其他有国有资产的企业（以下简称企业）进行审计监督。

审计机关通过审计监督维护企业法定经营自主权，发现政府有关部门和单位有下列侵犯企业经营自主权行为之一的，依法予以处理或向本级政府和上级审计机关报告：

（一）无偿调拨、挤占或挪用企业自主使用的资产的；

（二）干预企业自主使用资产造成严重损失的；

（三）截留国家拨给企业的资产或企业依法应得的其他资产的；

（四）其他侵犯企业合法经济权益的。

审计机关对下列企业直接进行审计监督：

（一）占有、使用国有资产数额较多的；

（二）亏损较多和接受国家财政补贴较多的；

（三）本级人民政府要求审计和审计机关决定审计的。

审计机关直接审计的企业，由各级审计机关依照审计管辖权分别确定。

除审计机关直接审计以外的其他企业，逐步实行社会审计查证制度。审计机关根据情况确定必须委托审计事务所、会计师事务所进行审计查证的企业。企业可选择委托审计机关认可的审计事务所、会计师事务所进行审计，由企业向审计机关报送审计查证报告和年度会计报表，审计机关在必要时进行抽审。

审计机关对企业资产负债和损益的真实、合法进行审计，监督财产保值增值。其主要内容是：

（一）企业财务会计核算办法与国家财务会计法规相符合的情况；

（二）财产盘点情况；

（三）收入、成本费用和利润；

（四）企业变更和终止时国有资产的变动情况；

（五）承包、厂长任期经营责任审计；

（六）上级审计机关和本级人民政府交办的其他审计事项。

审计机关按照审计工作程序进行审计监督，对企业自身违反财经法规的行为，依法予以处理；对有关管理部门严重失职或弄虚作假造成违反财经法规的行为要提请本级政府依法处理。

审计机关在审计企业资产负债和损益的基础上，检查企业的有关内部管理制度和经济活动，提出意见，促进改善经营管理，提高经济效益。

对审计中发现宏观管理方面存在的问题，向政府和有关部门提出改进建议。

审计机关依法对养老、待业、医疗、工伤、生育等社会保障基金的征收、管理、使用进行审计监督，促进建立健全社会保障制度。

审计机关建立审计举报制度。对企业检举、揭发的摊派行为和检举、揭发企业弄虚作假损害国家经济利益的行为，进行审计调查核实后，依法处理或转交有关部门处理。

审计机关应当支持社会审计组织的建立和发展，为企业提供服务。审计事务所、会计师事务所由省级以上审计机关认可。认可的条件是：

（一）具有一定数量的注册审计师、注册会计师；

（二）具有一定的资本金；

（三）开业一年以上且未发生重大责任事故的。

具体认可标准由省级以上审计机关制定。

接受企业委托的审计事务所、会计师事务所应按照有关法规和审计署制定的审计标准进行审计，提供真实的审计查证报告。审计事务所、会计师事务所在审计中发现企业有违反财经法规的行为，应提请企业按照国家有关规定纠正。

审计事务所、会计师事务所应按照《全民所有制工业企业转换经营机制条例》的规定，承办企业生产性建设投资验证、工资和奖金分配、年度财务会计报表等审核事项。

审计事务所、会计师事务所接受企业委托，办理审计查证等事项，按照国家有关规定，实行有偿服务。

审计机关应当建立对审计事务所、会计师事务所审计业务质量监督检查制度。

审计机关发现审计事务所、会计师事务所因过失或故意导致提供的审计查证报告严重失实的，可根据其情节及后果，处以对该项业务收入五倍以下的罚款，并给予警告、通报批评、停业整顿、责令解散等处分；对有关责任人员处以一至三个月基本工资的罚款，情节严重的，建议行政管理机关给予行政处分，责令有关部门取消其注册会计师、注册审计师资格，触犯刑律的，移送司法机关依法追究其刑事责任。

审计机关应当加强对企业内部审计工作的业务指导,帮助建立健全内部审计制度,完善自我约束机制。

企业内部审计应当在厂长(经理)领导下,依照国家法律、法规和企业管理制度,对本单位及下属单位的财务收支及其经济效益进行审计,促使其做到账实相符,如实反映经营成果和企业财产保值增值情况。

本规定原则适用于对全民所有制交通运输、邮电、地质勘探、建筑安装、商业、外贸、物资、农林、水利、科技等企业的审计。

对国家控股的股份制企业和其他国有资产的企业,参照本规定进行审计。

本规定发布前涉及企业审计有关规章的内容,与本规定相抵触的,以本规定为准。

本规定由审计署负责解释。

本规定自发布之日起施行。

中外合资合作经营企业审计办法
(1993年1月12日)

为了保障中华人民共和国国有资产的保值增值,严肃国家财经法规,加强对中外合资经营企业、中外合作经营企业(以下简称合资、合作企业)的审计监督,促进合资、合作企业健康发展,根据《中华人民共和国审计条例》制定本办法。

本办法所称的合资、合作企业,是按中华人民共和国《中外合资经营企业法》、《中外合作经营企业法》以及其他有关法律、法规的规定成立的企业。

凡是有国有资产的合资、合作企业及其分支机构,均属审计机关的审计范围。

审计机关依照中华人民共和国的法律、法规对合资、合作企业独立进行审计监督,不受其他行政机关、社会团体和个人的干涉。

审计机关依法审计,维护中外投资者的合法权益。

审计机关应对国有资产占控股地位的合资企业的财产保值增值指标完成情况、资产负债和损益及其有关的经济活动进行审计监督。

审计机关认为必要时,可以对国有资产占参股地位的合资企业、有国有资产的合作企业进行审计监督。

审计机关在审计合资、合作企业过程中,发现审计事务所或会计师事务所出具的审计报告的验资证明不真实、不合法的,应当通知有关部门纠正或处理。

审计机关实施审计前,应当通知被审计的合资、合作企业。合资、合作企业应当接受审计机关的审计,并提供必要的工作条件。

审计机关在审计过程中,有权检查合资、合作企业的凭证、账表、资料及有关文件;向有关单位和人员进行调查,取得有关资料和证明材料。有关单位和人员应当提供有关资料和证明材料。证明材料应当有提供者的签名、盖章。

审计人员在审计中取得的合资、合作企业的有关资料和证明材料,不得用于与审计工作无关的目的。

审计人员对审计事项审计后,写出审计报告,在征求被审计的合资、合作企业意见后,报审计机关。审计机关审查核定后,作出审计结论和决定通知被审计的合资、合作企业。

审计机关审计中发现被审计的合资、合作企业有违反财经法规行为的,除通知被审计的合资、合作企业外,还应通知有关部门依法予以处理。有关部门无故拖延或处理不当的,审计机关有权在查明原因后,向本级人民政府报告。

对香港、澳门、台湾的公司、企业和其他经济组织或者个人在内地投资兴办的合资、合作企业的审计监督,参照本办法执行。

本办法由审计署负责解释。

本办法自发布之日起施行。

审计机关对国有商品流通行业财务审计实施办法
(审商发〔1996〕354号,1996年12月16日)

第一条 为了规范国有商品流通行业的审计监督,保障审计工作质量,根据《中华人民共和国审计法》,制定本办法。

第二条 本办法所称国有商品流通行业,是指本级政府商业、粮食、物资、医药、对外贸易等商品流通管理部门及其直属企业事业组织,以及这些企业所属的全资分、子公司和其他经济实体。包括上述企业对外投资占被投资企业资产总额半数以上或实质上拥有被投资企业控制权的企业。

第三条 本办法所称国有商品流通行业审计,是指审计机关依法对政府商品流通管理部门及其所属企业事业组织财政、财务收支的真实、合法、效益,以及与财政、财务收支相关的政策性经营情况,依法进行的审计监督。

第四条 国有商品流通行业审计的目的是,维护流通领域国家财政经济秩序和国家权益,监督国有资产保值增值,严格国家财经法纪,促进廉政建设,保障国民经济健康发展。

第五条 审计机关按照财政、财务隶属关系或国有资产监督管理关系,对国有商品流通行业进行审计监督。

审计署审计中央级流通管理部门、全国性总公司,以及这些单位直属的境内外企业事业组织。

地方审计机关审计本级政府流通管理部门及其直属的境内外企业事业组织。

第六条 审计机关对国有商品流通管理部门预算执行情况的审计监督,按照《中央预算执行情况审计监督暂行办法》和有关规定执行,审计的重点内容是:

(一)专项补贴及各种调节基金支出预算执行情况,主要审查专项补贴及基金预算的批复与执行情况、补贴及基金的管理与使用情况、补贴及基金的使用效益与存在的问题;

(二)行政管理费及事业费支出预算执行情况,主要审查预算批复和转拨情况、预算资金管理与使用情况,实际支用与来源情况;

(三)预算收入上缴情况,主要审查上缴款项、缴款方式、缴款额度与缴款期限,集中纳税和有专项收入上缴任务的企业、事业单位的各项应缴预算收入的解缴情况;

（四）周转金及预算外资金，主要审查周转金管理与使用情况、效益与收还情况，预算外资金的来源与使用情况、管理与效益情况；

（五）援外经费支出预算执行情况及援外基金，主要审查援外经费预算批复、预算调整，以及援外资金拨入、转拨和到位情况，援外经费使用方式、使用方向、使用效益及使用中存在的问题，预算内援外基金的来源与使用情况；

（六）国家战略储备和专项储备，主要审查国家储备计划的落实情况、国家储备资金的运用和安全保证情况，以及储备商品所占用的资金利息及费用等财务收支情况；

（七）在银行开户情况，主要审查银行（包括非银行金融机构）账户的开立及管理情况；

（八）基本建设支出预算执行情况审计，按照《审计机关对国家建设项目预算（概算）执行情况审计实施办法》执行。

第七条 审计机关对国有商品流通企业资产、负债、损益的真实、合法、效益进行审计监督，其审计内容除参照《审计机关对国有工业企业财务审计实施办法》有关规定外，还应结合商贸企业特点检查下列内容：

（一）外汇收支是否符合国家结、售、付汇及核算规定，是否及时、足额以权责发生制入账，有无逃、套外汇等行为，实收外汇资本和汇兑损益的核算是否合法、正确；

（二）进口业务是否按照国家有关规定进行经营，应缴纳进口环节税金是否及时、足额上缴；

（三）各类配额、许可证的申领、使用、转让、缴回等情况是否符合国家有关规定；

（四）境外投资及境外再投资的外汇资金来源是否合法，汇出外汇资金审批手续是否齐全，境外企业税后利润是否按规定比例和办法上缴财政，有无违反国家规定，造成国有资产在境外流失问题。

（五）出口退税是否真实、合法，退税计算是否准确，会计核算是否合法；

（六）易货进出口收入、成本、费用及核算是否合法，当期收益和递延收益的确认是否准确。

第八条 审计机关对商品流通行业与财政、财务收支相关的政策性经营情况进行审计监督的主要内容：

（一）收购、调拨、销售计划的分配及完成情况；

（二）商品价格政策执行情况，商品定价、调价和差率控制是否符合规定、有无不按国家规定的购、销价格购进或销售商品，获取非法利润或造成损失等行为；

（三）专项财政补贴的拨付与使用情况，有无截留、挪用等行为；

（四）企业政策性财务挂账的真实性，财务挂账形成的原因，财务挂账消化情况，有无将经营性亏损混入政策性亏损，人为扩大政策性亏损挂账的行为；

（五）政策专项贷款的到位、管理、使用、效益等情况，有无挤占、挪用或将政策性专项贷款用于转贷，从中牟取高利等行为。

第九条 审计机关可以对商品流通行业与财政、财务收支相关的政策执行情况，对有关部门进行延伸审计或审计调查。

第十条 审计机关可以组织对企业主管部门或行使上级主管部门权力的总公司、集团公司系统的行业审计,揭示和分析与财政、财务收支相关的共性问题,提出改进意见和建议。

第十一条　审计机关对专项资金或重大事项的财政、财务收支进行专项审计;对具有普遍性、倾向性和政府、社会各界关注的问题开展专项审计调查,以专题报告等形式向上级审计机关、本级人民政府和有关部门反映。

第十二条　审计机关按照审计程序进行审计监督。对查出的违反国家规定的财政、财务收支行为,依照法律、法规和规章进行处理。

第十三条　审计机关有权要求被审计单位按照规定的期限、如实提供以下资料:

(一)银行账户、会计凭证、会计账簿、会计报表和年度财务计划及其他与财务收支有关的资料;

(二)企业内部控制制度和经营活动的资料;

(三)上级主管机关有关规章、制度、政策文件;

(四)审计需要的其他资料。

第十四条　审计机关对全国供销社系统使用国家预算拨款、特种储备资金、财政补贴、国有银行政策性专项贷款等国有资金和政策性经营活动及其相关的财务审计,按照本办法执行。

第十五条　对旅游行业审计,参照本办法执行。

第十六条　本办法由审计署负责解释。

第十七条　本办法自1997年1月1日起施行。

国有企业财务审计准则(试行)

(审法发〔1999〕10号,1999年1月22日)

第一章　总则

第一条　为了规范审计机关对国有企业(以下简称企业)的财务审计工作,提高质量,控制审计风险,根据《中华人民共和国审计法》(以下简称《审计法》)及其实施条例、《中华人民共和国国家审计基本准则》(以下简称《基本准则》)和其他有关企业审计的规定,制定本准则。

第二条　审计机关依照《审计法》及其实施条例,以及其他有关法律、法规规定的职责、权限和程序,独立行使对企业的审计监督权,以法律、法规和国家其他有关财务收支的规定,评价被审计企业的资产、负债、损益的真实、合法、效益,处理、处罚其违反国家规定的行为。

第三条　审计组及其审计人员在编制企业财务审计方案或者评价审计结果时,应当运用重要性原则,凭借专业判断,评估被审计企业会计报表或者会计报表中的单个项目反映的会计信息存在错报或者漏报的可能性,以及这种可能性对审计风险的影响程度,初步判断审计项目的重要性水平,并据以合理确定所需收集审计证据的数量,以便降低审计风险,确保审计工作质量。

本准则所称重要性,是指被审计企业会计报表中存在的错报或者漏报的严重程度,这一程度在特定环境下可能会影响审计目标的实现和会计报表使用者的判断或者决策。

第四条　审计机关及其审计人员对企业资产、负债、损益进行审计时,应当遵循法律、法规和国家审计准则的规定,在确定审计范围和审计方法、选择测试和审计程序、评价和报告审计结果时,应当运用专业判断,保持应有的专业谨慎。

第五条　审计机关及其审计人员对企业资产、负债、损益进行审计时,被审计企业按照法律、法规的规定,及时向审计组及其审计人员全面提供真实、完整的会计资料和其他相关情况,并提供必要的工作条件,配合审计工作,是被审计企业法定代表人和其他有关人员的责任。

按照法律、法规和国家审计准则规定的审计范围、程序和方法,发现并揭露可能导致会计资料严重失实的违法、违规行为,是审计组及其审计人员的责任。

由于被审计企业不向审计组及其审计人员提供企业真实、完整的会计资料和其他相关情况,而审计组及其审计人员受法定职责、权限和检查手段的局限,无法揭示被审计企业会计报表反映会计信息的真实情况,作出完整、正确的审计结果,被审计企业法定代表人以及其他有关人员,应当对由此造成的后果承担责任。

第六条　审计机关有计划定期对企业实施审计时,应当明确要求审计人员在审查企业资产、负债、损益是否真实的基础上,评价其合法性和效益性,并逐步做到全面掌握被审计企业的会计信息,建立起能够反映企业基本情况的档案和审计数据库。

第七条　审计机关应当建立企业审计项目质量控制制度,合理划分企业审计项目质量控制责任,正确贯彻执行《审计法》及其实施条例和国家审计准则,保证审计项目质量,控制审计风险。

第二章　审计内容与目标

第八条　审计组及其审计人员对被审计企业资产负债表、利润表(或损益表)、现金流量表(或财务状况变动表)、合并会计报表、汇总会计报表、会计报表附注及相关附表等各类会计报表应当按照下列目标进行审计。

(一)会计报表的编制是否符合法律、法规以及《企业会计准则》和国家其他有关财务收支的规定;

(二)会计处理方法的选用是否符合一致性原则;

(三)会计报表在所有重大方面是否公允地反映了被审计企业的财务状况、经营成果和资金变动情况;

(四)会计报表是否根据登记完整、核对无误的账簿编制,账表之间、表内各项目之间、本期报表与前期报表之间具有勾稽关系的数字是否相符,合并会计报表的编制是否符合规定;

(五)会计报表和附注及其编表说明反映的内容是否真实、完整、准确、合规。

第九条　审计组及其审计人员对被审计企业资产类的货币资金、短期投资、应收票据、应收账款及坏账准备、预付账款、其他应收款、存货、待摊费用、待处理流动资产损益、长期投资、固定资产及其累计折旧、固定资产清理、在建工程、待处理固定资产损益、无形资产、递延资产等会计项目,应当按照下列目标进行审计:

(一)确定货币资金的存在性,收支的合法性和记录的完整性,余额的正确性,会计报表披露货币资金的恰当性。

(二)确定短期投资有价证券的存在性,是否归被审计企业所有,短期投资增减变动及其收益(或损失)记录的完整性,计价和年末余额的正确性,在会计报表上披露的恰当性;

(三)确定应收票据的存在性,是否归被审计企业所有,应收票据增减变动记录的完整性,应

收票据的有效性和可收回性,年末余额的正确性,在会计报表上披露的恰当性;

(四)确定应收账款及坏账准备资金的存在性、增减变动记录的合法性、完整性、可收回性,坏账准备计提的恰当性与充分性,余额的正确性,会计报表披露的恰当性和充分性;

(五)确定预付款的存在性、增减变动记录的完整性、可收回性和坏账准备计提的恰当性,确定预付账款是否归被审计企业所有,预付账款年末余额的正确性,在会计报表上披露的恰当性;

(六)确定其他应收款的存在性、增减变动记录的完整性、可收回性,其他应收款是否归被审计企业所有,其他应收款年末余额的正确性以及在会计报表上披露的恰当性;

(七)确定存货的存在性、收支的合法性和记录的完整性,存货的品质状况,存货的计价方法和跌价的计提是否恰当、合理,存货年末余额的正确性和会计报表披露的充分性;

(八)确定适用待摊费用会计政策的恰当性,待摊费用的发生和转销记录的完整性、合法性,待摊费用年末余额的正确性以及在会计报表上披露的正确性;

(九)确定待处理流动资产损益发生的真实性、转销的合理性以及发生和转销记录的完整性,待处理流动资产损益年末余额的正确性,以及在会计报表上披露的恰当性;

(十)确定长期投资的存在性,是否归被审计企业所有,确定长期投资的增减变动及其收益(或损失)记录的完整性,长期投资计价方法(成本法或权益法)的正确性,债券投资溢折价摊销的正确性,长期投资年末余额以及在会计报表上披露的正确性和恰当性;

(十一)确定固定资产的存在性,是否归被审计企业所有,确定固定资产及其累计折旧增减变动记录的完整性,适用固定资产计价和折旧政策的恰当性,固定资产及其累计折旧年末余额的正确性以及在会计报表上披露的恰当性;

(十二)确定固定资产清理记录的完整性和反映内容的正确性,固定资产清理的期末余额的正确性以及在会计报表上披露的恰当性;

(十三)确定在建工程的存在性,是否归被审计企业所有,确定在建工程增减变动记录的完整性,年末余额的正确性以及在会计报表上披露的恰当性;

(十四)确定待处理固定资产损益发生的真实性、转销的合理性以及记录的完整性,确定待处理固定资产损益年末余额的正确性以及在会计报表上披露的正确性;

(十五)确定无形资产的存在性,是否归被审计企业所有,无形资产增减变动及其摊销记录的完整性、适用摊销政策的恰当性,无形资产年末余额的正确性以及在会计报表上披露的恰当性;

(十六)确定适用递延资产会计政策的恰当性、入账和转销记录的完整性、年末余额的正确性以及在会计报表上披露的恰当性。

第十条 审计组及其审计人员对被审计企业负债类的短期借款、应付票据、应付账款、预收账款、其他应付款、应付工资、应付福利费、未交税金、递延税款、未付利润、其他未交款、预提费用、长期借款、应付债券、长期应付款会计项目,应当按照下列目标进行审计:

(一)确定短期借款借入、偿还及计息记录的完整性,确定短期借款年末余额的正确性,确定短期借款在会计报表上披露的充分性;

（二）确定应付票据的发生及偿还记录的完整性、年末余额的正确性以及在会计报表上披露的充分性；

（三）确定应付账款发生及偿还记录的完整性、年末余额的正确性以及在会计报表上披露的充分性；

（四）确定预收账款的发生及偿还记录的完整性、年末余额的正确性以及在会计报表上披露的充分性；

（五）确定其他应付款发生及偿还记录的完整性、年末余额的正确性以及在会计报表上披露的充分性；

（六）确定应付工资的发生及支付记录的完整性、年末余额的正确性以及在会计报表上披露的充分性；

（七）确定应付福利费计提和支出记录的完整性、计提依据的合理性，确定应付福利费的年末余额的正确性以及在会计报表上披露的充分性；

（八）确定应计和已缴税金记录的完整性，确定未交税金和递延税款的年末余额的正确性以及在会计报表上披露的充分性；

（九）确定未付利润记录的完整性、年末余额的正确性以及在会计报表上披露的充分性；

（十）确定其他未交款记录的完整性、年末余额的正确性以及在会计报表上披露的充分性；

（十一）确定预提费用的计提和转销记录的完整性、年末余额的正确性以及在会计报表上披露的充分性；

（十二）确定长期借款借入、偿还及计息记录的完整性，确定长期借款年末余额的正确性以及在会计报表上披露的充分性；

（十三）确定应付债券发行、偿还及计息记录的完整性以及债券溢折价发行形成的差额摊销的正确性，确定应付债券年末余额的正确性以及在会计报表上披露的充分性；

（十四）确定长期应付款发生、偿还及计息记录的完整性，确定长期应付款的年末余额的正确性以及在会计报表上披露的充分性。

第十一条　审计组及其审计人员对所有者权益类实收资本、资本公积、盈余公积、未分配利润会计项目，应当按照下列目标进行审计：

（一）确定实收资本的增减变动是否符合法律、法规和合同、章程的规定以及记录的完整性，确定实收资本年末余额的正确性以及在会计报表上披露的恰当性；

（二）确定资本公积的增减变动是否符合法律、法规和合同、章程的规定以及记录的完整性，确定资本公积年末余额的正确性以及在会计报表上披露的恰当性；

（三）确定盈余公积的增减变动是否符合法律、法规和合同、章程的规定以及记录的完整性，确定盈余公积年末余额的正确性以及在会计报表上披露的恰当性；

（四）确定未分配利润增减变动记录的完整性、年末余额的正确性以及在会计报表上披露的恰当性。

第十二条　审计组及其审计人员对损益类产品销售收入、产品销售成本、产品销售费用、产品销售税金及附加、其他业务利润、管理费用、财务费用、投资收益、营业外收入、营业外支出、以前年度损益调整、所得税会计项目,应当按照下列目标进行审计:

(一)确定产品销售收入记录的完整性、发生额的正确性、在会计报表上披露的恰当性,以及产品销售退回、销售折让是否经授权批准并及时入账;

(二)确定产品销售成本记录的完整性、计算的正确性、在会计报表上披露的恰当性,以及产品销售成本与产品销售收入是否配比;

(三)确定产品销售费用记录的完整性、计算的正确性以及在会计报表上披露的恰当性;

(四)确定产品销售税金及附加记录的完整性、计算的正确性以及在会计报表上披露的恰当性;

(五)确定其他业务利润记录的完整性、计算的正确性以及在会计报表上披露的恰当性;

(六)确定管理费用和财务费用记录的完整性、计算的正确性以及在会计报表上披露的恰当性;

(七)确定投资收益记录的完整性、计算的正确性以及在会计报表上披露的恰当性;

(八)确定营业外收入和营业外支出记录的完整性、计算的正确性以及在会计报表上披露的恰当性;

(九)确定以前年度损益调整记录的完整性、计算的正确性以及在会计报表上披露的恰当性;

(十)确定所得税记录的完整性、计算的正确性以及在会计报表上披露的恰当性。

第十三条 审计组及其审计人员对经过改制、资产重组、债务重组发生产权变更的企业进行审计时,除按上述规定的企业资产、负债、所有者权益、损益类会计项目审计目标进行审计外,还应当按照下列目标进行审计:

(一)确定企业分立、合并过程中是否存在将国有资产无偿转让非国有企业或者采用租赁形式而少收不收租赁费、占用费的问题;是否存在给非国有企业低价提供产品,造成国有资产收益流失到非国有企业等问题;

(二)确定企业改制过程中,评估机构对国有资产评估的真实性、合法性,以及是否存在少估国有资产的问题,是否存在只转移资产和权益,而少转移负债或者将企业潜亏留给国有企业的问题;

(三)确定企业合资改造中评估机构对各方投资的评估结果的正确性,是否存在人为提高外方出资比例,降低中方投资比例,随意评估资产或者抽回资本的问题;

(四)确定企业破产时是否存在借机私分、转移、隐匿国家财产和资金,是否存在存货积压、潜亏隐匿不报等问题,查明并分析造成破产的主、客观原因;

(五)确定债务重组的会计核算和相关信息披露的真实性,债务重组会计核算中主要问题的确认和计量以及债务重组形成的损益的真实性、合法性;

(六)法律、法规规定的其他审计目标。

第三章 审计程序

第十四条 审计机关按照企业年度审计项目计划,对企业资产、负债、损益进行审计时,应当根据法律、法规和国家审计准则规定的程序,选派审计人员组成审计组,确定审计组组长,开展审前调查,并组织审计组成员学习相关的法律、法规、政策以及被审计企业生产经营等方面的必要知识,编制审计方案,送达审计通知书。

审计机关对企业实施审计时,应当提高工作效率,尽量缩短现场审计时间,减轻企业负担。

第十五条　审计机关实施审计时,应当按照《审计法》第三十一条关于被审计单位不得拒绝、拖延、谎报与财政收支、财务收支有关的资料的规定,实行被审计企业向审计机关承诺的制度,在送达审计通知书的同时,向被审计企业提出书面的承诺要求,被审计企业的法定代表人和财务主管人员应当按照承诺书的下列要求作出承诺:

(一)按照要求向审计组提交的被审计企业资产负债表、损益表(或利润表)、现金流量表(或财务状况变动表)、会计报表附注以及相关附表和其他有关的会计资料是真实的、完整的,是按照《中华人民共和国会计法》《企业会计准则》以及国家其他有关财务会计法规的规定编制的,公允地反映了本单位的资产、负债、损益情况;

(二)按照相关会计准则的要求如实披露了关联方以及与关联方的交易;

(三)如实地向审计组说明了企业"未决诉讼"、"抵押借款"、为其他单位借款提供担保等或有事项。

被审计企业的法定代表人和财务主管人员接受询问、作出承诺后,应当在列有上述各项问题的承诺书上,表明态度并签字后按规定时间送交审计组。

审计组在审计过程中可以分批向被审计企业的法定代表人陆续提出书面承诺要求,被审计企业的法定代表人和财务主管人员应当于审计报告征求意见稿形成之前对承诺书表明态度,签署完毕,按规定时间送交审计组。

审计组及其审计人员应当将被审计企业提交的承诺书列入审计取证材料清单,作为审计证据编入审计工作底稿。

第十六条　审计组及其审计人员实施审计时,应当对被审计企业的控制环境、会计系统、控制程序进行调查、测试和评价。

审计组及其审计人员对没有内部控制或者内部控制信赖程度较低、存在固有风险和控制风险较高的,以及小规模的被审计企业,可以不实施内部控制测评,直接进行实质性测试。

第十七条　审计组及其审计人员对被审计企业的内部控制进行调查、测试和评价后,应当对被审计企业会计账目存在重大错误、舞弊并由此造成固有风险的可能性;对被审计企业会计账目存在重大错误、舞弊未被内部控制防范和纠正,造成控制风险的可能性,做出恰当的评估,正确地确定实质性测试的范围和重点。

审计组对审计企业实施内控测评后,可以根据需要,按照规定的程序调整审计方案,进一步明确审计目标,完善审计程序,尽可能地减少审计人员未发现被审计企业会计账目存在重大错误、舞弊而造成审计风险的可能性。

第十八条　本准则所称错误,是指造成会计资料不实反映的过失行为。其中主要包括:

(一)在会计资料中的计算和抄写错误;

(二)对事实的疏忽和误解;

(三)对会计政策的误用;

(四)其他无意过失行为。

本准则所称舞弊,是指造成会计资料不实反映的故意的欺骗行为。其中主要包括:

(一)不如实向审计组及其审计人员提供完整、真实的会计资料;

(二)篡改、伪造、变造会计记录或者会计凭证;

(三)侵占资产;

(四)记录不实的经营收支;

(五)从会计记录、会计凭证中隐瞒或者删除经营成果;

(六)故意歪曲会计政策,做虚假的会计核算;

(七)其他故意的欺骗行为。

第十九条 本准则所称审计风险,是指被审计企业的财务报表和其他会计资料没有公允地反映其财务收支状况,审计人员却认为已经公允地反映;或者被审计企业的财务报表和其他会计资料总体上已经公允地反映其财务收支状况,审计人员却认为没有公允地反映,并据以发表不恰当的审计意见或者结论,给利用审计成果者带来损失,而追究审计人员责任的可能性。

审计风险与固有风险、控制风险和检查风险相关联。固有风险与控制风险的水平越高,审计人员不能发现会计报表存在重大了或者漏报的检查风险越大,审计组及其审计人员就应当实施越详尽的实质性测试程序,降低审计风险。

第二十条 审计组及其审计人员应当在内控测评的基础上调整审计方案,完善审计程序,对已经明确的审计目标和重点进行符合性测试和实质性测试。

符合性测试,是指通过一定的审计方法,测试被审计企业业务活动的运行与相关内部控制制度的符合程度,以确定实质性测试的范围和重点。

实质性测试,是指审计组及其审计人员为了检查被审计企业会计数据的真实性、合法性、正确性和完整性,运用检查、监盘、观察、计算、分析性复核、查询及函证等审计方法,对被审计企业会计报表项目金额进行的证实性的审查。

第二十一条 审计组及其审计人员实施审计时,由于审计测试以及被审计企业内部控制的局限性,可能存在会计资料某些反映失实而未被发现的情况。审计人员一旦发现可能导致会计资料反映的会计信息严重失实的迹象,应当追加必要的审计程序予以证实或者排除。

第二十二条 审计人员应当按照《审计机关审计证据准则》的规定,通过恰当的审计方法收集审计证据。审计中如有特殊需要,可以指派或者聘请专门机构或者有专门知识的人员,对审计事项中某些专门问题进行鉴定,取得鉴定结论作为审计证据。

审计人员在审计中获取的审计证据应当作为审计工作底稿的附件妥善保存;审计证据的名称、来源和取得的时间等,应当记入审计工作底稿。

第二十三条 审计组及其审计人员应当按照《审计机关审计工作底稿准则》的规定,复核审计人员编制的分项目审计工作底稿,编制汇总审计工作底稿。

审计组应当对审计人员编制的分项目审计工作底稿所附的审计证据进行整理、归纳、分类分析和鉴定,评价审计证据的客观性、相关性、充分性和合法性,以便形成审计结论。

第二十四条　审计组就审计工作情况和审计结果拟定审计报告,依法征求被审计企业的意见后,向派出的审计机关提出审计报告。审计报告除应当按照国家审计准则的要求写明标题、主送单位、报告的内容、审计组组长签名和报告日期外,还应当反映下列基本要素:

(一)被审计企业概况;

(二)审计的内容;

(三)采用的主要审计程序与审计方法;

(四)审计结果;

(五)审计意见;

(六)对违反财经法规问题的处理、处罚建议。

第二十五条　审计机关应当按照法定程序审定审计组提交的审计报告,对审计事项作出评价,出具审计意见书;对违反国家规定的财务收支行为,需要依法给予处理、处罚的,在法定职权范围内作出审计决定,或者向有关主管机关提出处理、处罚意见。

第二十六条　审计机关认为必要时,可以向本级政府提交企业审计结果报告或者专项审计结果报告,并根据具体情况通报财政、金融、经贸委、稽察特派员等企业会计报表使用部门,也可以按照规定向社会公布审计结果。

审计机关编写审计结果报告,可以采用写实的办法反映审计结果,对被审计企业会计报表反映的资产、负债、损益的真实性、合法性和效益性发表审计意见,发挥审计机关的审计监督、鉴证和服务作用,为有关方面了解企业的资产、负债、损益状况提供信息。

第二十七条　被审计企业如果有违反法律、法规和其他有关会计制度的规定,造成会计资料失真,或者违反本准则第十五条承诺的内容,拒绝向审计组和审计人员提供真实、完整的会计资料和其他有关的真实情况,阻碍审计工作顺利进行的,审计组应当及时向审计机关提出依法追究被审计企业法定代表人和直接责任人员责任的建议;涉嫌犯罪的,建议依法移送司法机关追究刑事责任。

第二十八条　审计机关应当加强对企业财务收支审计项目质量的控制。质量控制的内容主要包括:

(一)遵守审计职业道德的状况;

(二)执行审计方案的情况;

(三)审计工作底稿的编制、汇总情况;

(四)是否正确执行了法律、法规和国家审计准则的规定。

第四章　审计方法

第二十九条　审计组及其审计人员对企业资产、负债、损益实施审计时,应当按照《基本准则》、本准则以及其他有关企业审计方法的规定,具体灵活运用内控测评、抽样法、详查法、分析性复核以及函证等基本审计,对被审计企业资产、负债、损益进行审计。

审计人员在审计时通常运用的监盘法、顺查法、逆查法等一般审计方法和计算机辅助审计的方法,本准则不做具体规定。

第三十条 审计人员对被审计企业实施的内部控制测评,应当包括对被审计企业的内部控制调查、内部控制测试和内部控制评价。

审计人员对被审计企业内部控制进行调查和测试时,可以参考上期审计时的调查、测试结果,但对本期内部控制变化情况仍需进行调查、测试。

第三十一条 审计人员对被审计企业进行内部控制调查时,应当考虑被审计企业业务规模和复杂程度、控制类型和控制程序等,恰当地确定调查范围。

审计人员对被审计企业内部控制现状进行调查时,应当关注被审计企业的控制环节、控制执行凭证、控制执行记录形式和控制程序运用的连续性。

第三十二条 审计人员对被审计企业进行内部控制调查时,可选用恰当的方法,按照以下步骤进行:

(一)制定内部控制调查方案,明确调查范围、内容和方法等;

(二)熟悉控制环境和会计系统,判断管理人员对内部控制的态度和重视程度,识别业务处理程序和控制类型,确定抽样审计范围;

(三)调查抽样审计范围内应当存在的控制程序,分析其中未存在的控制程序对会计账目的影响,初步评估控制风险程度,明确对被审计企业内部控制的依赖程度,并确定是否继续进行内部控制调查以及调查范围。

第三十三条 内部控制测试,是指审计人员在对被审计企业实施内部控制调查的基础上,选用恰当的方法对内部控制的执行记录、实物控制设施、制约职能分工、操作状况和控制执行效果进行的符合性测试。

审计人员对被审计企业的内部控制进行符合性测试时,可以根据需要采用详查法或者抽样审计法;必要时,还可以选择若干具有代表性的交易事项,采取顺查或者逆查的方法,检查在这些交易事项的业务处理过程中,各控制环节的处理手续是否按规定办理,内部控制是否按规定发挥了作用。

第三十四条 审计人员应当按照下列参考因素评价被审计企业内部控制的健全程度:

(一)控制程序存在与否;

(二)存在的控制程序执行与否;

(三)失控环节;

(四)失控的性质和原因;

(五)失控对会计账目的影响;

(六)审计方案对内部控制的依赖程度;

(七)内部审计的工作状况;

(八)内部控制局限性。

第三十五条 审计人员评价被审计企业内部控制的局限性时,应当重点关注可能存在的控制程序因管理部门无视其存在而失效;控制程序因执行人员粗心大意、精力分散、判断失误及误解规定而失效;控制程序因执行人员互相勾结、内外串通作弊而失效;控制程序因经营环境和业务性质的改变而不适应等构成内部控制局限性的主要因素。

第三十六条 审计人员对被审计企业内部控制状况实施调查与测试后,应当对被审计企业内部控制的健全程度以及会计系统存在的固有风险和控制风险作出评价,确定对被审计企业审计对象总体或者审计对象次级总体的审计重点。

第三十七条 审计组应当根据审计人员对被审计企业内部控制调查和测试的结果,在评价内部控制,判断被审计企业会计系统固有风险和控制风险存在的可能性,进一步确定审计重点和审计范围的基础上,选择审计方法,检查、验证审计方案,必要时可以按照规定程序修改审计方案。

审计组对被审计企业内部控制测评的内容、过程和结果以及对审计方案的修改情况,应当记录于审计工作底稿。

第三十八条 审计组对被审计企业内部控制的测评不能代替对被审计企业资产、负债、损益情况的审计。无论被审计企业的控制风险大小,审计组都应当选择恰当的审计方法对被审计企业审计对象总体进行实质性测试。

第三十九条 审计组及其审计人员在审计过程中可以运用判断抽样和统计抽样的抽样审计方法,对审计对象总体或者审计对象次级总体中选取的样本进行审查,并以样本审查的结果推断审计对象的总体特征。

第四十条 审计组及其审计人员实施审计时,在下列情况下,可以凭借其对被审计企业内部控制情况的了解程度和审计经验,判断确定审计对象总体或者审计对象次级总体中的审计重点,并抽取一定数量的样本进行实质性测试,根据测试结果推断审计对象的总体特征:

(一)前次审计工作比较深入并且间隔期不长,情况比较清楚的;

(二)内部控制较为健全、审计对象存在固有风险和控制风险可能性较小的。

审计组及其审计人员对经济业务内容比较复杂,完成审计任务的时限要求较紧的被审计企业,可以凭借经验判断,确定审计重点,采取判断抽样的审计方法实施审计。

第四十一条 审计组及其审计人员运用判断抽样审计法实施审计时,应当保持严谨、稳健、负责的职业态度,分析判断被审计企业内部控制的薄弱环节、财务人员业务素质和分工状况、容易产生错误的经济事项,以及被审计企业会计系统中可能存在固有风险和控制风险的重要线索,恰当地确定审计对象和抽取样本量的规模,控制抽样审计风险。

第四十二条 审计人员采用随机抽样、分类抽样、系统抽样等统计抽样方法时,应当根据被审计企业的行业特点和经济规模以及内控测评的结果,确定抽样比例。

审计人员采用统计抽样方法选取审计样本时,应当使审计对象总体或者审计对象次级总体中的所有项目有一致的选取机会,以保证样本的特征能够代表总体的特征。

审计组及其审计人员运用统计抽样的方法进行审计时,在选取的审计样本中,凡单项业务账面价值金融超过总体业务账面价值金额10%以上的异常个体,应当予以去除,并采取其他审计方法进行检查。

第四十三条 审计人员采用统计抽样审计方法进行审计时,审计的结果没有达到所测试的内部控制预计应当达到的依赖程度时,应当考虑增加抽样的样本量或者修改审计程序。

审计人员采用统计抽样的审计方法形成的审计结果,推断审计对象总体的误差超过可以容忍的误差,对审计风险不能接受,应当及时增加选取抽样审计的样本量,或者执行替代审计程序。

审计人员采用统计抽样的审计方法形成的审计结果,推断审计对象总体的误差并接近可以容忍的误差,应当根据审计对象的重要性和复杂程度,考虑是否增加选取抽样审计的样本量,或者执行替代审计程序。

第四十四条 审计组应当对审计人员统计抽样审计的结果进行评价,确定审计证据是否足以证实审计对象次级总体和审计对象总体的特征,决定是否需要实施替代审计程序,以便获取充分的审计证据。

审计人员对获取的审计证据进行整理、归纳、鉴定后,应当分析采用统计抽样的方法选取样本进行审计形成的误差,推断审计对象次级总体或者审计对象总体的误差,评估审计风险,形成审计结论。

第四十五条 审计组及其审计人员实施审计时,可以在下列情况下,对被审计企业在某一会计期间发生的与审计目标相关的会计凭证、账表资料和实物等逐一进行详尽的审查、清点,据以判断会计资料所反映的资产、负债、损益的真实性、合法性和效益性:

(一)经济规模较小、业务量较少,审计的时间和审计力量充足;

(二)内部控制不健全、预计存在的固有风险和控制风险较大;

(三)预计存在的固有风险和控制风险较大的审计对象次级总体或者审计对象次级总体中的部分审计项目。

第四十六条 审计组及其审计人员在编制审计方案和形成审计报告阶段,应当把运用分析性复核的方法作为必经的审计程序。在审计实施阶段,审计人员也可以运用分析性复核作为实质性测试的程序之一。

本准则所称分析性复核,是指审计组及其审计人员对被审计企业会计报表反映的会计信息的重要比率或者趋势进行的分析,其中包括调查异常变动以及这些重要比率或者趋势与预期的数额和相关信息的差异。

第四十七条 审计组及其审计人员在实施审计过程中,可以向有关单位发函取证,也可以根据需要,责成被审计企业发函或采取其他方法核实被审计企业债权债务、往来款项、委托外单位代为保管的物资等账项以及其他经济业务活动的真实情况,提供审计证据。审计机关取得的审计证据,应当有提供者的签名或者盖章。

审计人员收到复函获取审计证据或者通过被审计企业获取审计证据后,应当将审计证据的来源和获取的过程等情况记入审计工作底稿;由于特殊情况未收到复函获取审计证据的,应当采取必要的替代程序。

第四十八条 审计组及其审计人员实施审计时,可以在鉴定内部审计或者社会审计工作成果的真实性、可依赖性的基础上,利用内部审计或者社会审计力量及其工作的成果,获取相应的审计证据。

审计组及其审计人员在审计过程中,发现被审计企业提供的社会审计机构、注册会计师出具的审计、验资等报告有不实和其他违法、违规问题时,应当依法予以纠正,并通知注册会计师协会对有关社会审计机构和责任人员进行处理。

第四十九条　审计机关应当建立企业审计数据库,逐步做到真实、完整地掌握被审计企业资产、负债、损益的全面情况。

审计机关派出的审计组和审计人员对已经审计过的企业的财务收支实施审计时,应当注意运用以往审计取得的基础数据和其他审计结果,提高审计工作效率和审计工作质量。

第五章　附则

第五十条　本准则适用于审计机关对国有企业的财务审计,审计机关对国有金融企业的财务审计不适用本准则。

第五十一条　本准则由审计署负责解释。

第五十二条　本准则自发布之日起试行。

国务院办公厅关于加强和改进企业国有资产监督防止国有资产流失的意见❶

(国办发[2015]79号,2015年10月31日)

各省、自治区、直辖市人民政府,国务院各部委、各直属机构:

我国企业国有资产是全体人民的共同财富,保障国有资产安全、防止国有资产流失,是全面建成小康社会、实现全体人民共同富裕的必然要求。改革开放以来,我国国有经济不断发展壮大,国有企业市场活力普遍增强、效率显著提高,企业国有资产监管工作取得积极进展和明显成效。但与此同时,一些国有企业逐渐暴露出管理不规范、内部人控制严重、企业领导人员权力缺乏制约、腐败案件多有发生等问题,企业国有资产监督工作中多头监督、重复监督和监督不到位的现象也日益突出。为贯彻落实中央关于深化国有企业改革的有关部署,切实加强和改进企业国有资产监督、防止国有资产流失,经国务院同意,现提出以下意见。

一、总体要求

(一)指导思想。认真贯彻落实党的十八大和十八届二中、三中、四中、五中全会精神,按照党中央、国务院有关决策部署,以国有资产保值增值、防止流失为目标,坚持问题导向,立足体制机制制度创新,加强和改进党对国有企业的领导,切实强化国有企业内部监督、出资人监督和审计、纪检监察、巡视监督以及社会监督,严格责任追究,加快形成全面覆盖、分工明确、协同配合、制约有力的国有资产监督体系,充分体现监督的严肃性、权威性、时效性,促进国有企业持续健康发展。

(二)基本原则。

坚持全面覆盖,突出重点。实现企业国有资产监督全覆盖,加强对国有企业权力集中、资金

---

❶本书编写组.中华人民共和国现行审计法规与审计准则及政策解读[M].上海:立信出版社,2018:42-43.

密集、资源富集、资产聚集等重点部门、重点岗位和重点决策环节的监督,切实维护国有资产安全。

坚持权责分明,协同联合。清晰界定各类监督主体的监督职责,有效整合监督资源,增强监督工作合力,形成内外衔接、上下贯通的国有资产监督格局。

坚持放管结合,提高效率。正确处理好依法加强监督和增强企业活力的关系,改进监督方式,创新监督方法,尊重和维护企业经营自主权,增强监督的针对性和有效性。

坚持完善制度,严肃问责。建立健全企业国有资产监督法律法规体系,依法依规开展监督工作,完善责任追究制度,对违法违规造成国有资产损失以及监督工作中失职渎职的责任主体,严格追究责任。

二、着力强化企业内部监督

(三)完善企业内部监督机制。企业集团应当建立涵盖各治理主体及审计、纪检监察、巡视、法律、财务等部门的监督工作体系,强化对子企业的纵向监督和各业务板块的专业监督。健全涉及财务、采购、营销、投资等方面的内部监督制度和内控机制,进一步发挥总会计师、总法律顾问作用,加强对企业重大决策和重要经营活动的财务、法律审核把关。加强企业内部监督工作的联动配合,提升信息化水平,强化流程管控的刚性约束,确保内部监督及时、有效。

(四)强化董事会规范运作和对经理层的监督。深入推进外部董事占多数的董事会建设,加强董事会内部的制衡约束,依法规范董事会决策程序和董事长履职行为,落实董事对董事会决议承担的法定责任。切实加强董事会对经理层落实董事会决议情况的监督。设置由外部董事组成的审计委员会,建立审计部门向董事会负责的工作机制,董事会依法审议批准企业年度审计计划和重要审计报告,增强董事会运用内部审计规范运营、管控风险的能力。

(五)加强企业内设监事会建设。建立监事会主席由上级母公司依法提名、委派制度,提高专职监事比例,增强监事会的独立性和权威性。加大监事会对董事、高级管理人员履职行为的监督力度,进一步落实监事会检查公司财务、纠正董事及高级管理人员损害公司利益行为等职权,保障监事会依法行权履职,强化监事会及监事的监督责任。

(六)重视企业职工民主监督。健全以职工代表大会为基本形式的企业民主管理制度,规范职工董事、职工监事的产生程序,切实发挥其在参与公司决策和治理中的作用。大力推进厂务公开,建立公开事项清单制度,保障职工知情权、参与权和监督权。

(七)发挥企业党组织保证监督作用。把加强党的领导和完善公司治理统一起来,落实党组织在企业党风廉政建设和反腐败工作中的主体责任和纪检机构的监督责任,健全党组织参与重大决策机制,强化党组织对企业领导人员履职行为的监督,确保企业决策部署及其执行过程符合党和国家方针政策、法律法规。

三、切实加强企业外部监督

(八)完善国有资产监管机构监督。国有资产监管机构要坚持出资人管理和监督的有机统一,进一步加强出资人监督。健全国有企业规划投资、改制重组、产权管理、财务评价、业绩考核、选人用人、薪酬分配等规范国有资本运作、防止流失的制度。加大对国有资产监管制度执行情况的监督力度,定期开展对各业务领域制度执行情况的检查,针对不同时期的重点任务和突出问题不定期开展专项抽查。国有资产监管机构设立稽查办公室,负责分类处置和督办监督工作中发现的需要企业整改的问题,组织开展国有资产重大损失调查,提出有关责任追究的意见建议。开展国有资产监管机构向所出资企业依法委派总会计师试点工作,强化出资人对企业重大财务事项的监督。加强企业境外国有资产监督,重视在法人治理结构中运用出资人监督手段,强化对企业境外投资、运营和产权状况的监督,严格规范境外大额资金使用、集中采购和佣金管理,确保企业境外国有资产安全可控、有效运营。

(九)加强和改进外派监事会监督。对国有资产监管机构所出资企业依法实行外派监事会制度。外派监事会由政府派出,作为出资人监督的专门力量,围绕企业财务、重大决策、运营过程中涉及国有资产流失的事项和关键环节、董事会和经理层依法依规履职情况等重点,着力强化对企业的当期和事中监督。进一步完善履职报告制度,外派监事会要逐户向政府报告年度监督检查情况,对重大事项、重要情况、重大风险和违法违纪违规行为"一事一报"。按照规定的程序和内容,对监事会监督检查情况实行"一企一公开",也可以按照类别和事项公开。切实保障监事会主席依法行权履职,落实外派监事会的纠正建议权、罢免或者调整建议权,监事会主席根据授权督促企业整改落实有关问题或者约谈企业领导人员。建立外派监事会可追溯、可量化、可考核、可问责的履职记录制度,切实强化责任意识,健全责任倒查机制。

(十)健全国有企业审计监督体系。完善国有企业审计制度,进一步厘清政府部门公共审计、出资人审计和企业内部审计之间的职责分工,实现企业国有资产审计监督全覆盖。加大对国有企业领导人员履行经济责任情况的审计力度,坚持离任必审,完善任中审计,探索任期轮审,实现任期内至少审计一次。探索建立国有企业经常性审计制度,对国有企业重大财务异常、重大资产损失及风险隐患、国有企业境外资产等开展专项审计,对重大决策部署和投资项目、重要专项资金等开展跟踪审计。完善国有企业购买审计服务办法,扩大购买服务范围,推动审计监督职业化。

(十一)进一步增强纪检监察和巡视的监督作用。督促国有企业落实"两个责任",实行"一案双查",强化责任追究。加强对国有企业执行党的纪律情况的监督检查,重点审查国有企业执行党的政治纪律、政治规矩、组织纪律、廉洁纪律情况,严肃查处违反党中央八项规定精神的行为和"四风"问题。查办腐败案件以上级纪委领导为主,线索处置和案件查办在向同级党委报告的同时,必须向上级纪委报告。严肃查办发生在国有企业改制重组、产权交易、投资并购、物资采购、招标投标以及国际化经营等重点领域和关键环节的腐败案件。贯彻中央巡视工作方针,聚焦党风廉政建设和反腐败斗争,围绕"四个着力",加强和改进国有企业巡视工作,发现问题,形成震慑,倒逼改革,促进发展。

(十二)建立高效顺畅的外部监督协同机制。整合出资人监管、外派监事会监督和审计、纪检监察、巡视等监督力量,建立监督工作会商机制,加强统筹,减少重复检查,提高监督效能。创新监督工作机制和方式方法,运用信息化手段查核问题,实现监督信息共享。完善重大违法违纪违规问题线索向纪检监察机关、司法机关移送机制,健全监督主体依法提请有关机关配合调查案件的制度措施。

四、实施信息公开加强社会监督

(十三)推动国有资产和国有企业重大信息公开。建立健全企业国有资产监管重大信息公开制度,依法依规设立信息公开平台,对国有资本整体运营情况、企业国有资产保值增值及经营业绩考核总体情况、国有资产监管制度和监督检查情况等依法依规、及时准确披露。国有企业要严格执行《企业信息公示暂行条例》,在依法保护国家秘密和企业商业秘密的前提下,主动公开公司治理以及管理架构、经营情况、财务状况、关联交易、企业负责人薪酬等信息。

(十四)切实加强社会监督。重视各类媒体的监督,及时回应社会舆论对企业国有资产运营的重大关切。畅通社会公众的监督渠道,认真处理人民群众有关来信、来访和举报,切实保障单位和个人对造成国有资产损失行为进行检举和控告的权利。推动社会中介机构规范执业,发挥其第三方独立监督作用。

五、强化国有资产损失和监督工作责任追究

(十五)加大对国有企业违规经营责任追究力度。明确企业作为维护国有资产安全、防止流失的责任主体,健全并严格执行国有企业违规经营责任追究制度。综合运用组织处理、经济处罚、禁入限制、纪律处分和追究刑事责任等手段,依法查办违规经营导致国有资产重大损失的案件,严厉惩处侵吞、贪污、输送、挥霍国有资产和逃废金融债务的行为。对国有企业违法违纪违规问题突出、造成重大国有资产损失的,严肃追究企业党组织的主体责任和企业纪检机构的监督责任。建立完善国有企业违规经营责任追究典型问题通报制度,加强对企业领导人员的警示教育。

(十六)严格监督工作责任追究。落实企业外部监督主体维护国有资产安全、防止流失的监督责任。健全国有资产监管机构、外派监事会、审计机关和纪检监察、巡视部门在监督工作中的问责机制,对企业重大违法违纪违规问题应当发现而未发现或敷衍不追、隐匿不报、查处不力的,严格追究有关人员失职渎职责任,视不同情形分别给予纪律处分或行政处分,构成犯罪的,依法追究刑事责任。完善监督工作中的自我监督机制,健全内控措施,严肃查处监督工作人员在问题线索清理、处置和案件查办过程中违反政治纪律、组织纪律、廉洁纪律、工作纪律的行为。

六、加强监督制度和能力建设

(十七)完善企业国有资产监督法律制度。做好国有资产监督法律法规的立改废释工作,按照法定程序修订完善企业国有资产法等法律法规中有关企业国有资产监督的规定,制定出台防止企业国有资产流失条例,将加强企业国有资产监督的职责、程序和有关要求法定化、规范化。

(十八)加强监督队伍建设。选派政治坚定、业务扎实、作风过硬、清正廉洁的优秀人才,进一步充实监督力量。优化监督队伍知识结构,重视提升监督队伍的综合素质和专业素养。加强对监督队伍的日常管理和考核评价,健全与监督工作成效挂钩的激励约束机制,强化监督队伍履职保障。

本意见适用于全国企业国有资产监督工作。金融、文化等企业国有资产监督工作,中央另有规定的依其规定执行。

国务院办公厅关于建立国有企业违规经营投资
责任追究制度的意见❶

（国办发〔2016〕63号，2016年8月2日）

各省、自治区、直辖市人民政府，国务院各部委、各直属机构：

根据《中共中央国务院关于深化国有企业改革的指导意见》《国务院办公厅关于加强和改进企业国有资产监督防止国有资产流失的意见》（国办发〔2015〕79号）等要求，为落实国有资本保值增值责任，完善国有资产监管，防止国有资产流失，经国务院同意，现就建立国有企业违规经营投资责任追究制度提出以下意见。

一、总体要求

（一）指导思想。全面贯彻党的十八大和十八届三中、四中、五中全会精神，按照"五位一体"总体布局和"四个全面"战略布局，牢固树立和贯彻落实创新、协调、绿色、开放、共享的发展理念，深入贯彻习近平总书记系列重要讲话精神。认真落实党中央、国务院决策部署，坚持社会主义市场经济改革方向，按照完善现代企业制度的要求，以提高国有企业运行质量和经济效益为目标，以强化对权力集中、资金密集、资源富集、资产聚集部门和岗位的监督为重点，严格问责、完善机制，构建权责清晰、约束有效的经营投资责任体系，全面推进依法治企，健全协调运转、有效制衡的法人治理结构，提高国有资本效率、增强国有企业活力、防止国有资产流失，实现国有资本保值增值。

（二）基本原则。

1. 依法合规、违规必究。以国家法律法规为准绳，严格执行企业内部管理规定，对违反规定、未履行或未正确履行职责造成国有资产损失以及其他严重不良后果的国有企业经营管理有关人员，严格界定违规经营投资责任，严肃追究问责，实行重大决策终身责任追究制度。

2. 分级组织、分类处理。履行出资人职责的机构和国有企业按照国有资产分级管理要求和干部管理权限，分别组织开展责任追究工作。对违纪违法行为，严格依纪依法处理。

3. 客观公正、责罚适当。在充分调查核实和责任认定的基础上，既考虑量的标准也考虑质的不同，实事求是地确定资产损失程度和责任追究范围，恰当公正地处理相关责任人。

4. 惩教结合、纠建并举。在严肃追究违规经营投资责任的同时，加强案例总结和警示教育，不断完善规章制度，及时堵塞经营管理漏洞，建立问责长效机制，提高国有企业经营管理水平。

（三）主要目标。在2017年年底前，国有企业违规经营投资责任追究制度和责任倒查机制基本形成，责任追究的范围、标准、程序和方式清晰规范，责任追究工作实现有章可循。在2020年年底前，全面建立覆盖各级履行出资人职责的机构及国有企业的责任追究工作体系，形成职责明确、流程清晰、规范有序的责任追究工作机制，对相关责任人及时追究问责，国有企业经营投资责任意识和责任约束显著增强。

二、责任追究范围

国有企业经营管理有关人员违反国家法律法规和企业内部管理规定，未履行或未正确履行

---

❶本书编写组.中华人民共和国现行审计法规与审计准则及政策解读[M].上海：立信出版社，2018：106-109.

职责致使发生下列情形造成国有资产损失以及其他严重不良后果的,应当追究责任:

(一)集团管控方面。所属子企业发生重大违纪违法问题,造成重大资产损失,影响其持续经营能力或造成严重不良后果;未履行或未正确履行职责致使集团发生较大资产损失,对生产经营、财务状况产生重大影响;对集团重大风险隐患、内控缺陷等问题失察,或虽发现但没有及时报告、处理,造成重大风险等。

(二)购销管理方面。未按照规定订立、履行合同,未履行或未正确履行职责致使合同标的价格明显不公允;交易行为虚假或违规开展"空转"贸易;利用关联交易输送利益;未按照规定进行招标或未执行招标结果;违反规定提供赊销信用、资质、担保(含抵押、质押等)或预付款项,利用业务预付或物资交易等方式变相融资或投资;违规开展商品期货、期权等衍生业务;未按规定对应收款项及时追索或采取有效保全措施等。

(三)工程承包建设方面。未按规定对合同标的进行调查论证,未经授权或超越授权投标,中标价格严重低于成本,造成企业资产损失;违反规定擅自签订或变更合同,合同约定未经严格审查,存在重大疏漏;工物资未按规定招标;违反规定转包、分包;工程组织管理混乱,致使工程质量不达标,工程成本严重超支;违反合同约定超计价、超进度付款等。

(四)转让产权、上市公司股权和资产方面。未按规定履行决策和审批程序或超越授权范围转让;财务审计和资产评估违反相关规定;组织提供和披露虚假信息,操纵中介机构出具虚假财务审计、资产评估鉴证结果;未按相关规定执行回避制度,造成资产损失;违反相关规定和公开公平交易原则,低价转让企业产权、上市公司股权和资产等。

(五)固定资产投资方面。未按规定进行可行性研究或风险分析;项目概算未经严格审查,严重偏离实际;未按规定履行决策和审批程序擅自投资,造成资产损失;购建项目未按规定招标,干预或操纵招标;外部环境发生重大变化,未按规定及时调整投资方案并采取止损措施;擅自变更工程设计、建设内容;项目管理混乱,致使建设严重拖期、成本明显高于同类项目等。

(六)投资并购方面。投资并购未按规定开展尽职调查,或尽职调查未进行风险分析等,存在重大疏漏;财务审计、资产评估或估值违反相关规定,或投资并购过程中授意、指使中介机构或有关单位出具虚假报告;未按规定履行决策和审批程序,决策未充分考虑重大风险因素,未制定风险防范预案;违规以各种形式为其他合资合作方提供垫资,或通过高溢价并购等手段向关联方输送利益;投资合同、协议及标的企业公司章程中国有权益保护条款缺失,对标的企业管理失控;投资参股后未行使股东权利,发生重大变化未及时采取止损措施;违反合同约定提前支付并购价款等。

(七)改组改制方面。未按规定履行决策和审批程序;未按规定组织开展清产核资、财务审计和资产评估;故意转移、隐匿国有资产或向中介机构提供虚假信息,操纵中介机构出具虚假清产核资、财务审计与资产评估鉴证结果;将国有资产以明显不公允低价折股、出售或无偿分给其他单位或个人;在发展混合所有制经济、实施员工持股计划等改组改制过程中变相套取、私分国有股权;未按规定收取国有资产转让价款;改制后的公司章程中国有权益保护条款缺失等。

(八)资金管理方面。违反决策和审批程序或超越权限批准资金支出;设立"小金库";违规集资、发行股票(债券)、捐赠、担保、委托理财、拆借资金或开立信用证、办理银行票据;虚列支出套取资金;违规以个人名义留存资金、收支结算、开立银行账户;违规超发、滥发职工薪酬福利;因财务内控缺失,发生侵占、盗取、欺诈等。

(九)风险管理方面。内控及风险管理制度缺失,内控流程存在重大缺陷或内部控制执行不力;对经营投资重大风险未能及时分析、识别、评估、预警和应对;对企业规章制度、经济合同和重要决策的法律审核不到位;过度负债危及企业持续经营,恶意逃废金融债务;瞒报、漏报重大风险及风险损失事件,指使编制虚假财务报告,企业账实严重不符等。

(十)其他违反规定,应当追究责任的情形。

三、资产损失认定

对国有企业经营投资发生的资产损失,应当在调查核实的基础上,依据有关规定认定损失金额及影响。

(一)资产损失包括直接损失和间接损失。直接损失是与相关人员行为有直接因果关系的损失金额及影响。间接损失是由相关人员行为引发或导致的,除直接损失外、能够确认计量的其他损失金额及影响。

(二)资产损失分为一般资产损失、较大资产损失和重大资产损失。涉及违纪违法和犯罪行为查处的损失标准,遵照相关党内法规和国家法律法规的规定执行;涉及其他责任追究处理的,由履行出资人职责的机构和国有企业根据实际情况制定资产损失程度划分标准。

(三)资产损失的金额及影响,可根据司法、行政机关出具的书面文件,具有相应资质的会计师事务所、资产评估机构、律师事务所等中介机构出具的专项审计、评估或鉴证报告,以及企业内部证明材料等进行综合研判认定。相关经营投资虽尚未形成事实损失,经中介机构评估在可预见未来将发生的损失,可以认定为或有资产损失。

四、经营投资责任认定

国有企业经营管理有关人员任职期间违反规定,未履行或未正确履行职责造成国有资产损失以及其他严重不良后果的,应当追究其相应责任;已调任其他岗位或退休的,应当纳入责任追究范围,实行重大决策终身责任追究制度。经营投资责任根据工作职责划分为直接责任、主管责任和领导责任。

(一)直接责任是指相关人员在其工作职责范围内,违反规定,未履行或未正确履行职责,对造成的资产损失或其他不良后果起决定性直接作用时应当承担的责任。

企业负责人存在以下情形的,应当承担直接责任:本人或与他人共同违反国家法律法规和企业内部管理规定;授意、指使、强令、纵容、包庇下属人员违反国家法律法规和企业内部管理规定;未经民主决策、相关会议讨论或文件传签、报审等规定程序,直接决定、批准、组织实施重大经济事项,并造成重大资产损失或其他严重不良后果;主持相关会议讨论或以文件传签等其他方式研究时,在多数人不同意的情况下,直接决定、批准、组织实施重大经济事项,造成重大资产损失或其他严重不良后果;将按有关法律法规制度应作为第一责任人(总负责)的事项、签订的有关目标责任事项或应当履行的其他重要职责,授权(委托)其他领导干部决策且决策不当或决策失误造成重大资产损失或其他严重不良后果;其他失职、渎职和应当承担直接责任的行为。

（二）主管责任是指相关人员在其直接主管（分管）工作职责范围内，违反规定，未履行或未正确履行职责，对造成的资产损失或不良后果应当承担的责任。

（三）领导责任是指主要负责人在其工作职责范围内，违反规定，未履行或未正确履行职责，对造成的资产损失或不良后果应当承担的责任。

五、责任追究处理

（一）根据资产损失程度、问题性质等，对相关责任人采取组织处理、扣减薪酬、禁入限制、纪律处分、移送司法机关等方式处理。

1. 组织处理。包括批评教育、责令书面检查、通报批评、诫勉、停职、调离工作岗位、降职、改任非领导职务、责令辞职、免职等。

2. 扣减薪酬。扣减和追索绩效年薪或任期激励收入，终止或收回中长期激励收益，取消参加中长期激励资格等。

3. 禁入限制。五年内直至终身不得担任国有企业董事、监事、高级管理人员。

4. 纪律处分。由相应的纪检监察机关依法依规查处。

5. 移送司法机关处理。依据国家有关法律规定，移送司法机关依法查处。

以上处理方式可以单独使用，也可以合并使用。

（二）国有企业发生资产损失，经过查证核实和责任认定后，除依据有关规定移送司法机关处理外，应当按以下方式处理：

1. 发生较大资产损失的，对直接责任人和主管责任人给予通报批评、诫勉、停职、调离工作岗位、降职等处理，同时按照以下标准扣减薪酬：扣减和追索责任认定年度50%—100%的绩效年薪、扣减和追索责任认定年度（含）前三年50%—100%的任期激励收入并延期支付绩效年薪，终止尚未行使的中长期激励权益、上缴责任认定年度及前一年度的全部中长期激励收益、五年内不得参加企业新的中长期激励。

对领导责任人给予通报批评、诫勉、停职、调离工作岗位等处理，同时按照以下标准扣减薪酬：扣减和追索责任认定年度30%—70%的绩效年薪、扣减和追索责任认定年度（含）前三年30%—70%的任期激励收入并延期支付绩效年薪，终止尚未行使的中长期激励权益、三年内不得参加企业新的中长期激励。

2. 发生重大资产损失的，对直接责任人和主管责任人给予降职、改任非领导职务、责令辞职、免职和禁入限制等处理，同时按照以下标准扣减薪酬：扣减和追索责任认定年度100%的绩效年薪、扣减和追索责任认定年度（含）前三年100%的任期激励收入并延期支付绩效年薪，终止尚未行使的中长期激励权益、上缴责任认定年度（含）前三年的全部中长期激励收益、不得参加企业新的中长期激励。

对领导责任人给予调离工作岗位、降职、改任非领导职务、责令辞职、免职和禁入限制等处理，同时按照以下标准扣减薪酬：扣减和追索责任认定年度70%—100%的绩效年薪、扣减和追索责任认定年度（含）前三年70%—100%的任期激励收入并延期支付绩效年薪，终止尚未行使的中长期激励权益、上缴责任认定年度（含）前三年的全部中长期激励收益、五年内不得参加企业新的中长期激励。

3. 责任人在责任认定年度已不在本企业领取绩效年薪的,按离职前一年度全部绩效年薪及前三年任期激励收入总和计算,参照上述标准追索扣回其薪酬。

4. 对同一事件、同一责任人的薪酬扣减和追索,按照党纪政纪处分、责任追究等扣减薪酬处理的最高执行,但不合并使用。

(三)对资产损失频繁发生、金额巨大、后果严重、影响恶劣的,未及时采取措施或措施不力导致资产损失扩大的,以及瞒报、谎报资产损失的,应当从重处理。对及时采取措施减少、挽回损失并消除不良影响的,可以适当从轻处理。

(四)国有企业违规经营投资责任追究处理的具体标准,由各级履行出资人职责的机构根据资产损失程度、应当承担责任等情况,依照本意见制定。

六、责任追究工作的组织实施

(一)开展国有企业违规经营投资责任追究工作,应当遵循以下程序:

1. 受理。资产损失一经发现,应当立即按管辖规定及相关程序报告。受理部门应当对掌握的资产损失线索进行初步核实,属于责任追究范围的,应当及时启动责任追究工作。

2. 调查。受理部门应当按照职责权限及时组织开展调查,核查资产损失及相关业务情况、核实损失金额和损失情形、查清损失原因、认定相应责任、提出整改措施等,必要时可经批准组成联合调查组进行核查,并出具资产损失情况调查报告。

3. 处理。根据调查事实,依照管辖规定移送有关部门,按照管理权限和相关程序对相关责任人追究责任。相关责任人对处理决定有异议的,有权提出申诉,但申诉期间不停止原处理决定的执行。责任追究调查情况及处理结果在一定范围内公开。

4. 整改。发生资产损失的国有企业应当认真总结吸取教训,落实整改措施,堵塞管理漏洞,建立健全防范损失的长效机制。

(二)责任追究工作原则上按照干部管理权限组织开展,一般资产损失由本企业依据相关规定自行开展责任追究工作,上级企业或履行出资人职责的机构认为有必要的,可直接组织开展;达到较大或重大资产损失标准的,应当由上级企业或履行出资人职责的机构开展责任追究工作;多次发生重大资产损失或造成其他严重不良影响、资产损失金额特别巨大且危及企业生存发展的,应当由履行出资人职责的机构开展责任追究工作。

(三)对违反规定,未履行或未正确履行职责造成国有资产损失的董事,除依法承担赔偿责任外,应当依照公司法、公司章程及本意见规定对其进行处理。对重大资产损失负有直接责任的董事,应及时调整或解聘。

(四)经营投资责任调查期间,对相关责任人未支付或兑现的绩效年薪、任期激励收入、中长期激励收益等均应暂停支付或兑现;对有可能影响调查工作顺利开展的相关责任人,可视情况采取停职、调离工作岗位、免职等措施。

(五)对发生安全生产、环境污染责任事故和重大不稳定事件的,按照国家有关规定另行处理。

七、工作要求

（一）各级履行出资人职责的机构要明确所出资企业负责人在经营投资活动中须履行的职责，引导其树立责任意识和风险意识，依法经营，廉洁从业，坚持职业操守，履职尽责，规范经营投资决策，维护国有资产安全。国有企业要依据公司法规定完善公司章程，建立健全重大决策评估、决策事项履职记录、决策过错认定等配套制度，细化各类经营投资责任清单，明确岗位职责和履职程序，不断提高经营投资责任管理的规范化、科学化水平。履行出资人职责的机构和国有企业应在有关外聘董事、职业经理人聘任合同中，明确违规经营投资责任追究的原则要求。

（二）各级履行出资人职责的机构和国有企业要按照本意见要求，建立健全违规经营投资责任追究制度，细化经营投资责任追究的原则、范围、依据、启动机制、程序、方式、标准和职责，保障违规经营投资责任追究工作有章可循、规范有序。国有企业违规经营投资责任追究制度应当报履行出资人职责的机构备案。

（三）国有企业要充分发挥党组织、审计、财务、法律、人力资源、巡视、纪检监察等部门的监督作用，形成联合实施、协同联动、规范有序的责任追究工作机制，重要情况和问题及时向履行出资人职责的机构报告。履行出资人职责的机构要加强与外派监事会、巡视组、审计机关、纪检监察机关、司法机关的协同配合，共同做好国有企业违规经营投资责任追究工作。对国有企业违规经营投资等重大违法违纪违规问题应当发现而未发现或敷衍不追、隐匿不报、查处不力的，严格追究企业和履行出资人职责的机构有关人员的失职渎职责任。

（四）各级履行出资人职责的机构和国有企业要做好国有企业违规经营投资责任追究相关制度的宣传解释工作，凝聚社会共识，为深入开展责任追究工作营造良好氛围；要结合对具体案例的调查处理，在适当范围进行总结和通报，探索向社会公开调查处理情况，接受社会监督，充分发挥警示教育作用。

本意见适用于国有及国有控股企业违规经营投资责任追究工作。金融、文化等国有企业违规经营投资责任追究工作，中央另有规定的依其规定执行。

四、经济责任审计

县级以下党政领导干部任期经济责任审计暂行规定[1]
（中办发〔1999〕20号，1999年5月24日）

第一条　为了加强对党政领导干部的管理和监督，正确评价领导干部任期经济责任，促进领导干部勤政廉政，全面履行职责，根据《中华人民共和国审计法》和其他有关法律、法规，以及干部管理、监督的有关规定，制定本规定。

第二条　本规定所称县级以下党政领导干部，是指县（旗）、自治县、不设区的市、市辖区直属的党政机关、审判机关、检察机关、群众团体和事业单位的党政正职领导干部，乡、民族乡、镇的党委、人民政府正职领导干部（以下简称领导干部）。

---

[1] 本书编写组.中华人民共和国现行审计法规汇编[M].成都：西南财经大学出版社，2009：168.

第三条　本规定所称领导干部任期经济责任,是指领导干部任职期间对其所在部门、单位财政收支、财务收支真实性、合法性和效益性,以及有关经济活动应当负有的责任,包括主管责任和直接责任。

第四条　领导干部任期届满,或者任期内办理调任、转任、轮岗、免职、辞职、退休等事项前,应当接受任期经济责任审计。

第五条　根据干部管理、监督工作的需要和党委、人民政府的意见,由组织人事部门、纪检监察机关提出对领导干部进行任期经济责任审计的委托建议,审计机关依法实施审计。

第六条　审计机关在审计中应当客观公正,实事求是,廉洁奉公,保守秘密,并遵守审计回避制度的规定。

第七条　审计机关依法实施领导干部任期经济责任审计时,被审计的领导干部及其所在部门、单位不得拒绝、阻碍,其他行政机关、社会团体和个人不得干涉。

第八条　审计机关应在实施审计三日前,向被审计的领导干部所在部门、单位送达审计通知书,同时抄送被审计的领导干部本人。

第九条　审计通知书送达后,被审计的领导干部所在部门、单位应当按照审计机关的要求,及时如实提供有关资料;领导干部本人应当按照要求,写出自己负有主管责任和直接责任的财政收支、财务收支事项的书面材料,并于审计工作开始后五日内送交审计机关。

第十条　审计机关实施领导干部任期经济责任审计,应当通过对其所在部门、单位财政收支、财务收支的真实、合法、效益情况审计,分清领导干部本人应当负有的主管责任和直接责任。

对领导干部所在部门、单位财政收支、财务收支审计的主要内容释:预算的执行情况和决算或者财务收支计划的执行情况和决算;预算外资金的收入、支出和管理情况;专项基金的管理和使用情况;国有资产的管理、使用及保值增值情况;财政收支、财务收支的内部控制制度及其执行情况;其他需要审计的事项。

在审计的基础上,查清领导干部任职期间财政收支、财务收支工作目标完成情况,以及遵守国家财经法规情况等,分清领导干部对本部门、本单位财政收支、财务收支中不真实,资金使用效益差以及违反国家财经法规问题应当负有的责任;查清领导干部个人在财政收支、财务收支中有无侵占国家资产,违反领导干部廉政规定和其他违法违纪的问题。

第十一条　审计组实施审计后,应当向审计机关提交审计报告。审计报告报送审计机关前,应当征求被审计的领导干部所在部门、单位和本人的意见。

第十二条　审计机关审定审计报告后,对被审计的领导干部所在部门、单位违反财经法规的问题,认为需要依法给予处理、处罚的,应在法定职权范围内作出审计决定或者向有关主管机关提出处理、处罚意见,同时对领导干部本人任期内的经济责任作出客观评价,向本级人民政府提交领导干部任期经济责任审计结果报告,并抄送同级组织人事部门、纪检监察机关和有关部门。

第十三条　组织人事部门应当将审计机关提交的领导干部任期经济责任审计结果报告,作为对领导干部的调任、免职、辞职、退休等提出审查处理意见时的参考依据。应当给予党纪政纪处分的,由任免机关或纪检监察机关处理。应当依法追究刑事责任的,移送司法机关处理。

第十四条 审计机关按照本规定对领导干部任期经济责任实施审计所必需的经费,应当列入本级人民政府专项财政预算,由本级人民政府予以保证。

第十五条 审计机关依法独立开展领导干部任期经济责任审计工作;上级审计机关负责对下级审计机关执行本规定的情况实行监督、检查;上级组织人事部门、纪检监察机关负责对下级组织人事部门、纪检监察机关执行本规定、利用审计机关审计结果的情况实行监督、检查。

纪检监察机关、组织人事部门、审计机关等有关部门应当建立联席会议制度,交流、通报领导干部任期经济责任审计情况,研究、解决领导干部任期经济责任审计中出现的问题。

第十六条 各地对县级以上党政领导干部已经规定实行任期经济责任审计的,可根据各地党委、人民政府的部署,结合本地实际,按本规定执行。

第十七条 本规定由审计署负责解释。

第十八条 本规定自发布之日起施行。

国有企业及国有控股企业领导人员任期经济责任审计暂行规定❶
(中办发〔1999〕20号,1999年5月24日)

第一条 为了加强对国有企业及国有控股企业领导人员(以下简称企业领导人员)的管理与监督,正确评价企业领导人员任期经济责任,促进国有企业加强和改善经营管理,保障国有资产保值增值,根据《中华人民共和国审计法》以及其他有关法律、法规,制定本规定。

第二条 本规定所称企业领导人员,是指企业的法定代表人。

第三条 本规定所称任期经济责任,是指企业领导人员任职期间对其所在企业资产、负债、损益的真实性、合法性和效益性,以及有关经济活动应当负有的责任,包括主管责任和直接责任。

第四条 企业领导人员任期届满,或者任期内办理调任、免职、辞职、退休等事项前,以及在企业进行改制、改组、兼并、出售、拍卖、破产等国有资产重组的同时,应当按国家现行规定进行审计。

第五条 企业领导人员任期经济责任审计应当由企业领导人员管理机关报本级人民政府批准,由人民政府下达审计指令。审计机关可以直接进行审计,也可以由社会审计组织或上级内部审计机构进行审计。

第六条 审计机关应当遵照人民政府的指令,按照审计管辖范围,依法派出审计组实施审计。审计中应当客观公正,实事求是,廉洁奉公,保守秘密,并遵守审计回避制度的规定。

第七条 审计机关依法实施企业领导人员任期经济责任审计时,被审计的企业领导人员及其所在企业不得拒绝、阻碍,其他行政机关、社会团体和个人不得干涉。

第八条 审计机关应在实施审计三日前,向被审计的企业领导人员所在企业送达审计通知书,同时抄送被审计的企业领导人员。

第九条 审计通知书下达后,被审计的企业领导人员所在企业应当按照审计机关的要求,及时如实提供有关资料;被审计的企业领导人员应当按照要求,写出自己负有主管责任和直接责任的企业资产、负债、损益事项的书面材料,并于审计工作开始后五日内送交审计组。

---

❶翟继光.中华人民共和国现行审计法规汇编[M].成都:西南财经大学出版社,2009:169.

第十条 审计机关实施企业领导人员任期经济责任审计,应当通过对其所在企业资产、负债、损益的真实、合法和效益情况审计,分清企业领导人员本人应当负有的主管责任和直接责任。

企业资产、负债、损益审计的主要内容是:企业资产、负债、损益的真实性;国有资产的安全、完整和保值增值;企业对外投资和资产的处置情况;企业收益的分配;与上述经济活动有关的内部控制制度及其执行情况;其他需要审计的事项。

在审计的基础上,查清企业领导人员在任职期间与企业资产、负债、损益目标责任制有关的各项经济指标的完成情况,以及遵守国家财经法规情况,分清企业领导人员对本企业资产、负债、损益不真实、投资效益差,以及违反国家财经法规问题应当负有的责任;查清企业领导人员个人有无侵占国家资产,违反与财务收支有关的廉政规定和其他违法违纪的问题。

第十一条 审计组实施审计后,应当向审计机关提交审计报告。审计报告报送审计机关前,应当征求被审计的企业领导人员所在企业及本人的意见。审计组应对其提出的审计报告承担有关责任。

第十二条 审计机关审定审计报告后,对被审计的企业领导人员所在企业违反财经法规的问题,认为需要依法给予处理、处罚的,应在法定职权范围内作出审计决定或者向有关主管机关提出处理建议,同时对企业领导人员本人任期内的经济责任作出客观评价,向本级人民政府提交企业领导人员任期经济责任审计结果报告,并抄送企业领导人员管理机关及有关部门。

第十三条 承办企业领导人员任期经济责任审计的社会审计组织、上级内部审计机构,也要依照规定的程序和要求实施审计,并接受审计机关的监督。

第十四条 企业领导人员管理机关应当将审计机关提交的企业领导人员任期经济责任审计结果报告,作为对该企业领导人员的调任、免职、辞职、解聘、退休等提出审查处理意见时的参考依据。应当给予党纪政纪处分的,由企业领导人员管理机关或纪检监察机关处理。应当依法追究刑事责任的,移送司法机关处理。

第十五条 对企业领导人员任期经济责任实施审计所必需的经费,应当列入本级人民政府专项财政预算,由本级人民政府予以保证。

第十六条 各级审计机关依法独立开展企业领导人员任期经济责任审计工作;上级审计机关负责对审计机关执行本规定的情况实行监督、检查;上级企业领导人员管理机关负责对下级部门执行本规定、利用审计机关审计结果的情况实行监督、检查。

纪检监察机关、企业领导人员管理机关、审计机关等有关部门应当建立联席会议制度,交流、通报企业领导人员任期经济责任审计情况,研究、解决企业领导人员任期经济责任审计工作中出现的问题。

第十七条 已列入稽查特派员稽查的企业领导人员的管理和监督,按照《国务院稽查特派员条例》和有关规定执行。

第十八条 实行企业化管理的事业单位的领导人员的任期经济责任审计,参照本规定执行。

第十九条 本规定由审计署负责解释。

第二十条 本规定自发布之日起施行。

关于党政领导干部任期经济责任审计若干问题的指导意见❶
（经审办字〔2003〕6号，2003年7月8日）

为进一步规范经济责任审计工作、提高审计质量，按照党的十六大报告精神，根据《县级以下党政领导干部任期经济责任审计暂行规定》《中共中央办公厅国务院办公厅关于转发中央纪委等部门〈关于认真贯彻落实中办发〔1999〕20号文件切实做好经济责任审计工作的意见〉的通知》（中办发〔2000〕16号）、《党政领导干部选拔任用工作条例》《县级以下党政领导干部任期经济责任审计暂行规定实施细则》和其他有关规定，就当前党政领导干部任期经济责任审计工作中的若干问题，提出以下指导意见：

一、正确认识和准确把握经济责任审计工作的地位和作用。对党政领导干部进行经济责任审计是新时期加强干部监督管理的一个重要环节，是从源头上预防和治理腐败、促进领导干部廉洁勤政的重要措施，是推进依法行政、依法治国的有效手段，是促进领导干部自觉实践"三个代表"重要思想的有效保证。经过有关各方几年来的共同努力，经济责任审计工作取得了明显成效，探索和积累了一些好的经验和做法。当前和今后一个时期，各级纪检、组织、监察、人事、审计部门要以"三个代表"重要思想为指导，认真贯彻党的十六大精神，按照中办、国办两个暂行规定的要求，全面推进县级以下党政领导干部和国有及国有控股企业领导人员经济责任审计，积极开展县以上党政领导干部经济责任审计试点工作。要进一步统一思想、提高认识，突出重点、稳步推进；要加强经济责任审计的法规建设，逐步完善经济责任审计制度；要加强协调、科学组织，有计划、有步骤地把经济责任审计工作引向深入，不断取得新成效。

二、当前经济责任审计工作的指导原则是积极稳妥、量力而行、提高质量、防范风险。经济责任审计要坚持以财政财务收支审计为基础，审计机关应在法定的职权范围内运用审计手段来实施经济责任审计。审计机关应通过对被审计领导干部所在单位（部门、地区）财政财务收支的真实、合法、效益情况的审计来评价领导干部履行经济责任情况。

三、经济责任审计应按照干部管理权限分级组织实施。各级党委管理的党政领导干部的任期经济责任审计，由本级党委组织部门委托同级审计机关组织实施。单位（部门）党委（党组）管理的行政领导干部的任期经济责任审计，由单位（部门）的组织（人事）部门委托有关部门组织实施。

当经济责任审计的管辖与财政财务收支审计的管辖不一致时，对被审计领导干部所在单位的违法违规问题的处理、处罚，应移交有财政财务收支审计管辖关系的审计机关进行，或经有管辖权的审计机关认可由实施经济责任审计的审计机关直接进行。

四、经济责任审计工作计划应统一协调，在保证审计质量的前提下，有重点地确定审计项目。

每年年底前，联席会议办公室根据组织（纪检、监察、人事）部门提出的下一年度经济责任审计项目的建议，与审计机关充分协商后，拟定年度经济责任审计工作计划草案，经济责任审计工作计划经联席会议或经济责任审计工作领导小组讨论同意后，列入审计机关的审计工作计划。

组织部门根据确定的审计工作计划以书面形式委托审计机关实施经济责任审计。遇有特殊

---

❶中翟继光.华人民共和国现行审计法规汇编[M].成都：西南财经大学出版社，2009：172-174.

情况确需调增审计项目的,组织部门应与审计机关充分协商,并经本级党委、政府或经济责任审计工作领导小组批准。

五、经济责任审计可以在领导干部离任时实施,也可以根据实际情况在领导干部任职期间内实施。组织(人事)部门可以根据具体情况,在领导干部的任职期间内适当安排任中审计。审计机关也可以经组织(人事)部门授权将经济责任审计项目在领导干部的任职期间内分期实施。

审计机关实施经济责任审计应当与现行的财政财务收支审计相结合,避免重复监督。审计机关应统筹安排财政财务收支审计和经济责任审计工作,尽量做到一次审计满足多种需要,并在财政财务收支审计中注意收集和保存与经济责任审计相关的资料。审计机关在进行经济责任审计时,应充分利用以前年度财政财务收支审计的审计结果,已进行过财政财务收支审计的年度,除进行必要的补充审计和取证外,一般不重复审计。

审计机关在进行经济责任审计时可以参考、利用被审计的领导干部所在单位内部审计机构的审计资料和审计结果。审计机关根据审计工作需要可以组织被审计的领导干部所在单位的内部审计人员按照审计机关的要求,配合经济责任审计工作,承担具体审计事项。

六、审计机关应根据审计要求做好审前调查工作,认真了解被审计的领导干部所在单位的基本情况和与被审计的领导干部履行经济职责有关的情况,听取纪检、组织、监察、人事等有关部门的意见,收集相关材料。纪检、组织、监察、人事等有关部门应及时将了解和掌握的有关被审计的领导干部的相关情况告知审计机关。

审计机关应在审前调查的基础上制定切实可行的审计方案。审计方案应明确审计目标、审计范围、审计重点、审计要求、审计组织、审计方式、延伸审计单位、其他审计事项等。县级以上党委、政府领导干部的经济责任审计项目的审计方案应征求委托部门的意见,并报请本级党委、政府主要领导同意,在审计过程中需要对其进行重大调整的,应征得有关方同意。

七、党政领导干部任期经济责任审计的重点内容主要包括:(一)被审计的领导干部任职期间所在单位(所在地区)的财政财务收支是否真实,有无作假账;(二)贯彻执行国家重要经济政策情况;(三)有无个人违反决策程序或决策造成重大损失情况;(四)个人遵守有关廉政规定情况等。

审查被审计的领导干部遵守廉政规定情况应当围绕其所在单位和分管、关联的单位、项目的财政财务收支中与廉政规定相关的事项进行。审计组可以采取多种方式了解相关情况,选择其中应重点审核的内容进行审计。

八、审计机关评价领导干部的经济责任履行情况应从实际出发,采取写实的方式描述审计结果,避免鉴定式的抽象评价。审计评价应明确、具体,并遵循以下原则:(一)审计评价应紧紧围绕被审计领导干部的相关经济责任进行,与被审计的领导干部不相关的经济责任不评价;(二)审计评价应在审计事项范围内进行,与审计事项不相关的事项不评价;(三)审计评价应依据审计查明的事实进行,证据不充分的事项不评价;(四)审计评价应依据重要性原则进行,对一般性的问题可以不评价;(五)审计评价既要反映被审计的领导干部的问题,又要反映其相关业绩,审计评价应避免相互矛盾。

九、经济责任审计成果的利用是经济责任审计的重要环节,纪检、组织、监察、人事等有关部门应充分利用经济责任审计成果,以真正发挥经济责任审计的作用。

组织、人事部门应将审计机关提交的领导干部经济责任审计结果报告,作为对被审计的领导干部业绩考评和职务任免的参考依据。领导干部任期经济责任审计结果应列入已建立的干部考核(廉政)档案。经济责任审计结束后,干部管理部门应根据审计结果与被审计的领导干部进行谈话,通报审计情况。对审计中发现的有违纪行为的领导干部,应给予党纪政纪处分的,由纪检、监察机关按照有关规定及时作出处理;构成犯罪的,应及时移交司法机关,依法追究其刑事责任。

经济责任审计结果可以采取适当的形式在一定的范围内实行公告或进行通报。

纪检、组织、监察、人事等部门应及时将经济责任审计成果利用情况反馈给审计机关。

党政主要领导干部和国有企业领导人员经济责任审计规定[1]

(中办发〔2010〕32号,2010-10-12)

第一章 总则

第一条 为健全和完善经济责任审计制度,加强对党政主要领导干部和国有企业领导人员(以下简称领导干部)的管理监督,推进党风廉政建设,根据《中华人民共和国审计法》和其他有关法律法规,以及干部管理监督的有关规定,制定本规定。

第二条 党政主要领导干部经济责任审计的对象包括:

(一)地方各级党委、政府、审判机关、检察机关的正职领导干部或者主持工作一年以上的副职领导干部;

(二)中央和地方各级党政工作部门、事业单位和人民团体等单位的正职领导干部或者主持工作一年以上的副职领导干部;上级领导干部兼任部门、单位的正职领导干部,且不实际履行经济责任时,实际负责本部门、本单位常务工作的副职领导干部。

第三条 国有企业领导人员经济责任审计的对象包括国有和国有控股企业(含国有和国有控股金融企业)的法定代表人。

第四条 本规定所称经济责任,是指领导干部在任职期间因其所任职务,依法对本地区、本部门(系统)、本单位的财政收支、财务收支以及有关经济活动应当履行的职责、义务。

第五条 领导干部履行经济责任的情况,应当依法接受审计监督。

根据干部管理监督的需要,可以在领导干部任职期间进行任中经济责任审计,也可以在领导干部不再担任所任职务时进行离任经济责任审计。

第六条 领导干部的经济责任审计依照干部管理权限确定。

地方审计机关主要领导干部的经济责任审计,由本级党委与上一级审计机关协商后,由上一级审计机关组织实施。

审计署审计长的经济责任审计,报请国务院总理批准后实施。

第七条 审计机关依法独立实施经济责任审计,任何组织和个人不得拒绝、阻碍、干涉,不得打击报复审计人员。

第八条 审计机关和审计人员对经济责任审计工作中知悉的国家秘密、商业秘密,负有保密

---

[1] 本书编写组.中华人民共和国现行审计法规与审计准则及政策解读[M].上海:立信出版社,2018:322-325.

义务。

第九条　各级党委和政府应当保证审计机关履行经济责任审计职责所必需的机构、人员和经费。

第二章　组织协调

第十条　各级党委和政府应当加强对经济责任审计工作的领导,建立经济责任审计工作联席会议(以下简称联席会议)制度。联席会议由纪检、组织、审计、监察、人力资源社会保障和国有资产监督管理等部门组成。

联席会议下设办公室,与同级审计机关内设的经济责任审计机构合署办公,负责日常工作。联席会议办公室主任为同级审计机关的副职领导或者同职级领导。

第十一条　联席会议的主要职责是研究制定有关经济责任审计的政策和制度,监督检查、交流通报经济责任审计工作开展情况,协调解决工作中出现的问题。

第十二条　联席会议办公室的主要职责是研究起草有关经济责任审计的法规、制度和文件,研究提出年度经济责任审计计划草案,总结推广经济责任审计工作经验,督促落实联席会议决定的有关事项。

第十三条　经济责任审计应当有计划地进行。组织部门每年提出下一年度经济责任审计委托建议,经联席会议办公室研究后提出经济责任审计计划草案,由审计机关报请本级政府行政首长审定后,纳入审计机关年度审计工作计划并组织实施。

第三章　审计内容

第十四条　经济责任审计应当以促进领导干部推动本地区、本部门(系统)、本单位科学发展为目标,以领导干部守法、守纪、守规、尽责情况为重点,以领导干部任职期间本地区、本部门(系统)、本单位财政收支、财务收支以及有关经济活动的真实、合法和效益为基础,严格依法界定审计内容。

第十五条　地方各级党委和政府主要领导干部经济责任审计的主要内容是:本地区财政收支的真实、合法和效益情况;国有资产的管理和使用情况;政府债务的举借、管理和使用情况;政府投资和以政府投资为主的重要项目的建设和管理情况;对直接分管部门预算执行和其他财政收支、财务收支以及有关经济活动的管理和监督情况。

第十六条　党政工作部门、审判机关、检察机关、事业单位和人民团体等单位主要领导干部经济责任审计的主要内容是:本部门(系统)、本单位预算执行和其他财政收支、财务收支的真实、合法和效益情况;重要投资项目的建设和管理情况;重要经济事项管理制度的建立和执行情况;对下属单位财政收支、财务收支以及有关经济活动的管理和监督情况。

第十七条　国有企业领导人员经济责任审计的主要内容是:本企业财务收支的真实、合法和效益情况;有关内部控制制度的建立和执行情况;履行国有资产出资人经济管理和监督职责情况。

第十八条　在审计以上主要内容时,应当关注领导干部在履行经济责任过程中的下列情况:贯彻落实科学发展观,推动经济社会科学发展情况;遵守有关经济法律法规、贯彻执行党和国家有关经济工作的方针政策和决策部署情况；制定和执行重大经济决策情况；与领导干部履行经济责任有关的管理、决策等活动的经济效益、社会效益和环境效益情况；遵守有关廉洁从政（从业）规定情况等。

第十九条　有关部门和单位、地方党委和政府的主要领导干部由上级领导干部兼任，且实际履行经济责任的，对其进行经济责任审计时，审计内容仅限于该领导干部所兼任职务应当履行的经济责任。

第四章　审计实施

第二十条　审计机关应当根据年度经济责任审计计划，组成审计组并实施审计。

第二十一条　审计机关应当在实施经济责任审计3日前，向被审计领导干部及其所在单位或者原任职单位（以下简称所在单位）送达审计通知书。遇有特殊情况，经本级政府批准，审计机关可以直接持审计通知书实施经济责任审计。

第二十二条　审计机关实施经济责任审计时，应当召开有审计组主要成员、被审计领导干部及其所在单位有关人员参加的会议，安排审计工作有关事项。联席会议有关成员单位根据工作需要可以派人参加。

审计机关实施经济责任审计，应当进行审计公示。

第二十三条　审计机关在经济责任审计过程中，应当听取本级党委、政府和被审计领导干部所在单位有关领导同志，以及本级联席会议有关成员单位的意见。

第二十四条审计机关在进行经济责任审计时，被审计领导干部及其所在单位，以及其他有关单位应当提供与被审计领导干部履行经济责任有关的下列资料：

（一）财政收支、财务收支相关资料；

（二）工作计划、工作总结、会议记录、会议纪要、经济合同、考核检查结果、业务档案等资料；

（三）被审计领导干部履行经济责任情况的述职报告；

（四）其他有关资料。

第二十五条　被审计领导干部及其所在单位应当对所提供资料的真实性、完整性负责，并作出书面承诺。

第二十六条　审计机关履行经济责任审计职责时，可以依法提请有关部门和单位予以协助，有关部门和单位应当予以配合。

第二十七条　审计组实施审计后，应当将审计组的审计报告书面征求被审计领导干部及其所在单位的意见。根据工作需要可以征求本级党委、政府有关领导同志，以及本级联席会议有关成员单位的意见。

被审计领导干部及其所在单位应当自接到审计组的审计报告之日起10日内提出书面意见；10日内未提出书面意见的，视同无异议。

第二十八条　审计机关按照《中华人民共和国审计法》及相关法律法规规定的程序，对审计组的审计报告进行审议，出具审计机关的经济责任审计报告和审计结果报告。

第二十九条　审计机关应当将经济责任审计报告送达被审计领导干部及其所在单位。

第三十条审计机关应当将经济责任审计结果报告等结论性文书报送本级政府行政首长,必要时报送本级党委主要负责同志;提交委托审计的组织部门;抄送联席会议有关成员单位。

第三十一条　被审计领导干部所在单位存在违反国家规定的财政收支、财务收支行为,依法应当给予处理、处罚的,由审计机关在法定职权范围内作出审计决定。

审计机关在经济责任审计中发现的应当由其他部门处理的问题,依法移送有关部门处理。

第三十二条　被审计领导干部对审计机关出具的经济责任审计报告有异议的,可以自收到审计报告之日起30日内向出具审计报告的审计机关申诉,审计机关应当自收到申诉之日起30日内作出复查决定;被审计领导干部对复查决定仍有异议的,可以自收到复查决定之日起30日内向上一级审计机关申请复核,上一级审计机关应当自收到复核申请之日起60日内作出复核决定。

上一级审计机关的复核决定和审计署的复查决定为审计机关的最终决定。

第五章　审计评价与结果运用

第三十三条　审计机关应当根据审计查证或者认定的事实,依照法律法规、国家有关规定和政策,以及责任制考核目标和行业标准等,在法定职权范围内,对被审计领导干部履行经济责任情况作出客观公事求是的评价。审计评价应当与审计内容相统一,评价结论应当有充分的审计证据支持。

第三十四条　审计机关对被审计领导干部履行经济责任过程中存在问题所应当承担的直接责任、主管责任、领导责任,应当区别不同情况作出界定。

第三十五条　本规定所称直接责任,是指领导干部对履行经济责任过程中的下列行为应当承担的责任:

(一)直接违反法律法规、国家有关规定和单位内部管理规定的行为;

(二)授意、指使、强令、纵容、包庇下属人员违反法律法规、国家有关规定和单位内部管理规定的行为;

(三)未经民主决策、相关会议讨论而直接决定、批准、组织实施重大经济事项,并造成重大经济损失浪费、国有资产(资金、资源)流失等严重后果的行为;

(四)主持相关会议讨论或者以其他方式研究,但是在多数人不同意的情况下直接决定、批准、组织实施重大经济事项,由于决策不当或者决策失误造成重大经济损失浪费、国有资产(资金、资源)流失等严重后果的行为;

(五)其他应当承担直接责任的行为。

第三十六条　本规定所称主管责任,是指领导干部对履行经济责任过程中的下列行为应当承担的责任:

(一)除直接责任外,领导干部对其直接分管的工作不履行或者不正确履行经济责任的行为;

(二)主持相关会议讨论或者以其他方式研究,并且在多数人同意的情况下决定、批准、组织实施重大经济事项,由于决策不当或者决策失误造成重大经济损失浪费、国有资产(资金、资源)流失等严重后果的行为。

第三十七条 本规定所称领导责任,是指除直接责任和主管责任外,领导干部对其不履行或者不正确履行经济责任的其他行为应当承担的责任。

第三十八条 各级党委和政府应当建立健全经济责任审计情况通报、审计整改以及责任追究等结果运用制度,逐步探索和推行经济责任审计结果公告制度。

第三十九条 有关部门和单位应当根据干部管理监督的相关要求运用经济责任审计结果,将其作为考核、任免、奖惩被审计领导干部的重要依据,并以适当方式将审计结果运用情况反馈审计机关。

经济责任审计结果报告应当归入被审计领导干部本人档案。

第六章 附则

第四十条 审计机关和审计人员、被审计领导干部及其所在单位,以及其他有关单位和个人在经济责任审计中的职责、权限、法律责任等,本规定未作规定的,依照《中华人民共和国审计法》《中华人民共和国审计法实施条例》和其他法律法规的有关规定执行。

第四十一条 审计机关开展领导干部经济责任审计适用本规定。有关机构依法履行国有资产监督管理职责时,按照干部管理权限开展的经济责任审计,参照本规定组织实施。部门和单位可以根据本规定,制定内部管理领导干部经济责任审计的规定。

第四十二条 中央经济责任审计工作联席会议应当根据本规定,制定实施细则或者贯彻实施意见。

第四十三条 本规定由审计署负责解释。

第四十四条 本规定自印发之日起施行。1999年5月中共中央办公厅、国务院办公厅印发的《县级以下党政领导干部任期经济责任审计暂行规定》和《国有企业及国有控股企业领导人员任期经济责任审计暂行规定》(中办发〔1999〕20号)同时废止。

深化经济责任审计工作指导意见❶
(审经责发〔2011〕122号,2011年7月15日)

在党中央、国务院和地方各级党委、政府的正确领导下,全国各级审计机关和干部管理监督部门协作配合,不断探索创新,推动经济责任审计工作快速发展。经济责任审计在加强干部管理监督、促进党风廉政建设、推动完善国家治理和保障经济社会健康发展等方面,发挥了积极作用。为贯彻落实好中办、国办《党政主要领导干部和国有企业领导人员经济责任审计规定》(中办发〔2010〕32号,以下简称《规定》)及其贯彻实施意见,进一步推动经济责任审计工作的深入发展,现提出以下指导意见:

一、进一步明确指导思想和工作思路

以邓小平理论和"三个代表"重要思想为指导,深入贯彻落实科学发展观,牢固树立科学审计理念,认真学习贯彻《规定》及其贯彻实施意见,以促进领导干部推动本地区、本部门(系统)、本单位科学发展为目标,深化经济责任审计工作,促进党政领导干部和国有企业领导人员切实依法履行经济职责,充分发挥经济责任审计的"免疫系统"功能,全力服务于经济社会科学发展。

---

❶本书编写组.中华人民共和国现行审计法规与审计准则及政策解读[M].上海:立信出版社,2018:332-335.

要按照"全面推进、突出重点、健全制度、规范管理、提高质量、深化发展"的工作思路,立足经济责任审计本质要求,围绕党委政府、干部管理监督部门的需要,采取有效措施,推动经济责任审计工作深入发展。

二、充分发挥经济责任审计工作联席会议和领导小组的作用

审计机关要充分认识做好经济责任审计工作的重大意义,增强责任感和使命感,切实履行职责,加强与纪检、组织、监察、人力资源社会保障和国有资产监督管理等联席会议成员单位的沟通、协调。要尽快完善制度健全、管理规范、运转有序、工作高效的经济责任审计工作机制。要充分发挥联席会议及其办公室在计划制定、组织实施、信息共享、结果利用等关键环节的职能作用,形成审前共商、审中协作、审后运用的整体合力。联席会议办公室要积极主动开展工作,认真做好联席会议交办的各项工作任务。要进一步加强对内部管理领导干部经济责任审计的指导,强化对实行垂直领导体制的部门(系统)、单位内部管理领导干部经济责任审计的督促检查,推动其扩大审计覆盖面,加大审计力度,提高审计质量。

建立经济责任审计工作领导小组的地方,要总结经验,摸索规律,健全机制,进一步有效发挥组织领导作用。

三、加强经济责任审计计划管理和组织实施

要按照被审计领导干部任职时间、工作岗位性质、履行经济责任的重要程度等因素对审计对象实行分类管理。

在制定审计计划时,要突出重点审计对象,加强对经济活动复杂、资金(资产、资源)量大的重点部门、重点单位以及关键岗位领导干部的审计。坚持任中审计与离任审计相结合,不断加大任中审计比重。要处理好审计资源与审计需求的关系,合理安排年度审计项目数据,确保审计质量。要主动与联席会议各成员单位沟通协调,保证每年年底前或下年年初形成下一年度审计计划。确因特殊情况需要追加审计项目的,严格按照《规定》明确的制定审计计划的程序执行。各地可以根据实际情况,科学制定经济责任审计的中长期规划。

审计机关要积极探索党委和政府主要领导干部同步审计的组织方式和审计方法;逐步建立和推行领导干部任期内轮审制度;可以把经济责任审计与预算执行审计、政府投资项目审计、专项资金审计等结合起来;探索对审计计划、审计项目实施、审计文书报送、审计结果利用等实行统一管理,整合各专业审计,统筹安排和合理配置审计资源,形成工作合力。

在实际工作中,遇有干部管理权限与财政财务隶属关系、国有资产监督管理关系不一致时,审计机关可以采取自行组织、统一组织下级审计机关、授权具有财政财务收支审计管辖权的下级审计机关等方式实施。县(市、区)党委、政府主要领导干部由省级党委管理的,乡镇党委、政府主要领导干部由地市级党委管理的,省级审计机关或地市级审计机关可以采取上述方式组织实施。

四、准确把握经济责任审计内容

审计机关要按照《规定》的要求,结合各地的实际情况,探索不同类别、不同级次、不同岗位性质、不同地域特点领导干部的具体审计内容,充分考虑审计目标、干部管理监督的需要、审计资源、审计效率与效果、审计成本等因素,准确把握审计重点内容。

要正确理解《规定》关于审计内容相关条款之间的关系,在审计地方各级党委和政府主要领导干部,党政工作部门、审判机关、检察机关、事业单位和人民团体等单位主要领导干部,国有企业领导人员时,要把贯彻落实科学发展观,推动经济社会科学发展情况;遵守有关经济法律法规、贯彻执行党和国家有关经济工作的方针政策和决策部署情况;制定和执行重大经济决策情况;与领导干部履行经济责任有关的管理、决策等活动的经济效益、社会效益和环境效益情况;遵守有关廉洁从政(从业)规定情况,作为审计地方各级党委和政府主要领导干部经济责任审计,要根据当地党委和政府主要领导干部的职责分工和实际情况,区分重点审计内容。地方各级党委主要领导干部经济责任审计内容,可以侧重于区域经济社会发展情况、贯彻执行中央和上级党委的重大方针政策和决策部署情况、统筹经济社会发展政策措施制定情况、重大经济决策情况,以及遵守有关廉洁从政规定情况等。

地方各级政府主要领导干部经济责任审计内容,可以侧重于区域经济社会发展情况,贯彻执行中央、上级党委和政府、本级党委的重大方针政策和决策部署情况,重大经济决策的制定和执行情况,本地区财政收支的真实、合法和效益情况,国有资产的管理和使用情况,政府债务的举借、管理和使用情况,重大投资项目的建设和管理情况,对直接分管部门预算执行和其他财政收支、财务收支以及有关经济活动的管理和监督情况,以及遵守有关廉洁从政规定情况等。

党政工作部门、审判机关、检察机关、事业单位和人民团体等单位主要领导干部经济责任审计内容,可以侧重于部门事业发展情况、遵守法律法规和贯彻执行党和国家有关经济工作的方针政策和决策部署情况、重大经济决策情况、内部管理情况、财政财务收支情况,以及遵守有关廉洁从政规定情况等。

国有企业领导人员经济责任审计内容,可以侧重于企业经营发展情况、遵守法律法规和贯彻执行党和国家有关经济工作的方针政策和决策部署情况、重大经济决策情况、内部管理情况、财务收支情况、履行国有资产出资人经济管理和监督职责情况,以及遵守有关廉洁从业规定情况等。

五、切实做好经济责任审计评价

经济责任审计评价要坚持依法评价的原则、客观公正的原则、实事求是的原则。审计评价要根据审计查证或者认定的事实,依照法律法规、国家有关规定和政策、责任制考核目标、行业标准等进行;审计评价要与审计内容相统一,既要反映被审计领导干部履行经济责任的业绩,又要反映存在的问题;评价结论要有充分的审计证据支持。审计机关和审计人员在进行审计评价时,可以根据被审计领导干部任职期间地区、部门、单位的特点和实际状况,具体关注领导干部在履行经济责任过程中的以下事项:

(一)对贯彻落实科学发展观,推动经济社会科学发展情况的评价:

对地方各级党委和政府主要领导干部评价时可以关注:地区经济和社会发展目标决策和实现情况;有关目标责任制完成情况;统筹地区经济和社会发展的重大政策措施制定情况及其效果等。

对党政工作部门、审判机关、检察机关、事业单位和人民团体等单位主要领导干部评价时可以关注：部门或单位发展目标(业务工作指标、事业发展指标)的实现情况和有关目标责任制完成情况；部门事业发展规划、业务工作思路、政策措施的制定情况及其效果等。

对国有企业领导人员评价时可以关注：企业经营发展目标的实现情况；国有资产保值增值、资产质量、风险管理及可持续发展情况；政府和企业主管部门制定的目标责任制完成情况；企业经营发展战略和重大措施的制定情况及其效果等。

(二)对重大经济决策的评价可以关注：决策的合法性、决策程序的规范性、决策执行的有效性、决策效果(经济效益、社会效益和环境效益)等。

(三)对财政财务收支情况的评价可以关注：财政财务收支的真实、合法和效益情况，尤其是财政财务收支的总体情况、专项资金和大额资金的管理和使用情况，以及预算执行情况等。

(四)对内部管理情况的评价可以关注：业务管理、财务管理、资产管理和内部审计监督等制度的建立情况及其执行效果；对分管部门(单位)、行业(系统)、下属企业的业务活动、经济活动的管理和监督情况及其效果等。

(五)对遵守有关廉洁从政(从业)规定情况的评价要关注：群众反映问题的核实情况和遵守有关廉政规定情况等。

经济责任审计评价可以综合运用多种方法，包括进行纵向和横向比较、运用与领导干部履行经济责任有关的指标加以量化分析、将领导干部履行经济责任的行为或事项置于相关经济社会环境中加以分析、区分现任责任与前任责任、区分直接责任与主管或领导责任等，对领导干部履行经济责任情况作出客观、准确的评价。在工作实践中，不断探索和完善与经济责任审计发展相适应的评价方式方法。

六、促进经济责任审计结果运用

要在确保经济责任审计结果可信、可靠、可用的基础上，采取多种有效形式，会同联席会议有关成员单位，充分发挥审计结果的作用。

要加大经济责任审计结果运用力度，向干部管理监督部门提供有质量的审计结果，作为考核、任免、奖惩的重要依据；对审计发现的重大违法违纪案件线索，要依法移送纪检监察和司法机关；对审计发现的带有苗头性和倾向性的问题，可以通过专题报告、综合报告的形式报送本级党委、政府、相关部门和上级审计机关；对审计发现的体制、机制和制度方面存在的问题，应当有针对性地提出建设性的意见和建议；加强对不同类别、不同级次领导干部审计结果的综合分析，为党委、政府决策提供重要参考。对领导干部应当承担责任的问题或者事项，可以提出明确的责任追究建议。进一步完善上下级审计机关之间有效的审计结果和审计信息的交流、共享机制。

七、着力推进经济责任审计规范化建设和信息化建设

各地要在认真总结实践经验的基础上，大胆创新，积极探索，建立健全与《规定》相配套的、与本地区经济责任审计发展相适应的规章制度。要制定经济责任审计操作指南，规范审计程序、审计内容、审计文书等；要建立经济责任审计质量控制办法，明确审计质量监督检查的内容和方法；要完善不同类别、不同级次领导干部审计评价办法，确定审计评价标准、评价方法和评价内容等；要探索情况通报、审计整改以及责任追究等结果运用制度，规范审计结果的有效运用；要逐步实施经济责任审计结果公告制度,明确结果公开的程序和形式;要不断健全内部管理领导干部经济责任审计制度。

要根据本地区实际情况,大力推进经济责任审计信息化建设。建立和充实被审计领导干部和被审计单位数据库,在审计实践中积极探索运用计算机审计方法,开发和推广经济责任审计软件,注重与其他专业审计软件相衔接,推广经济责任审计实务经验。

八、加强经济责任审计队伍建设和审计理论研究

要积极争取地方党委和政府的重视和支持,进一步加强经济责任审计专职机构建设,配好配强审计人员,不断充实审计力量。要利用各种资源,采取多种形式,加强理论、政策和专业技能交流、研讨、培训,不断提高审计人员的政治素养、政策水平和业务能力,培养与经济责任审计发展相适应的高素质人才,努力建设政治过硬、业务精通、作风优良、廉洁自律的经济责任审计干部队伍。

要加强经济责任审计理论和实务研究,深刻认识和准确把握新形势下经济责任审计工作的特点和规律,积极探索和创新经济责任审计的途径和方法,为经济责任审计在实践中不断完善和发展提供有力的理论支撑和专业技术支持,逐步构建起有中国特色的经济责任审计理论和专业技术体系。

党政主要领导干部和国有企业领导人员经济责任
审计规定实施细则❶
(审经责发〔2014〕102号,2014)

第一章 总则

第一条 为健全和完善经济责任审计制度,规范经济责任审计行为,根据《中华人民共和国审计法》《中华人民共和国审计法实施条例》《党政主要领导干部和国有企业领导人员经济责任审计规定》(中办发〔2010〕32号,以下简称两办《规定》)和有关法律法规,以及干部管理监督的有关规定,制定本细则。

第二条 本细则所称经济责任审计,是指审计机关依法依规对党政主要领导干部和国有企业领导人员经济责任履行情况进行监督、评价和鉴证的行为。

第三条 经济责任审计应当以促进领导干部推动本地区、本部门(系统)、本单位科学发展为目标,以领导干部任职期间本地区、本部门(系统)、本单位财政收支、财务收支以及有关经济活动的真实、合法和效益为基础,重点检查领导干部守法、守纪、守规、尽责情况,加强对领导干部行使权力的制约和监督,推进党风廉政建设和反腐败工作,推进国家治理体系和治理能力现代化。

第四条 领导干部履行经济责任的情况,应当依法依规接受审计监督。经济责任审计应当坚持任中审计与离任审计相结合,对重点地区(部门、单位)、关键岗位的领导干部任期内至少审计一次。

第二章 审计对象

第五条 两办《规定》第二条所称党政主要领导干部,是指地方各级党委、政府、审判机关、检

❶本书编写组.中华人民共和国现行审计法规与审计准则及政策解读[M].上海:立信出版社,2018:325-332.

察机关,中央和地方各级党政工作部门、事业单位和人民团体等单位的党委(含党组、党工委,以下统称党委)正职领导干部和行政正职领导干部,包括主持工作一年以上的副职领导干部。

第六条　两办《规定》第二条所称地方各级党委和政府主要领导干部经济责任审计的对象包括:

(一)省、自治区、直辖市和新疆生产建设兵团,自治州、设区的市,县、自治县、不设区的市、市辖区,以及乡、民族乡、镇的主要领导干部;

(二)行政公署、街道办事处、区公所等履行政府职能的政府派出机关的主要领导干部;

(三)政府设立的开发区、新区等的主要领导干部。

第七条　两办《规定》第二条所称地方各级审判机关、检察机关主要领导干部经济责任审计的对象包括地方各级人民法院、人民检察院的党政主要领导干部。

第八条　两办《规定》第二条所称党政工作部门、事业单位和人民团体等单位党政主要领导干部经济责任审计的对象包括:

(一)中央党政工作部门、事业单位和人民团体等单位的主要领导干部;

(二)地方各级党委和政府的工作部门、事业单位和人民团体等单位的主要领导干部;

(三)履行政府职能的政府派出机关的工作部门、事业单位、人民团体等单位的主要领导干部;

(四)政府设立的开发区、新区等的工作部门、事业单位、人民团体等单位的主要领导干部;

(五)上级领导干部兼任有关部门、单位的正职领导干部,且不实际履行经济责任时,实际负责本部门、本单位常务工作的副职领导干部;

(六)党委、政府设立的超过一年以上有独立经济活动的临时机构的主要领导干部。

第九条　两办《规定》第三条所称国有企业领导人员经济责任审计的对象包括国有和国有资本占控股地位或者主导地位的企业(含金融企业,下同)的法定代表人。

根据党委和政府、干部管理监督部门的要求,审计机关可以对上述企业中不担任法定代表人但实际行使相应职权的董事长、总经理、党委书记等企业主要领导人员进行经济责任审计。

第十条　领导干部经济责任审计的对象范围依照干部管理权限确定。遇有干部管理权限与财政财务隶属关系、国有资产监督管理关系不一致时,由对领导干部具有干部管理权限的组织部门与同级审计机关共同确定实施审计的审计机关。

第十一条　部门、单位(含垂直管理系统)内部管理领导干部的经济责任审计,由部门、单位负责组织实施。

第三章　审计内容

第十二条　审计机关应当根据领导干部职责权限和履行经济责任的情况,结合地区、部门(系统)、单位的实际,依法依规确定审计内容。

审计机关在实施审计时,应当充分考虑审计目标、干部管理监督需要、审计资源与审计效果等因素,准确把握审计重点。

第十三条　地方各级党委主要领导干部经济责任审计的主要内容:

（一）贯彻执行党和国家、上级党委和政府重大经济方针政策及决策部署情况；

（二）遵守有关法律法规和财经纪律情况；

（三）领导本地区经济工作，统筹本地区经济社会发展战略和规划，以及政策措施制定情况及效果；

（四）重大经济决策情况；

（五）本地区财政收支总量和结构、预算安排和重大调整等情况；

（六）地方政府性债务的举借、用途和风险管控等情况；

（七）自然资源资产的开发利用和保护、生态环境保护以及民生改善等情况；

（八）政府投资和以政府投资为主的重大项目的研究决策情况；

（九）对党委有关工作部门管理和使用的重大专项资金的监管情况，以及厉行节约反对浪费情况；

（十）履行有关党风廉政建设第一责任人职责情况，以及本人遵守有关廉洁从政规定情况；

（十一）对以往审计中发现问题的督促整改情况；

（十二）其他需要审计的内容。

第十四条　地方各级政府主要领导干部经济责任审计的主要内容：

（一）贯彻执行党和国家、上级党委和政府、本级党委重大经济方针政策及决策部署情况；

（二）遵守有关法律法规和财经纪律情况；

（三）本地区经济社会发展战略、规划的执行情况，以及重大经济和社会发展事项的推动和管理情况及其效果；

（四）有关目标责任制完成情况；

（五）重大经济决策情况；

（六）本地区财政管理，以及财政收支的真实、合法、效益情况；

（七）地方政府性债务的举借、管理、使用、偿还和风险管控情况；

（八）国有资产的管理和使用情况；

（九）自然资源资产的开发利用和保护、生态环境保护以及民生改善等情况；

（十）政府投资和以政府投资为主的重大项目的研究、决策及建设管理等情况；

（十一）对直接分管部门预算执行和其他财政收支、财务收支及有关经济活动的管理和监督情况，厉行节约反对浪费情况，以及依照宪法、审计法规定分管审计工作情况；

（十二）机构设置、编制使用以及有关规定的执行情况；

（十三）履行有关党风廉政建设第一责任人职责情况，以及本人遵守有关廉洁从政规定情况；

（十四）对以往审计中发现问题的整改情况；

（十五）其他需要审计的内容。

第十五条　党政工作部门、审判机关、检察机关、事业单位和人民团体等单位主要领导干部经济责任审计的主要内容：

（一）贯彻执行党和国家有关经济方针政策和决策部署，履行本部门（系统）、单位有关职责，

推动本部门(系统)、单位事业科学发展情况;

(二)遵守有关法律法规和财经纪律情况;

(三)有关目标责任制完成情况;

(四)重大经济决策情况;

(五)本部门(系统)、单位预算执行和其他财政收支、财务收支的真实、合法和效益情况;

(六)国有资产的采购、管理、使用和处置情况;

(七)重要项目的投资、建设和管理情况;

(八)有关财务管理、业务管理、内部审计等内部管理制度的制定和执行情况,以及厉行节约反对浪费情况;

(九)机构设置、编制使用以及有关规定的执行情况;

(十)对下属单位有关经济活动的管理和监督情况;

(十一)履行有关党风廉政建设第一责任人职责情况,以及本人遵守有关廉洁从政规定情况;

(十二)对以往审计中发现问题的整改情况;

(十三)其他需要审计的内容。

第十六条　国有企业领导人员经济责任审计的主要内容:

(一)贯彻执行党和国家有关经济方针政策和决策部署,推动企业可持续发展情况;

(二)遵守有关法律法规和财经纪律情况;

(三)企业发展战略的制定和执行情况及其效果;

(四)有关目标责任制完成情况;

(五)重大经济决策情况;

(六)企业财务收支的真实、合法和效益情况,以及资产负债损益情况;

(七)国有资本保值增值和收益上缴情况;

(八)重要项目的投资、建设、管理及效益情况;

(九)企业法人治理结构的健全和运转情况,以及财务管理、业务管理、风险管理、内部审计等内部管理制度的制定和执行情况,厉行节约反对浪费和职务消费等情况,对所属单位的监管情况;

(十)履行有关党风廉政建设第一责任人职责情况,以及本人遵守有关廉洁从业规定情况;

(十一)对以往审计中发现问题的整改情况;

(十二)其他需要审计的内容。

第四章　审计评价

第十七条　审计机关应当依照法律法规、国家有关政策以及干部考核评价等规定,结合地区、部门(系统)、单位的实际情况,根据审计查证或者认定的事实,客观公正、实事求是地进行审计评价。

审计评价应当有充分的审计证据支持,对审计中未涉及、审计证据不适当或者不充分的事项不作评价。

第十八条　审计评价应当与审计内容相统一。一般包括领导干部任职期间履行经济责任的业绩、主要问题以及应当承担的责任。

第十九条　审计评价应当重点关注经济、社会、事业发展的质量、效益和可持续性,关注与领导干部履行经济责任有关的管理和决策等活动的经济效益、社会效益和环境效益,关注任期内举借债务、自然资源资产管理、环境保护、民生改善、科技创新等重要事项,关注领导干部应承担直接责任的问题。

第二十条　审计评价可以综合运用多种方法,包括进行纵向和横向的业绩比较、运用与领导干部履行经济责任有关的指标量化分析、将领导干部履行经济责任的行为或事项置于相关经济社会环境中加以分析等。

第二十一条　审计评价的依据一般包括:

(一)法律、法规、规章和规范性文件,中国共产党党内法规和规范性文件;

(二)各级人民代表大会审议通过的政府工作报告、年度国民经济和社会发展计划报告、年度财政预算报告等;

(三)中央和地方党委、政府有关经济方针政策和决策部署;

(四)有关发展规划、年度计划和责任制考核目标;

(五)领导干部所在单位的"三定"规定和有关领导的职责分工文件,有关会议记录、纪要、决议和决定,有关预算、决算和合同,有关内部管理制度和绩效目标;

(六)国家统一的财政财务管理制度;

(七)国家和行业的有关标准;

(八)有关职能部门、主管部门发布或者认可的统计数据、考核结果和评价意见;

(九)专业机构的意见;

(十)公认的业务惯例或者良好实务;

(十一)其他依据。

第二十二条　审计机关可以根据审计内容和审计评价的需要,选择设定评价指标,将定性评价与定量指标相结合。评价指标应当简明实用、易于操作。

第二十三条　审计机关可以根据本细则第二十一条所列审计评价依据,结合实际情况,选择确定评价标准,衡量领导干部履行经济责任的程度。对同一类别、同一层级领导干部履行经济责任情况的评价标准,应当具有一致性和可比性。

第二十四条　对领导干部履行经济责任过程中存在的问题,审计机关应当按照权责一致原则,根据领导干部的职责分工,充分考虑相关事项的历史背景、决策程序等要求和实际决策过程,以及是否签批文件、是否分管、是否参与特定事项的管理等情况,依法依规认定其应当承担的直接责任、主管责任和领导责任。

对领导干部应当承担责任的问题或者事项,可以提出责任追究建议。

第二十五条　被审计领导干部对审计发现的问题应当承担直接责任的,具体包括以下情形:

(一)本人或者与他人共同违反有关法律法规、国家有关规定、单位内部管理规定的;

（二）授意、指使、强令、纵容、包庇下属人员违反有关法律法规、国家有关规定和单位内部管理规定的；

（三）未经民主决策、相关会议讨论或者文件传签等规定的程序，直接决定、批准、组织实施重大经济事项，并造成国家利益重大损失、公共资金或国有资产（资源）严重损失浪费、生态环境严重破坏以及严重损害公共利益等后果的；

（四）主持相关会议讨论或者以文件传签等其他方式研究，在多数人不同意的情况下，直接决定、批准、组织实施重大经济事项，由于决策不当或者决策失误造成国家利益重大损失、公共资金或国有资产（资源）严重损失浪费、生态环境严重破坏以及严重损害公共利益等后果的；

（五）对有关法律法规和文件制度规定的被审计领导干部作为第一责任人（负总责）的事项、签订的有关目标责任事项或者应当履行的其他重要职责，由于授权（委托）其他领导干部决策且决策不当或者决策失误造成国家利益重大损失、公共资金或国有资产（资源）严重损失浪费、生态环境严重破坏以及严重损害公共利益等后果的；

（六）其他失职、渎职或者应当承担直接责任的。

第二十六条　被审计领导干部对审计发现的问题应当承担主管责任的，具体包括以下情形：

（一）除直接责任外，领导干部对其直接分管或者主管的工作，不履行或者不正确履行经济责任的；

（二）除直接责任外，主持相关会议讨论或者以文件传签等其他方式研究，并且在多数人同意的情况下，决定、批准、组织实施重大经济事项，由于决策不当或者决策失误造成国家利益损失、公共资金或国有资产（资源）损失浪费、生态环境破坏以及损害公共利益等后果的；

（三）疏于监管，致使所管辖地区、分管部门和单位发生重大违纪违法问题或者造成重大损失浪费等后果的；

（四）其他应当承担主管责任的情形。

第二十七条　两办《规定》第三十七条所称领导责任，是指除直接责任和主管责任外，被审计领导干部对其职责范围内不履行或者不正确履行经济责任的其他行为应当承担的责任。

第二十八条　被审计领导干部以外的其他人员对有关问题应当承担的责任，审计机关可以以适当方式向干部管理监督部门等提供相关情况。

第五章　审计报告

第二十九条　审计机关实施经济责任审计项目后，应当按照相关规定，出具经济责任审计报告和审计结果报告。

第三十条　两办《规定》第二十七条所称审计组的审计报告，是指审计组具体实施经济责任审计后，向派出审计组的审计机关提交的审计报告。

第三十一条　审计组的审计报告按照规定程序审批后，应当以审计机关的名义书面征求被审计领导干部及其所在单位的意见。根据工作需要可以征求本级党委、政府有关领导同志，以及本级经济责任审计工作领导小组（以下简称领导小组）或者经济责任审计工作联席会议（以下简称联席会议）有关成员单位的意见。

审计报告中涉及的重大经济案件调查等特殊事项,经审计机关主要负责人批准,可以不征求被审计领导干部及其所在单位的意见。

第三十二条　审计组应当针对被审计领导干部及其所在单位提出的书面意见,进一步核实情况,对审计组的审计报告作出必要的修改,连同被审计领导干部及其所在单位的书面意见一并报送审计机关。

第三十三条　审计机关按照规定程序对审计组的审计报告进行审定,经审计机关负责人签发后,向被审计领导干部及其所在单位出具审计机关的经济责任审计报告。

第三十四条　经济责任审计报告的内容主要包括:

(一)基本情况,包括审计依据、实施审计的基本情况、被审计领导干部所任职地区(部门或者单位)的基本情况、被审计领导干部的任职及分工情况等;

(二)被审计领导干部履行经济责任的主要情况,其中包括以往审计决定执行情况和审计建议采纳情况等;

(三)审计发现的主要问题和责任认定,其中包括审计发现问题的事实、定性、被审计领导干部应当承担的责任以及有关依据,审计期间被审计领导干部、被审计单位对审计发现问题已经整改的,可以包括有关整改情况;

(四)审计处理意见和建议;

(五)其他必要的内容。

审计发现的有关重大事项,可以直接报送本级党委、政府或者相关部门,不在审计报告中反映。

第三十五条　两办《规定》第二十八条所称审计结果报告,是指审计机关在经济责任审计报告的基础上,精简提炼形成的提交干部管理监督部门的反映审计结果的报告。审计结果报告重点反映被审计领导干部履行经济责任的主要情况、审计发现的主要问题和责任认定、审计处理方式和建议。

审计机关可以根据实际情况,参照本细则第三十四条规定,确定审计结果报告的主要内容。

第三十六条　审计机关应当将审计结果报告等经济责任审计结论性文书报送本级党委、政府主要负责同志;提交委托审计的组织部门;抄送领导小组(联席会议)有关成员单位;必要时,可以将涉及其他有关主管部门的情况抄送该部门。

第六章　审计结果运用

第三十七条　经济责任审计结果应当作为干部考核、任免和奖惩的重要依据。

各级领导小组(联席会议)和相关部门应当逐步健全经济责任审计情况通报、责任追究、整改落实、结果公告等制度。

第三十八条　纪检监察机关在审计结果运用中的主要职责:

(一)依纪依法受理审计移送的案件线索;

(二)依纪依法查处经济责任审计中发现的违纪违法行为;

(三)对审计结果反映的典型性、普遍性、倾向性问题适时进行研究;

（四）以适当方式将审计结果运用情况反馈审计机关。

第三十九条　组织部门在审计结果运用中的主要职责：

（一）根据干部管理工作的有关要求,将经济责任审计纳入干部管理监督体系；

（二）根据审计结果和有关规定对被审计领导干部及其他有关人员作出处理；

（三）将经济责任审计结果报告存入被审计领导干部本人档案,作为考核、任免、奖惩被审计领导干部的重要依据；

（四）要求被审计领导干部将经济责任履行情况和审计发现问题的整改情况,作为所在单位领导班子民主生活会和述职述廉的重要内容；

（五）对审计结果反映的典型性、普遍性、倾向性问题及时进行研究,并将其作为采取有关措施、完善有关制度规定的参考依据；

（六）以适当方式及时将审计结果运用情况反馈审计机关。

第四十条　审计机关在审计结果运用中的主要职责：

（一）对审计中发现的相关单位违反国家规定的财政收支、财务收支行为,依法依规作出处理处罚；对审计中发现的需要移送处理的事项,应当区分情况依法依规移送有关部门处理处罚；

（二）根据干部管理监督部门、巡视机构等的要求,以适当方式向其提供审计结果以及与审计项目有关的其他情况；

（三）协助和配合干部管理监督等部门落实、查处与审计项目有关的问题和事项；

（四）按照有关规定,在一定范围内通报审计结果,或者以适当方式向社会公告审计结果；

（五）对审计发现问题的整改情况进行监督检查；

（六）对审计发现的典型性、普遍性、倾向性问题和有关建议,以综合报告、专题报告等形式报送本&#委、政府和上级审计机关,提交有关部门。

第四十一条　人力资源社会保障部门在审计结果运用中的主要职责：

（一）根据有关规定,在职责范围内办理对被审计领导干部和有关人员的考核、任免、奖惩等相关事；

（二）对审计结果反映的典型性、普遍性、倾向性问题及时进行研究,并将其作为采取有关措施、完善有关制度规定的参考依据；

（三）以适当方式及时将审计结果运用情况反馈审计机关。

第四十二条　国有资产监督管理部门在审计结果运用中的主要职责：

（一）根据国有企业领导人员管理的有关要求,将经济责任审计纳入国有企业领导人员管理监督体系；

（二）将审计结果作为企业经营业绩考评和被审计领导人员考核、奖惩、任免的重要依据；

（三）在对国有企业管理监督、国有企业改革和国有资产处置过程中,有效运用审计结果；

（四）督促有关企业落实审计决定和整改要求；

（五）对审计发现的典型性、普遍性、倾向性问题及时进行研究,并将其作为采取有关措施、完善有关制度规定的参考依据；

（六）以适当方式及时将审计结果运用情况反馈审计机关。

第四十三条　有关主管部门在审计结果运用中的主要职责：

（一）对审计移送的违法违规问题，在职责范围内依法依规作出处理处罚；

（二）督促有关部门、单位落实审计决定和整改要求，在对相关行业、单位管理和监督中有效运用审计结果；

（三）对审计结果反映的典型性、普遍性、倾向性问题及时进行研究，并将其作为采取有关措施、完善有关制度规定的参考依据；

（四）以适当方式及时将审计结果运用情况反馈审计机关。

第四十四条　被审计领导干部及其所在单位根据审计结果，应当采取以下整改措施：

（一）在党政领导班子或者董事会内部通报审计结果和整改要求，及时制定整改方案，认真进行整改，及时将整改结果书面报告审计机关和有关干部管理监督部门；

（二）按照有关要求公告整改结果；

（三）对审计处理、处罚决定，应当在法定期限内执行完毕，并将执行情况书面报告审计机关；

（四）根据审计结果反映出的问题，落实有关责任人员的责任，采取相应的处理措施；

（五）根据审计建议，采取措施，健全制度，加强管理。

第七章　组织领导和审计实施

第四十五条　各地应当建立健全领导小组或者联席会议制度，领导本地区经济责任审计工作。领导小组组长可以由同级党委或者政府的主要负责同志担任。

第四十六条　领导小组或者联席会议应当设立办公室。同时设立领导小组和联席会议的地方，应当合并成立一个办公室。办公室与同级审计机关内设的经济责任审计机构合署办公，负责日常工作。办公室主任应当由同级审计机关的副职领导或者同职级领导担任。

第四十七条　领导小组或者联席会议应当建立健全议事规则和工作规则，各成员单位应当加强协作配合，形成制度健全、管理规范、运转有序、工作高效的运行机制。

第四十八条　各地可以根据干部管理监督的需要和审计机关的实际情况，按照领导干部工作岗位性质、经济责任的重要程度等因素，对审计对象实行分类管理，科学合理地制定经济责任审计年度计划和中长期计划。

第四十九条　审计机关应当向组织部门等提出下一年度经济责任审计计划的初步建议。组织部门等根据审计机关的初步建议，提出下一年度的委托审计建议。

第五十条　领导小组（联席会议）办公室对委托审计建议进行研究讨论，共同议定并提出经济责任审计计划草案，由审计机关报本级政府行政首长批准后，纳入审计机关年度审计工作计划并组织实施。

第五十一条　经济责任审计计划一经本级政府行政首长批准不得随意变更。确需调整的，应当按照本细则第四十九条、第五十条规定的程序进行调整。

第五十二条　对地方党委与政府的主要领导干部，党政工作部门、高等院校等单位的党委与行政主要领导干部，企业法定代表人与不担任法定代表人的董事长、总经理、党委书记等企业主要负责人的经济责任审计,可以同步组织实施,分别认定责任,分别出具审计报告和审计结果报告。

各地可以根据实际情况,研究制定同步实施经济责任审计的操作办法。

第五十三条　审计机关应当探索和推行经济责任审计与其他专业审计相结合的组织方式,统筹安排审计力量,逐步实现对审计计划、审计项目实施、审计文书报送、审计结果利用等的统一管理。

审计机关组织实施经济责任审计时,应当有效利用以往审计成果和有关部门的监督检查结果。

第五十四条　审计机关实施经济责任审计时,可以提请有关部门和单位协助,有关部门和单位应当予以支持,并及时提供有关资料和信息。

审计机关提请领导小组(联席会议)成员单位协助时,应当由领导小组(联席会议)办公室统一负责联系和协调。

第五十五条　在经济责任审计项目实施过程中,遇有被审计领导干部被有关部门依法依规采取强制措施、立案调查或者死亡等特殊情况,以及不宜再继续进行经济责任审计的其他情形的,审计机关报本级政府行政首长批准,或者根据党委、政府、干部管理监督部门的要求,可以中止或者终止审计项目。

第八章　附则

第五十六条　根据地方党委、政府的要求,审计机关可以对村党组织和村民委员会、社区党组织和社区居民委员会的主要负责人进行经济责任审计。

村党组织和村民委员会主要负责人经济责任审计的内容,应当依照《中华人民共和国村民委员会组织法》第三十五条的规定,结合当地实际情况确定。

社区党组织和社区居民委员会主要负责人经济责任审计的内容,可以参照本细则的相关规定确定。

第五十七条　对本细则未涉及的审计机关和审计人员、被审计领导干部及其所在单位,以及其他有关单位和个人在经济责任审计中的职责、权限、法律责任等,依照《中华人民共和国审计法》《中华人民共和国审计法实施条例》、两办《规定》和其他法律法规的有关规定执行。

第五十八条　部门和单位可以根据两办《规定》和本细则的规定,制定本部门和单位内部管理领导干部经济责任审计的规定。

第五十九条　本细则由审计署负责解释。

第六十条　本细则自印发之日起施行。审计署2000年12月印发的《县级以下党政领导干部任期经济责任审计暂行规定实施细则》和《国有企业及国有控股企业领导人员任期经济责任审计暂行规定实施细则》)(审办发〔2000〕121号)同时废止。

五、资源环境审计

审计署关于加强资源环境审计工作的意见
（2009年9月4日）

各省、自治区、直辖市和计划单列市、新疆生产建设兵团审计厅（局），署机关各单位、各特派员办事处、各派出审计局：

近几年来，各级审计机关努力践行科学发展观，坚持科学的审计理念和审计工作"二十字"方针，以贯彻落实节约资源和保护环境的基本国策，建设资源节约型和环境友好型社会为目标，围绕资源开发利用管理和生态环境保护治理，积极开展资源环境审计，取得了一定成效。但是，仍有一些审计机关存在对资源环境审计重要性认识不足、工作局面没有完全打开、审计领域比较狭窄、机构和队伍建设还不适应资源环境审计工作需要等问题。为了进一步加强资源环境审计工作，根据《审计署2008至2012年审计工作发展规划》和《审计署关于加强和改进对地方审计工作指导的意见》的要求，现提出如下意见：

一、充分认识资源环境审计的重要性和紧迫性我国人均自然资源十分短缺、环境形势十分严峻。

近年来，我国经济社会发展与资源环境约束的矛盾日益突出，环境污染情况严重，生态环境状况堪忧，长期以来的粗放型经济增长模式难以为继，严峻的资源环境形势已经严重制约我国经济社会的可持续发展。各级审计机关应当从全局和战略的高度，认真学习和贯彻党中央、国务院关于加强生态文明建设，建设资源节约型、环境友好型社会的战略方针，充分认识到随着我国工业化、城镇化和新农村建设进程的加快，经济社会发展与资源环境约束的矛盾会越来越突出。面对这一影响和制约我国现代化建设全局的关键问题，积极主动有效地加强资源环境审计工作，既是践行科学发展观的具体行动和措施，也是义不容辞的历史责任和义务。各级审计机关要通过积极履行审计监督职责，加强资源环境审计监督，维护资源环境安全，推动生态文明建设，促进经济社会可持续发展。

二、明确资源环境审计的指导思想、主要任务和发展目标。

（一）指导思想。深入贯彻落实科学发展观，以促进贯彻落实节约资源和保护环境基本国策为目标，紧紧围绕我国资源环保工作的中心，积极开展资源环境审计，维护国家资源环境利益，防范资源环境风险，保障国家资源环境安全，充分发挥审计在促进资源开发利用管理和生态环境保护中的"免疫系统"功能。

（二）主要任务。一是检查资源环保政策法规的贯彻执行和战略规划的实施情况，分析政府履责绩效，促进落实和完善相关政策制度，规范资源开发利用管理和环境保护工作行为；二是检查资源环保资金的征收、分配、使用和管理情况，揭露存在的偷漏拖欠、挤占挪用、损失浪费等问题，分析评价资源环保资金使用绩效，促进规范资金管理，提高资金使用效益；三是检查资源环境相关项目的建设和运营效果，揭示和查处资源开发利用管理和环境保护工作中的浪费资源、破坏环境、资产流失等问题,促进加强资源环境管理,维护国家资源环境安全。

(三)发展目标。一是要普遍开展资源环境审计工作。从 2010 年起,省级和计划单列市审计机关每年应至少开展一项资源审计和一项环境审计,经济相对比较发达地区的市、县级审计机关每年至少开展一项资源或环境审计。二是要逐步扩大资源环境审计领域。各级审计机关要紧密结合本地实际,逐步将审计范围从土地资源和水环境审计扩展到海洋资源、森林资源、矿产资源、大气污染防治、生态环境建设、土壤污染防治、固体废物和生物多样性等领域。三是要全面实现资源环境审计多元化。各级审计机关在开展财政、投资、金融、企业、外资、经济责任等项目审计时,应当将资源环境内容纳入审计方案并组织实施。

三、因地制宜突出资源环境审计的重点。

各级审计机关要按照“统筹规划、全面审计、因地制宜、突出重点”的要求,抓住资源环境领域里的重点项目、重点部门、重点资金和重点内容,从以下几个方面开展审计:一是土地、矿产、森林、水等重要资源的开发利用管理和保护治理,特别要重点关注乱采(挖)滥伐、无序开发及侵占、围垦河湖等导致资源损失浪费和生态环境破坏的问题,以及非法出让、转让等导致国有资产流失和损害农民利益的问题。二是水、大气、土壤、固体废物等污染防治,特别要重点关注城乡居民饮用水源不达标、污水处理厂和垃圾处理场管理运营不善、重点流域断面水质不达标、城乡土壤严重污染、规划环评不到位、工业企业“三废”(废气、废水、固废)违法排污等影响人民群众身体健康的环境污染问题。三是重点生态建设工程和生态脆弱地区生态保护,特别要重点关注水土流失严重、土地荒漠化和沙化扩展严重、生物多样性减少以及工程建设中存在的破坏生态环境等较为严重的问题。

四、不断创新资源环境审计方式与方法。

(一)积极开展合作审计。各级审计机关尤其是上级审计机关要根据环境保护跨行政区域的特点,积极组织相关审计机关和协调相关主管部门对水、大气污染防治和生态建设等共同关注的区(流)域性生态环境事项,通过平行或联合审计的方式开展审计和审计调查,并建立协商机制,加强审计情况的协调、沟通与交流,共同研究和探讨解决问题的措施与办法。审计报告分别提交给当地人民政府,审计结果及整改措施和效果互相通报,做到目标统一、重点突出、分工明确、成果共享,促进跨行政区(流)域环境问题的解决。

(二)积极开展跟踪审计。各级审计机关对关系国计民生的重大资源开发利用和环保工程项目、重大资源环境管理政策措施和战略规划等(如国家大江大河及湖泊治理规划、退耕还林工程和节能减排政策执行),要积极试行跟踪审计和审计调查,确保国家重点建设项目得到顺利实施,资源环保工作措施和规划得到落实,突出问题得到控制或纠正,促进有关部门和单位健全制度、完善措施、加强管理、改进工作。

(三)积极运用信息技术与方法。一是积极探索使用行业主管部门已有的监测、测量技术方法(如全球卫星定位系统(GPS)和环境质量监测技术等),以及其他监督检查手段与方法(如排污费核定和污染物减排核算办法等),并将得出数据与主管部门数据进行比较,对比较结果进行判断分析,为资源环境审计提供线索和数据;二是积极开展资源环境信息系统审计,检查有关部门和单位资源环境信息系统(如环境统计信息系统、排污费征收管理系统和污水处理信息系统等)的安全性、稳定性、合理性和效率性,对数据的真实有效性进行核查,以推动被审计单位切实加强内部控制和改进管理。

五、着力构建资源环境审计整体工作格局各级审计机关要围绕资源环境审计工作重点,构建资源环境审计与其他专业审计相结合的整体工作格局。

(一)财政审计要关注各级政府制定、执行资源环保政策制度和筹集、分配、管理和使用资源环保财政资金的情况,揭露其资源环保政策制度执行不到位和资金分配、使用与管理中存在的不合规、不真实等问题。

(二)投资审计要关注国家重点建设项目在规划布局、立项审批、设计施工、生产运营等环节是否严格执行国家环保产业政策,以及对资源环境的影响及其防治措施的合法性、效益性,揭露其建设项目违反国家投资产业政策、环境保护措施不到位、浪费资源、污染环境和破坏生态等问题。

(三)金融审计要关注银行贷款的投向及用途,关注"绿色信贷"政策执行情况,揭露其违背国家环保和产业政策,支持"两高"(高耗能、高排放)和产能过剩行业,造成资源浪费和环境污染等问题。

(四)企业审计要关注企业执行国家资源环保政策法规情况和环境保护资金投入与使用效果,以及其污染防治设施建设与运行效果,揭露其在生产经营过程中高耗能、高污染和破坏生态环境等问题。

(五)外资审计要关注国外贷援款项目的环境影响,评价国外贷援款环境项目资源利用和环境保护绩效。

(六)经济责任审计要关注领导人履行资源管理和生态环境保护职责、尤其是完成节能减排目标、耕地特别是基本农田保护责任目标的情况,揭露其由于决策失误、履责不当和管理不力造成的资源环境问题。

六、进一步加强资源环境审计队伍建设。

(一)完善审计工作机构。各省(市、区)审计机关要按照地方政府机构改革方案的要求,设立或完善专门从事资源环境审计的工作机构。市、县级审计机关要进一步明确资源环境审计工作的职责和任务;地方审计机关,特别是市、县两级审计机关应当配备一定数量的专职资源环境审计人员,不断提高其综合素质和专业水平。

(二)培养审计专业人才。各级审计机关要不断充实和培养资源环境审计专业人才。一是要适当招收具有资源、环境专业(如环境科学、环境工程、环境经济学、土地资源管理和矿业工程等)的人员充实审计队伍;二是可以采取选送业务骨干到主管部门或基层单位挂职交流、从资源环保部门选调专门人才等方式加强人才培养;三是要积极组织开展资源环境审计业务培训,帮助审计人员不断更新知识、优化结构、提高素质,逐步建立起一支适应资源环境审计要求的专业队伍。

(三)积极聘请外部专家。审计机关应当积极开展与高等院校和科研机构的合作,建立专家档案或专家库,聘请在资源环保领域具有丰富理论功底和实践经验的外部专家,通过直接参加审计项目或召开专题研讨会等方式,指导、帮助资源环境审计工作,弥补审计人员专业技能上的不足,提高资源环境审计工作的质量和水平。

七、建立和完善资源环境审计工作制度。

(一)建立和完善审计机关内部组织协调机制。要针对资源环境审计工作的特点,建立资源环境审计工作协调机构,统筹安排和组织实施资源环境审计项目,协调内设审计机构之间的关系,加强审计信息的沟通与交流,整合资源环境审计资源,积极构建资源环境审计整体工作格局。

(二)建立和完善审计机关与主管部门协调配合机制。各级审计机关要与本级资源环保主管部门加强工作联系、协调配合与信息沟通,建立和完善合作审计工作制度、工作联系会议制度、工作信息通报制度等,加强协调与交流,充分发挥审计监督和部门监管的合力,共同促进和推动本地区资源环保工作。

(三)建立和完善资源环境审计工作规范。各级审计机关要在审计实践的基础上,积极总结审计实践经验,制定和完善资源环境审计发展规划,研究制定资源环境审计工作指南,以及其他适合本地区、本部门的资源环境审计工作规范,不断促进资源环境审计工作的制度化、规范化。

(四)建立和完善资源环境审计工作报告制度。省级审计机关应当在每年向审计署报送年度工作总结的同时,报送资源环境审计专题工作总结。市、县级审计机关每年应分别向上一级审计机关报送资源环境审计专题工作总结。

八、进一步加强资源环境审计理论研究各级审计机关要高度重视资源环境审计理论研究工作,积极与高等院校、科研机构以及行业主管部门合作,加强资源环境审计基础理论与实务的研究,以指导资源环境审计实践,推动资源环境审计事业的发展。一方面,通过对基础理论的研究和探讨,为资源环境审计实践提供理论支持和指导。另一方面,通过对资源环境审计实践的总结和提炼积累经验,为基础理论研究提供支撑,逐步构建符合中国国情的资源环境审计理论体系。

习近平主持召开深改组会议:审议通过了《领导干部自然资源资产离任审计规定(试行)》[1]

(2017年6月)

2017年6月,中共中央总书记、国家主席、中央军委主席习近平主持中央全面深化改革工作领导小组会议审议通过了《领导干部自然资源资产离任审计规定(试行)》(以下简称《规定》)。之后,中共中央办公厅、国务院办公厅印发了文件,《规定》对领导干部自然资源资产离任审计工作提出具体要求,并发出通知,要求各地区各部门结合实际认真遵照执行。

《规定》明确,开展领导干部自然资源资产离任审计,应当坚持依法审计、问题导向、客观求实、鼓励创新、推动改革的原则,主要审计领导干部贯彻执行中央生态文明建设方针政策和决策部署情况,遵守自然资源资产管理和生态环境保护法律法规情况,自然资源资产管理和生态环境保护重大决策情况,完成自然资源资产管理和生态环境保护目标情况,履行自然资源资产管理和生态环境保护监督责任情况,组织自然资源资产和生态环境保护相关资金征管用和项目建设运行情况,以及履行其他相关责任情况。

---

[1] 本书编写组.中华人民共和国现行审计法规与审计准则及政策解读[M].上海:立信出版社,2018:316.

《规定》强调,审计机关应当根据被审计领导干部任职期间所在地区或者主管业务领域自然资源资产管理和生态环境保护情况,结合审计结果,对被审计领导干部任职期间自然资源资产管理和生态环境保护情况变化产生的原因进行综合分析,客观评价被审计领导干部履行自然资源资产管理和生态环境保护责任情况。

《规定》要求,被审计领导干部及其所在地区、部门(单位),对审计发现的问题应当及时整改。国务院及地方各级政府负有自然资源资产管理和生态环境保护职责的工作部门应当加强部门联动,尽快建立自然资源资产数据共享平台,并向审计机关开放,为审计提供专业支持和制度保障,支持、配合审计机关开展审计。县以上地方各级党委和政府应当加强对本地区领导干部自然资源资产离任审计工作的领导,及时听取本级审计机关的审计工作情况汇报并接受、配合上级审计机关审计。

2017年地方审计机关开展领导干部自然资源资产离任审计试点工作的指导方案[●]

(审办资环发〔2017〕56号,2017年6月6日)

为加快推进生态文明建设,推动探索建立领导干部自然资源资产离任审计制度,根据中共中央办公厅、国务院办公厅《开展领导干部自然资源资产离任审计试点方案》和《审计署关于印发2017年度统一组织审计项目计划的通知》,进一步组织指导地方审计机关做好领导干部自然资源资产离任审计试点工作,制定如下指导方案。

一、审计试点目标

贯彻落实党的十八大和十八届三中、四中、五中、六中全会以及党中央、国务院关于生态文明建设的一系列决策部署,围绕保障国家生态安全的总目标,推动生态文明体制改革落实到位,促进自然资源资产节约集约利用和生态环境保护,开展审计试点工作。具体为:

(一)督促领导干部切实履行自然资源资产管理和生态环境保护责任。摸清被审计领导干部任职期间所在地区重点自然资源资产实物设和生态环境质量状况变化情况,客观评价领导干部履行自然资源资产管理和生态环境保护责任情况,促进领导干部守法、守纪、守规、尽责,切实树立绿色发展理念。

(二)推动解决自然资源资产和生态环境领域突出问题。围绕饮用水、大气等人民群众生产生活最为密切相关的资源环境领域,着力揭示和反映被审计地区人民群众最关心、最需迫切解决的资源环境领域"短板"问题,推动当地防范和消除生态环境风险隐患,切实维护人民群众利益。

(三)探索领导干部自然资源资产离任审计方式、方法。探索领导干部自然资源资产离任审计思路、组织方式和技术方法,进一步为正在制定的《领导干部自然资源资产离任审计暂行规定》提供实践基础,不断完善操作指引,规范审计行为,防范审计风险。

二、审计试点对象范围和组织方式

此次审计试点的对象为相关市、县党委和政府的主要领导干部。各省级审计机关应直接对1

---

❶本书编写组.中华人民共和国现行审计法规与审计准则及政策解读[M].上海:立信出版社,2018:317-319.

个地级市(县)开展审计试点,5个计划单列市应直接对1个县区开展审计试点,同时,除4个直辖市、西藏、新疆、新疆生产建设兵团外的各省级审计机关应指导2个以上地市审计机关分别对县区开展审计试点。4个直辖市、西藏、新疆、新疆生产建设兵团可根据自身审计力量酌情确定指导下级审计机关开展审计试点的项目数量。

审计试点的时间范围是领导干部任职期间履行自然资源资产管理和生态环境保护责任的情况;现场审计时在任的,以2017年6月底作为审计截止日,重要事项可延伸审计相关年度。

此次审计试点,由审计署资源环境审计司负责协调、指导,下发指导方案,各地参审单位应参照本指导方案,结合各地实际情况,制定审计实施方案,安排人员组织实施,可以独立实施,也可以结合经济责任审计实施。各参审单位应于2017年10月底前向审计署报告审计试点结果(审计意见)和工作情况总结,同时要注重跟踪检查审计查出问题的整改情况。

三、审计试点内容和重点

各参审单位可结合当地资源斟赋实际情况,选择重点自然资源资产和生态环境重要方面进行审计,要以领导干部任职前后所在地区重点自然资源资产实物量及生态环境质量状况变化为基础,以其任职期间履行自然资源资产管理和生态环境保护责任为主线,重点关注以下审计内容:

(一)贯彻落实中央关于生态文明建设的重大决策部署情况。

主要审查被审计地区领导干部贯彻执行中央生态文明建设方针政策和决策部署、重要改革任务、中央领导特别批示以及上级党委、政府决策部署方面存在的问题。

1. 关注中共中央、国务院《生态文明体制改革总体方案》相关改革任务落地、实施情况。重点揭示部署贯彻不力、协调机制不健全、有关部门和个人不作为、重点改革任务推进缓慢等方面突出问题,主要检查被审计地区涉及的国家公园体制改革试点进程、市县"多规合一"效果、火电和造纸行业企业排污许可制度推进、生态环境损害责任追究制实施效果、国有林场改革、国家生态文明试验区等情况。

2. 关注供给侧结构性改革相关任务完成情况。重点揭示"去产能"过程中弄虚作假、已化解的过剩产能死灰复燃、违规批准新增产能等方面突出问题,检查煤炭、钢铁等行业淘汰落后和化解过剩产能任务完成情况,关注达不到环保、能耗、质量、安全、技术等方面标准要求的落后产能,以及不符合主体功能区定位的产业退出等情况。

(二)遵守自然资源资产管理和生态环境保护法律法规情况。

主要审查被审计地区领导干部以及党委、政府(包括所属部门)在政策法规制定、规划计划制定、重点任务推进、组织项目建设实施等过程中遵守相关法律法规存在的问题,或在被审计地区范围内具有普遍性、全局性的资源环境的问题。重点揭示因法律法规和制度执行不到位的乱作为造成本地区森林、草原、湖泊、海洋等资源损毁严重,大气、水、土壤等环境污染问题突出,耕地、水、能源紧张等方面突出问题。主要检查执行建设用地总量控制、最严格水资源管理、能耗总量与强度控制、围填海总量控制等情况,以及生态保护红线划定、永久基本农田划定、自然资源资产基础数据调查统计制度落实与基础数据信息系统建设等情况。

（三）自然资源资产管理和生态环境保护重大决策情况。

主要审查被审计地区领导干部以及党委、政府（包括所属部门）对自然资源资产开发利用和生态环境保护重大事项决策和审批情况。重点揭示作出的决策与生态环境和资源方面政策、法律法规相违背，不顾资源环境承载能力盲目决策引进重大项目和支出重大资金等方面突出问题，主要检查"两高一剩"企业引进、围湖造地造成湖泊大面积萎缩、小水电项目开发建设等方面情况。

（四）自然资源资产管理和生态环境保护目标完成情况。

主要审查被审计地区领导干部以及党委、政府（包括所属部门）在国家和省级政府要求的自然资源资产管理和资源环境数量质量相关约束性、规划性指标以及重点任务完成方面的问题。

1. 关注国家确定的自然资源利用和环境质量等方面约束性指标完成情况。重点揭示指标未完成，篡改、伪造或者指使篡改、伪造数据等弄虚作假行为等方面突出问题，主要检查"十二五"国民经济和社会发展规划，以及2016年确定的化学需氧量、氨氮、耕地保有量、森林覆盖率、万元GDP用水量下降等约束性指标的真实性和可靠性等情况。

2. 关注其他纳入国家生态文明建设考核目标或绿色发展指标、省级政府确定的相关指标以及专项规划确定的工作目标完成情况。重点揭示相关指标未完成，指标数据弄虚作假等方面突出问题，主要检查大气污染防治行动计划、水污染防治行动计划、土壤污染防治行动计划等专项规划落实和完成情况，草原综合植被覆盖度、危险废物处置利用率、生活垃圾无害化处理率、污水集中处理率、自然岸线保有率等指标完成情况。同时，还应关注对下级政府目标考核中体现生态文明方面目标考核指标导向情况。

（五）履行自然资源资产管理和生态环境保护监督责任方面。

主要审查被审计地区领导干部以及党委、政府（包括所属部门）在自然资源资产开发和生态环境保护方面监督、督促责任的缺失问题。

1. 关注被审计地区对企业违反资源环境生态相关法律法规行为的处置情况。重点揭示有关地方和部门监督执法不严，对损毁自然资源和损害生态环境的问题及相关责任单位和人员处理处罚不到位，生态环境风险隐患预警机制不健全、预防措施不到位、应急处置能力不足等问题，被审计地区重点断面水质超标、空气质量超标等问题。同时，还要关注自然资源和生态环境有关执法情况，以及地方对国家审计、环保地等相关督察结果的整改落实等方面的问题。

2. 关注被审计地区自然资源资产和生态环境领域危害人民群众生命财产安全的重大风险隐患，重点揭示影响较大、长期得不到有效解决的资源损毁、生态破坏、环境污染等方面突出问题，主要检查城镇集中式饮用水源地保护、农村饮水安全工程建设、城市重金属污染严重的"毒地块"摸底调查与治理、居民二次供水设施的管护与安全运行、危险废弃物和医疗废弃物的转运与处置和黑臭水体治理等情况。

（六）自然资源资产开发利用和生态环境保护相关资金和项目管理情况。

重点审查被审计地区自然资源资产开发利用和生态环境保护相关资金和项目的管理情况，重点揭示资金管理使用中的违法违规、资金浪费等问题，以及项目建设及运行中的违法违规、效果不佳等问题,主要检查天然林保护、退牧还草、土地整治、工业企业结构调整、废弃物与化学品、重金属污染防治等资金,以及重大生态保护修复、农村环境治理、资源循环利用、生活垃圾处置等项目情况。

四、审计试点工作要求

(一)提高认识,统筹谋划实施好审计试点工作。开展领导干部自然资源资产离任审计是中央推进生态文明建设作出的一项制度安排,各参审单位站位要高、宏观性要强,要关注党中央、国务院和上级党委、政府对被审计地区有关生态文明建设的决策部署贯彻落实情况,关注领导干部履行自然资源资产管理和生态环境保护责任情况,以及遵循相关法律法规情况,重点反映出领导干部结合当地资源环境禀赋特点和地方特色抓工作不到位、不合规、效果不佳以及解决突出问题(包括历史遗留及新出现的问题)不力等,对问题的揭示既要有"面"上总体情况,又要突出"点"上的典型性。

(二)聚焦重点,突出自然资源资产离任审计的特点。此次试点审计不对具体问题进行责任界定,但在问题查处和表述时要与领导干部或政府部门履职尽责情况挂钩,充分体现领导干部自然资源资产离任审计的特点,反映领导干部和主管部门在相关问题中不作为、慢作为以及乱作为的问题性质(如没有部署落实、没有监督检查、没有按规定查处等),避免做成资源环境专项审计项目。对于审计试点内容和重点,不要面面俱到,要结合当地自然资源禀赋特点和生态环境突出问题,选择几项内容进行重点审计。

(三)实事求是,客观审慎地作出审计评价。审计试点过程中,考虑到资源环境问题的复杂性,各参审单位不单独对书记、市(县)长评价,而是要对被审计地区的主要党政领导干部履行自然资源资产管理和生态环境保护责任情况进行总体评价。总体评价分为"好""较好""一般""较差""差"五级标准,要在审计发现问题的基础上,对指出的问题进行高度、具体的概括;总体评价应按照"审什么,评价什么"的原则作出,建议参考三方面的硬性指标:一是任期内的资源环境数量和质量变化情况;二是约束性指标或目标责任书的完成情况;三是重大环境或资源环境毁损事件发生情况。

(四)勇于创新,确保审计质量成果。各省级审计机关要结合实际,积极与当地组织部门沟通,确定审计试点项目实施方式;要树立大数据审计理念,加大对自然资源资产管理和生态环境保护相关业务管理系统数据的收集分析,加强地理信息等技术运用,提高审计效率和提升审计成果。本次审计出具审计意见(具体参考式样见附件),要注重提高审计查证质量和审计意见写作质量,注意政策把握,加强调查研究,注重与被审计单位和有关方面的沟通协调,多角度了解情况,虚心听取多方面意见,做到取证扎实、定性准确,确保审计质量;各参审单位要相互支持、配合,及时交流,上下沟通。

六、民生审计

审计署关于对集体经济组织进行审计问题的通知
（1989年10月29日）

自从国务院颁发《中华人民共和国审计条例》之后，有些地区审计局来函询问有关对集体经济组织进行审计的问题，经研究，现将有关规定通知如下：

一、根据《中华人民共和国审计条例》第十二条第五项的规定，有国家资产的集体所有制企业，属于审计机关审计监督的范围。

二、全民所有制企业事业单位，县级以上的政府及其部门，其他机关、团体所扶持兴办的劳动服务公司等集体所有制经济组织，审计机关可以进行审计监督。

三、对于其他集体所有制经济组织，包括乡镇企业，根据《中华人民共和国审计条例》第十二条第六项以及《审计条例施行细则》第十三条的规定，如果地方政府要求审计机关进行审计，并通过地方性法规、规章加以规定，审计机关可以列为审计监督的范围。

民政部、监察部、审计署关于加强监督检查管好用好救灾款的通知
（民监发〔1990〕6号，1990年1月22日）

各省、自治区、直辖市民政厅（局）、监察厅（局）、审计局；各计划单列市民政局、监察局、审计局：

我国自然灾害频繁，常常给国家和人民群众造成严重的损失。党和政府十分关心受灾群众的疾苦，每年拨出相当数量的自然灾害救济款（简称救灾款）帮助灾民克服急迫的困难。各地对做好这项工作很重视，救灾款的使用情况，总的是好的，但在一些地方，贪污、挪用、私分、挥霍救灾款的问题也时有发生。因此，必须加强救灾款使用的管理和监督，为了进一步管好用好救灾款特作如下通知：

一、救灾款的发放使用，必须严格按照民政部和财政部规定的范围，坚持专款专用、重点使用的原则。

二、各地各级民政部门，分发使用救灾款，应集体研究，提出方案，会商财政部门，报请同级政府审定。

三、乡镇发放救灾款，应先由民政部门提出指标分配到村的意见，经乡镇政府审定，再由村委会提出评发到户的名单和金额，报乡镇政府批准，并出具取款凭证，由农业银行或上级指定的金融机构监督支付。对于不符合救灾款使用规定的，支付单位有权拒付。

四、村委会评发救灾款，要增强接受群众监督的透明度，切实做到"三公开"：公开发放的对象和原则；公开上级拨来救灾款的数额；公开得款户的名单和金额。

五、各级民政部门发放使用救灾款的情况，要接受各有关方面以及群众的监督，对所提出的质询应作如实说明。

六、救灾款的管理人员，对于违反救灾款使用范围和使用原则的，有权提出异议，直至向其上

级或监察机关报告。

七、民政部门要加强检查。下级民政部门要定期将救灾款的分发使用情况向上级民政部门汇报,并抄送同级监察、审计机关。上级民政部门对下级民政部门要严格进行检查。乡镇发放救灾款要跟踪检查,县每年要进行重点检查,地、省要进行抽查,检查要做到查账目、查使用范围和落实到户的情况。检查结果应如实向上级报告,并抄送同级监察、审计机关。

八、国家审计机关和民政部门的内审机构,要加强对救灾款的审计监督。已实行定期审计制度的,要把救灾款作为重点;尚未实行定期审计制度的,对救灾款发放较多或群众反映问题较多的地方,应有计划地进行重点审计,并逐步实行定期审计。

对违反财经法规的,除按有关规定严肃处理外,认为应给予行政处分的,移交监察或有关部门处理。构成犯罪的,提请司法机关依法追究刑事责任。

九、监察机关对救灾款分发使用当中发现的违纪违法问题,要认真检查,严肃处理。对举报人要保护,对打击报复行为要从严处理。

十、各级民政部门主管救灾工作的人员,要通过各种形式宣传救灾款使用的原则和范围,以得到各方面的支持和监督。

审计署关于加强农业资金审计工作意见的通知
(1990年3月7日)

近几年来,审计机关在政府的领导下,开展对农业(含林业、水利等,下同)方面专项资金的审计,查处了一些违反财经法纪的问题,对合理使用国家资金,促进农业的发展,起了积极作用。但是,当前农业审计工作的现状与党的十三届五中全会关于集中力量办好农业的要求,还不相适应,需要大力加强。现提出如下意见,请贯彻执行。

一、各级审计机关都要重视农业资金审计工作。农业是经济、政治和社会稳定的基础,全党全国正在齐心合力把农业搞上去。现在国家用于农业方面的资金,数额大,渠道多,管好用好这笔资金,对提高经济效益,促进农业稳定发展,有重要作用。因此,各级审计机关自一九九○年起要把农业资金审计作为一项重要任务,切实抓好,地、县审计机关要作为工作重点。

二、积极开展对农业资金的审计。农业资金的范围,包括用于农业的财政拨款、财政支农周转金、银行贷款、各种专项基金和借用的国外资金。当前审计的重点是,国家用于发展粮食、棉花和其他农产品基地的专项资金和扶贫资金。

三、根据不同审计对象采取不同的审计方式。对于县以上管理、分配农业资金的部门和使用农业资金的重点单位,要逐步形成经常审计制度。对主管部门主要检查是否专款专用、及时投入到位和有无截留、挤占挪用;对使用农业资金的重点单位,主要检查资金使用是否合理有效,有无损失浪费等问题。对农业方面的主要工程项目,从资金投入开始到工程竣工,分阶段审计,促进资金发挥效益。

四、要严格审计执法。对审计查出的违反财经法纪问题,必须依据有关财经法规严肃处理,该收缴的收缴,该罚款的罚款,该归还原资金渠道的归还原资金渠道,需要政纪处分和触犯刑律的,分别移交监察、检察部门处理。上级审计机关要进行监督检查,对处理不当的,应予纠正。

五、加强农业资金的审计力量。各级审计机关要根据农业资金审计工作的需要充实审计力量,今年先从现有人员编制中适当调整解决,明年准备给粮食、棉花和其他农产品基地县审计局,增加专项编制。

六、发挥内部审计和社会审计的作用。农林水利等部门的内部审计是一支重要力量,各级审计机关要加强对他们的业务指导。管理使用农业资金多的单位应建立内审机构,尚未建立的应促其建立,已经建立的要指导其积极开展工作。对有健全的内审机构、胜任工作的审计人员和比较完善的规章制度的主管部门,可以委托其审计所属企业事业单位和专项资金,审计机关必要时进行抽审。设有审计事务所等社会审计组织的地方,可以委托他们审计一部分农业专项资金和使用农业资金的重点乡镇企业,并要求按照规定向审计机关报告审计结果。

七、建立农业资金审计的报告制度。各级审计机关对每年农业资金审计的结果,均应写出综合审计报告,报本级政府和上一级审计机关。报告首先应该正确反映情况,既要有全面的数据,又要有重点问题的反映,既有违纪、浪费等问题的事实,又有处理决定和执行结果;其次要有分析、有建议,及其采纳的情况和效果。各省、自治区、直辖市审计局的综合审计报告,应于当年十月底以前上报审计署。

八、各省、自治区、直辖市审计局应将今年全地区审计农业资金的计划安排及早布置下去,于四月底前抄报我署农林文教司备案。

社会保险审计暂行规定

(劳部发〔1995〕329号,1995年8月24日)

第一条　为加强社会保险基金管理,严肃财经法纪,促进社会保险事业的健康发展,根据《中华人民共和国审计法》、《中华人民共和国劳动法》的有关规定,制定本规定。

第二条　各级国家审计机关应当加强对劳动行政部门及社会保险基金经办机构和劳动就业服务机构管理的社会保险基金、资金的财务收支的审计,对其内部审计工作进行指导和监督。

第三条　各级劳动行政部门负责对本级社会保险基金经办机构和劳动就业服务机构的审计监督。

上级社会保险基金经办机构负责对下级社会保险基金经办机构的审计监督;上级劳动就业服务机构负责对下级劳动就业服务机构的审计监督。

地方各级社会保险基金经办机构、劳动就业服务机构和系统统筹部门的社会保险基金经办机构,负责本地区、本部门管理范围内用人单位的社会保险审计事项。

第四条　社会保险的内部审计监督,在本单位主要负责人的直接领导下实施。

第五条　劳动行政部门及社会保险基金经办机构、劳动就业服务机构依法进行审计监督。其依法作出的审计决定,有关部门和单位必须执行。

第六条　社会保险审计人员应当具备与所从事的审计工作相适应的专业知识和业务能力。

第七条　社会保险审计人员办理审计事项,应依法实行回避制度。

第八条　社会保险审计人员办理审计事项,应实事求是、客观公正、廉洁奉公、保守秘密。

第九条　社会保险审计人员依法行使职权受法律保护。

第十条　本规定第三条第一、二款规定的审计监督包括下列事项：

（一）社会保险基金和管理服务费预算的执行情况和决算；

（二）各项社会保险基金的核定、收缴、支付、上解、下拨、储存、调剂及管理服务费和其他专项经费的提取、使用、上解、下拨；

（三）社会保险基金运营的经济效益；

（四）购置固定资产的资金来源、使用、保管及工程预决算的情况；

（五）国家财经法纪的执行情况和其他有关经济活动及会计行为的合法性；

（六）上级社会保险基金经办机构和劳动就业服务机构交办的以及国家审计机关委托的审计事项。

第十一条　社会保险基金经办机构和劳动就业服务机构对用人单位的下列事项进行审计监督：

（一）在职职工和社会保险待遇享受人员的人数及花名册；

（二）工资总额填报的真实性和合法性；

（三）上缴各项社会保险基金的情况；

（四）支付社会保险金和享受社会保险待遇人员的落实情况。

第十二条　上级社会保险基金经办机构和劳动就业服务机构可以将其审计范围内的审计事项授权下级社会保险基金经办机构和劳动就业服务机构进行审计，也可对下级社会保险基金经办机构和劳动就业服务机构审计范围内的重大审计事项直接审计。

第十三条　劳动行政部门及社会保险基金经办机构和劳动就业服务机构具有以下审计权限：

（一）要求被审计单位报送有关的预算、决算、报告、报表和财务会计等资料；

（二）检查被审计单位有关的会计凭证、账簿、报表、资料和资产，参加被审计单位的有关会议；

（三）向有关部门、单位和个人进行调查；

（四）对被审计单位违反法律、法规的行为，有权制止，并由社会保险基金经办机构和劳动就业服务机构建议劳动行政部门给予行政处罚；构成犯罪的，提请司法机关依法追究刑事责任。

第十四条　社会保险审计应按以下程序进行：

（　）向被审计单位发出《审计通知书》；

（二）依据本规定第十三条规定的权限进行调查取证，调查时应当出示审计证件和审计通知书副本；

（三）提出审计报告，并征求被审计单位的意见。被审计单位应当在接到审计报告十日内提出书面意见。未提出书面意见的，视同没有异议；

（四）出具审计意见书和作出审计决定；

（五）审计意见书和审计决定经批准后发送被审计单位；

（六）被审计单位对审计决定如有异议，可以申请审计复议。用人单位对审计复议决定不服的,可以向人民法院提起诉讼。

复议期间,不影响审计决定的执行。

第十五条 社会保险基金经办机构和劳动就业服务机构进行的工作调查,不适用第十四条规定的审计程序。

第十六条 社会保险审计可以采取就地审计、报送审计或与国家审计机关联合审计等方式进行。

第十七条 需要委托审计师事务所或会计师事务所审计时,应当在事前就委托审计事项签订委托业务协议书,并就委托审计事项通知被审计单位。审计终结,由受委托方向委托方提交审计报告,委托方视情况出具审计意见书或作出审计决定,并发送被审计单位。

第十八条 社会保险审计的情况应当向同级国家审计机关、劳动行政部门及上级社会保险基金经办机构和劳动就业服务机构报告。

各级国家审计机关对社会保险基金和管理服务费的审计情况应当向同级劳动行政部门及上级社会保险基金经办机构和劳动就业服务机构通报。

第十九条 已经国家审计机关审计的,在半年内劳动行政部门或社会保险基金经办机构、劳动就业服务机构不得重复审计;已经劳动行政部门或社会保险基金经办机构、劳动就业服务机构审计的,除国家审计机关外,在半年内其他部门不得重复审计。

第二十条 劳动行政部门及社会保险基金经办机构和劳动就业服务机构应按照有关规定建立审计档案。

第二十一条 拒绝、阻挠社会保险审计人员依法执行公务或打击报复社会保险审计人员的,由劳动行政部门或者有关部门给予行政处分;构成犯罪的,依法追究刑事责任。

第二十二条 社会保险审计人员滥用职权、玩忽职守、徇私舞弊,构成犯罪的,依法追究刑事责任;不构成犯罪的,给予行政处分。

第二十三条 省、自治区、直辖市劳动行政部门可以根据本规定,结合本地区的实际情况制定实施办法,并报劳动部和国家审计署备案。

第二十四条 本规定由劳动部、国家审计署负责解释。

第二十五条 本规定自一九九五年十月一日起施行。

审计机关对农业专项资金审计实施办法

(审农发〔1996〕366号,1996年12月17日)

第一条 为了规范农业专项资金的审计监督,保证审计工作质量,根据《中华人民共和国审计法》,制定本办法。

第二条 本办法所称的农业专项资金,包括预算安排的农业专项支出,预算外农业专用资金,政策性农业专项贷款,以及外资运用农业项目的资金。

第三条 本办法所称农业专项资金审计,是指审计机关依法对农业专项资金财政、财务收支的真实、合法和效益进行的审计监督。

第四条 审计机关对农业专项资金进行审计监督,应当有利于促进国家农业投入政策的落实,促进有关部门和单位加强农业专项资金管理,提高资金使用效益,促进农业持续、稳定、协调发展。

第五条 审计机关对预算安排的农业专项支出进行审计监督的主要内容:

(一)财政部门按照人民代表大会批准的年度预算向有关部门和单位批复农业专项支出的预算的情况,农业专项支出预算在执行中调整的情况;

(二)财政部门按照批准的年底预算和用款计划、预算级次和程序、用款单位的实际用款进度,拨付本级农业专项支出资金的情况,以及本级农业专项支出决算执行有关法律、行政法规的情况;

(三)财政部门依照有关法律、行政法规和财政管理体制,拨付补助下级农业专项支出资金和办理结算的情况;

(四)有关部门和单位在农业专项支出预算执行和决算中执行有关法律、行政法规和财政、财务制度的情况,以及按照规定制定资金使用项目计划和分配、使用资金的情况;

(五)财政部门和有关部门按照规定实行有偿使用资金的情况,对实行有偿使用的资金签订的借出款合同的合法性、合规性和有效性,按照有关政策和合同规定回收资金及收取资金占用费的情况,对收回的资金及收取的资金占用费按照规定分配和使用的情况;

(六)项目计划完成情况和资金使用效益。

第六条 审计机关对预算外农业专用资金进行审计监督的主要内容:

(一)财政部门和有关部门依照有关法律、行政法规和财政部门的有关规定,建立预算外农业专用资金的情况;

(二)财政部门和有关部门依照有关法律、行政法规和财政部门的有关规定,制定资金使用项目计划和分配、使用资金的情况;

(三)财政部门和有关部门按照规定实行有偿使用资金的情况,对实行有偿使用的资金签订的借出款合同的合法性、合规性和有效性,按照有关政策和合同规定回收资金及收取资金占用费的情况,对收回的资金及收取的资金占用费按照规定分配和使用的情况;

(四)项目计划完成情况和资金使用效益。

第七条 审计机关对政策性农业专项贷款进行审计监督的主要内容:

(一)中央银行按照国家有关政策下达贷款计划的情况;

(二)有关专业银行依照有关政策、法律、行政法规、中央银行贷款计划和农业专项贷款管理制度,下达贷款计划和制定贷款项目计划的情况;

(三)有关专业银行按照规定投放、使用贷款的情况,签订的贷款合同的合法性、合规性和有效性,按照贷款合同回收贷款及收取利息的情况,对收回的贷款按规定继续使用的情况;

(四)按照规定实行贴息的贷款执行贴息的情况;

(五)项目计划完成情况和贷款使用效益。

第八条 各级审计机关依法对本级预算安排的农业专项支出和预算外农业专用资金进行审计。

政策性农业专项贷款,由审计署进行审计;审计署也可依法授权地方审计机关进行审计。

第九条 上级审计机关对下级农业专项支出的预算执行和决算、下级分配和使用上级财政补助农业专项支出资金、下级预算外农业专用资金的管理和使用中关系国家农业投入政策执行方面的重大问题,依法进行审计或者审计调查。

第十条 审计机关对农业专项资金进行审计监督,除依法审计管理农业专项资金的部门和单位外,对使用农业专项资金的单位实行有重点地抽审。

第十一条 审计机关对农业专项资金进行审计监督,应当按照《审计机关审计项目计划管理的规定》,实行审计项目计划管理。

第十二条 审计机关按照审计程序进行审计监督,对查出的违反国家规定的财政、财务收支行为,依照有关法律、法规和规章的规定进行处理。

第十三条 审计机关对农业专项资金的审计情况,应当写出综合审计报告,报送一级审计机关。

综合审计报告应当如实反映本级审计机关和下级审计机关农业专项资金审计工作的基本情况,对农业专项资金投入、管理和使用情况的总体评价,农业专项资金投入、管理和使用中存在的主要问题及处理情况,对农业投入政策宏观调控问题的分析、建议等。

第十四条 审计机关对国家农业建设项目预算(概算)执行情况、竣工决算和外资运用农业项目的审计,分别按照《审计机关对国家建设项目预算(概算)执行情况审计实施办法》《审计机关对国家建设项目竣工决算审计实施办法》和《审计机关对国外贷援款项目审计实施办法》办理。

第十五条 本办法由审计署负责解释。

第十六条 本办法自1997年1月1日起施行。

审计机关对社会捐赠资金审计实施办法❶
(审行发〔1996〕第351号,1996年12月13日)

第一条 为了规范社会捐赠资金的审计监督,保证审计工作质量,根据《中华人民共和国审计法》第二十四条的规定,制定本办法。

第二条 本办法所称社会捐赠资金,是指国内国外政府机构、企业、事业单位、民间组织、社会团体和个人以及国际组织对我国抗灾救灾、社会公益事业、社会慈善事业等方面提供的各种形式的捐赠款物。

第三条 本办法所称社会捐赠资金审计,是指审计机关对行政机关、企业、事业单位、社会团体及其他有关单位接收、分配、使用和管理社会捐赠资金的真实、合法、效益进行的审计监督。

第四条 社会捐赠资金审计的目的是,有利于促进接受捐赠的部门、单位加强财务管理,保证社会捐赠资金筹集、分配、使用的真实、合法,提高社会捐赠资金使用的社会效益与经济效益。

第五条 审计机关对接收、分配、使用和管理社会捐赠资金单位的财务管理及内部控制制度的下列内容进行审计监督:

(一)银行账户、会计记录、会计核算、账簿设置、凭证形式、记账程序,以及财务机构设置、财

---

❶翟继光.中华人民共和国现行审计法规汇编[M].成都:西南财经大学出版社,2009:126-127.

会人员职责,是否符合《中华人民共和国会计法》和有关财经法规的要求;

(二)捐赠款、物收入、拨付使用和费用开支的审批手续,以及资金的管理办法等财务管理制度和内部审计制度是否健全、有效;

(三)财产、物资的验收、领用、保管、调拨、登记等管理制度是否健全、有效;

(四)资金分配、使用的报告制度及效益考核制度是否建立、健全。

第六条　审计机关对社会捐赠资金收入的下列内容进行审计监督:

(一)接收的捐赠款是否全部入账,并在银行开设专户,是否按照规定设置明细分类账;

(二)接收捐赠资金的收据是否合规,收据存根与收入明细账、银行存款和现金是否相符;

(三)增值收入是否转入捐赠收入科目。

第七条　审计机关对社会捐赠资金分配和使用的下列内容进行审计监督:

(一)分配、发放、使用捐赠款、物的手续和制度是否健全、合规;

(二)分配、使用捐赠款、物是否按照捐赠者意愿或规定的用途专款专用,有无截留、挪用、私分和虚列支出等问题。

第八条　审计机关对社会捐赠物资管理的下列内容进行审计监督:

(一)捐赠物资出入库有无内部控制制度,原始记录是否完整;

(二)捐赠物资的变价处理是否按规定办理报批手续,价格是否合理。

第九条　审计机关按照审计程序,对社会捐赠资金进行审计监督。对查出的违反国家法律、法规的财政、财务收支行为,应当依照有关法律、法规和规章的规定进行处理。对审计查出的重大问题,应当向政府报告或向有关部门反映。

第十条　审计机关应当于审计工作结束后,写出对社会捐赠资金的综合审计报告,呈报本级人民政府和上一级审计机关。

综合审计报告应当包括下列内容:

(一)社会捐赠资金审计的基本情况;

(二)对社会捐赠资金接收、分配、管理和使用情况作出的总体评价;

(三)社会捐赠资金的筹集、分配、管理和使用中存在的主要问题及其原因;

(四)对审计查出问题的处理意见、建议及审计处理结果等。

第十一条　审计机关可以依法向社会公布对社会捐赠资金审计的结果。

第十二条　审计机关对外国政府和国际组织要求对其捐赠资金使用情况提供审计报告的,应当按照有关规定办理。

第十三条　本办法由审计署负责解释。

第十四条　本办法自1997年1月1日起施行。

审计机关对社会保障基金审计实施办法
(1996年12月13日)

为了规范社会保障基金的审计监督,保证审计工作质量,根据《中华人民共和国审计法》第二十四条的规定,制定本办法。

本办法所称社会保障基金,是指政府部门管理的和社会团体受政府部门委托管理的社会保障基金,包括社会保险、社会救济、社会福利、优抚安置等资金。

本办法所称社会保障基金审计,是指审计机关对政府部门管理的和社会团体受政府部门委托管理的社会保障基金财务收支的真实、合法、效益进行的审计监督。

社会保障基金审计的目的是,有利于保证社会保障基金的安全与完整,促进我国现代社会保障体系的建立与完善,充分发挥社会保障基金使用的经济效益与社会效益,保障人民群众基本生活的权益,维护社会的稳定。

审计机关对社会保障基金预算执行情况及决策的下列内容进行审计监督:

(一)经批准的社会保障基金预算和财务收支计划是否严格执行,有无超预算、超计划问题;

(二)预算和财务收支计划的调整是否按法定程序报经审批;

(三)年度决算和财务报告及有关的会计报表、会计账簿、会计凭证是否真实、合法并报经财政部门或上级主管部门审批。

审计机关对社会保障基金内部控制制度的下列内容进行审计监督;

(一)财务管理的规章、制度是否健全、有效;

(二)财务和内部审计机构是否健全,能否有效地发挥核算监督和控制作用。

审计机关对社会保险基金收支的下列内容进行审计监督:

(一)社会保险管理机构是否按法定的项目和标准,及时、足额征收社会保险基金,有无少征、漏征和任意减征、免征等问题;

(二)应当缴纳社会保险基金的企业、事业组织、国家机关和党派、社会团体是否按法定的项目、标准、及时、足额上缴社会保险基金,有无隐瞒、拖欠、少缴、漏缴、截留、挪用等问题;

(三)主管部门是否依法及时、足额拨付社会保险基金款项,有无拖欠、截留、挪用等问题;

(四)社会保险费的支出是否按规定编制预算、计划,调剂资金的分配、使用是否合理、合法、资金的调度和用款计划是否按规定的程序与权限报经有关主管部门审批;

(五)社会保险机构是否依法及时、足额、准确地发放参保人员应得的费用,有无拖欠、少发问题;

(六)社会保险基金营运机构是否符合法定条件,其资信状况是否可靠,社会保险基金是否安全、完整,其保值增值是否合法、合规,利息或收益是否纳入社会保险基金收入,有无违反规定将社会保险基金用于投资和经商办企业等问题;

(七)有无贪污、私分和挪用社会保险基金等违法行为。

审计机关对社会保险机构财务收支的下列内容进行审计监督:

(一)社会保险机构财务收支的年度决算和财务报告及有关会计报表、会计账簿、会计凭证是否真实、合法;

(二)管理服务费的使用是否按财政部门批准的计划执行;

(三)有无擅自提高管理服务费的计提基数、计提标准和扩大开支范围等问题;

(四)有无违反规定挪用社会保险基金弥补机关行政经费、搞基建项目和购买小汽车等问题;

（五）社会保险基金营运机构的设置和人员配备是否符合精简原则，有无因机构膨胀和人员超编加大管理成本开支的问题。

审计机关对社会保障基金中救济、救灾、福利、优抚等社会保障资金的下列内容进行审计监督：

（一）财政拨款和社会捐赠款、物是否按预算和计划落实到位，有无克扣灾民、贫困户和优抚人员依法应得的款、物问题；

（二）是否做到专款专用，有无挤占、挪用社会保障资金问题；

（三）有无贪污、私分、挥霍浪费社会保障资金等违法行为；

（四）社会保障资金的使用是否取得较好的社会效益和经济效益。

审计机关应逐步做到对社会保障基金的年度财务收支预算执行情况及决算实行定期必审制度，并与当年本级预算执行情况审计相衔接。

审计机关对社会保障基金的审计监督，可以实行报送审计或就地审计，也可以实行报送审计与就地审计相结合等审计方式。根据需要，亦可以组织行业审计、专项审计或专项审计调查。

审计机关按照审计程序，对社会保障基金进行审计监督。对审计查出的违反国家法律、法规的财政、财务收支行为，应当依照法律、法规和规章的规定进行处理。对审计查出的重大问题，应当向政府报告或向有关部门反映。

对由社会捐赠资金设立的社会保障基金的审计监督，参照《审计机关对社会捐赠资金审计实施办法》执行。

本办法由审计署负责解释。

本办法自1997年1月1日起施行。

农村集体经济组织审计规定[❶]

（农办经〔2008〕1号，2008年1月2日）

第一章　总则

第一条　为了加强农村集体经济组织的审计监督，严肃财经法纪，提高经济效益，保护农村集体经济组织的合法权益，促进农村经济的发展，根据《中华人民共和国审计法》《农民承担费用和劳务管理条例》《审计署关于内部审计工作的规定》和有关法律、法规、政策，结合农村集体经济组织发展的具体情况，制定本规定。

第二条　农业部负责全国农村集体经济组织的审计工作。

审计业务接受国家审计机关和上级主管部门内审机构的指导。

第三条　县级以上地方人民政府农村经营管理部门负责指导农村集体经济组织的审计工作，乡级农村经营管理部门负责农村集体经济组织的审计工作。

第四条　凡建立农村集体经济组织审计机构的，都应配备相应的审计人员。

审计人员应当经过考核，发给审计证，凭证开展审计工作。

第五条　农村集体经济组织审计机构工作人员应当依法审计，忠于职守，坚持原则，客观公正，廉洁奉公，保守秘密。

---

❶翟继光.中华人民共和国现行审计法规汇编［M］.成都：西南财经大学出版社，2009：140-143.

第二章　审计范围和任务

第六条　农村集体经济组织审计机构的审计监督范围为村、组集体经济组织。

第七条　农村集体经济组织审计机构对前条所列单位的下列事项进行审计监督：

(一)资金、财产的验证和使用管理情况；

(二)财务收支和有关的经济活动及其经济效益；

(三)财务管理制度的制定和执行情况；

(四)承包合同的签订和履行情况；

(五)收益(利润)分配情况；

(六)承包费等集体专项资金的预算、提取和使用情况；

(七)村集体公益事业建设筹资筹劳情况；

(八)村集体经济组织负责人任期目标和离任经济责任；

(九)侵占集体财产等损害农村集体经济组织利益的行为；

(十)乡经营管理站代管的集体资金管理情况；

(十一)当地人民政府、国家审计机关和上级业务主管部门等委托的其他审计事项。

第三章　审计职权

第八条　农村集体经济组织审计机构在审计过程中有下列职权：

(一)要求被审计单位报送和提供财务计划、会计报表及有关资料；

(二)检查被审计单位的有关账目、资产，查阅有关文件资料，参加被审计单位的有关会议；

(三)向有关单位和人员进行调查，被调查的单位和人员应当如实提供有关资料及证明材料；

(四)对正在进行的损害农村集体经济组织利益、违反财经法纪的行为，有权制止；

(五)对阻挠、破坏审计工作的被审计单位，有权采取封存有关账册、资产等临时措施。

第九条　农村集体经济组织审计工作人员依法行使职权，受法律保护，任何人不得打击报复。

第四章　审计程序

第十条　农村集体经济组织审计机构根据同级人民政府和上级业务主管部门的要求，结合本地实际，确定审计工作的重点，编制审计项目计划和工作方案。

农村集体经济组织审计机构确定审计事项后，应当通知被审计单位。

第十一条　农村集体经济组织审计人员根据审计项目，审查凭证、账表，查阅文件、资料，检查现金、实物，向有关单位和人员进行调查，并取得证明材料。

证明人提供的书面证明材料应当由提供者签名或盖章。

第十二条　农村集体经济组织审计人员，在审计过程中，应当主动听取农民群众和民主理财组织的意见。

第十三条　农村集体经济组织审计人员对审计事项进行审计后，向委派其进行审计的农村集体经济组织审计机构提出审计报告。重大审计事项的审计报告，应当分别报送同级人民政府、上级农村集体经济组织审计机构和有关主管部门。

审计报告在报送之前,应当征求被审计单位的意见。被审计单位应当在收到审计报告之日起十日内提出书面意见。

第十四条　农村集体经济组织审计机构审定审计报告,作出审计结论和决定,通知被审计单位和有关单位执行,并向农民群众公布。

第十五条　被审计单位对农村集体经济组织审计机构作出的审计结论和决定如有异议,可在收到审计结论和决定之日起十五日内,向上一级农村集体经济组织审计机构申请复审。上一级农村集体经济组织审计机构应当在收到复审申请之日起三十日内,作出复审结论和决定。特殊情况下,作出复审结论和决定的期限,可适当延长。

复审期间,不停止原审计结论和决定的执行。

第十六条　农村集体经济组织审计机构应当检查审计结论和决定的执行情况。

第十七条　农村集体经济组织审计机构对办理的审计事项必须建立审计档案,加强档案管理。

第十八条　农村集体经济组织审计机构应当对农村集体经济组织财务收支按月或按季进行经常、全面的审计监督。

第五章　奖惩

第十九条　对遵守和维护财经法纪成绩显著的单位和个人,提出通报表扬和奖励。

第二十条　农村集体经济组织审计机构对被审计单位违反规定的收支、用工和非法所得的收入,应当在审计结论和决定中明确,分别按规定上缴国家,或退还农村集体经济组织和农户。

第二十一条　违反本规定,有下列行为之一的单位负责人、直接责任人员及其他有关人员,应当给予行政处分的,由农村集体经济组织审计机构建议当地人民政府或有关主管部门处理:

(一)拒绝提供账簿、凭证、会计报表、资料和证明材料的;

(二)阻挠审计工作人员依法行使审计职权,抗拒、破坏监督检查的;

(三)弄虚作假,隐瞒事实真相的;

(四)拒不执行审计结论和决定的;

(五)打击报复审计工作人员和检举人的。

第二十二条　违反本规定,有下列行为之一的农村集体经济组织审计人员,可由农村集体经济组织审计机构给予处分,或向同级人民政府和有关部门提出给予行政处分的建议:

(一)利用职权,牟取私利的;

(二)弄虚作假,徇私舞弊的;

(三)玩忽职守,给被审计单位和个人造成损失的;

(四)泄露秘密的。

第二十三条　对经济处理决定不服的单位和个人,可向作出处理决定机构的上一级机构提出申诉。

第二十四条　对有本规定第二十一条、第二十二条所列行为,情节严重,构成犯罪的,提请司法机关依法追究刑事责任。

第六章 附则

第二十五条 农村集体经济组织审计机构可接受委托向农村集体经济组织以外的单位提供审计服务,其收费标准,由省、自治区、直辖市农业行政主管部门会同同级财政、物价主管部门制定。

第二十六条 各省、自治区、直辖市可根据本规定制定实施办法。

第二十七条 本规定由农业部负责解释。

第二十八条 本规定自发布之日起施行。

审计署、财政部、劳动部关于开展企业职工养老保险基金和失业保险基金审计有关事项的通知

(审办发〔1996〕87号,1996)

各省、自治区、直辖市和计划单列市审计厅(局),财政厅(局)、劳动(劳动人事)厅(局)、上海市社会保险局,审计署驻各地特派员办事处、驻铁道部、交通部、煤炭部、邮电部、水利部、电力部、中国民航总局审计局,人民银行稽核司,有色总公司审计部,石气总公司、中建总公司审计局及上述国务院部门(中央企业)社保(劳资)部门:

为贯彻落实党的十四届五中全会关于进一步深化社会保障制度改革的精神,加强对企业职工养老保险基金和失业保险基金(以下简称"两项基金")的管理,保证社会保障制度改革的顺利进行,根据国务院领导指示和全国审计工作会议确定《1996年审计署统一组织和审计项目计划》,审计署决定对1995年度各省、自治区、直辖市各级社保部门管理的"两项基金"及实行系统统筹的铁道部、交通部、煤炭部、邮电部、电力部、水利部、人民银行、中国民航总局、有色总公司、石气总公司、中建总公司等11个国务院部门(企业)集中管理的养老保险基金的财务收支及管理情况进行审计。现将有关事项通知如下:

一、提高对"两项基金"审计重要性的认识

"两项基金"是社会保障资金的重要组成部分,推进养老保险和失业保险制度改革,是党中央提出的"九五"期间建立健全我国社会保障体系的重点工作,也是确保在市场经济条件下深化企业改革、维护社会稳定的重要措施。"两项基金"管理制度是否健全完善,基金的管理使用是否符合有关规定,直接关系在社会保障制度乃至现代企业制度改革能否顺利进行,关系到人民群众的切身利益。近几年各地通过审计和财务检查,发现和查处了大量问题,在完善"两项基金"管理制度、严肃财经法纪等方面起到了积极的作用。但随着社会保障制度改革的不断深入,一些老问题仍未解决,又不断出现一些新情况、新问题,给改革的顺利发展增加了困难。中央领导同志对此高度重视,多次指示要加强对"两项基金"的财务检查和审计监督。因此,各级审计、财政、劳动部门应提高对此次"两项基金"审计重要性的认识。各级审计机关(或内审机构)应按统一部署开展审计,按时保质完成任务;各级财政、劳动部门和社会保险经办机构要积极配合,凡直接管理"两项基金"的,都要自觉接受审计机关的审计。

二、审计目的

通过审计,要全面了解目前"两项基金"征收、管理、使用的基本状况及企业、职工参加社会保

险的情况;肯定社会保险工作取得的成绩,查处违纪行为;对于带有普遍性的问题,分析研究其产生的原因,提出深化改革的意见和建议;对基金保值增值、离退休高峰期基金的支付能力等进行评估、预测。审计结果,要向中央及有关部门提供进一步完善社会保障制度的决策依据,为促进我国社会保障制度的健全和完善服务。

三、审计、财政、劳动三部门做好协调、配合工作

(一)此次"两项基金"审计时间紧,涉及部门多,面广线长,难度大。各级审计、财政、劳动部门应建立必要的联系制度,以便进行组织协调工作和加强审计过程中有关情况的交流和政策问题的研究。

(二)为加大审计力度,要求采取"上审下"的方式。组织大量人员、会议,差旅费等开支将增加,请各地财政厅(局)在审计经费上给予必要支持,以保证审计工作的顺利实施。

审计署关于加强对救灾款物审计监督的补充通知
(审发〔1998〕204号,1998年8月19日)

各省、自治区、直辖市审计厅(局):

入汛以来,我国长江、松花江流域等地区遭受了历史罕见的洪涝灾害。当前,抗洪抢险已到了最紧要关头。江泽民总书记、李鹏委员长、朱镕基总理等中央领导同志亲临第一线,对抗洪抢险救灾工作做了重要部署。全党、全军、全国各族人民万众一心,奋起抗御洪灾。为保障灾区人民的生活,帮助灾区飞快恢复生产、重建家园,保证国民经济的发展和社会的稳定,国家调拨了巨款和大批物资,社会各界和国际社会、海外华侨华人、我驻外机构纷纷捐款捐物支援灾区。为使救灾款物妥善管理、安全使用,审计署已发出《关于加强救灾款物审计监督的通知》(审发〔1998〕184号),各级审计机关要认真贯彻执行。现就加强救灾款物审计的有关事项补充通知如下:

各级审计机关和广大审计干部要认真学习江泽民同志在湖北视察长江抗洪抢险工作时的重要讲话,高度重视并积极做好抗洪救灾工作,继续把抗洪救灾作为当前的首要任务。要坚决按照党中央、国务院关于防汛抗洪救灾的统一部署,以高度的政治责任感,克服一切困难,在当地党委、政府的统一领导下,在积极完成抗洪救灾任务的同时,切实做好救灾款物的审计监督工作,为抗洪救灾作出贡献。

各级审计机关要提前介入,对救灾款物进行全面的审计,监督救灾款物及时、合法、安全管理、发放和使用。审计署负责对民政部、中华慈善总会、中国红十字总会等部门及单位接收、管理、分配捐赠款物的情况进行审计;地方审计机关负责对地方各级部门和单位接收、管理、分配、发放、使用救灾款物的各个环节进行全面的跟踪审计。

要监督接受和管理救灾款的有关部门、单位在银行设立专户、建立专门账目、指定专人管理;对救灾物资的调入、调出、分配、发放要登记造册、健全手续;监督救灾款物及时、足额发放到位,做到专款专用,以保障灾区人民生活、生产的急需。

要加大审计的查处力度,坚决揭露并依法查处在救灾款物分配、发放和使用中的营私舞弊、截留、挪用等不法行为。对贪污、私分、截留、挪用救灾款物的行为要严肃处理,情节严重的要及时移送司法部门依法严惩。

各地审计机关要将救灾款物审计情况及时上报。1998年底前,将审计结果报送审计署,必要时将向社会公布。

审计署关于加强对防治非典型肺炎专项资金和捐赠款物进行
审计监督的通知
(审办发〔2003〕28号,2003年5月7日)

各省、自治区、直辖市和计划单列市、新疆生产建设兵团审计厅(局),署机关各单位、各特派员办事处、各派出审计局:

当前,我国部分地区发生的非典型肺炎疫情已成为社会经济生活中的一个突出问题。加强非典型肺炎的预防、治疗和控制工作,关系到广大人民群众的身体健康和生命安全,关系到我国改革发展稳定的大局,关系到我国的国家利益和国际形象。为了取得这场斗争的胜利,党中央、国务院已经采取了一系列重大措施。最近,中央财政从总预算预备费中安排20亿元设立了非典型肺炎防治基金,各地也都拨出大量财政专款用于防治工作,一些国内外企业和个人以及外国政府组织还为防治非典型肺炎纷纷捐款捐物。对此,国务院要求加强审计监督,确保这些资金和物品落实到位,使用规范。为做好这项工作,现将有关具体要求通知如下:

一、从讲政治、讲大局的高度,充分认识做好这项审计工作的重要意义。这次中央设立的非典型肺炎防治基金,主要用于农民和城镇困难群众中非典型肺炎的救治工作、中西部困难地区县级医院的应急改造和购置治疗非典型肺炎的医疗设备。这充分说明,党中央、国务院高度重视农村疫病预防工作,采取一切措施,严防疫情向农村扩散。同时,也体现了对困难地区和困难群众的殷切关怀。在这场突如其来的疫情面前,各级政府面临着重大考验。各级审计机关要在政府的领导下,与财政等有关部门密切配合,组织一定审计力量,对政府统一安排的防治非典型肺炎专项资金和捐赠物资进行跟踪审计监督。要把这项工作作为今年工作的重中之重,作为贯彻落实中央决策的大事来抓。主要负责同志要亲自挂帅,主动向有关部门了解情况,主动研究部署制订方案,主动向政府领导汇报请示,力争在最短的时间内,有效地开展工作。

二、及时调整部署,集中力量完成这项审计任务。各级审计机关要深刻认识非典型肺炎防治工作的艰巨性、复杂性和反复性。根据本地区的具体情况,及时对年初制定的审计计划作出相应的调整。因审计力量不足,无法完成年初署统一组织计划项目的,可及时向署报告,予以调整。审计中要把住重点环节,深入基层,深入农户,深入具体使用单位,扎扎实实,克服困难,以实际行动实践"三个代表"重要思想。

三、切实加大对违法违规行为的查处力度。各级审计机关要认真履行职责,对截留、挤占、挪用防治"非典"专项资金和捐赠物资的行为,要坚决依法严肃处理;对问题严重,甚至涉嫌贪污的严重违法违纪案件,要及时移交纪检监察或司法机关查处。重大案件,报经政府批准后,予以公开曝光,增加工作的透明度,充分发挥舆论监督的作用。

四、确保审计质量,建立审计责任追究制度。各级审计机关要逐级建立审计质量责任追究制度。务必要求每个审计人员、每个审计组兢兢业业,恪尽职守,对所查项目一定要查深查透,并严格审计决定的跟踪落实。由于审计工作不落实或不扎实,造成专项资金和捐赠物资被挤占挪用等重大问题,要严肃追究有关单位、人员,特别是主要领导的责任。

五、加强信息交流,及时报告审计情况。各省级审计机关对地、县级的工作要及时了解,及时掌握,及时汇总。对全省的工作安排和进展情况,要以信息或简报等形式每月向署简报一次,重大问题及时报告。

六、各级审计机关在实施审计时,要按当地的有关规定,认真做好自身的预防工作,确保审计人员的身体健康。

关于进一步做好扶贫资金审计、监督工作的意见
(审农发〔2004〕60号,2004年10月13日)

各省、自治区、直辖市和新疆生产建设兵团审计厅(局)、扶贫开发领导小组办公室、发展与改革委员会、财政厅(局)、农业银行分行:

2002年7月,《审计署、国务院扶贫开发领导小组办公室关于落实〈中国农村扶贫开发纲要〉做好扶贫资金审计工作的意见》(审农发〔2002〕88号)(以下简称《意见》)印发以来,各级审计机关按照《意见》的要求,认真开展了新时期的扶贫资金审计工作。在各有关部门的积极配合和支持下,这项工作取得了新进展。同时也应看到,扶贫资金审计工作目前开展还不平衡,有的地方、单位对新形势下做好扶贫资金审计、监督工作重要性的认识还不到位;有的没有或没有很好落实定期审计制度;有的对违法违规行为查处力度不够,等等。为进一步做好扶贫资金审计、监督工作,现提出如下意见:

一、充分认识加强扶贫资金审计、监督工作的重要性

新阶段扶贫工作的任务相当艰巨,要求更高,难度更大,时间更紧迫。到2020年要建设一个惠及十几亿人口的小康社会,重点在农村,难点在贫困地区。扶贫资金审计、监督是扶贫开发工作的一个重要环节,是促进国家扶贫开发政策更好贯彻落实,不断加强和规范扶贫资金管理,提高扶贫资金使用效益的一个重要手段。各有关部门应将扶贫资金审计、监督作为扶贫开发工作的有机组成部分,给予高度重视,加强协调配合,以充分发挥扶贫资金审计、监督工作的积极作用。

二、坚持全面审计,加大审计力度

各级审计机关应认真落实《意见》中所提出的扶贫资金分层次和定期审计的要求,实现扶贫资金审计经常化、制度化。应有计划地对扶贫资金管理部门和使用扶贫资金的单位特别是重点单位进行全面审计。对扶贫建设项目,特别是项目规模较大、资金较多的重点项目进行抽审,扩大延伸审计面。

为了加大审计力度,审计机关应根据实际情况,尽可能多地采用和推广"上审下"、"交叉互审"等审计组织方式,提高审计质量和效果。上级审计机关既应按要求认真组织开展和直接进行扶贫资金审计,又要通过加强调查研究等多种途径,积极指导下级审计机关开展扶贫资金审计。

审计机关应与各有关部门加强沟通,及时反映、通报扶贫资金审计工作的重要情况和查出的重要问题,认真听取对审计工作的意见和建议,不断加强和改进工作。各级扶贫办、发改委、财政

部门和农业银行应在各自职责范围内加强对扶贫资金管理、使用的监督检查,并支持和配合扶贫资金审计工作开展,及时提供扶贫开发工作有关信息、资料,在确定财政扶贫项目计划、拨付资金时和落实信贷扶贫计划后,将有关文件、资料抄送同级审计机关。

三、推进审计工作发展,提高审计效果

为了不断深化扶贫资金审计工作,提高质量和效果,各级审计机关在对扶贫资金真实性、合法性审计的同时,积极探索效益审计。效益审计指审计机关对被审计单位(项目)管理和使用公共资源的有效性进行检查和评价的活动。应逐步建立效益评价标准和体系,力求从经济、生态和社会效益方面深刻揭示存在的问题,深入分析影响效益的因素,为扶贫工作决策和扶贫规章制度建设服务;应充分利用有利条件,大力推进计算机审计在扶贫资金审计中的应用,促进提高审计质量和效率。计算机审计指审计机关检查被审计单位运用电子计算机管理财政收支、财务收支的财务会计核算系统和与管理财政收支、财务收支有关的计算机信息系统。

各级扶贫办、发改委、财政部门和农业银行应积极与审计机关建立扶贫资金和扶贫项目库等信息资源共享平台,既为审计机关开展扶贫资金审计创造条件,又为有关部门更好利用审计成果提供便利。

四、搞好整改,促进扶贫开发工作深入开展

各级审计机关应跟踪检查扶贫资金审计决定的落实和了解工作整改等情况。各级扶贫办、发改委、财政部门和农业银行对审计查出的违法违规等问题,要严肃处理,会同有关部门追究有关人员责任。同时应认真进行工作整改,促进扶贫工作的政策落实、管理加强和制度完善,推进扶贫开发工作的深入、扎实、有效开展,为实现全面建设小康社会的奋斗目标不断做出新贡献。

审计署制定严格抗震救灾款物审计纪律若干规定

(2008年5月29日)

为切实搞好四川汶川地震抗震救灾资金和物资的审计,5月29日,审计署制定并向审计系统发出关于严格救灾款物审计纪律的若干规定。规定如下:

一、必须严格执行《审计署关于加强审计纪律的规定》(即"八不准"审计纪律)和各项廉政纪律,不得以任何方式与被审计单位发生任何形式的经济利益联系;

二、必须落实参加审计单位一把手责任制,不得推卸责任、玩忽职守;

三、必须服从统一安排和调遣,不得以任何理由拖延和拒绝执行任务;

四、必须处理好审计与救灾工作的关系,不得因抗震救灾而延缓、放松审计或影响抗震救灾工作的正常进行;

五、必须依法认真处理群众举报,不得敷衍塞责、推诿扯皮;

六、必须确保审计质量和效率,对重大问题要一查到底,查深查透,不得因遇到困难和阻力而回避、退缩和放弃;

七、必须及时、如实报告审计情况,不得拖延、隐匿和瞒报;

八、必须坚持实事求是、定期、统一公告审计结果制度,不得擅自传播不准确的审计信息。

以上规定,全体审计人员必须严格遵照执行。对违反以上规定的单位和个人,要依照有关规

定给予严肃处理,并追究有关领导的责任。

农村集体经济组织审计规定[1]

(农办经〔2008〕1号,2008年1月2日)

第一章　总则

第一条　为了加强农村集体经济组织的审计监督,严肃财经法纪,提高经济效益,保护农村集体经济组织的合法权益,促进农村经济的发展,根据《中华人民共和国审计法》《农民承担费用和劳务管理条例》《审计署关于内部审计工作的规定》和有关法律、法规、政策,结合农村集体经济组织发展的具体情况,制定本规定。

第二条　农业部负责全国农村集体经济组织的审计工作。

审计业务接受国家审计机关和上级主管部门内审机构的指导。

第三条　县级以上地方人民政府农村经营管理部门负责指导农村集体经济组织的审计工作,乡级农村经营管理部门负责农村集体经济组织的审计工作。

第四条　凡建立农村集体经济组织审计机构的,都应配备相应的审计人员。

审计人员应当经过考核,发给审计证,凭证开展审计工作。

第五条　农村集体经济组织审计机构工作人员应当依法审计,忠于职守,坚持原则,客观公正,廉洁奉公,保守秘密。

第二章　审计范围和任务

第六条　农村集体经济组织审计机构的审计监督范围为村、组集体经济组织。

第七条　农村集体经济组织审计机构对前条所列单位的下列事项进行审计监督:

(一)资金、财产的验证和使用管理情况;

(二)财务收支和有关的经济活动及其经济效益;

(三)财务管理制度的制定和执行情况;

(四)承包合同的签订和履行情况;

(五)收益(利润)分配情况;

(六)承包费等集体专项资金的预算、提取和使用情况;

(七)村集体公益事业建设筹资筹劳情况;

(八)村集体经济组织负责人任期目标和离任经济责任;

(九)侵占集体财产等损害农村集体经济组织利益的行为;

(十)乡经营管理站代管的集体资金管理情况;

(十一)当地人民政府、国家审计机关和上级业务主管部门等委托的其他审计事项。

第三章　审计职权

第八条　农村集体经济组织审计机构在审计过程中有下列职权:

(一)要求被审计单位报送和提供财务计划、会计报表及有关资料;

(二)检查被审计单位的有关账目、资产,查阅有关文件资料,参加被审计单位的有关会议;

---

[1]翟继光.中华人民共和国现行审计法规汇编[M].成都:西南财经大学出版社,2009:140-143.

（三）向有关单位和人员进行调查，被调查的单位和人员应当如实提供有关资料及证明材料；

（四）对正在进行的损害农村集体经济组织利益、违反财经法纪的行为，有权制止；

（五）对阻挠、破坏审计工作的被审计单位，有权采取封存有关账册、资产等临时措施。

第九条 农村集体经济组织审计工作人员依法行使职权，受法律保护，任何人不得打击报复。

第四章 审计程序

第十条 农村集体经济组织审计机构根据同级人民政府和上级业务主管部门的要求，结合本地实际，确定审计工作的重点，编制审计项目计划和工作方案。

农村集体经济组织审计机构确定审计事项后，应当通知被审计单位。

第十一条 农村集体经济组织审计人员根据审计项目，审查凭证、账表，查阅文件、资料，检查现金、实物，向有关单位和人员进行调查，并取得证明材料。

证明人提供的书面证明材料应当由提供者签名或盖章。

第十二条 农村集体经济组织审计人员，在审计过程中，应当主动听取农民群众和民主理财组织的意见。

第十三条 农村集体经济组织审计人员对审计事项进行审计后，向委派其进行审计的农村集体经济组织审计机构提出审计报告。重大审计事项的审计报告，应当分别报送同级人民政府、上级农村集体经济组织审计机构和有关主管部门。

审计报告在报送之前，应当征求被审计单位的意见。被审计单位应当在收到审计报告之日起十日内提出书面意见。

第十四条 农村集体经济组织审计机构审定审计报告，作出审计结论和决定，通知被审计单位和有关单位执行，并向农民群众公布。

第十五条 被审计单位对农村集体经济组织审计机构作出的审计结论和决定如有异议，可在收到审计结论和决定之日起十五日内，向上一级农村集体经济组织审计机构申请复审。上一级农村集体经济组织审计机构应当在收到复审申请之日起三十日内，作出复审结论和决定。特殊情况下，作出复审结论和决定的期限，可适当延长。

复审期间，不停止原审计结论和决定的执行。

第十六条 农村集体经济组织审计机构应当检查审计结论和决定的执行情况。

第十七条 农村集体经济组织审计机构对办理的审计事项必须建立审计档案，加强档案管理。

第十八条 农村集体经济组织审计机构应当对农村集体经济组织财务收支按月或按季进行经常、全面的审计监督。

第五章 奖惩

第十九条 对遵守和维护财经法纪成绩显著的单位和个人，提出通报表扬和奖励。

第二十条 农村集体经济组织审计机构对被审计单位违反规定的收支、用工和非法所得的收入，应当在审计结论和决定中明确，分别按规定上缴国家，或退还农村集体经济组织和农户。

第二十一条 违反本规定,有下列行为之一的单位负责人、直接责任人员及其他有关人员,应当给予行政处分的,由农村集体经济组织审计机构建议当地人民政府或有关主管部门处理:

(一)拒绝提供账簿、凭证、会计报表、资料和证明材料的;

(二)阻挠审计工作人员依法行使审计职权,抗拒、破坏监督检查的;

(三)弄虚作假,隐瞒事实真相的;

(四)拒不执行审计结论和决定的;

(五)打击报复审计工作人员和检举人的。

第二十二条 违反本规定,有下列行为之一的农村集体经济组织审计人员,可由农村集体经济组织审计机构给予处分,或向同级人民政府和有关部门提出给予行政处分的建议:

(一)利用职权,牟取私利的;

(二)弄虚作假,徇私舞弊的;

(三)玩忽职守,给被审计单位和个人造成损失的;

(四)泄露秘密的。

第二十三条 对经济处理决定不服的单位和个人,可向作出处理决定机构的上一级机构提出申诉。

第二十四条 对有本规定第二十一条、第二十二条所列行为,情节严重,构成犯罪的,提请司法机关依法追究刑事责任。

第六章 附则

第二十五条 农村集体经济组织审计机构可接受委托向农村集体经济组织以外的单位提供审计服务,其收费标准,由省、自治区、直辖市农业行政主管部门会同同级财政、物价主管部门制定。

第二十六条 各省、自治区、直辖市可根据本规定制定实施办法。

第二十七条 本规定由农业部负责解释。

第二十八条 本规定自发布之日起施行。

审计署办公厅关于进一步加强扶贫审计促进精准扶贫精准脱贫政策落实的意见[1]

(审办农发〔2016〕68号,2016年5月16日)

各省、自治区、直辖市和计划单列市、新疆生产建设兵团审计厅(局),署机关各单位、各特派员办事处、各派出审计局:

为深入贯彻落实中央扶贫开发工作会议精神和《中共中央国务院关于打赢脱贫攻坚战的决定》要求,进一步做好扶贫审计工作,促进中央精准扶贫、精准脱贫的各项决策部署落到实处,现提出以下意见。

一、深刻认识到加强扶贫审计工作的极端重要性

扶贫开发事关全面建成小康社会,事关人民福祉,事关巩固党的执政基础,事关国家长治久安,事关我国国际形象。打赢脱贫攻坚战,是促进全体人民共享改革发展成果、实现共同富裕的

---

[1] 本书编写组.中华人民共和国现行审计法规与审计准则及政策解读[M].上海:立信出版社,2018:287-289.

重大举措,是体现中国特色社会主义制度优越性的重要标志,也是经济发展新常态下扩大国内需求、促进经济增长的重要途径。改革开放以来,我国成功走出了一条中国特色扶贫开发道路,使7亿农村贫困人口摆脱贫困,取得了举世瞩目的伟大成就,谱写了人类反贫困历史上的辉煌篇章。党的十八大以来,党中央围绕协调推进"四个全面"战略布局,深入贯彻创新、协调、绿色、开放、共享的发展理念,把精准扶贫、精准脱贫作为基本方略,出台了一系列关于扶贫开发的重大政策措施,不断开创扶贫开发事业新局面。当前,我国扶贫开发已进入啃硬骨头攻坚拔寨的冲刺阶段,要如期实现到2020年现行标准下农村贫困人口脱贫、贫困县全部摘帽、解决区域性整体贫困的既定目标,加快补齐全面建成小康社会中的这块突出短板,时间十分紧迫、任务尤为艰巨。

扶贫资金是贫困群众的"救命钱""保命钱"和减贫脱贫的"助推剂",一分一厘都不能乱花。党中央、国务院高度重视扶贫审计工作。习近平总书记指出,要加强扶贫资金阳光化管理,加强审计监管,集中整治和查处扶贫领域的职务犯罪,对挤占挪用、层层截留、虚报冒领、挥霍浪费扶贫资金的,要从严惩处。李克强总理强调,要严格资金监督管理,严惩违法违规行为,抓紧健全制度安排,确保扶贫资金在阳光下运行、真正用在扶贫开发上。"十三五"规划纲要明确提出,要建立扶贫政策落实情况跟踪审计机制。各级审计机关和广大审计干部要以强烈的政治责任感和高度的历史使命感,深刻认识到加强扶贫审计工作的极端重要性,自觉适应新常态、践行新理念,把扶贫审计工作作为一项重大政治任务来抓,把推动扶贫政策落实、规范扶贫资金管理、维护扶贫资金安全、提高扶贫资金绩效作为审计工作的着力点,进一步加大扶贫审计力度,更好地发挥审计在党和国家监督体系中的重要作用,保障脱贫攻坚目标如期实现。

二、适应新常态、践行新理念,切实贯彻扶贫审计工作原则

各级审计机关要深入学习贯彻党的十八大、十八届三中、四中、五中全会和中央扶贫开发工作会议精神,深刻领会习近平总书记关于新时期扶贫开发工作的重要战略思想,按照李克强总理对审计工作的重要指示,紧紧围绕"十三五"期间脱贫攻坚目标,牢固树立和贯彻落实五大发展新理念,为打赢脱贫攻坚战做出应有的贡献。审计中要把握好以下原则:

(一)坚持客观求实。

要严格遵循扶贫相关法律法规,以是否符合中央决定精神和重大改革方向作为审计定性判断的标准,实事求是地揭示、分析和反映问题,做到"三个区分",即把推进改革中因缺乏经验、先行先试出现的失误和错误,同明知故犯的违法违纪行为区分开来;把上级尚无明确限制的探索性试验中的失误和错误,同上级明令禁止后依然我行我素的违法违纪行为区分开来;把为推动发展的无意过失,同为谋取私利的违法违纪行为区分开来,审慎作出结论和处理。推动建立完善激励和容错、纠错机制。

(二)坚持依法审计。

要严肃查处损害国家和人民利益、重大违纪违法、重大履职不到位、重大损失浪费、重大环境污染和资源毁损、重大风险隐患等问题,对以权谋私、假公济私、权钱交易、骗取扶贫及相关涉农资金、失职渎职、贪污受贿等违法犯罪问题,要始终坚持"零容忍",坚决查处。

(三)坚持鼓励创新。

要注重保护扶贫开发中的新生事物,对突破原有制度或规定,但有利于扶贫脱贫政策措施落实,有利于维护贫困群众利益,有利于推进财政资金统筹使用和提高资金绩效,有利于资源节约利用和保护生态环境的创新举措,要坚决支持,鼓励探索,积极促进规范和完善,大力推动形成新的制度规范。

(四)坚持推动改革。

要关注影响扶贫领域改革发展的深层次问题,对制约和阻碍中央扶贫开发政策措施贯彻落实,制约和阻碍简政放权、政府职能转变,制约和阻碍提高绩效等体制机制性问题,要及时反映,大力推动完善制度和深化改革。

三、进一步突出扶贫审计重点

各级审计机关在扶贫审计中,要紧紧围绕"十三五"期间脱贫攻坚的目标,沿着政策和资金两条主线,抓好以下工作:

(一)跟踪检查扶贫相关政策落实情况。

将精准扶贫、精准脱贫相关政策措施落实情况作为国家重大政策措施落实跟踪审计的重点内容。紧紧围绕扶持对象精准、项目安排精准、资金使用精准、措施到户精准、因村派人精准、脱贫成效精准的"六精准"要求,持续关注各地、各部门贯彻落实产业扶贫、生态保护扶贫、金融扶贫、教育扶贫、医疗救助扶贫、易地搬迁扶贫、社会扶贫、社保兜底扶贫等政策措施的进展和效果,着力揭露和查处责任不落实、机制不完善、方法不恰当,以及不作为、慢作为、假作为等问题,推动整改问责,促进各项政策措施落地生根、不断完善和发挥实效。在推动贫困县统筹整合使用财政涉农资金相关政策落实中,必须牢固树立脱贫实效导向,不仅要推动把"零钱"变"整钱""死钱"变"活钱",更要推动把"整钱""活钱"用到建档立卡贫困人口脱贫上,促进提高脱贫成效。

(二)着力揭露和查处重大违纪违法问题。

要坚持问题导向,严格区分公与私,坚决查处虚报冒领、骗取套取、截留侵占、贪污私分、挥霍浪费扶贫资金,违反中央八项规定精神和国务院"约法三章"要求,将扶贫资金用于吃喝接待、公款旅游、奖金福利,以及有关主管部门和人员利用职权优亲厚友违规分配扶贫资金等问题,切实维护贫困群众利益。严肃查处借统筹整合之名,搞楼堂馆所、"政绩工程""形象工程"等问题,切实保障统筹整合过程中的资金安全和绩效。在审计中,既要揭示一些部门和地方"情况不明决心大"胡乱花钱,造成浪费的问题,也要反映"前怕狼后怕虎"不敢花钱,贻误脱贫攻坚战机的问题。

(三)着力监督检查扶贫资金绩效情况。

对扶贫资金审计的重点要看是不是按照中央有关统筹整合使用财政资金的要求使用资金,是不是按照规范程序调整资金用途,是不是把资金真正用到扶贫开发上。要将绩效理念贯穿扶贫审计始终,循着资金流向,从政策要求、预算安排、资金拨付一直追踪到项目和个人,确保扶贫资金安全高效使用。要加大扶贫资金统筹整合使用情况审计力度,坚决支持贫困县围绕本县突出问题,以脱贫攻坚规划为引领,以重点扶贫项目为平台,把专项扶贫资金、相关涉农资金、社会帮扶资金捆绑使用,切实推动各级主管部门将资金项目审批权限完全下放到贫困县,推动贫困县从想方设法"要到钱"转变到下工夫"花好钱"上来。对继续限定财政涉农资金具体用途或干扰统筹整合使用资金,继续以"打酱油的钱不能买醋""专款专用"等为借口,造成资金长期趴在账上难以发挥效果的问题,要坚决查处、坚决曝光,促进各级各部门在资金统筹整合使用中积极作为、有效作为,推动贫困县将资金真正用到扶贫开发、用到建档立卡贫困人口脱贫上来,切实发挥扶贫资金的使用效益。

(四)着力监督检查扶贫项目建设运营情况。

加大对整村推进、易地扶贫搬迁、特色产业发展、生态建设、村级道路畅通、饮水安全、危房改造、教育卫生等扶贫开发重点项目建设和运营效果的审计力度,重点揭露脱离实际、盲目决策,以及后续管护缺失等原因导致扶贫项目建成后废弃闲置,造成重大损失浪费、重大环境污染和资源毁损等突出问题,促进扶贫重点项目发挥实效。

(五)着力揭示和反映体制机制制度性问题。

密切关注扶贫开发工作中出现的新情况新问题,着力揭示和反映阻碍政策措施落实、制约资金整合的体制性障碍和制度性缺陷,积极提出对策建议,促进完善制度机制。同时,要注重发现和总结各地精准扶贫、精准脱贫工作中好的经验做法,积极推广运用。

四、切实加强领导,确保发挥审计成效

(一)统一思想提高认识。

各级审计机关要将思想统一到中央的决策部署上来,提高对加强扶贫审计工作极端重要性的认识,切实增强使命感和责任感。在审计工作中,要认真贯彻落实《中共中央国务院关于打赢脱贫攻坚战的决定》《国务院办公厅关于支持贫困县开展统筹整合使用财政涉农资金试点的意见》,以及《审计署关于适应新常态践行新理念更好地脱行审计监督职责的意见》《审计署办公厅关于加强审计监督进一步推动财政资金统筹使用的意见》等文件要求,主动适应新常态、践行新理念,切实做到把握原则、突出重点、扎实有效。

(二)加强组织领导。

各级审计机关要统筹谋划"十三五"时期本地区扶贫审计工作,科学制定计划,合理调配力量,提高审计效率,实现对扶贫开发政策、资金、项目进行有重点、有步骤、有深度、有成效的审计全覆盖。加强对全国扶贫审计工作的领导,各省(区、市)审计厅(局)要统筹组织本地区集中连片特困地区县、国家扶贫开发工作重点县扶贫审计工作,落实责任,整合力量,提高质量,务求实效。

(三)做好统筹协调。

各级审计机关要做好统筹协调,把加强扶贫审计,促进精准扶贫、精准脱贫政策措施落实的具体内容和工作原则,统筹纳入稳增长等政策措施落实情况跟踪审计、领导干部经济责任审计、财政收支审计等各类审计项目中,协调审计资源和力毋,确保本意见要求落到实处。

(四)严格审计纪律。

各级审计机关和广大审计人员要进一步加强和改进工作作风,坚持依法审计、文明审计,严格遵守国家法律法规、审计工作纪律和各项廉政规定,严格规范审计程序,充分听取被审计单位和相关方面意见,维护审计机关良好形象,切实提高审计质量。要坚持党的群众路线,深入实际、深入基层、深入群众,获取第一手信息和资料,确保反映情况准、查处问题实。对审计发现的情况和问题,要按照规定及时、如实报告,不得拖延、隐匿和瞒报,重大情况随时报告。

(五)加强督促整改。

各级审计机关要针对审计发现的情况和问题,及时提出意见和建议,督促有关地区和部门及时整改,并依法向社会公告审计发现的问题和整改情况。

七、涉外审计

关于加强和改进外资审计工作的通知
(1991年1月31日)

各省、自治区、直辖市审计局和计划单列市审计局、各特派员办事处:

根据去年三月全国外资审计工作会议确定的指导思想、目标、任务和重点,在1990年的外资审计工作中,各级审计机关,强调了在加强对内审计监督基础上提高对外公证质量的要求,严格审计执法,初步克服了重公证、轻监督和处理偏宽的现象,对外公证质量也有所提高,外资审计工作取得了较明显的进展。

1991年全国审计工作会议指出,外资审计是全国审计工作重点之一,为了进一步提高外资审计工作水平,现将1991年加强和改进外资审计工作的意见通知如下:

一、任务和重点1991年以世界银行等国际金融组织贷款和国外援助项目审计为重点,是必审项目,必须保质保量及时完成,要切实加强对内审计监督,严格审计执法,依法查处违纪违规问题,进一步克服放松监督、处理偏宽的现象。要进一步提高对外审计公证质量,维护国家信誉。对中外合资合作企业的审计,各地要在已经开展审计和审计调查的基础上,有计划地选择一些重点企业进行审计,沿海和开放地区应该多审计一些重点企业,以维护财经法纪,促进管理,提高效益,反映管理上制度上需要解决的问题,促进合资合作企业健康发展。政府贷款和商业贷款等其他外债审计,要在去年对日本海外协力基金贷款专项审计取得较好成绩基础上,今年拟选择一、两个行业作为重点进行审计或审计调查,扩大审计领域,反映外债管理和使用中存在的问题,为加强宏观决策服务。

二、要求和主要措施。

(一)必须加强国外贷款和援助项目的对内审计监督,要视同国营企业一样进行审计,严格审计执法,对违纪问题要严肃处理,切实落实审计结论和决定,克服放松监督、处理偏宽现象。认真开展外资审计质量检查,上级审计机关要认真搞好抽查或抽审,以提高审计质量。

(二)切实采取措施提高对外审计公证质量,以促进管好用好国外资金。审计署要抽查部分对外审计报告,进行审查评比,并予以通报表扬和批评。

(三)推行年中持续审计制度,重点项目必须在每年下半年开展持续审计,以及时发现和纠正存在的问题。审计署将组织经验交流或专题座谈会,推动外资审计工作的深入发展。

(四)坚持贯彻"抓重点"的方针。对国外贷款和援助项目的审计重点,要放在主管部门和重大项目上,主要是检查有无虚报工作量,挪用资金,倒卖物资和外汇,配套资金不足,严重损失浪费,经济效益差,以及偿债困难等问题;对中外合资企业的审计重点,是有无损害国家利益和盈亏不实的问题;其他外债的审计重点,是反映外债使用和管理中属宏观调控方面的问题。

(五)严格执行外资审计报告制度。及时如实地反映和报告外资审计情况和问题,是各级审计机关应尽的职责,必须按规定向上级报送有关报告、资料和统计报表,以便进行定性和定量分析,综合反映外资审计情况,取得国务院和有关部门的有力支持。审计署对各地报送情况,将采取适当方式进行通报表扬和批评,对确属隐瞒不报的,要追究有关人员的责任。

(六)逐步加强法制建设。制定《提高对外审计公证质量工作的通知》,以及《中外合营企业审计暂行条例》等。

(七)各级审计机关要根据全国审计工作会议精神,积极增加外资审计工作人员,加强培训,提高人员的政治、业务素质,以适应工作发展的需要。

各级审计机关必须按照规定的时间保质保量地完成必审项目,根据实际情况也可以交叉进行,但必审项目不得延误。各级审计机关一定要认真贯彻全国审计工作会议和去年外资审计工作会议的精神和要求,在各级政府领导下,争取有关部门和项目单位的大力支持和配合,努力加强和改进审计工作,充分发挥外资审计应有的作用。

审计署关于提高对国际金融组织贷款和国外援助项目审计公证质量的通知

(审外资发〔1991〕56号,1991年2月28日)

各省、自治区、直辖市和计划单列市审计局,中国审计事务所:

一九八四年以来,我国审计机关对世界银行等国际金融组织贷款和国外援助项目的审计,取得了一定成绩,在国际上享有较高信誉。但是各地进展很不平衡,有的单位没有严格按照《规范》和《补充通知》执行;有的审计报告内容不全,表述意见不准,出具报告不及时,甚至严重拖期;有的管理意见书和有保留意见报告报出前未按规定程序进行审批,等。为了进一步提高审计公证质量,在原有规定的基础上,结合世界银行对十九份审计报告的评审意见(另行转发),现提出如下改进意见:

关于审计公证报告的起讫时间,从贷款(援助)项目协定生效的财务年度起,至完成最后一笔提款的财务年度止,每年都要进行审计,并出具审计公证报告。根据贷款协定或备忘录规定,凡有追溯提款的项目,应对协定生效前有关年度的财务收支进行审计公证。

对外提交的审计公证报告的封面,统一称《审计报告》,《审计报告》中第一项内容应统一称为"审计师意见",不再称"审计报告"。

审计报告一般采用长式审计报告形式,"在审计师意见"中除对财务报表和财务报表说明发表意见外,还必须对补充资料发表意见(表述方式见附件)。

审计报告的第二部分——审计范围,应按实际情况编写,一般必须包括以下主要内容:

(一)审计工作的组织,要写明承担审计的具体单位和汇总审计的单位。

(二)审计工作的程序,要分阶段表述主要的审计事项。

(三)审计的主要内容,应包括:评审内部控制制度、检查会计记录、监督实物盘点、函证债权债务四个方面,并对每个方面的主要事项作具体说明,凡对专用账户、费用支出报表进行审计的也必须予以说明。

(四)地方审计机关的对外审计报告,在正式出具之前凡经审计署审核的应予注明。

管理意见书的主要内容是反映项目单位会计制度或内部控制等方面的问题,分析其原因和产生的影响,并提出改进意见。促进项目单位提高编报财务报表、财务报表说明和补充资料的质量。

(一)编报财务报表、报表说明和补充资料,是项目单位的责任。审计机关要认真进行督促并帮助项目单位提高工作质量。对不符合我国会计制度、有关国际组织的要求和公认会计准则的,审计机关要责成项目单位进行修改、补充。对拒不执行的,审计机关可出有保留意见或拒绝发表意见的审计报告。

(二)有关财务报表、补充资料等内容和格式的变动,必须经财政部、项目主管部门(或项目单位)同有关国际组织商定,不得自行改变。

(三)财务报表、报表说明和补充资料中有关数据必须一致,特别要注意数据之间的勾稽关系。

(四)对长期负债、利息支出、承诺费、手续费、汇兑损益、折旧、呆账备抵、利润分配,以及会计制度、方法的变动等情况,必须作出详细说明。

(五)财务报表必须由项目单位授权、且经有关国际组织认可的代表签字,方为有效。

(六)项目单位必须在财务资料的基础上对年度经营业绩发表评价意见。

审计报告和管理意见书的报送程序和日期。

(一)对外审计报告和管理意见书,审计机关送交项目单位,由项目单位负责对外提交。项目单位对审计报告和管理意见书的内容不得篡改,如发现这类情况,必须严肃追究责任。

(二)审计报告或管理意见书必须在规定日期以前报出,并尽量争取提前,不得推迟。对拖延、扣压和推迟报出的,必须严肃追究审计机关和项目单位各自应承担的责任。

(三)加强对审计报告和管理意见书报送情况的监督。审计机关送交项目单位时,要取得回执;项目单位向国外贷款、援助机构提交的日期,要及时向审计机关通报。省级审计机关要在每年六月底前,向审计署报告提交情况和报送日期。凡由上级主管部门对外送交报告的,由上级主管部门向审计署通报提交的情况和日期。

审计署对地方审计机关的审计报告质量,要进行抽查和评审,并予以通报。

原制订的各项有关审计公证工作的规定和制度,必须继续认真执行。凡与本通知有抵触的条款,以本通知为准。

为进一步提高审计公证质量,各级审计机关务必认真对待,切实改进,要在提高质量上再上一个等级,提高我国审计公证的国际信誉,为利用外资创造良好环境作出应有贡献。

审计署、国家外汇管理局关于开展外债审计的通知
(审外资发〔1995〕4号,1995年1月10日)

各省、自治区、直辖市和计划单列市审计厅(局)、外汇管理局:

近几年来,我国借用的外债逐年增加,这对于弥补国内资金不足、促进经济建设发展起到了积极的作用。为进一步加强对借用外债项目的管理和监督,更加有效地利用外资,根据《审计法》和《国务院批转国家计委关于利用国外贷款工作分工意见的通知》(国发〔1986〕83号)中有关审计工作的规定,现将外债审计的有关事项通知如下。请各级审计机关和外汇管理部门相互配合,认真做好这项工作。

一、凡直接向外借债或提供担保的金融机构、大中型企业、单位及具有法人地位的在建项目;境内机构提供担保项下的外商投资企业;借用外债需由国内总公司、相关机构提供担保,且被担保金额超过1000万美元以上的境外企业和机构,均需通过外债审计。

二、执行外债审计的机构是各级审计机关及由审计机关指定的审计事务所。审计任务分工原则上中央借用外债的项目由审计署审计,地方借用的外债项目由地方审计机关审计。具体组织实施工作由国家审计机关和外汇管理机关负责外资、外债业务的司、处负责。各级外汇管理部门应积极配合同级审部门工作,也可以与审计小组同时进点进行有关外债事项调查。

三、外债审计的方式分为年度外债检查、发债前检查和期中外债项目的临时专项检查。

四、被审计单位应在每年3月份之前,或在换领经营外汇业务许可证和对外发债前1个月向同级审计机关提出审计申请,审计机关应在接到审计申请1周内作出审计安排,并答复申请单位。若被审计单位没有按时提出审计申请,审计机关可以协同外汇管理部门直接实施审计。

五、审计内容包括借债单位举借的中长期、短期贷款、对外发债,担保、风险外汇业务涉及的实有和或有的资产负责,外汇业务经营守法状况,外债承受能力以及财务状况、资信状况、经营能力等等。每年度的具体检查重点详见当年审计方案。审计方案由审计署制定并转发各省级审计厅(局)。审计机关制定审计方案时,需充分考虑国家外汇管理局的意见。

六、外债审计是国家外债管理的重要手段,外债审计报告有特定的内容和指标,属于对外保密的内部资料,不对外公布。外债审计报告是外汇管理部门审批新借外债项目和经营外汇业务的依据或参考。当年未经外债审计的上述单位不得借用新的外债。

七、审计机关的审计报告主送被审计单位并征求被审计单位意见,抄送同级外汇管理局和上一级审计机关。由审计事务所审计的审计报告,需经指定其进行审计的审计机关审定后按上述程序提交。各审计机关对审计工作负责。外债检查中发现的重大问题,审计机关认为需要依法审计时,可另行进行专项审计。

八、被审计单位应提供必要的业务、财务资料和工作条件。审计机关审计的项目不收费,但因工作需要,聘请专家、专业工作人员共同参与审计时,其所需费用由被审计单位负担。审计事务所审计的项目可按其收费标准向被审计单位收费。

上述通知请各级审计机关会同同级外汇管理局联合转发有关被审计单位执行。

审计机关对国外贷援款项目审计实施办法[1]

(审外资发〔1996〕第353号,1996年12月16日)

第一条 为了规范国外贷援款项目的审计监督,保证审计工作质量,根据《中华人民共和国

---

[1] 翟继光.中华人民共和国现行审计法规汇编[M].成都:西南财经大学出版社,2009:127.

审计法》第二十五条的规定,制定本办法。

第二条　本办法所称国外贷援款项目,是指国际组织、国际金融机构、外国政府及其机构(以下简称"外资提供者"),向我国政府及其部门提供的贷款、援款及赠款项目,向我国金融机构和企业事业单位提供的、由我国政府及其部门担保的贷款项目,向受我国政府委托管理有关基金、资金的社会团体提供的援助和赠款项目,以及其他国外贷援款项目。

第三条　本办法所称国外贷援款项目审计,是指在国外贷援款项目协定生效后的建设期和项目竣工验收后的使用期内,审计机关依法对项目和项目执行单位财务收支的真实、合法和效益,进行的审计监督。

第四条　国外贷援款项目审计的目的,是证实财务报告和有关会计资料的真实性,维护国家利用外资法律、法规、规章、制度的严肃性和我国的国际信誉,促进项目执行单位和政府主管部门积极、合理、有效地利用外资,提高外债偿还能力,促进国家利用外资政策、产业政策、国民经济和社会发展计划的落实。

第五条　审计机关应当将国外贷援款项目作为必审项目,列入年度审计工作计划。

第六条　审计署根据国外贷援款项目的债权、债务关系和项目受益者的财政、财务隶属关系,按照审计署制定的《审计机关审计管辖范围划分的暂行规定》,确定审计分工,办理审计授权。

中央财政或国务院各部门及直属企业事业组织直接受益、承担债务或者提供债务担保的项目,由审计署进行审计监督。地方财政或地方政府及其各部门和所属企业事业组织,接受财政部、中国人民银行及其他中央主管部门转贷或转拨外资的国外贷援款项目,一般由审计署授权有关地方审计机关进行审计监督。

第七条　审计机关按照中外双方共同签订的国外贷援款项目协定和国际审计标准,按照审计监督与审计公证相结合的原则,按照审计程序,进行审计监督。

第八条　国外贷援款项目审计监督的依据,包括我国有关的财经法律、法规、规章、制度,国家利用外资政策、产业政策、国民经济和社会发展计划,我国政府及其部门与国际组织、国际金融机构、外国政府及其机构共同签订的项目协定,以及国际审计准则和国际会计准则等国际公认的审计、会计规范。

第九条　审计机关对国外贷援款项目财务报告编制方式和有关会计资料的管理进行审计监督的主要内容:

(一)项目财务报告或项目汇总财务报告编制的依据、格式、内容、程序、时间等与有关会计制度、项目协定和国际会计准则的符合程度,以及前后一致性,如发现有重大差异的,应查明原因,并要求项目执行单位按照国际会计准则的要求,在财务报表说明中作适当表述;

(二)项目财务报告中相关会计报表之间勾稽关系的符合程度;

(三)会计报表和报表说明与有关会计账簿、会计凭证和其他有关证明文件、实物资产的一致性;

(四)财务报告、会计账簿、会计凭证和会计档案管理的合规性。

第十条　审计机关对国外贷援款项目资金来源进行审计监督的主要内容:

（一）提取外资的进度、类别和比例遵守项目协定的情况，提款证明文件的完整性和真实性，审批手续的完备性，会计处理的及时性和准确性，以及按照项目协定或外资转贷协定及时、足额向下级项目单位拨付已提取外资的情况，依法查处挤占、挪用、转移、贪污外资的、违纪、违法行为；

（二）用费用支出表或追溯报账方式，以及在外资账户关闭以后以偿付方式提取的外资，其垫付支出的范围、用途、限额、程序、支付日期、审批程序和会计处理遵守项目协定的情况，依法查处涂改、伪造提款证明文件等弄虚作假行为；

（三）按照项目协定，及时、足额筹集、拨付、核算和管理国内配套资金及其他项目融资的情况；

（四）承担外债债务的项目单位按规定筹集还贷准备金，设置、使用和管理还贷准备金账户的情况，各项转贷利差、存款利息收入、提前回收的外债贷款本金、试生产收入等，按规定纳入还贷准备金管理的情况，依法查处转移资金、私设"小金库"等违规、违纪行为。

第十一条 审计机关对国外贷援款项目资金运用进行审计监督的主要内容：

（一）建设成本的真实性和合规性，包括土建工程、设备采购、培训考察、专家咨询、项目管理费等各项支出，是否用于项目协定规定的目的和范围，证明文件是否合规、齐全，会计处理是否符合有关会计制度。重点检查承发包合同和结算程序的合规性和真实性，有无工程非法转包，或提高结算定额问题；工程劳务支出、材料费、间接费用和待摊投资的真实性和合规性，有无扩大支出范围、提高开支标准、虚报支出问题；已完工程交付使用程序的合规性，以及设备、物资招标、采购、验收、会计处理的合规性。依法查处擅自改变外资用途，在招标采购中行贿、受贿和弄虚作假等违纪、违法行为。

（二）实物资产的实存、使用和管理情况，会计处理的合规性，账实一致性。依法查处擅自转让、变卖进口设备和物资的违规、违纪行为。

（三）往来账户或应收、应付账户收支的真实性和合规性，债权、债务事项处理的及时性，有无利用账户转移、挪用项目资金问题。对外资贷款项目，应重点检查债务落实情况，计提应付利息和承诺费是否正确、及时。

（四）还贷准备金支出的合规性，用于还本付息后的余额是否安全、有效的保值增值。依法查处假借名目挪用、挤占、侵占或搞非法经营的行为。

（五）外汇业务的真实性和合规性，重点检查发生外汇业务时和年末是否按国家规定的汇率折合人民币记账，外汇兑换和汇兑损益的会计处理的合规性和正确性。依法查处挪用、转移、套汇、逃汇和私自买卖外汇的违纪、违法行为。

第十二条 审计机关对国外贷援款项目的外币周转金（专用）账户进行审计监督的主要内容：

（一）外资提供者拨付的开户资金、回补资金、利息收入及其他收入入账的及时性和准确性；

（二）各项支出的合规性，重点检查各项支出是否用于项目协定规定的用途，审批手续和支出证明文件是否合规、齐全，应向下级项目单位拨付的报账资金是否及时、足额下拨，年末在途资金是否真实；

（三）账户管理的合规性。

第十三条　审计机关对国外贷援款项目管理和资金使用效益进行审计监督的主要内容：

（一）项目管理系统,特别是内部控制系统、外债债务管理系统和防范外汇风险机制的健全性和有效性；

（二）项目建设目标或计划执行目标、指标的实现程度；

（三）项目概（预）算确定的成本指标、定额的执行情况；

（四）项目竣工后使用或运营的经济效益、社会效益、环境效益和外债偿还能力。

第十四条　审计机关对列入中央财政预算中外债收支预算的,或者以中央财政资金配套的国外贷援款项目,除按本办法实施审计外,还应贯彻执行《中央预算执行情况审计监督暂行办法》,以及审计署制定的有关财政专项资金审计办法。

第十五条　审计机关对于国外贷援款项目中,以国家投资或融资为主的基本建设项目和技术改造项目,除按本办法实施审计外,还应执行审计署制定的,《审计机关对国家建设项目预算（概算）执行情况审计实施办法》和《审计机关对国家建设项目竣工决算审计实施办法》。

第十六条　审计机关对国外贷援款项目执行单位财务收支的审计,应当执行审计署制定的有关审计规章。重点审查与国外贷援款项目配套资金的收支,以及与项目经济效益和偿债能力有关的资金运用、资产、负债和损益,分析、评价财务状况和偿债能力指标。

第十七条　审计机关有权要求被审计项目执行单位如实提供以下资料：

（一）国外贷援款项目年度财务报告和有关会计账簿、会计凭证及其他有关证明文件等；

（二）项目执行单位年度财务报告和有关会计账簿、会计凭证及其他有关证明文件等；

（三）项目年度执行计划,项目年度用款计划,项目进度报告；

（四）项目协定,政府主管部门对项目单位利用国外贷援款项目建议书和可行性研究报告的批文,项目可行性研究报告,外资提供者的评估报告,外资提供者制定的贷援款支付手册,以及中外双方有关项目财会和审计事项的会谈纪要、备忘录等；

（五）项目执行单位及其主管部门制定的项目管理制度和财务会计制度,所属行业财务会计制度；

（六）其他有关文件、资料。

第十八条　审计机关应当依据审计署制定的《审计机关审计报告编审准则》,编写国外贷援款项目审计报告。接受审计署授权,对外提供审计报告的审计机关,还应编写对外审计报告。编写对外审计报告,必须遵循外资运用项目协定的要求和国际审计准则。编写的具体要求,参照审计署制定的《国际金融组织贷款项目审计手册》。

为了提高对外审计报告的质量,维护中国审计机关的对外信誉,凡出具对外审计报告的审计机关,必须建立质量保证责任制,严格执行质量审核程序。

第十九条　地方各级审计机关应当在每年10月底之前,根据国外贷援款项目审计结果,编写综合审计报告,报送上一级审计机关。综合审计报告应如实反映本级审计机关和下级审计机关国外贷援款项目审计的基本情况,综合评价国外贷援款项目财务收支的真实、合法和效益,揭示审计发现的违规、违纪问题和经营管理问题,反映提出审计建议和作出审计决定的情况,并就加强外资运用的宏观管理提出建议。

第二十条 审计机关对查出的违反国家规定的财务收支行为,应当依照有关法律、法规和规章的规定进行处理,作出审计决定。

审计机关根据需要,可以对被审计项目单位执行审计决定、落实审计建议的情况,进行跟踪审计或后续审计。

第二十一条 审计机关对影响国家利用外资工作全局的倾向性问题,有关经济法规、利用外资政策、产业政策、国民经济和社会发展计划执行中出现的共性问题,以及政府主管部门对国外贷援款项目的管理情况等与国家财政收支和宏观经济管理有关的特定事项,可以根据需要组织专项审计、行业审计或者专项审计调查,并编报专项审计报告、行业审计报告或者专项审计调查报告。对审计发现的重大问题,应当及时向政府和有关部门反映,并围绕提高利用外资的质量和效益提出审计建议。

第二十二条 本办法由审计署负责解释。

第二十三条 本办法自1997年1月1日起施行。

关于加强国际金融组织贷款项目审计监督的通知
(审外资发〔1999〕27号,1999年3月4日)

各省、自治区、直辖市人民政府,国务院各部委、各直属机构:

经国务院同意,现就加强国际金融组织贷款项目审计监督有关问题通知如下:

1984年以来,审计署根据《中华人民共和国审计法》和我国政府与国际金融组织贷款协议的规定,组织各级审计机关对世界银行、亚洲开发银行等国际金融组织贷款项目进行审计,每年审计县以上项目执行单位6000多个,向国际金融组织提交审计公证报告300多份,在促进项目执行单位和主管部门依法办事,积极合理有效地利用外资,维护国家利益,改善投资环境等方面发挥了重要作用。

从审计情况看,当前我国在利用国际金融组织贷款方面成效明显。但也存在一些不容忽视的问题:一些地方、部门和项目执行单位重数量轻质量、重上项目忽视管理;在使用国际金融组织贷款中违反财经法规和国际金融组织贷款协定,转贷中擅自缩短贷款使用期限、层层增收贷款利息和管理费用、弄虚作假、虚报冒领及挤占挪用项目资金、倒卖项目物资、配套资金不落实到位、损失浪费以及投资效益低、还贷能力差和提供虚假会计报表等现象比较普遍;一些地方政府和有关部门从维护局部和短期利益出发,采取地方和部门保护,直接干预审计机关依法独立行使审计监督权,有的甚至明确要求审计机关"内外有别",对审计查出的问题进行变通处理,妨碍审计机关对审计查出的违反法规问题依法进行处理和纠正。

上述这些问题的存在,增加了外债风险,在一定程度上影响了我国政府的国际形象,也将对我国进一步扩大对外开放、积极合理有效利用外资产生不利影响。为此,特提出如下加强审计监督的意见:

　　各级审计机关要加大审计监督力度。要依照《审计法》和贷款协议的规定,严肃查处贷款项目管理和执行中违反国家法规和贷款协议的问题,如实向上级审计机关报告,并按规定如实向国际金融组织披露违反贷款协议的行为。要建立审计责任追究制度,对审计执法不严、查出问题隐瞒不报和不如实披露违反贷款协议行为的,要停止对该地区的审计授权和追究有关人员的责任。

　　各项目执行单位要自觉接受审计监督。及时向审计机关提供完整、真实、公正的会计资料及其他信息,作出承诺,切实承担起会计责任和管理责任。要认真纠正审计查出的问题,严格执行审计决定。要严格遵守国家的法律法规,认真执行贷款协议,建立健全内部控制制度,依法规范会计秩序和管理行为,提高项目管理水平。

　　地方各级政府要支持审计机关依法独立开展审计监督工作。对审计查出的问题,要督促有关部门、项目主管部门和项目执行单位认真纠正,落实审计决定。对执行不力、问题严重的,应取消其贷款项目。要支持和鼓励审计机关对审计查出的问题如实向上级审计机关报告,向国际金融组织披露。对干预审计机关独立行使审计监督权的地方政府,上一级政府要予以制止,严重的要追究有关责任人的责任。各级政府应对国际金融组织贷款项目的审计经费给予必要保证。

　　国务院各有关部门要支持和配合审计机关的工作。项目执行单位的主管部门,要带头自觉接受审计监督,执行审计决定。财政等有关部门要建立和健全项目管理的规章制度,加强对项目单位的管理,并及时向审计机关通报有关情况。对审计机关依法作出的审计决定和建议,国务院有关部门要在国家法律赋予的职权范围内,作出相应处理。

审计署办公厅关于国际金融组织贷款项目审计处理
指导原则的通知
（审办外资发〔1999〕51号,1999年3月19日）

　　各省、自治区、直辖市和计划单列市、新疆生产建设兵团审计厅(局),各特派员办事处、各派出审计局、中国审计事务所:

　　为加强国际金融组织贷款项目审计监督,提高审计工作质量,根据《中华人民共和国审计法》及国家有关法规和《审计署、财政部关于加强国际金融组织贷款项目审计监督的通知》(审外资发〔1999〕27号),现就国际金融组织贷款项目审计中发现的违反法规和贷款协议事项的处理指导原则通知如下:

　　对虚报冒领的国际金融组织贷款资金,应责成项目单位将冒领资金划转财政部门专户储存,留待国际金融组织处理,或由项目单位以后凭合格单据提取。

　　对未经有关国际金融组织批准,擅自挪用、变卖用国际金融组织贷款购置的设备和物资,应责成立即停止违规行为,将挪用、变卖的设备、物资或所得资金用于原规定用途,同时建议省级以上财政部门作出处理。

　　对挪用、滞留的项目资金,应责成项目单位或主管部门立即收回并归还原资金渠道,或即时拨付给资金使用单位。对用于项目外经营活动的,还应收缴其全部所得,可按有关规定给予罚款。

　　对采购程序不合规,采购物资、设备不适时、不适用和不经济等事项,应如实向有关国际金融组织披露,并给予通报批评。

对配套资金不落实、不能按时到位的,应责成有关部门制定详细的资金到位计划,限期到位。仍然不能按时到位的,可建议本级财政部门作出预算安排,必要时可建议上一级财政部门从该地区预算中强制扣款以弥补配套资金不足,情节特别严重的,建议取消项目。

对会计信息处理上的不合法、不公允、不一致的问题,应要求项目单位按有关规定和现行会议制度作调账处理。

以上事项金额巨大、情节严重、影响恶劣的,或因贪污受贿、倒买倒卖、工作失误造成重大损失浪费的,应给予通报批评,并建议有关部门依法追究相关领导人和责任人的责任;构成犯罪的,移交司法机关处理。

项目主管部门和项目单位拒绝或拖延提供与审计事项有关的资料,或者拒绝、阻碍检查及拒不执行审计意见和审计决定的,应责令改正,可以通报批评,给予警告;拒不改正的,依法追究责任。

因情况变动或不可抗力造成贷款协议条款与实际情况不相符合的,应督促项目单位、有关主管部门尽快与国际金融组织协商,修订协议。

地方政府及其有关部门干预国际金融组织贷款项目执行和项目审计的,应向上一级审计机关反映,由上一级审计机关区别不同情况,作出限期改正、通报批评、建议国家有关部门和国际金融组织取消正在执行的项目或不再给该地区新的项目等处理。

凡单个项目存在虚报冒领、变卖挪用和配套资金不到位等违纪违规金额超过500万人民币的问题,存在个人贪污受贿的问题,其问题涉及县处级以上领导者责任或给项目执行造成不良影响的事项,省级审计机关应及时专题向审计署报告。

国际金融组织贷款项目存在的其他问题,根据《审计法》及其实施条例、国务院《关于违反财政法规处罚的暂行规定》及其他有关法规处理。

国外贷援款项目公证审计工作管理办法(暂行)❶
(审外资发〔2005〕13号,2005年3月7日)

根据《审计署2003至2007年审计工作发展规划》要求,审计署外资司(简称外资司)承担的国外贷援款项目公证审计业务将逐步由审计署国外贷援款项目审计服务中心(简称署外资审计中心)承担。为明确和规范署外资司、各省级审计机关、各特派员办事处和署外资审计中心各自的职责,保证国外贷援款项目公证审计工作的顺利进行,特制定如下办法:

一、外资司是审计署对全国国外贷援款项目公证审计工作进行管理的职能部门,负责国外贷援款项目公证审计的业务指导、制订审计规范、审计质量监督,负责办理国外贷援款项目公证审计的授权和委托,负责与国家主管部门沟通并达成国外贷援款项目公证审计框架协议,负责与国外贷援款机构的官方往来。

二、署外资审计中心是审计署从事国外贷援款项目公证审计业务的事业单位。接受审计署外资司的委托,具体实施国外贷援款项目的公证审计,独立对国外贷援款机构出具项目公证审计

---

❶翟继光.中华人民共和国现行审计法规汇编[M].成都:西南财经大学出版社,2009:213.

报告,就公证审计事项与国家主管部门和国外贷援款机构进行沟通。

三、外资司除每年保留少量与本司年度审计工作重点有关的国外贷援款项目公证审计外,从2005年起,将其执行的国外贷援款项目公证审计业务在3年内逐步移交给署外资审计中心。

四、从2005审计年度起,外资司和各特派员办事处出具的国外贷援款项目公证审计报告,将统一以署外资审计中心名义对外出具,外资司将有关国外贷援款项目的公证审计任务委托给各特派员办事处和署外资审计中心。审计署对各省级审计机关的国外贷援款项目审计授权方式和各省级审计机关出具公证审计报告的程序不变。

五、外资司和各特派员办事处出具的项目公证审计报告(中英文),经本单位负责人签发后(不需在公证审计报告审计师意见栏内签字或加盖公章),以书面和电子形式在规定时间内送署外资审计中心。署外资审计中心对公证审计报告进行复核、印制并盖章后提交给国外贷援款机构。外资司和各特派员办事处对各自审计项目和公证审计报告(中英文)的质量负责,署外资审计中心对公证审计报告格式和文字表述的规范性负复核责任。

六、为保证公证审计报告及时提交给国外贷援款机构,外资司和各特派员办事处应在国外贷援款机构规定的提交公证审计报告截止期前15日,将公证审计报告(中英文)送署外资审计中心,待署外资审计中心对外出具公证审计报告后,在该审计报告副本上盖本单位公章送被审计单位。

七、各审计机构对拟出具有保留意见、拒绝发表意见和反对意见的公证审计报告应向外资司通报,对重大问题应按规定程序与外资司协商处理。

八、外资司将不定期地对授权或委托审计的国外贷援款项目公证审计质量进行检查,对违反审计规范和其他存在审计风险的问题进行纠正。

涉外企业联合税务审计工作规程❶

(国税发〔2007〕35号,2007年3月27日)

第一章　总则

第一条　为规范和加强外商投资企业和外国企业(以下简称涉外企业)联合税务审计工作,根据《中华人民共和国税收征收管理法》及其实施细则、《涉外税务审计规程》(以下简称《规程》)和《涉外企业联合税务审计暂行办法》(以下简称《办法》),制定本规程。

第二条　涉外企业联合税务审计工作由各级税务机关国际(涉外)税务管理部门负责实施或组织实施。

第三条　对于跨区域联合税务审计,总机构或负责合并申报缴纳企业所得税的营业机构(以下简称汇缴机构)所在地主管税务机关负责前期的纳税评估初评和疑点的提供,与所属分支机构或营业机构(以下简称营业机构)所在地主管税务机关的联络和承办协调会以及资料和数据的汇总工作。营业机构所在地主管税务机关应按照汇缴机构所在地主管税务机关的统一步骤和时间安排开展工作。

第四条　对于国地税联合税务审计,国税局、地税局应成立联合税务审计领导小组,制定联

---

❶《中国审计年鉴》编辑委员会.中国审计年鉴(2007)[M].北京:中国时代经济出版社,2008:703.

席会议制度,组织、指导和监督联合税务审计工作的开展。国税局、地税局在开展联合税务审计时,应在履行好各自职责的基础上,加强配合,协调一致地开展工作。

第二章 审计对象的选择与确定

第五条 跨区域联合税务审计的对象,按照以下程序确定:

(一)跨省(含自治区、直辖市、计划单列市,下同)联合税务审计的对象,由国家税务总局国际税务司从各地上报的跨省经营的涉外企业中确定;

(二)跨市(含州、盟,下同)和县(含县级市、区和旗,下同)联合税务审计的对象,分别由省级和市级税务局根据所辖涉外企业的实际情况选择确定。

第六条 国地税联合税务审计的对象按照以下程序确定:

(一)对涉外企业所得税和其主体业务适用的流转税均由同一税务局主管的涉外企业,由该主管税务局提出备选纳税人名单,与其他适用税种的主管税务机关共同研究确定审计对象。

(二)对涉外企业所得税和其主体业务适用的流转税由国税局、地税局分别主管的涉外企业,由主管国税局和地税局分别提出备选纳税人名单,双方共同研究确定审计对象。

(三)国地税联合税务审计对象的确定,应报经联合税务审计领导小组批准。

第三章 案头准备

第七条 跨省联合税务审计对象确定后,按照以下程序进行案头准备:

(一)汇缴机构所在地省级税务局应在一个月内组织完成以下工作:对汇缴机构的纳税评估初评;《规程》所规定的纳税人信息资料的收集整理、审计项目分析与评价、会计制度及内部控制的分析与评价;起草被审计纳税人基本情况的报告并上报总局,报告应包括纳税人投资和生产经营情况、纳税和享受税收优惠情况、案头准备情况、可能存在的问题以及联合税务审计要点提示等内容。

(二)总局在接到报告后10个工作日内,向汇缴机构和营业机构所在地省级税务局下文部署联合税务审计的具体工作和进度安排。

(三)各营业机构所在地省级税务局在收到总局文件后,应在规定时限内组织完成对营业机构的案头准备和相关报告工作。

在案头准备阶段,应注意结合联合税务审计要点提示,按照《规程》要求采用分析性复核、会计制度和内部控制评价等方法,提高案头分析的质量。

案头准备阶段结束后,应分别向总局和汇缴机构所在地省级税务局报送案头分析报告。报告内容应包括:纳税人基本情况(注册资本、核算方式、经营范围等)、财务管理及内控水平分析(包括收支内控、发票管理、资金运转和流向等)、税务登记和纳税情况、审计所属期经营状况、案头分析情况(主要为财务报表重要指标分析)、案头分析发现的可能存在问题的领域以及联系人姓名、联系电话等。

(四)汇缴机构所在地省级税务局应在收到各地案头分析报告后15个工作日内汇总完毕案头分析情况,拟定重点审计项目,并向总局报告。

(五)总局通过下文或召开工作协调会等形式,确定重点审计项目,部署现场实施阶段的工作。

（六）汇缴机构和营业机构所在地省级税务局接到总局现场实施阶段的部署后,应根据确定的重点审计项目,组织编制审计计划。

（七）汇缴机构所在地主管税务机关向汇缴机构发出《税务审计通知书》,并抄送各营业机构所在地主管税务机关。在《税务审计通知书》中,应注明委托营业机构所在地主管税务机关同期进行税务审计事项。各营业机构所在地主管税务机关按照授权分别向营业机构下发《税务审计通知书》。

第八条　国地税联合税务审计对象确定后,按照以下程序进行案头准备:

（一）国税局、地税局应根据需要收集资料,做到信息共享,并充分使用现有的税收征管信息资料。需要纳税人额外提供资料的,国税局、地税局应共同商定后以书面形式告知纳税人,不得重复收集资料。

（二）国税局、地税局应根据职责范围合理分工,按照《规程》要求采用分析性复核、会计制度和内部控制评价等方法,寻找可能存在问题的领域。

（三）国税局、地税局根据各自情况编制会计制度和内部控制调查问卷,经双方汇总整理后,共同向纳税人发放和回收。根据回收的调查问卷,由国、地税双方共同对纳税人会计制度及内部控制的有效性、完整性和准确性进行初步分析评价。

（四）国税局、地税局应共同研究确定重点审计项目,并按照《规程》的要求制定统一的审计计划,保证现场实施阶段的进度协调一致。

（五）国税局、地税局应分别填制《税务审计通知书》,同时送达纳税人。

第四章　现场实施

第九条　对于跨省联合税务审计,按照以下程序组织现场实施:

（一）汇缴机构和营业机构所在地主管税务机关应按照《规程》的要求,分别完成对所属汇缴机构和营业机构会计制度及内部控制的遵行性测试、确定性审计等程序。

（二）各营业机构所在地主管税务机关应根据审计中发现的问题形成《税务审计报告》,在规定时限内层报总局,并抄送汇缴机构所在地主管税务机关。

（三）汇缴机构所在地主管税务机关对各营业机构所在地主管税务机关的《税务审计报告》进行汇总,确定需进一步审计的问题,形成总的《税务审计报告》,并结合审计终结的需要编制《联合税务审计汇总表》,一并层报总局。

（四）总局根据现场审计结果,通过下文或召开工作协调会等形式,确定税务审计结论,部署审计终结阶段的工作。

第十条　对于国地税联合税务审计,按照以下程序组织现场实施:

（一）国、地税双方应共同派员调取或现场查阅纳税人账簿资料。

（二）在确定性审计中,国、地税双方应在规定的时间内优先完成共同需要的审计项目工作底稿。所形成的工作底稿应一式两份,一份留存,一份传递给另一方。

（三）现场实施阶段结束后，国、地税双方应及时汇总情况、交换意见、核实结果，确保相关数据口径一致，问题定性公正、准确。双方按分工对所辖税种进行汇总整理，按照《规程》要求编制《审计汇总表》，并形成《税务审计报告》。

第五章　审计终结

第十一条　对于跨省联合税务审计，按照以下程序进行审计终结：

（一）对于现场实施阶段遗漏或需进一步确认的问题，汇缴机构和营业机构所在地主管税务机关应向纳税人进一步核实。

（二）根据总局部署，各营业机构所在地主管税务机关应就发现的问题形成《初审意见通知书》，送交各营业机构确认。

（三）各营业机构所在地主管税务机关应及时将《税务审计报告》、纳税人确认的《初审意见通知书》和已填制好的《联合税务审计汇总表》及相关工作底稿报汇缴机构所在地主管税务机关汇总。

（四）汇缴机构所在地主管税务机关应在汇总各地《初审意见通知书》和整理相应工作底稿的基础上，编制总体的《初审意见通知书》，送交汇缴机构确认。

（五）汇缴机构所在地主管税务机关应根据总体的《初审意见通知书》和汇缴机构回复意见，研究下发《税务处理决定书》，同时抄送各营业机构所在地主管税务机关，并按入库级次办理税款退补、滞纳金和罚款入库事宜。

（六）审计终结阶段结束后，汇缴机构所在地省级税务局应在15个工作日内向总局上报联合税务审计工作情况报告。该报告应包括纳税人基本情况、汇缴机构和各营业机构案头准备情况、现场实施情况、审计结论和处理结果以及对此次联合税务审计的体会、存在的问题和改进建议等。

第十二条　对于国地税联合税务审计，按照以下程序进行审计终结：

（一）国税局、地税局应分别制作《初审意见通知书》，并共同派员送达纳税人确认。

（二）根据《初审意见通知书》和纳税人回复意见，国税局、地税局应共同研究，分别制作《税务处理决定书》，同时送达纳税人，并按入库级次办理税款退补、滞纳金和罚款入库事宜。

（三）审计终结阶段结束后，国税局、地税局应在年度终了后15个工作日内联合向总局上报联合税务审计工作情况报告。该报告应包括纳税人基本情况、案头准备情况、现场实施情况、审计结论和处理结果以及对此次联合税务审计的体会、存在的问题和改进建议等。

第六章　后续管理

第十三条　联合税务审计中发现纳税人有避税嫌疑的，应在联合税务审计结束后，将相关案头分析疑点、税务审计相关案卷副本移交国际税务管理部门实施反避税调查。必要时，联合税务审计和反避税调查可结合进行。

第十四条　联合税务审计中发现纳税人有重大偷、逃、骗税嫌疑的，应在联合税务审计结束后10个工作日内,将相关案头分析疑点、税务审计相关案卷副本移交税务稽查部门处理。

第十五条　联合税务审计结束后,汇缴机构和营业机构所在地主管税务机关或国、地税双方应按照《规程》要求按户归档,并加强跟踪管理。

第七章　附则

第十六条　跨市、县的联合税务审计,由省级局或市级局主办,比照跨省联合税务审计的有关程序办理。

第十七条　根据需要,跨区域联合税务审计和国地税联合税务审计可合并进行。

第十八条　本规程由国家税务总局负责解释。各省、自治区、直辖市和计划单列市税务机关可根据本规程制定具体实施方案,并报总局备案。

第十九条　本规程自下发之日起执行。

第四编　审计常用其他法律

中华人民共和国行政诉讼法

（1989年4月4日第七届全国人民代表大会第二次会议通过,根据2014年11月1日第十二届全国人民代表大会常务委员会第十一次会议《关于修改〈中华人民共和国行政诉讼法〉的决定》第一次修正,根据2017年6月27日第十二届全国人民代表大会常务委员会第二十八次会议《关于修改〈中华人民共和国民事诉讼法〉和〈中华人民共和国行政诉讼法〉的决定》第二次修正）

第一章　总则

第一条　为保证人民法院公正、及时审理行政案件,解决行政争议,保护公民、法人和其他组织的合法权益,监督行政机关依法行使职权,根据宪法,制定本法。

第二条　公民、法人或者其他组织认为行政机关和行政机关工作人员的行政行为侵犯其合法权益,有权依照本法向人民法院提起诉讼。

前款所称行政行为,包括法律、法规、规章授权的组织作出的行政行为。

第三条　人民法院应当保障公民、法人和其他组织的起诉权利,对应当受理的行政案件依法受理。

行政机关及其工作人员不得干预、阻碍人民法院受理行政案件。

被诉行政机关负责人应当出庭应诉。不能出庭的,应当委托行政机关相应的工作人员出庭。

第四条　人民法院依法对行政案件独立行使审判权,不受行政机关、社会团体和个人的干涉。

人民法院设行政审判庭,审理行政案件。

第五条　人民法院审理行政案件,以事实为根据,以法律为准绳。

第六条　人民法院审理行政案件,对行政行为是否合法进行审查。

第七条　人民法院审理行政案件,依法实行合议、回避、公开审判和两审终审制度。

第八条　当事人在行政诉讼中的法律地位平等。

第九条　各民族公民都有用本民族语言、文字进行行政诉讼的权利。

在少数民族聚居或者多民族共同居住的地区,人民法院应当用当地民族通用的语言、文字进行审理和发布法律文书。

人民法院应当对不通晓当地民族通用的语言、文字的诉讼参与人提供翻译。

第十条　当事人在行政诉讼中有权进行辩论。

第十一条　人民检察院有权对行政诉讼实行法律监督。

第二章　受案范围

第十二条　人民法院受理公民、法人或者其他组织提起的下列诉讼:

（一）对行政拘留、暂扣或者吊销许可证和执照、责令停产停业、没收违法所得、没收非法财物、罚款、警告等行政处罚不服的；

（二）对限制人身自由或者对财产的查封、扣押、冻结等行政强制措施和行政强制执行不服的；

（三）申请行政许可，行政机关拒绝或者在法定期限内不予答复，或者对行政机关作出的有关行政许可的其他决定不服的；

（四）对行政机关作出的关于确认土地、矿藏、水流、森林、山岭、草原、荒地、滩涂、海域等自然资源的所有权或者使用权的决定不服的；

（五）对征收、征用决定及其补偿决定不服的；

（六）申请行政机关履行保护人身权、财产权等合法权益的法定职责，行政机关拒绝履行或者不予答复的；

（七）认为行政机关侵犯其经营自主权或者农村土地承包经营权、农村土地经营权的；

（八）认为行政机关滥用行政权力排除或者限制竞争的；

（九）认为行政机关违法集资、摊派费用或者违法要求履行其他义务的；

（十）认为行政机关没有依法支付抚恤金、最低生活保障待遇或者社会保险待遇的；

（十一）认为行政机关不依法履行、未按照约定履行或者违法变更、解除政府特许经营协议、土地房屋征收补偿协议等协议的；

（十二）认为行政机关侵犯其他人身权、财产权等合法权益的。

除前款规定外，人民法院受理法律、法规规定可以提起诉讼的其他行政案件。

第十三条　人民法院不受理公民、法人或者其他组织对下列事项提起的诉讼：

（一）国防、外交等国家行为；

（二）行政法规、规章或者行政机关制定、发布的具有普遍约束力的决定、命令；

（三）行政机关对行政机关工作人员的奖惩、任免等决定；

（四）法律规定由行政机关最终裁决的行政行为。

第三章　管辖

第十四条　基层人民法院管辖第一审行政案件。

第十五条　中级人民法院管辖下列第一审行政案件：

（一）对国务院部门或者县级以上地方人民政府所作的行政行为提起诉讼的案件；

（二）海关处理的案件；

（三）本辖区内重大、复杂的案件；

（四）其他法律规定由中级人民法院管辖的案件。

第十六条　高级人民法院管辖本辖区内重大、复杂的第一审行政案件。

第十七条　最高人民法院管辖全国范围内重大、复杂的第一审行政案件。

第十八条　行政案件由最初作出行政行为的行政机关所在地人民法院管辖。经复议的案件，也可以由复议机关所在地人民法院管辖。

经最高人民法院批准,高级人民法院可以根据审判工作的实际情况,确定若干人民法院跨行政区域管辖行政案件。

第十九条　对限制人身自由的行政强制措施不服提起的诉讼,由被告所在地或者原告所在地人民法院管辖。

第二十条　因不动产提起的行政诉讼,由不动产所在地人民法院管辖。

第二十一条　两个以上人民法院都有管辖权的案件,原告可以选择其中一个人民法院提起诉讼。原告向两个以上有管辖权的人民法院提起诉讼的,由最先立案的人民法院管辖。

第二十二条　人民法院发现受理的案件不属于本院管辖的,应当移送有管辖权的人民法院,受移送的人民法院应当受理。受移送的人民法院认为受移送的案件按照规定不属于本院管辖的,应当报请上级人民法院指定管辖,不得再自行移送。

第二十三条　有管辖权的人民法院由于特殊原因不能行使管辖权的,由上级人民法院指定管辖。

人民法院对管辖权发生争议,由争议双方协商解决。协商不成的,报它们的共同上级人民法院指定管辖。

第二十四条　上级人民法院有权审理下级人民法院管辖的第一审行政案件。

下级人民法院对其管辖的第一审行政案件,认为需要由上级人民法院审理或者指定管辖的,可以报请上级人民法院决定。

第四章　诉讼参加人

第二十五条　行政行为的相对人以及其他与行政行为有利害关系的公民、法人或者其他组织,有权提起诉讼。

有权提起诉讼的公民死亡,其近亲属可以提起诉讼。

有权提起诉讼的法人或者其他组织终止,承受其权利的法人或者其他组织可以提起诉讼。

人民检察院在履行职责中发现生态环境和资源保护、食品药品安全、国有财产保护、国有土地使用权出让等领域负有监督管理职责的行政机关违法行使职权或者不作为,致使国家利益或者社会公共利益受到侵害的,应当向行政机关提出检察建议,督促其依法履行职责。行政机关不依法履行职责的,人民检察院依法向人民法院提起诉讼。

第二十六条　公民、法人或者其他组织直接向人民法院提起诉讼的,作出行政行为的行政机关是被告。

经复议的案件,复议机关决定维持原行政行为的,作出原行政行为的行政机关和复议机关是共同被告;复议机关改变原行政行为的,复议机关是被告。

复议机关在法定期限内未作出复议决定,公民、法人或者其他组织起诉原行政行为的,作出原行政行为的行政机关是被告;起诉复议机关不作为的,复议机关是被告。

两个以上行政机关作出同一行政行为的,共同作出行政行为的行政机关是共同被告。

行政机关委托的组织所作的行政行为,委托的行政机关是被告。

行政机关被撤销或者职权变更的,继续行使其职权的行政机关是被告。

第二十七条　当事人一方或者双方为二人以上,因同一行政行为发生的行政案件,或者因同类行政行为发生的行政案件、人民法院认为可以合并审理并经当事人同意的,为共同诉讼。

第二十八条　当事人一方人数众多的共同诉讼,可以由当事人推选代表人进行诉讼。代表人的诉讼行为对其所代表的当事人发生效力,但代表人变更、放弃诉讼请求或者承认对方当事人的诉讼请求,应当经被代表的当事人同意。

第二十九条　公民、法人或者其他组织同被诉行政行为有利害关系但没有提起诉讼,或者同案件处理结果有利害关系的,可以作为第三人申请参加诉讼,或者由人民法院通知参加诉讼。

人民法院判决第三人承担义务或者减损第三人权益的,第三人有权依法提起上诉。

第三十条　没有诉讼行为能力的公民,由其法定代理人代为诉讼。法定代理人互相推诿代理责任的,由人民法院指定其中一人代为诉讼。

第三十一条　当事人、法定代理人,可以委托一至二人作为诉讼代理人。

下列人员可以被委托为诉讼代理人:

(一)律师、基层法律服务工作者;

(二)当事人的近亲属或者工作人员;

(三)当事人所在社区、单位以及有关社会团体推荐的公民。

第三十二条　代理诉讼的律师,有权按照规定查阅、复制本案有关材料,有权向有关组织和公民调查,收集与本案有关的证据。对涉及国家秘密、商业秘密和个人隐私的材料,应当依照法律规定保密。

当事人和其他诉讼代理人有权按照规定查阅、复制本案庭审材料,但涉及国家秘密、商业秘密和个人隐私的内容除外。

第五章　证据

第三十三条　证据包括:

(一)书证;

(二)物证;

(三)视听资料;

(四)电子数据;

(五)证人证言;

(六)当事人的陈述;

(七)鉴定意见;

(八)勘验笔录、现场笔录。

以上证据经法庭审查属实,才能作为认定案件事实的根据。

第三十四条　被告对作出的行政行为负有举证责任,应当提供作出该行政行为的证据和所依据的规范性文件。

被告不提供或者无正当理由逾期提供证据,视为没有相应证据。但是,被诉行政行为涉及第三人合法权益,第三人提供证据的除外。

第三十五条　在诉讼过程中,被告及其诉讼代理人不得自行向原告、第三人和证人收集证据。

第三十六条　被告在作出行政行为时已经收集了证据,但因不可抗力等正当事由不能提供的,经人民法院准许,可以延期提供。

原告或者第三人提出了其在行政处理程序中没有提出的理由或者证据的,经人民法院准许,被告可以补充证据。

第三十七条　原告可以提供证明行政行为违法的证据。原告提供的证据不成立的,不免除被告的举证责任。

第三十八条　在起诉被告不履行法定职责的案件中,原告应当提供其向被告提出申请的证据。但有下列情形之一的除外:

(一)被告应当依职权主动履行法定职责的;

(二)原告因正当理由不能提供证据的。

在行政赔偿、补偿的案件中,原告应当对行政行为造成的损害提供证据。因被告的原因导致原告无法举证的,由被告承担举证责任。

第三十九条　人民法院有权要求当事人提供或者补充证据。

第四十条　人民法院有权向有关行政机关以及其他组织、公民调取证据。但是,不得为证明行政行为的合法性调取被告作出行政行为时未收集的证据。

第四十一条　与本案有关的下列证据,原告或者第三人不能自行收集的,可以申请人民法院调取:

(一)由国家机关保存而须由人民法院调取的证据;

(二)涉及国家秘密、商业秘密和个人隐私的证据;

(三)确因客观原因不能自行收集的其他证据。

第四十二条　在证据可能灭失或者以后难以取得的情况下,诉讼参加人可以向人民法院申请保全证据,人民法院也可以主动采取保全措施。

第四十三条　证据应当在法庭上出示,并由当事人互相质证。对涉及国家秘密、商业秘密和个人隐私的证据,不得在公开开庭时出示。

人民法院应当按照法定程序,全面、客观地审查核实证据。对未采纳的证据应当在裁判文书中说明理由。

以非法手段取得的证据,不得作为认定案件事实的根据。

第六章　起诉和受理

第四十四条　对属于人民法院受案范围的行政案件,公民、法人或者其他组织可以先向行政机关申请复议,对复议决定不服的,再向人民法院提起诉讼;也可以直接向人民法院提起诉讼。

法律、法规规定应当先向行政机关申请复议,对复议决定不服再向人民法院提起诉讼的,依照法律、法规的规定。

第四十五条　公民、法人或者其他组织不服复议决定的,可以在收到复议决定书之日起十五日内向人民法院提起诉讼。复议机关逾期不作决定的,申请人可以在复议期满之日起十五日内向人民法院提起诉讼。法律另有规定的除外。

第四十六条　公民、法人或者其他组织直接向人民法院提起诉讼的,应当自知道或者应当知道作出行政行为之日起六个月内提出。法律另有规定的除外。

因不动产提起诉讼的案件自行政行为作出之日起超过二十年,其他案件自行政行为作出之日起超过五年提起诉讼的,人民法院不予受理。

第四十七条　公民、法人或者其他组织申请行政机关履行保护其人身权、财产权等合法权益的法定职责,行政机关在接到申请之日起两个月内不履行的,公民、法人或者其他组织可以向人民法院提起诉讼。法律、法规对行政机关履行职责的期限另有规定的,从其规定。

公民、法人或者其他组织在紧急情况下请求行政机关履行保护其人身权、财产权等合法权益的法定职责,行政机关不履行的,提起诉讼不受前款规定期限的限制。

第四十八条　公民、法人或者其他组织因不可抗力或者其他不属于其自身的原因耽误起诉期限的,被耽误的时间不计算在起诉期限内。

公民、法人或者其他组织因前款规定以外的其他特殊情况耽误起诉期限的,在障碍消除后十日内,可以申请延长期限,是否准许由人民法院决定。

第四十九条　提起诉讼应当符合下列条件:

(一)原告是符合本法第二十五条规定的公民、法人或者其他组织;

(二)有明确的被告;

(三)有具体的诉讼请求和事实根据;

(四)属于人民法院受案范围和受诉人民法院管辖。

第五十条　起诉应当向人民法院递交起诉状,并按照被告人数提出副本。

书写起诉状确有困难的,可以口头起诉,由人民法院记入笔录,出具注明日期的书面凭证,并告知对方当事人。

第五十一条　人民法院在接到起诉状时对符合本法规定的起诉条件的,应当登记立案。

对当场不能判定是否符合本法规定的起诉条件的,应当接收起诉状,出具注明收到日期的书面凭证,并在七日内决定是否立案。不符合起诉条件的,作出不予立案的裁定。裁定书应当载明不予立案的理由。原告对裁定不服的,可以提起上诉。

起诉状内容欠缺或者有其他错误的,应当给予指导和释明,并一次性告知当事人需要补正的内容。不得未经指导和释明即以起诉不符合条件为由不接收起诉状。

对于不接收起诉状、接收起诉状后不出具书面凭证,以及不一次性告知当事人需要补正的起诉状内容的,当事人可以向上级人民法院投诉,上级人民法院应当责令改正,并对直接负责的主管人员和其他直接责任人员依法给予处分。

第五十二条　人民法院既不立案,又不作出不予立案裁定的,当事人可以向上一级人民法院起诉。上一级人民法院认为符合起诉条件的,应当立案、审理,也可以指定其他下级人民法院立案、审理。

第五十三条　公民、法人或者其他组织认为行政行为所依据的国务院部门和地方人民政府及其部门制定的规范性文件不合法,在对行政行为提起诉讼时,可以一并请求对该规范性文件进行审查。

前款规定的规范性文件不含规章。

第七章　审理和判决
第一节　一般规定

第五十四条　人民法院公开审理行政案件,但涉及国家秘密、个人隐私和法律另有规定的除外。

涉及商业秘密的案件,当事人申请不公开审理的,可以不公开审理。

第五十五条　当事人认为审判人员与本案有利害关系或者有其他关系可能影响公正审判,有权申请审判人员回避。

审判人员认为自己与本案有利害关系或者有其他关系,应当申请回避。

前两款规定,适用于书记员、翻译人员、鉴定人、勘验人。

院长担任审判长时的回避,由审判委员会决定;审判人员的回避,由院长决定;其他人员的回避,由审判长决定。当事人对决定不服的,可以申请复议一次。

第五十六条　诉讼期间,不停止行政行为的执行。但有下列情形之一的,裁定停止执行:

(一)被告认为需要停止执行的;

(二)原告或者利害关系人申请停止执行,人民法院认为该行政行为的执行会造成难以弥补的损失,并且停止执行不损害国家利益、社会公共利益的;

(三)人民法院认为该行政行为的执行会给国家利益、社会公共利益造成重大损害的;

(四)法律、法规规定停止执行的。

当事人对停止执行或者不停止执行的裁定不服的,可以申请复议一次。

第五十七条　人民法院对起诉行政机关没有依法支付抚恤金、最低生活保障金和工伤、医疗社会保险金的案件,权利义务关系明确、不先予执行将严重影响原告生活的,可以根据原告的申请,裁定先予执行。

当事人对先予执行裁定不服的,可以申请复议一次。复议期间不停止裁定的执行。

第五十八条　经人民法院传票传唤,原告无正当理由拒不到庭,或者未经法庭许可中途退庭的,可以按照撤诉处理;被告无正当理由拒不到庭,或者未经法庭许可中途退庭的,可以缺席判决。

第五十九条　诉讼参与人或者其他人有下列行为之一的,人民法院可以根据情节轻重,予以训诫、责令具结悔过或者处一万元以下的罚款、十五日以下的拘留;构成犯罪的,依法追究刑事责任:

(一)有义务协助调查、执行的人,对人民法院的协助调查决定、协助执行通知书,无故推拖、拒绝或者妨碍调查、执行的;

(二)伪造、隐藏、毁灭证据或者提供虚假证明材料,妨碍人民法院审理案件的;

(三)指使、贿买、胁迫他人作伪证或者威胁、阻止证人作证的;

(四)隐藏、转移、变卖、毁损已被查封、扣押、冻结的财产的;

(五)以欺骗、胁迫等非法手段使原告撤诉的;

(六)以暴力、威胁或者其他方法阻碍人民法院工作人员执行职务,或者以哄闹、冲击法庭等方法扰乱人民法院工作秩序的;

(七)对人民法院审判人员或者其他工作人员、诉讼参与人、协助调查和执行的人员恐吓、侮辱、诽谤、诬陷、殴打、围攻或者打击报复的。

人民法院对有前款规定的行为之一的单位,可以对其主要负责人或者直接责任人员依照前款规定予以罚款、拘留;构成犯罪的,依法追究刑事责任。

罚款、拘留须经人民法院院长批准。当事人不服的,可以向上一级人民法院申请复议一次。复议期间不停止执行。

第六十条 人民法院审理行政案件,不适用调解。但是,行政赔偿、补偿以及行政机关行使法律、法规规定的自由裁量权的案件可以调解。

调解应当遵循自愿、合法原则,不得损害国家利益、社会公共利益和他人合法权益。

第六十一条 在涉及行政许可、登记、征收、征用和行政机关对民事争议所作的裁决的行政诉讼中,当事人申请一并解决相关民事争议的,人民法院可以一并审理。

在行政诉讼中,人民法院认为行政案件的审理需以民事诉讼的裁判为依据的,可以裁定中止行政诉讼。

第六十二条 人民法院对行政案件宣告判决或者裁定前,原告申请撤诉的,或者被告改变其所作的行政行为,原告同意并申请撤诉的,是否准许,由人民法院裁定。

第六十三条 人民法院审理行政案件,以法律和行政法规、地方性法规为依据。地方性法规适用于本行政区域内发生的行政案件。

人民法院审理民族自治地方的行政案件,并以该民族自治地方的自治条例和单行条例为依据。

人民法院审理行政案件,参照规章。

第六十四条 人民法院在审理行政案件中,经审查认为本法第五十三条规定的规范性文件不合法的,不作为认定行政行为合法的依据,并向制定机关提出处理建议。

第六十五条 人民法院应当公开发生法律效力的判决书、裁定书,供公众查阅,但涉及国家秘密、商业秘密和个人隐私的内容除外。

第六十六条 人民法院在审理行政案件中,认为行政机关的主管人员、直接责任人员违法违纪的,应当将有关材料移送监察机关、该行政机关或者其上一级行政机关;认为有犯罪行为的,应当将有关材料移送公安、检察机关。

人民法院对被告经传票传唤无正当理由拒不到庭,或者未经法庭许可中途退庭的,可以将被告拒不到庭或者中途退庭的情况予以公告,并可以向监察机关或者被告的上一级行政机关提出依法给予其主要负责人或者直接责任人员处分的司法建议。

第二节　第一审普通程序

第六十七条　人民法院应当在立案之日起五日内,将起诉状副本发送被告。被告应当在收到起诉状副本之日起十五日内向人民法院提交作出行政行为的证据和所依据的规范性文件,并提出答辩状。人民法院应当在收到答辩状之日起五日内,将答辩状副本发送原告。

被告不提出答辩状的,不影响人民法院审理。

第六十八条　人民法院审理行政案件,由审判员组成合议庭,或者由审判员、陪审员组成合议庭。合议庭的成员,应当是三人以上的单数。

第六十九条　行政行为证据确凿,适用法律、法规正确,符合法定程序的,或者原告申请被告履行法定职责或者给付义务理由不成立的,人民法院判决驳回原告的诉讼请求。

第七十条　行政行为有下列情形之一的,人民法院判决撤销或者部分撤销,并可以判决被告重新作出行政行为:

(一)主要证据不足的;

(二)适用法律、法规错误的;

(三)违反法定程序的;

(四)超越职权的;

(五)滥用职权的;

(六)明显不当的。

第七十一条　人民法院判决被告重新作出行政行为的,被告不得以同一的事实和理由作出与原行政行为基本相同的行政行为。

第七十二条　人民法院经过审理,查明被告不履行法定职责的,判决被告在一定期限内履行。

第七十三条　人民法院经过审理,查明被告依法负有给付义务的,判决被告履行给付义务。

第七十四条　行政行为有下列情形之一的,人民法院判决确认违法,但不撤销行政行为:

(一)行政行为依法应当撤销,但撤销会给国家利益、社会公共利益造成重大损害的;

(二)行政行为程序轻微违法,但对原告权利不产生实际影响的。

行政行为有下列情形之一,不需要撤销或者判决履行的,人民法院判决确认违法:

(一)行政行为违法,但不具有可撤销内容的;

(二)被告改变原违法行政行为,原告仍要求确认原行政行为违法的;

(三)被告不履行或者拖延履行法定职责,判决履行没有意义的。

第七十五条　行政行为有实施主体不具有行政主体资格或者没有依据等重大且明显违法情形,原告申请确认行政行为无效的,人民法院判决确认无效。

第七十六条　人民法院判决确认违法或者无效的,可以同时判决责令被告采取补救措施;给原告造成损失的,依法判决被告承担赔偿责任。

第七十七条　行政处罚明显不当,或者其他行政行为涉及对款额的确定、认定确有错误的,人民法院可以判决变更。

人民法院判决变更,不得加重原告的义务或者减损原告的权益。但利害关系人同为原告,且诉讼请求相反的除外。

第七十八条 被告不依法履行、未按照约定履行或者违法变更、解除本法第十二条第一款第十一项规定的协议的,人民法院判决被告承担继续履行、采取补救措施或者赔偿损失等责任。

被告变更、解除本法第十二条第一款第十一项规定的协议合法,但未依法给予补偿的,人民法院判决给予补偿。

第七十九条 复议机关与作出原行政行为的行政机关为共同被告的案件,人民法院应当对复议决定和原行政行为一并作出裁判。

第八十条 人民法院对公开审理和不公开审理的案件,一律公开宣告判决。

当庭宣判的,应当在十日内发送判决书;定期宣判的,宣判后立即发给判决书。

宣告判决时,必须告知当事人上诉权利、上诉期限和上诉的人民法院。

第八十一条 人民法院应当在立案之日起六个月内作出第一审判决。有特殊情况需要延长的,由高级人民法院批准,高级人民法院审理第一审案件需要延长的,由最高人民法院批准。

第三节 简易程序

第八十二条 人民法院审理下列第一审行政案件,认为事实清楚、权利义务关系明确、争议不大的,可以适用简易程序:

(一)被诉行政行为是依法当场作出的;

(二)案件涉及款额二千元以下的;

(三)属于政府信息公开案件的。

除前款规定以外的第一审行政案件,当事人各方同意适用简易程序的,可以适用简易程序。

发回重审、按照审判监督程序再审的案件不适用简易程序。

第八十三条 适用简易程序审理的行政案件,由审判员一人独任审理,并应当在立案之日起四十五日内审结。

第八十四条 人民法院在审理过程中,发现案件不宜适用简易程序的,裁定转为普通程序。

第四节 第二审程序

第八十五条 当事人不服人民法院第一审判决的,有权在判决书送达之日起十五日内向上一级人民法院提起上诉。当事人不服人民法院第一审裁定的,有权在裁定书送达之日起十日内向上一级人民法院提起上诉。逾期不提起上诉的,人民法院的第一审判决或者裁定发生法律效力。

第八十六条 人民法院对上诉案件,应当组成合议庭,开庭审理。经过阅卷、调查和询问当事人,对没有提出新的事实、证据或者理由,合议庭认为不需要开庭审理的,也可以不开庭审理。

第八十七条 人民法院审理上诉案件,应当对原审人民法院的判决、裁定和被诉行政行为进行全面审查。

第八十八条 人民法院审理上诉案件,应当在收到上诉状之日起三个月内作出终审判决。有特殊情况需要延长的,由高级人民法院批准,高级人民法院审理上诉案件需要延长的,由最高人民法院批准。

第八十九条　人民法院审理上诉案件,按照下列情形,分别处理:

(一)原判决、裁定认定事实清楚,适用法律、法规正确的,判决或者裁定驳回上诉,维持原判决、裁定;

(二)原判决、裁定认定事实错误或者适用法律、法规错误的,依法改判、撤销或者变更;

(三)原判决认定基本事实不清、证据不足的,发回原审人民法院重审,或者查清事实后改判;

(四)原判决遗漏当事人或者违法缺席判决等严重违反法定程序的,裁定撤销原判决,发回原审人民法院重审。

原审人民法院对发回重审的案件作出判决后,当事人提起上诉的,第二审人民法院不得再次发回重审。

人民法院审理上诉案件,需要改变原审判决的,应当同时对被诉行政行为作出判决。

第五节　审判监督程序

第九十条　当事人对已经发生法律效力的判决、裁定,认为确有错误的,可以向上一级人民法院申请再审,但判决、裁定不停止执行。

第九十一条　当事人的申请符合下列情形之一的,人民法院应当再审:

(一)不予立案或者驳回起诉确有错误的;

(二)有新的证据,足以推翻原判决、裁定的;

(三)原判决、裁定认定事实的主要证据不足、未经质证或者系伪造的;

(四)原判决、裁定适用法律、法规确有错误的;

(五)违反法律规定的诉讼程序,可能影响公正审判的;

(六)原判决、裁定遗漏诉讼请求的;

(七)据以作出原判决、裁定的法律文书被撤销或者变更的;

(八)审判人员在审理该案件时有贪污受贿、徇私舞弊、枉法裁判行为的。

第九十二条　各级人民法院院长对本院已经发生法律效力的判决、裁定,发现有本法第九十一条规定情形之一,或者发现调解违反自愿原则或者调解书内容违法,认为需要再审的,应当提交审判委员会讨论决定。

最高人民法院对地方各级人民法院已经发生法律效力的判决、裁定,上级人民法院对下级人民法院已经发生法律效力的判决、裁定,发现有本法第九十一条规定情形之一,或者发现调解违反自愿原则或者调解书内容违法的,有权提审或者指令下级人民法院再审。

第九十三条　最高人民检察院对各级人民法院已经发生法律效力的判决、裁定,上级人民检察院对下级人民法院已经发生法律效力的判决、裁定,发现有本法第九十一条规定情形之一,或者发现调解书损害国家利益、社会公共利益的,应当提出抗诉。

地方各级人民检察院对同级人民法院已经发生法律效力的判决、裁定,发现有本法第九十一条规定情形之一,或者发现调解书损害国家利益、社会公共利益的,可以向同级人民法院提出检察建议,并报上级人民检察院备案;也可以提请上级人民检察院向同级人民法院提出抗诉。

各级人民检察院对审判监督程序以外的其他审判程序中审判人员的违法行为,有权向同级人民法院提出检察建议。

第八章 执行

第九十四条 当事人必须履行人民法院发生法律效力的判决、裁定、调解书。

第九十五条 公民、法人或者其他组织拒绝履行判决、裁定、调解书的,行政机关或者第三人可以向第一审人民法院申请强制执行,或者由行政机关依法强制执行。

第九十六条 行政机关拒绝履行判决、裁定、调解书的,第一审人民法院可以采取下列措施:

(一)对应当归还的罚款或者应当给付的款额,通知银行从该行政机关的账户内划拨;

(二)在规定期限内不履行的,从期满之日起,对该行政机关负责人按日处五十元至一百元的罚款;

(三)将行政机关拒绝履行的情况予以公告;

(四)向监察机关或者该行政机关的上一级行政机关提出司法建议。接受司法建议的机关,根据有关规定进行处理,并将处理情况告知人民法院;

(五)拒不履行判决、裁定、调解书,社会影响恶劣的,可以对该行政机关直接负责的主管人员和其他直接责任人员予以拘留;情节严重,构成犯罪的,依法追究刑事责任。

第九十七条 公民、法人或者其他组织对行政行为在法定期限内不提起诉讼又不履行的,行政机关可以申请人民法院强制执行,或者依法强制执行。

第九章 涉外行政诉讼

第九十八条 外国人、无国籍人、外国组织在中华人民共和国进行行政诉讼,适用本法。法律另有规定的除外。

第九十九条 外国人、无国籍人、外国组织在中华人民共和国进行行政诉讼,同中华人民共和国公民、组织有同等的诉讼权利和义务。

外国法院对中华人民共和国公民、组织的行政诉讼权利加以限制的,人民法院对该国公民、组织的行政诉讼权利,实行对等原则。

第一百条 外国人、无国籍人、外国组织在中华人民共和国进行行政诉讼,委托律师代理诉讼的,应当委托中华人民共和国律师机构的律师。

第十章 附则

第一百零一条 人民法院审理行政案件,关于期间、送达、财产保全、开庭审理、调解、中止诉讼、终结诉讼、简易程序、执行等,以及人民检察院对行政案件受理、审理、裁判、执行的监督,本法没有规定的,适用《中华人民共和国民事诉讼法》的相关规定。

第一百零二条 人民法院审理行政案件,应当收取诉讼费用。诉讼费用由败诉方承担,双方都有责任的由双方分担。收取诉讼费用的具体办法另行规定。

第一百零三条 本法自1990年10月1日起施行。

中华人民共和国行政处罚法

(1996年3月17日第八届全国人民代表大会第四次会议通过,根据2009年8月27日第十一届全国人民代表大会常务委员会第十次会议《关于修改部分法律的决定》第一次修正,根据2017年9月1日第十二届全国人民代表大会常务委员会第二十九次会议《关于修改〈中华人民共和国法官法〉等八部法律的决定》第二次修正。)

第一章　总则

第一条　为了规范行政处罚的设定和实施,保障和监督行政机关有效实施行政管理,维护公共利益和社会秩序,保护公民、法人或者其他组织的合法权益,根据宪法,制定本法。

第二条　行政处罚的设定和实施,适用本法。

第三条　公民、法人或者其他组织违反行政管理秩序的行为,应当给予行政处罚的,依照本法由法律、法规或者规章规定,并由行政机关依照本法规定的程序实施。

没有法定依据或者不遵守法定程序的,行政处罚无效。

第四条　行政处罚遵循公正、公开的原则。

设定和实施行政处罚必须以事实为依据,与违法行为的事实、性质、情节以及社会危害程度相当。

对违法行为给予行政处罚的规定必须公布;未经公布的,不得作为行政处罚的依据。

第五条　实施行政处罚,纠正违法行为,应当坚持处罚与教育相结合,教育公民、法人或者其他组织自觉守法。

第六条　公民、法人或者其他组织对行政机关所给予的行政处罚,享有陈述权、申辩权;对行政处罚不服的,有权依法申请行政复议或者提起行政诉讼。

公民、法人或者其他组织因行政机关违法给予行政处罚受到损害的,有权依法提出赔偿要求。

第七条　公民、法人或者其他组织因违法受到行政处罚,其违法行为对他人造成损害的,应当依法承担民事责任。

违法行为构成犯罪,应当依法追究刑事责任,不得以行政处罚代替刑事处罚。

第二章　行政处罚的种类和设定

第八条　行政处罚的种类:

(一)警告;

(二)罚款;

(三)没收违法所得、没收非法财物;

(四)责令停产停业;

(五)暂扣或者吊销许可证、暂扣或者吊销执照;

(六)行政拘留;

(七)法律、行政法规规定的其他行政处罚。

第九条　法律可以设定各种行政处罚。

限制人身自由的行政处罚,只能由法律设定。

第十条　行政法规可以设定除限制人身自由以外的行政处罚。

法律对违法行为已经作出行政处罚规定,行政法规需要作出具体规定的,必须在法律规定的给予行政处罚的行为、种类和幅度的范围内规定。

第十一条 地方性法规可以设定除限制人身自由、吊销企业营业执照以外的行政处罚。

法律、行政法规对违法行为已经作出行政处罚规定,地方性法规需要作出具体规定的,必须在法律、行政法规规定的给予行政处罚的行为、种类和幅度的范围内规定。

第十二条 国务院部、委员会制定的规章可以在法律、行政法规规定的给予行政处罚的行为、种类和幅度的范围内作出具体规定。

尚未制定法律、行政法规的,前款规定的国务院部、委员会制定的规章对违反行政管理秩序的行为,可以设定警告或者一定数量罚款的行政处罚。罚款的限额由国务院规定。

国务院可以授权具有行政处罚权的直属机构依照本条第一款、第二款的规定,规定行政处罚。

第十三条 省、自治区、直辖市人民政府和省、自治区人民政府所在地的市人民政府以及经国务院批准的较大的市人民政府制定的规章可以在法律、法规规定的给予行政处罚的行为、种类和幅度的范围内作出具体规定。

尚未制定法律、法规的,前款规定的人民政府制定的规章对违反行政管理秩序的行为,可以设定警告或者一定数量罚款的行政处罚。罚款的限额由省、自治区、直辖市人民代表大会常务委员会规定。

第十四条 除本法第九条、第十条、第十一条、第十二条以及第十三条的规定外,其他规范性文件不得设定行政处罚。

第三章 行政处罚的实施机关

第十五条 行政处罚由具有行政处罚权的行政机关在法定职权范围内实施。

第十六条 国务院或者经国务院授权的省、自治区、直辖市人民政府可以决定一个行政机关行使有关行政机关的行政处罚权,但限制人身自由的行政处罚权只能由公安机关行使。

第十七条 法律、法规授权的具有管理公共事务职能的组织可以在法定授权范围内实施行政处罚。

第十八条 行政机关依照法律、法规或者规章的规定,可以在其法定权限内委托符合本法第十九条规定条件的组织实施行政处罚。行政机关不得委托其他组织或者个人实施行政处罚。

委托行政机关对受委托的组织实施行政处罚的行为应当负责监督,并对该行为的后果承担法律责任。

受委托组织在委托范围内,以委托行政机关名义实施行政处罚;不得再委托其他任何组织或者个人实施行政处罚。

第十九条 受委托组织必须符合以下条件:

(一)依法成立的管理公共事务的事业组织;

(二)具有熟悉有关法律、法规、规章和业务的工作人员;

(三)对违法行为需要进行技术检查或者技术鉴定的,应当有条件组织进行相应的技术检查或者技术鉴定。

第四章　行政处罚的管辖和适用

第二十条　行政处罚由违法行为发生地的县级以上地方人民政府具有行政处罚权的行政机关管辖。法律、行政法规另有规定的除外。

第二十一条　对管辖发生争议的,报请共同的上一级行政机关指定管辖。

第二十二条　违法行为构成犯罪的,行政机关必须将案件移送司法机关,依法追究刑事责任。

第二十三条　行政机关实施行政处罚时,应当责令当事人改正或者限期改正违法行为。

第二十四条　对当事人的同一个违法行为,不得给予两次以上罚款的行政处罚。

第二十五条　不满十四周岁的人有违法行为的,不予行政处罚,责令监护人加以管教;已满十四周岁不满十八周岁的人有违法行为的,从轻或者减轻行政处罚。

第二十六条　精神病人在不能辨认或者不能控制自己行为时有违法行为的,不予行政处罚,但应当责令其监护人严加看管和治疗。间歇性精神病人在精神正常时有违法行为的,应当给予行政处罚。

第二十七条　当事人有下列情形之一的,应当依法从轻或者减轻行政处罚:

(一)主动消除或者减轻违法行为危害后果的;

(二)受他人胁迫有违法行为的;

(三)配合行政机关查处违法行为有立功表现的;

(四)其他依法从轻或者减轻行政处罚的。

违法行为轻微并及时纠正,没有造成危害后果的,不予行政处罚。

第二十八条　违法行为构成犯罪,人民法院判处拘役或者有期徒刑时,行政机关已经给予当事人行政拘留的,应当依法折抵相应刑期。

违法行为构成犯罪,人民法院判处罚金时,行政机关已经给予当事人罚款的,应当折抵相应罚金。

第二十九条　违法行为在二年内未被发现的,不再给予行政处罚。法律另有规定的除外。

前款规定的期限,从违法行为发生之日起计算;违法行为有连续或者继续状态的,从行为终了之日起计算。

第五章　行政处罚的决定

第三十条　公民、法人或者其他组织违反行政管理秩序的行为,依法应当给予行政处罚的,行政机关必须查明事实;违法事实不清的,不得给予行政处罚。

第三十一条　行政机关在作出行政处罚决定之前,应当告知当事人作出行政处罚决定的事实、理由及依据,并告知当事人依法享有的权利。

第三十二条　当事人有权进行陈述和申辩。行政机关必须充分听取当事人的意见,对当事人提出的事实、理由和证据,应当进行复核;当事人提出的事实、理由或者证据成立的,行政机关应当采纳。

行政机关不得因当事人申辩而加重处罚。

第一节 简易程序

第三十三条 违法事实确凿并有法定依据,对公民处以五十元以下、对法人或者其他组织处以一千元以下罚款或者警告的行政处罚的,可以当场作出行政处罚决定。当事人应当依照本法第四十六条、第四十七条、第四十八条的规定履行行政处罚决定。

第三十四条 执法人员当场作出行政处罚决定的,应当向当事人出示执法身份证件,填写预定格式、编有号码的行政处罚决定书。行政处罚决定书应当当场交付当事人。

前款规定的行政处罚决定书应当载明当事人的违法行为、行政处罚依据、罚款数额、时间、地点以及行政机关名称,并由执法人员签名或者盖章。

执法人员当场作出的行政处罚决定,必须报所属行政机关备案。

第三十五条 当事人对当场作出的行政处罚决定不服的,可以依法申请行政复议或者提起行政诉讼。

第二节 一般程序

第三十六条 除本法第三十三条规定的可以当场作出的行政处罚外,行政机关发现公民、法人或者其他组织有依法应当给予行政处罚的行为的,必须全面、客观、公正地调查,收集有关证据;必要时,依照法律、法规的规定,可以进行检查。

第三十七条 行政机关在调查或者进行检查时,执法人员不得少于两人,并应当向当事人或者有关人员出示证件。当事人或者有关人员应当如实回答询问,并协助调查或者检查,不得阻挠。询问或者检查应当制作笔录。

行政机关在收集证据时,可以采取抽样取证的方法;在证据可能灭失或者以后难以取得的情况下,经行政机关负责人批准,可以先行登记保存,并应当在七日内及时作出处理决定,在此期间,当事人或者有关人员不得销毁或者转移证据。

执法人员与当事人有直接利害关系的,应当回避。

第三十八条 调查终结,行政机关负责人应当对调查结果进行审查,根据不同情况,分别作出如下决定:

(一)确有应受行政处罚的违法行为的,根据情节轻重及具体情况,作出行政处罚决定;

(二)违法行为轻微,依法可以不予行政处罚的,不予行政处罚;

(三)违法事实不能成立的,不得给予行政处罚;

(四)违法行为已构成犯罪的,移送司法机关。

对情节复杂或者重大违法行为给予较重的行政处罚,行政机关的负责人应当集体讨论决定。

在行政机关负责人作出决定之前,应当由从事行政处罚决定审核的人员进行审核。行政机关中初次从事行政处罚决定审核的人员,应当通过国家统一法律职业资格考试取得法律职业资格。

第三十九条 行政机关依照本法第三十八条的规定给予行政处罚,应当制作行政处罚决定书。行政处罚决定书应当载明下列事项:

（一）当事人的姓名或者名称、地址；

（二）违反法律、法规或者规章的事实和证据；

（三）行政处罚的种类和依据；

（四）行政处罚的履行方式和期限；

（五）不服行政处罚决定，申请行政复议或者提起行政诉讼的途径和期限；

（六）作出行政处罚决定的行政机关名称和作出决定的日期。

行政处罚决定书必须盖有作出行政处罚决定的行政机关的印章。

第四十条 行政处罚决定书应当在宣告后当场交付当事人；当事人不在场的，行政机关应当在七日内依照民事诉讼法的有关规定，将行政处罚决定书送达当事人。

第四十一条 行政机关及其执法人员在作出行政处罚决定之前，不依照本法第三十一条、第三十二条的规定向当事人告知给予行政处罚的事实、理由和依据，或者拒绝听取当事人的陈述、申辩，行政处罚决定不能成立；当事人放弃陈述或者申辩权利的除外。

第三节 听证程序

第四十二条 行政机关作出责令停产停业、吊销许可证或者执照、较大数额罚款等行政处罚决定之前，应当告知当事人有要求举行听证的权利；当事人要求听证的，行政机关应当组织听证。当事人不承担行政机关组织听证的费用。听证依照以下程序组织：

（一）当事人要求听证的，应当在行政机关告知后三日内提出；

（二）行政机关应当在听证的七日前，通知当事人举行听证的时间、地点；

（三）除涉及国家秘密、商业秘密或者个人隐私外，听证公开举行；

（四）听证由行政机关指定的非本案调查人员主持；当事人认为主持人与本案有直接利害关系的，有权申请回避；

（五）当事人可以亲自参加听证，也可以委托一至二人代理；

（六）举行听证时，调查人员提出当事人违法的事实、证据和行政处罚建议；当事人进行申辩和质证；

（七）听证应当制作笔录；笔录应当交当事人审核无误后签字或者盖章。

当事人对限制人身自由的行政处罚有异议的，依照治安管理处罚法有关规定执行。

第四十三条 听证结束后，行政机关依照本法第三十八条的规定，作出决定。

第六章 行政处罚的执行

第四十四条 行政处罚决定依法作出后，当事人应当在行政处罚决定的期限内，予以履行。

第四十五条 当事人对行政处罚决定不服申请行政复议或者提起行政诉讼的，行政处罚不停止执行，法律另有规定的除外。

第四十六条 作出罚款决定的行政机关应当与收缴罚款的机构分离。

除依照本法第四十七条、第四十八条的规定当场收缴的罚款外，作出行政处罚决定的行政机关及其执法人员不得自行收缴罚款。

当事人应当自收到行政处罚决定书之日起十五日内，到指定的银行缴纳罚款。银行应当收受罚款,并将罚款直接上缴国库。

第四十七条 依照本法第三十三条的规定当场作出行政处罚决定,有下列情形之一的,执法人员可以当场收缴罚款:

(一)依法给予二十元以下的罚款的;

(二)不当场收缴事后难以执行的。

第四十八条 在边远、水上、交通不便地区,行政机关及其执法人员依照本法第三十三条、第三十八条的规定作出罚款决定后,当事人向指定的银行缴纳罚款确有困难,经当事人提出,行政机关及其执法人员可以当场收缴罚款。

第四十九条 行政机关及其执法人员当场收缴罚款的,必须向当事人出具省、自治区、直辖市财政部门统一制发的罚款收据;不出具财政部门统一制发的罚款收据的,当事人有权拒绝缴纳罚款。

第五十条 执法人员当场收缴的罚款,应当自收缴罚款之日起二日内,交至行政机关;在水上当场收缴的罚款,应当自抵岸之日起二日内交至行政机关;行政机关应当在二日内将罚款缴付指定的银行。

第五十一条 当事人逾期不履行行政处罚决定的,作出行政处罚决定的行政机关可以采取下列措施:

(一)到期不缴纳罚款的,每日按罚款数额的百分之三加处罚款;

(二)根据法律规定,将查封、扣押的财物拍卖或者将冻结的存款划拨抵缴罚款;

(三)申请人民法院强制执行。

第五十二条 当事人确有经济困难,需要延期或者分期缴纳罚款的,经当事人申请和行政机关批准,可以暂缓或者分期缴纳。

第五十三条 除依法应当予以销毁的物品外,依法没收的非法财物必须按照国家规定公开拍卖或者按照国家有关规定处理。

罚款、没收违法所得或者没收非法财物拍卖的款项,必须全部上缴国库,任何行政机关或者个人不得以任何形式截留、私分或者变相私分;财政部门不得以任何形式向作出行政处罚决定的行政机关返还罚款、没收的违法所得或者返还没收非法财物的拍卖款项。

第五十四条 行政机关应当建立健全对行政处罚的监督制度。县级以上人民政府应当加强对行政处罚的监督检查。

公民、法人或者其他组织对行政机关作出的行政处罚,有权申诉或者检举;行政机关应当认真审查,发现行政处罚有错误的,应当主动改正。

第七章 法律责任

第五十五条 行政机关实施行政处罚,有下列情形之一的,由上级行政机关或者有关部门责令改正,可以对直接负责的主管人员和其他直接责任人员依法给予行政处分:

(一)没有法定的行政处罚依据的;

(二)擅自改变行政处罚种类、幅度的;

(三)违反法定的行政处罚程序的;

(四)违反本法第十八条关于委托处罚的规定的。

第五十六条　行政机关对当事人进行处罚不使用罚款、没收财物单据或者使用非法定部门制发的罚款、没收财物单据的,当事人有权拒绝处罚,并有权予以检举。上级行政机关或者有关部门对使用的非法单据予以收缴销毁,对直接负责的主管人员和其他直接责任人员依法给予行政处分。

第五十七条　行政机关违反本法第四十六条的规定自行收缴罚款的,财政部门违反本法第五十三条的规定向行政机关返还罚款或者拍卖款项的,由上级行政机关或者有关部门责令改正,对直接负责的主管人员和其他直接责任人员依法给予行政处分。

第五十八条　行政机关将罚款、没收的违法所得或者财物截留、私分或者变相私分的,由财政部门或者有关部门予以追缴,对直接负责的主管人员和其他直接责任人员依法给予行政处分;情节严重构成犯罪的,依法追究刑事责任。

执法人员利用职务上的便利,索取或者收受他人财物、收缴罚款据为己有,构成犯罪的,依法追究刑事责任;情节轻微不构成犯罪的,依法给予行政处分。

第五十九条　行政机关使用或者损毁扣押的财物,对当事人造成损失的,应当依法予以赔偿,对直接负责的主管人员和其他直接责任人员依法给予行政处分。

第六十条　行政机关违法实行检查措施或者执行措施,给公民人身或者财产造成损害、给法人或者其他组织造成损失的,应当依法予以赔偿,对直接负责的主管人员和其他直接责任人员依法给予行政处分;情节严重构成犯罪的,依法追究刑事责任。

第六十一条　行政机关为牟取本单位私利,对应当依法移交司法机关追究刑事责任的不移交,以行政处罚代替刑罚,由上级行政机关或者有关部门责令纠正;拒不纠正的,对直接负责的主管人员给予行政处分;徇私舞弊、包庇纵容违法行为的,依照刑法有关规定追究刑事责任。

第六十二条　执法人员玩忽职守,对应当予以制止和处罚的违法行为不予制止、处罚,致使公民、法人或者其他组织的合法权益、公共利益和社会秩序遭受损害的,对直接负责的主管人员和其他直接责任人员依法给予行政处分;情节严重构成犯罪的,依法追究刑事责任。

第八章　附则

第六十三条　本法第四十六条罚款决定与罚款收缴分离的规定,由国务院制定具体实施办法。

第六十四条　本法自1996年10月1日起施行。

本法公布前制定的法规和规章关于行政处罚的规定与本法不符合的,应当自本法公布之日起,依照本法规定予以修订,在1997年12月31日前修订完毕。

中华人民共和国行政复议法

(1999年4月29日第九届全国人民代表大会常务委员会第九次会议通过,根据2009年8月27日第十一届全国人民代表大会常务委员会第十次会议《关于修改部分法律的决定》第一次修正,根据2017年9月1日第十二届全国人民代表大会常务委员会第二十九次会议《关于修改〈中华人

民共和国法官法〉等八部法律的决定》第二次修正）

第一章　总则

第一条　为了防止和纠正违法的或者不当的具体行政行为,保护公民、法人和其他组织的合法权益,保障和监督行政机关依法行使职权,根据宪法,制定本法。

第二条　公民、法人或者其他组织认为具体行政行为侵犯其合法权益,向行政机关提出行政复议申请,行政机关受理行政复议申请、作出行政复议决定,适用本法。

第三条　依照本法履行行政复议职责的行政机关是行政复议机关。行政复议机关负责法制工作的机构具体办理行政复议事项,履行下列职责:

（一）受理行政复议申请;

（二）向有关组织和人员调查取证,查阅文件和资料;

（三）审查申请行政复议的具体行政行为是否合法与适当,拟订行政复议决定;

（四）处理或者转送对本法第七条所列有关规定的审查申请;

（五）对行政机关违反本法规定的行为依照规定的权限和程序提出处理建议;

（六）办理因不服行政复议决定提起行政诉讼的应诉事项;

（七）法律、法规规定的其他职责。

行政机关中初次从事行政复议的人员,应当通过国家统一法律职业资格考试取得法律职业资格。

第四条　行政复议机关履行行政复议职责,应当遵循合法、公正、公开、及时、便民的原则,坚持有错必纠,保障法律、法规的正确实施。

第五条　公民、法人或者其他组织对行政复议决定不服的,可以依照行政诉讼法的规定向人民法院提起行政诉讼,但是法律规定行政复议决定为最终裁决的除外。

第二章　行政复议范围

第六条　有下列情形之一的,公民、法人或者其他组织可以依照本法申请行政复议:

（一）对行政机关作出的警告、罚款、没收违法所得、没收非法财物、责令停产停业、暂扣或者吊销许可证、暂扣或者吊销执照、行政拘留等行政处罚决定不服的;

（二）对行政机关作出的限制人身自由或者查封、扣押、冻结财产等行政强制措施决定不服的;

（三）对行政机关作出的有关许可证、执照、资质证、资格证等证书变更、中止、撤销的决定不服的;

（四）对行政机关作出的关于确认土地、矿藏、水流、森林、山岭、草原、荒地、滩涂、海域等自然资源的所有权或者使用权的决定不服的;

（五）认为行政机关侵犯合法的经营自主权的;

（六）认为行政机关变更或者废止农业承包合同,侵犯其合法权益的;

（七）认为行政机关违法集资、征收财物、摊派费用或者违法要求履行其他义务的;

（八）认为符合法定条件,申请行政机关颁发许可证、执照、资质证、资格证等证书,或者申请

行政机关审批、登记有关事项,行政机关没有依法办理的;

（九）申请行政机关履行保护人身权利、财产权利、受教育权利的法定职责,行政机关没有依法履行的;

（十）申请行政机关依法发放抚恤金、社会保险金或者最低生活保障费,行政机关没有依法发放的;

（十一）认为行政机关的其他具体行政行为侵犯其合法权益的。

第七条　公民、法人或者其他组织认为行政机关的具体行政行为所依据的下列规定不合法,在对具体行政行为申请行政复议时,可以一并向行政复议机关提出对该规定的审查申请:

（一）国务院部门的规定;

（二）县级以上地方各级人民政府及其工作部门的规定;

（三）乡、镇人民政府的规定。

前款所列规定不含国务院部、委员会规章和地方人民政府规章。规章的审查依照法律、行政法规办理。

第八条　不服行政机关作出的行政处分或者其他人事处理决定的,依照有关法律、行政法规的规定提出申诉。

不服行政机关对民事纠纷作出的调解或者其他处理,依法申请仲裁或者向人民法院提起诉讼。

第三章　行政复议申请

第九条　公民、法人或者其他组织认为具体行政行为侵犯其合法权益的,可以自知道该具体行政行为之日起六十日内提出行政复议申请;但是法律规定的申请期限超过六十日的除外。

因不可抗力或者其他正当理由耽误法定申请期限的,申请期限自障碍消除之日起继续计算。

第十条　依照本法申请行政复议的公民、法人或者其他组织是申请人。

有权申请行政复议的公民死亡的,其近亲属可以申请行政复议。有权申请行政复议的公民为无民事行为能力人或者限制民事行为能力人的,其法定代理人可以代为申请行政复议。有权申请行政复议的法人或者其他组织终止的,承受其权利的法人或者其他组织可以申请行政复议。

同申请行政复议的具体行政行为有利害关系的其他公民、法人或者其他组织,可以作为第三人参加行政复议。

公民、法人或者其他组织对行政机关的具体行政行为不服申请行政复议的,作出具体行政行为的行政机关是被申请人。

申请人、第三人可以委托代理人代为参加行政复议。

第十一条　申请人申请行政复议,可以书面申请,也可以口头申请;口头申请的,行政复议机关应当当场记录申请人的基本情况、行政复议请求、申请行政复议的主要事实、理由和时间。

第十二条　对县级以上地方各级人民政府工作部门的具体行政行为不服的,由申请人选择,可以向该部门的本级人民政府申请行政复议,也可以向上一级主管部门申请行政复议。

对海关、金融、国税、外汇管理等实行垂直领导的行政机关和国家安全机关的具体行政行为不服的,向上一级主管部门申请行政复议。

第十三条　对地方各级人民政府的具体行政行为不服的,向上一级地方人民政府申请行政复议。

对省、自治区人民政府依法设立的派出机关所属的县级地方人民政府的具体行政行为不服的,向该派出机关申请行政复议。

第十四条　对国务院部门或者省、自治区、直辖市人民政府的具体行政行为不服的,向作出该具体行政行为的国务院部门或者省、自治区、直辖市人民政府申请行政复议。对行政复议决定不服的,可以向人民法院提起行政诉讼;也可以向国务院申请裁决,国务院依照本法的规定作出最终裁决。

第十五条　对本法第十二条、第十三条、第十四条规定以外的其他行政机关、组织的具体行政行为不服的,按照下列规定申请行政复议:

(一)对县级以上地方人民政府依法设立的派出机关的具体行政行为不服的,向设立该派出机关的人民政府申请行政复议;

(二)对政府工作部门依法设立的派出机构依照法律、法规或者规章规定,以自己的名义作出的具体行政行为不服的,向设立该派出机构的部门或者该部门的本级地方人民政府申请行政复议;

(三)对法律、法规授权的组织的具体行政行为不服的,分别向直接管理该组织的地方人民政府、地方人民政府工作部门或者国务院部门申请行政复议;

(四)对两个或者两个以上行政机关以共同的名义作出的具体行政行为不服的,向其共同上一级行政机关申请行政复议;

(五)对被撤销的行政机关在撤销前所作出的具体行政行为不服的,向继续行使其职权的行政机关的上一级行政机关申请行政复议。

有前款所列情形之一的,申请人也可以向具体行政行为发生地的县级地方人民政府提出行政复议申请,由接受申请的县级地方人民政府依照本法第十八条的规定办理。

第十六条　公民、法人或者其他组织申请行政复议,行政复议机关已经依法受理的,或者法律、法规规定应当先向行政复议机关申请行政复议、对行政复议决定不服再向人民法院提起行政诉讼的,在法定行政复议期限内不得向人民法院提起行政诉讼。

公民、法人或者其他组织向人民法院提起行政诉讼,人民法院已经依法受理的,不得申请行政复议。

第四章　行政复议受理

第十七条　行政复议机关收到行政复议申请后,应当在五日内进行审查,对不符合本法规定的行政复议申请,决定不予受理,并书面告知申请人;对符合本法规定,但是不属于本机关受理的行政复议申请,应当告知申请人向有关行政复议机关提出。

除前款规定外,行政复议申请自行政复议机关负责法制工作的机构收到之日起即为受理。

第十八条　依照本法第十五条第二款的规定接受行政复议申请的县级地方人民政府,对依照本法第十五条第一款的规定属于其他行政复议机关受理的行政复议申请,应当自接到该行政复议申请之日起七日内,转送有关行政复议机关,并告知申请人。接受转送的行政复议机关应当依照本法第十七条的规定办理。

第十九条　法律、法规规定应当先向行政复议机关申请行政复议、对行政复议决定不服再向人民法院提起行政诉讼的,行政复议机关决定不予受理或者受理后超过行政复议期限不作答复的,公民、法人或者其他组织可以自收到不予受理决定书之日起或者行政复议期满之日起十五日内,依法向人民法院提起行政诉讼。

第二十条　公民、法人或者其他组织依法提出行政复议申请,行政复议机关无正当理由不予受理的,上级行政机关应当责令其受理;必要时,上级行政机关也可以直接受理。

第二十一条　行政复议期间具体行政行为不停止执行;但是,有下列情形之一的,可以停止执行:

(一)被申请人认为需要停止执行的;

(二)行政复议机关认为需要停止执行的;

(三)申请人申请停止执行,行政复议机关认为其要求合理,决定停止执行的;

(四)法律规定停止执行的。

第五章　行政复议决定

第二十二条　行政复议原则上采取书面审查的办法,但是申请人提出要求或者行政复议机关负责法制工作的机构认为有必要时,可以向有关组织和人员调查情况,听取申请人、被申请人和第三人的意见。

第二十三条　行政复议机关负责法制工作的机构应当自行政复议申请受理之日起七日内,将行政复议申请书副本或者行政复议申请笔录复印件发送被申请人。被申请人应当自收到申请书副本或者申请笔录复印件之日起十日内,提出书面答复,并提交当初作出具体行政行为的证据、依据和其他有关材料。

申请人、第三人可以查阅被申请人提出的书面答复、作出具体行政行为的证据、依据和其他有关材料,除涉及国家秘密、商业秘密或者个人隐私外,行政复议机关不得拒绝。

第二十四条　在行政复议过程中,被申请人不得自行向申请人和其他有关组织或者个人收集证据。

第二十五条　行政复议决定作出前,申请人要求撤回行政复议申请的,经说明理由,可以撤回;撤回行政复议申请的,行政复议终止。

第二十六条　申请人在申请行政复议时,一并提出对本法第七条所列有关规定的审查申请的,行政复议机关对该规定有权处理的,应当在三十日内依法处理;无权处理的,应当在七日内按照法定程序转送有权处理的行政机关依法处理,有权处理的行政机关应当在六十日内依法处理。处理期间,中止对具体行政行为的审查。

第二十七条　行政复议机关在对被申请人作出的具体行政行为进行审查时,认为其依据不合法,本机关有权处理的,应当在三十日内依法处理;无权处理的,应当在七日内按照法定程序转送有权处理的国家机关依法处理。处理期间,中止对具体行政行为的审查。

第二十八条 行政复议机关负责法制工作的机构应当对被申请人作出的具体行政行为进行审查,提出意见,经行政复议机关的负责人同意或者集体讨论通过后,按照下列规定作出行政复议决定:

(一)具体行政行为认定事实清楚,证据确凿,适用依据正确,程序合法,内容适当的,决定维持;

(二)被申请人不履行法定职责的,决定其在一定期限内履行;

(三)具体行政行为有下列情形之一的,决定撤销、变更或者确认该具体行政行为违法;决定撤销或者确认该具体行政行为违法的,可以责令被申请人在一定期限内重新作出具体行政行为:

1. 主要事实不清、证据不足的;

2. 适用依据错误的;

3. 违反法定程序的;

4. 超越或者滥用职权的;

5. 具体行政行为明显不当的。

(四)被申请人不按照本法第二十三条的规定提出书面答复、提交当初作出具体行政行为的证据、依据和其他有关材料的,视为该具体行政行为没有证据、依据,决定撤销该具体行政行为。

行政复议机关责令被申请人重新作出具体行政行为的,被申请人不得以同一的事实和理由作出与原具体行政行为相同或者基本相同的具体行政行为。

第二十九条 申请人在申请行政复议时可以一并提出行政赔偿请求,行政复议机关对符合国家赔偿法的有关规定应当给予赔偿的,在决定撤销、变更具体行政行为或者确认具体行政行为违法时,应当同时决定被申请人依法给予赔偿。

申请人在申请行政复议时没有提出行政赔偿请求的,行政复议机关在依法决定撤销或者变更罚款,撤销违法集资、没收财物、征收财物、摊派费用以及对财产的查封、扣押、冻结等具体行政行为时,应当同时责令被申请人返还财产,解除对财产的查封、扣押、冻结措施,或者赔偿相应的价款。

第三十条 公民、法人或者其他组织认为行政机关的具体行政行为侵犯其已经依法取得的土地、矿藏、水流、森林、山岭、草原、荒地、滩涂、海域等自然资源的所有权或者使用权的,应当先申请行政复议;对行政复议决定不服的,可以依法向人民法院提起行政诉讼。

根据国务院或者省、自治区、直辖市人民政府对行政区划的勘定、调整或者征收土地的决定,省、自治区、直辖市人民政府确认土地、矿藏、水流、森林、山岭、草原、荒地、滩涂、海域等自然资源的所有权或者使用权的行政复议决定为最终裁决。

第三十一条 行政复议机关应当自受理申请之日起六十日内作出行政复议决定;但是法律规定的行政复议期限少于六十日的除外。情况复杂,不能在规定期限内作出行政复议决定的,经行政复议机关的负责人批准,可以适当延长,并告知申请人和被申请人;但是延长期限最多不超过三十日。

行政复议机关作出行政复议决定,应当制作行政复议决定书,并加盖印章。

行政复议决定书一经送达,即发生法律效力。

第三十二条 被申请人应当履行行政复议决定。

被申请人不履行或者无正当理由拖延履行行政复议决定的,行政复议机关或者有关上级行政机关应当责令其限期履行。

第三十三条 申请人逾期不起诉又不履行行政复议决定的,或者不履行最终裁决的行政复议决定的,按照下列规定分别处理:

(一)维持具体行政行为的行政复议决定,由作出具体行政行为的行政机关依法强制执行,或者申请人民法院强制执行;

(二)变更具体行政行为的行政复议决定,由行政复议机关依法强制执行,或者申请人民法院强制执行。

第六章 法律责任

第三十四条 行政复议机关违反本法规定,无正当理由不予受理依法提出的行政复议申请或者不按照规定转送行政复议申请的,或者在法定期限内不作出行政复议决定的,对直接负责的主管人员和其他直接责任人员依法给予警告、记过、记大过的行政处分;经责令受理仍不受理或者不按照规定转送行政复议申请,造成严重后果的,依法给予降级、撤职、开除的行政处分。

第三十五条 行政复议机关工作人员在行政复议活动中,徇私舞弊或者有其他渎职、失职行为的,依法给予警告、记过、记大过的行政处分;情节严重的,依法给予降级、撤职、开除的行政处分;构成犯罪的,依法追究刑事责任。

第三十六条 被申请人违反本法规定,不提出书面答复或者不提交作出具体行政行为的证据、依据和其他有关材料,或者阻挠、变相阻挠公民、法人或者其他组织依法申请行政复议的,对直接负责的主管人员和其他直接责任人员依法给予警告、记过、记大过的行政处分;进行报复陷害的,依法给予降级、撤职、开除的行政处分;构成犯罪的,依法追究刑事责任。

第三十七条 被申请人不履行或者无正当理由拖延履行行政复议决定的,对直接负责的主管人员和其他直接责任人员依法给予警告、记过、记大过的行政处分;经责令履行仍拒不履行的,依法给予降级、撤职、开除的行政处分。

第三十八条 行政复议机关负责法制工作的机构发现有无正当理由不予受理行政复议申请、不按照规定期限作出行政复议决定、徇私舞弊、对申请人打击报复或者不履行行政复议决定等情形的,应当向有关行政机关提出建议,有关行政机关应当依照本法和有关法律、行政法规的规定作出处理。

第七章 附则

第三十九条 行政复议机关受理行政复议申请,不得向申请人收取任何费用。行政复议活动所需经费,应当列入本机关的行政经费,由本级财政予以保障。

第四十条 行政复议期间的计算和行政复议文书的送达,依照民事诉讼法关于期间、送达的规定执行。

本法关于行政复议期间有关"五日""七日"的规定是指工作日,不含节假日。

第四十一条　外国人、无国籍人、外国组织在中华人民共和国境内申请行政复议,适用本法。

第四十二条　本法施行前公布的法律有关行政复议的规定与本法的规定不一致的,以本法的规定为准。

第四十三条　本法自1999年10月1日起施行。1990年12月24日国务院发布、1994年10月9日国务院修订发布的《行政复议条例》同时废止。

中华人民共和国会计法

(1985年1月21日第六届全国人民代表大会常务委员会第九次会议通过,根据1993年12月29日第八届全国人民代表大会常务委员会第五次会议《关于修改〈中华人民共和国会计法〉的决定》第一次修正,1999年10月31日第九届全国人民代表大会常务委员会第十二次会议修订,根据2017年11月4日第十二届全国人民代表大会常务委员会第三十次会议《关于修改〈中华人民共和国会计法〉等十一部法律的决定》修正)

第一章　总则

第一条　为了规范会计行为,保证会计资料真实、完整,加强经济管理和财务管理,提高经济效益,维护社会主义市场经济秩序,制定本法。

第二条　国家机关、社会团体、公司、企业、事业单位和其他组织(以下统称单位)必须依照本法办理会计事务。

第三条　各单位必须依法设置会计账簿,并保证其真实、完整。

第四条　单位负责人对本单位的会计工作和会计资料的真实性、完整性负责。

第五条　会计机构、会计人员依照本法规定进行会计核算,实行会计监督。

任何单位或者个人不得以任何方式授意、指使、强令会计机构、会计人员伪造、变造会计凭证、会计账簿和其他会计资料,提供虚假财务会计报告。

任何单位或者个人不得对依法履行职责、抵制违反本法规定行为的会计人员实行打击报复。

第六条　对认真执行本法,忠于职守,坚持原则,做出显著成绩的会计人员,给予精神的或者物质的奖励。

第七条　国务院财政部门主管全国的会计工作。

县级以上地方各级人民政府财政部门管理本行政区域内的会计工作。

第八条　国家实行统一的会计制度。国家统一的会计制度由国务院财政部门根据本法制定并公布。

国务院有关部门可以依照本法和国家统一的会计制度制定对会计核算和会计监督有特殊要求的行业实施国家统一的会计制度的具体办法或者补充规定,报国务院财政部门审核批准。

中国人民解放军总后勤部可以依照本法和国家统一的会计制度制定军队实施国家统一的会计制度的具体办法,报国务院财政部门备案。

第二章　会计核算

第九条　各单位必须根据实际发生的经济业务事项进行会计核算,填制会计凭证,登记会计账簿,编制财务会计报告。

任何单位不得以虚假的经济业务事项或者资料进行会计核算。

第十条　下列经济业务事项,应当办理会计手续,进行会计核算:

(一)款项和有价证券的收付;

(二)财物的收发、增减和使用;

(三)债权债务的发生和结算;

(四)资本、基金的增减;

(五)收入、支出、费用、成本的计算;

(六)财务成果的计算和处理;

(七)需要办理会计手续、进行会计核算的其他事项。

第十一条　会计年度自公历1月1日起至12月31日止。

第十二条　会计核算以人民币为记账本位币。

业务收支以人民币以外的货币为主的单位,可以选定其中一种货币作为记账本位币,但是编报的财务会计报告应当折算为人民币。

第十三条　会计凭证、会计账簿、财务会计报告和其他会计资料,必须符合国家统一的会计制度的规定。

使用电子计算机进行会计核算的,其软件及其生成的会计凭证、会计账簿、财务会计报告和其他会计资料,也必须符合国家统一的会计制度的规定。

任何单位和个人不得伪造、变造会计凭证、会计账簿及其他会计资料,不得提供虚假的财务会计报告。

第十四条　会计凭证包括原始凭证和记账凭证。

办理本法第十条所列的经济业务事项,必须填制或者取得原始凭证并及时送交会计机构。

会计机构、会计人员必须按照国家统一的会计制度的规定对原始凭证进行审核,对不真实、不合法的原始凭证有权不予接受,并向单位负责人报告;对记载不准确、不完整的原始凭证予以退回,并要求按照国家统一的会计制度的规定更正、补充。

原始凭证记载的各项内容均不得涂改;原始凭证有错误的,应当由出具单位重开或者更正,更正处应当加盖出具单位印章。原始凭证金额有错误的,应当由出具单位重开,不得在原始凭证上更正。

记账凭证应当根据经过审核的原始凭证及有关资料编制。

第十五条　会计账簿登记,必须以经过审核的会计凭证为依据,并符合有关法律、行政法规和国家统一的会计制度的规定。会计账簿包括总账、明细账、日记账和其他辅助性账簿。

会计账簿应当按照连续编号的页码顺序登记。会计账簿记录发生错误或者隔页、缺号、跳行的,应当按照国家统一的会计制度规定的方法更正,并由会计人员和会计机构负责人(会计主管人员)在更正处盖章。

使用电子计算机进行会计核算的,其会计账簿的登记、更正,应当符合国家统一的会计制度的规定。

第十六条　各单位发生的各项经济业务事项应当在依法设置的会计账簿上统一登记、核算，不得违反本法和国家统一的会计制度的规定私设会计账簿登记、核算。

第十七条　各单位应当定期将会计账簿记录与实物、款项及有关资料相互核对，保证会计账簿记录与实物及款项的实有数额相符、会计账簿记录与会计凭证的有关内容相符、会计账簿之间相对应的记录相符、会计账簿记录与会计报表的有关内容相符。

第十八条　各单位采用的会计处理方法，前后各期应当一致，不得随意变更；确有必要变更的，应当按照国家统一的会计制度的规定变更，并将变更的原因、情况及影响在财务会计报告中说明。

第十九条　单位提供的担保、未决诉讼等或有事项，应当按照国家统一的会计制度的规定，在财务会计报告中予以说明。

第二十条　财务会计报告应当根据经过审核的会计账簿记录和有关资料编制，并符合本法和国家统一的会计制度关于财务会计报告的编制要求、提供对象和提供期限的规定；其他法律、行政法规另有规定的，从其规定。

财务会计报告由会计报表、会计报表附注和财务情况说明书组成。向不同的会计资料使用者提供的财务会计报告，其编制依据应当一致。有关法律、行政法规规定会计报表、会计报表附注和财务情况说明书须经注册会计师审计的，注册会计师及其所在的会计师事务所出具的审计报告应当随同财务会计报告一并提供。

第二十一条　财务会计报告应当由单位负责人和主管会计工作的负责人、会计机构负责人（会计主管人员）签名并盖章；设置总会计师的单位，还须由总计师签名并盖章。

单位负责人应当保证财务会计报告真实、完整。

第二十二条　会计记录的文字应当使用中文。在民族自治地方，会计记录可以同时使用当地通用的一种民族文字。在中华人民共和国境内的外商投资企业、外国企业和其他外国组织的会计记录可以同时使用一种外国文字。

第二十三条　各单位对会计凭证、会计账簿、财务会计报告和其他会计资料应当建立档案，妥善保管。会计档案的保管期限和销毁办法，由国务院财政部会同有关部门制定。

第三章　公司、企业会计核算的特别规定

第二十四条　公司、企业进行会计核算，除应当遵守本法第二章的规定外，还应当遵守本章规定。

第二十五条　公司、企业必须根据实际发生的经济业务事项，按照国家统一的会计制度的规定确认、计量和记录资产、负债、所有者权益、收入、费用、成本和利润。

第二十六条　公司、企业进行会计核算不得有下列行为：

（一）随意改变资产、负债、所有者权益的确认标准或者计量方法，虚列、多列、不列或者少列资产、负债、所有者权益；

（二）虚列或者隐瞒收入，推迟或者提前确认收入；

(三)随意改变费用、成本的确认标准或者计量方法,虚列、多列、不列或者少列费用、成本;

(四)随意调整利润的计算、分配方法,编造虚假利润或者隐瞒利润;

(五)违反国家统一的会计制度规定的其他行为。

第四章　会计监督

第二十七条　各单位应当建立、健全本单位内部会计监督制度。单位内部会计监督制度应当符合下列要求:

(一)记账人员与经济业务事项和会计事项的审批人员、经办人员、财物保管人员的职责权限应当明确,并相互分离、相互制约;

(二)重大对外投资、资产处置、资金调度和其他重要经济业务事项的决策和执行的相互监督、相互制约程序应当明确;

(三)财产清查的范围、期限和组织程序应当明确;

(四)对会计资料定期进行内部审计的办法和程序应当明确。

第二十八条　单位负责人应当保证会计机构、会计人员依法履行职责,不得授意、指使、强令会计机构、会计人员违法办理会计事项。

会计机构、会计人员对违反本法和国家统一的会计制度规定的会计事项,有权拒绝办理或者按照职权予以纠正。

第二十九条　会计机构、会计人员发现会计账簿记录与实物、款项及有关资料不相符的,按照国家统一的会计制度的规定有权自行处理的,应当及时处理;无权处理的,应当立即向单位负责人报告,请求查明原因,作出处理。

第三十条　任何单位和个人对违反本法和国家统一的会计制度规定的行为,有权检举。收到检举的部门有权处理的,应当依法按照职责分工及时处理;无权处理的,应当及时移送有权处理的部门处理。收到检举的部门、负责处理的部门应当为检举人保密,不得将检举人姓名和检举材料转给被检举单位和被检举人个人。

第三十一条　有关法律、行政法规规定,须经注册会计师进行审计的单位,应当向受委托的会计师事务所如实提供会计凭证、会计账簿、财务会计报告和其他会计资料以及有关情况。

任何单位或者个人不得以任何方式要求或者示意注册会计师及其所在的会计师事务所出具不实或者不当的审计报告。

财政部门有权对会计师事务所出具审计报告的程序和内容进行监督。

第三十二条　财政部门对各单位的下列情况实施监督:

(一)是否依法设置会计账簿;

(二)会计凭证、会计账簿、财务会计报告和其他会计资料是否真实、完整;

(三)会计核算是否符合本法和国家统一的会计制度的规定;

(四)从事会计工作的人员是否具备专业能力、遵守职业道德。

在对前款第(二)项所列事项实施监督,发现重大违法嫌疑时,国务院财政部门及其派出机构可以向与被监督单位有经济业务往来的单位和被监督单位开立账户的金融机构查询有关情况,有关单位和金融机构应当给予支持。

第三十三条 财政、审计、税务、人民银行、证券监管、保险监管等部门应当依照有关法律、行政法规规定的职责,对有关单位的会计资料实施监督检查。

前款所列监督检查部门对有关单位的会计资料依法实施监督检查后,应当出具检查结论。有关监督检查部门已经作出的检查结论能够满足其他监督检查部门履行本部门职责需要的,其他监督检查部门应当加以利用,避免重复查账。

第三十四条 依法对有关单位的会计资料实施监督检查的部门及其工作人员对在监督检查中知悉的国家秘密和商业秘密负有保密义务。

第三十五条 各单位必须依照有关法律、行政法规的规定,接受有关监督检查部门依法实施的监督检查,如实提供会计凭证、会计账簿、财务会计报告和他会计资料以及有关情况,不得拒绝、隐匿、谎报。

第五章 会计机构和会计人员

第三十六条 各单位应当根据会计业务的需要,设置会计机构,或者在有关机构中设置会计人员并指定会计主管人员;不具备设置条件的,应当委托经批准设立从事会计代理记账业务的中介机构代理记账。

国有的和国有资产占控股地位或者主导地位的大、中型企业必须设置总会计师。总会计师的任职资格、任免程序、职责权限由国务院规定。

第三十七条 会计机构内部应当建立稽核制度。

出纳人员不得兼任稽核、会计档案保管和收入、支出、费用、债权债务账目的登记工作。

第三十八条 会计人员应当具备从事会计工作所需要的专业能力。

担任单位会计机构负责人(会计主管人员)的,应当具备会计师以上专业技术职务资格或者从事会计工作三年以上经历。

本法所称会计人员的范围由国务院财政部门规定。

第三十九条 会计人员应当遵守职业道德,提高业务素质。对会计人员的教育和培训工作应当加强。

第四十条 因有提供虚假财务会计报告,做假账,隐匿或者故意销毁会计凭证、会计账簿、财务会计报告,贪污,挪用公款,职务侵占等与会计职务的有关违法行为被依法追究刑事责任的人员,不得再从事会计工作。

第四十一条 会计人员调动工作或者离职,必须与接管人员办清交接手续。

一般会计人员办理交接手续,由会计机构负责人(会计主管人员)监交;会计机构负责人(会计主管人员)办理交接手续,由单位负责人监交,必要时主管单位可以派人会同监交。

第六章 法律责任

第四十二条 违反本法规定,有下列行为之一的,由县级以上人民政府财政部门责令限期改正,可以对单位并处三千元以上五万元以下的罚款;对其直接负责的主管人员和其他直接责任人员,可以处二千元以上二万元以下的罚款;属于国家工作人员的,还应当由其所在单位或者有关单位依法给予行政处分：

（一）不依法设置会计账簿的；

（二）私设会计账簿的；

（三）未按照规定填制、取得原始凭证或者填制、取得的原始凭证不符合规定的；

（四）以未经审核的会计凭证为依据登记会计账簿或者登记会计账簿不符合规定的；

（五）随意变更会计处理方法的；

（六）向不同的会计资料使用者提供的财务会计报告编制依据不一致的；

（七）未按照规定使用会计记录文字或者记账本位币的；

（八）未按照规定保管会计资料，致使会计资料毁损、灭失的；

（九）未按照规定建立并实施单位内部会计监督制度或者拒绝依法实施的监督或者不如实提供有关会计资料及有关情况的；

（十）任用会计人员不符合本法规定的。

有前款所列行为之一，构成犯罪的，依法追究刑事责任。

会计人员有第一款所列行为之一，情节严重的，五年内不得从事会计工作。

有关法律对第一款所列行为的处罚另有规定的，依照有关法律的规定办理。

第四十三条　伪造、变造会计凭证、会计账簿，编制虚假财务会计报告，构成犯罪的，依法追究刑事责任。

有前款行为，尚不构成犯罪的，由县级以上人民政府财政部门予以通报，可以对单位并处五千元以上十万元以下的罚款；对其直接负责的主管人员和其他直接责任人员，可以处三千元以上五万元以下的罚款；属于国家工作人员的，还应当由其所在单位或者有关单位依法给予撤职直至开除的行政处分；其中的会计人员，五年内不得从事会计工作。

第四十四条　隐匿或者故意销毁依法应当保存的会计凭证、会计账簿、财务会计报告，构成犯罪的，依法追究刑事责任。

有前款行为，尚不构成犯罪的，由县级以上人民政府财政部门予以通报，可以对单位并处五千元以上十万元以下的罚款；对其直接负责的主管人员和其他直接责任人员，可以处三千元以上五万元以下的罚款；属于国家工作人员的，还应当由其所在单位或者有关单位依法给予撤职直至开除的行政处分；其中的会计人员，五年内不得从事会计工作。

第四十五条　授意、指使、强令会计机构、会计人员及其他人员伪造、变造会计凭证、会计账簿，编制虚假财务会计报告或者隐匿、故意销毁依法应当保的会计凭证、会计账簿、财务会计报告，构成犯罪的，依法追究刑事责任；尚不构成犯罪的，可以处五千元以上五万元以下的罚款；属于国家工作人员的，还应当由其所在单位或者有关单位依法给予降级、撤职、开除的行政处分。

第四十六条　单位负责人对依法履行职责、抵制违反本法规定行为的会计人员以降级、撤职、调离工作岗位、解聘或者开除等方式实行打击报复，构成犯罪的，依法追究刑事责任；尚不构成犯罪的，由其所在单位或者有关单位依法给予行政处分。对受打击报复的会计人员，应当恢复其名誉和原有职务、级别。

第四十七条　财政部门及有关行政部门的工作人员在实施监督管理中滥用职权、玩忽职守、徇私舞弊或者泄露国家秘密、商业秘密,构成犯罪的,依法追究刑事责任;尚不构成犯罪的,依法给予行政处分。

第四十八条　违反本法第三十条规定,将检举人姓名和检举材料转给被检举单位和被检举人个人的,由所在单位或者有关单位依法给予行政处分。

第四十九条　违反本法规定,同时违反其他法律规定的,由有关部门在各自职权范围内依法进行处罚。

第七章　附则

第五十条　本法下列用语的含义:

单位负责人,是指单位法定代表人或者法律、行政法规规定代表单位行使职权的主要负责人。

国家统一的会计制度,是指国务院财政部门根据本法制定的关于会计核算、会计监督、会计机构和会计人员以及会计工作管理的制度。

第五十一条　个体工商户会计管理的具体办法,由国务院财政部门根据本法的原则另行规定。

第五十二条　本法自2000年7月1日起施行。

中华人民共和国注册会计师法

（1993年10月31日第八届全国人民代表大会常务委员会第四次会议通过,根据2014年8月31日第十二届全国人民代表大会常务委员会第十次会议《关于修改〈中华人民共和国保险法〉等五部法律的决定》修正）

第一章　总则

第一条　为了发挥注册会计师在社会经济活动中的鉴证和服务作用,加强对注册会计师的管理,维护社会公共利益和投资者的合法权益,促进社会主义市场经济的健康发展,制定本法。

第二条　注册会计师是依法取得注册会计师证书并接受委托从事审计和会计咨询、会计服务业务的执业人员。

第三条　会计师事务所是依法设立并承办注册会计师业务的机构。

注册会计师执行业务,应当加入会计师事务所。

第四条　注册会计师协会是由注册会计师组成的社会团体。中国注册会计师协会是注册会计师的全国组织,省、自治区、直辖市注册会计师协会是注册会计师的地方组织。

第五条　国务院财政部门和省、自治区、直辖市人民政府财政部门,依法对注册会计师、会计师事务所和注册会计师协会进行监督、指导。

第六条　注册会计师和会计师事务所执行业务,必须遵守法律、行政法规。

注册会计师和会计师事务所依法独立、公正执行业务,受法律保护。

第二章　考试和注册

第七条　国家实行注册会计师全国统一考试制度。注册会计师全国统一考试办法,由国务院财政部门制定,由中国注册会计师协会组织实施。

第八条 具有高等专科以上学校毕业的学历、或者具有会计或者相关专业中级以上技术职称的中国公民,可以申请参加注册会计师全国统一考试;具有会计或者相关专业高级技术职称的人员,可以免予部分科目的考试。

第九条 参加注册会计师全国统一考试成绩合格,并从事审计业务工作二年以上的,可以向省、自治区、直辖市注册会计师协会申请注册。

除有本法第十条所列情形外,受理申请的注册会计师协会应当准予注册。

第十条 有下列情形之一的,受理申请的注册会计师协会不予注册:

(一)不具有完全民事行为能力的;

(二)因受刑事处罚,自刑罚执行完毕之日起至申请注册之日止不满五年的;

(三)因在财务、会计、审计、企业管理或者其他经济管理工作中犯有严重错误受行政处罚、撤职以上处分,自处罚、处分决定之日起至申请注册之日止不满二年的;

(四)受吊销注册会计师证书的处罚,自处罚决定之日起至申请注册之日止不满五年的;

(五)国务院财政部门规定的其他不予注册的情形的。

第十一条 注册会计师协会应当将准予注册的人员名单报国务院财政部门备案。国务院财政部门发现注册会计师协会的注册不符合本法规定的,应当通知有关的注册会计师协会撤销注册。

注册会计师协会依照本法第十条的规定不予注册的,应当自决定之日起十五日内书面通知申请人。申请人有异议的,可以自收到通知之日起十五日内向国务院财政部门或者省、自治区、直辖市人民政府财政部门申请复议。

第十二条 准予注册的申请人,由注册会计师协会发给国务院财政部门统一制定的注册会计师证书。

第十三条 已取得注册会计师证书的人员,除本法第十一条第一款规定的情形外,注册后有下列情形之一的,由准予注册的注册会计师协会撤销注册,收回注册会计师证书:

(一)完全丧失民事行为能力的;

(二)受刑事处罚的;

(三)因在财务、会计、审计、企业管理或者其他经济管理工作中犯有严重错误受行政处罚、撤职以上处分的;

(四)自行停止执行注册会计师业务满一年的。

被撤销注册的当事人有异议的,可以自接到撤销注册、收回注册会计师证书的通知之日起十五日内向国务院财政部门或者省、自治区、直辖市人民政府财政部门申请复议。

依照第一款规定被撤销注册的人员可以重新申请注册,但必须符合本法第九条、第十条的规定。

第三章 业务范围和规则

第十四条 注册会计师承办下列审计业务:

（一）审查企业会计报表，出具审计报告；

（二）验证企业资本，出具验资报告；

（三）办理企业合并、分立、清算事宜中的审计业务，出具有关的报告；

（四）法律、行政法规规定的其他审计业务。

注册会计师依法执行审计业务出具的报告，具有证明效力。

第十五条　注册会计师可以承办会计咨询、会计服务业务。

第十六条　注册会计师承办业务，由其所在的会计师事务所统一受理并与委托人签订委托合同。

会计师事务所对本所注册会计师依照前款规定承办的业务，承担民事责任。

第十七条　注册会计师执行业务，可以根据需要查阅委托人的有关会计资料和文件，查看委托人的业务现场和设施，要求委托人提供其他必要的协助。

第十八条　注册会计师与委托人有利害关系的，应当回避；委托人有权要求其回避。

第十九条　注册会计师对在执行业务中知悉的商业秘密，负有保密义务。

第二十条　注册会计师执行审计业务，遇有下列情形之一的，应当拒绝出具有关报告：

（一）委托人示意其作不实或者不当证明的；

（二）委托人故意不提供有关会计资料和文件的；

（三）因委托人有其他不合理要求，致使注册会计师出具的报告不能对财务会计的重要事项作出正确表述的。

第二十一条　注册会计师执行审计业务，必须按照执业准则、规则确定的工作程序出具报告。

注册会计师执行审计业务出具报告时，不得有下列行为：

（一）明知委托人对重要事项的财务会计处理与国家有关规定相抵触，而不予指明；

（二）明知委托人的财务会计处理会直接损害报告使用人或者其他利害关系人的利益，而予以隐瞒或者作不实的报告；

（三）明知委托人的财务会计处理会导致报告使用人或者其他利害关系人产生重大误解，而不予指明；

（四）明知委托人的会计报表的重要事项有其他不实的内容，而不予指明。

对委托人有前款所列行为，注册会计师按照执业准则、规则应当知道的，适用前款规定。

第二十二条　注册会计师不得有下列行为：

（一）在执行审计业务期间，在法律、行政法规规定不得买卖被审计单位的股票、债券或者不得购买被审计单位或者个人的其他财产的期限内，买卖被审计单位的股票、债券或者购买被审计单位或者个人所拥有的其他财产；

（二）索取、收受委托合同约定以外的酬金或者其他财物，或者利用执行业务之便，谋取其他不正当的利益；

（三）接受委托催收债款；

（四）允许他人以本人名义执行业务；

（五）同时在两个或者两个以上的会计师事务所执行业务；

（六）对其能力进行广告宣传以招揽业务；

（七）违反法律、行政法规的其他行为。

第四章　会计师事务所

第二十三条　会计师事务所可以由注册会计师合伙设立。

合伙设立的会计师事务所的债务，由合伙人按照出资比例或者协议的约定，以各自的财产承担责任。合伙人对会计师事务所的债务承担连带责任。

第二十四条　会计师事务所符合下列条件的，可以是负有限责任的法人：

（一）不少于三十万元的注册资本；

（二）有一定数量的专职从业人员，其中至少有五名注册会计师；

（三）国务院财政部门规定的业务范围和其他条件。

负有限责任的会计师事务所以其全部资产对其债务承担责任。

第二十五条　设立会计师事务所，由省、自治区、直辖市人民政府财政部门批准。

申请设立会计师事务所，申请者应当向审批机关报送下列文件：

（一）申请书；

（二）会计师事务所的名称、组织机构和业务场所；

（三）会计师事务所章程，有合伙协议的并应报送合伙协议；

（四）注册会计师名单、简历及有关证明文件；

（五）会计师事务所主要负责人、合伙人的姓名、简历及有关证明文件；

（六）负有限责任的会计师事务所的出资证明；

（七）审批机关要求的其他文件。

第二十六条　审批机关应当自收到申请文件之日起三十日内决定批准或者不批准。

省、自治区、直辖市人民政府财政部门批准的会计师事务所，应当报国务院财政部门备案。国务院财政部门发现批准不当的，应当自收到备案报告之日起三十日内通知原审批机关重新审查。

第二十七条　会计师事务所设立分支机构，须经分支机构所在地的省、自治区、直辖市人民政府财政部门批准。

第二十八条　会计师事务所依法纳税。

会计师事务所按照国务院财政部门的规定建立职业风险基金，办理职业保险。

第二十九条　会计师事务所受理业务，不受行政区域、行业的限制；但是，法律、行政法规另有规定的除外。

第三十条　委托人委托会计师事务所办理业务，任何单位和个人不得干预。

第三十一条　本法第十八条至第二十一条的规定，适用于会计师事务所。

第三十二条　会计师事务所不得有本法第二十二条第（一）项至第（四）项、第（六）项、第（七）

项所列的行为。

第五章 注册会计师协会

第三十三条 注册会计师应当加入注册会计师协会。

第三十四条 中国注册会计师协会的章程由全国会员代表大会制定,并报国务院财政部门备案;省、自治区、直辖市注册会计师协会的章程由省、自治区、直辖市会员代表大会制定,并报省、自治区、直辖市人民政府财政部门备案。

第三十五条 中国注册会计师协会依法拟订注册会计师执业准则、规则,报国务院财政部门批准后施行。

第三十六条 注册会计师协会应当支持注册会计师依法执行业务,维护其合法权益,向有关方面反映其意见和建议。

第三十七条 注册会计师协会应当对注册会计师的任职资格和执业情况进行年度检查。

第三十八条 注册会计师协会依法取得社会团体法人资格。

第六章 法律责任

第三十九条 会计师事务所违反本法第二十条、第二十一条规定的,由省级以上人民政府财政部门给予警告,没收违法所得,可以并处违法所得一倍以上五倍以下的罚款;情节严重的,并可以由省级以上人民政府财政部门暂停其经营业务或者予以撤销。

注册会计师违反本法第二十条、第二十一条规定的,由省级以上人民政府财政部门给予警告;情节严重的,可以由省级以上人民政府财政部门暂停其执行业务或者吊销注册会计师证书。

会计师事务所、注册会计师违反本法第二十条、第二十一条的规定,故意出具虚假的审计报告、验资报告,构成犯罪的,依法追究刑事责任。

第四十条 对未经批准承办本法第十四条规定的注册会计师业务的单位,由省级以上人民政府财政部门责令其停止违法活动,没收违法所得,可以并处违法所得一倍以上五倍以下的罚款。

第四十一条 当事人对行政处罚决定不服的,可以在接到处罚通知之日起十五日内向作出处罚决定的机关的上一级机关申请复议;当事人也可以在接到处罚决定通知之日起十五日内直接向人民法院起诉。

复议机关应当在接到复议申请之日起六十日内作出复议决定。当事人对复议决定不服的,可以在接到复议决定之日起十五日内向人民法院起诉。复议机关逾期不作出复议决定的,当事人可以在复议期满之日起十五日内向人民法院起诉。

当事人逾期不申请复议,也不向人民法院起诉,又不履行处罚决定的,作出处罚决定的机关可以申请人民法院强制执行。

第四十二条 会计师事务所违反本法规定,给委托人、其他利害关系人造成损失的,应当依法承担赔偿责任。

第七章 附则

第四十三条 在审计事务所工作的注册审计师,经认定为具有注册会计师资格的,可以执行本法规定的业务,其资格认定和对其监督、指导、管理的办法由国务院另行规定。

第四十四条　外国人申请参加中国注册会计师全国统一考试和注册,按照互惠原则办理。

外国会计师事务所需要在中国境内临时办理有关业务的,须经有关的省、自治区、直辖市人民政府财政部门批准。

第四十五条　国务院可以根据本法制定实施条例。

第四十六条　本法自1994年1月1日起施行。1986年7月3日国务院发布的《中华人民共和国注册会计师条例》同时废止。

中华人民共和国预算法

(1994年3月22日第八届全国人民代表大会第二次会议通过,1994年3月22日中华人民共和国主席令第二十一号公布,自1995年1月1日起施行,根据2014年8月31日第十二届全国人民代表大会常务委员会第十次会议《全国人民代表大会常务委员会关于修改〈中华人民共和国预算法〉的决定》修正,自2015年1月1日起施行)

第一章　总则

第一条　为了规范政府收支行为,强化预算约束,加强对预算的管理和监督,建立健全全面规范、公开透明的预算制度,保障经济社会的健康发展,根据宪法,制定本法。

第二条　预算、决算的编制、审查、批准、监督,以及预算的执行和调整,依照本法规定执行。

第三条　国家实行一级政府一级预算,设立中央,省、自治区、直辖市,设区的市、自治州,县、自治县、不设区的市、市辖区,乡、民族乡、镇五级预算。

全国预算由中央预算和地方预算组成。地方预算由各省、自治区、直辖市总预算组成。

地方各级总预算由本级预算和汇总的下一级总预算组成;下一级只有本级预算的,下一级总预算即指下一级的本级预算。没有下一级预算的,总预算即指本级预算。

第四条　预算由预算收入和预算支出组成。

政府的全部收入和支出都应当纳入预算。

第五条　预算包括一般公共预算、政府性基金预算、国有资本经营预算、社会保险基金预算。

一般公共预算、政府性基金预算、国有资本经营预算、社会保险基金预算应当保持完整、独立。政府性基金预算、国有资本经营预算、社会保险基金预算应当与一般公共预算相衔接。

第六条　一般公共预算是对以税收为主体的财政收入,安排用于保障和改善民生、推动经济社会发展、维护国家安全、维持国家机构正常运转等方面的收支预算。

中央一般公共预算包括中央各部门(含直属单位,下同)的预算和中央对地方的税收返还、转移支付预算。

中央一般公共预算收入包括中央本级收入和地方向中央的上解收入。中央一般公共预算支出包括中央本级支出、中央对地方的税收返还和转移支付。

第七条　地方各级一般公共预算包括本级各部门(含直属单位,下同)的预算和税收返还、转移支付预算。

地方各级一般公共预算收入包括地方本级收入、上级政府对本级政府的税收返还和转移支付、下级政府的上解收入。地方各级一般公共预算支出包括地方本级支出、对上级政府的上解支出、对下级政府的税收返还和转移支付。

第八条 部门预算由本部门及其所属各单位预算组成。

第九条 政府性基金预算是对依照法律、行政法规的规定在一定期限内向特定对象征收、收取或者以其他方式筹集的资金,专项用于特定公共事业发展的收支预算。

政府性基金预算应当根据基金项目收入情况和实际支出需要,按基金项目编制,做到以收定支。

第十条 国有资本经营预算是对国有资本收益作出支出安排的收支预算。

国有资本经营预算应当按照收支平衡的原则编制,不列赤字,并安排资金调入一般公共预算。

第十一条 社会保险基金预算是对社会保险缴款、一般公共预算安排和其他方式筹集的资金,专项用于社会保险的收支预算。

社会保险基金预算应当按照统筹层次和社会保险项目分别编制,做到收支平衡。

第十二条 各级预算应当遵循统筹兼顾、勤俭节约、量力而行、讲求绩效和收支平衡的原则。

各级政府应当建立跨年度预算平衡机制。

第十三条 经人民代表大会批准的预算,非经法定程序,不得调整。各级政府、各部门、各单位的支出必须以经批准的预算为依据,未列入预算的不得支出。

第十四条 经本级人民代表大会或者本级人民代表大会常务委员会批准的预算、预算调整、决算、预算执行情况的报告及报表,应当在批准后二十日内由本级政府财政部门向社会公开,并对本级政府财政转移支付安排、执行的情况以及举借债务的情况等重要事项作出说明。

经本级政府财政部门批复的部门预算、决算及报表,应当在批复后二十日内由各部门向社会公开,并对部门预算、决算中机关运行经费的安排、使用情况等重要事项作出说明。

各级政府、各部门、各单位应当将政府采购的情况及时向社会公开。

本条前三款规定的公开事项,涉及国家秘密的除外。

第十五条 国家实行中央和地方分税制。

第十六条 国家实行财政转移支付制度。财政转移支付应当规范、公平、公开,以推进地区间基本公共服务均等化为主要目标。

财政转移支付包括中央对地方的转移支付和地方上级政府对下级政府的转移支付,以为均衡地区间基本财力、由下级政府统筹安排使用的一般性转移支付为主体。

按照法律、行政法规和国务院的规定可以设立专项转移支付,用于办理特定事项。建立健全专项转移支付定期评估和退出机制。市场竞争机制能够有效调节的事项不得设立专项转移支付。

上级政府在安排专项转移支付时,不得要求下级政府承担配套资金。但是,按照国务院的规定应当由上下级政府共同承担的事项除外。

第十七条 各级预算的编制、执行应当建立健全相互制约、相互协调的机制。

第十八条　预算年度自公历1月1日起,至12月31日止。

第十九条　预算收入和预算支出以人民币元为计算单位。

第二章　预算管理职权

第二十条　全国人民代表大会审查中央和地方预算草案及中央和地方预算执行情况的报告;批准中央预算和中央预算执行情况的报告;改变或者撤销全国人民代表大会常务委员会会关于预算、决算的不适当的决议。

全国人民代表大会常务委员会会监督中央和地方预算的执行;审查和批准中央预算的调整方案;审查和批准中央决算;撤销国务院制定的同宪法、法律相抵触的关于预算、决算的行政法规、决定和命令;撤销省、自治区、直辖市人民代表大会及其常务委员会会制定的同宪法、法律和行政法规相抵触的关于预算、决算的地方性法规和决议。

第二十一条　县级以上地方各级人民代表大会审查本级总预算草案及本级总预算执行情况的报告;批准本级预算和本级预算执行情况的报告;改变或者撤销本级人民代表大会常务委员会会关于预算、决算的不适当的决议;撤销本级政府关于预算、决算的不适当的决定和命令。

县级以上地方各级人民代表大会常务委员会监督本级总预算的执行;审查和批准本级预算的调整方案;审查和批准本级决算;撤销本级政府和下一级人民代表大会及其常务委员会关于预算、决算的不适当的决定、命令和决议。

乡、民族乡、镇的人民代表大会审查和批准本级预算和本级预算执行情况的报告;监督本级预算的执行;审查和批准本级预算的调整方案;审查和批准本级决算;撤销本级政府关于预算、决算的不适当的决定和命令。

第二十二条　全国人民代表大会财政经济委员会对中央预算草案初步方案及上一年预算执行情况、中央预算调整初步方案和中央决算草案进行初步审查,提出初步审查意见。

省、自治区、直辖市人民代表大会有关专门委员会对本级预算草案初步方案及上一年预算执行情况、本级预算调整初步方案和本级决算草案进行初步审查,提出初步审查意见。

设区的市、自治州人民代表大会有关专门委员会对本级预算草案初步方案及上一年预算执行情况、本级预算调整初步方案和本级决算草案进行初步审查,提出初步审查意见,未设立专门委员会的,由本级人民代表大会常务委员会有关工作机构研究提出意见。

县、自治县、不设区的市、市辖区人民代表大会常务委员会对本级预算草案初步方案及上一年预算执行情况进行初步审查,提出初步审查意见。县、自治县、不设区的市、市辖区人民代表大会常务委员会有关工作机构对本级预算调整初步方案和本级决算草案研究提出意见。

设区的市、自治州以上各级人民代表大会有关专门委员会进行初步审查、常务委员会有关工作机构研究提出意见时,应当邀请本级人民代表大会代表参加。

对依照本条第一款至第四款规定提出的意见,本级政府财政部门应当将处理情况及时反馈。

依照本条第一款至第四款规定提出的意见以及本级政府财政部门反馈的处理情况报告,应当印发本级人民代表大会代表。

全国人民代表大会常务委员会和省、自治区、直辖市、设区的市、自治州人民代表大会常务委员会有关工作机构,依照本级人民代表大会常务委员会的决定,协助本级人民代表大会财政经济委员会或者有关专门委员会承担审查预算草案、预算调整方案、决算草案和监督预算执行等方面的具体工作。

第二十三条　国务院编制中央预算、决算草案;向全国人民代表大会作关于中央和地方预算草案的报告;将省、自治区、直辖市政府报送备案的预算汇总后报全国人民代表大会常务委员会会备案;组织中央和地方预算的执行;决定中央预算预备费的动用;编制中央预算调整方案;监督中央各部门和地方政府的预算执行;改变或者撤销中央各部门和地方政府关于预算、决算的不适当的决定、命令;向全国人民代表大会、全国人民代表大会常务委员会会报告中央和地方预算的执行情况。

第二十四条　县级以上地方各级政府编制本级预算、决算草案;向本级人民代表大会作关于本级总预算草案的报告;将下一级政府报送备案的预算汇总后报本级人民代表大会常务委员会会备案;组织本级总预算的执行;决定本级预算预备费的动用;编制本级预算的调整方案;监督本级各部门和下级政府的预算执行;改变或者撤销本级各部门和下级政府关于预算、决算的不适当的决定、命令;向本级人民代表大会、本级人民代表大会常务委员会会报告本级总预算的执行情况。

乡、民族乡、镇政府编制本级预算、决算草案;向本级人民代表大会作关于本级预算草案的报告;组织本级预算的执行;决定本级预算预备费的动用;编制本级预算的调整方案;向本级人民代表大会报告本级预算的执行情况。

经省、自治区、直辖市政府批准,乡、民族乡、镇本级预算草案、预算调整方案、决算草案,可以由上一级政府代编,并依照本法第二十一条的规定报乡、民族乡、镇的人民代表大会审查和批准。

第二十五条　国务院财政部门具体编制中央预算、决算草案;具体组织中央和地方预算的执行;提出中央预算预备费动用方案;具体编制中央预算的调整方案;定期向国务院报告中央和地方预算的执行情况。

地方各级政府财政部门具体编制本级预算、决算草案;具体组织本级总预算的执行;提出本级预算预备费动用方案;具体编制本级预算的调整方案;定期向本级政府和上一级政府财政部门报告本级总预算的执行情况。

第二十六条　各部门编制本部门预算、决算草案;组织和监督本部门预算的执行;定期向本级政府财政部门报告预算的执行情况。

各单位编制本单位预算、决算草案;按照国家规定上缴预算收入,安排预算支出,并接受国家有关部门的监督。

第三章　预算收支范围

第二十七条　一般公共预算收入包括各项税收收入、行政事业性收费收入、国有资源(资产)有偿使用收入、转移性收入和其他收入。

一般公共预算支出按照其功能分类,包括一般公共服务支出,外交、公共安全、国防支出,农业、环境保护支出,教育、科技、文化、卫生、体育支出,社会保障及就业支出和其他支出。

一般公共预算支出按照其经济性质分类,包括工资福利支出、商品和服务支出、资本性支出和其他支出。

第二十八条　政府性基金预算、国有资本经营预算和社会保险基金预算的收支范围,按照法律、行政法规和国务院的规定执行。

第二十九条　中央预算与地方预算有关收入和支出项目的划分、地方向中央上解收入、中央对地方税收返还或者转移支付的具体办法,由国务院规定,报全国人民代表大会常务委员会备案。

第三十条　上级政府不得在预算之外调用下级政府预算的资金。下级政府不得挤占或者截留属于上级政府预算的资金。

第四章　预算编制

第三十一条　国务院应当及时下达关于编制下一年预算草案的通知。编制预算草案的具体事项由国务院财政部门部署。

各级政府、各部门、各单位应当按照国务院规定的时间编制预算草案。

第三十二条　各级预算应当根据年度经济社会发展目标、国家宏观调控总体要求和跨年度预算平衡的需要,参考上一年预算执行情况、有关支出绩效评价结果和本年度收支预测,按照规定程序征求各方面意见后,进行编制。

各级政府依据法定权限作出决定或者制定行政措施,凡涉及增加或者减少财政收入或者支出的,应当在预算批准前提出并在预算草案中作出相应安排。

各部门、各单位应当按照国务院财政部门制定的政府收支分类科目、预算支出标准和要求,以及绩效目标管理等预算编制规定,根据其依法履行职能和事业发展的需要以及存量资产情况,编制本部门、本单位预算草案。

前款所称政府收支分类科目,收入分为类、款、项、目;支出按其功能分类分为类、款、项,按其经济性质分类分为类、款。

第三十三条　省、自治区、直辖市政府应当按照国务院规定的时间,将本级总预算草案报国务院审核汇总。

第三十四条　中央一般公共预算中必需的部分资金,可以通过举借国内和国外债务等方式筹措,举借债务应当控制适当的规模,保持合理的结构。

对中央一般公共预算中举借的债务实行余额管理,余额的规模不得超过全国人民代表大会批准的限额。

国务院财政部门具体负责对中央政府债务的统一管理。

第三十五条　地方各级预算按照量入为出、收支平衡的原则编制,除本法另有规定外,不列赤字。

经国务院批准的省、自治区、直辖市的预算中必需的建设投资的部分资金,可以在国务院确定的限额内,通过发行地方政府债券举借债务的方式筹措。举借债务的规模,由国务院报全国人民代表大会或者全国人民代表大会常务委员会批准。省、自治区、直辖市依照国务院下达的限额举借的债务,列入本级预算调整方案,报本级人民代表大会常务委员会批准。举借的债务应当有偿还计划和稳定的偿还资金来源,只能用于公益性资本支出,不得用于经常性支出。

除前款规定外,地方政府及其所属部门不得以任何方式举借债务。

除法律另有规定外,地方政府及其所属部门不得为任何单位和个人的债务以任何方式提供担保。

国务院建立地方政府债务风险评估和预警机制、应急处置机制以及责任追究制度。国务院财政部门对地方政府债务实施监督。

第三十六条 各级预算收入的编制,应当与经济社会发展水平相适应,与财政政策相衔接。

各级政府、各部门、各单位应当依照本法规定,将所有政府收入全部列入预算,不得隐瞒、少列。

第三十七条 各级预算支出应当依照本法规定,按其功能和经济性质分类编制。

各级预算支出的编制,应当贯彻勤俭节约的原则,严格控制各部门、各单位的机关运行经费和楼堂馆所等基本建设支出。

各级一般公共预算支出的编制,应当统筹兼顾,在保证基本公共服务合理需要的前提下,优先安排国家确定的重点支出。

第三十八条 一般性转移支付应当按照国务院规定的基本标准和计算方法编制。专项转移支付应当分地区、分项目编制。

县级以上各级政府应当将对下级政府的转移支付预计数提前下达下级政府。

地方各级政府应当将上级政府提前下达的转移支付预计数编入本级预算。

第三十九条 中央预算和有关地方预算中应当安排必要的资金,用于扶助革命老区、民族地区、边疆地区、贫困地区发展经济社会建设事业。

第四十条 各级一般公共预算应当按照本级一般公共预算支出额的百分之一至百分之三设置预备费,用于当年预算执行中的自然灾害等突发事件处理增加的支出及其他难以预见的开支。

第四十一条 各级一般公共预算按照国务院的规定可以设置预算周转金,用于本级政府调剂预算年度内季节性收支差额。

各级一般公共预算按照国务院的规定可以设置预算稳定调节基金,用于弥补以后年度预算资金的不足。

第四十二条 各级政府上一年预算的结转资金,应当在下一年用于结转项目的支出;连续两年未用完的结转资金,应当作为结余资金管理。

各部门、各单位上一年预算的结转、结余资金按照国务院财政部门的规定办理。

第四十三条 中央预算由全国人民代表大会审查和批准。

地方各级预算由本级人民代表大会审查和批准。

第四十四条 国务院财政部门应当在每年全国人民代表大会会议举行的四十五日前,将中央预算草案的初步方案提交全国人民代表大会财政经济委员会进行初步审查。

省、自治区、直辖市政府财政部门应当在本级人民代表大会会议举行的三十日前,将本级预算草案的初步方案提交本级人民代表大会有关专门委员会进行初步审查。

设区的市、自治州政府财政部门应当在本级人民代表大会会议举行的三十日前,将本级预算草案的初步方案提交本级人民代表大会有关专门委员会进行初步审查,或者送交本级人民代表大会常务委员会有关工作机构征求意见。

县、自治县、不设区的市、市辖区政府应当在本级人民代表大会会议举行的三十日前,将本级预算草案的初步方案提交本级人民代表大会常务委员会进行初步审查。

第四十五条　县、自治县、不设区的市、市辖区、乡、民族乡、镇的人民代表大会举行会议审查预算草案前,应当采用多种形式,组织本级人民代表大会代表,听取选民和社会各界的意见。

第四十六条　报送各级人民代表大会审查和批准的预算草案应当细化。本级一般公共预算支出,按其功能分类应当编列到项;按其经济性质分类,基本支出应当编列到款。本级政府性基金预算、国有资本经营预算、社会保险基金预算支出,按其功能分类应当编列到项。

第五章　预算审查和批准

第四十七条　国务院在全国人民代表大会举行会议时,向大会作关于中央和地方预算草案以及中央和地方预算执行情况的报告。

地方各级政府在本级人民代表大会举行会议时,向大会作关于总预算草案和总预算执行情况的报告。

第四十八条　全国人民代表大会和地方各级人民代表大会对预算草案及其报告、预算执行情况的报告重点审查下列内容:

(一)上一年预算执行情况是否符合本级人民代表大会预算决议的要求;

(二)预算安排是否符合本法的规定;

(三)预算安排是否贯彻国民经济和社会发展的方针政策,收支政策是否切实可行;

(四)重点支出和重大投资项目的预算安排是否适当;

(五)预算的编制是否完整,是否符合本法第四十六条的规定;

(六)对下级政府的转移性支出预算是否规范、适当;

(七)预算安排举借的债务是否合法、合理,是否有偿还计划和稳定的偿还资金来源;

(八)与预算有关重要事项的说明是否清晰。

第四十九条　全国人民代表大会财政经济委员会向全国人民代表大会主席团提出关于中央和地方预算草案及中央和地方预算执行情况的审查结果报告。

省、自治区、直辖市、设区的市、自治州人民代表大会有关专门委员会,县、自治县、不设区的市、市辖区人民代表大会常务委员会,向本级人民代表大会主席团提出关于总预算草案及上一年总预算执行情况的审查结果报告。

审查结果报告应当包括下列内容:

(一)对上一年预算执行和落实本级人民代表大会预算决议的情况作出评价;

(二)对本年度预算草案是否符合本法的规定,是否可行作出评价;

(三)对本级人民代表大会批准预算草案和预算报告提出建议;

（四）对执行年度预算、改进预算管理、提高预算绩效、加强预算监督等提出意见和建议。

第五十条　乡、民族乡、镇政府应当及时将经本级人民代表大会批准的本级预算报上一级政府备案。县级以上地方各级政府应当及时将经本级人民代表大会批准的本级预算及下一级政府报送备案的预算汇总，报上一级政府备案。

县级以上地方各级政府将下一级政府依照前款规定报送备案的预算汇总后，报本级人民代表大会常务委员会会备案。国务院将省、自治区、直辖市政府依照前款规定报送备案的预算汇总后，报全国人民代表大会常务委员会会备案。

第五十一条　国务院和县级以上地方各级政府对下一级政府依照本法第四十条规定报送备案的预算，认为有同法律、行政法规相抵触或者有其他不适当之处，需要撤销批准预算的决议的，应当提请本级人民代表大会常务委员会会审议决定。

第五十二条　各级预算经本级人民代表大会批准后，本级政府财政部门应当在二十日内向本级各部门批复预算。各部门应当在接到本级政府财政部门批复的本部门预算后十五日内向所属各单位批复预算。

中央对地方的一般性转移支付应当在全国人民代表大会批准预算后三十日内正式下达。中央对地方的专项转移支付应当在全国人民代表大会批准预算后九十日内正式下达。

省、自治区、直辖市政府接到中央一般性转移支付和专项转移支付后，应当在三十日内正式下达到本行政区域县级以上各级政府。

县级以上地方各级预算安排对下级政府的一般性转移支付和专项转移支付，应当分别在本级人民代表大会批准预算后的三十日和六十日内正式下达。

对自然灾害等突发事件处理的转移支付，应当及时下达预算；对据实结算等特殊项目的转移支付，可以分期下达预算，或者先预付后结算。

县级以上各级政府财政部门应当将批复本级各部门的预算和批复下级政府的转移支付预算，抄送本级人民代表大会财政经济委员会、有关专门委员会和常务委员会有关工作机构。

第六章　预算执行

第五十三条　各级预算由本级政府组织执行，具体工作由本级政府财政部门负责。

各部门、各单位是本部门、本单位的预算执行主体，负责本部门、本单位的预算执行，并对执行结果负责。

第五十四条　预算年度开始后，各级预算草案在本级人民代表大会批准前，可以安排下列支出：

（一）上一年度结转的支出；

（二）参照上一年同期的预算支出数额安排必须支付的本年度部门基本支出、项目支出，以及对下级政府的转移性支出；

（三）法律规定必须履行支付义务的支出，以及用于自然灾害等突发事件处理的支出。

根据前款规定安排支出的情况，应当在预算草案的报告中作出说明。

预算经本级人民代表大会批准后，按照批准的预算执行。

第五十五条　预算收入征收部门和单位,必须依照法律、行政法规的规定,及时、足额征收应征的预算收入。不得违反法律、行政法规规定,多征、提前征收或者减征、免征、缓征应征的预算收入,不得截留、占用或者挪用预算收入。

各级政府不得向预算收入征收部门和单位下达收入指标。

第五十六条　政府的全部收入应当上缴国家金库(以下简称国库),任何部门、单位和个人不得截留、占用、挪用或者拖欠。

对于法律有明确规定或者经国务院批准的特定专用资金,可以依照国务院的规定设立财政专户。

第五十七条　各级政府财政部门必须依照法律、行政法规和国务院财政部门的规定,及时、足额地拨付预算支出资金,加强对预算支出的管理和监督。

各级政府、各部门、各单位的支出必须按照预算执行,不得虚假列支。

各级政府、各部门、各单位应当对预算支出情况开展绩效评价。

第五十八条　各级预算的收入和支出实行收付实现制。

特定事项按照国务院的规定实行权责发生制的有关情况,应当向本级人民代表大会常务委员会报告。

第五十九条　县级以上各级预算必须设立国库;具备条件的乡、民族乡、镇也应当设立国库。

中央国库业务由中国人民银行经理,地方国库业务依照国务院的有关规定办理。

各级国库应当按照国家有关规定,及时准确地办理预算收入的收纳、划分、留解、退付和预算支出的拨付。

各级国库库款的支配权属于本级政府财政部门。除法律、行政法规另有规定外,未经本级政府财政部门同意,任何部门、单位和个人都无权冻结、动用国库库款或者以其他方式支配已入国库的库款。

各级政府应当加强对本级国库的管理和监督,按照国务院的规定完善国库现金管理,合理调节国库资金余额。

各级政府应当加强对本级国库的管理和监督。

第六十条　已经缴入国库的资金,依照法律、行政法规的规定或者国务院的决定需要退付的,各级政府财政部门或者其授权的机构应当及时办理退付。按照规定应当由财政支出安排的事项,不得用退库处理。

第六十一条　国家实行国库集中收缴和集中支付制度,对政府全部收入和支出实行国库集中收付管理。

第六十二条　各级政府应当加强对预算执行的领导,支持政府财政、税务、海关等预算收入的征收部门依法组织预算收入,支持政府财政部门严格管理预算支出。

财政、税务、海关等部门在预算执行中,应当加强对预算执行的分析;发现问题时应当及时建议本级政府采取措施予以解决。

第六十三条　各部门、各单位应当加强对预算收入和支出的管理,不得截留或者动用应当上缴的预算收入,不得擅自改变预算支出的用途。

第六十四条　各级预算预备费的动用方案,由本级政府财政部门提出,报本级政府决定。

第六十五条　各级预算周转金由本级政府财政部门管理,不得挪作他用。

第六十六条　各级一般公共预算年度执行中有超收收入的,只能用于冲减赤字或者补充预算稳定调节基金。

各级一般公共预算的结余资金,应当补充预算稳定调节基金。

省、自治区、直辖市一般公共预算年度执行中出现短收,通过调入预算稳定调节基金、减少支出等方式仍不能实现收支平衡的,省、自治区、直辖市政府报本级人民代表大会或者其常务委员会批准,可以增列赤字,报国务院财政部门备案,并应当在下一年度预算中予以弥补。

第七章　预算调整

第六十七条　经全国人民代表大会批准的中央预算和经地方各级人民代表大会批准的地方各级预算,在执行中出现下列情况之一的,应当进行预算调整:

(一)需要增加或者减少预算总支出的;

(二)需要调入预算稳定调节基金的;

(三)需要调减预算安排的重点支出数额的;

(四)需要增加举借债务数额的。

第六十八条　在预算执行中,各级政府一般不制定新的增加财政收入或者支出的政策和措施,也不制定减少财政收入的政策和措施;必须作出并需要进行预算调整的,应当在预算调整方案中作出安排。

第六十九条　在预算执行中,各级政府对于必须进行的预算调整,应当编制预算调整方案。预算调整方案应当说明预算调整的理由、项目和数额。

在预算执行中,由于发生自然灾害等突发事件,必须及时增加预算支出的,应当先动支预备费;预备费不足支出的,各级政府可以先安排支出,属于预算调整的,列入预算调整方案。

国务院财政部门应当在全国人民代表大会常务委员会举行会议审查和批准预算调整方案的三十日前,将预算调整初步方案送交全国人民代表大会财政经济委员会进行初步审查。

省、自治区、直辖市政府财政部门应当在本级人民代表大会常务委员会举行会议审查和批准预算调整方案的三十日前,将预算调整初步方案送交本级人民代表大会有关专门委员会进行初步审查。

设区的市、自治州政府财政部门应当在本级人民代表大会常务委员会举行会议审查和批准预算调整方案的三十日前,将预算调整初步方案送交本级人民代表大会有关专门委员会进行初步审查,或者送交本级人民代表大会常务委员会有关工作机构征求意见。

县、自治县、不设区的市、市辖区政府财政部门应当在本级人民代表大会常务委员会举行会议审查和批准预算调整方案的三十日前,将预算调整初步方案送交本级人民代表大会常务委员会有关工作机构征求意见。

中央预算的调整方案应当提请全国人民代表大会常务委员会审查和批准。县级以上地方各级预算的调整方案应当提请本级人民代表大会常务委员会审查和批准;乡、民族乡、镇预算的调整方案应当提请本级人民代表大会审查和批准。未经批准,不得调整预算。

第七十条　经批准的预算调整方案,各级政府应当严格执行。未经本法第六十九条规定的程序,各级政府不得作出预算调整的决定。

对违反前款规定作出的决定,本级人民代表大会、本级人民代表大会常务委员会会或者上级政府应当责令其改变或者撤销。

第七十一条　在预算执行中,地方各级政府因上级政府增加不需要本级政府提供配套资金的专项转移支付而引起的预算支出变化,不属于预算调整。

接受增加专项转移支付的县级以上地方各级政府应当向本级人民代表大会常务委员会报告有关情况;接受增加专项转移支付的乡、民族乡、镇政府应当向本级人民代表大会报告有关情况。

第七十二条　各部门、各单位的预算支出应当按照预算科目执行。严格控制不同预算科目、预算级次或者项目间的预算资金的调剂,确需调剂使用的,按照国务院财政部门的规定办理。

第七十三条　地方各级预算的调整方案经批准后,由本级政府报上一级政府备案。

第八章　决算

第七十四条　决算草案由各级政府、各部门、各单位,在每一预算年度终了后按照国务院规定的时间编制。

编制决算草案的具体事项,由国务院财政部门部署。

第七十五条　编制决算草案,必须符合法律、行政法规,做到收支真实、数额准确、内容完整、报送及时。

决算草案应当与预算相对应,按预算数、调整预算数、决算数分别列出。一般公共预算支出应当按其功能分类编列到项,按其经济性质分类编列到款。

第七十六条　各部门对所属各单位的决算草案,应当审核并汇总编制本部门的决算草案,在规定的期限内报本级政府财政部门审核。

各级政府财政部门对本级各部门决算草案审核后发现有不符合法律、行政法规规定的,有权予以纠正

第七十七条　国务院财政部门编制中央决算草案,经国务院审计部门审计后,报国务院审定,由国务院提请全国人民代表大会常务委员会审查和批准。

县级以上地方各级政府财政部门编制本级决算草案,经本级政府审计部门审计后,报本级政府审定,由本级政府提请本级人民代表大会常务委员会审查和批准。

乡、民族乡、镇政府编制本级决算草案,提请本级人民代表大会审查和批准。

第七十八条　国务院财政部门应当在全国人民代表大会常务委员会举行会议审查和批准中央决算草案的三十日前,将上一年度中央决算草案提交全国人民代表大会财政经济委员会进行初步审查。

省、自治区、直辖市政府财政部门应当在本级人民代表大会常务委员会举行会议审查和批准本级决算草案的三十日前,将上一年度本级决算草案提交本级人民代表大会有关专门委员会进

行初步审查。

设区的市、自治州政府财政部门应当在本级人民代表大会常务委员会举行会议审查和批准本级决算草案的三十日前,将上一年度本级决算草案提交本级人民代表大会有关专门委员会进行初步审查,或者送交本级人民代表大会常务委员会有关工作机构征求意见。

县、自治县、不设区的市、市辖区政府财政部门应当在本级人民代表大会常务委员会举行会议审查和批准本级决算草案的三十日前,将上一年度本级决算草案送交本级人民代表大会常务委员会有关工作机构征求意见。

全国人民代表大会财政经济委员会和省、自治区、直辖市、设区的市、自治州人民代表大会有关专门委员会,向本级人民代表大会常务委员会提出关于本级决算草案的审查结果报告。

第七十九条 县级以上各级人民代表大会常务委员会和乡、民族乡、镇人民代表大会对本级决算草案,重点审查下列内容:

(一)预算收入情况;

(二)支出政策实施情况和重点支出、重大投资项目资金的使用及绩效情况;

(三)结转资金的使用情况;

(四)资金结余情况;

(五)本级预算调整及执行情况;

(六)财政转移支付安排执行情况;

(七)经批准举借债务的规模、结构、使用、偿还等情况;

(八)本级预算周转金规模和使用情况;

(九)本级预备费使用情况;

(十)超收收入安排情况,预算稳定调节基金的规模和使用情况;

(十一)本级人民代表大会批准的预算决议落实情况;

(十二)其他与决算有关的重要情况。

县级以上各级人民代表大会常务委员会应当结合本级政府提出的上一年度预算执行和其他财政收支的审计工作报告,对本级决算草案进行审查。

第八十条 各级决算经批准后,财政部门应当在二十日内向本级各部门批复决算。各部门应当在接到本级政府财政部门批复的本部门决算后十五日内向所属单位批复决算。

第八十一条 地方各级政府应当将经批准的决算及下一级政府上报备案的决算汇总,报上一级政府备案。

县级以上各级政府应当将下一级政府报送备案的决算汇总后,报本级人民代表大会常务委员会备案。

第八十二条 国务院和县级以上地方各级政府对下一级政府依照本法第六十四条规定报送备案的决算,认为有同法律、行政法规相抵触或者有其他不适当之处,需要撤销批准该项决算的决议的,应当提请本级人民代表大会常务委员会会审议决定;经审议决定撤销的,该下级人民代表大会常务委员会会应当责成本级政府依照本法规定重新编制决算草案,提请本级人民代表大会常务委员会会审查和批准。

第九章 监督

第八十三条 全国人民代表大会及其常务委员会会对中央和地方预算、决算进行监督。

县级以上地方各级人民代表大会及其常务委员会会对本级和下级预算、决算进行监督。

乡、民族乡、镇人民代表大会对本级预算、决算进行监督。

第八十四条 各级人民代表大会和县级以上各级人民代表大会常务委员会会有权就预算、决算中的重大事项或者特定问题组织调查,有关的政府、部门、单位和个人应当如实反映情况和提供必要的材料。

第八十五条 各级人民代表大会和县级以上各级人民代表大会常务委员会会举行会议时,人民代表大会代表或者常务委员会会组成人员,依照法律规定程序就预算、决算中的有关问题提出询问或者质询,受询问或者受质询的有关的政府或者财政部门必须及时给予答复。

第八十六条 国务院和县级以上地方各级政府应当在每年六月至九月期间向本级人民代表大会常务委员会报告预算执行情况。

第八十七条 各级政府监督下级政府的预算执行;下级政府应当定期向上一级政府报告预算执行情况。

第八十八条 各级政府财政部门负责监督检查本级各部门及其所属各单位预算的编制、执行,并向本级政府和上一级政府财政部门报告预算执行情况。

第八十九条 县级以上政府审计部门依法对预算执行、决算实行审计监督。

对预算执行和其他财政收支的审计工作报告应当向社会公开。

第九十条 政府各部门负责监督检查所属各单位的预算执行,及时向本级政府财政部门反映本部门预算执行情况,依法纠正违反预算的行为。

第九十一条 公民、法人或者其他组织发现有违反本法的行为,可以依法向有关国家机关进行检举、控告。

接受检举、控告的国家机关应当依法进行处理,并为检举人、控告人保密。任何单位或者个人不得压制和打击报复检举人、控告人。

第十章 法律责任

第九十二条 各级政府及有关部门有下列行为之一的,责令改正,对负有直接责任的主管人员和其他直接责任人员追究行政责任:

(一)未依照本法规定,编制、报送预算草案、预算调整方案、决算草案和部门预算、决算以及批复预算、决算的;

(二)违反本法规定,进行预算调整的;

(三)未依照本法规定对有关预算事项进行公开和说明的;

(四)违反规定设立政府性基金项目和其他财政收入项目的;

(五)违反法律、法规规定使用预算预备费、预算周转金、预算稳定调节基金、超收收入的;

(六)违反本法规定开设财政专户的。

第九十三条 各级政府及有关部门、单位有下列行为之一的,责令改正,对负有直接责任的主管人员和其他直接责任人员依法给予降级、撤职、开除的处分:

(一)未将所有政府收入和支出列入预算或者虚列收入和支出的;

(二)违反法律、行政法规的规定,多征、提前征收或者减征、免征、缓征应征预算收入的;

(三)截留、占用、挪用或者拖欠应当上缴国库的预算收入的;

(四)违反本法规定,改变预算支出用途的;

(五)擅自改变上级政府专项转移支付资金用途的;

(六)违反本法规定拨付预算支出资金,办理预算收入收纳、划分、留解、退付,或者违反本法规定冻结、动用国库库款或者以其他方式支配已入国库库款的。

第九十四条 各级政府、各部门、各单位违反本法规定举借债务或者为他人债务提供担保,或者挪用重点支出资金,或者在预算之外及超预算标准建设楼堂馆所的,责令改正,对负有直接责任的主管人员和其他直接责任人员给予撤职、开除的处分。

第九十五条 各级政府有关部门、单位及其工作人员有下列行为之一的,责令改正,追回骗取、使用的资金,有违法所得的没收违法所得,对单位给予警告或者通报批评;对负有直接责任的主管人员和其他直接责任人员依法给予处分:

(一)违反法律、法规的规定,改变预算收入上缴方式的;

(二)以虚报、冒领等手段骗取预算资金的;

(三)违反规定扩大开支范围、提高开支标准的;

(四)其他违反财政管理规定的行为。

第九十六条 本法第九十二条、第九十三条、第九十四条、第九十五条所列违法行为,其他法律对其处理、处罚另有规定的,依照其规定。

违反本法规定,构成犯罪的,依法追究刑事责任。

第十一章 附则

第九十七条 各级政府财政部门应当按年度编制以权责发生制为基础的政府综合财务报告,报告政府整体财务状况、运行情况和财政中长期可持续性,报本级人民代表大会常务委员会备案。

第九十八条 国务院根据本法制定实施条例。

第九十九条 民族自治地方的预算管理,依照民族区域自治法的有关规定执行;民族区域自治法没有规定的,依照本法和国务院的有关规定执行。

第一百条 省、自治区、直辖市人民代表大会或者其常务委员会根据本法,可以制定有关预算审查监督的决定或者地方性法规。

第一百零一条 本法自1995年1月1日施行。1991年10月21日国务院发布的《国家预算管理条例》同时废止。